Deutsch von Alken Bruns

Tor Nørretranders

Spüre die Welt

Die Wissenschaft des Bewußtseins

Rowohlt

Die Originalausgabe erschien 1991
unter dem Titel «Mærk verden» im
Verlag Gyldendal, Kopenhagen
Umschlaggestaltung Bernd Kuchenbeiser
(Digital Imaging: Andrea Heck)
Redaktion Jens Petersen

1. Auflage September 1994
Copyright © 1994 by Rowohlt Verlag GmbH,
Reinbek bei Hamburg
«Mærk verden»
Copyright © 1991 by Tor Nørretranders
Alle deutschen Rechte vorbehalten
Satz Trump Mediäval (Linotronic 500)
Gesamtherstellung Clausen & Bosse, Leck
Printed in Germany
ISBN 3 498 04637 3

Inhalt

Vorwort 9

Berechnung
Kapitel 1. Maxwells Dämon 17
Kapitel 2. Information über Bord 47
Kapitel 3. Unendliche Algorithmen 77
Kapitel 4. Die Tiefe der Komplexität 109

Bedeutung
Kapitel 5. Der Baum der Rede 147
Kapitel 6. Die Bandbreite des Bewußtseins 189
Kapitel 7. Die «Atombombe der Psychologie» 231
Kapitel 8. Die Sicht von innen 263

Bewußtsein
Kapitel 9. Eine halbe Sekunde Verspätung 311
Kapitel 10. Maxwells Selbst 361
Kapitel 11. Die Benutzer-Illusion 397
Kapitel 12. Der Ursprung des Bewußtseins 443

Besinnung
Kapitel 13. Im Innern von nichts 473
Kapitel 14. Am Rand des Chaos 505
Kapitel 15. Die ungerade Linie 533
Kapitel 16. Das Sublime 569

Anmerkungen 599
Literatur 621
Bildnachweis 639
Register 643

> What is done
> by what is called myself is, I feel,
> done by something greater
> than myself in me.
>
> James Clerk Maxwell
> auf dem Sterbebett, 1879

Vorwort

Das Bewußtsein ist das unmittelbar Gegenwärtigste und zugleich das am wenigsten Handgreifliche im menschlichen Dasein. Wir können miteinander über Bewußtsein reden, aber erleben kann es nur jeder für sich: von innen. Es besitzt einen fundamentalen, unausrottbaren Charakter der Subjektivität. Es ist ein Phänomen, das wir nur von innen erleben können.

Das Bewußtsein ist eine Selbstverständlichkeit: Wir erleben, daß wir erleben, wir wissen, daß wir wissen, wir spüren, daß wir spüren. Was aber ist das, was dieses Erlebnis erlebt? Und was geschieht, wenn wir dieses Erlebnis, daß wir erleben, *von außen* betrachten und fragen: Wieviel bemerkt das Bewußtsein wirklich?

Wissenschaftliche Untersuchungen des Phänomens Bewußtsein aus den letzten Jahren haben gezeigt, daß der Mensch viel mehr erfaßt, als das Bewußtsein erlebt; daß die Wechselwirkung zwischen Mensch und Welt und zwischen Menschen untereinander viel größer ist, als das Bewußtsein glaubt; daß es eine Illusion ist, wenn das Bewußtsein meint, das Handeln des Menschen zu überblicken und zu kontrollieren.

Das Bewußtsein spielt im menschlichen Leben eine viel geringere Rolle, als die westliche Kultur zu glauben geneigt war.

Historische Untersuchungen weisen darauf hin, daß das Phänomen des Bewußtseins, wie wir es heute kennen, kaum mehr als dreitausend Jahre alt ist. Die Vorstellung einer zentralen erlebenden und beschlußfassenden Instanz im Menschen, *eines bewußten Ich*, herrscht erst seit hundert Generationen.

Die wissenschaftlichen Erkenntnisse, die den folgenden Überlegungen zugrunde liegen, führen zu dem Schluß, daß die Herrschaft des bewußten Ich nicht mehr viele Generationen überdauern wird.
Die Epoche des Ich geht ihrem Ende entgegen.

Dieses Buch berichtet über eine Reihe überraschender wissenschaftlicher Erkenntnisse, die Licht auf das Phänomen des Bewußtseins werfen und deutlich machen, wie groß der Teil des menschlichen Lebens ist, von dem wir sinnvollerweise sagen können, er sei bewußt.

Es berichtet davon, was diese Forschungsergebnisse *bedeuten*, welche Konsequenzen sich aus ihnen für unser Selbstverständnis und unser Verhältnis zur Welt ergeben: für die Frage des freien Willens, die Möglichkeit, die Welt zu verstehen, das Maß an Kontakt zwischen Menschen außerhalb des engen Kanals der Sprache.

Ausgangspunkt der Überlegungen ist die wissenschaftliche, vor allem die naturwissenschaftliche Kultur, ihr Horizont aber die Kultur insgesamt. Es geht mir darum, Wissenschaft und Alltag zusammenzuführen und selbstverständliche alltägliche Dinge aus der Perspektive neuer Erkenntnisse auf verschiedenen wissenschaftlichen Gebieten zu untersuchen, die auf den ersten Blick nichts mit Bewußtsein oder unserem Alltag zu tun haben.

Ein ehrgeiziges Buch also, das liebgewordene Auffassungen von *Ich* und *Information* in Frage stellen und neue Begriffe von *Selbst* und *Exformation* einführen wird. Zugleich aber habe ich versucht, mich einer Sprache zu bedienen, die jedem verständlich ist, der der Argumentation zu folgen bereit ist. Es beginnt aber gleich mit dem Schwierigen:

In Mathematik, Physik und der Theorie der Berechnung ist seit 1930 immer deutlicher geworden, daß die Grundlage der Objektivität selbst subjektiv ist; daß kein formales System sich aus sich selbst heraus zu begründen oder zu beweisen vermag. Mit dieser Erkenntnis gingen begriffliche Veränderungen des Weltbilds einher, die sich in den Naturwissenschaften erst im letzten Jahrzehnt endgültig durchgesetzt haben. Es kam zu einem radikalen Wandel von Begriffen wie Information, Komplexität, Ordnung, Zufall und Chaos. Von den neuen Begriffen her haben sich Verbindungen zur Erforschung von Erscheinungen wie Bedeutung und Relevanz ergeben, die wiederum wesentlich sind für die Beschreibung von Bewußtsein. Davon handelt der erste Teil des Buches, *Berechnung*.

In Psychologie und Kommunikationstheorie ist seit 1950 deutlich geworden, daß das Bewußtsein, mißt man es in *Bits*, der Maßeinheit für Information, nicht sehr umfassend ist. Es enthält fast keine Information. Dagegen verarbeiten die Sinne sehr große Mengen von Information, die meist gar nicht bewußt wird. Ehe Bewußtsein entsteht, werden also große Mengen von Information aussortiert, was ganz den Prozeduren der Berechnung entspricht, wie man sie seit den achtziger Jahren versteht. Dennoch beeinflußt ein großer Teil der Information aus der Außenwelt, die von den Sinnen aufgenommen wird, unser Verhalten. Der größte Teil dessen, was in einem Menschen vorgeht, ist also nicht bewußt. Der zweite Teil des Buches, *Bedeutung*, handelt von Information, die ausgesondert wird und dennoch wichtig ist.

In der Neurobiologie, die sich mit den physiologischen Grundlagen des Bewußtseins befaßt, führt man seit den sechziger Jahren Untersuchungen durch, bei denen subjektive Berichte von Personen mit objektiven Messungen ihrer Hirnaktivität korreliert werden. Dieser Vergleich des Bewußtseins von innen und von außen gesehen hat zu der schockierenden Erkenntnis geführt, daß das Bewußtsein dem, was wir Wirklichkeit zu nennen gewohnt sind, zeitlich hinterherhinkt. Auch wenn wir es nicht so erleben – es dauert eine halbe Sekunde, sich eines Objekts oder Vorgangs bewußt zu werden. Bewußtsein besteht in einer raffinierten Illusion, die die Ereignisse zeitlich hin und her schiebt, ohne daß der Mensch dies erlebt. Diese Erkenntnisse stellen den altgewohnten Begriff des freien Willens in Frage, doch wird in diesem Buch nicht der freie Wille selbst zur Disposition gestellt, sondern die Vorstellung, das bewußte Ich übe den freien Willen aus. Dies alles ist Thema des dritten Teils, *Bewußtsein*.

Mit dem Raumfahrtprogramm hat sich seit den sechziger Jahren ein neues Verständnis der Erde als eines lebenden Systems entwickelt. Gleichzeitig hielt der Computer als Werkzeug Einzug in die Wissenschaft und veränderte unsere Vorstellung davon, wie weit unsere Fähigkeit reicht, die Welt und unsere Eingriffe in sie vorherzusagen. Der Tendenz der Zivilisation, alles geradlinig zu planen, stehen die in den letzten Jahrzehnten gewonnenen Erkenntnisse über ökologische Zusammenhänge und die Unvorhersagbarkeit der Natur entgegen. In unserer wissenschaftlichen Kultur ist die Fähigkeit des Bewußtseins, die Welt zu überblicken, stark überschätzt worden. Es ist dringend notwendig geworden, die *nichtbewußten* Seiten des Menschen zu akzeptieren, und dies ist das Thema des abschließenden Teils, *Besinnung*: Obwohl Bewußtsein nur jeder für sich erleben kann, ist es zu einer Lebensnotwendigkeit geworden, daß wir darüber sprechen, was Bewußtsein eigentlich ist.

Das Buch entstand während einer Gastdozentur an *Det kongelige danske Kunstakademi* 1990/91 mit Unterstützung des Kulturfonds des Ministeriums für Kultur. Der Rektorin der Sektion für bildende Künste an der Akademie, Else Marie Bukdahl, sei herzlich dafür gedankt, daß sie die Dozentur ermöglichte. Dank auch an Anette Krumhardt und die Lehrer und Studenten der Akademie für die inspirierende Zusammenarbeit.

Der Wissenschaftstheoretiker Ole Fogh Kirkeby hat mich über Jahre beraten und ermuntert, die Physiker Peder Voetmann Christiansen, Søren Brunak und Benny Lautrup sind wesentliche Quellen der Inspiration gewesen.

Eine ganze Reihe von Forschern hat sich bereitwillig für Interviews und Gespräche über die Themen des Buches zur Verfügung gestellt. Ein besonderer Dank an Jan Ambjørn, P. W. Anderson, Charles Bennett, Predrag Cvitanovic, Henning Eichberg, Mitchel Feigenbaum, Walter Fontana, Lars Friberg, Richard Gregory, Jesper Hoffmeyer, Bernardo Huberman, Thomas Højrup, David Ingvar, Stuart Kauffmann, Christof Koch, Rolf Landauer, Chris Langton, Niels A. Lassen, Benjamin Libet, Seth Lloyd, James Lovelock, Lynn Margulis, Humberto Maturana, Erik Mosekilde, Holger

Bech Nielsen, Alexander Polyakov, Roger Penrose, Per Kjægaard Rasmussen, Steen Rasmussen, Peter Richter, Peter Zinkernagel und John A. Wheeler.

Benjamin Libet, dessen Arbeit für dieses Buch eine ganz besondere Rolle spielt, bewies große Offenheit, als es um die Beantwortung von Einzelfragen zu seinen bahnbrechenden Untersuchungen ging.

Für Kommentare zur ersten Version des Manuskripts sei Søren Brunak, Peter Voetmann Christiansen, Niels Engelsted, Henrik Jahnsen, Ole Fogh Kirkeby, Arne Mosfeldt Laursen, Sigurd Mikkelsen und Johs. Mørk Pedersen herzlich gedankt. Und schließlich ein besonderer Dank an Claus Clausen für die redaktionelle Unterstützung während der Schreibarbeit.

T. N.
Kopenhagen, September 1991

Berechnung

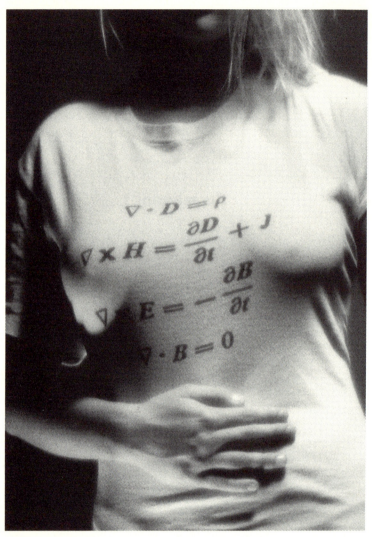

Die Maxwellschen Gleichungen sind von solcher Brillanz, daß an der Stanford University in Kalifornien T-Shirts angeboten werden, die mit den berühmten Formeln bedruckt sind. In ihnen ist alles enthalten, was man über Elektrizität und Magnetismus weiß, und sie führten überdies zu Vorhersagen über Phänomene, die nicht bekannt waren, als Maxwell sie in den sechziger Jahren des 19. Jahrhunderts formulierte.

Kapitel 1
Maxwells Dämon

»War es ein Gott, der diese Zeichen schrieb?«[1] fragte der österreichische Physiker Ludwig Boltzmann mit einem Goethe-Zitat und brachte so die Verzauberung und das Erstaunen zum Ausdruck, die vier kurze mathematische Gleichungen in einem Physiker auslösen können.

Grund zum Erstaunen gab es. In den sechziger Jahren des 19. Jahrhunderts war es dem schottischen Physiker James Clerk Maxwell gelungen, alles, was über Elektrizität und Magnetismus bekannt war, in vier kurzen Gleichungen zusammenzufassen, die ebenso elegant wie überzeugend waren. Das Erstaunlichste aber war, daß Maxwell über diese Synthese hinaus aufgrund seiner Gleichungen Phänomene vorhersagte, von denen niemand glauben mochte, daß sie etwas mit Elektrizität und Magnetismus zu tun haben könnten, noch dazu solche, die erst nach Maxwells Tod 1879 entdeckt wurden.

Wie ist es möglich, fragte Ludwig Boltzmann, Zeitgenosse und Kollege Maxwells und wie dieser an bedeutenden theoretischen Fortschritten am Ende des 19. Jahrhunderts beteiligt: Wie ist es möglich, daß sich eine so reiche und vielfältige Erscheinungswelt mit so wenigen aussagekräftigen Symbolen wie diesen vier berühmten Sätzen, den *Maxwellschen Gleichungen*, erfassen läßt?

In gewissem Sinne steckt in dieser Frage das Rätsel der Wissenschaft selbst. Sie ist bestrebt, möglichst viel in möglichst wenigen Worten oder Gleichungen auszudrücken und eine Karte des Geländes zu zeichnen, die das Wesentliche einfach und klar vor

Augen führt, so daß man sich zurechtfinden kann. Darüber hinaus aber kann man, und darin besteht das Rätsel, von einer solchen Karte ausgehend auch Einzelheiten im Gelände erkennen, von denen man nichts wußte, als sie gezeichnet wurde!

Die Physik wurde als theoretische Wissenschaft durch eine solche «Kartierung» begründet, die weit voneinander entfernte Phänomene in einem einfachen Modell vereinigte. Isaac Newton gelang 1687 die erste Große Vereinheitlichung sehr unterschiedlicher Naturphänomene in einer Theorie, der Theorie der Gravitation. Sie war von großer mathematischer Eleganz, doch bestand ihre eigentliche Leistung darin, daß sie das damalige Wissen über zwei sehr verschiedene Bereiche von Phänomenen zusammenfaßte. Galileo Galilei hatte Anfang des 17. Jahrhunderts die moderne Theorie der Bewegung von Körpern auf der Erde begründet – des freien Falls, der Beschleunigung usw. –, und Johannes Kepler hatte in der gleichen Epoche die Gesetze formuliert, nach denen sich die Planeten um die Sonne bewegen. Beide gründeten ihre Theorien auf Beobachtungen, Galilei auf eigene Untersuchungen, Kepler auf die Vermessung von Planetenbewegungen, die der dänische Astronom Tycho Brahe durchgeführt hatte.

Isaac Newtons große Leistung bestand darin, Galileis Theorie über Bewegungen auf der Erde und Keplers Theorie über Bewegungen am Himmel in einer einzigen zu bündeln, die beide Sphären, die himmlische wie die irdische, umfaßte. In Newtons Universum sind beide durch dasselbe Prinzip bestimmt: die Gravitation. Diese wird allerdings bis heute von niemandem verstanden.

Newtons Theorie wurde zum Modell für die gesamte spätere Physik und damit faktisch für alle anderen Wissenschaften, die nach solchen großen Vereinheitlichungen von Theorien über weit entfernte Gebiete strebten.

Doch erst mit Maxwells berühmten Gleichungen wurde im 19. Jahrhundert die zweite Große Vereinheitlichung erreicht. Während Newton Himmel und Erde zusammengeführt hatte, vereinheitlichte Maxwell Elektrizität und Magnetismus. Das klingt vielleicht nicht so bedeutend, doch der Schein trügt.

Elektromagnetismus – die zweite Große Vereinheitlichung 19

Das ganze moderne wissenschaftliche Weltbild beruht auf der Existenz einiger weniger *Kräfte* in der Natur, der Gravitation, der Elektrizität, des Magnetismus und zweier weiterer Kräfte, die das Verhalten atomarer Teilchen bestimmen. Mit diesen Kräften läßt sich beschreiben, wie materielle Körper aufeinander wirken, und das Wesentliche dabei ist, daß es außer diesen keine weiteren gibt. Alles, was wir über die Natur wissen, kann mittels dieser Kräfte und ihrer Wirkungen beschrieben werden.

Deshalb war im 19. Jahrhundert die Erkenntnis so wichtig, daß zwischen zwei Kräften, nämlich Elektrizität und Magnetismus, ein Zusammenhang besteht. 1820 entdeckte der dänische Physiker und Chemiker Hans Christian Ørsted, daß eine Magnetnadel ausschlägt, wenn ein elektrischer Strom über sie hinweggeleitet wird. Bis dahin hatte man elektrische und magnetische Wirkungen, die seit dem Altertum bekannt waren, für Phänomene gehalten, die nichts miteinander zu tun hatten. 1831 wies der Engländer Michael Faraday die umgekehrte Wirkung nach, die sogenannte elektrische *Induktion*: In leitendem Material, das einem bewegten Magnetfeld ausgesetzt wird, bildet sich ein elektrischer Strom. Als Faraday gefragt wurde, welchen praktischen Nutzen diese Entdeckung haben könnte, antwortete er: «Welchen Nutzen hat ein Baby?»

Als die Induktion entdeckt wurde, war James Clerk Maxwell wenige Monate alt. Dreißig Jahre später gelang ihm mit seinen Gleichungen, in die die Erkenntnisse Ørsteds, Faradays und vieler anderer eingeflossen waren, die zweite Große Vereinheitlichung in der Physik.

Maxwell arbeitete sehr bewußt mit *Analogien*. Er stellte sich die Felder, auf die er die elektrischen und magnetischen Erscheinungen zurückführte, als Wirbel im Raum vor. Diese Vorgehensweise war für ihn typisch: in einfachen Bildern denken, die man später, wenn die Phänomene so gut verstanden waren, daß sie sich mathematisch formulieren ließen, wieder vergessen konnte. Man müsse «vor allem die Ergebnisse der früheren Untersuchungen vereinfachen und auf eine dem Verstande möglichst leicht zugängliche Form bringen», schrieb Maxwell.[2]

An diese Wirbel denkend (aus denen sich später ein Denkmodell mit kleinen Zahnrädern entwickelte) kam Maxwell zu dem Schluß, daß einige zusätzliche kleine Wirbel (oder Zahnräder) notwendig waren, wenn die mechanische Analogie zwischen Elektrizität und Magnetismus kohärent sein sollte. Diesen neuen, kleinen Wirbeln entsprach keine bekannte Erscheinung, doch waren sie erforderlich, um das Vorstellungsbild stimmig zu machen – um die Karte so schön wie möglich zu gestalten.

Als Maxwell berechnete, wie schnell sich diese kleinen gedachten Wirbel im Raum ausbreiten müßten, kam er zu dem Ergebnis, daß sie sich mit Lichtgeschwindigkeit fortbewegten. Das war insofern erstaunlich, als bis dahin niemand daran gedacht hatte, daß Licht etwas mit Elektrizität und Magnetismus zu tun haben könnte. Maxwell deutete nun das Licht als Wellenphänomen, als Schwingungen des elektromagnetischen Feldes, die sich in ewiger Fluktuation transversal zur Ausbreitungsrichtung fortpflanzen. Das war ein überraschendes Bild, das die Natur des Lichts, über die man sich jahrhundertelang den Kopf zerbrochen hatte, mit einem Schlag erklärt. Die Maxwellschen Gleichungen beschreiben also nicht nur, was sie ursprünglich beschreiben sollten, sondern sozusagen als Nebeneffekt auch das Licht. Und sehr bald zeigte sich, daß das Licht viele Verwandte hat: Radiowellen, Röntgenstrahlen, Infrarotstrahlung, Mikrowellen, Gammastrahlen und Fernsehwellen. Erstere wurden 1888, nur neun Jahre nach Maxwells Tod, von Heinrich Hertz entdeckt.

Maxwells Gleichungen erhielten damit enorme Bedeutung. Wie wäre das 20. Jahrhundert ohne Radio, ohne Röntgenstrahlen, ohne Fernsehen und Mikrowellen verlaufen? Vielleicht besser, auf jeden Fall aber anders.

Heinrich Hertz sagte über die Maxwellschen Gleichungen, man könne sie «nicht studieren, ohne bisweilen die Empfindung zu haben, als wohne den mathematischen Formeln selbständiges Leben und eigener Verstand inne, als seien dieselben klüger als wir, klüger sogar als ihr Erfinder, als gäben sie uns mehr heraus, als seinerzeit in sie hineingelegt wurde»[3].

Wie war es möglich, daß Maxwell mittels seiner Analogien

etwas erdacht hatte, das noch gar nicht entdeckt war? Das war die eigentliche Frage, die Boltzmann stellte, als er ausrief, ob ein Gott diese Gleichungen geschrieben habe.

Maxwell gab die Antwort darauf in gewissem Sinne auf dem Sterbebett. Als er, seit langem an Krebs erkrankt, von F. J. A. Hort, einem Kollegen aus der Zeit an der Universität Cambridge, besucht wurde, sagte er, gewiß ohne an Boltzmann zu denken: «Was von dem sogenannten ‹Ich› vollbracht wird, vollbringt, das spüre ich, in Wirklichkeit etwas, das größer ist als das ‹Ich› in mir selbst.»[4]

Mit dieser Äußerung machte Maxwell nicht zum erstenmal darauf aufmerksam, daß viele wissenschaftliche Ideen an einem Ort im menschlichen Geist entstehen, der der Kontrolle durch das Bewußtsein entzogen ist. Neben manchen anderen kleinen Eigenheiten hatte er die Gewohnheit, Gedichte zu schreiben. 1856, kurz nach dem Tod seines Vaters, schrieb er, es gebe «Kräfte und Gedanken in uns, die wir nicht kennen, ehe sie wachsen / Durch den Strom bewußten Handelns von dort, wo das Selbst sich verbirgt»[5].

Nicht durch einen bewußten Willensakt fand Maxwell in seinen Gleichungen das Licht, sondern durch eine weniger steuernde Form des Denkens: «wenn Sinne und Wille still sind, durch Gedanken, die kommen und gehen...»[6]

Solche Aussprüche sind durchaus nicht ungewöhnlich bei großen Naturforschern. Es ist eher die Regel als die Ausnahme, daß sie als Basis ihrer Wissenschaft solche aus dem Unterbewußtsein stammenden oder geradezu mystischen Erfahrungen erwähnen. In diesem Sinne war es also nicht Maxwell, der Maxwells Gleichungen schrieb. Es war etwas, das größer war als er. In ihm.

Seither haben die Physiker das Kunststück Newtons und Maxwells, sehr verschiedene Theorien über sehr unterschiedliche Erscheinungen zu vereinheitlichen, zu wiederholen versucht – ohne durchschlagenden Erfolg.

Albert Einstein gelang es im 20. Jahrhundert, viele Erkenntnisse Newtons und Maxwells in seinen grandiosen Relativitätstheorien über Bewegung und Gravitation zu erweitern, aber dadurch wurden keine Naturkräfte vereinheitlicht.

Dagegen haben andere Physiker, die die Welt der Atome erforschten, zwei weitere Kräfte neben der Gravitation und der elektromagnetischen Kraft nachgewiesen, die starke und die schwache Kraft (oder Wechselwirkung). Beide bestimmen das Verhalten der Elementarteilchen und haben eine sehr kurze Reichweite. Die schwache Kraft ist nur bei bestimmten Erscheinungen, nämlich beim radioaktiven Zerfall, wirksam. Die starke Kraft wirkt nur im Innern der Atomkerne. In den sechziger Jahren gelang es dem Pakistaner Abdus Salam und dem Amerikaner Steven Weinberg, die Theorie der schwachen Kraft mit der Theorie des Elektromagnetismus zu vereinigen, so daß beide als ein und dieselbe Kraft verständlich wurden. Und in den siebziger Jahren zeigten andere Physiker, daß auch die starke Kraft als Variante dieser neuen «elektroschwachen Kraft» verstanden werden kann. Es kam also Ordnung ins Bild, doch im Grunde hatten die Physiker nur zwei neu entdeckte Kräfte mit den aus dem Alltag bereits bekannten zusammengebracht. Man nennt es zwar Große Vereinheitlichte Theorien – *Grand Unified Theories (GUT)* –, doch zur entscheidenden Vereinheitlichung fehlt ein wichtiges Teilstück, die Gravitation.

In den achtziger Jahren erregte die *Superstring-Theorie* Aufsehen, da mit ihr eine Vereinheitlichung der Theorie der Gravitation (Einsteins Allgemeine Relativitätstheorie) und der Theorien der elektromagnetischen, schwachen und starken Kräfte (Atom- und Teilchenphysik) in Reichweite schien. Nach der Superstring-Theorie sind winzig kleine vibrierende *strings* (Fäden) die elementaren «Bausteine» aller Materie. Doch hat sich die dritte Große Vereinheitlichung in der Physik inzwischen, zehn Jahre nach dem Durchbruch dieser Theorie im Jahre 1984, als problematisch und jedenfalls als weniger interessant als die beiden ersten großen Vereinheitlichungen erwiesen.

Newtons große Leistung war, daß er Himmel und Erde in einem einheitlichen Konzept verknüpfte, und Maxwells Verdienst die Vereinheitlichung der Alltagsphänomene Magnetismus, Elektrizität und Licht. Die Superstring-Theorie dagegen hat nichts mit der alltäglichen Erfahrung zu tun, sondern handelt von extremen und besonderen Verhältnissen, weit entfernt von denen, die uns vertraut sind, und verschließt sich zudem gegenwärtig jeder experimentellen Überprüfung.

Trotz gewaltiger Ausgaben für sehr komplizierte Einrichtungen wie das europäische Kernforschungszentrum CERN bei Genf glaubt man gegenwärtig nicht, die dritte Große Vereinheitlichung, die Vereinheitlichung aller Kräfte der Natur, in absehbarer Zeit erreichen zu können. Zwar wird über eine solche bevorstehende Vereinheitlichung viel diskutiert, doch die Superstring-Theorie hat deutlich gemacht, daß sie, wenn sie denn käme, uns kaum irgend etwas über unseren Alltag zu sagen haben wird, das wir nicht im voraus wußten. Und dann ist es mit dieser Vereinheitlichung nicht weit her.

In den achtziger Jahren fanden jedoch einige erstaunliche und dramatische Umwälzungen statt, die die Entwicklungstendenz der Physik in eine andere Richtung gelenkt haben.

Die Physik hat sich im 20. Jahrhundert lange Zeit von unserem Alltag, von den Erscheinungen, die man beobachten kann, wenn man die Augen öffnet, entfernt. Immer größere Beschleuniger und immer kompliziertere Geräte wurden zur Erforschung ungewöhnlicher Effekte entwickelt, die erkennen lassen sollten, wie eine Vereinheitlichung der Theorie der Gravitation mit der Theorie der Atome zu erreichen sei. Sie ist bisher nicht gelungen.

In den achtziger Jahren haben neue Theorien unter den Etiketten Chaos, Fraktale, Selbstorganisation und Komplexität die Aufmerksamkeit wieder auf den Alltag gelenkt. Zwar waren die Physiker in der Lage, durch Experimente in teuren Versuchsanlagen allerlei Finessen zu begreifen, doch fällt es ihnen immer noch sehr schwer, Alltagserscheinungen zu erklären. Die Wissenschaft hat Mühe, Fragen zu beantworten, wie Kinder sie stellen, Fragen nach den Formen der Natur, der Bäume, Wolken, Gebirgsketten und Blumen.

Die Theorien des Chaos und der Fraktale sind auf breites Inter-

Isaac Newton

James Clerk Maxwell

esse gestoßen, da sie genuin neue Erkenntnisse enthalten und zu einer neuen Form von Ästhetik geführt haben, vor allem durch die Darstellung der Fraktale als Computergraphik. Das eigentlich Interessante aber sind wohl die mit diesen Theorien verbundenen begrifflichen Umwälzungen, die zu einer dritten Großen Vereinheitlichung in der Physik führen könnten. Nicht zu einer Vereinheitlichung von Gravitation und Atomtheorie, sondern von Wissenschaft und Alltag, einer Theorie, die in einem Atemzug den Anfang des Universums und das Alltagsbewußtsein oder den Zusammenhang des Begriffs «Bedeutung» mit dem Verständnis Schwarzer Löcher erläutert.

Eine solche dritte Große Vereinheitlichung würde sich in ihrer Bedeutung ohne weiteres mit der Newtonschen und Maxwellschen messen lassen. Sie wird kommen – viele Anzeichen sprechen dafür, es gibt sogar Grund zu der Annahme, daß dies noch vor der Jahrtausendwende geschehen wird, und zwar wegen eines Rätsels, das vor zehn Jahren gelöst wurde. Aufgestellt hatte es 1867 James Clerk Maxwell. Es ist das Rätsel des Maxwellschen Dämons.

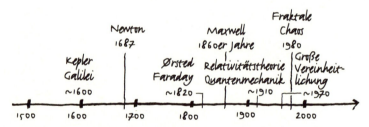

Hauptereignisse in der modernen Physik

«Ein Gespenst geht durch die Wissenschaften, das Gespenst der Information.» Mit diesem direkten Verweis auf Karl Marx' *Kommunistisches Manifest* von 1848 lud der in Polen geborene und ausgebildete Physiker Wojciech Zurek, der heute in den USA ar-

Das Gespenst der Information 27

beitet, 1988 zu einem Kongreß in der Stadt Santa Fe, New Mexico, ein. Vierzig führende Physiker und einige Mathematiker versammelten sich, um über «Entropie, Komplexität und die Physik der Information», wie der Kongreß hieß, zu diskutieren.

«Das Gespenst der Information sucht die Wissenschaften heim»[7], schrieb Zurek im Einladungsschreiben, das auf einige «tiefe Analogien» zwischen Größen aus weit entfernten Bereichen der Physik und zwischen Physik und Alltagswelt aufmerksam macht. Analogien zwischen dem Betrieb von Dampfmaschinen und der Theorie der Kommunikation, zwischen Messungen atomarer Phänomene und Erkenntnistheorie, zwischen Schwarzen Löchern im Universum und der Menge der Unordnung in einer Teetasse, zwischen Berechnungen an Computern und den Grundlagenproblemen der Mathematik, zwischen der Komplexität biologischer Systeme und der Ausdehnung des Universums.

Als sich der gleiche Kreis von Physikern zwei Jahre später zu einem zweiten Kongreß versammelte, hielt der damals neunundsiebzigjährige amerikanische Physiker John A. Wheeler das Einführungsreferat. Wheeler hat 1939 mit Niels Bohr die Theorie der Kernspaltung aufgestellt, und auf ihn geht der Name der seltsamsten Erscheinung zurück, die aus Einsteins Theorie der Gravitation folgt: der Schwarzen Löcher. John Wheeler ist der *grand old man* auf einigen Gebieten der Physik, die zur Diskussion anstanden, und außerdem liegt ihm die Gebärde des Propheten.

Der kleine, rundliche Mann mit dem immer freundlich-frohen Gesicht überblickte den kleinen, aber *sehr* qualifizierten Kreis von Forschern, der sich am 16. April 1990, einem Montag, im Kongreßraum des kleinen Santa Fe Institute versammelt hatte. Er sagte: «Dies ist nicht nur *noch ein Kongreß*. Ich erwarte, daß wir bis Freitag oder Samstag wissen, wie das Universum zusammengesetzt ist.»[8]

Daraufhin verabschiedete sich Wheeler von einigen heiligen Kühen der Physik: «Es gibt keinen Raum und keine Zeit», verkündete er und nahm sich dann gleich noch den Begriff der *Wirklichkeit* vor: «Es gibt kein *Draußen* dort draußen.»

«Die Vorstellung *eines* Universums, *der* Welt, ist dumm: Wir sind alle beteiligte Beobachter der Welt – und es ist ein Wunder, daß jeder sich das gleiche Bild vom Universum machen kann. Wenn diese Woche vergangen ist, wissen wir vielleicht, wie wir dies alles aus dem Nichts heraus erklären können.»

Nicht alle waren einverstanden, aber alle wußten im nachhinein, daß in dieser Woche das Weltbild nicht verändert wurde. Das Gefühl aber, es sei an der Zeit, ganz von vorn zu beginnen und alles noch einmal zu durchdenken, breitete sich aus. Ein prominenter Forscher nach dem anderen referierte, und alle Grundbegriffe der Physik wurden unter die Lupe genommen.

«Ich will über das sprechen, was nicht in den Lehrbüchern steht», erklärte ein anderer kleiner, rundlicher amerikanischer Physiker, Edwin T. Jaynes, der in den fünfziger Jahren eine neue theoretische Beschreibung der Thermodynamik, der Wärmelehre, formuliert hat, auf der die zentralen Begriffe des Kongresses, Entropie und Information, beruhen. «Vielleicht steht es in dem Sinne in den Lehrbüchern, daß dort die Formeln abgedruckt sind, aber es ist kein Hinweis darauf zu finden, was sie bedeuten... Die Mathematik, die ich jetzt anwenden werde, ist viel einfacher als die, die wir alle beherrschen. Die Probleme aber sind nicht mathematischer, sondern theoretischer Natur.»

In einer Pause fragte der Mathematiker Thomas Cover von der Stanford University: «Sind alle Physikerkongresse so? Das ist ja wie Bonbonlutschen!»

Er war eine Ausnahme. Kongresse von einer derartigen geistigen Offenheit sind extrem selten. Hier waren die Fragen wieder zu hören, durch die man sich im Gymnasium bei den Lehrern unbeliebt gemacht hatte: Was bedeutet das? Wie ist das zu verstehen? Hier konnte man Spitzenleute sagen hören: «Aber warum kümmert sich mein Automotor um Entropie, wenn du behauptest, das Ganze drehe sich nur darum, wie meine Beschreibung aussieht?»

Die Physik war wie neugeboren. Und das war dem ersten seriösen Thema zu verdanken, das zur Debatte stand, nachdem Wheeler den Ton angegeben hatte: dem *Maxwellschen Dämon*.

Wärme. Damit kennt sich der Mensch aus – Körperwärme, Sommerwärme, Heizungswärme. Bis zur Mitte des 19. Jahrhunderts aber konnte die Physik nicht genau erklären, was Wärme ist. Aristoteles hatte Feuer und Wärme für eigenständige, unerklärliche Elemente gehalten, so wie Luft, Erde und Wasser.

Entsprechende Vorstellungen, daß Wärme eine besondere Substanz, ein Stoff, ein *calorique* sei, der alle Körper umgebe, kursierten noch Anfang des 19. Jahrhunderts. Dabei wurde eine Beschreibung von Wärme dringend benötigt. Der Engländer James Watt hatte mit der Erfindung einer neuen, leistungsfähigen Dampfmaschine im Jahre 1769 nicht nur das Zeitalter der Industrialisierung eingeläutet, sondern auch ausgiebige Diskussionen über die Möglichkeit eines Perpetuum mobile entfacht. Je mehr Dampfmaschinen in Europa ratterten, desto dringlicher wurde es für die Forscher, die Wärmelehre, die *Thermodynamik*, in den Griff zu bekommen.

Den ersten wesentlichen Beitrag lieferte 1824 der Franzose Sadi Carnot. Weniger mittels physikalischer Theorien als aufgrund der Erfahrungen, die sein Vater, Lazare Carnot, mit Wärmemaschinen gemacht hatte, entwickelte er eine Beschreibung von Dampfmaschinen, aus der Jahrzehnte später die fundamentalen Gesetze der Wärmelehre, die *Hauptsätze der Thermodynamik*, abgeleitet wurden.

Der erste dieser Hauptsätze betrifft die Menge der Energie in der Welt. Sie ist konstant. Wird Energie «verbraucht», entsteht keine Energie und verschwindet keine Energie. Aus Kohle läßt sich heißer Dampf und aus Öl Heizungswärme gewinnen, die Energie wird aber dabei lediglich von einer Form in eine andere umgewandelt.

Das widerspricht der gewohnten Bedeutung des Wortes Energie, derzufolge ja etwas verbraucht wird. Wir sagen, ein Land habe einen bestimmten Energieverbrauch, doch vom physikalischen Begriff der Energie her gesehen ist dieser Satz unsinnig. Das Land verwandelt eine Form der Energie in eine andere, zum Beispiel Öl in Wärme. Die Menge der Energie aber ist konstant, sie ist nur von einer Form in eine andere überführt worden.

Ganz dumm aber ist die Alltagssprache dennoch nicht, denn tatsächlich gibt es ja etwas, das gebraucht und verbraucht wird, wenn man das Haus beheizt. Das Öl bekommt man nicht wieder. Ist das Haus erst einmal warm, kann man die Heizung nicht dazu bringen, rückwärts zu laufen und den Tank wieder aufzufüllen.

Es geschieht also etwas, wenn Energie «verbraucht» wird, obwohl der Erste Hauptsatz der Thermodynamik besagt, die Energie in der Welt sei konstant und könne nicht verbraucht werden. Die Energie wird *zu* etwas gebraucht, und dieses Etwas erklärt der Zweite Hauptsatz der Thermodynamik.

Er besagt, daß Energie in mehr oder weniger brauchbarer Form auftritt. Mit manchen Formen von Energie kann man viel Arbeit von einer Maschine verrichten lassen, der die Energie zugeführt wird – zum Beispiel ein Haus heizen oder einen Eisenbahnzug ziehen oder Staub saugen. Energie tritt in vielen Formen auf, und obwohl sie konstant ist, sind die Formen der Energie gewiß nicht gleich. Es gibt Formen von Energie, die sich für sehr vielfältige Arbeiten einsetzen lassen; elektrische Energie gehört in dieser Hinsicht zu den nützlichsten. Andere Formen der Energie sind nicht so vielseitig verwendbar. Wärme beispielsweise läßt sich kaum anders als zum Erhitzen verwenden.

Doch können wir Wärme gezielter einsetzen als beim Heizen. Wir können zum Beispiel eine Lokomotive mit Wärme betreiben, was allerdings aufwendiger ist als der Antrieb mit Strom. Es muß dann mehr Energie vorhanden sein. Energie tritt in verschiedenen Qualitäten auf, von denen Wärme die geringste ist.

Auf diesen Sachverhalt lenkte die Dampfmaschine die Aufmerksamkeit der Wissenschaftler. Energie kann vorhanden sein, ohne daß sie zur Verfügung steht. Wärme ist eine Form der Energie, die nicht in gleichem Maße zur Verfügung steht wie elektrischer Strom. Es muß mehr Wärmeenergie umgesetzt werden, um den Zug in Gang zu bringen. Man verbraucht dabei nicht mehr Energie, denn letzten Endes kann man Energie überhaupt nicht verbrauchen; man muß jedoch mehr Energie aufwenden, wenn sie in Form von Wärme statt in Form von elektrischem Strom auftritt. Man muß mehr umsetzen.

Der Zweite Hauptsatz der Thermodynamik beschreibt diesen Sachverhalt sehr präzise. Wird Energie umgesetzt («verbraucht», wie es in der Alltagssprache heißt), dann wird sie weniger zugänglich. Man gewinnt weniger Arbeit aus ihr. Und in diese Richtung, so folgt aus dem Zweiten Hauptsatz, geht es immer – jeder Umsatz von Energie führt dazu, daß die Energie weniger zugänglich wird. (Es gibt sehr spezielle Fälle, in denen Energie reversibel umgesetzt werden kann, jedoch nur in Lehrbüchern, nicht im Alltag.) Die Energie in der Welt ist konstant, sie wird aber immer weniger wertvoll, je mehr wir sie nutzen; sie wird immer weniger zugänglich.

Dies sind die beiden ersten Hauptsätze der Thermodynamik: Die Energie ist konstant, wird jedoch immer weniger zugänglich. Ende des 19. Jahrhunderts weckte diese Erkenntnis die Vorstellung, der Welt stehe eine deprimierende Zukunft bevor. Je mehr Energie wir umsetzen, desto unzugänglicher wird sie. Alles endet letztlich als Wärme, in der am wenigsten zugänglichen Form von Energie. Man nannte dies den Wärmetod des Universums. Alles endet als gleichförmige, laue Wärme, in der es keine Unterschiede mehr gibt, aufgrund deren man aus Wärme Arbeit gewinnen könnte.

Wie die Erfahrungen mit der Dampfmaschine deutlich zeigten, kann Wärme zur Verrichtung von Arbeit nur benutzt werden, wenn ein Unterschied vorhanden ist, ein Unterschied zwischen zwei Temperaturen. Nur weil der Kessel der Dampflokomotive viel heißer ist als die Umgebung, kann er den Zug zum Fahren bringen. Aus Wärme ist nur dann Arbeit zu gewinnen, wenn man das Warme abkühlen kann.

Kühlt man jedoch etwas Heißes auf die Temperatur der Umgebung ab, kann man es nicht wieder heiß werden lassen, ohne Energie aufzuwenden. Ist der Kaffee erst einmal kalt geworden (nachdem er mittels Elektrizität auf der Herdplatte erhitzt worden ist), wird er nicht wieder warm (es sei denn, wir schalten den Strom wieder an). Wärmeunterschiede gleichen sich unwiderruflich aus.

Deshalb folgt aus dem Zweiten Hauptsatz der Thermodynamik offenbar, daß die Entwicklung unserer Welt zur Lauheit, zum

Ausgleich, zur Gleichförmigkeit, zum Grau-in-Grau führt. Zum Wärmetod des Universums. Wäre dies nicht so, hätten es die Ingenieure leicht. Genügend Energie ist in der Welt vorhanden, und sie verschwindet nicht. Man könnte die gleiche Energie immer wieder benutzen. Man könnte ohne weiteres Perpetua mobilia bauen. Dem Zweiten Hauptsatz zufolge aber ist das nicht möglich.

1859 gab der preußische Physiker Rudolf Clausius diesem Sachverhalt den Namen *Entropie*. Entropie ist ein Maß für den Grad der Unzugänglichkeit von Energie. Je größer die Entropie, zu desto weniger läßt sich die Energie benutzen. Demzufolge lassen sich die Hauptsätze in folgender Weise umformulieren: Der erste besagt, daß die Energie konstant ist, und der zweite, daß die Entropie zunimmt. Wird in einem System Energie umgesetzt, wächst in ihm die Entropie.

Damit ist noch nicht erklärt, was Wärme ist; jedoch ist einiges darüber ausgesagt, warum sie eine so spezielle Form der Energie ist. Sie enthält sehr viel Entropie, viel mehr als Strom.

Man begriff dann jedoch sehr schnell, was Wärme ist, vor allem aufgrund der Arbeiten James Clerk Maxwells und Ludwig Boltzmanns. Sie erkannten, daß sich ein alter Gedanke präzise fassen läßt, der Gedanke, daß Wärme eine Form von Bewegung in Materie darstellt. Ausgangspunkt ist die Theorie der Atome, die Vorstellung, Materie bestehe aus einer Menge kleiner gleichartiger Entitäten, die in Bewegung sind.

Der Atomismus war Ende des vorigen Jahrhunderts nicht allgemein anerkannt. Inzwischen steht fest, daß Materie immer aus bewegten Atomen besteht. Sie treten in kleinen Einheiten auf, den Molekülen. Alle Materie besteht jeweils aus einer bestimmten Art von Molekülen, die sich aus einigen der 92 vorhandenen Arten von Atomen zusammensetzen. Wir kennen nun aber verschiedene Formen der Bewegung. Feste Stoffe behalten ihre Form trotz der Bewegung der Moleküle bei. Flüssigkeiten sind fluid, sie passen sich dem Boden des Gefäßes an, in dem sie sich befinden. Ein Gas dagegen ist ganz frei beweglich und füllt das Gefäß aus.

Fest, flüssig oder gasförmig sind die drei Zustände oder Phasen, in denen Materie auftritt (es gibt noch einen vierten Aggregatzustand, das *Plasma*, bei dem die Atome aufgespalten sind; aus dem Alltag kennen wir ihn in Form von Feuer). Der Unterschied zwischen den drei Zuständen ist weniger groß, als man vermuten könnte. Sie sind uns vom gewöhnlichen H_2O (Molekülen, die aus einem Atom des Sauerstoffs – O – und zwei Atomen des Wasserstoffs – H – bestehen) her wohlvertraut: Eis, flüssiges Wasser und Dampf. Ist die Temperatur niedrig, bewegen sich die Moleküle sehr langsam. Die feste Struktur kann aufrechterhalten werden. Steigt die Temperatur an, bewegen sich die Moleküle schneller und können ihre Plätze tauschen, bleiben aber immer noch verbunden. Erst bei Temperaturen über 100 Grad Celsius trennen sich die Moleküle voneinander und bewegen sich in Dampfform frei umher – als Gas. Den Wechsel von einem dieser drei Zustände in einen anderen nennt man *Phasenübergang*. Gemeinsam ist diesen Wärmebewegungen, daß die Moleküle sich chaotisch bewegen, hierhin und dorthin. Die Wärmebewegung der Moleküle ist ungerichtet, sie wimmeln und schwirren umher.

Doch ist Wärme nicht die einzige Art von Bewegung in Materie, eine andere ist elektrischer Strom. In elektrischem Strom aber bewegen sich nicht alle Moleküle der Materie durcheinander, sondern einer ihrer atomaren Bestandteile – die negativ geladenen Elektronen – fließt in einer bestimmten Richtung. Ein elektrischer Strom weist also mehr Ordnung auf als eine chaotische Wärmebewegung. Entsprechendes gilt für den Wind. Eine Menge von Luftmolekülen strömt in eine bestimmte Richtung, statt wirr umherzukreisen. Daher sind Windmühlen eine elegante Form der Stromproduktion, eleganter als Kohle- und Atomkraftwerke, denn diese benötigen Brennstoff, um Wasser zu erhitzen, das eine Turbine antreibt. Der Umweg über das heiße Wasser ist der Preis, mit dem die Experimente der Ingenieure teuer bezahlt werden müssen.

Viele Eigenschaften der Materie sind also zu verstehen, wenn man diese als zusammengesetzt aus kleinen gleichartigen Bestandteilen betrachtet, die eine bestimmte Bewegung haben. Die

Bewegung, sei sie geordnet wie beim Wind oder ungeordnet wie bei der Wärme, beinhaltet eine gewisse Energie. Soll Strom produziert werden, ist Wind nützlicher als Wärme, da bei ihm die Bewegung eine Richtung hat. Doch auch Wärme besitzt noch viel Energie, nur ist sie schwer zugänglich, da sie in einer ungeordneten Bewegung gebunden ist.

Temperatur ist Ausdruck der spezifischen Geschwindigkeit, mit der sich die Moleküle bewegen. Was wir mit Wärme meinen und als Temperatur messen, ist *ungeordnete Bewegung*.

Bedeutet dies, daß sich alle Moleküle einer bestimmten Gasart mit genau gleicher Geschwindigkeit bewegen? Und was versetzt sie in die Lage, ihr Tempo beizubehalten, wenn man die Heizung einschaltet?

Genau das erklärte Maxwell. Er führte erstmals statistische Begriffe in die Physik ein. Die Moleküle bewegen sich nicht alle gleich schnell. Einige haben ein sehr hohes Tempo, andere sind viel langsamer. Die verschiedenen Geschwindigkeiten weisen jedoch eine bestimmte Verteilung auf, die durch die *Maxwell-Boltzmann-Statistik* beschrieben wird. Diese besagt, daß die Moleküle eine bestimmte Durchschnittsgeschwindigkeit haben, um diesen Durchschnitt herum jedoch variieren. Ein hoher beziehungsweise niedriger Durchschnittswert entspricht einer hohen beziehungsweise niedrigen Temperatur.

In einem Stoff, der eine bestimmte Temperatur aufweist, finden sich also Moleküle mit vielen verschiedenen Geschwindigkeiten, die aber meist dicht am Durchschnittswert liegen. In warmen Substanzen bewegen sich mehr Moleküle mit großer Geschwindigkeit als in kalten. Es gibt aber auch schnelle Moleküle im Kalten und sehr träge im Warmen.

So läßt sich beispielsweise Verdampfung verstehen. Je höher die Temperatur, desto mehr Moleküle mit hoher Geschwindigkeit. Stellt man sich verdampfende Moleküle als Raketen vor, die gen Himmel fahren, erkennt man, daß um so mehr Moleküle frei werden, je heißer eine Flüssigkeit ist.

Aus diesem statistischen Zusammenhang einer gleichen Ver-

Die Maxwell-Boltzmann-Statistik 35

teilung von Geschwindigkeiten ergibt sich nun eine interessante Konsequenz. Es ist dem einzelnen Molekül nicht anzusehen, an welcher Temperatur es beteiligt ist. Oder, anthropomorph ausgedrückt, das einzelne Molekül ahnt nichts davon. Der Begriff der Temperatur ist nur sinnvoll, wenn man von vielen Molekülen spricht. Es ergibt keinen Sinn, das einzelne Molekül zu fragen, wie groß seine Temperatur ist, denn das Molekül weiß es nicht. Es kennt nur eine Geschwindigkeit, seine eigene.

Da aber das Molekül eines Gases nach einer Weile auf andere Moleküle stößt, hat es ein bestimmtes «Wissen», mit welcher Geschwindigkeit sich diese bewegen. Deshalb nimmt ja Materie eine gleichmäßige Temperatur an: die Moleküle treffen ständig aufeinander, und ihre Geschwindigkeiten beeinflussen sich gegenseitig. Es entsteht Gleichgewicht.

In der Erforschung der Gesetze dieses Verhaltens liegt Maxwells Leistung. Bewegung und Kollision der kleinen Moleküle lassen sich ohne weiteres mit Newtons alten Gesetzen für das Verhalten von Billardkugeln beschreiben. Sind genügend Kugeln vorhanden – und in der Luft gibt es *viele* Moleküle, in diesem Raum rund 1 000 000 000 000 000 000 000 000 000 (10^{27}) –, dann ergeben sich aus Newtons Gesetzen die bekannten statistischen Regeln für Temperatur, Druck und Volumen von Stoffen und für die abnehmende Zugänglichkeit der Energie in Wärme.

Etwas aber ist in diesem Bild sonderbar. Newtons Gesetze für Billardkugeln und andere mechanische Erscheinungen, so einfach und schön sie sind, beschreiben reversible Phänomene. In Newtons Welt kann die Zeit rückwärts laufen, ohne daß ein Unterschied zu erkennen ist. In der Welt der Wärmelehre dagegen ergibt sich aus dem Verhalten der Kugeln der merkwürdige Zweite Hauptsatz der Thermodynamik: Mischt man etwas Warmes mit etwas Kaltem, kann man beides nicht wieder voneinander trennen. Ist der Kaffee erst einmal kalt geworden, dann ist etwas Unwiderrufliches geschehen.

Moleküle mit hoher Durchschnittsgeschwindigkeit mischen sich mit Molekülen, die eine geringere Durchschnittsgeschwindigkeit haben. Die Kugeln kollidieren und nehmen eine gemeinsame Durchschnittsgeschwindigkeit an. Der Unterschied ist damit verschwunden: Man kann die Moleküle, die vorher schnell waren, nicht von denen unterscheiden, die vorher langsam waren. Das einzelne Molekül «ahnt» ja nicht, an welcher Temperatur es beteiligt ist – jedenfalls nicht zum gegebenen Zeitpunkt.

Sind die molekularen Karten erst einmal gemischt, kann man sie nicht wieder auseinandersortieren.

Ludwig Boltzmann fand die präzisen Formulierungen für diesen Sachverhalt in den Jahren um Maxwells Tod (1879). Es ist nicht sehr wahrscheinlich, erkannte er, daß Newtons Gesetzen zufolge alle Moleküle plötzlich die Geschwindigkeit einnehmen, die jedes für sich innehatte, ehe sie vermischt wurden. Es ist sogar sehr unwahrscheinlich.

Mischungen werden sich, je länger sie bestehen, immer weiter vermischen. Kälte und Wärme gleichen sich aus, es entsteht etwas Laues.

Deshalb nimmt die Entropie zu. Entropie ist Ausdruck für den Grad der Unzugänglichkeit einer Energie. Tritt diese Energie in Form von Wärme – gemessen als Temperatur – auf, kann sie nur genutzt werden, indem etwas Warmes mit etwas Kaltem gemischt wird (eine Dampfmaschine mischt Dampf mit kalter Luft aus der Umgebung). Ist die Vermischung aber erst einmal vollzogen, kann man die Bestandteile nicht wieder voneinander trennen – und noch einmal benutzen, um Arbeit zu verrichten.

Die Ursache liegt im Ausgleich, und der Ausgleich ist unwiderruflich oder *irreversibel*. Deshalb nimmt die Entropie zu, unwiderruflich.

Boltzmanns Formulierung machte die Wärme und den Zweiten Hauptsatz verständlich, der bald als das fundamentalste Naturgesetz der Welt galt. In gewissem Sinne beschrieb sie sogar das Fortschreiten der Zeit. Die Moleküle tauschen ihre Geschwindigkeiten aus, ihre Bewegungen gleichen sich aus, sie erreichen einen Durchschnitt, ein Gleichgewicht. Zwischen Vorher und Jetzt besteht ein Unterschied. Die Entwicklung verläuft vom Unterschied zur Gleichförmigkeit.

Viele zeitgenössische Physiker aber kritisierten diese Auffassung. Man könne, sagten sie, so unwiderrufliche und irreversible Gesetze wie die der Thermodynamik nicht aus Newtons Gesetzen der Bewegung und Wechselwirkung von Körpern, aus der Physik der Billardkugeln ableiten. Newtons Bild sei majestätisch eben wegen seiner Reversibilität. Alle Gleichungen gelten unabhängig davon, in welche Zeitrichtung die Prozesse, die sie beschreiben, verlaufen.

Aufgrund unserer Alltagserfahrungen wissen wir hingegen, daß die Dinge in der Welt irreversibel sind. Zerbricht etwas, repariert es sich nicht selbst. Wärme schwindet, und die Unordnung wird größer. Die Zeit schreitet fort, und alles vergeht. Die Dinge zerfallen. Nie ist es vorgekommen, daß sich ein zerschlagener Teller heil aus den Scherben erhebt.

Das aber interessierte Boltzmanns Kritiker nicht. Newtons Theorien waren das Ideal jeder physikalischen Theorie, und etwas Unwiderrufliches aus dem Widerruflichen, das Irreversible aus dem Reversiblen abzuleiten war ein Affront. Boltzmann habe eine falsche Vorstellung von Zeit, meinten seine Zeitgenossen.

Theorien, denen zufolge die Materie aus Atomen bestehe, waren um die Jahrhundertwende nicht allgemein anerkannt. Die theoretische Grundlage, auf der Maxwells und Boltzmanns Vorstellungen beruhten, daß Wärme als statistische Erscheinung bei großen Anhäufungen von Molekülen zu verstehen sei, stand unter heftigem Beschuß. Erst in den ersten Jahrzehnten des 20. Jahrhunderts wiesen Physiker wie Einstein und Niels Bohr die Existenz von Atomen nach.

1898 schrieb Boltzmann im Vorwort eines Buches über die Theorie der Bewegung von Molekülen in Gasen, er sei überzeugt, «daß diese Angriffe nur auf Mißverständnissen beruhen», und er sei sich bewußt, «wie ohnmächtig der Einzelne gegen Zeitströmungen bleibt».[9]

1906 war der zweiundsechzigjährige Boltzmann trotz seiner bedeutenden Beiträge zur Entwicklung der Physik alles andere als ein gefeierter Held. Er litt unter Depressionen und fürchtete sich davor, Vorlesungen zu halten. Einen Lehrstuhl in Wien mußte er ausschlagen, und ihm drohte ein Gelehrtenleben auf verlorenem Posten. Im Jahr zuvor hatte er seine *Populären Schriften* veröffentlicht, in denen folgender Satz stand: «Ja, ich möchte sagen, ich bin allein übrig geblieben von denen, die das Alte noch mit voller Seele umfaßten, wenigstens bin ich der einzige, der noch dafür, soweit er es vermag, kämpft.»[10]

Doch der Kampfgeist ermattete. Während eines Sommerurlaubs in der Nähe von Triest nahm sich Ludwig Boltzmann am 6. September 1906 das Leben.[11]

Es war ihm nicht gelungen, die Reversibilität in Newtons erhabenen Gleichungen mit der Irreversibilität der Alltagswirklichkeit in Einklang zu bringen.

Das aber war genau das Problem, auf das Maxwell aufmerksam machen wollte, als er 1867 jenen neckischen Dämon erfand, der dann in einer mehr als hundert Jahre andauernden Diskussion die Schwierigkeit ans Licht bringen sollte, die Ludwig Boltzmann in die Verzweiflung getrieben hatte.

«Der Maxwellsche Dämon lebt. Nach mehr als 120 Jahren unsicheren Daseins und mindestens zweimaliger Ankündigung seines Todes scheint diese seltsame Figur lebendiger denn je zu sein», schrieben die amerikanischen Physiker Harvey Leff und Andrew Rex 1990 in einem Buch, das historische Dokumente zur Geschichte des Maxwellschen Dämons enthält, ihrer Meinung nach ein übersehenes Kapitel in der Geschichte der modernen Wissenschaft. «Maxwells Dämon ist nichts weiter als eine einfache Idee», heißt es dort, «doch hat sie einige der größten Wissenschaftler herausgefordert, und die umfassende Literatur dazu reicht von der Thermodynamik über statistische Physik, Informationstheorie, Kybernetik, die Grenzen der Berechenbarkeit und die Biologie bis hin zu Wissenschaftsgeschichte und -theorie.»[12]

Im Jahre 1867 fragte der Physiker Peter Guthrie Tait bei seinem Studienfreund James Clerk Maxwell an, ob dieser bereit sei, ein Manuskript über die Geschichte der Thermodynamik kritisch durchzusehen, das er publizieren wollte. Ihm sei sehr an Maxwells kritischem Kommentar vor Veröffentlichung der Arbeit ge-

Ludwig Boltzmann

legen, schrieb er. Maxwell war einverstanden, obwohl er, wie er betonte, die Geschichte der Thermodynamik nicht im einzelnen kenne. Doch könne er vielleicht auf ein, zwei Lücken in der Darstellung aufmerksam machen. Und dann weist er in seinem Brief an Tait auf einen Punkt in der Darstellung hin, die er noch gar nicht gesehen hatte, eine Lücke im Zweiten Hauptsatz der Thermodynamik.

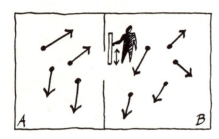

Maxwells Dämon in einer geteilten Kammer mit Schiebetür. Die Moleküle in den beiden Kammern haben die gleiche Geschwindigkeit.

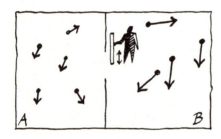

Maxwells Dämon nach dem Sortieren der Moleküle: die schnellen befinden sich rechts, die langsamen links.

Maxwell hatte eine einfache Idee. In einen Behälter mit zwei Kammern, A und B, ist eine bestimmte Menge Luft eingeschlossen. In der Wand zwischen den beiden Kammern befindet sich eine kleine Luke, die sich öffnen und schließen läßt, ohne daß dabei Arbeit aufgewendet wird – also irgendeine besonders gute Schiebetür.

«Stell Dir nun ein kleines Wesen vor, das durch einfache Beobachtung die Bahnen und Geschwindigkeiten aller Moleküle kennt, das aber nichts anderes tun kann, als das Loch zu öffnen und zu schließen», schrieb Maxwell.[13] Daraufhin schildert er, wie das kleine Wesen die Luke immer dann öffnet, wenn sich ein schnelles Molekül in der linken Kammer auf sie zubewegt. Nähert sich dagegen in der linken Kammer ein langsames Molekül der Luke, bleibt sie geschlossen. So gelangen nur die schnellen Moleküle aus der linken Kammer in die rechte. Umgekehrt werden nur die langsamen Moleküle aus der rechten Kammer in die linke gelassen.

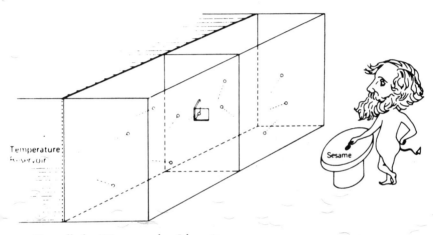

Maxwellscher Dämon aus dem Jahr 1967

Das Ergebnis ist, daß sich schnelle Moleküle in der rechten und langsame Moleküle in der linken Kammer anhäufen. Die Anzahl der Moleküle in beiden Kammern bleibt konstant, aber in jeder von ihnen verändert sich die Durchschnittsgeschwindigkeit, rechts wird sie höher, links niedriger. Also steigt rechts die Temperatur, während sie links sinkt. Es ist ein Unterschied entstanden. «Und trotzdem», schreibt Maxwell, «ist keine Arbeit verrichtet, sondern nur die Intelligenz eines sehr scharfsichtigen und fingerfertigen kleinen Wesens beansprucht worden.»[14]

Maxwell hatte anscheinend eine Lücke im Zweiten Hauptsatz der Thermodynamik entdeckt. Ein kleiner, pfiffiger Bursche kann aus Lauheit Wärme machen, ohne Arbeit zu verrichten. «Kurz gesagt», schrieb Maxwell, «wenn Wärme die Bewegung von endlichen Einheiten der Materie ist und wir in der Lage wären, diese Einheiten einzeln zu handhaben, dann könnten wir aus den verschiedenen Bewegungen der verschiedenen Bestandteile einen Vorteil ziehen und aus einem System gleichmäßiger Wärme wieder ungleiche Temperaturen zurückgewinnen... Wir können es aber nicht, weil wir nicht geschickt genug sind.»[15]

Wir sind zu groß und schwerfällig, um den Zweiten Hauptsatz der Thermodynamik zu umgehen. Wären wir aber ein wenig geschickter und scharfsichtiger, könnten wir die langsamen Moleküle in der Küchenluft in den Kühlschrank stecken und mit den schnellen die Herdplatte heizen, ohne Strom zu verbrauchen.

Drei Jahre später schrieb Maxwell an den Physiker Lord Rayleigh: «Moral: Der Zweite Hauptsatz der Thermodynamik hat den gleichen Wahrheitsgrad wie die Aussage, man bekomme einen Eimer voll Wasser, den man ins Meer wirft, niemals mit demselben Wasser wieder heraus.»[16]

Maxwell wollte darauf hinaus, daß der Zweite Hauptsatz nur statistische Gültigkeit besitzt; er ist ein Gesetz, das nur auf unserem Niveau gilt, aber nicht für kleine Wesen mit großer Geschicklichkeit und Intelligenz. Wenn wir die Welt beschreiben, wie wir sie kennen, in Form gigantischer Ansammlungen von Molekülen, dann gilt das Gesetz der Entropiezunahme und der wachsenden Unzugänglichkeit der Energie. Wären wir aber nur ein wenig pfiffiger, könnten wir Wärme aus der Kälte hereinholen, indem wir einfach das Fenster öffneten, wenn schnelle Moleküle aus der Nachtkälte (obwohl sie dort selten sind) hereinkommen oder die langsamen Moleküle auf dem Weg hinaus wären.

Ein Perpetuum mobile, das auf intelligenter Beobachtung beruht.

Maxwell veröffentlichte die Idee von dem kleinen Kerl 1871 in einem Buch über Wärmelehre, und drei Jahre später gab der Physiker William Thomson dem Wesen einen Namen. Er nannte ihn einen *Dämon*, womit er nicht etwas Bösartiges meinte, sondern «ein intelligentes Wesen, das einen freien Willen hat und taktil und perzeptorisch so fein organisiert ist, daß es einzelne Moleküle in der Materie zu beobachten und zu beeinflussen vermag»[17].

Maxwells Dämon sagt uns auf schelmische Weise, daß nicht die Welt, sondern wir selbst die Ursache dafür sind, daß wir arbeiten müssen, um es im Winter warm zu haben. Alles entwickelt sich nur deshalb zur Unordnung, weil wir zu groß und zu ungeschickt sind, um mit den einzelnen Bestandteilen der Materie richtig umzugehen.

Maxwellscher Dämon aus dem Jahr 1970

Damit machte Maxwell auf jenen Unterschied zwischen einer Beschreibung der Bewegungen des einzelnen Moleküls mit Hilfe von Newtons Gleichungen und einer Beschreibung großer Ansammlungen von Materie mit der Entropiezunahme der Thermodynamik aufmerksam, der Jahrzehnte später Boltzmann den Lebensmut rauben sollte.

Die Thermodynamik ist eine statistische Theorie; sie beschreibt eine Welt, die wir erkennen, aber nicht beeinflussen können, weil wir nicht geschickt genug sind. In Wirklichkeit besteht überhaupt kein Unterschied zwischen verschiedenen Formen von Energie, in Wirklichkeit sind sie alle gleich zugänglich – wenn man mit ihnen umzugehen versteht.

Die Tatsache, daß die Energie immer unzugänglicher wird, hängt also damit zusammen, wie wir die Welt beschreiben und welche Möglichkeiten, in die Welt einzugreifen, die Beschreibung bietet.

In der neunten Auflage der *Encyclopaedia Britannica* von 1878 schrieb Maxwell über die zunehmende Unzugänglichkeit der Energie, ihre Streuung, *Dissipation*, ihr Verrinnen, die Entropiezunahme. Dabei machte er auf eine Besonderheit aufmerksam. Hat man zwei Kammern mit zwei verschiedenen Gasen, läßt sich Gewinn daraus ziehen, wenn man dafür sorgt, daß die Gase sich mischen. Das Verschwinden des Unterschieds durch Mischung kann Energie zugänglich machen. Ist aber in beiden Kammern das gleiche Gas, kommt nichts dabei heraus, wenn man eine Vermischung herbeiführt. Intuitiv leuchtet das ein. Es ergibt sich jedoch eine eigenartige Konsequenz. Maxwell schreibt: «Wenn wir sagen, zwei Gase seien gleich, meinen wir damit, daß wir sie nicht durch irgendeine bekannte Reaktion voneinander trennen können. Es ist nicht wahrscheinlich, aber möglich, daß sich zwei Gase, die aus zwei verschiedenen Quellen stammen, bisher aber für gleichartig gehalten wurden, zu einem späteren Zeitpunkt als unterschiedlich erweisen und daß ein Verfahren entdeckt wird, sie zu trennen.» Wir können also mit der Zeit klüger werden und Unterschiede entdecken, die wir vorher nicht sehen konnten. Die Konsequenz wäre, daß Energie, die vorher unzugänglich war, plötzlich zugänglich wird. Die Dissipation der Energie ist also offenbar abhängig von unserer Fähigkeit, die Dinge zu beschreiben, zwischen ihnen zu unterscheiden. Und diese Fähigkeit ist ja nicht konstant!

Maxwell fährt mit folgenden bemerkenswerten Betrachtungen fort: «Hieraus folgt, daß die Vorstellung der Dissipation von Energie abhängig ist vom Ausmaß unseres Wissens. Zugängliche Energie ist Energie, die wir in eine erwünschte Richtung lenken können. Dissipierte Energie ist Energie, die wir nicht fassen und nach Wunsch dirigieren können, zum Beispiel die Energie der wirren Bewegung von Molekülen, die wir Wärme nennen. Nun ist aber Wirrheit, ebenso wie der verwandte Ausdruck Ordnung, nicht eine Eigenschaft der Dinge selbst, sondern existiert nur im Verhältnis zu dem Geist, der sie begreift. Ein Notizbuch, das schön geschrieben ist, erscheint einem Analphabeten oder dem Besitzer nicht wirr; dieser versteht es vollkommen. Aber jede andere Person, die lesen kann, wird es hoffnungslos verwirren. Dementsprechend würde die Vorstellung dissipierter Energie bei einem Wesen, das überhaupt nicht in der Lage ist, die Energie der Natur zum eigenen Vorteil zu nutzen, gar nicht vorkommen, ebensowenig wie bei jemandem, der die Bewegung eines jeden Moleküls verfolgen und es im richtigen Augenblick ergreifen kann. Nur für ein Wesen im Zwischenstadium, das bestimmte Formen von Energie fassen kann, während sich andere seinem Griff entziehen, scheint sich die Energie unabwendbar vom zugänglichen zum dissipierten Zustand zu bewegen.»[18]

Maxwells Dämon grinst uns an. Der Zweite Hauptsatz der Thermodynamik läßt sich umgehen, man muß nur schlau und geschickt genug sein, und das sind wir nicht.

Die Vertreibung des Dämons hat bei den Wandlungen des wissenschaftlichen Weltbilds im 20. Jahrhundert eine besondere Rolle gespielt. Vorausgesetzt, Maxwells Vorstellung von einem Dämon ist nicht falsch, steht nur unsere eigene Dummheit der Entwicklung eines Perpetuum mobile entgegen. Nur weil wir Sterblichen nicht pfiffig genug sind, müssen wir im Schweiße unseres Angesichts arbeiten.

Vielleicht *kostet* es etwas, so klug wie der Dämon zu sein?

Kapitel 2
Information über Bord

Ein Dämon war zu vertreiben. In den ersten Jahrzehnten des 20. Jahrhunderts setzte sich in der Physik endgültig die Vorstellung durch, daß Materie aus Atomen und Molekülen besteht. Maxwells und Boltzmanns Beschreibung des statistischen Verhaltens großer Anhäufungen von Atomen und Molekülen erwies sich als gültig, ungeachtet des Widerstands, der Boltzmann zum Schicksal geworden war.
Da am Ende des 19. Jahrhunderts noch heftig über die Existenz von Atomen diskutiert worden war, hatte das Problem des Maxwellschen Dämons kaum Beachtung gefunden. Nach der Jahrhundertwende aber zeigte sich mehr und mehr, daß der Dämon unbequeme Fragen aufwarf. Er machte ja auf ein Problem des Zweiten Hauptsatzes der Thermodynamik aufmerksam: Weiß man genug über die Welt, kann man sich in ihr nach Belieben einrichten. Aber das können wir bekanntlich nicht.

Der ungarische Physiker Leo Szilard stellte 1929 die Frage, ob es möglich sei, alles über die Welt zu erfahren, ohne sie zu verändern. Die Antwort war eindeutig negativ.
In einer Abhandlung mit dem Titel «Über die Entropieverminderung in einem thermodynamischen System bei Eingriffen intelligenter Wesen» fragte Szilard: Welche Kosten verursacht es, sich Wissen zu verschaffen? Und kann dieser Preis den Zweiten Hauptsatz vor Maxwells Dämon «retten»?
Leo Szilard rechnete aus, welche Kosten entstehen, wenn man

Wissen erwirbt. Er fand heraus, daß sie gerade so groß sind, daß der Zweite Hauptsatz gültig bleibt. Man muß eine Menge Energie umsetzen, will man so pfiffig sein und bleiben wie Maxwells Dämon, und dadurch produziert man notwendigerweise auch eine Menge Entropie, was den Erwerb all der Geschicklichkeit und Intelligenz wieder ausgleicht. Der Dämon erzielt zwar einen Gewinn, indem er das einzelne Molekül im Auge behält und im richtigen Augenblick an der geschlossenen Luke bereitsteht, doch sind die Kosten höher. Um die Luke zwischen den beiden Kammern zum richtigen Zeitpunkt zu öffnen und zu schließen, muß er die Bewegung der Moleküle kennen, jede einzelne. Deshalb muß er an allen Partikeln Messungen vornehmen. Und das verursacht Kosten: «Es ist nun naheliegend, anzunehmen, daß die Vornahme einer Messung prinzipiell mit einer ganz bestimmten mittleren Entropieerzeugung verbunden ist und daß dadurch der Einklang mit dem Zweiten Hauptsatz wiederhergestellt wird.»[1]

Dies war eine geniale Idee, die die Wissenschaft des 20. Jahrhunderts, von der Informationstheorie über die Informatik bis hin zur Molekularbiologie, entscheidend geprägt hat.

Die Physiker zeigten sich begeistert – der Dämon war vertrieben. Er funktioniert nur, weil er etwas über die Welt weiß, und dieses Wissen erfordert Kosten. Die Wissenschaftshistoriker haben seither die großen Linien nachgezogen: «Warum hat Maxwell nicht daran gedacht?» fragte 1970 Edward E. Daub in einer Zeitschrift für Geschichte und Philosophie der Naturwissenschaften. Und er antwortete: «Weil sein Dämon ein Geschöpf seiner Theologie war.»[2]

Maxwells Theologie, meinte Daub, stamme von Isaac Newton, dem Begründer der modernen Physik. Newtons Gott sieht, hört und versteht alles, jedoch, mit Newtons Worten, in einer Weise, «die ganz und gar nicht menschlich ist, einer Weise, die überhaupt nicht körperlich ist, einer uns vollkommen unbekannten Art und Weise. Wie ein Blinder keine Vorstellung von Farben hat, so haben wir keine Vorstellung davon, wie der allwissende Gott alles begreift und versteht.»[3]

Mit diesem Göttlichen habe Szilard abgerechnet: «Maxwells

Dämon war nicht sterblich, denn er war nach dem Bilde Gottes erschaffen», schreibt Daub. «Und wie Gott konnte er sehen, ohne zu sehen, und hören, ohne zu hören. Er konnte sich, kurz gesagt, Information verschaffen, ohne Energie aufzuwenden.»[4] Szilard habe Maxwells Türsteher sterblich gemacht.

Mit Szilards Analyse des Maxwellschen Dämons beginnt die Erforschung des Wissens als eines Teils der physischen Welt, des Verstehens als Teilnehmen, das Kosten verursacht, des Messens als materielle Aktivität, der sinnlichen Wahrnehmung als Stoffwechsel, der Erkenntnis als *Arbeit* – der Thermodynamik des Denkens. Mit ihr beginnt die Einsicht des Verstandes in seine eigene Materialität, ein bedeutendes Ereignis in der Geschichte der menschlichen Erkenntnis, ein Meilenstein auf dem Weg des Menschen, die Welt zu verstehen – und sich selbst.

Dies ist um so bemerkenswerter, als Szilards Analyse in Wirklichkeit falsch ist. Der Dämon läßt sich mit seinen Argumenten nicht vertreiben, denn sie sind nicht stichhaltig – obwohl man ein halbes Jahrhundert lang, bis 1982, an sie geglaubt hat.

«Es ist eines der großen Rätsel der Wissenschaftssoziologie, warum dieses offensichtlich inadäquate Argument so überwiegend und unkritisch akzeptiert wurde», stellte der Physiker Rolf Landauer 1989 fest und fügte mit kaum verhohlener Ungeduld hinzu: «Erst in den letzten Jahren sind klarere Beiträge dazu erschienen, doch haben sie noch keine breite Anerkennung gefunden.»[5]

Landauer, der im Forschungslabor des Computerkonzerns IBM in Yorktown Heights in der Nähe von New York arbeitet, hat selbst maßgeblich zur endgültigen Vertreibung des Dämons beigetragen. Diese selbst nahm 1982 ein enger Mitarbeiter Landauers bei IBM, Charles Bennett, vor.

Nicht das Messen, nicht das Heranschaffen von Informationen verursacht die Kosten, sondern das *Loswerden der Information*. Nicht das Wissen kostet etwas, sondern die Weisheit.

Wie so oft zuvor – und danach – erwies sich in der Geschichte der Wissenschaft eine falsche Schlußfolgerung als außerordentlich fruchtbar. Leo Szilards Analyse hält einer Prüfung nicht stand, doch ist sie deswegen nicht weniger interessant. Denn Szilard hatte etwas sehr Wesentliches erkannt.

In Wirklichkeit *behauptet* Szilard gar nicht, er habe Maxwells Dämon vertrieben. Er schreibt, wie oben zitiert, es sei «naheliegend, anzunehmen», daß ein Meßvorgang eine bestimmte Menge an produzierter Entropie koste, also ein bestimmtes Maß an Unzugänglichkeit der vorhandenen Energie. Und dann zeigt er, daß die Menge dieser produzierten Entropie mindestens ebenso groß ist wie die der Energie, die durch die Aktivität des Dämons mit all seinem Wissen zugänglich gemacht wird.

Tatsächlich ist es also nur eine Annahme Szilards, daß Messungen Kosten in Form von Entropie verursachen. Er beweist es nicht. Das wurde allerdings nicht recht bemerkt, und genau darüber ist Landauer erstaunt. Denn wie war es möglich, daß Szilards Argument ein halbes Jahrhundert lang auf fruchtbaren Boden fiel, wenn es nicht stimmt? Eine Ursache liegt natürlich in der Tatsache, daß dieser Dämon mit dem fundamentalsten aller physikalischen Gesetze sein Spiel treiben konnte – und das war peinlich. Der Zweite Hauptsatz ist für die Physik so fundamental, daß der Maxwellsche Dämon einfach nicht funktionieren *kann*. Andernfalls könnte man alle möglichen Perpetua mobilia bauen und Nachtkälte in warme Zimmerluft verwandeln. Es war also unbezweifelbar, daß etwas nicht stimmte. Und Szilard war ein guter Physiker und hatte ein elegantes Argument vorgebracht, das diese Erwartung bestätigte.

Allerdings waren auch Proteste gegen seine Analyse geäußert worden, jedoch vor allem von Philosophen. Vor Philosophen aber, die gegen physikalische Forschungsergebnisse argumentieren, weil diese philosophischen Lehren widersprechen, haben Physiker noch nie Respekt gehabt. Karl Popper, Paul Feyerabend und Rudolf Carnap, drei der einflußreichsten Wissenschaftstheoretiker des 20. Jahrhunderts, protestierten nicht zuletzt deswegen, weil es nicht in ihre Philosophie paßte, mentale Vorgänge als physische Größen zu verstehen.[6] Ihre Einwände machten also keinen großen Eindruck.

Diskussionen um Maxwells Dämon 51

Außerdem erinnerte Szilards Annahme von 1929 in mancher Hinsicht an die Erfahrungen, die die Atomphysiker in den zwanziger Jahren bezüglich der Bedeutung des Meßvorgangs für die Untersuchung der kleinen Teile der Materie gemacht hatten. Der Däne Niels Bohr und sein deutscher Schüler Werner Heisenberg hatten herausgefunden, daß ein System durch die Messung beeinflußt wird, die man an ihm vornimmt. Die beiden Dinge hatten zwar nichts miteinander zu tun, doch man glaubte Szilard, zumal einige Physiker seinen Gedankengang aufs schönste konkretisierten.

«Maxwells Dämon kann nicht funktionieren»[7], lautete die Überschrift eines Artikels von 1951, in dem der Physiker Léon Brillouin aus dem IBM-Labor in New York Szilards Argumente zu vertiefen versuchte. Brillouin war schon 1949 in dem Beitrag «Leben, Thermodynamik und Kybernetik» auf den Dämon eingegangen und ist später durch das Buch *Wissenschaft und Informationstheorie*[8] von 1956 bekannt geworden. Leben, Information und Steuermechanismen (Kybernetik) – Brillouin führt damit recht interessante Aspekte in die Diskussion über den Maxwellschen Dämon ein.

Die Argumentation ist scheinbar kristallklar. Maxwells Dämon befindet sich in einem Behälter, der ein Gas mit gegebener Temperatur enthält. Er beobachtet die einzelnen Moleküle und sortiert sie nach ihrer Geschwindigkeit, mit dem Resultat, daß alle schnellen Moleküle in einer der beiden Kammern des Behälters gesammelt werden.

Am Anfang aber ist alles gleich warm, was bedeutet, daß Strahlung und Materie in dem Behälter im Gleichgewicht sind. Dann aber kann man nichts sehen! Wenn alles gleich warm ist, kann man keinen Unterschied zwischen den Dingen erkennen. «Der Dämon kann die Moleküle nicht sehen und also auch die Luke nicht bedienen; er ist nicht imstande, den Zweiten Hauptsatz zu überschreiten», schreibt Brillouin.[9]

Maxwells Dämon funktioniert nicht, weil er nichts sehen kann. Die Behauptung mag seltsam erscheinen, doch betrifft sie ein Ge-

Maxwells Dämon mit Grubenlampe: Der Physiker Léon Brillouin versuchte, den Zweiten Hauptsatz zu retten, indem er zeigte, daß jede Messung Kosten verursacht.

dankenexperiment, eine gedachte Welt, die nicht dem Alltag entspricht, sondern physikalische Gesetze in all ihrer Einfachheit illustrieren soll.

Im Alltag ist im Mittel ebenfalls alles um uns herum etwa gleich warm, es hat ungefähr Zimmertemperatur – einmal abgesehen von der Sonne und den Sternen, die sehr heiß sind. Doch sind wir von viel Licht umgeben, so daß wir dennoch sehen können. Das Licht, das uns dazu in die Lage versetzt, stammt von einem Körper (der Oberfläche der Sonne oder dem Glühfaden einer Birne), der viele tausend Grad heiß ist, viel heißer als die Dinge, auf die das Licht fällt. Wir können etwas sehen, weil das Licht von etwas herkommt, das heißer ist als unsere Alltagswelt. Wir leben in einer uneinheitlichen Welt, und deshalb können wir sehen; der Dämon aber lebt in einer Welt im Gleichgewicht, und deshalb kann er nicht sehen.

Brillouin kommt dem Dämon jedoch zu Hilfe: «Wir könnten ihn mit einer Taschenlampe ausstatten und ihn so in die Lage versetzen, die Moleküle zu sehen.»[10] Eine Taschenlampe aber verursacht «Kosten». Brillouin rechnet aus, was eine geladene Batterie und eine Glühbirne kosten, die Licht abgibt. Das Licht wird in dem kleinen Behälter gestreut, nachdem es auf die Moleküle getroffen ist, und wird schließlich zu Wärme. Die Taschenlampe setzt also die zugängliche Energie der Batterie in die Wärme des gestreuten Lichts um. Die Entropie nimmt zu. Gleichzeitig nimmt sie ab, weil die umhersausenden Moleküle in den beiden Kammern nach ihrer Geschwindigkeit sortiert werden. Die Menge an Energie aber, die dadurch zugänglich wird, ist geringer als diejenige, die durch den Gebrauch der Batterie unzugänglich wird.

Brillouin erweiterte diese Analyse zu einer allgemeinen Theorie physikalischer Experimente, bei denen Messungen an der Natur vorgenommen werden. Sein Fazit: Der Physiker im Labor steht nicht besser da als der Dämon. «Er braucht Batterien, Stromversorgung, komprimierte Gase... Der Physiker braucht auch Licht im Labor, um Amperemeter und andere Meßinstrumente ablesen zu können.»[11]
Wissen kostet etwas.

Léon Brillouin hatte einen folgenreichen Gedanken in Szilards Arbeit deutlich gemacht: Maxwells Dämon funktioniert nicht, weil Information eine materielle Größe ist. Brillouin war begeistert: «Wir haben ein sehr wichtiges physikalisches Gesetz entdeckt», schrieb er. «Jede physikalische Messung zieht notwendigerweise eine entsprechende Zunahme der Entropie nach sich.»[12] Das war die Lehre, die aus den Schwierigkeiten des Dämons, im Dunkeln zu sehen, zu ziehen war.

Das Problem war nur, daß Brillouin nicht fragte, ob der Maxwellsche Dämon durch *Tasten* zum Ziel kommen könne. Daher folgerten er und nach ihm andere Physiker wie Dennis Gábor, der Erfinder der Holographie, der Zweite Hauptsatz sei gerettet, weil der Dämon Taschenlampen benutze. Aber der Dämon ist ja intelligent, und es ist nicht gesagt, daß er Licht braucht, um sich Wissen anzueignen.

1982 wies der Physiker Charles Bennett von IBM nach, daß der Dämon in einem Behälter ohne Licht sehr wohl zurechtkommt. Er dachte sich einen raffinierten Apparat aus, mit dessen Hilfe der Dämon unterscheiden kann, wo sich die Moleküle befinden – ohne daß es etwas kostet. Es ging nicht darum, daß er sich sein Wissen ohne Umsatz von Energie erwirbt, denn das kann niemand, nicht einmal ein Dämon. Vielmehr soll er sich so vortasten, daß die gesamte Energie, die umgesetzt wird, zugänglich bleibt, auch nach der Messung. Benutzt man eine Taschenlampe, wird das Licht gestreut und schließlich zu Wärme. Die Energie wird unzugänglich. Tastet man sich vor, kann man durchaus erkunden, wo sich ein Molekül befindet, ohne daß dadurch die aufgewendete Energie unzugänglich wird.

Die Anordnung, die Bennett erfand, ist raffiniert. Sie funktioniert allerdings nur bei einer sehr speziellen Version des Maxwellschen Dämons, dann nämlich, wenn der Behälter ein Gas enthält, das aus einem einzigen Molekül besteht. Das klingt nach einer verstiegenen Spielart des Gedankenexperiments, doch an ebendieser Variante hatte schon Szilard 1929 gezeigt, daß die Kosten der Information, wo sich dieses eine Molekül befindet – rechts oder links –, gerade so groß sind, daß der Zweite Hauptsatz gültig bleibt. Durch Analyse der Kosten, die bei dieser einfachen Messung entstehen – befindet sich das Molekül links oder rechts? –, gelangte Szilard zur Grundlage aller späteren Theorien der Information, der Beantwortung einer Ja/Nein-Frage. Rechts?

Indem er das Problem derart vereinfachte, konnte Szilard fragen, was ein so einfaches Wissen kostet. Später wurde daraus der Begriff des *Bit*, der kleinsten Informationseinheit, der jetzt am Ende des Jahrhunderts zu einem der am häufigsten benutzten technischen Ausdrücke der Alltagssprache geworden ist. Mit seinem Artikel über Maxwells Dämon begründete Szilard die gesamte moderne Informationstheorie.

Es müsse immer etwas kosten, meinte Szilard, wenn man durch Messen ein Bit erhält. Bennett zeigte jedoch, daß die Kosten in dem Fall, den Szilard analysiert hatte, beliebig klein gehalten werden können.

Bei näherem Nachdenken erscheint dieser Einwand gar nicht so merkwürdig. Verschafft man sich die Information über den Ort des Moleküls, kopiert man im Grunde eine Information, die bereits vorhanden war. Man braucht nur einen gegebenen Zustand «abzulesen». Und dieses Kopieren von Information muß nicht notwendigerweise große Kosten in Form von Energie verursachen, die unzugänglich wird. Man kann viele Kopien machen, dann kostet die einzelne Kopie nur sehr wenig. Es ist eine sehr bezeichnende Eigenschaft von Information, im Unterschied zu anderen Gebrauchswerten, daß man sie beliebig oft kopieren kann, ohne die Information zu verschleißen. Man kann Information gebrauchen, ohne sie zu verbrauchen. Weshalb also sollte es den Dämon etwas kosten, wenn er sich Wissen aneignet?

Rolf Landauer und Charles Bennett konnten zeigen, daß der Erwerb von Information tatsächlich nichts zu kosten braucht. Das bedeutet aber nicht, daß der Dämon den Zweiten Hauptsatz der Thermodynamik außer Kraft setzen kann, sondern nur, daß die Kosten nicht notwendigerweise durch die Messung entstehen. Es kostet den Dämon nichts, sich die Information zu verschaffen, aber es kostet ihn etwas, sie wieder zu vergessen.

1961 hatte Rolf Landauer gezeigt, daß Vergessen immer etwas kostet. Will man Information loswerden, indem man sie aussortiert, löscht, muß man notwendigerweise mit einer Zunahme von Entropie «bezahlen». Und loswerden muß man die Information, da man weitere Messungen vornehmen will. Die Information muß weggefiltert werden, damit das Meßinstrument wieder auf Null gestellt werden kann.

Für Maxwells Dämon bedeutet dies, daß er tief im Dunkeln durchaus herausfinden kann, wo die Moleküle sind, ohne daß die Kosten den Gewinn übersteigen, den die Information einbringt. Sein Problem aber ist, daß er sehr bald das Wissen über eine große Menge von Molekülen speichern muß, aus denen er die Arbeit schon längst gewonnen hat. Er ertrinkt in alten Beobachtungen.

Charles Bennett faßte seinen Gedankengang so zusammen: «Wir haben damit den Grund gefunden, warum der Dämon den Zweiten Hauptsatz nicht verletzen kann: Um ein Molekül zu beobachten, muß er zuerst die Ergebnisse früherer Beobachtungen vergessen. Das Vergessen von Ergebnissen, das heißt das Aussondern von Information, kommt thermodynamisch teuer.»[13]

Man könnte einwenden, der Dämon könne ja einfach alles im Kopf behalten. Wenn er nichts vergißt, verursacht er keine Entropie. Uns gewöhnliche Menschen würde das viele Hin und Her der Moleküle bald ermüden, aber wir sind keine Dämonen. Und gerade unsere Ermüdung beweist, daß es hier um Kosten geht. Information speichern kostet etwas; Entropie häuft sich um so mehr an, je mehr Daten zu längst sortierten Molekülen das Gedächtnis füllen. Die Schwierigkeit, das große Gedächtnis unter Kontrolle zu halten, übersteigt den Gewinn, den die Datenverwaltung einbringt.

Ein Blick auf die Größenverhältnisse in der wirklichen Welt zeigt, daß hier tatsächlich ein erhebliches praktisches Problem liegt. Es gibt extrem viele Moleküle in Gasen. Verfügte der Dämon nur über ein einziges Bit Information zu jedem einzelnen davon (durch die Luke, ja oder nein?), wäre sein Gedächtnis bald überfordert. Selbst wenn er über die Kapazität sämtlicher Computer der Welt (10 Millionen Milliarden Bit) verfügte, wäre sein Speicher für die Meßdaten erschöpft, ehe er die Entropie in einem Gramm Luft um ein Zehnmillionstel Prozent reduziert hätte.[14] Wollte man auch nur ein einziges Bit Information über jedes Molekül in einem Liter Gas im Kopf behalten, wäre das mehr, als ein menschliches Gehirn im Laufe eines ganzen Lebens verarbeitet.[15]

Der Dämon funktioniert also in Wirklichkeit nicht, weil er alles wieder vergessen muß, und das kostet so viel, daß es den Gewinn aller Anstrengungen übersteigt. Die Vorstellung mag bizarr erscheinen, doch macht sie auf einen sehr wichtigen Sachverhalt aufmerksam: Information an sich ist langweilig. Interessant an Information ist, wie man sie wieder los wird.

Das Problem: die Beseitigung von Information 57

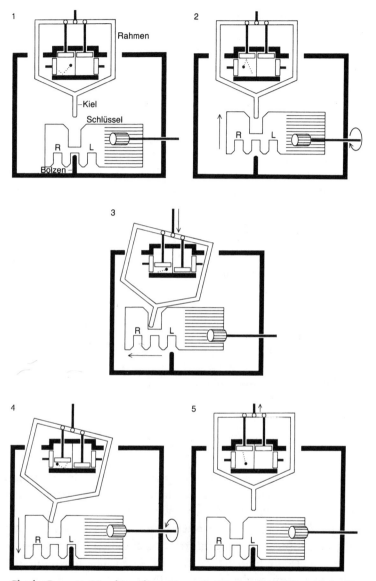

Charles Bennetts Maschine, die es Maxwells Dämon ermöglicht, sich im Dunkeln vorzutasten. Die Zeichnung des Apparats illustriert, daß es prinzipiell möglich ist, Messungen ohne Verursachung von Kosten durchzuführen.

Einkaufen im Supermarkt. Der Kunde steht an der Kasse. Jeder Artikel im Einkaufswagen hat einen Preis. Die Frau an der Kasse tippt die Preise einzeln ein, und schließlich ergibt sich ein Endbetrag: 278,50 Kronen. Der Betrag ist das Resultat einer Berechnung, bei der Zahlen addiert werden.

Was enthält mehr Information, das Ergebnis oder die Rechenaufgabe? Das Resultat ist eine Zahl (278,50), die Aufgabe aber besteht aus einer ganzen Reihe von Zahlen, zum Beispiel aus 23 verschiedenen Preisen. Vielleicht sind wir unwillkürlich der Meinung, das Resultat enthalte mehr Information, weil es, als wir in der Schule rechnen lernten, den Lehrern so wichtig war, daß wir das richtige Ergebnis fanden.

Tatsächlich aber enthält das Resultat viel weniger Information als die Aufgabe, denn es gibt viele verschieden gefüllte Einkaufswagen, die zu dem gleichen Endbetrag führen können. Umgekehrt aber kann man, wenn man nur den Betrag kennt, nicht erraten, was im Einkaufswagen lag.

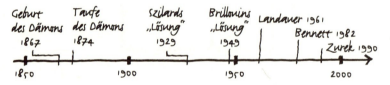

Hauptereignisse im Leben des Maxwellschen Dämons

Die Frau an der Kasse filtert mit ihrer Maschine Information aus, während sie den Endbetrag errechnet. Ihr ist es in der gegebenen Situation gleichgültig, welche Waren der Kunde zu welchem Preis einkauft. Hauptsache, er bezahlt sie. Interessant ist der Endbetrag, obwohl er sehr wenig Information enthält – oder richtiger: weil er sehr wenig Information enthält. Er enthält genau die im gegebenen Zusammenhang relevante Information.

Berechnung ist eine Methode, Information loszuwerden, die einen nicht interessiert. Man mustert aus, was nicht relevant ist.

Das widerspricht unserem Alltagsverständnis, demzufolge Information etwas sehr Positives ist, etwas Wertvolles. Wir sind es gewohnt, Information als Positiv-Wort zu verstehen, was vielleicht ganz unvernünftig ist, ein Vorurteil, bezeichnend für Menschen im Aufbruch der Informationsgesellschaft.

Dazu Charles Bennett: «Wir zahlen, damit wir Zeitungen bekommen, nicht damit man sie uns wegnimmt. Intuitiv scheint der Dämon mit seinem Register vergangener Ereignisse etwas Wertvolles oder schlimmstenfalls Nutzloses zu besitzen. Aber dem Dämon nimmt seine gestrige Zeitung, das heißt das Ergebnis einer früheren Messung, wertvollen Platz weg – und der Aufwand, diesen Platz wieder zu schaffen, neutralisiert den Nutzen, den der Dämon von seiner Zeitung hatte, als sie aktuell war. Das wachsende Bewußtsein für die Verschmutzung der Umwelt und die durch Computer ausgelöste Informationsexplosion lassen vielleicht die Idee, daß Information einen negativen Wert haben kann, heute natürlicher erscheinen als in der ersten Hälfte dieses Jahrhunderts.»[16]

In den Labors von IBM weiß man wohl, daß Information nahe verwandt ist mit Entropie, einem Maß für Unordnung. Es gab eine Zeit, als wir den Keller einfach mit alten Zeitungen füllen konnten. Aber auch Information bedarf des Recycling, wenn sie nicht so umfangreich werden soll, daß alles in ihr ertrinkt und in Unordnung endet.

Dennoch, wir alle haben das Gefühl, Information sei ein Gut, ein Ausdruck für Ordnung, Säuberlichkeit, richtige Resultate. So haben wir es gelernt, als wir in der Schule «in Kladde schrieben», also «Schmierzettel» mit Zwischenrechnungen füllten, die wir später wegwarfen, weil es nur auf das saubere Endergebnis in Reinschrift ankam. Wir haben gelernt, Information zu beseitigen, nicht, sie zu schaffen. Trotzdem glauben wir heute, in der Informationsgesellschaft sei das Wertvolle die Information.

Am Alltagsverständnis von Information stimmt anscheinend etwas nicht (vielleicht aber auch am naturwissenschaftlichen Begriff von Information, jedenfalls passen sie schlecht zusammen).

Zum Teil hat Maxwells Dämon das Problem schon sichtbar gemacht. Aber er hat mehr zu bieten. Was uns zu Ludwig Boltzmann zurückführt.

Wenige Jahre vor Maxwells Tod veröffentlichte Ludwig Boltzmann eine Reihe von Abhandlungen, in denen er eine wunderbare Theorie entfaltete. In ihr verband sich der Begriff der Entropie, der ursprünglich aus der Erforschung der Effektivität von Dampfmaschinen stammte, mit der Theorie der Wärme als eines statistischen Gewirrs der kleinen Bestandteile der Materie. Maxwell lernte diese Arbeiten nie kennen; damit entging ihm, so der Historiker Martin Klein, «die Freude, den Zusammenhang zwischen Entropie und Wahrscheinlichkeit zu erblicken».[17]

Boltzmanns Idee war einfach. Er unterschied zwischen dem, was man heute *Makrozustände* und *Mikrozustände* nennt, also zwischen Eigenschaften großer Anhäufungen von Materie und solchen ihrer elementaren Bestandteile. Makrozustände sind Größen wie Temperatur, Druck, Volumen. Mikrozustände sind präzise Beschreibungen des Verhaltens von Molekülen und Teilchen.

Die Temperatur eines Gases ist ein Makrozustand, der wenig über seinen Mikrozustand aussagt. In ihr kommt zum Ausdruck, daß sich die Moleküle ganz regellos mit einer Durchschnittsgeschwindigkeit bewegen. Diese folgt einer statistischen Verteilung von Geschwindigkeiten, der Maxwell-Boltzmann-Statistik. Sie besagt, daß sich die meisten Moleküle mit einer Geschwindigkeit nahe am Durchschnitt bewegen, einige aber sehr viel schneller oder sehr viel langsamer. Kennen wir den Makrozustand, also eine bestimmte Temperatur, wissen wir damit im Grunde sehr wenig über den Zustand der einzelnen Moleküle.

Handelt es sich um 117 000 Millionen Milliarden Moleküle, die umherschwirren (normalerweise sind es *viel* mehr), ist es ziemlich gleichgültig, welche Moleküle welche Geschwindigkeit haben, wenn sie nur insgesamt so verteilt sind, wie es die Maxwell-Boltzmann-Statistik vorschreibt. Und sie sind es, weil sie ständig miteinander kollidieren.

Es gibt also ungeheuer viele verschiedene Möglichkeiten der

Verteilung von Geschwindigkeiten auf die 117 000 Millionen Milliarden Moleküle, die mit der gegebenen Temperatur vereinbar sind. Viele Mikrozustände entsprechen dem Makrozustand, der sich in der Temperatur ausdrückt. Und welcher davon in diesem Raum gerade konkret herrscht, ist ziemlich gleichgültig. Je höher die Temperatur, desto mehr Geschwindigkeiten sind möglich. Die Anzahl der Mikrozustände, die dem gegebenen Makrozustand entsprechen, wächst also mit der Temperatur.

Ludwig Boltzmanns Idee war, daß die Makrozustände, die von vielen verschiedenen Mikrozuständen realisiert werden können, ungeordneter sind als diejenigen, denen wenige Mikrozustände entsprechen. Je mehr Mikrozustände zu einem Makrozustand gehören, desto höher ist dessen Entropie.

Nun gibt es so extrem viele Mikrozustände, die dem Makrozustand «Die Temperatur in diesem Raum beträgt 21 Grad» entsprechen, daß es schwierig wird, sie alle zu zählen. Boltzmann bediente sich deshalb eines mathematischen Kunstgriffs, der seit der Renaissance bekannt ist und der immer dann benutzt wird, wenn man es mit sehr großen Zahlen zu tun hat: Er nahm den *Logarithmus* der Anzahl der Mikrozustände und setzte ihn mit der Entropie gleich. Man fragt nicht, ob es eine Million Milliarde (10^{15}) oder eine Milliarde Milliarde (10^{18}) Mikrozustände gibt, sondern ob der Logarithmus der Zahl 15 oder 18 ist. Das ist leichter zu überblikken, abgesehen von anderen großen Vorteilen der Benutzung von Logarithmen beim Zählen von Mikrozuständen.

Das Wichtige aber ist der Grundgedanke selbst, unabhängig von der mathematischen Formulierung: Entropie ist ein Maß für die vielen Mikrozustände, die man nicht alle unter Kontrolle halten will, so daß man statt dessen von einem Makrozustand spricht. Entropie ist ein Maß für die Menge dessen, was wir nicht in Ordnung halten wollen und statt dessen unter den Teppich kehren, indem wir einen übergeordneten Begriff benutzen, der zum Ausdruck bringt, was für uns wichtig ist, zum Beispiel die Temperatur.

Wir Menschen lieben Wärme. Wir interessieren uns für Temperatur. Die Bewegungen von Molekülen sind uns im Grunde gleichgültig (so wie sich Politiker oft nur für Wähler interessieren, wenn sie zahlreich genug sind, um einen Makrozustand zu bilden, der sich in einem Wahlergebnis niederschlägt). Der Makrozustand ist Ausdruck für ein Interesse, eine Relevanz; er betrifft das, was uns interessiert, das, an dessen Kenntnis uns gelegen ist.

Pokern ist ein gutes Beispiel.[18] Wenn man das Kartenspiel kauft, befindet es sich in einem bestimmten Makrozustand. Die einzelnen Spielkarten sind gemäß Farbe und Wert der Reihe nach geordnet. Diesem Makrozustand entspricht ein einziger Mikrozustand – alle Karten liegen der Reihe nach so, wie sie aus der Fabrik kommen.

Bevor man zu spielen beginnt, müssen die Karten gemischt werden. Ist das Spiel gemischt, hat man immer noch nur einen Makrozustand: gemischte Karten. Es gibt jetzt aber fast unendlich viele verschiedene Mikrozustände, die diesem Makrozustand entsprechen. Die Karten können sehr unterschiedlich gemischt sein, wir machen uns nur nicht die Mühe, diesen Unterschied zum Ausdruck zu bringen. Wir nennen sie einfach nur «gemischt».

Das Spiel selbst beginnt damit, daß jeder Spieler fünf Karten bekommt, «ein Blatt». Dieses «Blatt» ist der Makrozustand, auf den sich das Interesse der Spieler richtet. Es kann in sehr verschiedenen Varianten vorliegen. Es gibt Makrozustände, die aus gleichartigen Karten bestehen, zum Beispiel aus fünf Karten einer Farbe, einem sogenannten *Flush*. Andere Makrozustände bestehen aus fünf Karten beliebiger Farbe in Folge, einem sogenannten *Straight*. Es gibt viele Möglichkeiten für einen *Straight*, aber nicht so viele wie für ein Blatt ohne *Straight*.

Es existieren also mehr Mikrozustände, die einem «schlechten Blatt» mit beispielsweise nur zwei Karten gleicher Farbe und einem bunten Rest entsprechen, als es Blätter mit einem *Straight* oder *Flush* gibt. Doch läßt sich auch das seltene *Straight* auf viele verschiedene Arten bilden. Die Karten brauchen nicht zur gleichen Farbe zu gehören, sie müssen nur aufeinander folgen. Unter den vielen Makrozuständen mit der Bezeichnung *Straight* gibt es eine kleine Gruppe besonders guter, die man *Straight Flush* nennt; die Karten folgen dann nicht nur aufeinander, sondern haben auch die gleiche Farbe. Am besten ist der *Royal Flush,* bei dem alle Karten aufeinander folgen, die gleiche Farbe haben und auch noch die fünf höchsten dieser Farbe sind. Es gibt nur vier Mikrozustände, die dem Makrozustand *Royal Flush* entsprechen, dagegen aber eine astronomische Zahl, die dem Makrozustand *Ein Paar* entspricht. Die Rangfolge der Blätter beim Pokern ist Ausdruck dafür, wie viele Mikrozustände dem Makrozustand entsprechen. Ein gutes Blatt ist eines, das nur in wenigen Versionen vorkommt (und das deshalb selten ist).

Es besteht eine klare Verbindung zwischen Wahrscheinlichkeit und «Entropie». Je mehr unterschiedliche Karten dazu benutzt werden können, ein bestimmtes Blatt zu bilden, desto wahrscheinlicher ist es, daß man dieses Blatt in die Hand bekommt. Es ist also viel wahrscheinlicher, ein schlechtes Blatt (mit großer Entropie) zu erhalten als ein gutes Blatt, bei dem dem Makrozustand nur eine sehr geringe Zahl von Mikrozuständen entspricht.

Und beim Spielen geht es nun darum, wer den Makrozustand mit der geringsten Entropie hat.

Die meisten Makrozustände sind nun aber so langweilig, daß sie beim Pokerspiel noch nicht einmal einen Namen haben – die Karten weisen kein System auf, man hat nur ein «hohes Blatt», einen Makrozustand, der *jedem* Mikrozustand entspricht. Man spielt, um sich zu amüsieren, und führt daher eine Möglichkeit ein, auf den eigenen Makrozustand einzuwirken, indem man den Mikrozustand, die einzelnen Karten, verändert: Der Spieler tauscht. Damit kann er seinen Makrozustand in einen solchen verwandeln, der nicht so vielen Mikrozuständen entspricht. Er spielt Maxwells Dämon – sofern er Glück hat und einen guten Tausch macht.

Das Spiel wird spannend, wenn man, obwohl es gelogen ist, vorgibt, dem Makrozustand, den man in der Hand hat, entsprächen nur sehr wenige Mikrozustände. Das aber ist *Bluff* und setzt fortgeschrittenere Theorien als jene voraus, mit denen Boltzmann uns versehen hat. Sie folgen in Kapitel 5.

Der Zusammenhang zwischen Entropie und Wahrscheinlichkeit vermittelt ein Gefühl dafür, warum die Entropie zunimmt. Es ist weniger wahrscheinlich, einen Zustand mit niedriger Entropie zu erhalten als einen mit hoher Entropie. Deshalb strebt die Entwicklung ständig zu immer mehr Entropie.

Ein Makrozustand wird, wenn man ihn verändert, unweigerlich zu einem neuen Makrozustand führen, der mehr Entropie besitzt – dem also mehr Mikrozustände entsprechen. Die Welt wird immer schwieriger zu lenken.

Darin liegt nichts Mystisches, es ergibt sich von selbst, wenn die Makrozustände erst einmal definiert sind. Aber woher weiß die Welt, was wir so langweilig finden, daß wir keine Lust haben, es unter Kontrolle zu halten?

Entropie, erklärte Boltzmann, ist ein Ausdruck für die Anzahl von Mikrozuständen, die dem angegebenen Makrozustand entsprechen. Das klingt nach einem sehr subjektiven Begriff, denn Entropie scheint demnach das auszudrücken, was wir nicht wissen, wenn wir den Makrozustand kennen. Einer hohen Temperatur entspricht große Entropie, da sich die Bewegungsmuster der Moleküle um so vielfältiger zusammensetzen können, je höher ihre Geschwindigkeit ist. Je wärmer es im Zimmer ist, desto mehr nimmt unsere Unkenntnis der zugrundeliegenden Mikrozustände zu. Entropie ist ein Maß für Nichtwissen, jedoch für ein zweckmäßiges Nichtwissen. Es besteht ja kein Grund, in Erfahrung zu bringen, wohin und mit welcher Geschwindigkeit sich jedes einzelne Molekül im Raum bewegt.

Entropie ist ein Maß für die *Grobkörnung* des Niveaus, auf dem wir die Dinge beschreiben. Wärme ist ein sehr grobkörniger Begriff; es ist eine Menge Wissen da, von dem wir mit Freuden absehen. Wärme ist ein Begriff, der eine Menge Entropie beinhaltet, weil er sehr grobkörnig ist und viel Wissen über Mikrozustände aussondert, mit dem wir uns nicht abgeben wollen. Wind und Strom sind weniger grobkörnige Begriffe, denn wenn wir sagen, es wehe ein lauer Wind, wissen wir ein wenig genauer, wohin sich die Moleküle bewegen, als wenn wir nur sagen, es sei lau.

Entropie ist ein Maß für Information, die nicht unser unmittelbares Interesse findet, für Mikrozustände, die wir nicht alle im Kopf behalten können, ohne müde zu werden. Der Begriff der Entropie ergibt erst Sinn, wenn man gesagt hat, was einem zu überblicken nicht der Mühe wert erscheint. Der Entropiebegriff setzt voraus, daß man gesagt hat, für welche Makrozustände man sich interessiert. Für welche man sich aber auch immer entscheidet, ihre Entropie nimmt zu.

Der Zweite Hauptsatz bringt zum Ausdruck, daß die Welt ständig schwieriger zu beschreiben ist. Das Durcheinander, die Unordnung nimmt zu, alles endet in Reibungswiderstand und Wärme. Ein Durcheinander ist eine Form von Ordnung mit so vielen Einzelheiten, daß diese selbst uns nicht mehr interessieren.

Woher weiß die Welt, was in unseren Augen ein Durcheinander ist? Und warum steht in den Physikbüchern nie, daß ein Begriff wie Entropie keinerlei Sinn ergibt, wenn man nicht gleichzeitig sagt, an welchen Makrozustand man denkt? Warum lernen Schüler und Studenten Wärmelehre, Thermodynamik, ohne daß ihnen gesagt wird, daß Maxwell und Boltzmann sich immer darauf bezogen haben, wie wir die Welt beschreiben? Weil Physiker unwillkürlich davon ausgehen, daß Menschen an Wärme interessiert sind.

Es ist eine unausgesprochene Voraussetzung der gesamten modernen Thermodynamik, daß Menschen Wärme lieben. Deshalb handelt die Thermodynamik von Wärme und entsprechenden Makrozuständen – von dem, was die Menschen interessiert. Die Mikrozustände sind Arrangements von Atomen und Molekülen – das, was die Physiker interessiert.

Entropie aber ist nur dann definiert, wenn wir wissen, wer sie definiert, wenn wir die Grobkörnung des Beobachters kennen. Und das ist für Physiklehrer so selbstverständlich, daß sie keinen Grund sehen, es den Schülern mitzuteilen.

Genau darauf machte der Physiker Edwin Jaynes aufmerksam, als er 1990 auf dem Physikerkongreß in Santa Fe davon sprach, wie wichtig es sei, nach der Bedeutung dessen zu fragen, was in den

Lehrbüchern steht. Jaynes hat die Thermodynamik in der Weise neu formuliert, daß Boltzmanns Ideen klar hervortreten. 1979 schrieb er: «Die Entropie eines thermodynamischen Systems ist ein Maß für den Grad an Unwissenheit einer Person, deren Wissen um seine Mikrozustände einzig im Wert der makroskopischen Größen X besteht, die den thermodynamischen Status definieren. Dieser ist eine vollkommen objektive Größe in dem Sinne, daß er nur eine Funktion von X ist und nicht von irgendeiner Person abhängt. Es gibt also keinen Grund, weshalb er nicht im Labor gemessen werden könnte.»[19]

Entropie ist also klar definiert, wenn man das Beschreibungsniveau kennt. Sie ist kein subjektiver Begriff in dem Sinne, daß jeder Beobachter seine eigene Entropie hat. Alle, die sich für die gleichen Makro- und Mikrozustände interessieren, werden das gleiche Maß für Entropie finden. Subjektiv ist dieser Begriff allerdings in der Hinsicht, daß er erst dann Sinn ergibt, wenn angegeben wird, was den Fragesteller interessiert.

Gleichwohl ist Entropie ein Maß für Unwissenheit, nämlich für genau die Unwissenheit, die aus einer gegebenen Grobkörnung folgt.

«Warum interessiert sich denn mein Auto für das, was ich über die Welt weiß?» fragte ein Physiker in Santa Fe beunruhigt, als Jaynes diesen Sachverhalt erklärte. Die Antwort ist in Wirklichkeit einfach: weil es von Menschen gebaut wurde. Der Automotor hat genau die gleiche Grobkörnung wie wir Menschen, wenn wir die Welt beschreiben. Wir nehmen Wärme wahr, aber keine Moleküle. Unsere Beschreibung der Welt ist das Ergebnis einer Verfeinerung und Vertiefung dieser Wahrnehmung. Sie objektiviert sich in den Maschinen, die wir auf der Grundlage dieses Wissens bauen.

Der Philosoph Paul Feyerabend sagte über Boltzmann: «Mit der Einsicht in den hypothetischen Charakter unseres ganzen Wissens war Boltzmann seiner Zeit weit voraus, und vielleicht auch der unseren.»[20]

Was kostet Kommunikation? 67

1948 stellte der Ingenieur Claude Shannon die Frage, was es koste, Nachrichten von einem Ort zu einem anderen zu übertragen. Szilard hatte gefragt, welche Kosten das Messen verursacht, Shannon fragte nach den Kosten einer Kommunikation. Ausgangspunkt seiner Überlegungen war der Begriff *binary digit*, kurz *Bit*, der sich aus Szilards Analyse ergeben hatte – der Unterschied zwischen zwei Zuständen, die Einheit für eine Binärentscheidung: ja oder nein?

Shannons Analyse war bahnbrechend, denn mit ihr begründete er, von Szilard ausgehend, die moderne Theorie der *Information*.

Der alltagssprachliche Begriff von Information hat mit Bedeutung zu tun, doch diese interessierte Claude Shannon nicht. Ihn interessierte die Länge von Telefongesprächen.

Shannon war Ingenieur in dem berühmten Forschungszentrum Bell Laboratories, das zu der amerikanischen Telefongesellschaft AT & T gehört. Er untersuchte Probleme bei der Übertragung von Nachrichten in Form elektrischer Signale. Es galt zu präzisieren, was dazu erforderlich ist, eine bestimmte Botschaft über eine bestimmte Verbindung, zum Beispiel eine Telefon- oder Telegrafenleitung, zu übertragen.

Wie kann man messen, wie schwierig eine Nachricht zu übermitteln ist? Nach Shannon drückt sich der Schwierigkeitsgrad des Kommunizierens im Überraschungswert aus. Wie läßt sich der Überraschungswert einer Zeile mit einer Reihe von Buchstaben messen?

Wir wissen, daß das nächste Zeichen, das kommen wird, ein Buchstabe ist. Wir wissen auch, daß unser Alphabet 26 Buchstaben enthält. Also drückt sich unsere Überraschung darin aus, daß jedes Zeichen einen von insgesamt 26 Buchstaben darstellt. Sehen wir dann den tatsächlichen Buchstaben, sind wir überrascht in dem Maße, als es genau dieser Buchstabe ist und nicht einer von 25 anderen.

Shannons Theorie kann man so auffassen, daß jedes Zeichen einen Makrozustand darstellt, dem 26 unterschiedliche Mikrozustände entsprechen können, die einzelnen Buchstaben. Jedes Zei-

68 Information über Bord

Claude Shannon

chen besitzt eine Fähigkeit zu überraschen, die sich darin ausdrückt, daß es eine von 26 Möglichkeiten sein kann. Der Empfang eines bestimmten Buchstabens enthält also insofern einen Überraschungswert, als dieser Buchstabe das Auftreten von 25 anderen Buchstaben ausschließt.

Damit ist es möglich, den Schwierigkeitsgrad der Kommunikation sehr präzise auszudrücken. Ein Zeichen ist ein Makrozustand, dessen Überraschungswert durch die Anzahl der Mikrozustände bestimmt ist, die ihm entsprechen.

Shannon überlegte lange, wie er diese Größe nennen sollte. Er dachte daran, das Wort «Unbestimmtheit» und das Wort «Information» zu benutzen. Der Mathematiker John von Neumann,

Die Begründung der Informationstheorie 69

unter anderem bekannt als Vater der logischen Struktur unserer heutigen Computer, wollte ihn überreden, den Überraschungswert «Entropie» zu nennen, da die Ähnlichkeit mit den Begriffen der Thermodynamik so augenfällig war. Außerdem, so hat, wie es heißt, von Neumann hinzugefügt, «haben Sie dann einen großen Vorteil in Diskussionen, denn was Entropie ist, weiß sowieso niemand genau»[21].

Shannon entschloß sich am Ende, von der «Entropie der Information» zu sprechen. Da aber niemand wußte, was Entropie ist, ist seine Theorie als Informationstheorie in die Geschichte eingegangen.

Die «Informationsgesellschaft» ist also in Wirklichkeit eine Entropiegesellschaft − eine Gesellschaft der Unwissenheit und Unordnung.

Am einfachsten läßt sich der Begriff der Information definieren, wenn man sich darauf beschränkt, mit Hilfe eines sehr speziellen «Alphabets» zu kommunizieren, der Binärzeichen. Es gibt davon nämlich nur zwei, o und 1. Benutzt man, wie es heute in der Kommunikations- und Computerbranche überall üblich ist, Binärzeichen, hat man also nur zwei Möglichkeiten, sich auszudrücken.

Der Makrozustand «Binärzeichen» entspricht nur zwei Mikrozuständen, die gleich wahrscheinlich sind. Empfängt man ein Binärzeichen, ist die Überraschung also überschaubar: entweder/ oder. Ebendieser Grad der Überraschung, bei dem zwischen zwei Möglichkeiten unterschieden wird, die gleich wahrscheinlich sind, war von Szilard entdeckt worden − später bezeichnete man ihn als *ein Bit*. Es ist die Information, die in einer Ja/Nein-Aussage enthalten ist, ein Unterscheiden zwischen zwei Möglichkeiten. Empfängt man ein Bit, erhält man eine Information, der die Unterscheidung zwischen zwei Mikrozuständen entspricht. Man muß also ziemlich viele Bits empfangen, ehe von einer großen Überraschung die Rede sein kann.

Ein Zeichen, von dem man weiß, daß es ein Buchstabe des Alphabets ist, enthält etwas mehr Information. Hier schließt das Auftreten eines bestimmten Buchstabens nicht nur eine, sondern 25 andere Möglichkeiten aus. Deshalb erhält man bei Empfang eines einzelnen Buchstabens eine Handvoll Bits, genauer gesagt: knapp fünf. In der Praxis ist es natürlich etwas komplizierter. Die Sprache ist geprägt von Redundanz, von überflüssigen Zeichen. Man braucht nicht alle Buchstaben zu kennen, um in «Glücksrad» ein Wort zu erraten. Deshalb haben die Buchstaben praktisch einen geringeren durchschnittlichen Informationswert als 5 bit. Für die dänische Sprache liegt der Informationsgehalt eines Buchstabens bei 2, in der systematischeren deutschen Sprache nur bei 1 bit.[22]

Außerdem werden die Buchstaben des Alphabets nicht gleich häufig gebraucht. Empfängt man ein «e», erhält man weniger Information als bei einem «y». Jeder Mikrozustand (Buchstabe) hat im Durchschnitt eine Wahrscheinlichkeit, die proportional zur *Anzahl* der verschiedenen Mikrozustände ist. Die Wahrscheinlichkeit des einzelnen Buchstabens dagegen ist proportional zur Häufigkeit seines Vorkommens, was unter anderem mit der Anzahl verschiedener Mikrozustände insgesamt zusammenhängt. Wie die Teilnehmer der «Glücksrad»-Show wissen, ist der Informationswert eines Buchstabens umgekehrt proportional zur Häufigkeit seines Vorkommens. Je seltener ein Buchstabe ist, desto mehr Information liegt in seinem Vorkommen.

Mit Hilfe dieses exakten Begriffs von Information, die sich in Bits messen läßt, war Shannon in der Lage, eine Reihe nützlicher Formeln für die Einrichtung von Telefonverbindungen und die nötigen Kabelstärken aufzustellen. Das Ergebnis war im wesentlichen, daß immer dann eine Mitteilung fehlerfrei übermittelt werden kann, wenn man über genügend *Bandbreite* verfügt.

Die Bandbreite drückt die Kapazität eines Kommunikationskanals aus, Information, gemessen in bit pro Sekunde, zu übermitteln. Ein Telefon kann beispielsweise 4000, ein Fernsehapparat dagegen 4000000 bit pro Sekunde übertragen, also eintausendmal mehr. Ein guter Rundfunkempfänger schafft ungefähr 16000 bit pro Sekunde.

Shannon wußte, daß man eine Nachricht ans Ziel bringt, ohne daß etwas verlorengeht, wenn die Bandbreite größer ist als der Informationsgehalt der Nachricht pro Zeiteinheit. Ein nützliches Wissen, wenn man vom Verkauf von Telefonverbindungen lebt.

Dies alles aber trifft nicht unbedingt auf Information im Sinne der Alltagssprache zu, die ja etwas meint, das mit Bedeutung zusammenhängt. Und wie wir wissen, können wir sehr lange Telefongespräche führen, ohne viel Bedeutung zu übermitteln, oder weitschweifig Wörter aneinanderreihen, ohne daß sie viel Sinn ergeben.

Der Begriff der Information war für Shannon nicht das wichtigste. Er war des Wortes im Grunde ein wenig überdrüssig und betonte, er stelle eine Theorie der Kommunikation auf, eine Theorie der *Übertragung von Information*, nicht ihrer Bedeutung. Eine gegebene Menge Information kann tiefe Erkenntnisse oder reinen Unsinn enthalten, darauf kam es nicht an. Die Telefonrechnung ist in beiden Fällen gleich hoch.

Deshalb ist aber Shannons Analyse noch lange kein reiner Unsinn. Was er als Information bezeichnete, ist so real und wirklich wie das, was Clausius Entropie genannt hatte. Ein Telefongespräch kostet tatsächlich etwas. Und es müssen tatsächlich Signale übertragen werden, wenn die Schwiegermutter tratschen will. Doch hat das nicht notwendigerweise etwas mit Bedeutung zu tun.

Information ist ein Maß für alles, was sie hätte sagen können. Nicht für das, was sie wirklich sagt.

Der Informationsgehalt eines Kommunikationsvorgangs ist Ausdruck der Menge der Kommunikationsvorgänge, die möglich gewesen wären. Nicht derjenigen, die tatsächlich übertragen wurden.

Wie Entropie bei gegebener Temperatur ein Ausdruck für die Anzahl der Möglichkeiten ist, wie die Moleküle arrangiert sein könnten, ohne daß ein Unterschied entsteht, der es wert wäre, registriert zu werden, so ist Information ein Ausdruck für die Anzahl der Möglichkeiten, wie die Buchstaben arrangiert sein könnten, ohne daß für die Übertragung ein anderes Kabel notwendig wird.

Die Thermodynamik handelt von Makrozuständen, an denen die Menschen interessiert sind: Wärme. Die Informationstheorie handelt von Makrozuständen, an denen Telefongesellschaften interessiert sind: Zeichen.

Dennoch, Shannons Informationsbegriff ist ungewöhnlich. Jede Vorstellung von Bedeutung ist aus ihm ausgeblendet, er handelt von Bedeutung nur insofern, als sie vorhanden sein könnte, aber nicht notwendigerweise vorhanden sein muß. Gegenüber dem Alltagsverständnis von Information ist es ein ärmlicher Begriff. Andererseits ist er sehr präzise, und eine gewisse Leere mag als Preis akzeptabel sein, wenn dadurch begriffliche Präzision gewonnen wird.

Nun ist aber Shannons Begriff der Information nicht immer sehr präzise. Er ist entschieden subjektiv, da er besagt, wie überrascht man von einer Mitteilung sein kann. Er sagt aus, ein «a» habe einen gewissen Überraschungswert, weil wir wissen, daß 25 andere Buchstaben möglich gewesen wären, aber tatsächlich war es also ein «a».

Wenn man nun aber nicht wüßte, daß es sich um einen von 26 Buchstaben eines Alphabets handelt? Wie groß wäre die Information von «a» dann? Darüber sagt Shannons Informationsbegriff nichts aus.

Information ist erst definiert, wenn feststeht, wer mit wem in welchem Zusammenhang spricht. Man kann Information in Shannons Sinne erst definieren, wenn man weiß, welcher gemeinsamen Voraussetzung sich Sender und Empfänger stillschweigend bedienen. Shannon hat also ein seltsames Manöver vorgenommen. Erst wirft er alles, was mit Bedeutung zu tun hat, über Bord, dann definiert er Information als etwas, das von einem so fundamentalen Zusammenhang abhängig ist, daß dieser überhaupt nicht erwähnt wird.

Wenn man nicht weiß, wie viele Mikrozustände einem Makrozustand entsprechen, kann man von Information gar nicht reden.

Erst wenn man definiert hat, was Mikro- und was Makrozustand ist, weiß man, wie groß die Information ist. Wie bei Entropie. Information ist sehr nahe mit Entropie verwandt. Die Entropie eines gegebenen Makrozustands wird gemessen durch die Anzahl der Mikrozustände, denen er entspricht. Je mehr es sind, desto größer ist die Entropie. Von Information kann man erst sprechen, wenn man weiß, von *welchem* Mikrozustand die Rede ist.

Jeder Buchstabe eines deutschen Textes hat eine Entropie, die sich daraus ergibt, daß er eine von 26 Möglichkeiten ist, die das Alphabet bietet. Die Information aber besteht darin, daß man weiß, um welchen Buchstaben es sich handelt. Der Informationswert dieses Wissens hängt davon ab, wie viele Mikrozustände möglich wären. Der Buchstabe hat eine bestimmte Entropie, und die Kenntnis des tatsächlichen Mikrozustands des Buchstabens – um welchen handelt es sich? – ergibt eine bestimmte Information, deren Wert der Entropie des Buchstabens entspricht.

Deshalb kann man weder Entropie noch Information ohne Kenntnis des Zusammenhangs definieren.

Hierin liegt der Grund für viele Mißverständnisse. Information ist ein werthaltiges Wort, ein Begriff, dem man spontan einen positiven Wert beimißt. Jahrzehntelang wurde Information mit Ordnung und Entropie mit Unordnung identifiziert.

Diese Vorstellung geht auf den Mathematiker Norbert Wiener zurück, der die Kybernetik, die Theorie der Regelung und Informationsverarbeitung in dynamischen Systemen, begründet hat. Wiener betont in seinem 1948 erschienenen Buch *Kybernetik*, er habe die Theorie des Informationsgehalts unabhängig von Shannon entwickelt (der sie 1948 publizierte).[23] Wenige Sätze später erklärt er: «Gerade wie der Informationsgehalt eines Systems ein Maß des Grades der Ordnung ist, ist die Entropie eines Systems ein Maß des Grades der Unordnung.»[24]

Diese Auffassung ist von der Shannons weit entfernt, genauer: sie ist ihr *entgegengesetzt*. Doch übte sie großen Einfluß aus, nicht zuletzt auf die Erforschung des Maxwellschen Dämons.

Léon Brillouin entwickelte Wieners Vorstellung begeistert weiter und faßte sie in dem Begriff *Negentropie* zusammen[25]: Information sei negative Entropie, Nicht-Unordnung, also Ordnung. Das klingt hinreißend, kann aber so nicht stimmen. Um es stimmig zu machen, mußte Brillouin denn auch das Vorzeichen in Shannons Informationsbegriff ändern. Auf diese Veränderung des Vorzeichens gehen jahrzehntelange Mißverständnisse zurück. Shannons Information ist Entropie: die Anzahl der Entscheidungsmöglichkeiten, die Menge der Mikrozustände, Unbestimmtheit. Brillouin ändert ganz einfach das Vorzeichen: Information ist Ordnung. Also negative Entropie.

Daß Information Ordnung sei, entspricht eher dem Alltagsverständnis als Shannons Begriff, und das macht Wieners und Brillouins Definition der Negentropie so attraktiv. Doch kann man nicht einfach nach Belieben mit den Vorzeichen in den Gleichungen verfahren, ohne daß der ganze Sinn verlorengeht.

Dazu der dänische Physiker Peder Voetmann Christiansen: «Man hat geglaubt, man bekomme die Bedeutung zu fassen, indem man das Vorzeichen des Bedeutungslosen veränderte.»[26] Wiener und Brillouin waren zu ungeduldig.

Entropie ist ein Maß für eine Menge Information, an der wir kein Interesse haben. Information liegt in großer Menge in einem Zustand vor, der von hoher Entropie geprägt ist. Womit nicht gesagt ist, daß wir im Besitz dieser Information sind. Sie ist nur da. Wir könnten sie haben, wenn wir wollten.

Information liegt in der Unordnung. In der Unordnung liegt mehr Information als in der Ordnung. Je mehr Unordnung, desto mehr Information. Je mehr Mikrozustände, desto mehr Information. Je mehr Mikrozustände in einem Makrozustand zusammengefaßt sind, desto mehr Information sortieren wir aus, wenn wir uns nur an den Makrozustand halten. Der Makrozustand Wärme verweist auf eine gigantische Menge von Mikrozuständen, die wir nicht kennen, wenn wir uns nur auf die Temperatur beziehen.

Ein Durcheinander ist schwer zu beschreiben, besonders in seinen Einzelheiten.

Der amerikanische Physiker Richard Feynman sagt: «Wir messen ‹Unordnung› durch die Anzahl der Möglichkeiten, wie sie [beliebige Elemente] innen angeordnet werden können, so daß es [das System] von außen gleich aussieht.»[27] Entropie mißt die Menge von Information, auf die wir verzichten, wenn wir ein System von außen betrachten: die Bewegung von Gasmolekülen als Temperatur, eine Buchstabenfolge als eine Reihe von Zeichen. Befinden wir uns im Innern des Systems, ist uns diese Information zugänglich, wenn wir sie denn haben wollen. Stehen wir außerhalb des Systems, haben wir sie «weggeworfen» – beziehungsweise nie gehabt.

Information drückt den Unterschied aus, ob man sich innen oder außen befindet: Moleküle/Temperatur, Zeichenmenge/Nachricht. Information und Entropie sagen etwas über den Unterschied aus, ob ein System von innen oder von außen beschrieben beziehungsweise gehandhabt wird.

Betrachten wir ein Gas von außen, von unserem Beschreibungsniveau her, dessen Interesse der Wärme gilt, können wir die Verhältnisse in einer kurzgefaßten und übergeordneten Beschreibung zusammenfassen, nämlich im Makrozustand Wärme, gemessen als Temperatur.

Betrachten wir das Gas von «seinem» Beschreibungsniveau her, auf dem es sich aus Molekülen bestehend zeigt, die umhersausen, müssen wir riesige Bit-Mengen zusammenrechnen, die riesige Mengen von Einzelzuständen beschreiben, nämlich die Mikrozustände von Molekülbewegungen, gemessen in Geschwindigkeiten.

Betrachten wir ein Gas von außen, können wir eine gewisse Energie aus Wärme gewinnen, vorausgesetzt, wir halten den Zweiten Hauptsatz der Thermodynamik ein, der von außen beschriebene Gase betrifft. Betrachten wir das Gas von innen, können wir sehr viel mehr Energie aus den Molekülbewegungen gewinnen – vorausgesetzt, wir werden all die Information los, die wir dann im Kopf haben!

Solange wir uns außerhalb des Gases befinden, kann uns die Information in seinem Innern vollkommen gleichgültig sein. Wir müssen dann aber den Zweiten Hauptsatz einhalten und diese Information Entropie nennen.

Wollen wir uns die Energie in der chaotischen Wärmebewegung zugänglich machen, müssen wir all die Mikrozustände von Molekülbewegungen messen, von denen wir vorher absahen, indem wir nur sagten, die Wärme habe eine bestimmte Entropie. Wir müssen uns dann Information über jeden einzelnen dieser vielen Mikrozustände verschaffen. Mit der sitzen wir dann da. Wir brauchen Kraft, um all die Information unter Kontrolle zu halten oder um alles wieder zu vergessen. Was auf lange Sicht zuviel kostet.

Maxwells Dämon will das Gas von innen und von außen gleichzeitig beschreiben. Er will wissen, wo sich die Moleküle befinden, und gleichzeitig will er die Wärme genießen. Das aber ist unmöglich, selbst für einen Dämon.

1988 stellte der Physiker Wojciech Zurek eine interessante Frage: Und wenn nun der Dämon so findig ist, daß er zuerst alle Moleküle mißt und dann sein Wissen in einer sehr einfachen Beschreibung zusammenfaßt, zum Beispiel der, daß alle Moleküle sich in der linken Kammer befinden? Diese Information besteht nur aus einem Bit. Es kostet nicht viel, dieses eine Bit wieder zu löschen. Und doch enthält es ein Wissen, mit dem sich ein großer Gewinn erzielen läßt.

Unser Wissen über die Welt läßt sich ja manchmal so wunderschön zusammenfassen, daß in wenigen Zeilen ungeheuer viel Erkenntnis liegt. Das müßte auch der Dämon können, während ihm gleichzeitig sein Gewinn sicher wäre.

Ist der Dämon also doch nicht sterblich?

Kapitel 3
Unendliche Algorithmen

Kann die Wissenschaft ihr Ziel erreichen, so muß auch der Maxwellsche Dämon das seine erreichen können, nämlich das fundamentalste aller wissenschaftlichen Naturgesetze zu durchlöchern.

Dies ist in Wirklichkeit die Konsequenz von Wojciech Zureks Frage aus dem Jahre 1988: Wenn Maxwells Dämon nur deshalb nicht funktioniert, weil er soviel Kraft braucht, um all das, was er gelernt hat, wieder zu vergessen, bleibt ihm ja die Alternative, sein Wissen in wenigen Formeln zusammenzufassen, die er ohne große Kosten wieder löschen kann. Er kann dann fast den ganzen Gewinn für sich verbuchen, den es einbringt, wenn man die Welt auf der molekularen Ebene kennt – er wird Wärme aus Nachtkälte gewinnen können, ohne daß es etwas kostet. Der Zweite Hauptsatz der Thermodynamik wäre übertreten, das Perpetuum mobile ließe sich mühelos bauen – und das naturwissenschaftliche Weltbild steckte in einer tiefen Krise. Es darf dem Dämon also nicht möglich sein, sein Wissen in einigen wenigen Formeln und Daten zu komprimieren, die die ganze Geschichte der Moleküle in dem Behälter, in dem er arbeitet, enthalten.

Wenn aber der Dämon dazu nicht fähig ist, wird es wohl auch den Menschen verwehrt sein? Wissenschaft strebt immer nach einer möglichst kurzen Beschreibung der Welt. Doch muß es Grenzen dafür geben, in welcher Kürze die Welt beschrieben werden kann. Denn sonst bekäme man Probleme mit Maxwells Dämon.

Das ist die Konsequenz von Zureks Frage. Wären wir in der Lage zu beweisen, daß wir die ganze Welt in beliebig kurzer Form beschreiben können, bräche die Basis unseres Weltbildes zusammen. Der Zweite Hauptsatz wäre durchbrochen. Der Maxwellsche Dämon ist also keineswegs nur ein Problem für die Thermodynamik, sondern ein Problem unserer gesamten Beschreibung der Welt.

Es sei denn, die Vorstellung, die ganze Welt lasse sich in allen Einzelheiten in einigen wenigen kurzen Zeilen von nahezu göttlicher Schönheit beschreiben, wäre falsch.

Und sie ist falsch. Der Beweis wurde 1930 in einer Arbeit geliefert, die die fundamentalsten Grundlagenprobleme der Mathematik untersucht. Die Mathematiker und Logiker gerieten durch diese Erkenntnis in eine völlig neue Situation: Sie zwang die Forscher zu der Einsicht, daß sie niemals alles in der Welt würden beweisen können, daß es im menschlichen Verständnis der Welt immer und ewig Aussagen geben würde, die prinzipiell unbeweisbar sind, und daß die Menschen mehr über die Welt wissen, als sie durch ein formales System erklären können.

Nicht ohne Grund ist dieser Beweis als der tiefsinnigste bezeichnet worden, der je geführt wurde. Er betrifft die Grenzen der Gewißheit menschlichen Erkennens, die Grenzen der Beweisbarkeit. Es ist der Beweis, daß man nicht alles beweisen kann. Nicht einmal alle Aussagen, von denen man genau weiß, daß sie stimmen.

Daß sein Theorem auch nur im entferntesten mit Wärmelehre und der Unmöglichkeit, ein Perpetuum mobile zu bauen, zu tun haben könnte, dürfte dem Mathematiker Kurt Gödel kaum in den Sinn gekommen sein, als er es im Januar 1931 veröffentlichte. Das wurde erst mehr als ein halbes Jahrhundert später klar, und es war dann fast eine Erleichterung, daß gerade *Gödels Theorem*, der Unvollständigkeitssatz, die Erklärung lieferte, warum der Maxwellsche Dämon nicht funktioniert.

Denn Gödels Satz macht die Grenzen aller Erkenntnis sichtbar und damit, in gewissem Sinne, die einzige Gewißheit, die wir je haben werden: daß sich eine Unendlichkeit der Wahrheit nicht mit einer endlichen Theorie erfassen läßt. Nur die Welt selbst ist groß genug, um die ganze Welt zu begreifen. Es ist keine Karte von der ganzen Welt möglich, auf der alles verzeichnet wäre – es sei denn, die Karte wäre das Gelände selbst. Aber dann wäre sie keine Karte. Die Fundamente der gesamten modernen Mathematik waren mit einem Schlag zerstört. Der Traum von der Gewißheit war ausgeträumt.

«Wir müssen wissen. Wir werden wissen.» Mit diesen Worten beendete der Mathematiker David Hilbert den großen, resümierenden Vortrag, den er anläßlich der Verleihung der Ehrenbürgerschaft am 9. September 1930 in seiner Geburtsstadt Königsberg hielt.[1]

Jahrzehntelang hatte Hilbert der Möglichkeit einer klaren und definitiven logischen Grundlegung der Mathematik das Wort geredet. Im Jahre 1900 hatte er eine Liste der Probleme aufgestellt, die noch gelöst werden mußten, um die Grundlagen der Mathematik vollständig zu klären. Es galt zu zeigen, daß die mathematische Wissenschaft aus einem zusammenhängenden, widerspruchsfreien und umfassenden logischen Apparat bestand.

Immer wieder hatte Hilbert in den folgenden Jahrzehnten betont, eine solche vollständige Klärung der Grundlagen der Mathematik sei in Sicht. Die Vernunft gebiete es, anzunehmen, daß alle mathematischen Probleme lösbar seien: «Wir haben... die sichere Überzeugung, daß ihre Lösung... gelingen muß», sagte Hilbert und beschrieb den Traum des Mathematikers: «Diese Überzeugung von der Lösbarkeit eines jeden mathematischen Problems ist uns ein kräftiger Ansporn während der Arbeit; wir hören in uns den steten Zuruf: *Da ist das Problem, suche die Lösung. Du kannst sie durch reines Denken finden; denn in der Mathematik gibt es kein Ignorabimus!*»[2]

Als sich Hilbert, der den Lehrstuhl in Göttingen, der Hauptstadt der Mathematik in Deutschland, innegehabt hatte, 1930 im Alter von 68 Jahren emeritieren ließ, war er über eine der vielen Würdi-

80 Unendliche Algorithmen

David Hilbert

gungen ganz besonders erfreut: die Ehrenbürgerschaft seiner Geburtsstadt Königsberg. Sie sollte im Herbst desselben Jahres anläßlich des 91. Kongresses der Gesellschaft Deutscher Naturforscher und Ärzte in Königsberg stattfinden. Die Stadt, die nach dem Zweiten Weltkrieg, umbenannt in Kaliningrad, unter sowjetische Verwaltung gestellt wurde, spielt eine besondere Rolle in der deutschen Geistesgeschichte, denn hier lebte und wirkte der Philosoph Immanuel Kant.

Hilbert beschloß, zu dieser Ehrung einen großangelegten Vortrag vorzubereiten, in dem er einen Bezug zu Kant herstellen wollte, der als einer der größten Philosophen (wenn nicht der größte) der Neuzeit gilt. Es war allerdings ein kritischer Bezug. Unter dem Titel «Naturerkennen und Logik» griff er mit scharfen, wenn auch aus Rücksicht auf den Anlaß höflich formulierten Worten den berühmten Sohn der Stadt an.

Immanuel Kant hatte Ende des 18. Jahrhunderts dargelegt, daß die menschliche Erkenntnis auf Voraussetzungen beruht, die unabhängig von der Erfahrung sind. Wir erkennen die Welt aufgrund reiner Verstandesbegriffe (Kategorien) und reiner Anschauungsformen (Zeit und Raum), die dem Erkenntnisvermögen selbst nicht zugänglich sind. Wir sehen gewissermaßen durch eine Brille, die wir selbst nicht näher untersuchen können, da sie die eigentliche Voraussetzung dafür ist, daß wir sehen können. Kant sprach vom *a priori* der Erkenntnis, von Begriffen und Anschauungsformen, die der Erfahrung vorausgehen.

Dagegen wandte sich Hilbert: «Kant hat die Rolle und den Umfang des Apriorischen weit überschätzt... In der Kantschen Apriori-Theorie sind noch anthropomorphe Schlacken enthalten, von denen sie befreit werden muß und nach deren Entfernung nur diejenige apriorische Einstellung übrigbleibt, die auch der rein mathematischen Erkenntnis zugrunde liegt.»[3]

Mit anderen Worten, es ging darum, die Mathematik in einigen wenigen logischen und mathematischen Grundregeln zu verankern, auf deren Basis sich alles in endgültiger und in sich abgeschlossener Form beweisen ließ. Die Logik würde dann das menschliche Erkennen in seinen wesentlichen Zügen erklären können und damit Kants *a priori* überflüssig machen, jene rational nicht begründbaren Grundformen unserer Erkenntnis, die diese letztlich damit erklären, daß wir nun einmal menschliche Wesen sind und die Welt nur auf menschliche Weise erkennen können.

Dieses unlogische *a priori* wollte Hilbert überwinden. Sein Ziel war die vollkommen transparente Erklärung unseres Wissens.

Der französische Philosoph Auguste Comte hat im 19. Jahrhundert den Positivismus begründet, eine Lehre, die nur Wissen gelten ließ, das positiv, also durch Empirie oder logisch-mathematische Beweise, begründet ist, und alles andere als unwissenschaftlich verwarf. Eine Haltung also, die Kant gegenüber sehr kritisch ist.

Der Positivismus ging Hilbert jedoch noch nicht weit genug. In seiner Dankrede kam er auf Comte und dessen Darstellung der unlösbaren Probleme zu sprechen (die für eine Philosophie, die nur Wissen akzeptiert, dessen Richtigkeit man begründen kann, tatsächlich ein Problem sind): «Einst sagte der Philosoph Comte – in der Absicht, ein gewiß unlösbares Problem zu nennen –, daß es der Wissenschaft nie gelingen würde, das Geheimnis der chemischen Zusammensetzung der Himmelskörper zu ergründen. Wenige Jahre später wurde... dieses Problem gelöst... Der wahre Grund, warum es Comte nicht gelang, ein unlösbares Problem zu finden, besteht meiner Meinung nach darin, daß es ein unlösbares Problem überhaupt nicht gibt.»[4]

Die Erkenntnis hat keine Grenzen, alles kann und wird eines Tages verstanden werden. *Wir müssen wissen. Wir werden wissen*, sagte Hilbert.

Unmittelbar nach dem Vortrag suchte Hilbert ein Rundfunkstudio auf. Zwei Königsberger Mathematiker hatten das Arrangement getroffen, daß das Ende des Vortrags auf Band mitgeschnitten wurde, um es im Radio zu senden und für die Nachwelt aufzuzeichnen.

Constance Reid, die eine nuancierte Biographie über Hilbert geschrieben hat, berichtet: «Die letzten Worte, die er in das Mikrophon sprach, waren fest und stark: ›Wir müssen wissen. Wir werden wissen.›...Als er vom Manuskript aufblickte und der Techniker das Aufnahmegerät ausschaltete, lachte er. Die Aufnahme des letzten Teils seiner Königsberger Rede ist erhalten. Hört man sehr genau hin, kann man Hilbert am Ende lachen hören.»[5] *Wir müssen wissen. Wir werden wissen.*

Hilbert wußte nicht, daß unter seinen Zuhörern der unbekannte vierundzwanzigjährige Mathematiker Kurt Gödel aus Wien saß, der genau zwei Tage vorher, am 7. September 1930, hier in Königsberg erstmals und fast nebenher seinen Kollegen von einer Entdeckung erzählt hatte.[6]

Ausgangspunkt seiner Überlegungen war Hilberts Programm gewesen, die Mathematik neu zu begründen. Und die Entdeckung, die er im Laufe seiner Untersuchung machte, verurteilte dieses Programm zum Scheitern.

Was Gödel auf dem Kongreß über die Erkenntnistheorie der exakten Wissenschaften, der gerade in Königsberg stattfand, mitzuteilen hatte, fand bei den meisten Kollegen wenig Beachtung. Einige der größten Mathematiker der Zeit waren anwesend, doch erst als Gödels Ergebnis in schriftlicher Form vorlag, ging den Mathematikern allmählich auf, was es bedeutete.

Am 17. November schickte Gödel seinen Artikel mit dem Beweis an die *Monatshefte für Mathematik und Physik*. Er erschien im Januar 1931, doch schon am Weihnachtsabend 1930 wandte sich Hilberts Assistent Paul Bernays mit der Bitte um eine Kopie der Korrekturfahne an Gödel.[7] Als Bernays Hilbert von Gödels Unvollständigkeitssatz unterrichtete, wurde dieser «ziemlich wütend»[8]. Später zeigte Hilbert, welches Format er als Mensch und Wissenschaftler besaß; zusammen mit Bernays ergänzte er 1939 Gödels Beweis durch einige wichtige technische Details. Die Worte «Wir müssen wissen. Wir werden wissen.» stehen auf Hilberts Grabstein in Göttingen.[9] Er selbst aber erfuhr noch zu Lebzeiten, daß wir niemals alles wissen werden.

Der britische Philosoph und Mathematiker Bertrand Russell gab 1910 bis 1913 mit dem Mathematiker A. N. Whitehead die *Princi-*

pia Mathematica heraus, die die gesamte mathematische Theorie aus den Gesetzen der Logik ableiten sollten. Während er daran arbeitete, war Russell auf die nach ihm benannte Russell-Antinomie gestoßen, das «Barbierparadox», an dem das Projekt faktisch gescheitert war. Es zeigte sich nämlich, daß die Mathematik in sich widersprüchlich ist; das im übrigen so logische System brachte Paradoxa hervor. Problematisch wurde es besonders dann, wenn mathematische Größen auf sich selbst verwiesen. Russell meinte, die Probleme seien unter Kontrolle zu bringen. Man fand eine geschickte technische Lösung, durch die sie sich scheinbar umgehen ließen.

Kurt Gödels Artikel vom Januar 1931 trug den Tiel «Über formal unentscheidbare Sätze der *Principia Mathematica* und verwandter Systeme I». Er präsentierte seine Erkenntnisse also mit direktem Hinweis auf Russells und Whiteheads Arbeit.

Bertrand Russell, ein großer Geist, der sich zu einem der einflußreichsten Philosophen des 20. Jahrhunderts entwickelte (und im Laufe seines Lebens sehr unterschiedliche philosophische Positionen bezogen hat), wandte sich von der mathematischen Logik ab, als er mit den *Principia Mathematica* die Grundlagenprobleme gelöst zu haben glaubte.

«Es ist fünfzig Jahre her, daß ich mich seriös mit mathematischer Logik beschäftigt habe», schrieb Russell 1963, «und Gödels Arbeit ist fast die einzige, die ich seitdem gelesen habe. Ich erkannte natürlich, daß sie von grundlegender Bedeutung ist, aber sie verwirrte mich. Ich war froh, daß ich mich nicht mehr mit mathematischer Logik befaßte.»[10]

Gödels Erkenntnis aber führte dazu, daß sich eines der bedeutendsten wissenschaftlichen Themen des 20. Jahrhunderts mit Macht zu entfalten begann.

«Ich lüge.» Diese Aussage, das sogenannte Lügnerparadox, hat das europäische Denken jahrtausendelang geplagt. Stimmt sie, ist sie eine Lüge – und umgekehrt. Ein Lügner, der sagt, er lüge, sagt die Wahrheit; lügt er, dann lügt er nicht, wenn er sagt, er lüge.

Es gibt eine Menge technischer Varianten dieses Paradoxons,

doch der Grundzug ist immer gleich. Die Selbstreferenz, der Verweis auf sich selbst, führt rasch zu Schwierigkeiten. Solche Paradoxa sind unangenehm. Eines davon wird *die Antinomie Richard* genannt, es betrifft die Unzählbarkeit der Zahlen.

Gödel zerstörte die Ambitionen der gesamten mathematischen Logik, indem er Aussagen untersuchte, die diesen Paradoxa oder Antinomien, wie die Philosophen sie vorzugsweise nennen, ähneln. Einer der sehr wenigen nichtmathematischen Sätze in seiner Abhandlung von 1931 lautet: «Die Analogie dieses Schlusses mit der Antinomie Richard springt in die Augen; auch mit dem ‹Lügner› besteht eine nahe Verwandtschaft.»[11]

Gödel hatte die geniale Idee, eine Aussage der Form «Ich bin nicht beweisbar» zu untersuchen. Stimmt sie, kann man sie nicht beweisen. Ist sie eine Lüge, kann man sie beweisen; dann hat man etwas bewiesen, das nicht stimmt. Die Aussage ist wahr, wenn und nur wenn sie nicht bewiesen werden kann.

Für die mathematische Logik ist das unangenehm, aber nicht, weil es sich um ein Paradox, einen Selbstwiderspruch handelt. Das Problem liegt woanders. Die Aussage «Ich bin unbeweisbar» ist wahr. Es gibt folglich wahre Aussagen, die sich nicht beweisen lassen. Es gibt Wahrheiten, die sich einer mathematischen und logischen Beweisführung entziehen.

Dies wäre eine nichtformale Version von Gödels Beweis.[12] Ursprünglich wurde er natürlich in einer viel strengeren, einer viel formaleren Fassung formuliert. Gödel wußte, daß man Sätze als Zahlen kodieren kann. Deshalb «übersetzte» er problematische Sätze, die sich auf sich selbst beziehen, in Zahlen, «die sich auf sich selbst beziehen».

Eine einfache und subtile Idee, die zu der Erkenntnis führt, daß ein logisches System seine Konsistenz, seinen inneren Zusammenhang, nicht selbst begründen kann. Man kann die Wahrheit oder Richtigkeit einer logischen Konstruktion oder eine Sprache nicht *von innen heraus* begründen, man muß außerhalb des Systems stehen, um sagen zu können: «Es ist konsistent. Es ist kohärent.» Innere Kohärenz und Widerspruchsfreiheit können nicht innerhalb des Systems selbst bewiesen werden.

Der Mathematiker Andrew Hodges schrieb später: «Ein bemerkenswerter Aspekt an Gödels spezieller Behauptung war, daß sie, obgleich nicht beweisbar, in einem Sinn *wahr* war. Aber um zu sagen, sie sei ‹wahr›, bedurfte es eines Beobachters, der, wie die Dinge lagen, das System von außen betrachten konnte. Durch Arbeiten *innerhalb* des axiomatischen Systems konnte das nicht gezeigt werden.»[13]
Die Logik kommt nicht ohne den Menschen aus.

Kurt Gödel

«Oft hält man den Gödelschen Satz für etwas Negatives», schrieb der englische Mathematiker Roger Penrose 1988.[14] Man meint, er handle von dem, was die Menschen nicht können. In der dänischen philosophischen Literatur wurde er als *Ohnmachtspostulat* bezeichnet.[15] Gödels Beweis ist in der Tat ein Beweis der Ohnmacht, nur nicht der Ohnmacht des Menschen, sondern der der Logik.

Wir werden immer Bedarf für unsere eigene Urteilskraft haben. Gödel bewies, daß die Menschen mehr wissen als das, was sich logisch herleiten läßt. Die lebendige Erkenntnis reicht weiter, als logische Anweisungen den Geist führen können. Gödels Satz ist eine einzigartige Huldigung an die Kreativität des menschlichen Geistes.

Unter den gegebenen historischen Umständen aber erschien Gödels Klarsicht eher als Abschluß einer vergangenen Epoche denn als Anfang einer neuen.

Hilberts Programm war nur die mathematische Variante einer Art von Übermut, der die Wissenschaftstheorie um die Jahrhundertwende ergriffen hatte. Der Positivismus, den Auguste Comte begründet hatte, verdammte alles Wissen, das sich nicht durch Erfahrungstatsachen oder logische Schlüsse beweisen ließ. In Wien wurde diese Philosophie in den zwanziger Jahren zum logischen Positivismus verfeinert und zugespitzt. Ein Kreis von Philosophen und Mathematikern verschärfte die positivistische Forderung: Eine Aussage, hieß es, habe nur dann Sinn, wenn sie sich aufgrund von Beobachtungsdaten *verifizieren* lasse. Man müsse mit Hilfe einer endlichen Anzahl von Sinneseindrücken über die Wahrheit eines Satzes entscheiden können.

In ihrer Konsequenz führte diese Präzisierung zum Absterben des Positivismus. Denn wie sich zeigte, war sie unvereinbar mit der naturwissenschaftlichen Methode der Induktion, der Ableitung eines allgemeinen Gesetzes aus einer Reihe von Einzelbeobachtungen. Denn man kann nicht wissen, ob nicht das nächste Phänomen, das man beobachtet, von dem Gesetz abweicht, das man soeben aufgestellt hat.

Daß der Positivismus zusammenbrach, konnte Gödel, der an den Treffen des Wiener Kreises teilnahm, nicht überraschen. Seine philosophische Grundhaltung war ganz und gar von Kant inspiriert, der hervorgehoben hatte, man könne nicht das gesamte

Wissen begründen, sondern müsse akzeptieren, daß es auf Prämissen beruhe, die nicht begründbar seien, auf den erwähnten *a priori*-Kategorien.

Doch war Gödel nicht nur ein Gegner des Positivismus, er war *Platoniker*. Seine Auffassung der Größen, mit denen die Mathematik sich befaßt, geht auf den griechischen Philosophen Platon zurück, der ungefähr vierhundert Jahre vor Beginn unserer Zeitrechnung seine Ideenlehre entwickelte: Hinter der sinnlich wahrnehmbaren Wirklichkeit gebe es eine noch wirklichere Wirklichkeit, bestehend aus Urbildern, von denen die Dinge gleichsam nur eine Projektion sind. Gödel meinte, die Mathematik sei die Entdeckung solcher wirklicher Ideen durch den Menschen. Ob wir sie aber erkennen würden oder nicht, sie seien auf jeden Fall vorhanden.

Eine solche Einstellung stand zu Beginn des 20. Jahrhunderts in Kontrast zu den vorherrschenden Auffassungen der Mathematik (während sie heute sehr viel weiter verbreitet ist). David Hilbert meinte, die Mathematik sei so etwas wie ein Spiel, das seine Richtigkeit kraft seines formalen Zusammenhangs, kraft seiner Konsistenz beweise. Bertrand Russell vertrat die Ansicht, die Mathematik sei eine Form angewandter Logik. Andere wie der Holländer Luitzen Brouwer hielten mathematische Größen für Verfeinerungen der menschlichen Praxis, also unserer Intuition.

Gödel aber meinte, die Wirklichkeit dieser Größen sei unabhängig davon, ob wir beweisen können, daß sie zusammenhängen, oder ob sie logisch begründbar oder praktisch anwendbar sind. Es gebe die Zahlen und andere mathematische Größen «dort draußen», noch ehe wir sie erkennen.

Diese Haltung nahm Gödel seit Mitte der zwanziger und während der dreißiger Jahre ein, in der Zeit, in der er seine wesentlichen Erkenntnisse in der mathematischen Logik entwickelte. Er war selbst der Überzeugung, sie sei entscheidend für seine wissenschaftlichen Resultate. Doch er sprach nicht darüber. Obwohl sein Leben lang der Philosophie sein Hauptinteresse galt, veröffentlichte er seine philosophischen Ansichten nicht. Erst 1944 brachte er sie in einer Festschrift für Bertrand Russell zum Ausdruck. Der Mathematiker und Philosoph Solomon Feferman schreibt: «Hilbert starb 1943, ein Jahr, bevor Gödels Artikel erschien.»[16]

«Während der Arbeit an einem einleitenden Kapitel über Gödel für die gerade erscheinende Ausgabe seiner gesammelten Werke überraschte mich ein starker Kontrast»[17], schreibt Solomon Feferman, der Hauptherausgeber von Gödels *Collected Works*. «Ich fand bei der Tiefe der Überzeugungen, die seiner Arbeit zugrunde lagen... auffällig, wie sehr er sich zügelte, seine wahren Gedanken zum Ausdruck zu bringen.»[18]
Man darf fragen, worin die Kosten dieses Schweigens bestanden haben. Gödel gewährte nur wenigen Menschen Einblick in die Quelle seiner Erkenntnisse. Er sagte nicht geradeheraus, was er über die Welt dachte. Er sagte nur, was er beweisen konnte.

Er lebte ein sehr isoliertes Leben, vertraute nur wenigen Menschen und mußte sich wiederholt wegen Depressionen und Überanstrengung in Nervenkliniken begeben. Er war scheu und mißtrauisch, nicht zuletzt gegenüber Ärzten, obwohl er stark mit seinem eigenen Gesundheitszustand beschäftigt war. Die Depressionen nahmen zu und entwickelten sich in den siebziger Jahren zur Paranoia mit dem klassischen Syndrom der Angst vor Lebensmittelvergiftung. Als seine Frau Adele 1977 ins Krankenhaus eingeliefert wurde und ihn also nicht mehr versorgen konnte, wurde die Situation sehr ernst. Pflegerinnen wies Gödel an der Tür ab. Er starb am 14.Januar 1978, «in Fötusstellung», wie es heißt. Als Todesursache wurde «Fehl- und Unterernährung» infolge von «Persönlichkeitsstörungen» angegeben.[19]

Er hatte der Reichweite des menschlichen Verstandes jenseits der Grenzen des formal Beweisbaren die schönste Huldigung dargebracht, die je von einem Logiker formuliert worden ist. Verstanden wurde sie aber als Ohnmachtspostulat, als technische Finesse, als zeitgebundene Abrechnung mit einem übermütigen Glauben an die Wissenschaft.

Kurt Gödel selbst hat einer Einschätzung des mathematischen Logikers Hao Wang zugestimmt: «In der Philosophie ist Gödel nicht an das Ziel gelangt, das ihm vorschwebte; er hat nicht zu einer neuen Sicht der Welt, ihrer grundlegenden Bestandteile und der Regeln ihres Aufbaus gefunden. Einige Philosophen, besonders Platon und René Descartes, sagen, sie hätten in bestimmten Augenblicken ihres Lebens intuitiv eine solche Sicht erlebt, die ganz anders gewesen sei als die alltägliche Auffassung der Welt.»[20]

Gödel hat solche Offenbarungen gewiß gehabt, nur wagte er nicht, darüber zu sprechen. Er wagte uns nur das zu sagen, was er in unzweideutigen Worten davon berichten konnte. Er wagte von seinen Offenbarungen nur mitzuteilen, wie sie von außen aussahen, aus der Sicht der Gemeinschaft.

Das Wunder der Mathematik besteht darin, daß dies genügte, um auch andere das Licht sehen zu lassen.

Im Frühjahr 1935 besuchte der zweiundzwanzigjährige Alan Turing, der gerade seine Doktorarbeit abgeschlossen hatte, die Vorlesungen des Mathematikers M. H. A. Newman in Cambridge, England. Newman las über Grundlagenprobleme der Mathematik, Ausgangspunkt war Hilberts Programm. Gödel hatte, wie aus den Vorlesungen hervorging, klar und deutlich gezeigt, daß Hilberts Programm in den Hauptpunkten nicht zu halten war. Doch eine Frage hatte Gödel nicht geklärt, Hilberts sogenanntes *Entscheidungsproblem*.

Das Entscheidungsproblem geht in die entgegengesetzte Richtung: Hat man ein mathematisches System, das Aussagen über eine bestimmte Behauptung macht, kann man dann entscheiden, ob sich dieser Satz aus dem System selbst ableiten läßt? Gödel hatte gezeigt, daß in jedem in sich geschlossenen System Fragen vorkommen werden, die man nicht beantworten, wahre Aussagen, die man nicht ableiten kann. Das war das Entscheidende, denn es beweist, daß der Traum von einer endgültig abgeklärten Mathematik unerfüllbar ist.

Das umgekehrte Problem lautet: Ist es möglich herauszufinden, ob ein bestimmter Satz ableitbar ist oder nicht? Es betrifft die Beweisbarkeit bestimmter, konkreter Fragen und erscheint als

Die Turing-Maschine 91

eine sehr viel spezielleren Frage. Für Mathematiker ist sie natürlich interessant, aus der Sicht anderer dürfte sie jedoch nicht so wichtig erscheinen wie das Grundproblem selbst – die Tatsache, daß man nicht alles beweisen kann.

Obwohl aber die Frage langweilig erscheinen mag, die Antwort ist es nicht.

Ist ein «mechanisches Verfahren» denkbar, fragte Newman in den Vorlesungen, das man auf ein mathematisches Problem anwenden könne, um herauszufinden, ob es eine Lösung gebe? Das war letztlich Hilberts Frage gewesen: Gibt es ein Verfahren zu entscheiden, ob sich eine bestimmte Konsequenz aus einer Theorie ableiten läßt? Ein Verfahren nach Möglichkeit, das nicht allzuviel Aufwand an Phantasie erforderlich machte, es sollte mechanisch sein – ein *Algorithmus*, wie die Mathematiker sagen.

Ein mechanisches Verfahren. Newmans Formulierung wurde zu Alan Turings Ausgangspunkt. Er dachte über Maschinen nach, die Berechnungen anstellen können. 1935 gab es bereits solche Maschinen, doch waren sie nicht besonders interessant. Turing dachte über ihre Prinzipien nach. Was ist notwendig, damit eine Maschine ein mathematisches Problem lösen und herausfinden kann, ob sich ein Satz aus einem theoretischen System ableiten läßt?

Es gehörte nicht viel dazu. Turing erfand eine einfache Logikmaschine, die über keine besonderen Fähigkeiten verfügte. Sie konnte einige Anweisungen ausführen, schreiben, lesen («scannen») und Berichtigungen auf dem von ihr beschriebenen Papierstreifen, ihrem «Speicher», vornehmen. Wenig mehr, als eine Schreibmaschine leistet.

Turing stattete seine Logikmaschine jedoch mit einem unbegrenzten Speicher aus. Er stellte sich vor, die Maschine registriere ihre Aktivitäten auf einem unendlich langen Papierstreifen, dem Rechenband, das sich vorwärts und rückwärts bewegen ließe, so daß sie – wie eine Schreibmaschine – immer nur in einem bestimmten Feld operierte. Das Rechenband ist unendlich lang, so daß es keine Rolle spielt, wenn die Maschine die Anweisung ungeschickt ausführt. Speicherplatz ist genug vorhanden und Zeit auch.

Turing begriff, daß eine solche einfache Maschine – man nennt sie heute *Turing-Maschine* – tatsächlich eine ganze Reihe der Ableitungsprobleme Hilberts lösen kann, da Gödel elegante logische Manöver gefunden hatte, um alle möglichen in Zahlen gekleidete mathematische Konstruktionen zu behandeln. Es handelte sich um eine universelle Maschine, die alle Formen der Berechnung ausführen kann. Berechnungen, von denen bekannt war, daß sie ausführbar sind, sollten auch von einer Turing-Maschine ausgeführt werden können. Sie stellte also das Prinzip einer rechnenden Maschine in reiner und genereller Form dar.

Doch wurde Turing sehr bald noch etwas anderes klar. Es lassen sich Anweisungen formulieren, die die Maschine nicht in überschaubarem Rahmen durchrechnen kann. Es gibt Zahlengrößen, die sie nicht erreicht, nicht weil die Zahlen zu groß wären, sondern weil die Anweisung unergründlich ist. Man kann nicht sagen, ob die Maschine die Zahl erreicht, es sei denn, sie ist bei ihr angekommen. Das aber kann unendlich lange dauern. Innerhalb eines endlichen Zeitraums weiß man also nicht: Schafft sie's oder schafft sie's nicht?

Demzufolge ist Hilberts Entscheidungsproblem nicht lösbar. Es läßt sich keine Anweisung formulieren, die klären könnte, ob sich etwas aus einem mathematischen System ableiten läßt oder nicht.

Das ist für sich genommen ein wichtiges Resultat, auf das darüber hinaus gleichzeitig und unabhängig von Turing auch ein anderer Forscher stieß, der amerikanische Logiker Alonzo Church.

Interessant aber ist, daß Turing – an einem Sommertag auf einer Wiese liegend – zwei Entdeckungen gleichzeitig gemacht hatte. Der Mathematiker Alan Hodges schreibt darüber in seiner Turing-Biographie: «Alan [Turing] hatte bewiesen, daß es keine ‹wundersame Maschine› gab, die alle mathematischen Probleme lösen konnte, während seiner Arbeit aber hatte er etwas fast ebenso Wundersames entdeckt: die Idee einer universellen Maschine, die die Arbeit *jeder* Maschine übernehmen konnte.»[21]

Die Theorie des Computers 93

Turing hatte die Theorie der Maschine entwickelt, die Berechnungen durchführt, zwar nicht detailliert, jedoch nach allgemeinen Prinzipien, die für alle solche Maschinen gelten. Infolge des Zweiten Weltkriegs standen dann wenige Jahre später die notwendigen Mittel für die rasche Entwicklung elektronischer Computer zur Verfügung, besonders in England und den USA. Die Engländer brauchten sie, um unter Turings Leitung die Geheimcodes der deutschen Wehrmacht zu knacken, die Amerikaner benutzten sie unter anderem für den Bau von Atomwaffen.

Inzwischen sind Computer Allgemeinbesitz geworden. Seit Jahrzehnten stellen wir uns vor, der Computer verschaffe dem Menschen unendliche Möglichkeiten, die Welt unter Kontrolle und über alles den Überblick zu behalten.

Eine Turing-Maschine – der logische Vorläufer des Computers: eine einfache Logikmaschine mit unbegrenztem Speicher.

Tatsache aber ist, daß Alan Turing die Theorie des Computers in dem Augenblick fand, als er begriff, daß man nicht alles berechnen kann. Das menschliche Denken gelangte also genau zu dem Zeitpunkt zu der Vorstellung einer universellen Rechenmaschine, als deutlich wurde, daß es unmöglich ist, alles mechanisch zu berechnen – daß es Fragen gibt, die erst geklärt sind, wenn sie geklärt sind. Nicht vorher.

Dieser Sachverhalt mag befremdend erscheinen. Die *Church-Turing-These*, die ihn zum Ausdruck bringt, besagt ganz einfach, daß man alles berechnen kann, was man bereits berechnet hat. Man kann das, von dem man weiß, daß man es kann. Ob man mehr kann, weiß man erst, wenn man es ausprobiert hat!

Heute, da Computer allgegenwärtig sind – auch hier vor mir, anstelle einer Schreibmaschine –, ist dieses Ergebnis als das sogenannte *Halteproblem für Turing-Maschinen* bekannt. Es läßt sich nicht prinzipiell festlegen, wann ein Computer mit einer bestimmten Rechenaufgabe fertig ist; man kann nicht im voraus wissen, wann er soweit ist.

Man kann deshalb nicht vorhersagen, *ob* ein Computer je mit einer Aufgabe fertig werden wird, ehe er wirklich fertig geworden ist. Vorher weiß man nicht, ob er zu einem Ergebnis kommt oder einfach bis in alle Ewigkeit weiterrechnet.

Das gilt natürlich nicht für die einfachen Rechenaufgaben des Alltags, mit denen wir viel Erfahrung haben. Aber nur weil wir Erfahrung mit ihnen haben, wissen wir das. Es gibt keine prinzipiellen, übergeordneten, logischen Regeln, die uns etwas sagen, das wir nicht schon vorher wußten.

Die Church-Turing-These und das Halteproblem für Turing-Maschinen besagen, daß wir nur durch Erfahrung lernen können. Es gibt keine Möglichkeit, vorab zu durchschauen, was geschehen wird.

Mit Computern verhält es sich wie mit Wahrheitssuchern oder mit Kleinkindern. Man muß einfach abwarten, bis der Ruf ertönt: «Fertig...»

«Viele Mathematiker würden es vielleicht vorziehen, die Offenlegung des gegenwärtigen Status der Mathematik auf Familienangehörige zu beschränken», schrieb der Mathematiker Morris Kline 1980 im Vorwort eines Buches, das vom Verlust der Gewißheit in der Mathematik handelt. «Diese Schwierigkeiten öffentlich zu machen könnte als Zeichen schlechten Geschmacks gewertet werden, so als würde man Eheprobleme öffentlich austragen»[22], schreibt Kline, der 1908 geboren ist.

Viele Jahre lang schwelte die Krise denn auch im stillen. Der Mathematiker Rudy Rucker schreibt dazu 1987: «Vor allem zeigt Gödels Satz, daß das menschliche Denken viel komplexer und weniger mechanisch ist, als irgend jemand zuvor geglaubt hatte. Nach einem kurzen Aufflackern des Interesses in den dreißiger Jahren versteinerte das Ergebnis zu einem Stück technischer Mathematik. Gödel wurde zum Privateigentum der etablierten mathematischen Logiker, und viele dieser akademischen Würdenträger reagierten mit Verachtung auf jeden Hinweis, daß der Satz etwas mit der wirklichen Welt zu tun haben könnte.»[23]

Nicht viel besser war es um die Philosophen bestellt, obwohl der Pole Alfred Tarski schon Anfang der dreißiger Jahre das an Gödel erinnernde Argument vorgebracht hatte, man könne die Wahrheit eines Systems nicht innerhalb des Systems selbst ableiten.[24]

Trotzdem wurde Gödels Theorem weithin bekannt, nicht zuletzt durch das 1979 erschienene schöne, schwierige und berühmte Buch *Gödel, Escher, Bach*[25] des Computerforschers Douglas Hofstadter. Darin wird die geistige Verwandtschaft des Mathematikers Gödel mit dem Komponisten Johann Sebastian Bach (1685–1750), dessen Zeitgenossen seine Musik zu mathematisch fanden, und dem Zeichner Maurits Cornelis Escher (1898–1972), der immer noch nicht recht zu den bildenden Künstlern gezählt wird, herausgestellt.

Daß sich allmählich herumsprach, was Gödel herausgefunden hatte, war aber noch einem anderen Umstand zu verdanken. Es wurde nämlich deutlich, daß das Phänomen der Unbeweisbarkeit und Unentscheidbarkeit nicht auf seltsame Paradoxa der alten Griechen beschränkt ist. Unbeweisbarkeit und Unentscheidbarkeit sind Grundzüge unserer Welt.

Ein liebes Kind hat viele Namen – was auch für die Weiterentwicklung des Gödelschen Satzes in den sechziger Jahren durch die Theorie des *algorithmischen Informationsgehalts* gilt, auch *algorithmische Komplexität* oder *algorithmische Zufälligkeit* genannt. Die drei Väter der Theorie sind Ray Solomonov, Andrej Kolmogorov und Gregory Chaitin.

Die Bezeichnungen klingen nach schwieriger Materie. Tatsächlich läßt sich jedoch aufgrund dieser Theorie sehr viel einfacher sagen, was Gödel und seine Nachfolger herausgefunden hatten. Die Theorie Solomonovs, Kolmogorovs und Chaitins enthält eine einleuchtende Erklärung für *Zufälligkeit*. Sie liefert dadurch einen Hinweis darauf, was Ordnung ist.

Ausgangspunkt sind Zahlen. Was ist eine Zufallszahl? Da die drei Väter der Theorie Mathematiker sind, arbeiten sie vor allem mit Binärziffern, die nur aus Nullen und Einsen bestehen: 010110100110... usw.

Wir finden solche Zahlen schrecklich, doch braucht man vorn nur ein Komma einzusetzen, dann sieht die Reihe wie eine altmodische Dezimalzahl aus: 0,101110100110. Ist das eine Zufallszahl? Wir haben nur eine Reihe zufälliger Binärziffern aufgeschrieben, aber war das zufällig?

Wir hätten auch zwölfmal eine Münze werfen und für Zahl eine 1 und für Bild eine 0 schreiben können. Dann *müssen* wir die Zahl doch zufällig nennen. Versuchen wir es: 100010000111 – ich habe jetzt wirklich zwölfmal ein Ein-Kronen-Stück in die Luft geworfen. Wenn wir das nun wiederholen, ergibt sich sicher ein anderes Resultat: 110011010000. Die beiden Zahlenreihen sehen zugegebenermaßen recht schlicht aus, aber sie sind garantiert zufällig.

Wir hätten nun auch etwas ganz anderes tun können. Wir hätten unsere Kenntnis binärer Zahlen auf die Probe stellen können, indem wir beispielsweise schrieben: 0,010101010101.

Das sieht gleich weniger zufällig aus. Es handelt sich um eine lange Reihe von 01-en, was sich viel kürzer schreiben läßt: «0 Komma sechsmal 01». In Wirklichkeit aber ist es nur ein raffiniertes Beispiel[26] und läßt sich noch kürzer schreiben, denn es ist die binäre Version von ⅓.

Es geht darum, daß es Zahlen gibt, die viel kürzer geschrieben werden können. 111111111111111111 läßt sich «achtzehnmal die 1» schreiben.

Die erwürfelte Zahlenreihe oben aber läßt sich nicht kürzer schreiben. Sie stellt sozusagen einen Bericht über zwölf aufeinanderfolgende Ereignisse dar, die völlig unabhängig voneinander sind. Ob eine 0 auf eine 1 folgt oder umgekehrt, geschieht ohne System. Wir können zwar damit rechnen, daß bei sehr langen Reihen von Nullen und Einsen beide Ziffern ungefähr gleich häufig auftreten, weil wir, wenn wir eine Münze werfen, ungefähr gleich oft Bild und Zahl erwarten. Die Reihenfolge aber ist zufällig, ohne System.

Wir könnten bei zwölfmaligem Werfen der Münze natürlich auch das Ergebnis 010101010101 erhalten, das sich kürzer schreiben läßt, doch geschieht das nicht sehr oft. Wahrscheinlich müßten wir die Münze mehrere tausendmal werfen, ehe genau diese Reihenfolge (oder eine andere vorher festgelegte) zustande kommt. Diese Mühe wollen wir uns nicht machen.

Zufällige Zahlen lassen sich also nicht kürzer schreiben, andere Zahlen dagegen sehr wohl. Die Zahl 0,42857142857 läßt sich zum Beispiel als 3/7 schreiben.

Wir können also zwischen zufälligen und geordneten Zahlen in folgender Weise unterscheiden: Das Zufällige läßt sich nicht kürzer schreiben, wohingegen das Geordnete kürzer gesagt werden kann. Das meinen wir mit Ordnung.

Den drei Mathematikern zufolge haben wir damit eine schöne Theorie für Ordnung und Zufall. Letzterer ist das, was sich durch einen Algorithmus, eine einfache Anweisung, nicht kürzer sagen läßt. Eine Zufallszahl kann nicht kürzer als durch sich selbst ausgedrückt werden.

Bei «geordneten» Zahlen ist es umgekehrt. «3/7» ist eine Rechenanweisung, ein Algorithmus, der sagt, wie man zu der Zahlenreihe 0,42857142857 gelangt (stillschweigend vorausgesetzt, daß wir nur an diesen ersten zwölf Ziffern interessiert sind). Diese Zahlenreihe ist also weniger zufällig als beispielsweise 0,32857142877. In dieser Reihe sind zwei Ziffern verändert, und dadurch ist *vermutlich* eine Zahl entstanden, die sich nicht durch einen einfachen Bruch abkürzen läßt.

Kann man sich dessen sicher sein? Woher wissen wir, daß 0,32857142877 nicht doch irgendein einfacher Dezimalbruch ist, den wir nur nicht auf Anhieb erkennen? Vielleicht gibt es einen

Leser, der eine Anweisung für die Zahlenreihe 0,32857142877 findet, die kürzer ist als die Zahlenreihe selbst. In diesem Falle wäre bewiesen, daß sie nicht zufällig ist. Bis dahin aber müssen wir sie für eine Zufallszahl halten.

Man kann nie wissen, auf welche Einfälle ein raffinierter Leser kommt. Und genau das hat Gödel in gewissem Sinne bewiesen.

Wir können keine generelle Regel aufstellen, wie sich herausfinden läßt, ob eine Zahl zufällig ist oder nicht, ob sie sich kürzer schreiben läßt oder nicht. Dies ist eine direkte Konsequenz aus Gödels Erkenntnis. Es *ist* Gödels Satz, das, was er bewiesen hat.

Ob eine Zahl kürzer geschrieben werden kann, weiß man erst, wenn man es kann. Bis zu dem Zeitpunkt ist die Frage offen.

Es gibt viel mehr zufällige als geordnete Zahlen. Die meisten Zahlen lassen sich nicht kürzer schreiben als durch sich selbst. Intuitiv ist das leicht zu verstehen, wenn man darüber nachdenkt, wie unsere (hoffentlich) zufällige Zahl entstanden ist. Wir haben einfach eine «geordnete» Zahl (³⁄₇) genommen, sie als Dezimalzahl geschrieben und zwei Ziffern abgeändert. Heraus kam etwas (wahrscheinlich) Zufälliges. Wir hätten auch zwei andere Ziffern ändern können, und das Ergebnis wäre (vermutlich) ebenso zufällig gewesen. (Wichtig ist, daß die Anweisung, wie man seine «unordentliche» Zahl herstellt, nicht kürzer geschrieben werden kann als die Zahl selbst, denn sonst klappt es nicht. Die Zahl 0,32857142877 läßt sich schreiben als «³⁄₇ − 0,1 + 2 × 10^{-10}», was gerade noch kürzer ist als die Zahl selbst, die somit nicht zufällig wäre.)

Es ist möglich zu zeigen, daß eine Zahl nicht zufällig ist, weil sie sich kürzer schreiben läßt, in Form einer Anweisung. Es ist aber nicht möglich zu sagen, daß sie sich nicht kürzer schreiben läßt.

Das ist Gödels Erkenntnis. Wir wissen, daß es eine Ordnung gibt, wenn wir sie sehen. Aber wir können nicht wissen, daß es keine Ordnung gibt, nur weil wir sie nicht sehen. Und weder Mathematik, Logik oder Computer können uns dabei helfen.

Ordnung ist Ordnung. Der Rest unentschieden.

Die drei Mathematiker haben diese Begriffe natürlich präzisiert. Die kürzeste Schreibweise einer Zahlenreihe läßt sich auch als die kürzeste Instruktion, als der kürzeste Algorithmus ausdrücken, den man einer Maschine geben muß, damit sie die Zahl schreibt. Bei einer Zufallszahl muß ihr die ganze Zahlenreihe mitgeteilt werden, eine Zahl wie 0,42857142857 läßt sich kürzer mitteilen.

Der *algorithmische Informationsgehalt* wird nun als der kürzeste Algorithmus definiert, der eine Turing-Maschine veranlaßt, die betreffende Zahlenreihe zu schreiben. Das aber, könnte man einwenden, würde bedeuten, daß Zufallszahlen einen größeren Informationsgehalt haben als geordnete. Genau so ist es. Der Informationsgehalt ist ein Ausdruck für die Schwierigkeit, etwas mitzuteilen. Will man über das zwölfmalige Werfen einer Münze berichten, ist ein längeres Telefongespräch vonnöten, als wenn es um ³⁄₇ geht; das Zufällige ist das, was sich nicht kürzer sagen läßt.

Information ist mit Entropie verbunden, dem Maß für thermodynamische Unordnung. Der Makrozustand «zwölf Würfe» entspricht einer größeren Anzahl unterschiedlicher Mikrozustände (Binärziffern) als der Makrozustand «³⁄₇». Also enthalten die zwölf Würfe mehr Information.

Information ist ein Maß für Zufälligkeit, da Zufälligkeit ein Maß für Unordnung ist, für etwas, das sich schwer beschreiben läßt.

Information ist ein Maß dafür, wie überrascht wir sind, und in der Unordnung liegen mehr Überraschungen als in der Ordnung. Ebendas meinen wir mit Ordnung: Was ordentlich ist, kann uns nicht überraschen.

So läßt sich nun auch das Absonderliche an Shannons Begriff der Information verstehen. Information ist erst definiert, wenn wir den Zusammenhang kennen, wenn wir also beschreiben, von welchen Makro- und Mikrozuständen wir sprechen. Sie ist erst definiert, wenn wir erklären, was wir mit Ordnung meinen.

Gödels Satz sagt uns, daß wir nicht wissen können, ob es in etwas Zufälligem eine Ordnung gibt, die wir bisher noch nicht erkannt haben. Um zu wissen, wieviel Information in der Unordnung ist, müssen wir wissen, wieviel Ordnung in dieser Unordnung entdeckt worden ist. Wir können Information erst dann definieren, wenn wir wissen, wieviel Ordnung derjenige, der sie empfängt, entdeckt hat. Ohne Kenntnis des Zusammenhangs läßt sich Information nicht definieren. Nicht weil der Begriff der Information falsch wäre, sondern weil in den Begriffen Ordnung und Zufälligkeit *notwendigerweise* ein Moment der Subjektivität liegt.

Die drei Mathematiker fanden diese algorithmische Informationstheorie unabhängig voneinander. Andrej Kolmogorov, einer der großen Mathematiker unseres Jahrhunderts, arbeitete in Moskau, Ray Solomonov in Cambridge, Massachusetts, und Gregory Chaitin in New York. Letzterer vor allem hat die Theorie weiterentwickelt. In den sechziger Jahren, als sie entstand, studierte er an der City University in New York, heute ist er im IBM-Forschungszentrum in Yorktown Heights in der Nähe von New York tätig, wo auch Rolf Landauer und Charles Bennett arbeiten.

Chaitin hat gezeigt, daß Gödels Ergebnis natürlich und leicht verständlich ist. Gödel war der Beweis gelungen, daß ein formales System, dem eine endliche Anzahl von *Axiomen* zugrunde liegen, immer unentscheidbare Behauptungen enthalten wird. Wir können es nicht vollständig von innen ergründen.

«Gödels Theorem läßt sich mit Hilfe von Argumenten demonstrieren, die informationstheoretisch klingen», schreibt Chaitin. «Bei einem solchen Zugang kann man argumentieren, ein Theorem, das mehr Information enthält als eine gegebene Reihe von Axiomen, sei aus diesen nicht ableitbar. Im Gegensatz zu dem traditionellen Beweis, der auf dem Lügnerparadox beruht, deutet dieser neue Gesichtspunkt an, daß das von Gödel entdeckte Phänomen der Unvollständigkeit eher natürlich und weit verbreitet als pathologisch und ungewöhnlich ist.»[27]

Chaitin hat sein eigenes Theorem jedoch auch als Weiterführung des Gödelschen Satzes abgeleitet. Er ging von dem Halteproblem für Turing-Maschinen aus, dem Problem, daß man nur weiß, ob ein Computer bei der Lösung einer Aufgabe jemals anhalten wird, wenn er tatsächlich anhält.

Wie groß ist die Wahrscheinlichkeit, fragte Chaitin, daß eine

Turing-Maschine, die man mit einem «absolut zufällig gewählten Programm» füttert, eine Lösung findet und anhält? Er erkannte, daß diese Wahrscheinlichkeit nicht bekannt ist. Es ist eine Zahl namens Ω, irgendwo zwischen 0 und 1, die sich nicht berechnen läßt. Das bedeutete, wie Chaitin erkannte, daß auch die Theorie der natürlichen Zahlen zufallsbestimmt sein muß. Die Zahlentheorie ist nicht zu beschreiben, ohne daß Zufallsmomente ins Spiel kommen.

Der britische Mathematiker Ian Stewart, ein besonders klarsichtiger Kommentator mathematischer Forschung, schrieb 1988 in der Zeitschrift *Nature*: «Für die Grundlegung der Mathematik und auch für die Theorie ihrer Anwendung auf die Wissenschaft ist dieses Jahrhundert eine Zeit der zerstobenen Illusionen gewesen. Eine schöne Annahme nach der anderen hat sich vor den Augen der Mathematiker in Luft aufgelöst. Die Annahme, die formale Struktur der Arithmetik sei präzise und regelhaft, erwies sich als Zeitbombe, und Chaitin hat nur auf den Auslöser gedrückt.»[28]

Im gleichen Jahr schrieb Chaitin in *Scientific American*: «Welchen Einfluß hatten der Gödelsche Unvollständigkeitssatz, das Turingsche Halteproblem und meine eigenen Ergebnisse auf die Mathematik? Tatsache ist, daß die meisten Mathematiker mit einem Achselzucken darüber hinweggegangen sind. Natürlich geben sie zu, daß jedes endliche System von Axiomen unvollständig ist, aber in der Praxis ignorieren sie diesen Sachverhalt als irrelevant für die eigene Arbeit... Obwohl Gödels Satz ursprünglich nur auf ausgefallene mathematische Behauptungen ohne praktische Bedeutung anwendbar schien, hat die algorithmische Informationstheorie gezeigt, daß Unvollständigkeit und Zufall auch in der Mathematik etwas Normales und Allgegenwärtiges sind.»[29]

Die Mathematik ist offenbar zu wichtig, als daß man sie allein den Mathematikern überlassen könnte.

Dieser Ansicht ist auch Chaitin: «Daß viele mathematische Probleme seit Hunderten oder Tausenden von Jahren ungelöst sind, sehe ich als Stütze meiner Behauptung. Mathematiker machen beharrlich die eigene Unfähigkeit dafür verantwortlich; aber könnte nicht in Wahrheit die Unvollständigkeit ihrer Axiome daran schuld sein?» Und er fügt hinzu: «Das mag den meisten Mathematikern unsinnig vorkommen, aber einem Physiker oder Biologen wird es nicht so absurd erscheinen.»³⁰

«Die Watergate-Frage lautet: Was weiß Maxwells Dämon – und wann weiß er es?» verkündete der Physiker Wojciech Zurek, als er 1990 auf dem Kongreß über Komplexität, Entropie und die Physik der Information im Santa Fe Institute das Einführungsreferat hielt.

Zurek hatte einen Einfall gehabt, den er bereits beim ersten Treffen im gleichen Kreis zwei Jahre zuvor erläutert hatte. Damals hatte er einen Vortrag mit dem Titel «Algorithmischer Informationsgehalt, die Church-Turing-These, physikalische Entropie und Maxwells Dämon»³¹ gehalten. Durch seine Idee wurden diese bis dahin unterschiedlichen Bereiche physikalischer und mathematischer Forschung miteinander verbunden.

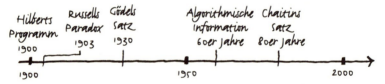

Hauptereignisse in der mathematischen Logik des 20. Jahrhunderts

Unter den Zuhörern waren Rolf Landauer und Charles Bennett. Zurek referierte, wie sie die Frage des Maxwellschen Dämons gelöst hatten. Sein Problem bestehe darin, daß er alles wieder vergessen müsse. Hat der Dämon gemessen, wo sich all die Moleküle im Innern eines Behälters befinden und wie sie sich bewegen, so daß er die «schnellen» in die eine Kammer einschließen kann, dann hat er sich zwar einen nutzbaren Gewinn verschafft, doch muß er auch eine ungeheure Menge Wissen im Kopf behalten. Sein Problem ist nicht, wie Szilard und nach ihm Brillouin geglaubt hatten, die Messung, sondern das viele Wissen, mit dem er sich belastet. Landauer hatte gezeigt, daß es etwas kostet, Information loszuwerden, und Bennett hatte gezeigt, daß diese Kosten den Zweiten Hauptsatz der Thermodynamik retten. Der Dämon kann kein Perpetuum mobile betreiben.

Dann aber hatte Zurek seinen Einfall: Und wenn nun der Dämon so schlau ist, sein Wissen zusammenzufassen – was dann? Was wäre, wenn er die Bewegung der Moleküle in so kurzer Form beschreiben könnte, daß es nicht viel kosten würde, die Beschreibung wieder zu löschen? Wenn er zum Beispiel im Gedächtnis behalten kann, daß alle schnellen Moleküle eine ganz bestimmte Position haben, nämlich am Boden des Behälters, eine Position, die sich mit wenigen Bits angeben und also auch leicht wieder aussortieren läßt, kann er dann nicht doch ein Perpetuum mobile nach dem anderen bauen und unser Weltbild über den Haufen werfen?

Zurek berichtete mit glänzenden Augen, wie er dieses Problem gelöst hatte. Es gibt Grenzen dafür, wie schlau der Dämon sein kann. Physikalische Grenzen. Er kann die Bewegungsmuster der Moleküle ja nicht weniger kompliziert beschreiben, als sie sind. Und die Gesetze der Physik sagen etwas darüber aus, wie kompliziert die Dinge mindestens sein müssen.

Es kostet zwar nur wenige Bits, die Situation zu beschreiben, in der alle Moleküle in der linken Kammer des Behälters versammelt sind. Doch ist diese Verteilung physikalisch ziemlich unwahrscheinlich – es ist ja gerade die Situation, die der Dämon mit all seiner Geschicklichkeit und Intelligenz herbeiführen sollte, um Energie aus ihr zu gewinnen.

Der Dämon hat zu respektieren, daß es in einer Anhäufung von Molekülen, die sich im Gleichgewicht befindet, immer Unordnung gibt. Und die Beschreibung läßt sich nur so kurz fassen, wie es dieser Unordnung entspricht. Abweichungen vom Gleichgewicht kommen vor, sind jedoch selten; sie haben also auf Dauer nichts zu bedeuten.

Zurek übersetzte also die physikalische Unordnung in Begriffe der Beschreibung. Als Schlüssel zu dieser Operation erwies sich die algorithmische Informationstheorie. Eine sehr große Anhäufung von Molekülen läßt sich in Form einer sehr langen Reihe von Zahlen beschreiben. Sie ergibt sich, indem man an allen Ecken und Enden mißt und wiegt.

Die Komplexität dieser Zahlen muß die Komplexität des Zustandes der Moleküle widerspiegeln. Da es sich um zufällige Wärmebewegung handelt, müssen die Zahlen, die die Bewegung der Moleküle beschreiben, ebenfalls hohe Zufälligkeit aufweisen. Und für diese Zufälligkeit ist eben bezeichnend, daß sie sich nicht in beliebiger Kürze beschreiben läßt.

Zurek benutzte also die algorithmische Informationstheorie, um physikalische Zufälligkeit in die Länge der kürzest möglichen Beschreibung zu übersetzen. Er besaß damit ein Maß, wieviel Information der Dämon mindestens aussortieren muß, um einen «klaren Kopf» zu behalten.

Dieses Maß ließ sich dann mit der Arbeit vergleichen, die der Dämon erzielen kann, indem er über die Beschreibung verfügt. Bewahrt der Zweite Hauptsatz seine Gültigkeit, mußte sich die Zufälligkeit der Moleküle in einer Zufälligkeit der Beschreibung widerspiegeln, wodurch diese so lang wurde, daß der Gewinn geringer war als die Kosten.

Und Zurek hatte herausgefunden, daß der Zweite Hauptsatz durch ein bestimmtes Theorem der Informationstheorie, die Kraftsche Ungleichheit, gerettet wird. «Daß einem intelligenten Maxwellschen Dämon sein Vorhaben gelingt, ist infolge eines Theorems ausgeschlossen, das ein Jahrhundert nach der Entdeckung des Zweiten Hauptsatzes im ganz anders gearteten Kontext der Kommunikationstheorie aufgestellt wurde!» erklärte Zurek begeistert.[32]

Und während die versammelten Wissenschaftler dieses prächtige Beispiel eines Zusammenhangs zwischen sehr unterschiedlichen Forschungsfeldern mit beifälligem Raunen aufnahmen und sich mit Zurek über seine Entdeckung freuten, begann dieser zu erzählen, wie er seine Erkenntnis einige Monate zuvor an einer amerikanischen Universität vorgetragen hatte.

«Dann stellte jemand eine von diesen Fragen, auf die man keine

Antwort weiß, eine sehr intelligente Frage», sagte Zurek und lachte den Physiker an, der am gleichen Vormittag gefragt hatte, warum sein Auto sich für Entropie interessiere, wenn dieser Begriff nur ein subjektiver sei.

Niemand zweifelte lange, daß die beunruhigende Frage von William Unruh gestellt worden war. Er gehört zu jener Sorte von Physikern, die man als aufgeweckt und schnoddrig charakterisieren könnte, ein «Herr Warum», wie Gödel in seinem Elternhaus genannt wurde. Auch bei dem Treffen, von dem Zurek berichtete, spielte Unruh diese Rolle.

«Er fragte, was geschehen würde, wenn der Dämon so intelligent ist, nur diejenigen Moleküle zu messen, bei denen es sich lohnt, und die anderen einfach vergißt.»

Die Frage war gestellt, aber Zurek hatte sie damals nicht beantwortet. So einfach zu durchschauen war die ganze Angelegenheit ja nicht.

Auf dem Kongreß in Santa Fe aber wußte er die Antwort. Die genaue Analyse der logischen Reihenfolge führe zu einem sehr einfachen Argument: Der Dämon müsse ja all die Moleküle vergessen, die zu behalten sich nicht lohne.

«Und Vergessen verursacht Kosten», erklärte Zurek. «Stimmt!» nickte ihm grinsend das Publikum zu, angeführt von Unruh, der im Laufe der Zeit so viele gute Fragen gestellt hat, daß er damit leben kann, wenn sich gelegentlich eine davon als dumm erweist.[33]

Bill Unruhs Frage zeigt, daß sich das Argument umkehren läßt. Irgendwann werden in dem Behälter, in dem sich der Dämon befindet, alle Moleküle in der linken Kammer versammelt sein. Diese Situation ist physikalisch ebenso unwahrscheinlich, wie sie leicht zu beschreiben ist: ein Bit. Schwer zu finden, leicht zu vergessen. Es gäbe keine «schlechten» Moleküle im Kopf zu behalten. Wenn aber ein Dämon diese Situation vorfindet (ohne sie selber geschaffen zu haben), wird er Energie aus ihr gewinnen können, denn sonst wäre die informationstheoretische Analyse falsch. Der Physiker Carlton Caves: «Irgendwann gewinnt der Dämon, aber nicht auf Dauer.»[34]

Zureks Vortrag war ein Erfolg, nicht nur für ihn selbst, sondern für die ganze Versammlung. Man hatte ein gemeinsames Projekt, das darauf hinauslief, Physik im begrifflichen Rahmen der Information zu beschreiben. Dies war gewiß keine neue Idee; seit Shannons Theorie von 1948 hat man dieses Konzept auf alles mögliche zu übertragen versucht.

Neu war, daß man weiterzukommen schien. Die algorithmische Informationstheorie ermöglichte es plötzlich, physikalische Entropie mit der Information der Beschreibung zu verbinden. Unordnung und Zufall ließen sich in einer Physik auffangen, die sonst immer mit Ordnung und Regeln zu tun hat.

Maxwells Dämon hatte sich als Schlüssel erwiesen. Der kleine Quälgeist war genau der richtige Forschungsgegenstand gewesen, um Schwung in die Begriffsbildung zu bringen.

Es sei gelungen, «ein auf Rechenaktivität beruhendes [computational] Pendant zum Zweiten Hauptsatz der Thermodynamik zu schaffen», schrieb Zurek, nicht gerade bescheiden, in der Zeitschrift *Nature*. Physikalische Entropie lasse sich als Unordnung verstehen, die man mit Hilfe der algorithmischen Informationstheorie erfassen könne. Das Unwiderrufliche beim Löschen von Informationen habe das Problem deutlich gemacht: «Ich konnte zeigen, daß der Zweite Hauptsatz auch vor intelligenten Wesen sicher ist, solange sie denselben Gesetzen der Informationsverarbeitung unterliegen wie universelle Turing-Maschinen... Turings Halteproblem besagt, daß die Information, die notwendig ist, um maximale Effektivität zu erreichen, nur durch einen unendlich langen Rechenprozeß zu erzielen ist. Gödels Unentscheidbarkeit ist somit als eine weitere Quelle der Dissipation zu betrachten.»[35]

Maxwells Dämon ist *nicht* vertrieben, doch stellt er sicher keine Gefahr für den Zweiten Hauptsatz mehr dar. Aus dem neckischen Teufelchen ist ein wahrer Freund geworden, einer, der von tiefen Zusammenhängen in der Welt zeugt. Von molekularen Zusammenhängen, über die wir nichts wissen wollen und deshalb auch nichts wissen werden. Wir wollen lieber die Wärme spüren. *Wenn* sich die Welt mittels einer beliebig kurzen Anzahl von Gleichungen erschöpfend beschreiben ließe, wäre Maxwells Dämon ein Problem. Doch das ist nicht möglich – der alte Traum der Forscher von der alles umfassenden Einheitstheorie, der Weltformel, die alles vorhersagt, ist ausgeträumt.

Der deutsche Physiker Bernd-Olaf Küppers sagt: «Im Rahmen der algorithmischen Informationstheorie gibt es einen strengen mathematischen Beweis für die Behauptung, daß wir niemals wissen können, ob wir im Besitz einer Minimalformel sind, mit der sich alle Phänomene der realen Welt berechnen lassen. Die Abgeschlossenheit naturwissenschaftlicher Theorien ist aus prinzipiellen Gründen nicht beweisbar.»[36]

Wir dürfen uns über kurze und elegante Formulierungen wie Maxwells Gleichungen für den Elektromagnetismus freuen, doch können wir nicht wissen, ob sich das gleiche nicht kürzer sagen ließe. Bis wir es eines Tages tun.

Das Leben wird immer offen vor uns liegen. Wir werden nie erfahren, ob es sich nicht schöner sagen ließe.

Die Schönheit in der Welt nimmt zu.

Kapitel 4
Die Tiefe der Komplexität

Der Physiker Seth Lloyd vom California Institute of Technology stand mit dem Rücken zu den versammelten Wissenschaftlern und schrieb Formeln an die Tafel, während er erklärte, wie er das Sein der Dinge aus informationstheoretischen Begriffen ableiten wolle.

Es war Freitagnachmittag, der 20. April 1990, und John Wheeler hatte am Anfang dieser Woche prophezeit, der Kongreß werde um diese Zeit zu einer Erklärung gelangt sein, wie das Universum zusammengesetzt sei. So weit waren die Wissenschaftler im Santa Fe Institute zwar nicht gekommen, doch waren Ideen vorgebracht worden, die das Gefühl vermittelten, dieser Kongreß über Komplexität, Entropie und die Physik der Information habe die Tür ein ganzes Stück weit aufgestoßen. «It from bit», hatte John Wheeler gesagt: Leitet die Theorie der Dinge aus der Theorie der Information ab.

Seth Lloyd hatte einen Apfel mitgebracht und seinen Vortrag über «Logische Friktion» mit Bemerkungen über dessen «Dingheit», *it-ness*, begonnen. «Ich will tun, was Wheeler vorschlägt, und *it from bit* ableiten», verkündete Lloyd und biß in den Apfel.

Doch ging er schnell von dem konkreten Apfel zu theoretischeren Dingen in Form langer Reihen von Formeln über, die er an die Tafel schrieb, während ein paar Dutzend Kollegen die Augen offenzuhalten versuchten, denn es war spät am Tag und am Ende der Woche.

Während einer längeren Berechnung an der Tafel stibitzte der

Physiker John Denker von dem berühmten Bell Laboratories der Telefongesellschaft AT & T den Apfel vom Rednerpult. Weg war er. Ein anderer Mitarbeiter aus den Bell Labs, Yan LeCun, fing die Idee auf und unterbrach Lloyd in seinem Redefluß an der Tafel: «Wie verhält sich dieses Glied der Gleichung zur Dingheit des Apfels?» Die Frage war an sich nicht weiter scharfsinnig, doch warteten alle gespannt auf die Reaktion.

Seth Lloyd drehte sich zur Versammlung um und erkannte die Falle sofort. «Welchen Apfels?» antwortete er und fuhr mit dem Rechnen an der Tafel fort.

Als er sich, von einer sachlicheren Frage unterbrochen, wieder seinem Publikum zuwandte, sagte er: «Ich weigere mich, weitere Fragen zu beantworten, ehe ich nicht meinen Apfel wiederhabe.» Da aber lag der Apfel schon wieder auf dem Pult, und die Zuhörer taten, als verstünden sie nicht, worauf Lloyd anspielte.

Als der Vortrag zu Ende war, entstand ein Tumult. Doyne Farmer, der das Center for Nonlinear Studies an den Los Alamos Laboratories in der Nähe von Santa Fe leitet, versuchte, den Apfel zu erobern. «Ich will den Apfel haben», rief er, doch Lloyd rückte ihn nicht freiwillig heraus. Der Zankapfel landete schließlich auf dem Fußboden des Seminarraums im Santa Fe Institute, in lauter kleinen Stücken.

Es gelang in dieser Woche nicht, *it from bit* abzuleiten. Die Aussichten aber, daß es gelingen kann, sind so gut, daß die Forscher einen Wettlauf begonnen haben, wer das Rätsel der Komplexität löst.

«Komplexität umfaßt ein weites Gebiet zwischen Ordnung und Chaos», schrieb der Physiker Heinz Pagels in dem 1989 erschienenen visionären Buch *The Dreams of Reason*, «Die Träume der Vernunft».[1]

Beschreiben wir die Welt mit den Begriffen Ordnung und Unordnung, haben wir nur sehr wenig Spielraum. Totale Unordnung ist uninteressant, ein Durcheinander, nicht der Rede wert, da man es nicht klar beschreiben kann. Über Unordnung läßt sich nichts anderes sagen, als was sie selbst offenbart.

Aber auch vollkommene Ordnung ist nicht sehr interessant. Ein Gitter von Atomen in einem Kristall, ein fein geordnetes Muster von Wiederholungen. Was es über eine solche Ordnung zu sagen gibt, ist schnell gesagt und wird rasch trivial.

Es muß etwas Drittes geben, das weder totale Unordnung noch vollkommene Ordnung ist, etwas, das nicht trivial, sondern kompliziert ist, ohne ungeordnet zu sein: Komplexität.

Dieser Bereich zwischen Ordnung und Chaos umfaßt alles in allem das, worüber zu reden sich lohnt, all das, was wir im Alltag erleben und worüber wir sprechen: lebendige Wesen, veränderliches Wetter, wunderbare Landschaften, freundschaftliche Gespräche, leckere Salate und lustige Spiele.

Ich will dies am Beispiel von Texten verdeutlichen. Sind sie vollkommen geordnet und vorhersagbar, sind sie nicht besonders interessant. Sehr viel Ordnung enthält ein Text, wenn er zum Beispiel ausschließlich aus völlig regelmäßigen Serien von Buchstaben besteht: AAAAAAAAAAAA. Die Theorie der algorithmischen Information erkärt, warum es langweilig ist: Es läßt sich leicht eine kurze Anweisung erstellen, die eine Reproduktion dieses Textes ermöglicht: «zwölfmal A».

Umgekehrt ist auch ein völlig ungeordneter Text nicht sehr interessant: LIUQWEGÄIUJA. In diesem Falle sagt die algorithmische Informationstheorie, das kürzeste Programm, das diese Serie von Buchstaben reproduzieren könne, sei die Serie selbst, da es sich um eine zufällige Reihe von Buchstaben handle.

An der Informationstheorie ist schon immer irritierend gewesen, daß ein Text, den ein Affe geschrieben hat, mehr Information enthalten soll als einer, der von einem berühmten Autor stammt. Vom physikalischen Informationsbegriff her gesehen ist es jedoch logisch, denn was der Affe schreibt, hat (jedenfalls mit unseren Augen gesehen) kein System, und deshalb läßt es sich nicht kürzer sagen. Der Text des Autors aber enthält *Redundanz*; ein sinnvoller Text läßt sich immer ein wenig kürzer ausdrücken, weil es in der Sprache überflüssige Wiederholungen von Zeichen gibt. Man v rste t doc , was h er st ht, ob ohl j der f nfte uchs abe f hlt, o er?

Ein völlig geordneter Text enthält sehr wenig Information; er läßt sich von einem Telefoningenieur leicht komprimieren und übertragen. Dagegen ist bei einem vollkommen ungeordneten Text eine sehr genaue Wiedergabe erforderlich, wodurch er allerdings nicht viel interessanter wird.

Bedeutung und Information haben daher, wenn man von Texten spricht, wenig miteinander zu tun. Dementsprechend haben Komplexität und Information wenig miteinander zu tun, wenn man über die physikalische Welt spricht.

Selbstverständlich muß eine gewisse Menge Information vorhanden sein, ehe wir überhaupt von Bedeutung oder Komplexität reden können. Die Menge aber ist nicht das Entscheidende.

Information ist ein interessanter Begriff, aber kein gutes Maß für Komplexität.

Auch für das naturwissenschaftliche Weltbild ist dieser Sachverhalt kennzeichnend: Es gibt Ordnung und Unordnung, aber nicht dieses Dritte, das eigentlich Interessante.

Newtons klassische Physik weist eine majestätische Ordnung auf, ausgedrückt in Gleichungen, die zeitlich umkehrbar sind. Alle Prozesse erscheinen so schön und regelmäßig, daß sie ebensogut in die entgegengesetzte Zeitrichtung verlaufen könnten. Die Planeten kreisen mit großer Regelmäßigkeit um die Sonne, und man erhielte das gleiche Bild, wenn man alle Bewegungen umkehren würde, so daß alles nun entgegengesetzt verliefe. Die Mechanik und andere klassische Gebiete der Physik bestehen aus *reversiblen* Gesetzen, in denen die Richtung der Zeit gleichgültig ist. Sie entsprechen eher der Situation im All als auf der Erde, denn sie gelten nur, wenn es keine Friktion, keinen Luft- und Reibungswiderstand gibt, der auf unserem Planeten praktisch immer vorhanden ist. Er macht jedoch nur kleine Korrekturen erforderlich, so lernen wir in der Schule, die man vernachlässigen kann.

Wir können jedoch mit dem amerikanischen Physiker Richard Feynman fragen: «Sind alle Gesetze der Physik reversibel? Offensichtlich nicht! Man versuche nur, Rührei ungerührt zu machen! Man lasse einen Spielfilm rückwärts laufen, und nach wenigen

Minuten wird jeder lachen. Die natürlichste Eigenschaft aller Phänomene ist ihre offensichtliche Irreversibilität.«[2]

Werden aber so unwiderruflich irreversible Vorgänge wie die Reibung physikalisch erklärt, endet man im reinen Chaos. Dem Zweiten Hauptsatz der Thermodynamik zufolge nimmt die Entropie mit der Zeit zu, und deshalb sieht es seltsam aus, wenn man einen Film über ein Ei, das auf den Fußboden fällt, rückwärts laufen läßt. Die Thermodynamik liegt näher am Alltagsleben als Newtons Gleichungen. Dafür endet sie beim Wärmetod des Universums: Alles entwickelt sich zum Grau-in-Grau und zu einer großen Menge Entropie. Die Welt nutzt sich, als Gesamtprozeß betrachtet, immer mehr ab. Die Zeit vergeht, und alles zerfällt.

Das aber entspricht auch nicht der Welt, in der wir leben. Jahr für Jahr schlagen die Bäume erneut aus, die Spinnen kriechen aus ihren Ritzen, und neue Generationen von Vögeln beginnen zu singen. Die Kälte des Winters bringt wunderbare Eisblumen hervor, die Herbststürme lassen die Wolkenformationen ewig wechseln, und im Sommer verschieben die Wellen des Meeres die Küstenlinien der Sandstrände in unvorhersehbaren Mustern. Am Himmel leuchten Sterne in einem dunklen Nichts.

Die Welt ist nicht aus Gleichförmigkeit gemacht. Vielleicht wird es einmal so enden, das Wesentliche im Leben aber hat damit zu tun, daß Abwaschen und Ordnung schaffen nicht alles sind. Das Leben entwickelt sich und wird, soweit wir an den Fossilien erkennen können, immer komplexer.

Es fehlt also etwas radikal anderes, das weder mit Newtons Ordnung noch mit der Unordnung der Thermodynamik identisch ist. Es liegt in der Mitte dazwischen und hat mit Komplexität zu tun – oder mit Bedeutung.

Das Leben und die Welt sind allerdings schon immer komplex und kompliziert gewesen. Warum beginnen sich die Wissenschaftler nun plötzlich dafür zu interessieren, daß die Welt viel schwieriger ist, als die regelmäßigen Figuren vermuten lassen, mit denen sie sich gewöhnlich befassen?

Diese Entwicklung hängt mit dem Aufkommen von Computern während des Zweiten Weltkriegs und in der Zeit danach zusammen. Mit dem Computer endete die Überheblichkeit der Naturwissenschaft gegenüber den Phänomenen des Alltags.

Die klassische Naturwissenschaft, die Newton begründete, beschrieb eine einfache und überschaubare Welt, zusammengesetzt aus einfachen Systemen, die mit Hilfe einfacher Gleichungen zu verstehen sind. Dies alles hatte zwar nicht viel mit der Welt draußen vor den Fenstern der Physiker zu tun – aber das war ihnen gleichgültig. Denn die Welt dort draußen konnten sie ohnehin nicht verstehen!

Naturwissenschaftler interessierten sich früher nicht für Fragen, wie Kinder sie stellen. Warum sehen Bäume so und nicht anders aus, warum erscheinen die Wolken wie Lämmer und Enten, warum ist die Welt nicht wie ein Geometriebuch? Richtiger gesagt, diese Fragen waren den Naturwissenschaftlern nicht gleichgültig; vielmehr wußten sie, daß sie sie nicht beantworten konnten. Die Gleichungen für die Welt seien ja bekannt – man müsse sie nur auf Erscheinungen wie Wolken und Abendnebel anwenden –, aber die alltäglichen Dinge seien derart kompliziert, daß es sich nicht lohnen könne, sie nachzurechnen, dachten die Naturwissenschaftler in stillschweigender Übereinkunft – und überließen es Lehrern und Eltern, den neugierigen Sprößlingen den Mund zu stopfen.

Der Computer aber veränderte alles. Plötzlich konnte man in vollem Umfang nachrechnen und stellte dabei fest, daß selbst die einfachsten Gleichungen zu sehr komplizierten Lösungen führen. Obwohl die Welt in einfachen Formeln beschrieben ist, überschaubar wie die Schulbuchbeispiele, zeigte sich, als man endlich nachrechnete, daß sie ungeheuer viel Komplexität enthalten.

Nicht nur Modewörter wie Chaos und Fraktale weisen darauf hin. Wo immer in der Wissenschaft Computer eingesetzt werden, hat es sich erwiesen, daß sich aus den allereinfachsten Formeln eine sehr komplexe Welt ergeben kann.

Im Laufe der achtziger Jahre setzten sich die Computer endgültig im wissenschaftlichen Alltag durch. Da sie immer kleiner und immer billiger wurden, entstand die Möglichkeit, mit Computern zu spielen. Die Spiele führten zu seltsam komplizierten Mustern, die aus den einfachsten Formeln hervorgingen.

An den Formeln selbst war nicht zu erkennen, zu welchen Mustern sie führen würden, denn die meisten Systeme erwiesen sich als rechnerisch oder *algorithmisch irreduzibel*: Man kennt das Muster erst, wenn man die Formel durchgerechnet hat. Diese – sehr *tiefe* – Erscheinung stellt eine Variante des Gödelschen Satzes dar. Physikalische Prozesse lassen sich als Rechenprozesse betrachten, durch die einfache Gesetze und einige Anfangsbedingungen in ein Endresultat umgesetzt werden. Daher werden sich viele Schwierigkeiten, die in der Theorie der Berechenbarkeit aufgetaucht sind, auch in der Beschreibung der physikalischen Welt zeigen. Auch physikalische Systeme sind algorithmisch irreduzibel. Man weiß nicht, wo sie enden und ob sie enden, es sei denn, man rechnet, ausgehend von den Prämissen des physikalischen Systems, selbst nach.

1985 schrieb der damals vierundzwanzigjährige amerikanische Physiker Stephen Wolfram: «Algorithmische Irreduzibilität ist eine allgemeine Erscheinung der Systeme, die in der Mathematik und der Theorie der Berechenbarkeit untersucht werden. Hier wird der Vorschlag gemacht, daß dies auch für die theoretische Physik gilt.»[3]

Jahrhundertelang waren die Forscher davon überzeugt gewesen, daß sie ihre Formeln durchschauten; sie hatten geglaubt, einfache Gleichungen würden zu einfachem Verhalten führen. Dann aber entdeckten sie, daß die Formeln algorithmisch irreduzibel sind. Was in ihnen liegt, weiß man erst, wenn man nachgerechnet hat. Dazu hatte man keine Lust gehabt, als noch alles per Hand gemacht werden mußte.

Deshalb mußte man sich an seine Formeln halten und die Augen vor der Welt draußen vor dem Fenster verschließen.

Dann tauchte eines Tages aus all der überschaubaren Einfachheit, die man den Computern zum Nachrechnen eingab, seltsamerweise die Komplexität auf. Einfache Rechenaufgaben wurden in einem Kreislauf, den man *Iteration* nennt, immer neu wiederholt. Und wenn sie oft genug wiederholt wurden, führten die einfachen Rechenaufgaben zu großer Komplexität. Als überall auf den Computerbildschirmen Komplexität auftauchte, schauten die Forscher aus dem Fenster und sahen etwas, das sie wiedererkannten.

Sie erkannten, daß die Welt sich nicht in geordnete Formeln und einen ungeordneten Alltag einteilen läßt. Beides hängt zusammen! Aus Ordnung kann ein Wirrwar entstehen – und währenddessen ist alles kompliziert.

Ein neuer Forschungsbereich hatte sich eröffnet. Selbst für die Wissenschaft war Komplexität ein respektables Thema geworden. Und der Computer war ihr Werkzeug. «Ein neues Paradigma ist entstanden», schrieb Stephen Wolfram.[4]

Wolfram formulierte das Programm für die Naturwissenschaften der nächsten Jahrzehnte: «Es ist in der Natur normal, daß Systeme auftreten, deren übergeordnetes Verhalten extrem komplex ist, während ihre fundamentalen Bestandteile für sich genommen sehr einfach sind. Komplexität entsteht durch den Kooperationseffekt vieler einfacher, identischer Komponenten. Man weiß viel über die Natur der Bestandteile in physikalischen und biologischen Systemen, aber wenig über die Mechanismen, durch die sie zusammenwirken und durch die die übergeordnete Komplexität entsteht, die wir beobachten. Was jetzt gebraucht wird, ist eine allgemeine mathematische Theorie der Beschreibung des Wesens und der Entstehung von Komplexität.»[5]

Ein Land zwischen Ordnung und Chaos, ein großer unentdeckter Kontinent, der Kontinent der Komplexität. Will man ihn erschließen, muß man lernen, zwischen den beiden Polen des Weltbilds hindurchzusteuern – Ordnung und Zufall, Überblick und Überraschung, Karte und Gelände, Wissenschaft und Alltag.

Doch nicht nur zwischen Ordnung und Unordnung in der Struktur der Dinge gilt es hindurchzusteuern. Komplexität tritt auch zwischen dem Vorhersehbaren und dem Unvorhersehbaren auf, zwischen dem Stabilen und dem Instabilen, dem Wiederholbaren und dem Unwiderruflichen, dem Periodischen und dem Zufälligen, dem Hierarchischen und dem Vertikalen, dem Geschlossenen und dem Offenen. Zwischen dem, womit man rechnen, und dem, womit man nicht rechnen kann.

Komplexität ist das, was nicht trivial, nicht langweilig ist. Es ist etwas, das jeder intuitiv empfindet, aber nur schwer beschreiben kann.

Das alles mag einleuchtend erscheinen, doch ist seltsamerweise erst vor wenigen Jahren ein international renommierter und ungewöhnlich gut orientierter deutscher Physiker, Peter Grassberger von der Universität Wuppertal, zu der Erkenntnis gelangt, daß es keinen gesicherten Begriff von Komplexität gibt.

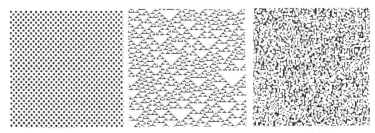

Ordnung, Komplexität und Chaos von links nach rechts. Als der Physiker Peter Grassberger 1986 diese Graphiken präsentierte, konnte man nicht erklären, warum die mittlere die interessanteste ist.

Auf der 16. Internationalen Konferenz über Thermodynamik und Statistische Mechanik in Boston im August 1986 sagte Grassberger: «Wir stehen vor einem Rätsel: Kein anerkanntes Maß für Komplexität vermag zu bestätigen, daß zum Beispiel Musik von Bach komplexer ist als die Zufallsmusik, die ein Affe geschrieben hat.»[6]

Das einzige allgemein anerkannte Maß für Komplexität, das Grassberger damals nennen konnte, ist die sogenannte *algorithmische Komplexität*. Es geht auf Andrej Kolmogorov zurück, einen der drei Mathematiker, die die algorithmische Informationstheorie entwickelt haben.

In den sechziger Jahren hatte Kolmogorov vorgeschlagen, die Komplexität eines Objekts sei zu messen, indem man die Länge der kürzest möglichen Beschreibung des Objekts in Betracht zieht, also die kürzest mögliche Sequenz von Binärzeichen, die dieses Objekt darstellen. Je länger die kürzeste Beschreibung sei, desto mehr Komplexität habe das Objekt. Dies bedeutet jedoch nichts anderes, als daß eine Zufallsfolge größtmögliche Komplexität besitzt, denn das Zufällige ist das, was sich nicht kürzer ausdrücken läßt.

Kolmogorov hatte also Komplexität und Zufall und damit auch Komplexität und Information gleichgesetzt. Das aber ist eine Sackgasse, denn dann wäre das wilde Hämmern eines Affen auf dem Klavier komplexer als die Musik Johann Sebastian Bachs.

Der Begriff der algorithmischen Komplexität führt also in die Irre, gleichzeitig aber stellte er das bekannteste Maß dar. Hier lag also 1986 ein Problem. «Der intuitive Begriff der Komplexität eines Musters stimmt nicht mit der einzigen objektiven Definition... überein, die möglich erscheint. Diese stammt von Kolmogorov», erklärte Grassberger. «Das Rätsel ist vermutlich vielen seit einiger Zeit bekannt, doch scheint erst kürzlich darüber geschrieben worden zu sein.»[7]

Die Forscher Bernardo Huberman und Tad Hogg vom Rank Xerox Palo Alto Research Center in Kalifornien hatten in einem Artikel, der 1985 im Vorabdruck vorlag, darauf aufmerksam gemacht, daß Komplexität in der Mitte zwischen Ordnung und Unordnung liegen müsse und sich deshalb nicht als algorithmische Komplexität oder Information messen lasse. Sie schlugen ein anderes Maß für Komplexität vor, das besagte, daß Komplexität gerade in solchen Systemen am größten ist, die weder zuviel noch zuwenig Ordnung aufweisen.[8]

Später erkannte Grassberger, daß Hubermans und Hoggs Gedanke in Wirklichkeit nicht neu, sondern schon 1962 von Herbert A. Simon formuliert worden war, einem der Begründer der Erforschung der Künstlichen Intelligenz.[9]

Noch 1986 hielt es also ein richtungweisender Physiker wie Peter Grassberger für etwas ganz Neues, wenn darauf aufmerksam gemacht wurde, daß Komplexität zwischen Ordnung und Chaos liege und etwas ganz anderes sei als die Zufälligkeit, die sich mittels algorithmischer Information messen läßt.

Doch schon im Korrekturabzug der gedruckten Version seines Vortrags von 1986 fügte Grassberger, ein Mann von großer Freundlichkeit und Bescheidenheit, mit dem Ausdruck des Bedauerns hinzu: «Als ich diesen Vortrag schrieb, war mir C. H. Bennetts Begriff der ‹logischen Tiefe› unbekannt.»[10]

Der große Durchbruch in der Erforschung der Komplexität war bereits im Jahr zuvor gelungen.

«Ich habe ein Kriterium für Bedeutung», sagte Charles Bennett verlegen. Es war im April 1990 während eines Essens im «Pasquals» an der Ecke der Don Gasper und Water Street in Santa Fe. Ich hatte Bennett und Rolf Landauer, seinen Kollegen bei IBM, gebeten, mir für dieses Buch mitzuteilen, was die Theorie der Berechenbarkeit über unseren Alltag aussage.

Sein Kriterium für Bedeutung hatte Charles Bennett 1985 eingeführt: «Eine Reihe von Würfen mit der Münze hat einen hohen Informationsgehalt, jedoch nur geringen [Nachrichten-]Wert; eine Tabelle, die die Position des Mondes und der Planeten für jeden einzelnen Tag auf einhundert Jahre im voraus angibt, enthält nicht mehr Information als die Gleichungen für die Bewegungen und Anfangsbedingungen, auf deren Grundlage sie errechnet worden ist, doch erspart sie es ihrem Besitzer, diese Berechnungen selbst zu wiederholen... Mit anderen Worten, der Wert einer Nachricht besteht im Umfang der mathematischen oder einer anderen Arbeit, die von ihrem Urheber plausibel ausgeführt worden ist und die zu wiederholen dem Empfänger erspart bleibt.»[11]

Die Tiefe der Komplexität

Logische Tiefe wird Bennetts Kriterium genannt. Die logische Tiefe einer Aussage ist Ausdruck ihrer Bedeutung, ihres Wertes. Je schwieriger es für den Sender ist, zu der Aussage zu gelangen, desto größer ist ihre logische Tiefe. Je mehr «Rechenzeit» er – im Kopf oder auf einem Computer – gebraucht hat, desto größer der Wert, denn er erspart es dem Empfänger, diese Arbeit selbst durchzuführen.

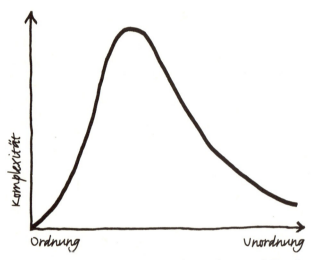

Komplexität liegt in der Mitte zwischen Ordnung und Unordnung. Bernardo Huberman und Tad Hogg veranschaulichten mit dieser Abbildung einen einfachen, aber wichtigen Zusammenhang.

Wie lange es dann dauert, das Ergebnis mitzuteilen, ist nicht so wichtig (außer für die Telefongesellschaft). Wichtig ist, wie lange es gedauert hat, die Nachricht hervorzubringen, die abgesendet wird.

Komplexität lasse sich als logische Tiefe messen, schlug Bennett 1985 vor. Sie ist zugleich Kriterium dafür, wieviel Bedeutung eine Aussage enthält. Komplexität ist nicht als Länge der Nachricht meßbar, sondern als die Arbeit, die ihr vorausgegangen ist.

Bedeutung beruht nicht auf der Information der *Aussage*, sondern auf der Information, die während der Formulierung der Nachricht, die einen bestimmten Informationsgehalt hat, aussortiert worden ist.

Es geht nicht darum, eine Menge zu sagen. Es gilt, zu denken, bevor man spricht.

«Logische Tiefe ist nichtformal definiert als die Anzahl von Schritten auf einem deduktiven oder kausalen Weg, der einen Sachverhalt mit seinem vermutlichen Ursprung verbindet», schreibt Bennett.[12] Es ist jedoch auch eine präzisere Definition möglich.

Ausgangspunkt ist die algorithmische Informationstheorie. Eine Nachricht läßt sich auf die die kürzeste Beschreibung komprimieren, die eine Turing-Maschine veranlaßt, sie zu schreiben. Diese kürzeste Form ist ein Maß für die faktische Information, die in der Nachricht enthalten ist. Doch die Turing-Maschine braucht eine gewisse Zeit, um von der kürzest möglichen Beschreibung zur Formulierung der Nachricht selbst zu gelangen, beispielsweise wenn die Gesetze der Planetenbewegung in eine Tabelle der Sonnenfinsternisse umgerechnet werden sollen. Die komprimierte Information muß entfaltet werden. Das braucht Zeit, und die Zeit, die es braucht, wird als logische Tiefe gemessen.

Alle sieben Minuten fährt ein Bus, der von der Endstation bis zu dieser Haltestelle zwölf Minuten braucht. Der erste Bus fährt um 5.00 Uhr. Es ist halb sechs Uhr abends. Wann fährt der nächste Bus? Um 17.34 Uhr.

Der Informationsgehalt in «17.34» hat keinen sehr hohen Nominalwert. Die Rechenzeit bis zu diesem Ergebnis kann jedoch beträchtlich sein, zu lang, wenn man gerade auf dem Weg aus dem Haus ist. Wer das Ergebnis errechnet hat, hilft einem anderen, indem er es ihm mitteilt. Er erspart dem Empfänger eine bestimmte Rechenzeit. Das ergibt Bedeutung.

Logische Tiefe ist also Ausdruck für den Prozeß, der zu einer bestimmten Menge Information führt, weniger für die Menge der Information selbst, die erzeugt wird und dann mitgeteilt werden kann. Komplexität oder Bedeutung ist mehr ein Ausdruck für den Produktionsprozeß als für das Produkt. Sie ist mehr ein Ausdruck für die Arbeitszeit als für das Arbeitsergebnis, mehr ein Ausdruck für die Information, die aussortiert wurde, als für die, die übriggeblieben ist.

Übertragen auf Objekte, die wir beschreiben und denen wir dadurch einen bestimmten Informationsgehalt beimessen können, ist logische Tiefe eher Ausdruck für die Information, die aussortiert wurde, während sie entstand, als für die Information, die in ihnen enthalten ist. Logische Tiefe verläuft also winkelrecht zum Informationsgehalt. Alles hat einen bestimmten *nominalen* Informationsgehalt, der aber nicht notwendigerweise viel über seine *Tiefe* aussagt, also darüber, wie schwierig es herzustellen ist.

In einer gegebenen Aussage oder einem gegebenen Produkt kann sehr viel Arbeit oder Nachdenken beschlossen sein, ohne daß dies zu erkennen ist. Es ist schwierig, die Dinge leicht aussehen zu lassen. Klarheit erfordert Tiefe.

Unsinn hat dagegen nicht viel Tiefe, offenkundiger Unfug ist *zufälliges* Gerede, Quatsch läßt sich nicht kürzer ausdrücken, weil kein System darin ist. Deshalb besteht kein Unterschied zwischen dem kürzesten Programm zur Wiedergabe von Unfug und dem Unfug selbst in seiner ganzen Länge. Und es gibt auch keine Rechenzeit außer der, die erforderlich ist, den Unfug auszusprechen.

Auch ein Wirrwar hat keine logische Tiefe, denn es läßt sich nicht kürzer beschreiben als durch sich selbst. Bennetts Idee ist, daß es bei allen Bedeutung tragenden oder komplexen Größen möglich sein muß, sie kürzer zu beschreiben. Daß sie sich zu einer kurzen Anweisung komprimieren lassen.

Ein Lebewesen kann durch einige wenige Erbanlagen detailliert beschrieben werden, doch braucht es Zeit, bis sich der Organismus entfaltet. Eine große Oper läßt sich in Noten niederschreiben, aber es erfordert viel Arbeit, bis sie auf die Bühne gebracht ist. Eine Tabelle der Mondphasen im Laufe des Jahres läßt sich aufgrund einer einfachen Formel errechnen. Aber das braucht Zeit.

Wirrwarr, Unfug und Versprecher lassen sich dagegen nicht kürzer ausdrücken. Das kürzeste Programm ist so lang wie der Unsinn selbst.

Bennetts Begriff macht deutlich, daß Komplexität Zeit braucht, um zu entstehen, Zeit, in der Ordnung geschaffen und Information ausgesondert wird, damit weniger Information verwaltet werden muß. Die Rechenzeit eines Computers oder Entwicklungszeit auf der Erde.

Die Thermodynamik läßt beispielsweise zu, daß sich Lebewesen organisieren. Sie müssen zwar eine Menge Nahrung verbrennen (und somit Entropie exportieren), doch können sie andererseits auch so komplex werden, daß sie Bücher lesen. Aber das dauert. Es braucht Zeit, das Lebendige zu organisieren. Die biologische Entwicklung hat Zeit erfordert, und es dauerte lange, bis wir in der Lage waren, Bücher zu lesen. Bennett hat ein «Gesetz des langsamen Wachstums»[13] für komplexe Systeme aufgestellt. Die Dinge brauchen Zeit, um sich so zu organisieren, daß sie beispielsweise Lebewesen werden. Sie brauchen dafür viel Zeit, aber möglich ist es. Auf unserem Planeten geschah es in einigen wenigen Milliarden Jahren.

Tod und Vernichtung dagegen finden schlagartig statt. In kürzester Zeit werden große Mengen Information produziert. Wir können riesige Informationsmengen hervorbringen, indem wir eine Münze werfen oder Teller in der Küche zerschlagen. Es kostet viel Information, das Ergebnis zu beschreiben, aber es ist nicht sehr interessant. Es hat wenig Tiefe.

Die Idee der logischen Tiefe ist bahnbrechend. Sie macht deutlich, daß Komplexität nicht von der nominalen Information, sondern von dem zugrundeliegenden Prozeß der Beseitigung von Information her zu verstehen ist. Komplexität hat mit Information zu tun, die nicht mehr vorhanden ist.

Was uns der Rede wert erscheint, sind meist Dinge und Gedanken von großer Komplexität, von großer Tiefe, aber nicht unbedingt mit großer Oberfläche. Viel Information ist auf dem Weg dorthin gelöscht worden, und vielleicht ist nicht viel übriggeblieben. Ein Zustand mit reicher Geschichte. Nicht das weitschweifige Erklärungen Erfordernde ist das Interessante im Leben, sondern das, was sich nur durch viele Erlebnisse erfahren läßt.

Doch birgt der Begriff der logischen Tiefe auch Probleme. Er setzt voraus, daß sich alles, worüber gesprochen wird, als Ergebnis eines Rechenprozesses verstehen läßt. Das ist sinnvoll, auch für viele materielle Objekte, lebendige wie unbelebte. Viele physikalische und biologische Erscheinungen lassen sich als Resultat einer Reihe von Gesetzen verstehen, die durch Prozesse wirken, welche in ihnen beschrieben sind. Wir können also die Entstehungsgeschichte eines Objekts auf einem Computer *simulieren* und dann fragen, wieviel Rechenzeit er dafür gebraucht hat. Je länger sie ist, desto mehr Tiefe hat das System.

Ein biologisches Wesen ist das Resultat einer sehr langen evolutionären Berechnung. Ein geniales Naturgesetz kann das Ergebnis einer sehr langen intellektuellen Berechnung sein. Ein Ja oder Nein kann aus einer Menge teuer erkaufter Erfahrungen resultieren.

Die Welt besteht jedoch nicht aus Rechnern und schon gar nicht aus Turing-Maschinen. Die interessantesten Berechnungen laufen in einem «Computer» ab, der ganz anders arbeitet als eine Turing-Maschine: im Gehirn. Vielleicht lassen sich die vielen logischen Symbolisierungen und mathematischen Berechnungen, die in einem Gehirn ablaufen, in einer Turing-Maschine nachahmen, doch können solche Maschinen eben nicht alles berechnen. Menschen wissen, daß Aussagen wahr sein können, die sich durch mathematische Logik nicht beweisen lassen. Letzten Endes sondern Menschen Information anders aus als Turing-Maschinen. Wie sie das tun, wissen wir nicht.

Deshalb kann es intuitiv nicht befriedigen, alle Objekte als Ergebnis einer Berechnung auf einer Rechenmaschine zu betrachten. Autoren oder Komponisten würden wenig darauf geben (obwohl die Idee der logischen Tiefe anerkennt, daß sie Affen und anderen Tastaturakrobaten überlegen sind).

Ein anderes Problem stellt die Verankerung des Bennettschen

Begriffs in der Theorie der algorithmischen Information und deren Konzept des kürzest möglichen Programms dar.[14] Denn welches ist das kürzeste Programm? Chaitin, der von Gödels Unvollständigkeitssatz ausgeht, schreibt, man könne niemals wissen, ob man wirklich die kürzeste Beschreibung, wie ein Objekt zu erzeugen sei, gefunden hat. Ist die Anweisung fehlerhaft, kann die Rechenzeit absurde Formen annehmen und unsinnig kurz oder unsinnig lang werden.

Bekannt sind die Geschichten von den Schildbürgern, die zeigen, wie etwas sehr Einfaches sehr kompliziert gemacht werden kann. In der modernen Gesellschaft gibt es Berufsgruppen, in denen sich Leute tummeln, die Experten in der Kunst sind, auf sehr komplizierte Weise zu einfachen Resultaten zu gelangen, Verwaltungsbeamte oder Hochschullehrer zum Beispiel. Auch Mathematikaufgaben werden oft von Menschen erfunden, die über die Fähigkeit verfügen, intuitiv einfache Probleme schwierig zu machen.

Es besteht die Gefahr, daß Dingen hohe Komplexität zugeschrieben wird, die nur unnötig kompliziert sind.

Nun weist aber gerade das fundamentale Problem, das Gödels und Chaitins Erkenntnisse offenbaren, große Tiefe auf. Unvollständigkeit und Unentscheidbarkeit sind grundsätzliche Bedingungen jeder Beschreibung der Welt – und man sollte sich nicht nur deshalb von einem Begriff abschrecken lassen, weil er in dieses Problemfeld führt. Es entsteht zum Teil dadurch, daß Bennetts Begriff der logischen Tiefe notwendigerweise den Umweg über einen Computer nehmen muß. Diesen Umweg macht man ja gerade, um den Begriff präziser zu fassen. Und das wiederum gelingt nicht, weil das Halteproblem für Turing-Maschinen zeigt, daß sich die Rechenzeit eines Programms nicht vorhersagen läßt, es sei denn, der Computer führt die Berechnung durch.

Entscheidend an Bennetts Konzept ist jedoch nicht, wie logische Tiefe berechnet wird. Entscheidend ist vielmehr, wieviel Information unterwegs ausgesondert worden ist. Die *Idee* ist richtungweisend, nicht so sehr die Definition des Begriffs.

Der Chemiker Hans Kuhn aus Göttingen vertritt seit einigen Jahren einen ähnlichen Gedanken in bezug auf biologische Systeme. Er versucht, Entstehung und Entwicklung von Leben zu begreifen, indem er das Aussondern und Löschen von Information während der Entwicklung herausstellt. Biologische Entwicklung besteht nach seiner Auffassung aus einer Folge von Verhaltensentscheidungen, die ein Organismus in der Auseinandersetzung mit seiner Umgebung trifft. Die Umgebung setzt den Organismus unter Druck, er muß sich für ein Verhalten entscheiden, um zu überleben. Im Genom des Organismus, der Gesamtheit seiner Gene, ist die Erfahrung des Überlebens enthalten – sonst gäbe es keinen Organismus und auch kein Genom.

Je mehr der Organismus überlebt hat, desto mehr hat er erfahren und desto wertvoller ist auch sein Genom. Interessant ist also nicht, wieviel Erbmaterial der Organismus besitzt, also wie lang seine DNA ist, sondern welcher Reichtum an Erfahrungen in diesem Material niedergelegt ist.

Der Wert der Information, die ein Genom enthält, ist proportional zur Menge der Erfahrungen, die in ihm zusammengefaßt sind. Interessant ist nicht die nominale Information, der Umfang des Erbmaterials, sondern die ausgesonderte Information. «Diese Qualität konstituiert Wissen, wobei ‹Wissen› als Gesamtzahl der Bits gemessen wird, die aussortiert werden müssen», schreibt Kuhn.[15] Biologisches Wissen wird also einfach als ausgesonderte Information definiert.

Damit ist man ein Problem los, das viele Forscher irritierte, als es entdeckt wurde: Lilien haben viel mehr DNA als Menschen, und sie sind zwar schön, aber klüger sind sie doch wohl nicht.

Kuhns konkretes Modell für die Entstehung und Entwicklung von Leben ist problematisch, doch ist es eng verwandt mit denen des Göttinger Physikochemikers Manfred Eigen und seines früheren Mitarbeiters Peter Schuster, die mehr Erfolg versprechen. Kuhns Auffassung der biologischen Entwicklung weist jedoch große Tiefe auf, die nicht mit seinem konkreten Modell steht und fällt.[16]

Ein wesentlicher Unterschied zwischen Bennett und Kuhn besteht im theoretischen Status ihrer Konzepte. Kuhns Auffassung ist historisch und faktisch, Bennetts dagegen logisch und theoretisch. Kuhn spricht im Prinzip von der Information, die im Laufe der tatsächlichen Entwicklungsgeschichte gelöscht worden ist, während Bennett von derjenigen spricht, die bei einer theoretischen Rekonstruktion des Prozesses verworfen werden muß. Dieser Unterschied ist nicht zwangsläufig darauf zurückzuführen, daß Kuhn über Biologie und Bennett vor allem über Physik spricht. Kuhn umgeht die Schwierigkeiten, die sich aus dem Umweg über den Computer ergeben. Es liegt deshalb nahe, seinen Ansatz zu verfolgen, wenn es um konkrete physikalische Objekte geht. Genau hier setzt der Begriff der *thermodynamischen Tiefe* an.

«Die Abhandlung wurde zu früh publiziert, aber so waren leider die Umstände», sagt Seth Lloyd über einen der aufschlußreichsten Aufsätze seit vielen Jahren. Er heißt «Komplexität als thermodynamische Tiefe» und erschien 1988 in den *Annals of Physics*.

Die Autoren sind Seth Lloyd und sein Lehrer an der Rockefeller University, Heinz Pagels. Pagels ist Verfasser des Buches *The Dreams of Reason*, das 1988 erschien und in breiteren Kreisen Verständnis für die Notwendigkeit einer Theorie der Komplexität weckte. In ihm verbindet sich eine umfassende Kenntnis physikalischer Probleme mit einem ausgeprägten Sinn für die philosophischen Aspekte naturwissenschaftlicher Fragen. Gleichzeitig ist der Bericht, gewürzt mit autobiographischen Elementen, elegant und allgemeinverständlich geschrieben. Ein ungewöhnlich komplexes Buch, das frühere erfolgreiche Versuche Pagels', einem breiten Leserkreis Physik zu vermitteln – *Cosmic Code* und *Die Zeit vor der Zeit* –, sehr schön fortführt. Der würdige Abschluß eines großen schriftstellerischen Werks.

Heinz Pagels kam im Sommer 1988 bei einer gemeinsam mit Seth Lloyd unternommenen Bergbesteigung in Colorado ums Leben.

Aus diesem Grund wurden die Ergebnisse von Seth Lloyds Dis-

136 Die Tiefe der Komplexität

Seth Lloyd

sertation über Komplexität, die unter Pagels' Betreuung entstand, zu früh und unter Druck publiziert. Das könnte erhebliche wissenschaftsgeschichtliche Folgen haben, denn in der Gemeinschaft der Physiker wird der Versuch, eine Idee zu lancieren, die noch nicht ausgereift ist, hart bestraft. Den Physiker interessiert nicht, was in der Welt gerade vordringlich ist, sondern was zum Gegenstand physikalischer Theorien gemacht werden kann. Wissenschaft ist die Kunst des Möglichen. Deshalb ist es unpopulär, Theorien zu veröffentlichen, ehe klar ist, daß sie fruchtbar sind und sich zu einer formalen Beschreibung weiterentwickeln lassen, mit der andere arbeiten können. Unter diesem Gesichtspunkt ist die Idee der thermodynamischen Tiefe zu früh veröffentlicht worden.

Denn sosehr es einleuchtet, daß thermodynamische Tiefe der richtige Begriff zur Beschreibung von Komplexität sein könnte, so offenkundig ist auch, daß die Abhandlung in den *Annals of Physics* keine befriedigende Lösung des Problems bietet, wie dieser Begriff theoretisch zu fassen sei.

Durch die thermodynamische Tiefe *wird Komplexität als die*

Menge von Information definiert, die während des Entstehungs- und Entwicklungsprozesses eines Systems aussortiert worden ist. Es handelt sich also eher um einen historischen als einen logischen Begriff.

Problematisch ist jedoch, wie diese Tiefe zu definieren ist. Wie errechnet man, wieviel Information bei einem Entwicklungsprozeß ausgesondert wird? Außer bei trivialen Objekten ist das schwierig, denn die Geschichte des Objekts ist nicht bekannt, man war nicht dabei, als es entstand und sich entwickelte.

Lloyd und Pagels versuchen das Problem zu lösen, indem sie auf die *wahrscheinlichste* Entstehungsgeschichte verweisen. Gesucht wird nicht das kürzeste Programm, das in der Lage ist, ein Objekt, verstanden als seine Beschreibung in Bits, zu rekonstruieren, sondern die Entwicklung, die es am wahrscheinlichsten durchlaufen hat. Dabei wird auf vorhandene Theorien der Prozesse zurückgegriffen, die zu einem solchen Objekt führen können. Die im Laufe der Entwicklung ausgesonderte Information wird nicht anhand der Rechenzeit eines Computers ermittelt, sondern anhand der thermodynamischen und Informationsressourcen, die wahrscheinlich genutzt wurden.

Daraus ergibt sich unmittelbar die Lösung eines Problems jeder Definition von Komplexität. Eine Beschreibung komplexer Systeme muß dem Umstand gerecht werden, daß das Auftreten zweier Exemplare derselben Art nicht doppelt soviel Tiefe bedeutet wie das eines Exemplars: «Komplexität muß eine Funktion des Prozesses – des Codes – sein, der das Objekt zur Existenz gebracht hat. Ist physikalische Komplexität ein Maß für den Prozeß oder die Sequenz von Prozessen, durch die sich eine Reihe von Anfangszuständen in einen Endzustand entwickelt, dann brauchen sieben Stiere nicht viel komplexer zu sein als einer. Die Erde hat Jahrmillionen gebraucht, um einen Stier zu entwickeln; ein Stier und einige wenige willfährige Kühe aber werden recht schnell sieben Stiere hervorbringen», schreiben Lloyd und Pagels.[17]

Diese intuitiv überzeugenden Gedanken haben sich nicht in klare und quantifizierbare Größen umsetzen lassen.

In dem Artikel von 1988 versuchten Lloyd und Pagels, thermodynamische Tiefe als Unterschied zwischen zwei verschiedenen Arten der Messung der Entropie eines Objekts zu bestimmen, der Messung in grobem und in feinem Maßstab. Die grobkörnige Entropie ist die herkömmliche thermodynamische, die besagt, daß wir vieles nicht wissen, wenn wir nur übergeordnete Größen wie die Temperatur beschreiben. Die feinkörnige Entropie dagegen liegt auf der Beobachtungsebene des Maxwellschen Dämons. Er weiß mehr über die Moleküle eines Gases als jemand, der nur thermodynamische Größen wie Temperatur und Druck im Blick hat. Der Dämon kennt – und verändert – eine Reihe von Mikrozuständen. Damit bringt er das Gas aus dem Gleichgewichtszustand, der durch die grobkörnige Entropie erschöpfend beschrieben ist.

Wenn sich thermodynamische Tiefe aus dem Unterschied zwischen der feinkörnigen und der grobkörnigen Entropie ergibt, sagt sie etwas darüber aus, wie weit ein System vom Gleichgewicht entfernt ist. Befindet sich ein System im Gleichgewicht mit der Umgebung, ist es «genauso warm» wie diese; es ist keine Energie aus dem Abkühlen des Systems zu gewinnen, aber es muß ihm auch keine Energie zugeführt werden, damit es in seinem Zustand bleibt. Unbelebte Materie ist im Gleichgewicht mit der Umgebung, während sich alles Lebendige fern vom Gleichgewicht befindet. Es muß etwas zu essen bekommen, um zu leben.

Ein System ist also nach Lloyds und Pagels' Vorstellung nur komplex, wenn es sich nicht im Gleichgewicht befindet. Im anderen Falle wird ja alles, was uns an dem System interessiert, durch die grobkörnigen Daten zum Ausdruck gebracht. An der Bewegung der Moleküle ist über das hinaus, was wir durch Messung der Temperatur wissen, nichts interessant, wenn es sich um zufällige Wärmebewegung handelt. Die feinkörnige Entropie ist genauso groß wie die grobkörnige. Das entspricht ganz der intuitiven Erwartung, daß ein Wirrwarr nicht komplex sein kann.

Umgekehrt besitzt auch etwas Wohlgeordnetes nicht viel Tiefe.

Ordnung ist unter anderem auch dadurch gekennzeichnet, daß bei einer Beschreibung in übergeordneten Begriffen kein Informationsmaterial entsteht. Ein geordnetes System läßt sich erschöpfend charakterisieren, indem man es von oben, in groben Zügen, beschreibt, denn Ordnung ist Ausdruck dafür, daß jeder Makrozustand sehr wenigen Mikrozuständen entspricht. Bei totaler Ordnung entfällt auf jeden Makrozustand nur ein Mikrozustand. Bei einem Kristall befinden sich die Atome an der Stelle, wo sie sein müssen. Deshalb ist mit der Beschreibung durch den Makrozustand keine Entropie verbunden. Das bedeutet wiederum, daß völlig geordnete Zustände keine Tiefe besitzen.

Es handelt sich hier um eine – sehr tiefe Einsicht. Entscheidend ist, wie weit ein System vom Gleichgewicht entfernt ist. Etwas sehr Geordnetes oder etwas sehr Ungeordnetes ist stabil in sich. Ein Salzkristall verändert sich erst in wäßriger Lösung. Das gleichmäßig warme Gas verändert sich nur hinsichtlich der Bewegungen auf der mikroskopischen Ebene, die uns aber nicht interessiert, denn auf der übergeordneten Ebene geschieht nichts.

Die thermodynamische Tiefe eines Objekts ist Ausdruck dafür, daß es eine Geschichte hat, daß etwas stattgefunden hat, wodurch es aus einem Zustand gebracht worden ist, den es aus sich selbst heraus aufrechterhalten kann, einem Zustand trivialer und unbewegter Ordnung oder einem Zustand des totalen Chaos, über das außer der Temperatur, die dieses Chaos hervorbringt, nichts mehr zu sagen ist.

Das sind schöne Gedanken, nur ist unklar, wie dieser Unterschied zwischen feinkörniger und grobkörniger Entropie gemessen werden soll.

Diskussionen über die Definition thermodynamischer Tiefe enden stets damit, daß man von der Anzahl der Berechnungszyklen in einem Computer spricht[18], praktisch also in dem Gedankengang, der Bennetts Begriff der logischen Tiefe zugrunde liegt. Damit entfällt aber die Pointe des Begriffs der thermodynamischen Tiefe: daß er von der faktischen, physikalischen Geschichte und nicht von der logischen Rekonstruktion her zu konkretisieren ist. Und alle Gödelschen Widerwärtigkeiten tauchen wieder auf –

wir können nie wissen, ob wir die kürzeste Beschreibung gefunden haben.

Es ist gleichzeitig die Stärke und die Schwäche des Begriffs der thermodynamischen Tiefe, daß er historisch ist. Wir sind das Problem los, daß wir nicht wissen, ob wir das kürzeste Programm gefunden haben. Das Gödel-Turing-Chaitin-Problem verschwindet im Prinzip, wenn wir nicht das kürzeste Programm, sondern den tatsächlich abgelaufenen Entwicklungsprozeß beschreiben müssen. Es gilt *nur* noch herauszufinden, wie die Dinge tatsächlich entstanden sind, dann wissen wir, welche Tiefe sie haben.

Das aber bedeutet auch, daß Prozesse, die sich «im Kreis drehen», große Tiefe aufweisen, obwohl die riesigen Mengen Information, die dabei ausgesondert werden, im Ergebnis letztlich keine «Spuren» hinterlassen. Prozesse, die Information in «oberflächlicher» Weise beseitigen, sind fähig, sich mit großer Tiefe anzureichern. Darüber hinaus können Prozesse, die zufälligerweise mit anderen Prozessen von großer Tiefe verbunden sind, plötzlich ebenfalls Tiefe erhalten, ohne daß dies im Grunde etwas bedeutet. Dazu Rolf Landauer: «Steinsplittern, von denen man weiß, daß sie durch Bearbeitung entstanden sind, wird bei diesem Ansatz die ganze menschliche Geschichte aufgebürdet und also viel größere Komplexität zugeschrieben, als sie hätten, wenn sie nur das Ergebnis eines natürlichen geologischen Ereignisses wären.»[19]

Wojciech Zurek hat 1989 versucht, eine «minimale thermodynamische Tiefe»[20] zu definieren, bei der nicht die *faktische Geschichte*, sondern die *kürzest mögliche Geschichte* in die Tiefe eines Objekts eingeht. Wendet man diese Methode an, wechselt man von der historischen zur logischen Ebene über. Der Gewinn dabei ist, daß die thermodynamische Tiefe dann identisch ist mit der Differenz algorithmischer Komplexität zwischen Ausgangspunkt und Ergebnis. Man verläßt die historisch-faktische Perspektive, gewinnt jedoch eine Klarheit, die eine zukünftige quantitative Präzisierung des Begriffs der thermodynamischen Tiefe erhoffen läßt. Zureks Resultat ist wichtig, denn die Achillessehne des Begriffs ist sein Mangel an Präzision.

Daß die Theorie der Komplexität als thermodynamische Tiefe

1988 in einer unvollständigen Fassung veröffentlicht worden ist, hat ihr geschadet. In der theoretischen Physik wird es streng geahndet, wenn die Berechnungen nicht aufgehen. Da der Begriff schwer zu quantifizieren ist, haben viele Physiker trotz seiner intuitiv einleuchtenden Klarheit nur mit den Achseln gezuckt. Zur Zeit existiert kein quantitativer Begriff, der es ermöglicht, Komplexität in Zahlen zu fassen. Deshalb ist es auch noch kein Gebiet, das bei den Physikern «zählt».

«Es besteht eine gewisse Gefahr, daß das Interesse an der Formulierung einer Definition auf Kosten klarerer Fragen geht»[21], kommentierte Rolf Landauer 1988 die Entwicklung der Begriffe von Tiefe und Komplexität durch Bennett, Kuhn und Lloyd/Pagels in der Zeitschrift *Nature*. Der Grundgedanke, Tiefe sei Ausdruck für die Menge ausgesonderter Information, ist sehr vielversprechend. Vielleicht läßt er sich über Umwege, dadurch, daß ein paar dumme Fragen neue oder überraschende Aspekte der Begriffe sichtbar machen, klarer formulieren.

Definitionen werden leicht zu Tautologien, zu Sätzen, die gar nichts besagen («Entweder regnet es, oder es regnet nicht», «Alle Junggesellen sind unverheiratet»). Rolf Landauer schreibt: «Diese Definitionen sind in gewisser Weise tautologisch. Sie sagen alles in allem, komplex sei, was nur auf einem schwierigen Weg erreicht werde. Tautologien sind jedoch akzeptabel, wenn sie Unsinn ersetzen. Darwin reinigte die Luft, indem er sagte, nur die Überlebenden überlebten.»[22]

Folgen wir also Landauers Rat und vergessen die Probleme der Physiker beim Definieren und Quantifizieren. Vielleicht liegt das Problem nur darin, daß die Welt der Physiker zu einfach ist, als daß sie die richtigen Fragen an den Begriff der Tiefe stellten. Vergessen wir auch den Unterschied zwischen der logischen und der thermodynamischen Tiefe und halten uns an die Klarheit, die in dem Gedanken der Tiefe selbst liegt: Die Menge der im Laufe eines Prozesses ausgesonderten Information besagt, wie komplex das Produkt ist. Ein klarer Begriff, unabhängig davon, wie er gemessen wird.[23]

Shannons Begriff der Information ist ein Maß für Überraschung, Unvorhersehbarkeit, Verblüffung. Die Tiefe eines Objekts ist Ausdruck für die Menge an Information, die im Laufe seiner Entwicklung ausgesondert wurde. Die Tiefe ist also ein Maß dafür, wie vielen Überraschungen ein Objekt in seiner Geschichte ausgesetzt gewesen ist.

Tiefe ist ein Ausdruck dafür, daß etwas mit der Welt in Wechselwirkung gestanden hat. Es ist verändert, aber immer noch es selbst, aus dem Gleichgewicht, aber nicht außer sich. Es hat Überraschungen erlebt, aber es ist noch da. Es hat die Welt gespürt, sie hat ihm ihre Spur eingeprägt.

Es ist tief geworden.

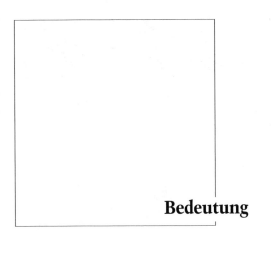

Bedeutung

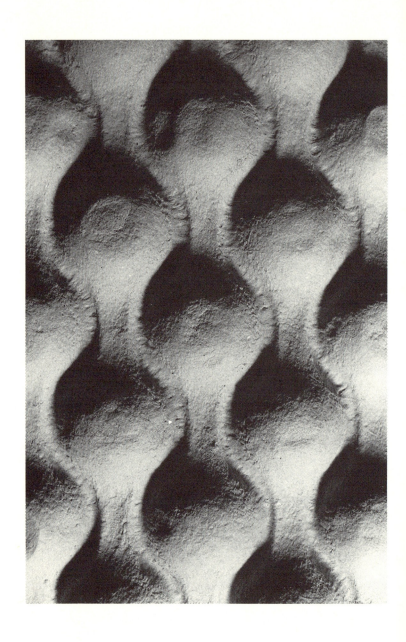

Es ist keine Frage, ob diese Eierbehälter nach unten oder nach oben gewölbt sind. Dreht man das Buch aber auf den Kopf, dann zeigt sich, daß beim Betrachten eines Bildes bereits vorausgesetzt wird, das Licht komme von oben.

Kapitel 5
Der Baum der Rede

Der kürzeste Briefwechsel der Welt fand 1862 statt. Der französische Autor Victor Hugo, unter anderem bekannt durch den Roman *Der Glöckner von Notre Dame,* war aufs Land gefahren, nachdem sein neues Buch *Les misérables (Die Elenden)* erschienen war. Er konnte es aber nicht lassen, nachzufragen, wie das Buch beim Publikum ankäme. Also schrieb er folgenden Brief an seinen Verleger: «?»

Dieser ging darauf ein und antwortete, ganz den Tatsachen entsprechend: «!»

Das war, wie es im *Guinness-Buch der Rekorde* heißt, «nicht mißzuverstehen»[1] – jedenfalls nicht für Victor Hugo. *Les misérables* wurde ein großer Erfolg.

Man kann sich den Spaß machen und Vermutungen darüber anstellen, was der Formulierung der beiden Briefe vorausging. Hugo sitzt an seinem Urlaubsort und zerbricht sich den Kopf, ob sein großes Werk vom Publikum verstanden und gewürdigt werde. Nach unzähligen Gedanken und Überlegungen bringt er seine Frage an den Verleger zu Papier, doch anstatt zu schreiben: «So teilen Sie mir doch endlich mit, ob sich mein Buch verkauft!», begnügt er sich mit der diskreten Form. Dem Verleger andererseits liegen vermutlich stapelweise Rezensionen, Kassenberichte, Verkaufszahlen vor, und er könnte daraus alle möglichen Einzelheiten mitteilen, doch er besitzt genügend Feingefühl, um zu wissen, daß es darauf nicht ankommt. Hugo will etwas Einfaches wissen. Die Antwort «.» hätte ihm den Urlaub verderben können.

Was auch immer die beiden gedacht haben, es ist keine Frage, daß dem Briefwechsel selbst viele Gedanken vorausgingen. In Bits gemessen ist «?» nicht sehr viel. Besteht das Alphabet aus 32 Zeichen (Buchstaben und einigen Satzzeichen), enthält jedes von ihnen durchschnittlich fünf Bits. Der gesamte Briefwechsel umfaßte somit ungefähr zehn Bits. Doch die Kommunikation funktionierte, sogar sehr gut.

Entscheidend war nicht die Anzahl der übertragenen Bits, sondern der Zusammenhang. In Hugos und seines Verlegers Bewußtsein hatte das Schicksal von *Les misérables* in jenen Wochen allererste Priorität. Es füllte ihr Denken aus. Beide Botschaften stehen für viele Überlegungen, Gedanken, Gefühle und Tatsachen, die in ihnen nicht sichtbar werden und doch gegenwärtig sind. Information, die vorhanden und gleichzeitig nicht vorhanden ist. Es wird auf eine Menge Information verwiesen, sonst würde dem Briefwechsel eine Bedeutung fehlen.

Das gilt natürlich für jede Korrespondenz. Bevor die Worte niedergeschrieben werden, findet eine erhebliche intellektuelle Arbeit statt, die nicht im vollen Umfang in den Worten präsent, aber doch vorhanden ist. Die tatsächliche Information im Wortlaut des Briefwechsels verweist auf eine Menge anderer Information, die aber nicht da ist.

Schreibt Hugo ein Fragezeichen, verweist er explizit, ausdrücklich, auf Information, von der der Verleger außer durch diesen Verweis keine direkte Kenntnis erhält. Ehe das Fragezeichen zu Papier gebracht wird, hat Hugo eine Menge Information ausgesondert, die durch sein Bewußtsein gegangen ist. Auf diese Information verweist er explizit, ohne sie mitaufzunehmen.

Hugos Fragezeichen ist das Ergebnis eines expliziten Aussonderns von Information, jedoch nicht nur des Aussonderns. Er hat das Ganze nicht einfach nur vergessen. Er verweist explizit auf das Ausgesonderte, aber ausgesondert bleibt es, vom Briefwechsel her gesehen.

Solche explizit ausgesonderte Information wird in diesem Buch *Exformation* genannt.

Eine Aussage hat Tiefe, wenn sie sehr viel Exformation in sich birgt. Wird während eines Prozesses, bei dem eine konkrete Person eine konkrete Nachricht formuliert, eine Menge Information ausgesondert, die im Bewußtsein des Absenders vorhanden war, in der Nachricht aber nicht erscheint, handelt es sich um Exformation.

Es gibt daher keine Möglichkeit, aus dem Informationsgehalt einer Mitteilung direkt abzulesen, wieviel Exformation sie enthält. Erst der Zusammenhang gibt darüber Auskunft. Der Absender gestaltet die Information der Nachricht so, daß sie auf Information verweist, die er im Kopf gehabt hat.

Ein Rätsel der Kommunikation besteht darin, daß es möglich ist, durch wenig Information, die wir weitergeben, auf eine Menge Information zu verweisen, die wir ausmustern. Daß wir unseren mentalen Zustand in Form von wenig Information «kartieren» können. Das ist schon für sich genommen bemerkenswert. Nicht weniger bemerkenswert aber ist es dadurch, daß andere sich aufgrund dieser Karte das Gelände vorstellen können.

Soll die Kommunikation gelingen, muß der Absender nicht nur an sich selbst, sondern auch daran denken, was der Empfänger im Kopf hat. Die explizite Information verweist nicht nur auf eine Information im Kopf des Absenders, sie muß auch auf irgendeine Weise zu den richtigen Assoziationen beim Empfänger führen.

Information abzusenden hat den Zweck, im Kopf des Empfängers einen mentalen Zustand entstehen zu lassen, der auf seiten des Absenders demjenigen entspricht, der mit Hilfe der Exformation beschrieben ist, auf die in der abgesandten Information verwiesen wird. Im Geiste des Empfängers soll innere Information entstehen, die mit der Exformation verwandt ist, welche der Absender im Kopf hat. Die übermittelte Information soll beim Empfänger eine bestimmte Assoziation wecken.

Nehmen wir das Wort «Pferd». Schreibt jemand «Pferd», ruft er eine Menge Erfahrungen wach. Er hat Pferde erlebt, von ihnen gelesen, er hat sie im Fernsehen gesehen, er weiß, daß viele Menschen Pferde mit Schönheit und Sinnlichkeit, mit Wettgewinnen und Pferdeäpfeln verbinden. Es gibt eine Menge Information in bezug auf Pferde, die er in der Erinnerung wachrufen kann.

Ohne einen Zusammenhang kann der Schreiber nicht erwarten, daß das, woran er denkt, wenn er das Wort schreibt, viel mit dem zu tun haben wird, woran der Leser denkt, wenn er es liest. Handelt es sich aber um eine Passage in einem Bericht über die Geschichte des Pferderennens, darf er schon eher voraussetzen, daß er und der Leser an das gleiche denken.

«Kuh». Sofort ist klar, daß es weder um Trabrennen noch um Wohlstandssymbole geht. Es handelt sich um ein Zuchttier, um ein großes, trächtiges, angsteinflößendes, wiederkäuendes, freundliches Tier.

Der Schreiber hat einen Assoziationsraum im Kopf des Lesers aktiviert. Das Ergebnis wäre ein anderes, aber kein wesentlich anderes gewesen, wenn er geschrieben hätte: «Pferd. Kuh.» Es gehört nicht viel dazu, im Kopf des Lesers einen Assoziationsraum zu aktivieren.

Allerdings muß der Schreiber nachdenken, und der Leser auch. Übertragung von Exformation erfordert Aufmerksamkeit.

Von Exformation...? Läßt sich Exformation übertragen?! Sie ist ja gerade ausgesondert worden, ehe die Kommunikation stattfand. Also kann sie durch den Prozeß der Kommunikation auch nicht übertragen werden – oder? Wie kann etwas, das im Wortlaut der übermittelten Information *nicht* vorhanden ist, vermittelt werden? Wie ist es möglich, daß ein Autor mit den Worten «I did it my way» und «Frank Sinatra» eine ganz bestimmte Stimmung im Leser erweckt und Gefühle in ihm erzeugt? «Weihnachtsabend». «Steuererklärung».

Es ist nur deshalb möglich, weil Autor und Leser eine Menge Erfahrungen teilen. Beide haben die gleichen Schlager gehört, die gleichen Feiertage erlebt und die gleichen gesellschaftlichen Pflichten erfüllt. Beide sind Teil eines Zusammenhangs, vermittelt durch ihre Sprache. Schreibt der Autor ein Wort, ist es das Ergebnis einer inneren Aktivität, bei der viele Erfahrungen durch das Bewußtsein gegangen sind. Er wählt genau dieses Wort, weil er das Gefühl hat, es werde ähnliche Assoziationen im Leser wecken.

Doch kann er dessen nicht sicher sein. Auch der Leser kann

nicht wissen, ob der Autor überhaupt nachgedacht hat, als er «Weihnachtsabend» schrieb. Vielleicht hat er nur nach einem Wort gesucht, von dem er sicher sein konnte, daß es allen Menschen etwas sagt. Vielleicht lag in diesem Wort, als er es schrieb, nicht viel Tiefe, nicht viel Exformation.

Das ist das Risiko beim Kommunizieren. Man kann nicht wissen, wieviel Information der Absender ausgesondert hat, wieviel Exformation eine Information beinhaltet. Es könnte ja Bluff sein oder intellektueller Snobismus oder Gleichgültigkeit. Wie das Beispiel der Fernsehnachrichten zeigt, gibt es keine Garantie dafür, daß die Sprecher verstehen, was sie sagen. Aus dem Mund (oder den Fingerbewegungen) der Menschen kann ein Schwall von Worten kommen, ohne daß sie selbst «bei der Sache» sind.

Strengen wir uns an, sie zu verstehen, werden wir verstimmt. Nicht unbedingt, weil das, was gesagt wird, nicht interessant wäre – snobistische Menschen sind ja ständig bemüht, etwas Interessantes zu sagen –, sondern weil wir uns gern eine Vorstellung davon gebildet hätten, was im Kopf der Person vorgeht. Wir erhalten diese Vorstellung nicht, wenn sie nur Information liefert, aber keine Exformation.

Am wenigsten interessant an einem guten Gespräch ist das, was gesagt wird. Interessanter sind all die Überlegungen und Gefühle, die sich während des Gesprächs einstellen, in Kopf und Körper der Gesprächspartner.

Die Worte sind nur Verweise auf etwas, das in ihnen selbst nicht vorhanden ist. Im Kopf ist es vorhanden. Ein Gespräch ist dazu da, ähnliche Zustände im Geiste der Partner hervorzurufen – und auszutauschen, was sich dann einstellt: man glaubt es nicht, man empfindet Teilnahme, man ist dagegen, wird mitgerissen, man überlegt, freut sich, empfindet Zuneigung, man vermißt, man hat eine Idee.

Exformation steht winkelrecht zur Information. Exformation ist das, was ausgesondert wird, ehe der Ausdruck erfolgt. Exformation betrifft die geistige Arbeit, die wir leisten, um das, was wir sagen wollen, aussprechbar zu machen. Exformation ist die ausgesonderte Information, das, was wir nicht ausdrücken, aber im Kopf haben, wenn oder bevor wir etwas sagen. Information dagegen ist das Meß- und Konstatierbare, das tatsächlich Gesagte, die Bits oder Buchstaben des faktisch Ausgedrückten. Deshalb gibt es keinen Zusammenhang, der besagt: Je mehr Information, desto mehr Exformation.

Der Informationsgehalt eines Gesprächs ist nachweisbar, ausgesprochen, explizit. Der eigentliche Sinn dieser Ausdrücklichkeit aber besteht darin, auf etwas zu verweisen, das implizit, nicht ausgedrückt ist; das nicht nur nicht da, sondern explizit nicht da ist.

Es besteht kein Gegensatz zwischen Information und Exformation, aber auch kein Zusammenhang. Eine sehr kurze Aussage kann sehr viel Tiefe haben. Auch eine sehr lange Rede kann viel Tiefe haben. Und sowohl kurze als auch lange Aussagen können vollkommen oberflächlich sein.

Begrifflich aber hängen Exformation und Information zusammen. Das eine ist die Geschichte der Aussage, das andere das Produkt dieser Geschichte. Beides ist jeweils ohne das andere sinnlos; Information ohne Exformation ist leeres Gerede, Exformation ohne Information ist nicht Exformation, sondern nur ausgesonderte Information.

Meist ist sehr schwer zu entscheiden, worin die Exformation einer Information eigentlich besteht. Bei sehr präzisen Aussagen wissen wir es: «Ich kenne jemanden, der einen Gartenfräser besitzt.» Hier ist klar, daß an eine Gartenarbeit gedacht ist, die sich mit einer Maschine leichter bewerkstelligen läßt, und an einen Menschen, der vielleicht bereit wäre, eine solche Maschine auszuleihen. Es besteht kein Grund, viel über sie zu sagen; es genügt, wenn die Person, die einem beim Umgraben des Gartens hilft, begreift, daß es sich um einen freundlichen Menschen handelt, der seine Fräsmaschine vielleicht zur Verfügung stellen würde.

Aber bei den meisten Aussagen, die wir hören, haben wir keine Ahnung, worin die Exformation besteht. Wir vermuten und fühlen und ahnen, aber wir wissen es nicht. Es ist schwieriger, jemanden am Telefon auszuhorchen, den man nicht kennt, als wenn man ihn vor sich hat; aber möglich ist es.

Das Gespräch hat einen Zug von Ungewißheit und Unbestimmtheit, der an die Probleme der Physiker bei der Definition von Tiefe erinnert.

Thermodynamische Tiefe ist vermutlich deshalb schwer zu definieren, weil sie die Geschichte des gesamten Entwicklungsprozesses eines Objekts betrifft. Es kann ziemlich gleichgültig sein, daß dabei eine Menge Information ausgesondert worden ist. Was hat es dementsprechend zu bedeuten, wenn eine Person zu erkennen gibt, daß sie viel über eine Sache nachgedacht hat? Wir wissen es nicht, wenn wir die Person nicht kennen. Logische Tiefe läßt sich vermutlich deshalb so schwer definieren, weil nicht klar ist, ob die «Rechenzeit», die benötigt wird, um zu einer Aussage zu gelangen, sinnvoll ist. Ist der Ausgangspunkt eindeutig definiert?

Es ist nicht verwunderlich, daß solche Schwierigkeiten auch auftreten, wenn es um Gespräche geht. Tatsächlich sind Gespräche gerade deshalb spannend.

Betrachten wir sie nur von außen, als Informationen, die ausgetauscht werden, sind sie nicht sehr reich. Sehen wir sie aber von innen, als Exformation, können sie ungeheuer spannend sein. Kennen wir den Zusammenhang nicht, sind sie langweilig. Es ist sehr langweilig, wenn andere über Menschen reden, die man nicht kennt. Es wird ja dabei fast nichts mitgeteilt. Aber über Menschen zu sprechen, die man kennt, ist spannend.

Information ist nicht sehr interessant. Interessant ist an einer Aussage, was geschieht, bevor sie formuliert wird und nachdem sie gehört wurde, nicht der Informationsgehalt.

Vielleicht war es doch nicht so dumm von dem Telefoningenieur Claude Shannon, Information als etwas zu definieren, das ohne jeden Sinn und eher mit Unordnung verwandt ist.

Man kann Shannons Informationsbegriff verärgert zurückweisen, weil er etwas ganz anderes meint als das, was wir herkömmlicherweise unter dem alltagssprachlichen Wort «Information» verstehen, also Sinn, Inhalt, Überblick, Ordnung. Man hätte dann eine ganze Phalanx von Denkern hinter sich. In den vergangenen Jahrzehnten haben Wissenschaftler reihenweise Shannons Informationsbegriff wegen seiner Begrenztheit kritisiert.

«Die klassische Informationstheorie ist in Wirklichkeit keine Theorie der Information», schrieb zum Beispiel die deutsche Philosophin Sybille Kramer-Friedrich 1986. «Der Begriff Information, wie er in Informationstheorie und Informationstechnik verwendet wird, ist nicht wissenschaftlich, sondern gehört in die Sphäre des Mythischen.»[2]

Es ließen sich allerdings auch reichlich Gründe für den Verdacht vorbringen, es handle sich um eine raffinierte konspirative Theorie. Der Informationsbegriff, so könnte man argumentieren, wurde von Ingenieuren großer privater Unternehmen erfunden und entwickelt, die sich dann ein einträgliches Geschäft daraus gemacht haben, daß wir anderen über Wahrheit, Schönheit, Sinn und Weisheit sprechen – am Telefon.

Zum einen wurde der Informationsbegriff von einem Ingenieur der Bell Laboratories entwickelt, die zu der amerikanischen Telefongesellschaft At & T gehören, zum anderen ist seine Theorie noch dazu – abgesehen von ihrer ersten Veröffentlichung in der wissenschaftlichen Zeitschrift *Bell System Technical Journal* – in Zusammenarbeit mit keinem anderen als Warren Weaver veröffentlicht worden, der wohl einflußreichsten grauen Eminenz in der Wissenschaft des 20. Jahrhunderts.

Warren Weaver arbeitete für die Rockefellers, die berühmteste der steinreichen amerikanischen Familien. Er war Physiker und Berater der Rockefeller Foundation, die in hohen Beträgen Forschungsmittel vergibt. In der historischen Wissenschaftssoziologie ist Weavers Bedeutung für die Biologie zu einem klassischen Thema geworden. In den dreißiger Jahren beschloß Weaver, die Biologie müsse «physikalischer» werden; sie habe sich nicht mit der Klassifizierung von Schmetterlingen, sondern mit Molekülen und anderen physikalischen Größen zu beschäftigen. Er hatte auch einen Namen für diese neue Biologie: *Molekularbiologie*. Ein halbes Jahrhundert später brachte diese Wissenschaft die Bio- und Gentechnik hervor, übrigens mit theoretischer Verankerung im Informationsbegriff. Tatsächlich beruht die gesamte moderne Molekularbiologie auf Begriffen, die der Informationstheorie und der Theorie der Berechenbarkeit entstammen.

Warren Weaver steht also hinter der Theorie der Information, die von einem Ingenieur der Telefongesellschaft AT & T entwickelt wurde.

Das riecht förmlich nach industrieller Okkupation, die den Menschen das Alltagswort «Information» entrissen und an seine Stelle eine völlig sinnlose Vorstellung gesetzt hat, wie Signale durch elektronische Aggregate verbreitet werden, bis schließlich auch noch das Genmaterial der lebendigen Natur nach den Vorgaben dieses Begriffs umgewandelt wurde.

Solche Ansichten sind nicht von der Hand zu weisen. Der amerikanische Historiker Theodore Roszak, einer der beredtesten Kritiker der modernen technologischen Zivilisation, schreibt über den praktischen Erfolg der Informationstheorie auf dem Gebiet der Computer und der Telekommunikation: «Errungenschaften dieser erstaunlichen Größenordnung mußten notwendigerweise unseren Begriff von Information von den Menschen (als Sendern oder Empfängern) entfernen und in die Richtung der aufregenden neuen Kommunikationstechniken lenken.»[3]

Die Aufmerksamkeit wurde von denen, die Information senden oder empfangen, auf das Medium verlagert, das sie übermittelt. Und es besteht eine weitverbreitete Neigung, den Sendboten mit der Botschaft zu verwechseln.

1876 reiste Pedro II., der letzte Kaiser von Brasilien, durch die Vereinigten Staaten. In Philadelphia besuchte er eine große Ausstellung, auf der der Gehörlosenlehrer Alexander Graham Bell eine neue Erfindung vorführte: das Telefon. Seine Majestät durfte den Apparat ausprobieren. Der Überlieferung zufolge rief er, als er den Hörer an sein Ohr hielt: «Mein Gott – das spricht ja Portugiesisch!»[4]

Der Informationsbegriff besagt wenig, wenn er wörtlich genommen wird. Wer glaubt, die Information der Informationstheorie habe mit Bedeutung zu tun, so wie man meinen könnte, der physikalische Begriff «Energie» bezeichne das, was wir normalerweise darunter verstehen (nämlich etwas, das verbraucht wird, wenn wir heizen), wird eine Enttäuschung erleben. Toleriert man aber, daß Information in unserem herkömmlichen Sinne etwas anderes ist als das, wovon die Informationstheorie spricht, könnte sich aus ihr ein großer Erkenntnisgewinn ergeben.

Wie meine Skizzierung des Ablaufs von Gesprächen zeigt, nützt es wenig, nur darauf zu verweisen, daß in den Worten, die wir sagen, sehr viel mehr liegt als das, was sich in Bits messen läßt. All die Bedeutung und Schönheit und Wahrheit in alltäglichen Gesprächen wird ja nicht durch das etabliert, was wir ausdrücklich zueinander sagen, sondern durch das, was wir denken, bevor wir sprechen.

Vielleicht sollten wir uns sogar glücklich schätzen, daß die Informationstheorie so klar gezeigt hat, wie wenig wichtig Information ist. Das Eigentliche, die Quelle von Schönheit, Wahrheit und Weisheit, muß dann ja etwas anderes sein.

Und ironischerweise läßt sich dieses andere als die Information beschreiben, die man losgeworden ist: Exformation.

Bedeutung ist Information, die ausgesondert worden ist, Information, die nicht mehr da ist. Die auch nicht dazusein braucht.

Mit Information und Bedeutung verhält es sich etwa so wie mit Geld und Reichtum. Der eigentliche Wert, der eigentliche Reichtum hat nicht mit Geld zu tun, sondern mit Geld, das man ausgegeben, das man gehabt hat. Er hat mit Gebrauchswerten zu tun, die man sich verfügbar macht, indem man für sie bezahlt. Nur Dagobert Duck kann Geld an sich, Geld als konkrete Größe gebrauchen, wenn er in seinem Geldspeicher badet. Wir anderen hätten es gern, um es wieder loszuwerden.

Mit der Information verhält es sich ebenso. Wenn genügend zur Verfügung steht, begreift man endlich, daß sie keinen Wert an sich darstellt.

So irritierend man den ärmlichen Informationsbegriff der Informationstheorie finden mag, man kann Claude Shannon, Warren Weaver und andere Begründer dieser Theorie nicht des Mangels an intellektueller Redlichkeit bezichtigen. Ihre Botschaft war noch dazu sehr deutlich.

Zwar hat es viel Verwirrung um den Begriff «Information» gegeben, weil er als Synonym für Ordnung und Bedeutung gilt. Doch dieser Wortgebrauch stammt nicht aus der Informationstheorie, sondern aus der Kybernetik. Deren Begründer, Norbert Wiener, und Schüler Wieners wie Léon Brillouin brachten Information mit positiv besetzten Wörtern wie Ordnung und Organisation durcheinander. Im zweiten Kapitel haben wir gesehen, daß darin die Ursache für ein halbes Jahrhundert der Verwirrung um den Maxwellschen Dämon lag. In den ursprünglichen Darstellungen der Informationstheorie gibt es diese Vermischung nicht.

Claude Shannon schrieb in seiner Präsentation der Informationstheorie, daß die «semantischen [die Bedeutung betreffenden] Aspekte der Kommunikation... nicht im Zusammenhang mit den technischen Problemen» stünden.[5] Warren Weaver sagte es noch deutlicher: «Insbesondere darf Information nicht der Bedeutung gleichgesetzt werden.»[6]

Laut Weaver gibt es in einer Theorie der Kommunikation drei Ebenen, eine technische, eine semantische und eine Ebene der Effektivität. Auf der technischen Ebene geht es um die Übertragung von Zeichen, praktisch also um das, was Shannons mathematische Theorie beschreibt. Auf der semantischen Ebene geht es um die Frage, wie genau die übertragenen Zeichen der gewünschten Bedeutung entsprechen. Auf der Ebene der Effektivität wird schließlich beschrieben, in welchem Ausmaß eine Nachricht beim Empfänger zu der erwünschten Änderung seines Verhaltens führt (falls ein solcher Wunsch besteht).

Weaver läßt keinen Zweifel daran, daß Shannons Theorie nur von der ersten Ebene handelt. «Tatsächlich können zwei Nachrichten, von denen eine von besonderer Bedeutung ist, während die andere bloßen Unsinn darstellt, in dem von uns gebrauchten Sinn genau die gleiche Menge an Information enthalten», schreibt er.[7] «Information in der Kommunikationstheorie bezieht sich nicht so sehr auf das, was gesagt *wird*, sondern mehr auf das, was gesagt werden könnte.»[8]

Die Theorie der Information ist sehr kühl. Sie ignoriert alle die Bedeutung betreffenden Aspekte der Kommunikation, um einfach nur zu errechnen, wie dick die Telefonkabel sein müssen, wenn alle Gespräche übertragen werden sollen. Information mißt Gespräche *von außen*, nicht psychologisch, sondern physikalisch. Was uns nicht zu verdrießen braucht.

Die kühle Informationstheorie bewahrt uns vor einer Reihe von Problemen, die entstünden, wenn man einer sprachlichen Aussage von ihren äußeren Kennzeichen her Bedeutung zuschreiben würde. Bei einem großen Teil dessen, was durch Gespräche (mit oder ohne moderne Hilfsmittel) übermittelt wird, handelt es sich um offenkundigen Unsinn oder weitläufige Ergießungen. Wir Menschen brauchen das Spiel, manchmal einfach nur daherzureden, dann wieder Tiefsinniges zu äußern – und meistens den Mund zu halten.

Ließe sich die Bedeutung einer Aussage, das Eigentliche, was übermittelt wird, ausschließlich und ohne Verlust von Verständnis an ihrem Äußeren ablesen, könnte man zwischen aufgeblasenen Snobs und Menschen, die aus eigener Erfahrung sprechen, nicht unterscheiden. Man könnte Auswendiggelerntes und Erkenntnis, Bluff und echte Beiträge zum Verstehen nicht auseinanderhalten.

Das kann natürlich überhaupt schwierig sein, doch sind diese Schwierigkeiten nicht erst durch das Aufkommen des Telefons entstanden. Eine fundamentale Bedingung menschlicher Rede und Gemeinschaft ist, daß Wörter und Gebärden nicht immer wörtlich genommen werden dürfen.

Im Gegenteil, es gilt festzuhalten, daß wir selbst und nicht die Telefongesellschaften zu entscheiden haben, wieviel Bedeutung in den Anrufen liegt, die wir über uns ergehen lassen müssen.

In der Geschichte der Informationstheorie sind zahlreiche Versuche unternommen worden, in die kühle Begriffswelt ein wenig Bedeutung hineinzumogeln. Der amerikanische Philosoph Kenneth Sayre hat sie in zwei Hauptgruppen eingeteilt. Manche behaupteten, Informationstheorie handle in Wirklichkeit doch von

Bedeutung, andere meinten, man brauche die Präzision der Begriffe in der Theorie nur ein wenig zu lockern, dann bekomme man auch die Bedeutung in den Blick.

Kenneth Sayre sieht in dem britischen Informationstheoretiker Donald MacKay den Urheber der ersten Variante. Er tut ihm damit ein wenig Unrecht, obwohl Sayre zeigen kann, daß MacKays Ideen in ihrer Weiterentwicklung durch andere zu einer solchen Trivialisierung geführt haben.[9] MacKays 1950 veröffentlichte Auffassung steht einigen der Vorstellungen von Tiefe, die Ende der achtziger Jahre entwickelt worden sind, nicht ganz fern. So schreibt MacKay zum Beispiel, der Informationsgehalt sei ein «numerisches Maß für die Komplexität des Konstruktionsprozesses»[10], was an den Gedanken erinnert, die Bedeutung einer Information bestehe in der Informationsmenge, die im Laufe ihrer Entstehung ausgesondert wurde (Charles Bennetts Gedanke der logischen Tiefe in stark abgewandelter Form).

Die andere Reaktion ist die Tendenz, die Begriffe zu lockern oder ein wenig abzuändern. «Können wir in den Verhaltenswissenschaften Probleme lösen, indem wir über den eingeführten Gebrauch der Begriffe hinausgehen oder sie ändern, dann sollten wir es auch tun»[11], schrieb der Psychologe Wendell Garner 1962. Die einflußreichste moderne Version einer abgeänderten Informationstheorie, in der auch die Bedeutung berücksichtigt ist, stammt von dem amerikanischen Philosophen Fred I. Dretske. Dretske gelangt jedoch zu einem Informationsbegriff, der nur noch sehr wenig mit dem Shannons zu tun hat.[12]

Kenneth Sayres eigener Ansatz erinnert sehr an das, was wir hier versuchen. Sein Ausgangspunkt ist die klassische Informationstheorie, das Interesse aber richtet sich darauf, wie die Information verschwindet.[13]

Obwohl aber Philosophen wie Dretske und Sayre in den siebziger und achtziger Jahren die Diskussion über Informationstheorie und Bedeutung befruchtet haben, repräsentieren sie eine Forschungstradition, die man die *Tradition der Ungeduld* nennen könnte. Sind die Begriffe nicht geeignet, alle Phänomene der Wirklichkeit zu beschreiben, werden sie einfach abgeändert. Umgekehrt stehen Shannon und Weaver in der *Tradition der Arroganz*: Phänomene der Wirklichkeit, die nicht mit den Begriffen beschrieben werden können, werden einfach unberücksichtigt gelassen.

Vielleicht wäre eine Kombination der beiden Traditionen der richtige Weg.

«Die Vorstellung von der Information, wie sie in dieser Theorie entwickelt wird», schrieb Weaver 1949, «erscheint anfänglich enttäuschend und seltsam... Ich denke jedoch, dies sollten nur erste Reaktionen sein, und am Schluß sollte man sagen, daß diese Analyse die Sachlage so weit geklärt hat, daß man nun, vielleicht zum erstenmal, für eine wirkliche Theorie der Bedeutung bereit ist.»[14]

Es dauerte aber fast ein halbes Jahrhundert, bis der Staub sich legte. Vielleicht stimmt es, daß Shannon und Weaver Ende der vierziger Jahre die Sachlage klärten, doch dauerte es Jahrzehnte, bis die Frage der Bedeutung innerhalb des Rahmens der Informationstheorie endgültig auf die Tagesordnung gesetzt wurde, nämlich durch Bennetts 1985 veröffentlichtes Konzept der logischen Tiefe.

Die Faszination darüber, wieviel Information sich mit technischen Hilfsmitteln durch die Gesellschaft pumpen läßt, war so groß, daß vollkommen in Vergessenheit geriet, wozu sie eigentlich gebraucht werden sollte. Selbst die Kritiker der Informationsgesellschaft waren so sehr mit der Informationstheorie beschäftigt, daß sie glaubten, das Problem liege in ihr.

Die moderne Informationsgesellschaft aber verfügt nur über die besondere Fähigkeit, Information hin- und herwandern zu lassen. Es ist sehr viel einfacher geworden, über riesige Entfernungen miteinander zu sprechen; gigantische Bit-Mengen werden über Satelliten, die um den Planeten kreisen, und durch Kabel in den Tiefen der Ozeane übertragen. Ständig sind Myriaden von Informationen unterwegs um die Erde, die vielen Kanäle aber geben keine Antwort auf die entscheidende Frage: Was haben wir einander zu sagen?

Ist es eigentlich interessant, daß man Information hin- und herwandern lassen kann? Bedeutet es an sich etwas, daß Kommunikation so leicht geworden ist?

Wenn Kommunikation gesellschaftliche Schranken überwindet, bedeutet es tatsächlich etwas, sozial gesehen. Der Aufbruch in Osteuropa und der früheren Sowjetunion hängt damit zusammen, daß moderne Kommunikationsmittel zahlreiche, nichtzentralisierte Verbindungen zwischen Menschen innerhalb und außerhalb der einst so hermetischen Gesellschaften schufen. Kommunikationsmittel sind wichtig in Gesellschaften, in denen Mangel an Kommunikation besteht.

Doch sind dies soziale Verhältnisse, die für sich genommen wichtig sind. Es gibt jedoch auch Fragen von eher theoretischer, begrifflicher Art. Auf der rein physikalischen Ebene, thermodynamisch gesehen, liegen die Dinge nämlich anders. In den letzten Jahren ist deutlich geworden, daß es tatsächlich überhaupt nichts zu bedeuten braucht, wenn Information, gemessen als *physikalische* Erscheinung, hin- und herbewegt wird. Transport von Information, das Hinundherbewegen von Information, ist thermodynamisch gesehen ein Nichtereignis.

Rolf Landauer von IBM berichtete 1988 in der Zeitschrift *Nature* einen Fehler in Shannons Informationstheorie.[15] Er steht Shannon im übrigen nicht kritisch gegenüber, hält ihn sogar für den Einstein der Information.[16] Doch war Shannon ein Fehler der Art unterlaufen, wie ihn Leo Szilard bei der Analyse von Maxwells Dämon gemacht hatte. Er war von einem Sonderfall ausgegangen und hatte das Ergebnis zu einem allgemeinen Gesetz erhoben.

Szilard hatte untersucht, wie der Dämon die umhersausenden Moleküle mißt, und dabei herausgefunden, daß bestimmte Messungen immer gewisse Kosten im thermodynamischen Sinne verursachen, daß man also, wenn man Messungen vornimmt, immer gezwungen ist, ein wenig Entropie zu produzieren. Der Sonderfall aber, den Szilard und nach ihm eine ganze Reihe von Physikern untersucht hatten, war auf Dauer nicht maßgebend. Es ist nicht grundsätzlich notwendig, Information auszusondern, wenn man

Messungen vornimmt. Man kann sich damit begnügen, Information zu kopieren, ohne daß Entropie entsteht, also ohne daß die Energie unzugänglich wird, die man während der Messung aufgewendet hat.

Shannon hatte die Übertragung von Information, die Kommunikation, analysiert. Er hatte untersucht, wieviel Entropie produziert wird, wenn wir Information mittels Signale durch technische Kanäle transferieren. Dabei entsteht, wie er zeigen konnte, immer ein wenig Entropie, und auf diesen besonderen Fall trifft seine Beobachtung auch zu.

Alle Schüler Shannons aber deuteten den Sonderfall als Gesetz und glaubten, jede Übertragung von Information erzeuge Entropie (nämlich in Form von Rauschen, neuer Information, von der man nichts wissen möchte).

Das aber stimmt nicht. Wir können in Wahrheit Information übertragen, ohne neue Entropie zu verursachen; wir können zum Beispiel jemandem ein Buch reichen (und die Bewegungsenergie dann wieder zurückgewinnen).

Kommunikation hat nicht generell mit dem Hervorbringen oder Entfernen von Information zu tun. Kommunikation ist einfach nur Transport.

Ist dies von irgendeiner Bedeutung für Menschen, die nicht an der Berechnung der Kapazität von Telekommunikationsverbindungen interessiert sind? Nicht im alltäglichen Erleben, denn die Mengen produzierter Entropie, um die es sich hier handelt, sind sehr gering, viel geringer als das Rauschen, das sich aus anderen Gründen in der Telefonleitung oder im Fernseher bemerkbar macht.

Rein begrifflich aber *ist* es von Bedeutung. Es zeigt, daß Kommunikation im Prinzip ganz gleichgültig ist, wenn wir das Aussortieren oder Hervorbringen von Information für das Wichtige halten. Information wird in der Kommunikation nur aus rein praktischen Gründen hervorgebracht oder über Bord geworfen. Also ist das Wichtige, die Bedeutung des Ganzen, nicht in der Kommunikation zu suchen.

«Wieviel wiegt Information?» lautet der Titel eines Vortrags auf dem Kongreß zum Thema Komplexität, Entropie und die Physik der Information 1990 in Santa Fe.[17] Der Referent, Ben Schumacher vom Kenyon College in Ohio, blickte verschmitzt in die Runde, als er den «Kanal des armen Studenten» präsentierte.

Ein armer Student geht an ein College, das von seinem Heimatort weit entfernt ist. Die Eltern machen sich Sorgen, ob er in der Fremde zurechtkommt. Sie sehen vorher, daß sie unruhig sein werden. Also bitten sie ihn, jeden Sonntag um 16.00 Uhr anzurufen und zu berichten, wie es ihm gehe. Der Student will darauf nicht eingehen, denn das wenige Geld, das ihm zur Verfügung steht, kann er nicht für Telefonate ausgeben. Dennoch wird eine Regelung gefunden. Der Student ruft sonntags um 16.00 Uhr an, aber nur, wenn es Probleme gibt. Wenn er nicht anruft, ist alles in Ordnung. Er ruft also nur selten an. Aber er hält die Vereinbarung ein.

Damit übermittelt der Student jeden Sonntag eine Botschaft an die Eltern, ohne eine einzige Münze zu brauchen, vorausgesetzt natürlich, das Telefonsystem funktioniert. Man kann ohne den geringsten Verbrauch von Münzen und ohne irgendeine physikalische Repräsentation eine Mitteilung übertragen, vorausgesetzt, es gibt einen Kontext.

Sind die Leitungen allerdings *nicht* intakt, können die Eltern nichts daraus entnehmen, daß der Sohn nicht anruft, erklärte Schumacher, der an diesem Punkt seiner Darstellung von Charles Bennett unterbrochen wurde: «Die Telefongesellschaften sollten für diese Art der Telefonbenutzung eine Gebühr erheben!»

Bei näherem Nachdenken wird uns deutlich, daß jeder das Telefon in dieser Weise sehr häufig benutzt: «Ich habe lange nichts von ihr gehört, sie hat also viel zu tun, und es geht ihr gut.»

Die Telefongesellschaften wissen das. Wer den Preis für diese Art der Telefonbenutzung wissen will, braucht nur seine Telefonrechnung nicht zu bezahlen. Es gibt im heutigen Leben wenig, das ärgerlicher ist als ein gesperrtes Telefon: Wer könnte versucht haben, mich zu erreichen? Ein Telefon, das nicht läutet, birgt also viele Nachrichten, sofern die Rechnung bezahlt ist.

Es ist nicht zwangsläufig irgendeine Information erforderlich, um Exformation zu übertragen. Der Student denkt: «Es gibt nichts zu berichten, die Woche war okay, keine Sorgen. Ich rufe nicht an.» Die Eltern denken: «Er hat also nur studiert und Sport getrieben.»

Die Exformation wurde ohne Verwendung anderer als der von vornherein verabredeten Information übertragen.

Der Rekord Victor Hugos und seines Verlegers ist eingestellt. Es ist von hohem Nachrichtenwert, überhaupt nicht zu fragen. Das kürzeste Telefongespräch der Welt wird ständig geführt, es besteht darin, jemanden, den wir anrufen könnten, nicht anzurufen. (Der Anruf, der nicht stattfindet, enthält keine Mitteilung, wenn er sich auf jemanden bezieht, den wir gar nicht kennen; nur das Fehlen eines Anrufs, der tatsächlich hätte stattfinden können, vermittelt eine Nachricht.)

Rolf Landauer hat den Unterschied zwischen Kommunikation und Ausmusterung von Information in zwei kleinen Zeichnungen zusammengefaßt, einfachen Zeichnungen, wie Physiker sie lieben, schlichten Skizzen, die einen Begriff, aber keine hingekritzelten Details wiedergeben.

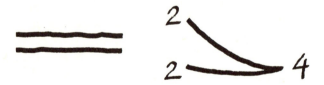

Kommunikation und Berechnung nach Rolf Landauer

Eine der beiden Zeichnungen zeigt, wie Kommunikation funktioniert. Die Zeichnung besteht nur aus zwei parallelen Strichen. Es geschieht im Grunde nichts, es handelt sich um einen Kanal, eine Verbindung.

Die andere Zeichnung stellt eine Berechnung dar. $2 + 2 = 4$.

Zwei Spuren werden in einem Punkt zusammengeführt. Es geht darum, daß zwei getrennte Zustände, 2 und 2, in einen vermischten Zustand gebracht werden: 4. Es geschieht etwas: Wir können in eine Richtung gehen, aber nicht in die andere. Vom Ausgangspunkt, den beiden Zuständen 2 und 2, gelangen wir zu 4. Sind wir aber bei der 4, können wir nicht wieder zurück, auch nicht, wenn wir wissen, daß wir von zwei Zuständen zu dem einen, den wir kennen, gelangt sind. Denn die 4 kann aus vielen verschiedenen Zuständen entstanden sein, selbst wenn wir uns auf jeweils zwei beschränken: $1 + 3$ oder $10 - 6$ oder $213 - 209$ oder $-2 + 6$.

Berechnung ist ein Prozeß, bei dem Information aussortiert wird. Dabei geschieht etwas Eigentliches, Unwiderrufliches, Irreversibles. 4 enthält weniger Information als $2 + 2$. Wird also die Aufgabe $(2 + 2)$ durch das Resultat ersetzt, entsteht Irreversibilität.

Bewahren wir die Ausgangsdaten und die Zwischenrechnungen auf, ist Berechnung nicht irreversibel. Es gibt durchaus reversible Berechnungen, bei denen wir zum Ausgangspunkt zurückkommen können. Das setzt jedoch voraus, daß die Zwischenrechnungen erhalten geblieben sind. Solche reversiblen Berechnungen sind für die Theorie sehr interessant, für die Praxis aber nicht. Der Sinn der Berechnung ist ja, Information zu reduzieren. Sortieren wir unterwegs nichts aus, ist die Berechnung überflüssig. Es ist also zwischen zwei Formen der Berechnung, reversibler und irreversibler, zu unterscheiden. Letztere ist unwiderruflich, und sie interessiert in der Praxis: Berechnung als unwiderrufliches Löschen von Information. Wir kennen das Resultat, können aber nicht auf den Ausgangspunkt zurückschließen.

Kommunikation aber ist nicht unwiderruflich. Anfang und Ende des Prozesses sind gleich – wir können Kommunikation nach Belieben umkehren. Das ist das Wesentliche an Kommunikation: Information kann kopiert, übermittelt, übertragen, wiederholt, vervielfältigt werden. Vorwärts oder rückwärts ist einerlei; Kommunikation kann prinzipiell immer umgekehrt werden.

Für Berechnungen gilt das ebensowenig wie für die Erzeugung von Exformation. Wenn nämlich Information gelöscht wird, kann man den Weg nicht zurückgehen. Man vergißt die Mikrozustände, die zu dem erkannten Makrozustand geführt haben. Vergessen ist unwiderruflich, Kommunizieren ist widerruflich, reversibel, umkehrbar.

Das Eigentliche, das Unwiderrufliche, geschieht vor und nach der Kommunikation, nicht in ihr. Das Interessante an Kommunikation ist nicht, daß sie etwas überträgt, sondern daß etwas übertragbar gemacht worden ist. Das Interessante an Worten ist nicht, daß sie gesagt werden können, sondern daß es etwas gab, das gesagt werden konnte.

Das Interessante am Sprechen ist nicht, wie man spricht, sondern daß man etwas zu sagen hat. Das Wichtige an Kommunikation ist nicht, daß man etwas sagt, sondern *was man zu sagen hat*.

Deshalb gibt es vieles, was man am besten sagt, indem man den Mund hält.

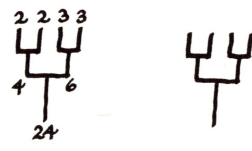

Binärbaum

Versuchen wir, eine etwas längere Berechnung durchzuführen, als Landauer sie mit seiner kleinen Gabel skizziert. Zum Beispiel $(2 + 2) \times (3 + 3) = 24$. Die Zeichnung zeigt eine doppelte Verzweigung. Jede Verzweigung verzweigt sich noch einmal. Die Gabel wird zu einem kleinen Baum. Einige Zwischenrechnungen werden zu einem Resultat zusammengefügt. Ein Baum beginnt zu wachsen.

Dieses Gebilde wird Binärbaum genannt, da es sich durch Verdopplung verzweigt. Solche Binärbäume sind in vielen Bereichen der modernen Mathematik und Physik nützlich. Bernardo Huberman und Tad Hogg verwendeten sie 1985 bei ihrem ersten Versuch, Komplexität zu definieren und in Zahlen zu fassen (nachdem Herbert Simon dies schon 1962 vorgeschlagen hatte). Die Binärbäume sind auch in die moderne Informationstheorie eingegangen. Sie erklären nämlich, warum sich die Anzahl der Bits aus dem Logarithmus der Anzahl von Mikrozuständen ergibt, über die man nichts wissen möchte.

Werfen wir noch einmal Münzen. Nach einer ganzen Reihe von Würfen erhalten wir eine Zufallsfolge von Binärziffern, wobei 0 für Bild steht und 1 für Zahl: 0010111 01110. Diese Binärsequenz könnte auch alles mögliche andere sein als das Ergebnis unserer Würfe. Sie könnte auch eine Folge von Entscheidungen an einer Reihe von Straßenkreuzungen symbolisieren: nach rechts oder nach links. Es ist deshalb sinnvoll, einen Baum zu zeichnen, der den ganzen Raum der Möglichkeiten – das Straßennetz – abbildet, nicht nur den Weg, den wir tatsächlich eingeschlagen haben.

Bei einem solchen Baum wird der konkrete Weg durch die Binärfolge beschrieben: 0 bedeutet nach rechts, 1 nach links. Die Länge der Folge zeigt an, wievielmal wir zwischen Alternativen wählen mußten, wievielmal wir eine Entscheidung getroffen haben.

Je länger die Sequenz ist, desto mehr Entscheidungen haben wir getroffen. Doch nimmt die Anzahl der möglichen Wege, die wir hätten gehen können, aber nicht gegangen sind, sehr viel schneller zu als die Zahl der Entscheidungen. Nach sieben Entscheidungen hätten wir $2 \times 2 \times 2 \times 2 \times 2 \times 2 \times 2$ Wege gehen können, also die 2 siebenmal mit sich selbst multipliziert. Man kann das in der Form 2^7 schreiben. Es gibt sehr viele mögliche Wege, und es ist natürlich nicht besonders interessant zu wissen, daß 2^7 128 ist. Daß sieben Entscheidungen getroffen wurden, ist leichter zu behalten. Acht Entscheidungen entsprechen dann 256 Wege, während vier Entscheidungen 16 Wege entsprechen.

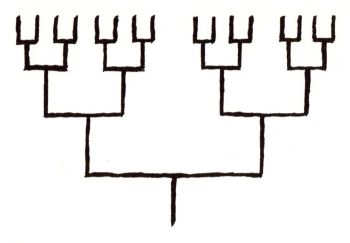

Hoher Binärbaum

Der sogenannte Binär- oder Zweierlogarithmus bringt die Anzahl von Entscheidungen zum Ausdruck, die man getroffen hat. Er sagt aus, wie viele Verzweigungen es an dem Baum gibt, wie viele Niveaus «gewachsen» sind.

In der Krone des Baums drücken sich alle Möglichkeiten aus. Die Anzahl der Entscheidungen kommt durch die «Tiefe» der Baumkrone, durch die Anzahl der Niveaus zum Ausdruck.

Für diese Größe interessiert sich die Informationstheorie: für das, was man hätte sagen können, für das ganze Wegenetz, nicht nur für den Weg selbst (der dem entspricht, was man gesagt hat). Sie interessiert sich für die Infrastruktur, die notwendig ist, bevor ein Reisender sagen kann: «Ich bin achtmal an eine Straße gekommen, die sich teilte, und habe den Weg 00101110110 gewählt. Hier bin ich.»

Übertragen wir Information, dann sagen wir, welchen Weg wir gegangen sind. Wir geben eine kurze Zusammenfassung der Entscheidungen, die wir getroffen haben. Damit drücken wir indirekt aus, daß viele Wege möglich waren, die wir aber nicht gegangen sind.

Wir fassen Information in einer Berechnung zusammen, wie wir im Supermarkt einen Endbetrag für die Waren bezahlen. Im Prinzip könnten wir das Geld für jede Ware einzeln hervorholen und separat bezahlen. Das wäre nur sehr mühsam, leichter geht es, wenn die verschiedenen Posten zusammengerechnet werden.

Ein anderer Grund, Information zusammenzufassen, mag darin bestehen, daß wir anderen etwas durch Kommunikation übermitteln wollen. Wir haben etwas mitzuteilen. Die Redezeit ist aber begrenzt, ob am Telefon oder bei einem normalen Gespräch. Deshalb gilt es, zusammenzufassen, Information auszusondern.

Daher rühren vermutlich die Mißverständnisse im Zusammenhang mit dem Informationsbegriff, wie sie in Norbert Wieners und Léon Brillouins Darstellung der Information als Ordnung und Negentropie zum Ausdruck kommen. Unordnung enthält die meiste Information, wir aber denken bei dem Begriff gewöhnlich an etwas, das uns einer Mitteilung wert erscheinen könnte, etwas also, das Ergebnis einer Berechnung, einer Zusammenfassung ist. Was wir im Alltag Information nennen, ist in Wirklichkeit eher Exformation. Umgangssprachlich enthält etwas Information, wenn es das Ergebnis einer Erzeugung von Exformation, eine Verdichtung, eine Verkürzung ist, geeignet beispielsweise zur Kommunikation oder zur Regulierung einer Handlung.

Wir denken also, wenn wir in der Umgangssprache von «Information» sprechen, spontan an das Ergebnis einer Informationsaussonderung. Wir denken nicht daran, daß ein Erlebnis mehr Information enthält als der Bericht darüber. Nur den Bericht halten wir für Information. Er beruht jedoch ganz und gar auf Information, auf die der Berichtende verzichtet hat. Eine Situation ist erst dann ein Ereignis, über das man reden kann, wenn Information ausgesondert worden ist. Über die Gesamtsituation, in der wir uns zu einem gegebenen Zeitpunkt befinden, können wir nicht berichten; berichten können wir über sie nur dann, wenn sie durch Wegwerfen von Information zu einem Ereignis «kollabiert» ist. Erst nach dem Kollaps kann man sagen: «Ich sitze hier und lese», ohne all das andere zu erwähnen, das vorausging oder darauf folgt oder im Raum sonst noch vorhanden ist.

Dementsprechend besitzen die Dinge, die uns der Rede wert erscheinen, eine gewisse Tiefe, sie sind also einer Menge Information entledigt. Etwas kann so organisiert sein, daß es uns der Rede wert erscheint; wir sagen dann, es enthalte Information. Wir neigen dazu anzunehmen, es enthalte Information eben wegen seiner Organisation. Tatsächlich aber enthält etwas, das nicht strukturiert und organisiert ist, mehr Information, da es sich schwerer beschreiben läßt. Wir machen uns nur nicht die Mühe, es im einzelnen zu beschreiben, sondern ziehen es vor, es als einen Makrozustand wie Wärme, Wirrwarr oder schmutziges Geschirr zu bezeichnen.

Wenn die Teller sauber und ordentlich im Küchenschrank stehen, ist darin sehr viel weniger Information enthalten, als wenn sie sich auf der Arbeitsplatte türmen und abgewaschen werden müssen. Die sauberen, aufgestapelten Teller sind ein Makrozustand, dem nur sehr wenige Mikrozustände entsprechen (im großen und ganzen läßt sich nur die Reihenfolge der Teller im Stapel verändern, ohne daß die anderen Haushaltsmitglieder protestieren). Schmutziges Geschirr dagegen läßt sich bekanntlich auf verschiedenste Weise arrangieren.

Die Information aber, die ein Stapel gebrauchten Geschirrs enthält, ist nicht besonders interessant. Wir wollen sie gern loswerden. Das tun wir, indem wir abwaschen. Wenn wir damit fertig sind, ist das Geschirr geordnet. Das ist etwas Gutes, und es will uns scheinen, als bedeute es viel Information. Das Gegenteil ist der Fall. Und genau dieser Widerspruch zwischen dem Informationsbegriff der Alltagssprache und dem der Wissenschaft hat Wiener und Brillouin in die Irre geführt.

Die alltagssprachliche Bedeutung von Information hat eher mit Exformation als dem Informationsbegriff Shannons zu tun. In der Alltagssprache liegt eine große Weisheit. Was uns überhaupt der Rede wert erscheint, sind Dinge und Umstände, die gekennzeichnet sind durch die Abwesenheit von Information; eine Organisation, Ordnung oder eine Einzelheit, die sich im zeitlichen Ablauf als stabil erweist. Wir haben keine Lust, über das zu reden, was am meisten Information enthält, denn es ist Wirrwarr.

Denkt man nun auch an die menschliche Erkenntnisfähigkeit, die Fähigkeit, Erfahrungen in kurzen Beschreibungen zusammenzufassen, dann erweist sich das, was sich mit sehr wenig Information beschreiben läßt, als das Interessanteste. Ein Ameisenhaufen ist interessanter als eine Menge Tannennadeln, die auf den Boden gefallen sind; beide bestehen aus Tannennadeln, aber der Informationsgehalt der Schicht auf dem Boden ist viel größer.

Information ist ein Maß für Unordnung oder Zufälligkeit in Mitteilungen über Dinge, für die Unordnung und Zufälligkeit gerade nicht kennzeichnend sind. Eine Mitteilung enthält Information, weil sie nicht vorhersagbar ist. Interessant ist sie, weil sie von etwas handelt, das bis zu einem gewissen Grad vorhersagbar ist.

Ebendeswegen ist der Informationsbegriff der Alltagssprache mehrdeutig. Er handelt in Wirklichkeit mehr von Exformation als von Information. Was wir meinen, wenn wir im Alltag von Information sprechen, ist beinahe identisch mit Exformation. Aber nicht ganz.

Versuchen wir deshalb, die Kommunikation zwischen Mensch und Mensch durch ein Modell begreiflich zu machen, das sowohl die Übertragung von Information als auch die Erzeugung von Exformation beschreibt, die vor der Übermittlung stattfindet. Damit läßt sich vielleicht das Widersprüchliche im Alltagsbegriff der Information aufklären.

Wir kombinieren «Bäume» und «Kanal» in einer kleinen Zeichnung, die auf Standardbegriffen der mathematischen Theorie der Information beruht, jedoch eigens dafür entworfen ist, etwas über Exformation auszusagen. Das Bild auf der folgenden Seite ist eine «Karte» davon, wie Menschen miteinander sprechen. Nennen wir sie den *Baum der Rede*.

Zuerst muß die Person links nachdenken, sie muß eine Erfahrung, ein Gefühl oder eine Erinnerung zusammenfassen. Dabei wird eine Menge Information aussortiert, wie bei einer Berechnung. (Zu Berechnungen besteht keine andere Beziehung, als daß Informationsballast abgeworfen wird, womit nicht gesagt ist, daß die

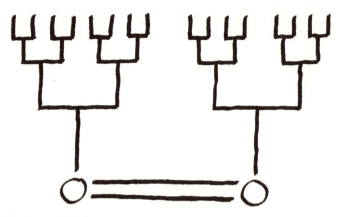

Der Baum der Rede

Erzeugung von Exformation nur Berechnungen gleicht.) Ist der geistige Zustand durch Verwerfen einer Menge Information zusammengefaßt, kommen der Person einige Wörter in den Sinn, die gesagt werden können. Sie werden durch den Kanal übertragen. Dabei geht nichts verloren. Am anderen Ende werden diese Wörter empfangen und zu Bedeutung entfaltet.

Die Bewegung geht also von der linken Baumkrone hinunter zur Wurzel durch den gemeinsamen Erdboden und wieder hinauf in den rechten Baum. Links wird eine Menge Information durch Aussortieren von Information, durch Erzeugung von Exformation, komprimiert. Gedanken werden in Worten zusammengezogen, was ich *Inzitation* nennen will. Rechts wird die begrenzte Information, die in den Worten liegt, aufgenommen. Dort findet die Entfaltung zu mehr Information statt. Ich nenne diesen zweiten Prozeß *Exzitation*.

Eine große Menge Information wird durch die Erzeugung von Exformation zu einer kleinen Menge Information zusammengefaßt, die übertragen wird. Die Information hat Tiefe, denn es wurde bei ihrer Entstehung Exformation produziert.[18]

Am anderen Ende wird die Information dann wieder entfaltet. Der Empfänger denkt an Pferde, die er schon einmal gesehen hat.

Erlebnisse werden assoziiert, Gedanken, Erinnerungen, Träume, Gefühle – Pferde. Es findet Exzitation statt.

Es hat also eine Übertragung von sehr wenig Information stattgefunden, die aber am anderen Ende eine Vielfalt von Pferdebildern hervorgerufen hat. Inzitation, Kommunikation, Exzitation. Das Aussondern von Information, ihre Übertragung, die Assoziationen, die sie hervorruft.

Das Modell gilt nicht nur für Rede und Schrift. Es beruht ursprünglich auf einer Beschreibung des Musikers Peter Bastian für das Geschehen beim Musikhören. In seinem Buch *Ind i musikken* (Hinein in die Musik) stellt Bastian dar, wie der Komponist etwas Geistiges beziehungsweise Ideelles in eine Partitur umsetzt, die von Fingern auf Tasten gespielt wird, wodurch Schallwellen entstehen, die wahrgenommen, erlebt und in den Ohren des Zuhörers zur Musik werden.[19]

Wesentlich an Musik sind nicht die Schallwellen, sondern daß ein Komponist oder Musiker geistige Zustände in ein Muster umsetzt, das die gleichen (oder andere) geistige Zustände beim Zuhörer wachruft. Will man Bach oder die Beatles verstehen, ist es also von geringem Interesse, welche Information mit den Klängen übertragen wird; wichtig ist vielmehr, welche Exformation diese Klänge erzeugt hat und welche Exformation sie beim Zuhörer hervorrufen.

Aus Untersuchungen, die sich mit dem Musikverstehen befassen, ist dieser Gedankengang seit langem bekannt. Der Psychologe David Hargreaves hat ein Modell zur Entstehung musikalischer Vorlieben entwickelt, das in der Zeitschrift *New Scientist* folgendermaßen beschrieben wird: «Das Modell beruht auf der Informationstheorie, doch seine wesentliche Einsicht ergibt sich aus der Unterscheidung zwischen dem informationstheoretischen Begriff von ‹Information› und seinem psychologischen Pendant. Die Kodierung physikalischer Information in einer musikalischen Komposition sagt, wie in der Informationstheorie, grundsätzlich gesehen sehr wenig Interessantes aus, die Kodie-

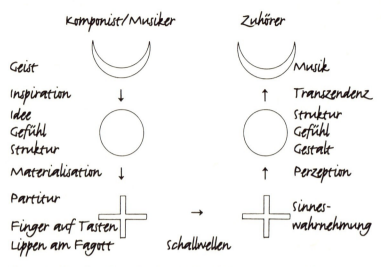

Skizze des Musikers Peter Bastian, die Musikübertragung vom Musiker zum Zuhörer darstellend. Die Symbole sind hier nicht wichtig, man beachte aber die strukturelle Verwandtschaft mit dem Baum der Rede.

rung von Information in ‹subjektiven› Begriffen dagegen sehr viel. Ob jemand ein bestimmtes Musikstück mag oder nicht, hängt weniger von der Information ab, die schon ‹in dem Stück› liegt, als vielmehr davon, welche Information der Betreffende aus ihm herauszuholen vermag.»[20]

Beim Musikhören werden im Kopf bestimmte Zustände wachgerufen. Sie können, müssen aber nicht einen Bezug zu dem Zustand haben, den der Komponist im Sinn hatte, als er die Musik schrieb.

Musik kann zu angenehmen Zuständen führen. Dabei ist es gar nicht nötig, daß «unser Lied» gespielt wird. Der Grund kann einfach der sein, daß eine Art von Musik oder eine Melodie uns fröhlich stimmt.

Daß Musik den Menschen tatsächlich physisch beeinflußt, kann man am Blutdruck und an der elektrischen Leitfähigkeit der Haut messen. Untersuchungen auf der Grundlage des Hargreaveschen Modells haben sogar gezeigt, daß bestimmte Musikpassagen die Menschen in gleicher Weise beeinflussen.

Beim Musikhören braucht man also nicht zu wissen, wie der Bassist der Band heißt oder welche italienische Volksmelodie in der Komposition abgewandelt wird. Man braucht weder die Partitur noch den Namen der Freundin des Sängers zu kennen, um die Musik zu genießen; man braucht dazu tatsächlich keine Einzelheiten zu kennen und über kein Fachwissen zu verfügen. Aber man muß sich selbst kennen und zu dem stehen, was man kennt.

Musik kann mentale Zustände erzeugen, an die man sich nicht gern erinnert, sei es, weil sie schrecklich sind oder weil man sentimental wird, wenn man an sie denkt. Musik kann auch wundervolle Zustände hervorrufen, Tatendrang, Ruhe, Erotik, Nachdenklichkeit, Freiheitsgefühl, Aufruhr, Trauer, Gegenwärtigkeit, Tanzlust, Stolz, Lachen, Gemeinsamkeit oder Irritation.

Musik ist eine Methode, durch Klänge Gefühlszustände vom Musiker zum Publikum zu transportieren.

Bei Live-Musik findet der Transport in beiden Richtungen statt. Es kommt zu einer Wechselwirkung zwischen Musiker und Publikum, und die Gefühlszustände, die bei den Zuhörern wachgerufen werden, wirken auf den auftretenden Musiker zurück (zum Beispiel dadurch, daß sich Atemtätigkeit, Körperhaltung und Mienenspiel des Publikums verändern). In seltenen inspirierenden Momenten kann eine Rückkopplung entstehen. Der Musiker bringt mit seiner Musik seinen Gemütszustand zum Ausdruck und ruft dadurch beim Publikum Zustände wach, die mit dem seinen verwandt sind, und dieser wird dadurch wiederum verstärkt und deutlicher ausgedrückt.

Die Musik hat also ihren Baum, wie das Gespräch. Aber sind diese Bäume nicht reine Schimären, auf der Vorstellung beruhend, daß bei der Kommunikation mehr Information vorhanden sein muß, als explizit übermittelt wird?

EINE ZEITUNGSNUMMER ENTSTEHT. Im Journalistenbüro stapeln sich Zeitungen, fremde Zeitungen: Konkurrenz- und Fachblätter, ausländische und Regionalzeitungen. Ein Journalist liest täglich eine Menge Zeitungen, jedenfalls sollte er es tun, doch schafft er es nicht immer, da auch andere Quellen wie Konferenzen, Telefongespräche, Interviews und Nachrichtentelegramme ausgewertet werden müssen.

Aus den vielen Artikeln anderer Zeitungen werden einige Artikel für die nächste Ausgabe der eigenen Zeitung des Journalisten zusammengestellt. Große Mengen Information gehen durch den Kopf des Journalisten und werden aussortiert, während der Text des neuen Artikels entsteht.

Eine Redaktion verarbeitet stapelweise Zeitungen zu einer eigenen Zeitung. Berge bedruckten Papiers werden durchgesehen und weggeworfen, um das eigene Produkt herzustellen. Dieses enthält somit sehr viel Exformation, also große Mengen verworfener Information. Die Exformation ist in der Information der neuen Ausgabe der Zeitung repräsentiert.

Nachdem die neue Ausgabe geschrieben ist und die Setzer den Umbruch gemacht haben, können Druckplatten hergestellt werden. Dann werden Tausende gleicher Kopien gedruckt. Information in vielen Kopien; Exformation, ausgedrückt in Information, die man kopieren kann.

Der Arbeitsaufwand des Journalisten hat nichts mit der Anzahl der Kopien zu tun, die hergestellt werden, sondern nur mit der Anzahl anderer Zeitungen, die während der Arbeit durchgesehen und weggeworfen werden. Viele verschiedene Zeitungen in je einem Exemplar werden zu einer Zeitung in vielen Exemplaren verarbeitet.

Im Bispebjerg-Krankenhaus im nördlichen Kopenhagen gibt es eine Abteilung mit Namen «Klinische Physiologie und Nuklearmedizin». Sie ist im Keller eines der Klinikgebäude untergebracht; der Name besagt, daß dort Untersuchungen der Physiologie des Menschen, der Funktionsweise des Organismus, mit Hilfe radioaktiver Stoffe vorgenommen werden. Aus dieser Abteilung sind im Laufe der letzten dreißig Jahre einige wichtige Erkenntnisse über die Funktion des menschlichen Gehirns hervorgegangen. Der Leiter, Professor Niels A. Lassen, hat zusammen mit seinem Kollegen David Ingvar von der Universitätsklinik in Lund Methoden entwickelt, um die Durchblutung des Gehirns zu untersuchen.

Die Grundlagen sind in den vierziger und fünfziger Jahren in den USA geschaffen worden, doch erst in den sechziger Jahren erkannten Lassen und Ingvar, daß man die Hirndurchblutung bis in feinste Verästelungen messen kann.[21] Dadurch ließ sich zeigen, welche Teile des Gehirns bei verschiedenen Tätigkeiten des Menschen aktiv sind. Es gibt Sprachzentren, motorische Zentren, Planungs- und Hörzentren im Gehirn.

Die Existenz solcher Zentren ist seit mehr als hundert Jahren bekannt, vor allem durch Untersuchung von Hirnschädigungen bei Kriegsverletzten. Durch die neuen Methoden der Untersuchung der Hämodynamik aber wurde es möglich, die Aktivität des Gehirns in alltäglicheren Situationen zu erfassen.

Manchmal aber hat der Journalist die anderen Zeitungen gar nicht gelesen, er war faul und hat nur Vermutungen angestellt, was in Sri Lanka passiert sein könnte; er hat nur eine einzige Zeitung gelesen. Zu Recherchen gab es keinen Anlaß. Sein Artikel nimmt aber darum nicht weniger Platz in seiner Zeitung ein, und es werden nicht weniger Exemplare von ihr gedruckt.

Wieviel Information eine Zeitung enthält, ist leicht zu erkennen, man braucht nur die Buchstaben zu zählen. Schwer zu erkennen ist dagegen, wieviel Exformation in ihr vorhanden ist. Liest man die Zeitung jedoch regelmäßig und vielleicht sogar andere Zeitungen nebenher, kann man sich ein Bild machen, ob zum Beispiel die vielen ausländischen Zeitungen, die die Journalisten in den Papierkorb geworfen haben, vorher gelesen worden sind.

Information ist sichtbar. Exformation wird erst in einem Zusammenhang sichtbar. Komplexität ist schwer zu messen.

Es ist zum Beispiel ganz unterschiedlich, ob man nur spricht oder ob man mit jemandem spricht. Bei einem Menschen, der erzählt, wie es bei ihm zu Hause im Wohnzimmer aussieht, ist das Gehirn anders durchblutet als bei einem, der im Gespräch berichtet, beispielsweise davon, wie er gewöhnlich den Weihnachtsabend verbringt.

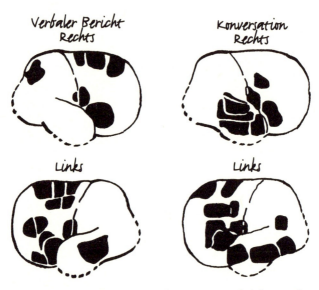

In den Köpfen von Menschen, die ein Gespräch führen, geht mehr vor, als im Kopf einer Person, die nur von etwas berichtet. Die Abbildung zeigt die Durchblutung bestimmter Regionen der beiden Gehirnhälften (nach Friberg und Roland).

Man kann natürlich nicht die einzelnen Gedanken sehen, doch läßt sich erkennen, ob eine Person mit jemandem redet oder nur vor sich hin spricht. Auch läßt sich an Messungen erkennen, ob sie nachdenkt, bevor sie sich äußert. Wenn eine Person nur ein Wort für ein Objekt nennt, auf das der Versuchsleiter zeigt (Stuhl, Tisch), bildet sich ein anderes Aktivitätsmuster, als wenn sie nachdenken muß, bevor sie spricht, weil es um irgendeine Verbindung zu dem betreffenden Wort geht (sitzen, essen).

1985 veröffentlichten Lars Friberg und Per Roland, Schüler von Lassen und Ingvar, eine Untersuchung über Hirndurchblutungsmuster beim Denken.[22] Es ergaben sich sehr deutliche Unterschiede bei drei verschiedenen Formen des Denkens, nämlich Kopfrechnen, Nachsprechen eines Abzählverses und visuellem Gedächtnis.

Beim Kopfrechnen sollten die Versuchspersonen 3 von 50 abziehen, von dem Ergebnis wieder 3, und so fort. Beim Nachsprechen des Abzählreims «okker-gokker-gummi-klokker-erle-perle-pif-paf-puf» ging es darum, jedes zweite Wort zu überspringen. Die zur Untersuchung des visuellen Gedächtnisses gestellte Aufgabe bestand darin, sich vorzustellen, man verlasse seine Wohnung und gehe bei jeder Straßenkreuzung abwechselnd nach rechts und nach links.

Bei diesen geistigen Übungen läßt sich schon nach einer Minute erkennen, in welchen Hirnregionen das Blut besonders stark strömt. Es zeigen sich große Unterschiede zwischen den drei Formen des Denkens. Die letztere stellt bei weitem die höchsten Ansprüche und erfordert daher auch den größten Blutdurchfluß.

Dabei geht es um recht erhebliche Blutmengen. Die Durchblutung des Gehirns wird bei Denkprozessen deutlicher verstärkt als bei Aufgaben, die Sinneswahrnehmung oder Motorik ansprechen (bei Bewegungen werden natürlich die beteiligten Körperpartien stärker durchblutet). In einer Untersuchung der Zunahme des Stoffwechsels im Gehirn bei geistiger Aktivität konnten Per Roland und seine Kollegen zeigen, daß der Sauerstoffumsatz im Gehirn, der mit der Durchblutung eng zusammenhängt, beim Denken um 10 Prozent steigen kann.[23]

Das ist ein sehr hoher Wert, zumal das Gehirn ohnehin schon einen großen Teil der Ressourcen des Körpers, nämlich ein Fünftel seines gesamten Energieverbrauchs, für sich beansprucht.

Kein Wunder also, daß uns, wenn wir über ein wirklich schwieriges Problem nachdenken, manchmal das heftige Bedürfnis nach einer Zwischenmahlzeit überkommt.

Wie Lars Friberg gezeigt hat, ist die Durchblutung beim Abhören eines besprochenen Tonbandes sehr unterschiedlich, je nachdem ob das Band vorwärts oder rückwärts abgespielt wird. Läuft es vorwärts, werden Hör-, Sprach- und andere wichtige Zentren aktiv, um den Inhalt des Textes zu verstehen. Läuft das Band aber rückwärts, dann wird das gesamte Gehirn aktiviert![24]

Es ist schwieriger, ein rückwärts laufendes Tonband als ein vorwärts laufendes zu verstehen (sofern bei einem rückwärts laufenden Band von Verstehen überhaupt die Rede sein kann). Das Gehirn muß viel mehr Kräfte aktivieren, um den rückwärts laufenden Text zu verarbeiten. Läuft das Band vorwärts, geht es nur darum, Wörter in einem bestimmten Zusammenhang zu verstehen. Der Code ist klar. Rückwärts ergibt es den reinsten Unsinn, man weiß nicht, wo einem der Kopf steht.

Wie aber verhält sich das zur Informationstheorie? Die Bit-Zahl ist ja beim vorwärts wie beim rückwärts laufenden Band gleich. Es kommt darauf an, wer zuhört!

Versteht der Zuhörer den Text, wenn das Band vorwärts läuft, werden nur die Bits erfaßt, die in der Sprache kodiert sind. Das sind sehr viel weniger als im gesamten Tonbild. Versteht er hingegen den Text nicht, ist es einerlei, ob das Band vorwärts oder rückwärts läuft. Es sind gleich viele Bits, denn es gibt im Tonbild gleich viele Unterschiede.

Weiß der Zuhörer, daß es sich um einen Text handelt, den er verstehen kann, wenn das Band vorwärts läuft, dann enthält es im Vorwärtslauf weniger Bits als im Rückwärtslauf. Wenn er weiß, daß der Text dänisch gesprochen ist, enthält das Tonband weniger Überraschungen, also weniger Information.

Es erfordert mehr Hirnaktivität, die großen Bit-Mengen einer Tonwiedergabe zu verarbeiten, die keinen Sinn ergibt. Wirrwarr bietet mehr Information als Ordnung. Nicht weil all die ungeordneten Bits in der klaren Mitteilung nicht vorhanden wären, sondern weil das Gehirn sehr wohl weiß, daß es sich mit ihnen nicht auseinanderzusetzen braucht, wenn es normales Sprechen hört. Es soll sich dann zu den Worten verhalten und zu nichts anderem.

Hören wir eine Mitteilung und verstehen sie im alltagssprachlichen Sinne als *Information*, kommt darin also zum Ausdruck, daß sie nicht die gesamte vorhandene Information enthält. Der Kanal, durch den wir hören, transportiert sehr viel mehr Details, als mit der Nachricht erfaßt werden. Sie werden aber ignoriert, weil wir wissen, daß es sich um eine Mitteilung handelt und nicht um irgendeinen kryptischen Code, bei dem wir keine Ahnung haben, was etwas zu bedeuten hat und was nicht.

Der alltagssprachliche Begriff von Information bezieht sich auf aussortierte Information. Wir halten umgangssprachlich eine Mitteilung für informationsreich, weil wir nicht alle Details, nicht die gesamte physikalische Information zu beachten brauchen, sondern uns mit einigen wenigen Unterschieden begnügen können.

Der Text auf dem rückwärts laufenden Band dagegen wird im alltagssprachlichen Sinne nicht als informationsreich empfunden. Es handelt sich um eine Menge von Tonunterschieden, die nicht durch Aussonderung von Information strukturiert worden sind. Wir erleben sie nicht als Information (obwohl sie im physikalischen Sinne sehr viel davon enthalten), sondern als Durcheinander. Wirrwarr weist eben so viel Struktur auf, daß es strukturlos erscheint.

Beim alltagssprachlichen Begriff von Information geht es um die Frage, ob es einen Makrozustand gibt, der es zuläßt, daß wir von einer Menge Mikrozuständen absehen können. Ist das der Fall, verstehen wir, was wir aufnehmen, und brauchen nicht soviel Hirnaktivität aufzubieten, um es zu verarbeiten. Es ist weniger Blutdurchfluß erforderlich.

Damit ist der Begriff des Verstehens zu einem objektiven, physiologischen Prozeß in Beziehung gesetzt worden. Lars Friberg und seine Kollegen haben eine Methode gefunden, mittels derer man durch Untersuchung der Strömungsmuster objektiv erkennen kann, ob jemand Dänisch versteht.

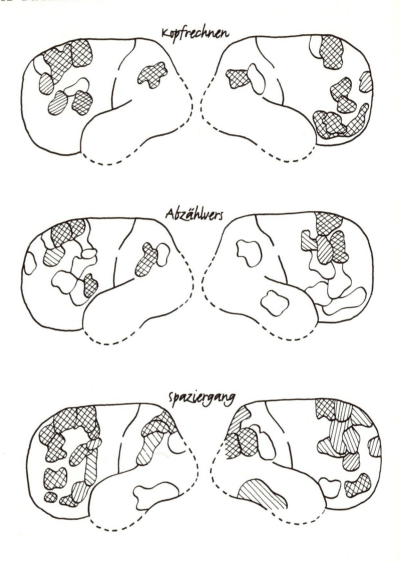

Beim Kopfrechnen, Aufsagen von Abzählversen und bei der gedanklichen Vorstellung eines Spaziergangs entstehen sehr unterschiedliche Aktivitätsmuster im Gehirn: Man kann sehen, woran jemand denkt. Die Abbildung zeigt die Durchblutung der beiden Gehirnhälften (nach Friberg und Roland).

Auf einer Konferenz über Hirndurchblutung in Kopenhagen im Jahre 1990 wurde darüber diskutiert, wie diese Stoffwechselaktivität zu verstehen sei. Weshalb strömt eigentlich das Blut in einen Bereich des Gehirns, in dem irgend etwas stattfindet? Louis Sokoloff vom amerikanischen National Institute for Mental Health, ein Pionier auf diesem Gebiet, faßte die Erkenntnisse zusammen. Nicht die Funktion der Nervenzelle selbst treibe den Stoffwechsel an, so daß Blut zugeführt werden müsse, vielmehr werde der Stoffwechsel dadurch erforderlich, daß sich die Nervenzelle für die nächste Aufgabe bereitmache. Nicht die Funktion selbst, die die Zelle gerade ausführt, erfordere also Blut, sondern das Einstellen auf die nächste Aufgabe, die Beseitigung des «Abfalls». «Die Aktivierung des Stoffwechsels scheint deshalb nicht direkt mit der funktionellen Aktivität verbunden zu sein, sondern eher mit der Erholung von den Konsequenzen dieser Aktivität», erklärte Sokoloff.[25]

Die Vorbereitung der Nervenzelle auf ihre nächste Aufgabe verlangt, daß Blut strömt, genauso wie das Problem des Maxwellschen Dämons in Wirklichkeit nicht darin liegt, in Erfahrung zu bringen, wo sich die Moleküle befinden, sondern darin, all dieses Wissen wieder loszuwerden.

Der Grad der Durchblutung ist Ausdruck für die Information, die während eines Prozesses gelöscht wird. Der Stoffwechsel ist notwendig, damit die Nervenzelle vergessen kann, was sie zuletzt getan hat.

Den Stoffwechsel des Gehirns zu untersuchen heißt, seine *Arbeit* zu untersuchen. Es ist wichtig, sich klarzumachen, daß sogar innere geistige Aktivität wie die, sich die Wohnzimmermöblierung vor Augen zu führen, eine reale physische und physiologische Tätigkeit von eindeutig materiellem Charakter darstellt. Das Denken ist ein dingliches Ereignis im Körper und erinnert als solches in jeder Hinsicht an körperliche Aktivitäten.

Es gibt keinen Grund anzunehmen, Denken unterscheide sich hinsichtlich des Energieverbrauchs von anderen Tätigkeiten des Körpers. Denken erfordert Kalorien, genauso wie ein Tennismatch.

Deshalb ist es durchaus sinnvoll zu sagen, es gebe, wenn wir sprechen, in unserem Kopf so etwas wie einen Baum. Man kann messen und nachweisen, daß in den Köpfen von Menschen, die miteinander reden, etwas geschieht.

Der Begriff der Exformation ist möglicherweise viel weniger klar definiert als der der Information, und vielleicht werden Jahre vergehen, bis man Exformation messen kann. Aber es gibt keinen Zweifel an der Existenz physiologischer Phänomene, die meßbar sind und den gleichen Sachverhalt ausdrücken, auf den man aufmerksam macht, wenn man von einem großen oder einem kleinen Baum (von viel oder wenig Exformation) hinter einer Aussage spricht.

Es ergibt konkreten, physiologischen Sinn, darüber zu sprechen, wieviel man nachgedacht hat, bevor man spricht. Die zeitliche Auflösung bei Untersuchungen der Hirndurchblutung ist gegenwärtig noch schlecht, obwohl inzwischen eine ganze Reihe von Methoden zur Verfügung steht. Doch ist es schwierig, mit ihrer Hilfe Ereignisse zu messen, die kürzer als eine Minute sind. Deshalb ist es gegenwärtig nicht möglich, Gespräche und Gedankenarbeit im Detail zu analysieren. Doch ist kaum daran zu zweifeln, daß die zeitliche Auflösung dieser Methoden in absehbarer Zeit ebensogut sein wird, wie es jetzt die räumliche ist. Dann wird es möglich sein, im einzelnen zu untersuchen, wo und wann das Blut im Gehirn strömt, wenn wir sprechen, denken oder vor uns hin singen.

Es ist somit zwar physiologisch durchaus sinnvoll zu sagen, daß wir denken müssen, ehe wir sprechen, doch ist dadurch nicht die Frage geklärt, wie wir überhaupt sprechen lernen.

Woher kommt unsere Fähigkeit, Information wachzurufen, die in der Information, die wir empfangen, nicht vorhanden ist?

Kinder lernen, zu sprechen und zu verstehen. Es dauert einige Jahre, und niemand ahnt, wie sie es machen, aber gelernt haben wir es alle. Wir haben gelernt zu verstehen, was ein Pferd ist. Wir haben gelernt, Geschichten über Pferde anzuhören und uns dabei vorzustellen, wovon sie handeln.

Aktivitätsmuster der Exformation 185

STRASSENSCHILD. Das Schild warnt vor einer Kurve, es zeigt, daß die Straße in Kürze scharf nach links biegen wird. Man sollte also die Geschwindigkeit reduzieren. Eine nützliche Information, die darauf verweist, daß es hier schon Unfälle gegeben hat – im letzten Frühjahr landete ein Handlungsreisender im Kräutergarten des Textilkaufmanns, denn er war auf der rutschigen Fahrbahn nicht in der Lage, sein Fahrzeug durch die scharfe Kurve zu steuern. Dabei wurde ein Huhn überfahren. Das alles aber wollen wir nicht wissen, uns genügt, daß die überschaubare Information des Schildes auf eine Menge Information verweist, die nicht präsent ist und die wir in der Eile ohnehin nicht erfassen könnten. Das Schild aber erfassen wir.

Die Zeichnung auf dem Straßenschild ist eine Karte der Kurve in extremer Stilisierung. Von der Kurve ist nicht viel mehr als die Tatsache übriggeblieben, daß sie eine Kurve ist, aber das genügt im gegebenen Zusammenhang.

Das Straßenschild verweist darauf, daß die Person, die seine Aufstellung veranlaßt hat, sehr viel mehr über die Kurve weiß, als das Schild selbst aussagt. Daß dieses Wissen vorhanden war, kommt dadurch zum Ausdruck, daß es sich um ein amtliches Straßenschild handelt. Es teilt explizit mit, daß es durch Verarbeitung von Information entstanden ist, die auf ihm nicht vorhanden ist. Deshalb ist es ein Straßenschild und nicht nur eine bemalte Blechplatte.

Kinder lieben es, wenn ihnen Geschichten vorgelesen werden, immer wieder dieselben. Und der Erwachsene sitzt da und liest.

Kinder wollen immer wieder dieselbe Geschichte hören, weil sie sich darin üben, die Wörter zu verstehen. Zusammen mit dem Erwachsenen üben sie sich in der edlen Kunst der Assoziation, der Kunst zu erraten, in welchem geistigen Zustand der Autor des Märchens gewesen sein mag, als er die Worte schrieb.

Es dauert Jahre, das seltsame Manöver zu erlernen, das die Skizze vom Baum der Rede zum Ausdruck bringt.

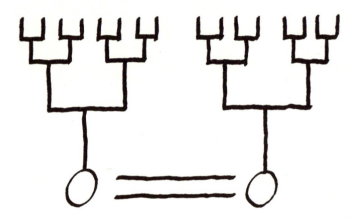

Wie der Baum zeigt, faßt der Erzähler eine Menge Information in sehr wenig Information zusammen. Es geht auf der linken Seite abwärts. Aus vielen Informationen werden wenige gemacht, Exformation wird erzeugt.

Über den waagerechten Kanal wird diese kleine Menge Information übertragen und unverändert empfangen. Dann kommt es darauf an, daß im Baum rechts nach außen und aufwärts assoziiert wird, also all die Assoziationen entfaltet werden, die notwendig sind, um sich die Prinzessin und den Prinz auf dem weißen Pferd vorzustellen.

Assoziationspfade werden angelegt, Muster des Wiedererkennens, und das Kind hat seine Freude daran, sie immer wieder neu einzuüben.

Wie aber ist es möglich, daß das Kind auf viel mehr Information zurückschließt, als in der Erzählung vorhanden ist? Wie ist es möglich, daß ein klein wenig Information eine ganze Menge Exformation wachruft, daß die Exformation auf seiten des Senders zur Erinnerung an frühere Informationen auf seiten des Empfängers wird? Information (von Erlebnissen mit Pferden), die im Bewußtsein des Empfängers zuvor nicht vorhanden war und doch wachgerufen wird?

Wie ist es möglich, daß Information, die mittels der Verbindung mit einem Begriff aus dem Bewußtsein aussortiert worden ist, wieder hervorgerufen wird, so daß die Exformation des Erzählers im Zuhörer die Erinnerung an früher ausgesonderte Information wachruft? Wie wird die Exformation des Senders mit erinnerter, exzitierter Exformation auf seiten des Empfängers verknüpft?

Nur kleine Kinder könnten diese Frage wirklich beantworten. Sie sind die einzigen, die diesen schwer faßbaren Lernprozeß bewältigen können. Doch haben wir ihn alle durchlaufen, wir sind alle Kinder gewesen. Auch wenn wir uns also nicht daran erinnern, wie wir es gelernt haben, so lassen sich die Vorgänge vielleicht doch, wenigstens in Umrissen, rekonstruieren.

Mit Sicherheit läßt sich sagen, daß in dem Prozeß mehr Information gegenwärtig gewesen sein muß als nur die im Text vorhandene. Sonst wären wir nicht imstande zu erraten, woran wir zu denken haben, wenn wir die Worte hören. Es ist nicht vorstellbar, daß sich im Kopf allein dadurch Information herstellt, daß wir ein Wort hören, das uns unbekannt ist: Erecacoexecohonerenit. Oder?[26]

Aber Kinder lernen das. Es muß etwas anderes und mehr da sein, wenn vorgelesen wird, und das ist ja auch der Fall. Der Erwachsene ist da.

Von dem Erwachsenen kann das kleine Kind etwas lernen. Wieder und wieder.

Wenn Kinder sprechen lernen, muß also anderes und mehr vorhanden sein als nur Worte, anderes als nackte verbale Information.

Das führt zu der Frage, ob es zwischen den Bäumen andere Kanäle gibt als nur den sprachlichen und wieviel Information diese anderen Kanäle übertragen. Ist das Gespräch gleichsam nur die Kulisse für ein viel größeres und viel wirklicheres Drama beim Kontakt zwischen Menschen? Ist die Rede nur der kleinere Teil des Gesprächs?

Sollte dies der Fall sein, müssen wir uns auf eine andere unangenehme Frage gefaßt machen. Wenn wir miteinander reden, ist es die Rede, deren wir uns bewußt sind. Sie füllt unser Bewußtsein aus. Findet aber der größere Teil eines Gesprächs außerhalb der Rede statt, während der Rest im Kopf abläuft, warum sind wir uns dessen nicht bewußt? Wie werden die Gedanken sortiert, bevor sie zur Rede werden? Ist da ein Dämon am Werk, der Information sortiert?

Ist Bewußtsein nur die Spitze eines mentalen Eisbergs? Ist Bewußtsein ebenso armselig und bei all seiner Selbstherrlichkeit ebenso unbeholfen wie Information?

Die Antworten müssen sich in Bits geben lassen.

Kapitel 6
Die Bandbreite des Bewußtseins

Ein Kapitel des 880 Seiten starken medizinischen Lehrbuchs *Physiologie des Menschen* endet mit einer dreieinhalb Zeilen langen, kursivierten Hervorhebung. Es ist ungewöhnlich, die Präsentation eines technischen Stoffes in umfangreichen Lehrbüchern dieser Art mit einer so deutlich markierten Schlußfolgerung zu beenden. Es handelt sich um das von Manfred Zimmermann, Professor am Physiologischen Institut der Universität Heidelberg, verfaßte Kapitel «Das Nervensystem – nachrichtentechnisch gesehen». Zimmermann hebt seine Schlußfolgerung nicht ohne Grund hervor. Sie betrifft nämlich eine Tatsache, die zwar seit über dreißig Jahren bekannt ist, jedoch immer noch recht wenig beachtet wird, obwohl sie überaus wichtig ist für das menschliche Dasein. Zimmermann schreibt:

«Unsere bewußte Wahrnehmung beschränkt sich also auf einen winzigen Ausschnitt der über die Sinnesorgane aufgenommenen Informationsfülle aus der Umwelt.»[1]

In einem anderen Lehrbuch beendet Zimmermann ein Kapitel über das gleiche Thema mit folgenden Worten (die jedoch nicht kursiviert sind): «Daraus läßt sich schließen, daß der maximale Informationsfluß einer bewußten Sinneswahrnehmung bei 40 bit/Sek. liegt, also viele Größenordnungen unter dem, was die Rezeptoren aufnehmen. Unsere Wahrnehmung beschränkt sich also auf einen winzigen Ausschnitt der im peripheren Nervensystem aufgenommenen Informationsfülle aus der Umwelt.»[2]

Es gibt erstaunlich viele Lehrbücher der Physiologie und Neuropsychologie, die diese Tatsache unerwähnt lassen, obwohl Zimmermann nicht der erste ist, der den Sachverhalt erkannt hat. Er wiederholt nur etwas, das schon seit Ende der fünfziger Jahre bekannt ist und seitdem in der medizinischen, psychologischen und informationstheoretischen Literatur regelmäßig, wenn auch sporadisch erwähnt wird, ohne daß dies besonderen Eindruck auf die erwähnten Wissenschaften oder die übrige Kultur gemacht hätte.

In jeder Sekunde brechen Millionen von Bits an Information von den Sinnesorganen über uns herein, unser Bewußtsein aber verarbeitet hochgerechnet um die 40 bit pro Sekunde. Viele Millionen Bits werden zu einem bewußten Erlebnis komprimiert, das alles in allem so gut wie keine Information enthält. In jeder Sekunde entledigt sich der Mensch Millionen von Bits, um jenen besonderen Zustand zu erreichen, den wir Bewußtsein nennen. Bewußtsein hat an sich sehr wenig mit Information zu tun. Es bezieht sich vielmehr auf Information, die nicht vorhanden, die verschwunden ist.

Bewußtsein hat nichts mit Information zu tun, sondern mit dem Entgegengesetzten, mit Ordnung. Bewußtsein ist kein kompliziertes Phänomen, kompliziert ist, *worüber* wir uns bewußt sind.

Vermutlich liegt in dieser einfachen Tatsache der Grund, warum viele Forscher jahrzehntelang dazu neigten, Information mit Ordnung und Organisation zu verbinden. Denn Bewußtsein hat mit einem Erlebnis der Ordnung und der Organisation zu tun. Es ist ein Zustand, der nicht sehr viel Information verarbeitet – bewußt. Wie man von einem Menschen, der große Mengen Nahrung zu sich nimmt, kaum sagen kann, er bestehe aus Nahrung, kann man vom Bewußtsein nicht sagen, es bestehe aus Information. Bewußtsein nährt sich von Information, wie der Organismus sich von Nahrung ernährt. Menschen bestehen aber nicht aus ihrer Nahrung, sie bestehen aus Nahrung, die gegessen worden ist. Bewußtsein besteht nicht aus seiner Nahrung, sondern aus Nahrung, die erkannt worden ist. Und das ist viel weniger kompliziert.

Der Sachverhalt ist, zumindest wenn man ihn in Zahlen berechnet, sehr einfach. Man kann messen, wieviel Information durch die Sinne aufgenommen wird, indem man die Anzahl der Rezeptoren der einzelnen Wahrnehmungsorgane zählt – wie viele Sehzellen das Auge, wie viele druckempfindliche Stellen die Haut besitzt, wie viele Geschmacksknospen sich auf der Zunge befinden. Ferner kann man errechnen, wie viele Nervenverbindungen vorhanden sind, die die Signale ins Gehirn leiten, und wie viele Signale jede dieser Bahnen pro Sekunde sendet.

Diese Zahlen sind groß. Das Auge sendet pro Sekunde mindestens 10 Millionen bit ans Gehirn, die Haut 1 Million, das Ohr 100000, der Geruchssinn weitere 100000 und der Geschmackssinn ungefähr 1000 bit.

Alles in allem sind das mehr als 11 Millionen bit/Sek.

Doch wir erleben viel weniger – das Bewußtsein setzt sehr viel weniger Bits um. Man versucht seit Jahrzehnten zu messen, wieviel Information das Bewußtsein des Menschen pro Sekunde erfassen kann. Eines der vielen verschiedenen Verfahren, die zur Klärung dieser Frage entwickelt worden sind, besteht darin, die Anzahl der sprachlichen Bit-Einheiten zu messen, die wir beim Lesen oder Zuhören verarbeiten können. Doch auch die Fähigkeit, Lichterscheinungen zu sehen und zu unterscheiden, Druck auf der Haut zu spüren, Unterschiede zu riechen und vieles andere läßt sich dafür einsetzen. Aus den Messungen ergibt sich, daß unser Bewußtsein um die 40 bit/Sek. erlebt. Es gibt sogar gute Gründe anzunehmen, daß diese Zahl zu hoch gegriffen ist.

Wichtiger als die genaue Zahl aber ist, daß Millionen von Bits auf einige wenige komprimiert werden. Man denke an den Unterschied zwischen der zweifachen Bevölkerung Dänemarks und zwei Schulklassen. Der Unterschied ist riesig, es liegen viele Größenordnungen zwischen 10 Millionen und 40.

Die Sinneswahrnehmung liefert uns pro Sekunde Millionen von Bits, und das Bewußtsein verarbeitet nur ein paar Dutzend. Man bezeichnet den Informationsstrom, gemessen in bit pro Sekunde, als *Bandbreite* (oder Kanalkapazität). *Die Bandbreite des Bewußtseins ist viel geringer als die der Sinneswahrnehmung.*

1965 hielt der deutsche Physiologe Dietrich Trincker anläßlich des dreihundertjährigen Bestehens der Universität Kiel einen Vortrag, in dem er diese Zahlen in Form einer nützlichen Faustregel zusammenfaßte: In den Kopf gelangen eine Millionmal mehr Bits, als das Bewußtsein erfasse.

«Von aller Information, die pro Sekunde von den Sinnesorganen her unserem Gehirn zufließt, gelangt... nur ein sehr geringer Bruchteil in unser Bewußtsein: Das Verhältnis der Kanalkapazitäten von Perception zu Apperception entspricht bestenfalls dem von 1 000 000 : 1 », schreibt Trincker. «D. h. nur ein Millionstel dessen, was unsere Augen sehen, unsere Ohren hören und die übrigen Receptoren melden, erscheint in unserem Bewußtsein.»

«Bildlich gesprochen», fährt Trincker fort, «ist unser Bewußtsein einem Bühnen-Scheinwerfer (‹spot light›) vergleichbar, der das Gesicht eines einzigen Schauspielers grell erleuchtet, während sich alle übrigen Personen, Gegenstände und Kulissen eines riesigen Bühnenraumes im tiefsten Dunkel befinden. Der Scheinwerfer kann gewiß wandern, aber es würde sehr lange dauern, bis er uns, eines nach dem anderen, sämtliche Gesichter des im Dunkeln verharrenden Chores enthüllt hätte... Diese erst seit kurzem bekannte Tatsache hat selbstverständlich für alle Bereiche des menschlichen Lebens größte praktische Bedeutung.»[3] Trincker erläutert im folgenden die technischen Grundlagen der Erkenntnis, daß nur ein «unglaublich winziger Bruchteil» unserer Sinneswahrnehmungen und Erinnerungen in einem gegebenen Augenblick im Bewußtsein erscheinen können.

Bewußtsein hat in einem viel größeren Maße mit aussortierter als mit vorhandener Information zu tun. Es ist in ihm fast keine Information mehr übrig. Wir können es auch anders sagen: Information ist kein besonders gutes Maß für Bewußtsein. Information sagt nicht mehr über Bewußtsein aus als die Anzahl der notwendigen Kalorien über die Pirouetten von Ballettänzern.

Information ist jedoch erforderlich, damit Bewußtsein entstehen kann, ebenso wie Kraftstoff notwendig ist, damit der Motor läuft.

Es ist seltsam, wie wenig diese nun schon so lange bekannte Tatsache beachtet wird. Vielleicht hängt dies mit einem unmittelbaren Gefühl des Beleidigtseins und der Kränkung zusammen, das sich im Bewußtsein regt, wenn uns bewußt wird, wie wenig uns eigentlich bewußt wird.

Da das Bewußtsein blitzartig von einem Gegenstand zum nächsten wechseln kann, wird seine Bandbreite nicht als begrenzt empfunden. In diesem Augenblick ist man sich der Enge seines Schuhzeugs bewußt, im nächsten der Ausdehnung des Universums. Eine einzigartige Gewandtheit ist für das Bewußtsein kennzeichnend. Doch ändert dies nichts an der Tatsache, daß wir uns *in einem gegebenen Augenblick* nicht sehr vieler Dinge bewußt sein können.

In diesem Augenblick können Sie sich des Textes bewußt sein, den Sie lesen, oder Ihrer Körperhaltung oder des Telefons, das gleich läuten wird, oder des Ortes, an dem Sie sich befinden, oder der Situation in Mitteleuropa oder der Geräusche im Hintergrund, doch jeweils nur eines dieser Dinge. Sie können hin und her wechseln zwischen Ereignissen, Sachverhalten und Prozessen, die zeitlich und räumlich weit voneinander entfernt sind. Der Strom der Bewußtseinsinhalte kennt nur die Grenzen, die die Phantasie setzt. Wieviel aber im jeweiligen Moment durch das Bewußtsein fließt, ist begrenzt, auch wenn es im nächsten Augenblick etwas ganz anderes sein kann.

Wie einfach diese Tatsache auch erscheint, sie widerspricht doch unserem unmittelbaren Eindruck von der mächtigen Kapazität des Bewußtseins.

Daher gibt es gute Gründe für eine eingehende Inspektion der Forschungen, die der Erkenntnis der begrenzten Bandbreite des Bewußtseins zugrunde liegen. Sie wird uns unter anderem zu der Schlußfolgerung führen, daß das Bewußtsein viel weniger Information als 40 bit/Sek. umsetzt. Die richtige Zahl liegt vermutlich bei 1 bis 16 bit/Sek. Das aber ist so verwirrend und widerspricht so sehr der Intuition, daß wir einige Kapitel brauchen werden, bis alle Fäden entwirrt sind: *Sich eines Erlebnismoments bewußt zu sein bedeutet, daß er vorüber ist.*[4]

Schließen Sie die Augen – nein, warten Sie, bis Sie die folgende Anleitung zu Ende gelesen haben. Sie schließen die Augen und drehen den Kopf ein wenig zur Seite, sehen also nicht in das Buch. Nun öffnen Sie die Augen für den Bruchteil einer Sekunde, einen Lidschlag lang, dann schließen Sie sie wieder und versuchen sich zu erinnern, was Sie gesehen haben.

Mit ein wenig Übung kann man einiges Geschick darin entwickeln, das Bild eine Weile im Kopf festzuhalten, während das Bewußtsein es «abliest».

Man kann es einige Male versuchen und den Kopf dabei in verschiedene Richtungen drehen. Versuchen Sie es noch einmal.

Der Sinn der Sache ist folgender: Öffnen wir die Augen einen Moment lang, dann sehen wir irgend etwas, die Lampe zum Beispiel oder die Pflanze oder einen Stapel Bücher. Wir sehen es ganz unmittelbar. Wenn wir die Augen aber wieder geschlossen haben, können wir auch andere Dinge erblicken, die sich im Gesichtsfeld befanden. Obwohl wir das Bild nicht mehr «sehen», können wir die Aufmerksamkeit darin umherwandern lassen.

Wir sehen also in einem Sekundenbruchteil viel mehr, als uns unmittelbar bewußt ist. Wir brauchen viele Sekunden, viele «Augenblicke», um das Bild abzulesen, das wir einen Moment lang gesehen haben. Das Bewußtsein ist also nicht imstande, das ganze Bild zu erfassen, während wir es sehen. Wir schaffen es gerade, «Lampe» zu sehen, aber «Pflanze» und «Tisch» und «die andere Lampe» sehen wir erst, wenn wir im inneren Bild nachschauen.

Das Bewußtsein arbeitet langsam. Es braucht Zeit, die verschiedenen Dinge, die wir in einem einzigen Augenblick aufgenommen haben, zu identifizieren. Das Bewußtsein erfaßt bei weitem nicht all das, was wir mit einem Blick sehen.

Eine andere Übung: Schließen Sie das Buch und halten Sie dabei den Daumen auf diesen Absatz. Schauen Sie sich einige Sekunden lang den Umschlag an. Prägen Sie ihn sich ein. Schauen Sie wieder hierher, an diese Stelle. Jetzt!

Woran haben Sie gedacht, während Sie diese Übung durchführten? Schauen Sie vom Buch auf und denken Sie nach, woran Sie in den Sekunden gedacht haben, als Sie sich den Umschlag ansahen.

Denken Sie nicht an den Umschlag (es hätte auch die Pflanze sein können), denken Sie daran, woran Sie gedacht haben. Rekonstruieren Sie Ihre Gedanken. Lassen Sie sich Zeit.

Ich vermute, Sie haben in den paar Sekunden an vieles gedacht. «Worauf will er hinaus?», «Warum läßt er mich nun nicht in Ruhe weiterlesen?», «Das ist wie die Diskussion nach einer Theatervorstellung!», «Der Umschlag interessiert mich nicht!», «Ich habe Appetit auf einen Apfel.»

Es ist nicht so wichtig, woran Sie gedacht haben, wichtig ist, daß es viel länger dauert, sich klarzumachen, was man gedacht hat, als das Denken dieser Gedanken selbst.

Das Bewußtsein ist viel langsamer als das innere mentale Leben. Im Kopf passiert mehr, als uns bewußt ist, es sei denn, wir halten inne und denken nach.

Eine letzte Übung: Schließen Sie die Augen und lauschen Sie. Nachdem Sie ein wenig gelauscht haben, versuchen Sie zu hören, wie viele Geräusche es ringsumher gibt. Identifizieren Sie die Geräusche von ihrer Quelle her.

Sind es viele Geräusche? Verkehr, Menschen, Vögel, Computer, Radios, Nachbarn. Und wenn es sehr still ist, nur Ihr eigener Atem.

Aber Geräusche sind da. Sie haben sie die ganze Zeit gehört. Kommen Sie Ihnen zu Gehör (wie einem etwas zu Gesicht kommt), dann bemerken Sie, daß sie die ganze Zeit dagewesen sind. Sie haben sie nur nicht bemerkt. Es kommt also sehr viel mehr durch die Ohren herein, als wir normalerweise registrieren.

Das alles sind banale, einfache Selbstbeobachtungen. Man kann auf eigene Faust weitermachen [5] (die körperliche Wahrnehmung der Beinstellung, die Kleidung, die einschnürt, die Temperatur im Zimmer, der Geschmack im Mund, die hochgezogenen Augenbrauen, Unterkiefer, Schultern, der Geruch im Zimmer – und wie geht es den Füßen?). Alle diese Übungen erfordern nichts weiter, als die Aufmerksamkeit im Körper oder in der Umgebung oder im Schädel umherwandern zu lassen.

Es geht einfach darum, daß uns viel mehr Erleben zur Verfügung steht, als wir erfassen. Wir können die Aufmerksamkeit umherwandern lassen und uns einer Sache bewußt werden, die die Sinnesorgane die ganze Zeit aufgenommen hatten. Wir können das Licht sehen, den Lärm hören, den Stoff fühlen, die Körperhaltung bemerken, den Gestank riechen oder die Wärme spüren, wenn wir wollen. Wir können es aber auch lassen. Wir können unsere Aufmerksamkeit wandern lassen, wie wir wollen.

Deshalb überrascht es nicht, daß das Bewußtsein viel weniger Bits pro Sekunde erfaßt, als die Sinne aufnehmen. Man stelle sich vor, man müßte die liebe lange Zeit an das alles denken. Man könnte dann überhaupt nicht aufmerksam sein!

Für das Bewußtsein ist Einheit kennzeichnend. Wir sind uns jeweils einer Sache bewußt oder einer *Sinnesmodalität* – eines Sinnes: des Gehörs, des Gesichts, des Geruchs, des Gefühls oder des Geschmacks.

Richten wir die Aufmerksamkeit auf einen äußeren Gegenstand, dann aktivieren wir alle Sinne auf einmal und setzen die Informationen, die sie uns liefern, zusammen. Wir sind dann nicht den einzelnen Sinnesmodalitäten gegenüber aufmerksam. Wollen wir aber einen Augenblick lang hören, schließen wir die anderen Sinne aus dem Bewußtsein aus. Wir schließen die Augen, um konzentriert zu lauschen. Wir können Aufmerksamkeit und Bewußtsein auf einen Gegenstand oder auf eine Sinnesmodalität richten – entweder alle Sinne auf ein Ding oder einen Sinn auf alle Dinge.

Aber ist es nicht doch möglich, sich mehr als jeweils nur einer Sache bewußt zu sein?

Wenige Jahre, nachdem Claude Shannon seine Theorie der Kommunikation und Information aufgestellt hatte, begann man zu messen, wie viele Bits pro Sekunde durch das Bewußtsein fließen. W. R. Garner und Harold Hake, zwei Psychologen von der Johns Hopkins University in den USA, veröffentlichten eine Untersuchung über die Fähigkeit des Menschen, zwischen Stimuli wie Geräuschen und Licht zu unterscheiden, und berechneten sie in Bits.[6] In den folgenden Jahren erschienen etliche Untersuchungen zur Frage, wieviel Information das menschliche Bewußtsein erfassen kann.

Einige der Ergebnisse wurden 1956 in dem Schlüsselbegriff «die magische Sieben» zusammengefaßt, und diese Zahl ist seit langem bekannt. Schon im 19. Jahrhundert hatte der schottische Philosoph Sir William Hamilton geschrieben: «Läßt man eine Handvoll Marmorkugeln auf den Fußboden fallen, ist es schwierig, mehr als sechs oder höchstens sieben davon gleichzeitig im Auge zu behalten, ohne verwirrt zu werden.»[7]

Im März 1956 veröffentlichte der Psychologe George A. Miller einen Artikel in der Zeitschrift *Psychological Review*, der eine Reihe wissenschaftlicher Beobachtungen und Anekdoten elegant im Titel zusammenfaßte: «Die magische Zahl Sieben plus/minus zwei: Über die Grenzen unserer Fähigkeit, Information zu verarbeiten».

«Ich habe das Problem», so beginnt der Aufsatz, «daß ich von einer Zahl verfolgt werde. Sieben Jahre lang hat mich diese Zahl begleitet; sie hat sich in meine privatesten Daten gedrängt und ist mir aus den Seiten unserer öffentlichen Zeitschriften entgegengesprungen.»[8]

Überall fand Miller die Zahl Sieben. 7 plus/minus 2. Der Ausdruck «plus/minus 2» steht im gängigen wissenschaftlichen Jargon für einen Wert, der mit einer gewissen Unsicherheit behaftet ist. 7 plus/minus 2 ist also eine Zahl irgendwo zwischen 5 und 9.

Der Mensch kann sich sieben verschiedener Wörter, Zahlen, Begriffe, Geräusche, Phoneme, Eindrücke oder Gedanken gleichzeitig bewußt sein – wenn er sich wirklich anstrengt.

Es ist nicht sehr schwierig, vier verschiedene Dinge gleichzeitig im Kopf zu behalten, bei fünf, sechs, sieben wird es eng, und bei zehn kommen wir durcheinander.

«Es scheint, daß wir, sei es durch Lernen, sei es durch die Struktur unseres Nervensystems, eine innere Begrenzung haben, eine Grenze, die unsere Kanalkapazität auf diesen Bereich beschränkt», schreibt Miller.[9]

Das bedeutet natürlich nicht, daß wir nicht mehr als sieben Dinge auf einmal «verdauen» könnten. Nur hören wir dann auf, sie als Einzeldinge zu begreifen, wir fassen sie dann vielmehr als Ganzheit auf.

G-A-N-Z-H-E-I-T. So geschrieben, liest man das Wort anders. Normalerweise wird das Wort «Ganzheit» als Ganzheit gelesen, als geschlossenes Bild. Man könnte sonst gar nicht falsch buchstabieren oder über Druckfehler in einem Manuskript hinweglesen. (Man erkennt, daß ein Druckfehler vorhanden ist, ehe man sieht, welcher Buchstabe fehlt.)

Dieses Phänomen wird *chunking* genannt; wir brauchen diese Fähigkeit, um zu lesen oder eine Menschenmenge oder einen Wald mit lauter Bäumen zu erfassen.

Sind es nur wenig mehr als eine Handvoll Dinge, beginnen wir, sie als Menge zu betrachten. Nachdem wir uns so eingehend mit Thermodynamik beschäftigt haben, liegt es nahe, den Sachverhalt so auszudrücken: Sind sieben Mikrozustände erreicht, ziehen wir es vor, einen Makrozustand zu bilden.

Sprechen wir umgekehrt von *einer* bestimmten Marmorkugel und wissen dabei, daß es eine von sieben ist, die wir im Kopf haben, dann können wir angeben, wie viele Bits diese Beobachtung enthält. Können wir zwischen sieben Marmorkugeln unterscheiden, bedeutet das, daß wir gleichzeitig sieben verschiedene Zustände im Kopf haben. Wie viele Bits sind das?

Bit ist das Maß für eine Informationseinheit und drückt unsere Fähigkeit aus, einen Unterschied zu erkennen. Information ist definiert als Logarithmus der Anzahl von Mikrozuständen, die in einem Makrozustand zusammengefaßt sind. Sind wir in der Lage, sieben Gegenstände oder sieben verschiedene Zustände zu erfassen, müssen wir den Logarithmus von 7 bilden. In der Informationstheorie wird der sogenannte *Zweierlogarithmus* verwendet; unsere Frage lautet also: Wievielmal muß die 2 mit sich selbst multipliziert werden, damit man 7 erhält? 2×2 ist bekanntlich 4, während $2 \times 2 \times 2$ 8 ergibt. Der Logarithmus von 7 liegt also irgendwo zwischen 2 und 3, genauer gesagt bei 2,8.

Deshalb ist unsere Fähigkeit, Information zu verarbeiten, so groß, argumentiert Miller, so groß, daß wir 2,8 bit auf einmal im Bewußtsein haben können. Und das ist nicht gerade viel.

Wir könnten nun auch sieben Binärziffern im Kopf haben, 0100101, also 7 bit. Es ist ein wenig Übung erforderlich, um sieben Binärziffern gleichzeitig im Kopf zu behalten, aber da wir dazu in der Lage sind, kann unser Bewußtsein also mehr als 2,8 bit auf einmal verarbeiten.

Oder nehmen wir sieben Buchstaben, TIYRFIO. Jeder Buchstabe des dänischen Alphabets hat durchschnittlich knapp 5 bit, denn es ist einer von 29 möglichen Buchstaben. Sieben Dinge können also durchaus mehr sein als 2,8 bit. In diesem Fall sind es 7 × 5, also 35 bit. Strenggenommen gilt das aber nur, wenn die Buchstabenreihe wie in diesem Beispiel zufällig ist. Handelt es sich um ein normales Wort, ist die Bit-Zahl geringer, weil die Sprache redundant ist.

Es ist, mit anderen Worten, praktisch, Symbole zu verwenden. Sie helfen uns, eine Menge Information zu behalten, obwohl wir nur sieben Dinge auf einmal im Kopf haben können. Symbole sind die Trojanischen Pferde, mit denen wir Bits ins Bewußtsein schmuggeln.

«Wir dürfen also annehmen, daß unser Gedächtnis begrenzt wird durch die Anzahl von Einheiten oder Symbolen, die wir zu bewältigen haben, nicht durch die Menge von Information, die sie repräsentieren. Es ist also hilfreich, ein Material intelligent zu organisieren, ehe man versucht, es im Kopf zu behalten», schreibt Miller.[10]

Eine Alternative zur intelligenten Organisierung von Information ist das Auswendiglernen. Viele Menschen sind, auch wenn sie nicht gerade vor dem Examen stehen, imstande, imponierende Mengen von Zahlen, Wörtern oder Fahrplänen aufzusagen, der Reihe nach und fast ohne Atempause.

Daß es *Mnemotechniken* zur Steigerung der Gedächtnisleistung gibt, widerspricht jedoch nicht Millers magischer Zahl Sieben. Denn diese Techniken beruhen darauf, daß Einheiten verkettet werden, so daß eine Einheit die nächste nach sich zieht, und so fort. Der Souffleur liest nicht das ganze Stück herunter, trotzdem ist er für den Schauspieler wertvoll. Ein Stichwort genügt, und die Kette läuft weiter.

Muß man beispielsweise eine Rede halten, ist eine Kombination von intelligenter Verkettung und Auswendiglernen nützlich. Eine übergeordnete Gliederung dessen, was man im Kopf behalten muß, verzweigt sich wie ein Baum in zunehmender Detailliertheit bis hinunter zu den einzelnen Elementen. Das setzt jedoch voraus, daß die Details eine gewisse «Temperatur», eine Toleranz, aufweisen. Es ist viel schwieriger, einen Text, den man gut versteht, ganz und gar auswendig zu lernen, so daß jedes Komma an der richtigen Stelle steht, als ihn sich so einzuprägen, daß man ihn richtig nacherzählen kann, ohne daß die Wortstellung der Vorlage genau entspricht.

Behält man nur einige übergeordnete Begriffe und die Reihenfolge, nicht aber jedes einzelne Wort im Kopf, braucht man weniger Einheiten im Gedächtnis zu haben. Schwieriger wird es, wenn jedes Detail genau stimmen muß. Wir können sieben Hauptpunkte einer Rede behalten und jeweils wieder sieben Unterpunkte, wenn wir uns bei einem Hauptpunkt befinden. Je mehr zulässige Mikrozustände mit dem jeweiligen Hauptpunkt der Rede, den wir behalten können, vereinbar sind, desto einfacher wird es. Wichtig ist also, daß die Makrozustände Entropie aufweisen, also viele verschiedene Mikrozustände zulassen.

Eine Gliederung ist dann gut, wenn sie Makrozustände mit hoher Entropie enthält, wenn also pro Makrozustand viele Mikrozustände möglich sind. Weniger gut ist sie, wenn sie sich nur in einer einzigen korrekten Wortfolge konkretisieren läßt, weil jeder Übergang präzise formuliert sein muß.

Intelligenz hat also nicht damit zu tun, daß man sich einer ganzen Menge von Mikrozuständen der Reihe nach erinnern kann, sondern damit, daß man erkennt, unter welchen Makrozuständen sich die vielen Mikrozustände am besten zusammenfassen lassen.

Intelligenz arbeitet mit dem Trick, statt einer Menge Information eine Menge Exformation zu verwalten. Bewußt aussortierte Information wird in einigen Begriffen komprimiert, in denen diese große Menge Exformation enthalten ist.

Solche Zusammenfassungen großer Informationsmengen in einigen wenigen, exformationsreichen Makrozuständen mit wenig, aber hochkonzentrierter, explizit formulierter Information sind nicht nur intelligent, sondern oft auch schön, können sogar sexy sein. Man verspürt ein Kribbeln im Bauch (oder tiefer), wenn man eine Menge verwirrender Daten und Bruchstücke von Auswendiggelerntem in einer kurzen, klaren Aussage zusammengefaßt sieht.

Beispiele solcher Zusammenfassungen sind die Naturgesetze, und die Maxwellschen Gleichungen sind vielleicht die schönsten von allen.

Schönheit, Eleganz und Lässigkeit gehören zusammen. Mit wenigen Worten oder Zeichen, oder Bewegungen, oder Blicken, oder Liebkosungen eine Menge zu sagen, das ist schön, klar und reinigend.

Das Erhebende eines hohen und klaren Bewußtseins hat mit dieser Einfachheit des Schönen zu tun, mit all dem, das nicht gegenwärtig und doch nicht abwesend ist. Information und Exformation als Atem des Bewußtseins.

In Millers magische Zahl Sieben sind die Ergebnisse einer ganzen Reihe von Untersuchungen eingeflossen, die auf Shannons Informationstheorie von 1948 folgten. Nachdem wir diesen zusammenfassenden Begriff kennengelernt haben, wollen wir sehen, was in ihm zusammengefaßt ist. Viele verschiedene Formen des Unterscheidens sind gemessen worden, um zu sehen, wieviel Information das menschliche Bewußtsein verarbeiten kann, darunter die Fähigkeit, zwischen zwei Punkten auf einer Linie, zwischen verschiedenen Tonhöhen, Lautstärken und Geschmackserlebnissen zu unterscheiden. Es erübrigt sich, die Einzelheiten zu schildern; schauen wir uns statt dessen die Ergebnisse im Überblick auf einer kleinen Tabelle an (S. 202). Sie läßt erkennen, daß sich bei sehr verschiedenen Versuchen nur kleine Unterschiede ergeben haben.

In der Tabelle ist Millers magische Zahl Sieben (mit dem Logarithmus 2,8) zu erkennen. Sieht man von dem Konzertmeister ab, können Menschen ungefähr vier bis acht Dinge voneinander un-

Frühe psychophysiologische Messungen
der Unterscheidungsfähigkeit[11]

Jahr	Forscher	Unterschiede	bit
1951	Garner & Hake	Punkte auf einer Skala	3,2
1952	Pollack	Töne	2,2
1953	Garner	Lautstärke	2,1
1954	Eriksen & Hake	Größe kleiner Quadrate	2,2
1954	McGill	Punkte auf einer Skala	3,0
1955	Attneave	Töne (Konzertmeister)	5,5
1955	Beebe	Zuckerkonzentrationen	1,0
1953	Klemmer & Frick	Punkte auf einer Fläche	4,4
1954	Pollack & Frick	Tonhöhe, -stärke u. a.	7,0

terscheiden (2 bis 3 bit), es sei denn, es handelt sich um mehrere Dimensionen. Einen Punkt auf einer Fläche zu finden, bringt mehr Information zum Ausdruck, als ihn auf einer Linie zu lokalisieren. Ersteres ist aber auch schwieriger, so daß diese Unterscheidungsfähigkeit nicht doppelt so viele Bits ergibt. Die Unterscheidung von Tonhöhe und -stärke ergibt mehr Bits als die der Tonhöhe allein. Das entspricht der Tatsache, daß es einen Unterschied macht, ob man zwischen Marmorkugeln, Binärziffern oder Buchstaben unterscheidet.

Je mehr «Dimensionen» zur Beschreibung der Zustände notwendig sind, zwischen denen man unterscheiden soll, desto schwieriger wird es. Bei Licht besehen ergeben diese Zahlen erst Sinn, wenn man den Zusammenhang erkennt. Hat man noch nie etwas von lateinischen Buchstaben gehört, kann man überhaupt nicht zwischen A und Z unterscheiden.

Der deutsche Ingenieur Karl Steinbuch hat darauf aufmerksam gemacht, daß sechs Buchstaben Teil eines Wortes sein und damit (da jeder Buchstabe in der deutschen Sprache 1 bit darstellt) nicht mehr als 6 bit beinhalten können. Sie können aber auch, unabhängig von ihrer Bedeutung, sechs Zeichen des Alphabets sein, und dann ergeben sich 4,1 bit pro Buchstabe, insgesamt also 24,6 bit. Man könnte die Buchstaben aber auch als Tintenpunkte auf dem Papier lesen. Man sieht dann nach Steinbuchs Berechnung zweihundert Bildpunkte, und dem entsprechen bei sechs Buchstaben insgesamt 1200 bit.[12]

Das eine oder das andere zu erkennen dauert allerdings auch verschieden lange. Es ist nicht das gleiche, ob man «Ganzheit» oder «G-a-n-z sprich ganz», «h-e-i-t sprich heit» liest oder die typographischen Details in der Strichstärke des «h» untersucht. Deshalb ist es notwendig, die Untersuchung, wie viele Zeichen man im Kopf haben kann, mit dem *Zeitfaktor* zu verbinden – genauer: Es geht um die Bestimmung der Bit-Zahl, die das Bewußtsein pro Sekunde verarbeiten kann.

Doch auch das wurde auf der Grundlage der Shannonschen Theorie von 1948 untersucht.

1952 veröffentlichte Edmund Hick vom Labor für Angewandte Psychologie in Cambridge, England, die Ergebnisse einer Untersuchung, die er mit einer als Kommunikationskanal fungierenden Versuchsperson durchgeführt hatte. Diese saß vor einigen blinkenden Lampen und sollte, um zu signalisieren, welche davon leuchtete, auf einen von mehreren Knöpfen drücken. Die Frage war, wie schnell durch eine solche Versuchsperson Information abgetragen werden konnte, ohne daß Fehler auftraten. Das Ergebnis lautet: 5,5 bit/Sek.

In einer Variante des Versuchs wurde die Versuchsperson aufgefordert, die Reaktionsgeschwindigkeit zu erhöhen, auch wenn es dadurch zu Fehlern kam. Das bedeutete, daß pro Sekunde mehr Entscheidungen getroffen werden mußten, es wurde häufiger auf die Knöpfe gedrückt. Dafür traten jetzt aber Fehlmeldungen auf, und der erhöhten Geschwindigkeit entsprach eine erhöhte Fehlerquote. Im Endergebnis wurde der Zeitgewinn durch die erhöhte Fehlermenge ausgeglichen.

Die Geschwindigkeit von 5,5 bit pro Sekunde blieb konstant, unabhängig davon, ob der Versuch langsam und fehlerfrei oder schnell und fehlerhaft verlief. Die 5,5 bit pro Sekunde scheinen die obere Grenze dafür zu sein, wie schnell ein Mensch in Hicks Versuchungsanordnung Information übertragen kann.[13]

Der bekannte britische Experimentalpsychologe Richard Gregory schreibt jedoch in seinem monumentalen Nachschlagewerk *Companion to the Mind* von 1987 zu Hicks Versuch: «Dieses und jedes andere Verfahren, die Bit-Rate des menschlichen Nervensystems zu messen, ist insofern sehr problematisch, als wir nie ganz auf die Möglichkeiten beschränkt sind, die der Versuchsleiter vorgibt. Der Proband bei Hicks Experiment (es handelt sich um den Redakteur dieses *Companion to the Mind*!) war zum Beispiel weder blind noch taub gegenüber allem anderen als den Lichtern, auf die er reagieren sollte, und das Spektrum seiner Möglichkeiten war immer größer, als der Versuchsleiter wußte oder in Rechnung stellen konnte.»[14]

Es ist also durchaus nicht ausgeschlossen, daß der Mensch mehr als 5,5 bit pro Sekunde verarbeitet, nur kann er es nicht, wenn es um etwas so Langweiliges wie blinkende Lampen geht!

Klavierspielen ist Thema einer 1956 erschienenen Untersuchung des Amerikaners Henry Quastler. Es ergab sich, daß ein Klavierspieler ungefähr 4,5 Anschläge pro Sekunde schaffen kann, was 22 bit entspricht, da es 37 Tasten gibt. «Schätzungen der Informationsmenge, die von guten Korrektoren und Tennisspielern verarbeitet werden, führten zum gleichen Ergebnis, ungefähr 25 bit/Sek.», schreibt Quastler. Die Ergebnisse der Untersuchung wurden auf einem Symposion über Informationstheorie im September 1955 in London vorgetragen. Aus dem Konferenzprotokoll geht hervor, daß der Mathematiker Benoit Mandelbrot, der später durch die Erforschung wundervoller mathematischer Objekte, der Fraktale, Berühmtheit erlangte, dem Referenten nach dem Vortrag eine Frage stellte: «Gibt es Schätzungen der Kapazität des Menschen beim Durchsuchen des eigenen Gedächtnisses?» Quastler erwiderte: «Wir haben es am Beispiel des Datendurchsatzes bei Teilnehmern von Quizsendungen untersucht, die möglichst schnell eine Melodie identifizieren sollten. Sie verarbeiteten ungefähr 3 bit/Sek., von dem Zeitpunkt an gerechnet, da die Musik zu spielen begann.»[15]

«Ich habe weit mehr über Informationstheorie und Psychologie gelesen, als ich mir ins Gedächtnis zurückrufen kann oder will», schrieb John R. Pierce, Ingenieur bei den Bell Laboratories, 1961 in einem Buch über – so der amerikanische Titel – «Symbole, Signale und Rauschen».[16]

Pierce gibt nicht viel auf die umfassende Literatur über Bit-Geschwindigkeiten. Nach einem Resümee der Messungen Hicks und anderer macht er einen eigenen Vorschlag. Er hatte 1957 zusammen mit J. E. Karlin experimentelle Untersuchungen durchgeführt, und die beiden hatten aufs Tempo gedrückt, so daß die Versuchspersonen große Bit-Mengen zu verarbeiten hatten. Pierce kam zu dem hohen Ergebnis von 44 bit/Sek. Bei den Untersuchungen war allerdings auch mit Buchstaben gearbeitet worden.

«Auf jeden Fall führten diese Experimente auf die höchste je erzielte Informationsgeschwindigkeit» schreibt Pierce, aber er ist nicht zufrieden: «Wodurch», fragt er, «wird diese Geschwindigkeit begrenzt?»[17]

Für einen Kommunikationsingenieur sind diese Ergebnisse beunruhigend. Ein Fernsehkanal kann 4 Millionen bit, ein Telefon 4000 bit pro Sekunde übertragen. John Pierce und sein Arbeitgeber AT&T leben vom Verkauf von Telefonsystemen, die Tausende von Bits pro Sekunde übertragen können, das Bewußtsein des Menschen aber kann in der gleichen Zeit nicht mehr als vierzig Bits erfassen!

Schießen wir mit Kanonen auf Spatzen, wenn wir das Land mit Telefonmasten vollstellen?

«Millers Regel der 7 plus/minus 2 Objekte und die Experimente mit der Lesegeschwindigkeit haben zu verwirrenden Folgerungen geführt», schreibt Pierce. «Wenn ein Mensch nur 40 bits an Information in der Sekunde verarbeiten kann – wie die Leseexperimente zeigten –, läßt sich dann ein Fernsehbild oder eine Stimme mit ausreichender Qualität übertragen, wenn nur 40 bits in der Sekunde verwendet werden?»

«Wie ich glaube», schreibt Pierce, «sind auf jeden Fall diese Fragen mit Nein zu beantworten. Aber was stimmt hier nicht? Falsch ist, daß gemessen wurde, was der Mensch *wiedergibt*, nicht das, was er *aufnimmt*. Vielleicht kann ein Mensch unter bestimmten Umständen tatsächlich nur einen Informationswert von 40 bits in der Sekunde aufnehmen, aber er hat dabei die Möglichkeit, auszuwählen. Er könnte zum Beispiel die Gesichtszüge eines Mädchens oder ihrer Kleidung zur Kenntnis nehmen. Vielleicht bemerkt er sogar noch mehr, aber er hat es wieder vergessen, bevor er es beschrieben hat.» [18]

Hier muß der Telefoningenieur also zugeben, daß der Mensch mehr ist, als das Bewußtsein weiß, denn sonst gäbe es keinen Grund, so gute Telefone zu bauen. Das menschliche Bewußtsein kann nur sehr wenige Bits pro Sekunde erfassen, doch wird niemand behaupten wollen, wir könnten nicht mehr aufnehmen. Im Bewußtsein kommt nur ein kleiner Teil dessen zum Ausdruck, was unsere Sinnesorgane aufnehmen.

Der Ingenieur Karl Küpfmüller, damals Professor an der Technischen Hochschule Darmstadt, verglich Ende der fünfziger und Anfang der sechziger Jahre experimentell, wieviel Information Menschen aufnehmen und wieviel sie bewußt verarbeiten. Die Aufnahme von Information liegt nach seiner Berechnung zwischen 10 und 100 Millionen bit/Sek., während sehr viel weniger vom Bewußtsein wiedergegeben wird.

Aufgrund der erwähnten Untersuchungen und Schätzungen in der deutschsprachigen wissenschaftlichen Literatur gelangte Küpfmüller zu der auf Seite 207 abgedruckten Tabelle über die Fähigkeit des Bewußtseins, Information zu verarbeiten.

Diese Zahlen entsprechen ganz alltäglichen Werten. Bei der Produktion einer Radiosendung geht man von der Faustregel aus, das Vorlesen einer Din-A4-Seite dauere zweieinhalb Minuten. Da eine Din-A4-Normseite aus 40 Zeilen mit 60 Zeichen besteht, ergibt das 2400 Zeichen in 150 Sekunden, also 16 Zeichen pro Sekunde. Im Dänischen enthält ein Zeichen durchschnittlich 2 bit, so daß sich 32 bit/Sek. ergeben. Es sind aber beim Vorlesen noch andere Dinge als nur die Zeichen selbst zu berücksichtigen, näm-

Bewußte Verarbeitung von Information (Küpfmüller)[19]

Tätigkeit	Informationsfluß (in bit/Sek.)
Leises Lesen	45
Lautes Lesen	30
Korrekturlesen	18
Schreibmaschineschreiben	16
Klavierspielen	23
Addieren und Multiplizieren von 2 Ziffern	12
Abzählen von Gegenständen	3

lich Rhythmus, Tonfall, Betonung usw. Runden wir die Bit-Zahl entsprechend auf, erhalten wir wie Pierce einen Wert um 40 bit/Sek. Vorausgesetzt natürlich, es ist sinnvoll, den Informationsfluß am Buchstaben-Output zu messen.

Karl Küpfmüller faßt zusammen: «Alle an der Nachrichtenverarbeitung im menschlichen Organismus beteiligten Instanzen scheinen auf diese obere Grenze von etwa 50 bit/Sek. eingerichtet zu sein.»[20]

Bemerkenswert ist, daß etwa genauso viele bit/Sek. vom Bewußtsein aufgenommen und wiedergegeben werden können. Ob man liest oder schreibt, die Bandbreite der Sprache ist ungefähr gleich.

Zur gleichen Zeit wie Küpfmüller veröffentlichte Helmar Frank, Professor am Institut für Kybernetik an der Pädagogischen Hochschule in Berlin, Untersuchungen über die Bandbreite des Bewußtseins.

Frank ging von einem theoretischen Ansatz aus und gelangte zu der niedrigeren Zahl von 16 bit/Sek. Die beiden deutschen Forscher unterscheidet, daß Küpfmüller empirische Daten sammelte, während Frank vom Begriff des «maximalen zentralen Informationsflusses» ausging, einer generellen Eigenschaft, die in unterschiedlichen Fertigkeiten zum Ausdruck komme. Die Bandbreite ist für Frank eine feste Größe, die sich in den verschiedenen, psychophysiologisch meßbaren Fähigkeiten objektiviert.

Helmar Frank bringt in einem 1962 erschienenen Buch sehr elegante Argumente dafür vor, daß die Bandbreite genau 16 bit/Sek. beträgt. Er legt seinen Untersuchungen den Begriff des *subjektiven Zeitquants* SZQ zugrunde, das einen diskreten psychologischen Augenblick bezeichnet. Das subjektive Zeitquant ist der kürzeste Zeitraum, den wir erleben können; es ist ein Maß für das zeitliche Auflösungsvermögen des menschlichen Erlebens.

Frank weist darauf hin, daß das menschliche Ohr Schallimpulse aufnehmen kann, die mit einer Frequenz unterhalb von 16 Schwingungen pro Sekunde eintreffen. Bei mehr als 16 Schwingungen pro Sekunde hört das Ohr aber etwas ganz anderes, nämlich einen Ton. Entsprechend ist es bei Bildern. Sehen wir weniger als 16 Bilder pro Sekunde vor dem Auge vorbeiziehen, flimmern sie. Erst bei mehr als 16 bis 18 Bilder pro Sekunde sehen wir keine flimmernden, sondern laufende Bilder[21] (im Film sind es 24 Bilder pro Sekunde, im Fernsehen 25).

Aufgrund solcher und anderer Beobachtungen glaubt Frank, das Zeitquant SZQ auf 1/16 Sekunde festlegen zu können. Wir erleben 16 SZQ pro Sekunde, wenn unsere mentalen Funktionen in der Spätpubertät ihren Höchststand erreicht haben. Mit zunehmendem Alter wird die Dauer des SZQ länger, und die Zahl pro Sekunde nimmt ab.

Die Dauer eines SZQ ist auch bei verschiedenen Organismen unterschiedlich. Eine Schnecke zum Beispiel habe, so Frank, ein SZQ von einer Viertelsekunde.[22]

Die Bandbreite des Bewußtseins ergibt sich nun sehr einfach dadurch, daß wir genau 1 bit pro SZQ verarbeiten können.[23] Deshalb haben wir im besten Alter eine Bandbreite von 16 bit/Sek.

Franks Auffassung, die von seinem Schüler Siegfried Lehrl weiterentwickelt wurde, spielt heute in einer Disziplin der psychologischen Forschung eine Rolle, die Größen wie Reaktionszeit und mentale Geschwindigkeit zur Bestimmung von Intelligenz heranzieht. Außer Lehrl haben unter anderem Hans Jürgen Eysenck aus London und Arthur Jensen aus Kalifornien versucht, Intelligenz mit Reaktionszeit zu verknüpfen – beides Forscher, die wegen ihres Standpunktes in der Diskussion über die Beziehung zwischen Intelligenz, Vererbung und Milieu umstritten sind.[24]

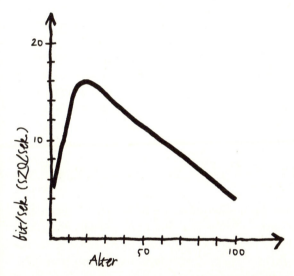

Die Bandbreite des Bewußtseins in Relation zum Lebensalter. Sie erreicht ihren Höhepunkt in der Spätpubertät, in der der Mensch 16 SZQ (subjektive Zeitquanten) erlebt (nach Frank und Riedel).

Mit einer Strenge, wie sie für die kritische Auseinandersetzung zwischen eng verwandten akademischen Schulen bezeichnend ist, haben Siegfried Lehrl, der an der Psychiatrischen Universitätsklinik in Erlangen arbeitet, und Bernd Fischer aus Baden 1985 Küpfmüllers und Franks Auffassungen gegenübergestellt. Da sie Schüler Franks sind, ist es klar, auf welcher Seite sie stehen. Zwar beschränken sie sich im Titel ihres Artikels in der Zeitschrift *Hu-*

mankybernetik auf die Frage «Der maximale zentrale Informationsfluß bei Küpfmüller und Frank: Beträgt er 50 bit/Sek. oder 16 bit/Sek.?», doch schon im Untertitel kommt das kritische Temperament zum Vorschein: «Über den Nutzen und Schaden der Auffassung Küpfmüllers für die Verbreitung der Informationspsychologie». Die beiden Forscher kommen zu dem Schluß: «Die Tragödie der Publikation Küpfmüllers besteht in ihrer anfänglichen positiven Wirkung auf Psychologen, deren Aufmerksamkeit auf die Tatsache gelenkt wurde, daß kognitive Variablen mit Hilfe informationstheoretischer Methoden quantifizierbar seien. Andererseits enthielt sie implizit Argumente gegen eine generelle Kanalkapazität [Bandbreite] des Informationsflusses. Das hat die Anwendung dieses Begriffs zweifelhaft gemacht. Dadurch hat Küpfmüller vermutlich nicht unerheblich zu dem später abnehmenden Interesse der Psychologen für Informationspsychologie beigetragen.»[25]

Die Erforschung der Bandbreite des Bewußtseins kam fast zum Stillstand. Weder die britischen und amerikanischen Analysen aus den fünfziger noch Küpfmüllers und Franks Untersuchungen aus den sechziger Jahren wurden weiterverfolgt. In einem Übersichtsartikel von 1969 schreibt der englische Psychologe E. R. F. W. Crossman: «Diese Verfahren wurden im ersten Jahrzehnt, nachdem Shannons Arbeit Aufmerksamkeit erregt hatte, energisch genutzt. Seitdem aber die wichtigsten Bereiche erfaßt sind, scheint der Schwung nachgelassen zu haben.»[26]

Seit Anfang der sechziger Jahre sind in diesem Breich nur wenige Arbeiten von Belang veröffentlicht worden, obwohl es natürlich Ausnahmen gibt. Bedenkt man aber, welche wichtigen und letzten Endes schockierenden Erkenntnisse sich aus diesen Untersuchungen ergeben haben, ist es ein Rätsel, wie dieser Forschungszweig derart veröden konnte.

Man wird dafür weder Küpfmüller noch einzelne andere Forscher verantwortlich machen können. Das Rätsel aber sollte man sich vor Augen halten. Wir kommen im nächsten Kapitel darauf zurück.

Es gibt gute Gründe für die Annahme, daß die Bandbreite des Bewußtseins häufig zu hoch angesetzt wird. Fertigkeiten werden gemessen, bei denen zwar Information verarbeitet wird, jedoch nicht in bewußter Weise. Ein Setzer kann zum Beispiel einen Text völlig fehlerfrei tasten, obwohl er keine Ahnung hat, wovon er handelt. Wir können Klavier spielen, ohne uns bewußt zu sein, was wir tun. Viele Fertigkeiten lassen sich gerade dann am besten ausführen, wenn wir uns ihrer nicht bewußt sind.

Im August 1975 legten die drei Psychologen Elizabeth Spelke, William Hirst und Ulric Neisser, alle von der Cornell University, der amerikanischen Psychologenvereinigung eine Untersuchung über ein Experiment mit zwei jungen Leuten namens Diane und John vor, die sie über die studentische Arbeitsvermittlung angeworben hatten. Diane und John sollten Erzählungen lesen, während sie gleichzeitig ein Diktat aufnahmen; ihre Aufgabe war es also, gleichzeitig einen Text zu erfassen und Wörter niederzuschreiben, die ihnen vorgegeben wurden. Anfangs hatten sie wenig Geschick darin, doch nach einigen Wochen Training sah es anders aus. «Diane und John waren in der Lage, Wörter nach Diktat zu schreiben, Beziehungen zwischen ihnen zu erkennen und sie nach ihrer Bedeutung zu klassifizieren, während sie gleichzeitig so effektiv und schnell lasen, als seien sie ausschließlich mit Lesen beschäftigt. Wie lassen sich diese überraschenden Fähigkeiten erklären?» schreiben Spelke, Hirst und Neisser.[27]

Sie sind damit zu erklären, daß es viele, auch recht anspruchsvolle Aktivitäten gibt, die «automatisch» ausgeführt werden können, also ohne daß sie Aufmerksamkeit, Bewußtsein, erfordern. Das setzt jedoch eine gewisse Übung voraus. Wir können Fertigkeiten automatisieren, aber wir müssen uns dann in ihnen üben. Spelke, Hirst und Neisser schreiben: «Die Fähigkeit des Menschen, Geschicklichkeit in speziellen Situationen zu entwickeln, ist so groß, daß es vielleicht niemals möglich sein wird, die Grenzen der kognitiven Kapazität zu definieren.»[28]

Haben wir uns eine Fähigkeit so gut angeeignet, daß sie automatisch abläuft, können wir sehr große Informationsmengen, die hohe Ansprüche stellen, verarbeiten, ohne daß das Bewußtsein überhaupt Kenntnis davon erhält. Die meisten Menschen kennen diese Erfahrung aus dem Alltag, zum Beispiel aus dem Straßenverkehr.

Daraus folgt, daß bei der Untersuchung der Bandbreite des Bewußtseins die verarbeitete Informationsmenge nicht überschätzt werden darf. Obwohl eine automatisierte Fertigkeit ein sinnvolles Verarbeiten großer Informationsmengen voraussetzt, bedeutet dies nicht, daß die Information im Bewußtsein präsent gewesen ist.

Viele Messungen der Bandbreite des Bewußtseins betreffen Aktivitäten, die den Charakter angelernter, teilautomatisierter Fähigkeiten haben, wie das Wiedererkennen von Mustern in Buchstaben-und-Zahlen-Bildern. Im Verhalten summieren sich dann eine Menge Bits, die im Bewußtsein nicht präsent sind.

Die Fähigkeiten des Bewußtseins werden überschätzt, wenn die Trojanischen Pferde nicht mitberücksichtigt werden, die viele Bits in das Verhalten des Menschen schmuggeln, ohne daß das Bewußtsein davon weiß. Die Bandbreite des Bewußtseins muß daher wohl mit einem Wert weit unterhalb von 40 bit/Sek. veranschlagt werden. Eher wäre mit 16 bit zu rechnen, doch ist auch diese Zahl möglicherweise noch zu hoch. In Wirklichkeit scheint die Bandbreite des Bewußtseins im Schnitt bei einigen wenigen bit/Sek. zu liegen.

Doch ist dies in Wahrheit nicht entscheidend. Entscheidend ist, daß wir viel mehr Bits aufnehmen, als uns überhaupt bewußt wird.

Der bekannte Neurophysiologe Richard Jung von der Universität Freiburg faßt die Erkenntnisse Franks, Küpfmüllers und anderer zusammen: «Alle diese Zahlen sind Näherungen... Obwohl die verschiedenen Autoren um ein, zwei Größeneinheiten voneinander abweichen, stimmen sie alle darin überein, daß die Information des Bewußtseins reduziert ist.»[29]

Ich gebe die Zahlen nach Manfred Zimmermanns Zusammenfassung in dem Lehrbuch *Physiologie des Menschen* wieder:

Bandbreite (Kanalkapazität) von Sinnesorganen und Bewußtsein [30]

Sinnesorgan	Bandbreite (bit/Sek.)	Bewußte Bandbreite (bit/Sek.)
Augen	10 000 000	40
Ohren	100 000	30
Haut	1 000 000	5
Geschmack	1 000	1
Geruch	100 000	1

Es ist ein sehr leistungsfähiger Computer vonnöten, um in jeder Sekunde viele Millionen Bits auf sehr wenige zu reduzieren. Nur so sind wir in der Lage, zu wissen, was ringsumher geschieht, ohne daß es uns ablenkt, wenn es nicht wichtig ist.

Wie groß muß aber der Computer sein, der dieses enorme, im bewußten Erleben resultierende Aussortieren von Information bewerkstelligen kann? Notwendigerweise muß er ja mehr Information verarbeiten können als nur die 11 Millionen bit/Sek., die wir mittels der Sinne aufnehmen. Er soll auch noch die Funktionen des Körpers verwalten können und all die sonderbaren Bilder und Gedanken erzeugen, die in uns entstehen. Es ist schwierig, die Bandbreite des Gehirns experimentell zu messen, die Größenordnung aber läßt sich abschätzen.

Karl Küpfmüller gelangt zu einer Zahl von 10 Milliarden bit/ Sek., weit mehr also, als aus der Umgebung aufgenommen wird. Er geht dabei von der Anzahl Nervenzellen aus, die er auf 10 Milliarden schätzt und von denen eine jede 1 bit/Sek. verarbeiten kann. Küpfmüllers Angaben sind sehr vorsichtig. Es ist eher mit 100 Milliarden Nervenzellen zu rechnen, wovon jede mit durchschnittlich zehntausend Verbindungen zu anderen Nervenzellen ausgestattet ist. Die einzelne Zelle kann also mehr als nur 1 bit/ Sek. verarbeiten.

Unabhängig von der genauen Größe sind die Zahlen auf jeden Fall so hoch, daß man sie astronomisch nennen muß. Es gibt vielleicht 100 Milliarden Sterne in der Milchstraße, und jedem davon entspricht eine Nervenzelle in unserem Kopf. Die Anzahl der Verbindungen zwischen ihnen ist vollkommen unbegreiflich. Es gibt 1 Million Milliarden Verbindungen zwischen den 100 Milliarden Zellen.

Und aus all diesen Nervenzellen gewinnen wir bewußtes Erleben von vielleicht 10 bis 30 bit/Sek.!

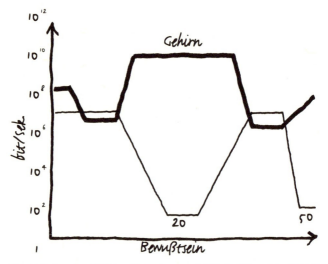

Der Informationsfluß im Menschen nach Küpfmüller: von den Sinnen über das Gehirn (und das Bewußtsein) zum Bewegungsapparat. Die dicke Linie zeigt, daß einige Millionen Bits von den Sinnen über die Nervenbahnen zum Gehirn gesendet werden, das über eine sehr große Bandbreite verfügt. Das Gehirn sendet Information in den Körper, der ungefähr ebensoviel Information verwaltet, wie die Sinne aufnehmen. Wie die dünne Linie zeigt, verarbeitet das Bewußtsein nur einen sehr geringen Teil dieser Information.

Aus der Perspektive des Gehirns betrachtet geht ebensoviel hinein wie hinaus. Im großen und ganzen ist die Anzahl der Nervenverbindungen, die *von* den Sinnesorganen ausgehen, so groß wie die der Nervenverbindungen *zum* Bewegungsapparat. Küpfmüller geht von 3 Millionen Nervenverbindungen aus, die (von Sinnesorganen und Körper) Informationen zum Gehirn senden, in der anderen Richtung von 1 Million. Die ganze Apparatur führt dann zu Bewegungen, durch die wir unsere Lebensqualität einschließlich des Überlebens selbst sichern.

Versucht man zu messen, mittels welcher Informationsmenge pro Zeiteinheit der Mensch sich ausdrückt, kommt man zu Zahlen unterhalb von 50 bit/Sek. Der Wert dessen, was wir tun, ist größer, doch vom menschlichen Bewußtsein her gesehen können wir nicht mehr als 50 bit/Sek. durch Reden oder Tanzen aktivieren.

Küpfmüller hat 1971 eine Skizze des gesamten Informationsflusses im Menschen veröffentlicht, die auf S. 214 abgebildet ist.[31]

Bemerkenswert ist also, daß das Gehirn sehr viel Information mit großer Bandbreite empfängt, daß es selbst aber darüber hinaus in der Lage ist, sehr viel mehr Information zu verarbeiten, als es aufnimmt. Es versorgt den übrigen Körper mit ungefähr noch einmal soviel Information, wie es aufnimmt. Das mag logisch erscheinen. Nur erhält das Bewußtsein so gut wie keine Kenntnis von dem, was vor sich geht!

In diesen Zahlen drücken sich einige banale Alltagserfahrungen auf recht beunruhigende Weise aus.

Den größten Teil unseres Erlebens können wir gar nicht mitteilen. In jeder Sekunde erleben wir Millionen Bits, können aber nur über wenige Dutzend berichten.

Selbst wenn wir ständig reden würden (wozu manche Menschen neigen), könnten wir nur wenig von dem mitteilen, was wir über die Sinnesorgane aufnehmen.

Mitteilen können wir nur, was uns bewußt ist. Man kann nur hoffen, daß es das Wichtige ist.

In unserer bewußten sprachlichen Gemeinschaft sind wir alle in einer radikalen Einsamkeit befangen. Da dies jedoch eine uns allen gemeinsame Bedingung ist, sind wir mit der Einsamkeit nicht allein und können darüber sprechen. Es ist uns ein schmerzliches Schweigen gemeinsam. Wir teilen die Erfahrung, daß wir andere an dem, was wir erfahren, mittels der Sprache nur in sehr geringem Maße teilnehmen lassen können.

Der Baum der Rede ist ein Versuch, diese Tatsachen zum Ausdruck zu bringen. Wir sind jetzt in der Lage, in Zahlen anzugeben, was geschieht, wenn wir reden. Das Gespräch selbst vollzieht sich mit sehr geringer Bandbreite, während die mentalen Vorgänge und die Prozesse der Sinneswahrnehmung, die Gegenstand des Redens sind, mit extrem größerer Bandbreite stattfinden. In irgendeiner Weise sind wir in der Lage, alle diese Erfahrungen sprechend zusammenzufassen, zu kartieren oder zu komprimieren. Die Kompression ist bereits notwendig, ehe überhaupt Bewußtsein vorhanden sein kann.

Ein Kind, dem eine Geschichte vorgelesen wird, benutzt nicht nur den semantischen Kanal, und in sein Gehirn gelangen nicht nur die Wörter und ihre Aussprache. Es erlebt den ganzen Körper und körperlichen Ausdruck des Erwachsenen, es erlebt Geruch, Aussehen und Tonfall. All dies sagt ihm, wie der Erwachsene die

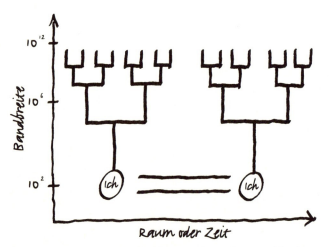

Der Baum der Rede mit der Bandbreite in bit/Sek. Die Zahlen beruhen auf Schätzungen. Wenn die waagerechte Achse den Raum darstellt, handelt es sich um ein Gespräch; stellt sie die Zeit dar, geht es um Erinnerung.

Geschichte erlebt. Es findet sehr viel nonverbale Kommunikation statt.

Der Körper sagt manches, das in den Worten nicht notwendigerweise enthalten ist. Deshalb ist das Kind in der Lage zu wissen, was Spannung ist, auf wessen Seite man steht, daß es Gute und Böse, Befreier und Kerkermeister gibt.

Kinder lieben Wiederholungen, nicht weil sie glauben, die Geschichte enthalte viel Information, was ja auch nicht der Fall ist. In Buchstaben gemessen liegt in einem Kinderbuch sehr viel weniger Information als in einem Buch für Erwachsene. Kinder lieben Wiederholungen, weil sie ihnen ermöglichen, das eigentliche Drama des Textes zu erleben: die *Exzitation* von Information im Kopf des Zuhörers. Wieder und wieder können sie sich den Prinzen, die Prinzessin und Donald Duck *vorstellen*. Sie können erschließen, was sich im Innern der Geschichte abspielt.

Durch Märchen werden Attraktoren trainiert, Bedeutungsattraktoren, Begriffe, die Erzählungen an sich ziehen. Das Kind lernt Grundabläufe kennen, es erlernt die Bedeutung von Held und Schurke, Helfer und Gegner, von Nebenperson und Hauptperson, von tatkräftig und weise, von Spannung und Auflösung. Den Gewinn aber bringt es, dies alles zusammen mit einem Erwachsenen zu erleben, zu spüren, wie sich sein Atem verändert, wenn sich die Handlung zuspitzt, den leichten Schweiß zu bemerken, wenn der Drache Feuer zu speien droht. Immer wieder. Information, verwandelt in Exformation, der Wortlaut des Textes, verwandelt in die innere Exformation der Eltern. Information über wirkliche Handlungen, ausgesonderte und vergessene Information, die dennoch über seltsame Spuren im Geist erinnert wird, Spuren, die bei jedem Wiederhören der Geschichte von dem mutigen Prinzen neu aktiviert werden.

Große Erzähler wie Hans Christian Andersen oder Karen Blixen verstehen sich meisterhaft auf die Attraktoren im mentalen Leben der Menschen. Sie verstehen es, mit inneren Bildern zu spielen, die in allen, in jungen wie alten Menschen, fundamental, archetypisch und dynamisch sind. Sie inszenieren Handlungen, bei denen kleine Mengen von Information das ganze Register früher erzeugter Exformation in den Köpfen der Menschen, der Kindern wie der Erwachsenen, aufschließen. Sie verbinden die Geschichte mit archetypischen Vorstellungen, die wir in uns haben. Der Psychoanalytiker C. G. Jung hat diese Urbilder, diese ursprünglichen Vorstellungen, als erster untersucht. Einer seiner Schüler, der Däne Eigil Nyborg, schreibt in einer zuerst 1962 erschienenen Analyse von Andersens Märchen, daß «jede lebendige Dichtung (und jedes Kunstwerk überhaupt) auf einer archetypischen Grundlage» ruht.[32]

Märchen sind nicht nur für Kinder da. Wären sie es, hätten sie keine Wirkung. Die eigentliche Kraft des Märchens stammt daher, daß Kinder und Erwachsene *gemeinsam* das Wunder der Erzählung erleben, daß ein Text mit unfaßbar wenig Information im Geiste derer, die lesen und lauschen, einen Baum des Miterlebens wachsen läßt.

Kinderbücher, die nur für Kinder da sind, lassen sich nicht gut vorlesen. Sie geben dem Kind keine Möglichkeit, am Erwachsenen zu überprüfen, was man bei der Geschichte erleben kann. Es macht keinen Spaß, sie noch einmal zu hören, weil sie den Erwachsenen nicht begeistern, nichts in ihm exzitieren. (Bei Comics, die viele Erwachsene nicht gern vorlesen, liegt das Problem vermutlich woanders. Die Bilder enthalten so viel Information, daß es schwierig ist, die Bäume gemeinsam wachsen zu lassen.)

Auch Erwachsenenkunst und Erwachsenentrivialkunst sind geeignet, ein inneres Leben zu entfachen. Es macht Spaß, mit jemandem, den man kennenlernen möchte, ins Kino zu gehen. Der Film braucht nicht gut zu sein, man möchte nur erleben, daß man im Dunkel des Kinos «zusammenschwingt», daß in den Köpfen Bäume wachsen, die sich gegenseitig verstärken können, daß man den inneren Zustand des anderen spürt und gemeinsam Schicksale auf einer Leinwand erlebt, so ärmlich sie auch sein mögen.

Der kolossal angewachsene Medienkonsum entfernt die Menschen voneinander und führt zu Verarmung, doch bietet er auch Möglichkeiten, nonverbale Erlebnisse miteinander zu teilen, die körperlichen Reaktionen des anderen auf einen Text oder einen Film zu spüren, die Bäume der anderen wahrzunehmen.

Vorlesen hat nichts mit Wörtern allein zu tun, sondern mit dem, was Wörter mit Menschen machen. Ein Konzert erleben hat nichts mit Musik allein zu tun, sondern mit dem, was Musik mit Menschen macht. Zum Fußballspiel gehen hat nichts mit Fußball allein zu tun, sondern mit dem, was Fußball mit Menschen macht.

Das Fernsehen isoliert, gleichzeitig aber produziert es Gemeinschaft, indem es die Gewißheit schafft, daß sich Millionen Menschen im gleichen Augenblick begeistern lassen. Sitzen wir allein vor dem Bildschirm und haben keine Gelegenheit, über das zu sprechen, was wir sehen, dann fehlt etwas. Ein körperliches Erleben, ein Wiedererkennen anderer Menschen, ein Gefühl, daß Information erst dann Sinn erhält, wenn sie von einem Menschen erfaßt wird.

Kombinieren wir Küpfmüllers Figur mit dem Baum der Rede aus dem letzten Kapitel, entsteht das folgende Bild:

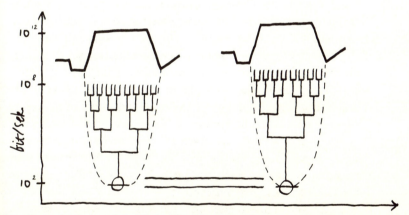

Der Baum der Rede, auf ein Küpfmüller-Diagramm übertragen. Zwei Personen sprechen über eine geringe Bandbreite miteinander, beide haben aber einen Baum im Kopf. Der Baum wächst in den Bereich der großen Bandbreite hinauf, die im Küpfmüller-Diagramm für das Gehirn angegeben ist.

Es gibt andere Kommunikationskanäle als nur den sprachlichen, den Kanal des Bewußtseins mit seiner geringen Bandbreite. Könnte man nicht mit größerer Bandbreite kommunizieren, zum Beispiel durch Augenkontakt? Das können wir, und darin liegt auch der Grund, daß Gespräche überhaupt funktionieren.

Auch der amerikanische Anthropologe und Kybernetiker Gregory Bateson, dessen Formulierung «Information ist ein Unterschied, der einen Unterschied macht» häufig zitiert wird, hat die begrenzte Bandbreite des Bewußtseins beschrieben. Bateson spricht von einem parasprachlichen Bereich, der *Ausdrucksbewegung* der Kommunikation des Körpers. Vieles sagen wir ohne Worte.

«Als Säugetiere kennen wir zwar die Gewohnheit, über unsere Beziehungen zu kommunizieren, sind uns deren aber größtenteils nicht bewußt», schreibt Gregory Bateson 1966 in einem Artikel über die Schwierigkeit, mit Delphinen zu kommunizieren. «Wie andere Landsäugetiere vollziehen wir den größten Teil unserer Kommunikation über dieses Thema mit Hilfe von Ausdrucksbewegungen und parasprachlichen Signalen, wie etwa Körperbewegungen, unwillkürliche Anspannungen willkürlicher Muskeln, Veränderungen im Gesichtsausdruck, Zögern, Tempoverschiebungen in der Rede oder Bewegung, Obertöne der Stimme und Unregelmäßigkeiten der Atmung. Wenn man wissen will, was das Bellen eines Hundes ‹bedeutet›, schaut man auf seine Lefzen, seine Nackenhaare, seinen Schwanz und so weiter. Diese ‹expressiven› Teile seines Körpers sagen einem, welches Objekt in der Umgebung er anbellt und welchen Beziehungsmustern zu diesem Objekt er wahrscheinlich in den nächsten Sekunden folgen wird. Vor allem aber schaut man nach seinen Sinnesorganen: seinen Augen, seinen Ohren und seiner Nase. Bei allen Säugetieren werden die Sinnesorgane auch zu Organen für die Übertragung von Mitteilungen über Beziehungen.»[33]

Wir Menschen haben allerdings ein Problem: Wir wollen nicht zugeben, daß wir Tiere sind. Wir glauben, unser Bewußtsein sei identisch mit uns selbst. Wir neigen deshalb zu der Annahme, das, was wir sagen, liege ausschließlich in den Worten. Wir nehmen uns selbst sehr wörtlich. Wir glauben, Information sei das Wichtige an einem Gespräch. Gregory Batesons Untersuchungen der Vielschichtigkeit von Kommunikation führten in den fünfziger Jahren unter anderen Erkenntnissen zu der sogenannten *Double-bind*-Theorie der Schizophrenie, jener Gruppe psychischer Erkrankungen, bei denen der Patient die Kontrolle über seine mentalen Prozesse und seinen eigenen Willen verliert («Persönlichkeitsspaltung»). Schizophrene nehmen eine Aussage oft *sehr* buchstäblich: «Sagt man zum Beispiel zu einem Schizophrenen, er solle eine Entscheidung ‹mit kühlem Kopf› treffen, läuft man Gefahr, daß er seinen Kopf unter einen Wasserhahn hält», schreibt der Psychologe Bent Ølgaard in einem Buch über Batesons Kommunikationstheorie. «Von einem schizophrenen Patienten wird berichtet, er

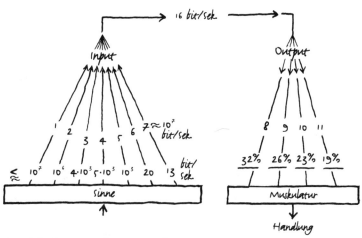

1. Gesichtssinn 2. Gehör 3. Berührungssinn 4. Wärmesinn
5. Muskelsinn 6. Geruchssinn 7. Geschmackssinn 8. Skelett
9. Hand 10. Sprachmuskeln 11. Gesicht

Übersicht über den Informationsfluß im Menschen, ein sogenanntes Organogramm, erarbeitet von der Erlanger Schule (Frank, Lehrl u. a.). Wie das Küpfmüller-Diagramm zeigt es, daß der Mensch mehr Informationsinput und -output hat, als das Bewußtsein erfaßt.

habe tagelang mit den Füßen am Boden auf dem Bett gesessen, weil er Angst hatte, den Bodenkontakt zu verlieren.«[34]

Schizophrene haben, in der Terminologie dieses Buches ausgedrückt, Probleme mit der Exformation. Sie können die Exformation nicht erschließen, die in einer Aussage liegt; sie verstehen sie buchstäblich, nehmen die Information wörtlich.

Bateson führt dieses schizophrene Verhalten auf eine andauernde *Double-bind*-Situation in der Kindheit zurück. Der Erwachsene bringt mit seinem Körper das Gegenteil dessen zum Ausdruck, was er mit seinen Wörtern sagt. Das Kind erlebt immer wieder, daß der Erwachsene lügt. Dadurch gerät es in eine unmögliche Situation. Nimmt es die Worte wörtlich, muß es sich selbst belügen, denn der Körper des Kindes spürt ja deutlich die dem Gesprochenen entgegengesetzte Botschaft des Erwachsenen. Wörtlich kann die Botschaft beispielsweise lauten, das Kind solle zum eigenen Besten ins Bett gehen, während der Erwachsene mit seinem ganzen Körper und seiner Redeweise zum Ausdruck bringt, es solle um des Erwachsenen willen schlafen gehen.

Diese unmögliche Situation, in der das Kind sich entscheiden muß, entweder den Worten des Erwachsenen oder den eigenen Gefühlen zu glauben, führt in ein Dilemma, das sich zu einem krankhaften Zustand verdichtet. Das Kind kann seine inneren Gefühle nicht zusammenhängend erleben; es wird schizophren.

Batesons *Double-bind*-Modell hat viele psychotherapeutische Schulen beeinflußt. Es ist darüber hinaus mehr oder weniger relevant für die Kindheit der *meisten* Menschen. Die bezeichnende Erfahrung, wie schwer es ist, Kindern auf der emotionalen Ebene etwas vorzumachen, und wie leicht, sie intellektuell an der Nase herumzuführen, verweist darauf, daß sie der grundlegenden Gewißheit, der Körper sage mehr als die Sprache, noch nicht entwachsen sind. (Andererseits haben sie noch nicht entdeckt, daß viele intellektuelle Behauptungen nur im Bewußtsein stattfinden und deshalb in der Körpersprache nicht zum Ausdruck kommen.)

Der Widerspruch zwischen dem, was die Worte sagen, und dem, was der Körper sagt, erklärt aber nicht nur die Entstehung psychischer Leiden. Für alle Menschen gilt, daß die Sprache des Körpers und des Gesichts vieles ausdrückt, was mit der verbalen Aussage nicht übereinzustimmen braucht.

Ein anderer amerikanischer Anthropologe, Edward T. Hall, hat in den fünfziger und sechziger Jahren beschrieben, wie die Bewegungen des Körpers in Raum und Zeit in verschiedenen Kulturen dazu dienen, Botschaften zum Ausdruck zu bringen, die aus den Worten nicht hervorgehen. In multinationalen Gesellschaften entstehen hieraus große Schwierigkeiten. Ein Deutscher und ein Amerikaner meinen mit einer offenen Bürotür ungefähr das Gegenteil. Der Deutsche setzt voraus, daß Türen dazu da sind, geschlossen zu sein, um geöffnet zu werden, der Amerikaner empfindet eine geschlossene Tür als Abweisung.

Doch das ist nur ein Beispiel. Das eigentliche Drama ist, daß die Sprache des Körpers viel mehr sagt als die der Rede. «Die Vorstellung, wesentliche Teile unserer Persönlichkeit existierten jenseits unserer eigenen Aufmerksamkeit, seien aber für alle anderen vorhanden und sichtbar, erscheint erschreckend», schreibt Edward T. Hall. «Das Unbewußte ist niemandem als nur der Person selbst verborgen, die Persönlichkeitsanteile vor sich selbst versteckt, welche von wichtigen Personen in ihrer Kindheit mißbilligt wurden.»[35]

Andere wissen mehr über uns als wir selbst, da ihnen über unsere Körpersprache die Millionen bit/Sek. in unserem Gehirn zugänglich sind, die nicht in unser Bewußtsein gelangen. Die Sprache ist eine ziemlich junge Errungenschaft unserer biologischen Entwicklung, und ehe es eine Frage war, ob jemand sich gebildet auszudrücken verstand, war es lange Zeit viel wichtiger zu erkennen, wie er sich verhalten würde.

Exformation ist wichtiger als Information. Es ist wichtiger zu wissen, was im Kopf der Menschen vor sich geht, als die Worte zu verstehen, die sie sagen.

Besteht aber ein Gegensatz zwischen dem, was gesagt wird, und dem, was gemeint ist, macht es einen auf Dauer verrückt. Es ist gesund, wenn man wütend wird auf Leute, die mit den Worten das eine und mit dem Körper das Gegenteil davon sagen, denn die Alternative wäre, selbst verrückt zu werden.

Die bewußte Sprache verwaltet nur einen sehr geringen Teil dessen, was in einer sozialen Situation enthalten ist. Es ist viel Information aussortiert worden, ehe man zur verbal geäußerten Information gelangt.

Versteht man das nicht, wird man ausgelacht. Mitglieder von Cliquen und Jugendgruppen machen sich lustig über andere, die ihren Code nicht verstehen, also die Exformation in der Information nicht erfassen. Snobismus, Cliquenbildung, Parteilichkeit und Verfolgung von Minderheiten laufen darauf hinaus, diejenigen zu verspotten, die die Exformation in der Information nicht verstehen.

Die Waffe gegen einen solchen stupiden Informationsfaschismus ist Humor. Witze verweisen darauf, daß die Information nicht konsistent ist. Mit den Worten des Witzes ist das Gegenteil dessen gemeint, was zunächst zu erwarten war. Es gibt einen zweiten Zusammenhang, der die Ärmlichkeit oder Falschheit des ersten aufzeigen kann. Ein guter Witz vermittelt diese Erkenntnis mit dem Knalleffekt der Pointe.

Das setzt jedoch voraus, daß die Pointe vorbereitet wird, indem der Zuhörer den Text zunächst aus seiner Sicht aufnimmt. Die gesamte Information, die während des Aufbaus der Pointe gegeben wird, muß sich plötzlich radikal anders deuten lassen.

Ein Beispiel dafür findet sich in einer Fußnote des Buches, das die Informationstheorie begründete, Claude Shannons und Warren Weavers *Mathematische Grundlagen der Informationstheorie*. Weaver zitiert dort den Gehirnforscher Karl Lashley mit folgender Geschichte: «Als Pfungst 1911 nachwies, daß die Pferde von Elberfeld, die erstaunliche sprachliche und mathematische Fertigkeiten zeigten, lediglich auf Kopfbewegungen ihres Dompteurs reagierten, begegnete ihr Eigentümer, Herr Krall, dieser Kritik auf eine sehr direkte Art. Er fragte die Pferde, ob sie solch kleine Bewegungen überhaupt erkennen könnten, worauf sie nachdrücklich mit ‹Nein› antworteten.»[36]

Großzügiger Humor ist das Wissen des sprachlichen Bewußtseins um seine eigene Armut. Geiziger Humor ist der Nachweis der Armut in der verbalen oder mentalen Information anderer.

Dem italienischen Semiotiker und Schriftsteller Umberto Eco zufolge ist das Teuflische «der Glaube ohne ein Lächeln», während das Menschenfreundliche darin besteht, «die Wahrheit zum Lachen zu bringen».[37]

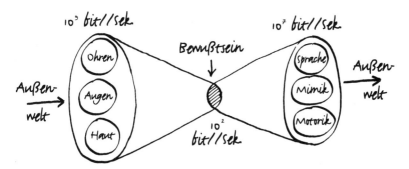

Das Bewußtsein zwischen Input und Output, skizziert von W. D. Keidel, Erlanger Schule.

Der Satz «Ich lüge» führte 1931 zum Gödelschen Satz, und dieser brachte den Glauben ins Wanken, die Welt lasse sich erschöpfend in formalen und sprachlichen Systemen beschreiben. Der Verlust dieses Glaubens ist zum Thema des 20. Jahrhunderts geworden. In der Wissenschaft ebenso wie in der Philosophie ist deutlich geworden, daß die Welt sich im Netz des Gedankens oder der Sprache nicht einfangen läßt.

Die Sprache und die formalen Systeme selbst neigen dazu, vorzugeben, sie könnten es schaffen, sie könnten alles beschreiben. Mit Antinomien wie dem Lügnerparadox räumt die Sprache widerwillig ein, daß sie eine Sprache, die Karte eines Geländes ist und nicht das Gelände selbst. Mit Gödels Satz erkennt das formale System an, daß es ein formales System ist. Die Paradoxa der Philo-

DREI ARTEN VON MEDIEN. Zeitung, Radio, Fernsehen – drei Medien, drei Welten. Ihr Ausgangspunkt ist jedoch oft der gleiche: ein Interview mit einer Person, die mehr über eine Sache weiß als der Interviewer selbst. Ein Gespräch, das Stunden dauert, wird auf etwas reduziert, das sich in wenigen Minuten konsumieren läßt. Information wird aussortiert. Aus einem Gespräch von zwei Stunden Dauer werden zwei Minuten Lesen, Zuhören oder Fernsehen.

Die Freiheitsgrade sind sehr unterschiedlich. Wird ein Interview so redigiert, daß ein kurzer Text entsteht, können Aussagen hin und her geschoben werden, die zu sehr verschiedenen Zeitpunkten des Gesprächs gemacht wurden. Man kann zwei halbe Sätze verbinden, ohne daß es viel zu bedeuten hat, denn im Text ist nicht besonders viel Information enthalten. Vom Charakter des Gesprächs wird nur wenig vermittelt. Die Körpersprache, das Hintergrundrauschen, die Mimik sind verschwunden, nur der Text ist übriggeblieben. Die Redaktionsarbeit des Zeitungsjournalisten ist leicht.

Sie ist es zumindest im Vergleich zu der des Rundfunkjournalisten. Dieser kann nicht einfach zwischen den Sätzen herumschneiden, ohne daß es seltsam klingt. Sprache hat Tempo und Rhythmus, der Interviewpartner redet sich warm, und man kann nicht einfach Sequenzen des Gesprächs zusammenstückeln. Der Tonfall gibt zu erkennen, ob jemand eine Argumentation beginnt oder beendet. Die Tonbandaufnahme eines Gesprächs enthält sehr viel mehr Information als ein Gespräch, das als Text wiedergegeben wird. Eine Rundfunksendung ist schwieriger zu redigieren als ein Zeitungsartikel, aber nicht so schwierig wie ein Fernsehinterview.

sophie sind das Pendant der intellektuellen Welt zu den Schmerzen, die das Kind beim Aufwachsen erleidet, wenn die Eltern das eine sagen und mit dem Körper zeigen, daß sie etwas anderes meinen.

Die Möglichkeit zu lügen ist ein Kostenfaktor, den das Bewußtsein verursacht. «Bewußt kann man lügen, unbewußt kann man nicht lügen. Dies beweist beispielsweise der Lügendetektor»[38], schreibt Karl Steinbuch, damals Professor an der Technischen Hochschule Karlsruhe, in seinem Buch *Automat und Mensch* von 1965. Möglich ist Lügen aufgrund des geringen Informationsgehalts des Bewußtseins; die Möglichkeit der Negation entsteht,

---

Das Fernsehen zeigt Gestik und Augenbewegungen, und das Gesicht des Sprechenden gibt sehr deutlich seine Haltung zu dem, was er sagt, zu erkennen. Der Journalist, der das Interview redigiert, muß sich an bestimmten Regeln orientieren, die festlegen, was der Zuschauer optisch akzeptieren kann. Niemand akzeptiert ein Interview mit einer Person, die mit Händen und Augenbrauen zu erkennen gibt, daß sie zur entscheidenden Pointe ansetzt – um dann geschnitten zu werden. Es ist vielleicht auf dem Tonband nicht zu hören und schon gar nicht aus der Abschrift zu ersehen, daß der Betreffende im Begriff war, etwas Wesentliches zu sagen. Der Journalist mag recht haben, wenn er meint, es sei für das Publikum nicht wesentlich; dennoch sieht der Zuschauer nicht gern, daß der Interviewte einfach unterbrochen wird. Deshalb ist eine Fernsehaufzeichnung schwieriger zu redigieren als ein Rundfunkinterview.

Die Wiedergabe eines Interviews im Fernsehen enthält viel mehr Information als die Rundfunkwiedergabe und diese wiederum weit mehr als die Wiedergabe eines Interviews in Textform.

Der Unterschied läßt sich messen. Die Frage ist, wieviel Information die drei Medien übertragen können, wie viele Bits pro Sekunde sie vermitteln. Es geht also um die Bandbreite.

Das Fernsehen hat eine Bandbreite von ungefähr 1 Million bit/Sek., das Radio von etwa 10000, und die Bandbreite eines gelesenen Textes liegt bei 25 bit/Sek.

Das bedeutet nicht, daß der Journalist – oder der Empfänger – alle diese Bits tatsächlich unter Kontrolle hat. Da aber durch die Körpersprache möglicherweise etwas anderes ausgedrückt wird als das, worauf es dem zuhörenden Journalisten ankommt, kann es passieren, daß eine nach Maßgabe der Tonbandabschrift sehr vernünftig redigierte Sequenz für die Übertragung über den Bildschirm ganz und gar ungeeignet ist.

weil so wenige Bits zu bewegen sind. Wer eins ist mit seinem Körper, kann nicht lügen. Kinder wissen das.[39]

Schon bei den alten Griechen aber hatten sich die Zivilisation und die Überzeugung, Bewußtsein sei mit Menschsein identisch, so weit entwickelt, daß sie auf das Lügnerparadox stießen. «Ich lüge.»

In der mathematischen Logik unseres Jahrhunderts wurde das Lügnerparadox von Bertrand Russell wiederentdeckt. Er versuchte es loszuwerden, indem er Regeln für *logische Typen* aufstellte. Der Grundgedanke ist, Begriffen zu verbieten, sich auf sich selbst zu beziehen, also Vermischungen von Begriffen mit dem zu untersagen, was sie bezeichnen.

Damit wurde die Existenz des Problems anerkannt und gleichzeitig versucht, es in ein Hinterstübchen der mathematischen Logik zu verweisen.

Gregory Batesons Beschreibung der seltsamen Logik der Schizophrenie erinnert an das Lügnerparadox, und Bateson geht auch erkenntnistheoretisch vom Lügnerparadox und Bertrand Russells und Alfred North Whiteheads *Principia Mathematica* von 1910/13 aus und verweist immer wieder auf Russell.

Manche Zeitgenossen Batesons rümpften darüber die Nase. Der Wissenschaftstheoretiker Stephen Toulmin schrieb 1980 anläßlich der Herausgabe von Batesons letztem Buch *Mind and Nature*, es sei allen Erwartungen zuwidergelaufen, daß Bateson sich unter den Philosophen ausgerechnet Russell zum Verbündeten gewählt habe.[40] Russell vertrete nicht gerade jene Form grenzüberschreitender Erkenntnistheorie, die von Bateson beschrieben worden sei. Daher, so Toulmin, falle es schwer zu verstehen, was Bateson an Russell fasziniert habe. Es besteht jedoch ein tiefer innerer Zusammenhang zwischen Batesons Begriff der Schizophrenie und im weiteren Sinne aller Kommunikation zwischen Menschen und der Wiederentdeckung des Lügnerparadoxons durch Russell.

Hinsichtlich der philosophischen Haltung aber empfindet Toulmin Batesons Begeisterung für Russell zu Recht als seltsam. Russell verfolgte mit seiner Untersuchung des Lügnerparadoxons eine ganz andere Intention als Bateson. Für ihn war diese Antinomie das Pathologische, eine Art Krankheit in den Grundlagen der mathematischen Logik, ein Unheil, von dem man sich befreien mußte. Als Gödel 1931 zeigte, daß das Paradox nur ein frühes Anzeichen viel tieferliegender Sachverhalte ist, deren Entdeckung bevorstand, war es Russell gleichgültig.

Bateson ermöglichte das Lügnerparadox eine erkenntnistheoretische Beschreibung von Phänomenen der Alltagssprache: Wir können die Worte nicht wörtlich nehmen, sondern müssen, wenn wir sie verstehen wollen, den Kontext kennen.

Mit dem gemeinsamen Interesse für das Lügnerparadox verbanden Russell und Bateson entgegengesetzte Intentionen. Gemeinsam war ihnen aber auch, daß sie Kurt Gödels Arbeit kein besonderes Interesse entgegenbrachten.

Kurt Gödel und nach ihm Gregory Chaitin wiesen jedoch nach, daß sich die Konsequenzen des Lügnerparadoxons immer und überall bemerkbar machen, wenn wir die Welt in einer begrenzten und formalen Sprache zu beschreiben versuchen.

Jede Sprache, jede Beschreibung, jedes Bewußtsein besteht aus Information als Resultat von Exformation. Große Mengen Information müssen aussortiert worden sein, bevor wir Bewußtsein haben können. Deshalb lassen sich das Bewußtsein und das, was es ausdrückt, letztlich nur begreifen, wenn sie dort verankert werden, wo die Information aussortiert wird: im Körper.

Den größten Teil dessen, was durch uns hindurchgeht, erfassen wir nicht. Unser bewußtes Ich ist nur ein kleiner Teil des Gesamtgeschehens. Wenn Kinder zu sagen lernen «Ich lüge», wissen sie bereits, daß das Ich, das in seiner unfaßbaren Selbstüberschätzung glaubt, der Körper erlaube es ihm zu lügen, selbst die größte Lüge ist.

Kapitel 7
Die «Atombombe der Psychologie»

Warum kam die Erforschung der Bewußtseinskapazität in den sechziger Jahren zum Stillstand? Warum wurde das erstaunliche Menschenbild, das sich daraus hätte ergeben können, so vollständig ignoriert?

Vielleicht ist die Erklärung in Entwicklungen auf einem anderen Forschungsgebiet zu suchen, dessen experimentelle Methoden mit der Untersuchung der Bandbreite des Bewußtseins eng verwandt sind: der Erforschung der *subliminal perception*, der nichtbewußten Wahrnehmung.

Als gegen Ende des 19. Jahrhunderts die Untersuchung der menschlichen Sinneswahrnehmung begann, spielte die Vorstellung einer Schwelle, eines *limen*, eine wichtige Rolle. Eine solche Schwelle bezeichnet den kleinsten Reiz, den der Organismus erfassen kann. Ein Reiz, der oberhalb der Schwelle liegt, kann registriert werden, während der Organismus schwächere Einwirkungen nicht bemerkt.

Zum Beispiel ist eine bestimmte Lautstärke notwendig, damit wir einen Ton hören, oder eine gewisse Menge Licht, damit wir einen Stern am Himmel erkennen.

Subliminale Sinneswahrnehmung bedeutet Wahrnehmung von Reizen, die unterhalb *(sub)* einer Schwelle *(limen)* liegen. Die Schwelle selbst, und das ist das Interessante daran, wird als die Grenze zum *bewußten* Erfassen eines Reizes definiert. Etwas subliminal Wahrgenommenes ist also ein Reiz, den wir aufnehmen, obwohl er so schwach ist, daß wir ihn nicht bewußt registrieren.

Die «Atombombe der Psychologie»

Der dänische Philosoph und Psychologe Harald Høffding beschrieb Ende des 19. Jahrhunderts mentale Aktivitäten, die gewöhnlich bewußt sind, aber auch ohne Bewußtsein ablaufen können: «Eine Thätigkeit, die sonst mit Bewußtsein stattfinden würde, kann, wenn das Bewußtsein gleichzeitig von etwas anderem in Anspruch genommen ist, unter der Schwelle des Bewußtseins stattfinden.»[1]

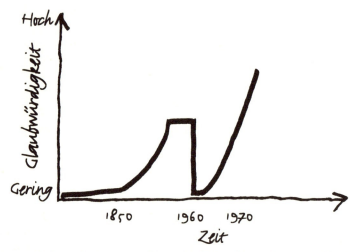

Der Glaube an die Existenz subliminaler Wahrnehmung in neuerer Zeit (nach Dixon)

Mit der Vorstellung, das Verhalten von Menschen könne von Wahrnehmungen beeinflußt werden, die ihm nicht bewußt und dennoch im Organismus wirksam sind, ist seit jeher erhebliche Angst verbunden gewesen. «Wenige Hypothesen in den Verhaltenswissenschaften haben so sehr zu Kontroversen Anlaß gegeben wie die Vorstellung, Menschen könnten von äußeren Reizen beeinflußt werden, die ihnen vollkommen unbewußt bleiben»[2], schreibt der britische Psychologe Norman Dixon, der zwei Bücher über subliminale Wahrnehmung und die Debatte darüber veröffentlicht hat.

Dixon fügte dem ersten Buch von 1971 die auf Seite 232 wiedergegebene Graphik bei, die anschaulich macht, welche Entwicklung der Glaube an die Existenz subliminaler Wahrnehmung bis in die sechziger Jahre hinein durchlaufen hat.[3]

Man sieht, daß die Kurve im 20. Jahrhundert insgesamt steigt, um 1960 jedoch einen sehr markanten Knick aufweist. Er zeigt zum einen, daß die Menschen damals nicht an subliminale Wahrnehmung glaubten, zum anderen aber auch, daß die Forscher aufhörten, sich mit dem Thema zu beschäftigen.

Die Ursache für das steile Absinken der Kurve Ende der fünfziger Jahre ist als «Atombombe der Psychologie» bezeichnet worden.

1957 begann die Firma Precon Process and Equipment Corporation in New Orleans, USA, Reklame für die Placierung subliminaler Botschaften in Werbespots und Filmen zu machen, Botschaften, die vom Bewußtsein nicht erfaßt werden und dennoch wirken, unbewußt oder vorbewußt: *pre-consciously*, Precon.

Dieselbe Idee hatte die Firma Subliminal Projection Company, deren Aktivitäten mit einer Pressekonferenz in New York begannen. Radio- und Fernsehsender in den USA gingen nun dazu über, Reklamezeit für subliminale Beeinflussung zu verkaufen. Die Firmen, die die entsprechenden Techniken entwickelten, versprachen massive Steigerungen der Verkaufszahlen; die Menschen empfänden ein heftiges Bedürfnis, Produkte zu erwerben, von denen sie nicht einmal wüßten, daß sie sie gesehen oder in der Reklame davon gehört hätten.

Bei psychologischen Untersuchungen hatte sich gezeigt, daß ultrakurze Bilder, vom Bewußtsein nicht erfaßt, das Verhalten beeinflussen können. Und diese Erkenntnisse wurden jetzt kommerziell genutzt.

Die amerikanische Öffentlichkeit reagierte sehr heftig. Es gab also eine Methode, Botschaften in die Menschen hineinzuschmuggeln, ohne daß sie die Möglichkeit hatten zu erfahren, daß sie beeinflußt wurden. Der Proteststurm bewirkte, daß die Nutzung subliminaler Implantate zu Reklamezwecken in den USA und dem größten Teil der westlichen Welt eingestellt wurde. Die Verbraucher ließen es sich nicht gefallen, so gründlich an der Nase herumgeführt zu werden.

Das unmittelbare Problem war damit gelöst. Nicht gelöst war jedoch ein anderes: Was ist subliminale Wahrnehmung, und wie wichtig ist sie im Alltag der Menschen?

«Die Nachrichten über die kommerzielle Anwendung längst etablierter psychologischer Prinzipien sind für viele zu einem Alptraum geworden, und wir befinden uns unfreiwillig in der Rolle von Eindringlingen ins Privatleben und Feinden der Gesellschaft», schreiben die drei amerikanischen Psychologen J. McConnell, R. Cutler und E. McNeil 1958 in einem zusammenfassenden Artikel über das Thema. «Die sehr emotionale öffentliche Reaktion auf die ‹Entdeckung› subliminaler Wahrnehmung sollte unserer Profession als Anschauungsunterricht dienen, denn im hellen Lichte der öffentlichen Aufmerksamkeit werden sowohl dringende ethische Fragen als auch Vorzeichen für Entwicklungen sichtbar, die kommen werden. Als die theoretische Beschreibung $E = mc^2$ in die praktische Anwendung der Atombombe mündete, sah sich die Gemeinschaft der Physiker mit ihrer sozialen und wissenschaftlichen Verantwortung konfrontiert. Hält man sich die Heftigkeit des öffentlichen Aufschreis bei einem Minimum faktischer Kenntnisse über dieses subliminale soziale Atom vor Augen, drängt sich den Psychologen die Notwendigkeit geradezu auf, die ethischen Probleme zu prüfen, die mit der Anwendung ihrer Forschungsergebnisse in dieser Zeit verbunden sind.»[4]

Die drei amerikanischen Psychologen machten ihre Zunft auf die Verantwortung aufmerksam, die sich aus der gesellschaftlichen Nutzung ihres Wissens ergab. Merkwürdigerweise aber nahmen die Psychologen diese Verantwortung nicht an. Sie taten, als sei alles nur ein Mißverständnis.

Norman Dixon schreibt: «Das Erschrecken Ende der fünfziger Jahre hatte eine erstaunliche Wirkung auf den Berufsstand. Ehemalige Verfechter der subliminalen Wahrnehmung änderten ihre Meinung. Eine tiefgreifende Umwertung früherer Forschungen und Schlußfolgerungen begann.» Dixon fährt fort: «Da die Initiatoren dieser Umwertung Psychologen waren und der Anlaß ihrer Schmähungen etwas weniger dramatisch war als die Explosion einer Atombombe, fiel ihnen *ihre* Lösung der ‹ethischen Probleme›, auf die McConnell und seine Koautoren aufmerksam gemacht hatten, etwas leichter als den Physikern. Diese konnten die Wirklichkeit der Kernspaltung schlecht leugnen, ein Handicap, das die Psychologen hinsichtlich der subliminalen Wahrnehmung nicht hatten. Anstatt zu sagen (was sie vielleicht hätten tun sollen): ‹Ja, es ist ausreichend dokumentiert, daß Menschen von Information beeinflußt werden können, deren sie sich nicht bewußt sind›, und Methoden zur Verhinderung kommerziellen und politischen Mißbrauchs dieses Phänomens zu propagieren, wählten sie den einfacheren Weg und führten verschiedene Argumente an, um zu beweisen, daß es subliminale Wahrnehmung überhaupt nicht gebe und somit kein Grund zur Angst bestehe.»[5]

Norman Dixons Urteil ist hart: Die Psychologen zogen einfach den Schwanz ein. Allerdings war das Klima auch nicht gerade angenehm. Ein Mann, der großen Einfluß auf die Meinungsbildung während der Debatte Ende der fünfziger Jahre hatte, war der amerikanische Autor Vance Packard. In einem 1978 veröffentlichten Buch blickt er auf die Diskussion zurück, die das Thema subliminale Wahrnehmung aus den Schlagzeilen verschwinden ließ: «Tatsächlich ist das Interesse an unterschwelliger Stimulation keineswegs tot; es ging weiter, freilich sehr viel unauffälliger. Mir liegen Berichte über vierzehn Versuchsreihen der letzten Jahre vor, und ich besitze Hinweise auf eine ganze Reihe weiterer. In seinem neuen, weitverbreiteten Lehrbuch *Understanding Human Behaviour* widmet der Psychologe James McConnell ein ganzes Kapitel der ‹Subliminalen Perzeption›.»[6]

Allein die Tatsache, daß der Gegenstand erforscht wird, ist für Packard bereits Stein des Anstoßes, eine Haltung, in der ein mittlerweile klassisches Problem zum Ausdruck kommt: Soll die Gesellschaft bestimmte Forschungen verbieten oder erst die Umsetzung ihrer Ergebnisse, um Wildwuchs in der technischen Entwicklung zu kontrollieren?

Im Falle der subliminalen Wahrnehmung entschlossen sich die Wissenschaftler zur Selbstzensur. Das funktioniert jedoch nur für eine gewisse Zeit, und diese Zeit geht ihrem Ende entgegen.

Die subliminale Wahrnehmung ist weiter erforscht worden, und in den siebziger und besonders achtziger Jahren hat sich endgültig erwiesen, *daß der weitaus größte Teil der Information, die der Mensch verarbeitet, vom Bewußtsein nicht erfaßt wird, auch dann nicht, wenn sie nachweisbar Einfluß auf sein Verhalten ausübt.*

Wir sehen uns also mit dem Dilemma konfrontiert, daß diese Erkenntnisse mißbraucht werden können, nicht nur zu Reklamezwecken, sondern für alle möglichen Formen der Meinungsbildung und Manipulation. Deshalb sind sie gefährlich.

Es gibt jedoch auch eine andere Perspektive. Es ist für das Überleben des Menschen und seiner Zivilisation von entscheidender Bedeutung, daß uns klar wird, wie wenig uns von dem, was in uns vorgeht, bewußt ist. Die Erkenntnis, das Bewußtsein spiele eine sehr viel geringere Rolle im menschlichen Leben, als wir zu glauben gewohnt sind, ist möglicherweise lebenswichtig, da nur sie die Kultur zu transformieren vermag, deren Tragfähigkeit gegenwärtig ernsthaft in Frage gestellt ist.

Hat diese Auffassung, für die in späteren Kapiteln Argumente vorgebracht werden sollen, auch nur ein wenig für sich, würde ein Verbot der Erforschung subliminaler Wahrnehmung zwar auf kurze Sicht den Mißbrauch ausschließen, langfristig aber den Weg zu einer vielleicht lebensnotwendigen Selbsterkenntnis versperren.

In diese Zwickmühle gerät jede Art von Forschungszensur. Die Untersuchungen werden aber fortgeführt, und vieles spricht dafür, daß sich die wissenschaftliche Erkenntnis, wie wenig transparent der Mensch ist, in den kommenden Jahren mehr und mehr durchsetzen wird.

Im Keim war sie bereits in der seit Anfang der sechziger Jahre

Wie transparent ist der Mensch? 237

bekannten Tatsache angelegt, daß das Verhältnis zwischen dem, was wir mittels unserer Sinne wahrnehmen, und dem, was wir bewußt erleben, eine Million zu eins beträgt. Die Bandbreite des Bewußtseins ist sehr gering, verglichen mit der des Menschen.
Als man das entdeckt hatte, hörte man auf zu forschen. Denn es macht wenig Mühe, Leute an der Nase herumzuführen, die nur ein Millionstel dessen erfassen, was sie wahrnehmen.

Die Erforschung des menschlichen Geistes hat im Laufe der Jahrhunderte viele überraschende Wendungen genommen, und die Bedeutung des Bewußtseins ist in verschiedenen Zeiten sehr unterschiedlich veranschlagt worden.
Die Philosophie der Neuzeit seit der Renaissance beginnt mit der Auffassung, das Bewußtsein bilde das Zentrum des Menschen. Der Franzose René Descartes gelangt 1619 nach vielem Zweifeln zu der Erkenntnis, daß er eines mit Sicherheit weiß, nämlich daß er zweifelt: «Ich denke, also bin ich.» Das Bewußtsein war also das eigentliche Pfand des Daseins, es war in Wahrheit das einzige, woran nicht zu zweifeln war.
Der englische Philosoph John Locke veröffentlichte 1689 den *Essay Concerning Human Understanding,* in dem er auf das Bewußtsein des Menschen von sich selbst und auf seine Fähigkeit eingeht, sich und die Welt zu erkennen. Daß der Mensch transparent sei, hat das Nachdenken über den menschlichen Geist vor allem in Großbritannien und den USA stark geprägt.
Doch gegen Ende des vorigen Jahrhunderts wurde diese Auffassung einer ernsthaften Prüfung unterzogen. Der deutsche Physiker und Physiologe Hermann von Helmholtz begann um 1850, das Reaktionsvermögen des Menschen zu untersuchen. Aus den Ergebnissen schloß er, daß der größte Teil dessen, was in unserem Kopf vorgeht, unbewußt geschieht. Selbst die Sinneswahrnehmung beruhe auf Schlüssen, die dem Bewußtsein nicht zugänglich seien. Es verstehe und kenne die Schlüsse zwar, könne sie aber nicht verändern. Helmholtz machte unter anderem auf die Tatsache aufmerksam, daß sich eine Empfindung von Licht hervorrufen läßt, indem man (leicht!) auf das geschlossene Auge

drückt. Obwohl wir wissen, daß dieser Druck mit Licht nichts zu tun hat, sondern nur von den für die Lichtempfindungen zuständigen Sinneszellen des Auges als solches erlebt wird, können wir diesen Vorgang nicht willentlich beeinflussen. «Es mag noch so klar sein, daß sich die Vorstellung eines leuchtenden Phänomens im Gesichtsfeld ergibt, wenn auf das Auge Druck ausgeübt wird, wir werden die Überzeugung nicht los, daß diese Lichterscheinung wirklich da ist», schrieb von Helmholtz.[7]

Daß es unbewußte Schlüsse gebe, war Ende des 19. Jahrhunderts ein sehr unpopulärer Gedanke. In den Auseinandersetzungen darüber kündigt sich der Sturm der Entrüstung an, den Sigmund Freud dann um die Jahrhundertwende mit seinem Konzept des Unbewußten auslöste. Mit ihm wurde Lockes Vorstellung vom transparenten Menschen endgültig der Kampf angesagt. Viele Handlungen des Menschen sind auf Triebe zurückzuführen, die weitgehend unbewußt wirksam sind und aus kulturellen Gründen, die sich vor allem in der Erziehung geltend machen, unterdrückt werden, was zur Verdrängung vieler Erfahrungen ins Unterbewußtsein führt. Der mächtigste Trieb und gleichzeitig derjenige, der am stärksten unterdrückt wird, ist der Sexualtrieb.

Doch das Ideal der Psychoanalyse war immer noch der transparente Mensch, wenn auch einer, der sich seines Unbewußten bewußt wird. Als Wissenschaft entwickelte sich diese Lehre aus dem Studium kranker Menschen, die zu viel verdrängen. Die Erkenntnis der lebensgeschichtlichen Ursachen, die zur Entstehung verdrängter Inhalte geführt haben, kann dem Patienten helfen, sie bewußt in sein Selbstbild zu integrieren.

Helmholtz' Abrechnung mit der Alleinherrschaft des Bewußtseins war radikaler als die Freuds. Helmholtz zeigte zum einen, daß bewußte Entschlüsse von unbewußten Regungen beeinflußt oder verändert werden können; darüber hinaus aber machte er deutlich, daß das Bewußtsein *notwendigerweise* das Resultat unbewußter Prozesse ist.

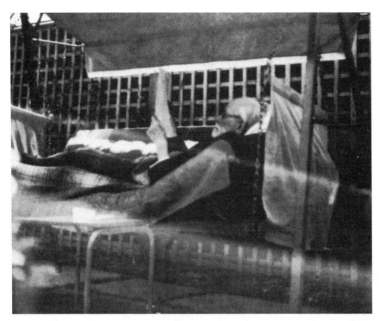

Sigmund Freud

Später entwickelte sich die Psychologie in eine andere Richtung. Helmholtz' und Freuds Analysen hatten deutlich gemacht, daß *Introspektion* eine zweifelhafte Methode ist, um das Seelenleben des Menschen zu untersuchen. Introspektion bedeutet In-sich-hinein-Schauen, also Selbstbeobachtung. Da Introspektion per definitionem die einzige Quelle des Wissens um unser eigenes Bewußtsein ist, führen Probleme der Introspektion zu Problemen bei der Untersuchung des Bewußtseins.

Zu Beginn des 20. Jahrhunderts entstand daher eine Gegenbewegung, die den Gebrauch von Begriffen wie Bewußtsein oder von Methoden wie der Introspektion radikal ablehnte. Der *Behaviorismus*, wie diese Schule genannt wird, dominierte die britische und amerikanische Psychologie von den zwanziger Jahren bis in die fünfziger Jahre. Er forderte, daß sich die Psychologie nur mit dem objektiv meßbaren Verhalten von Tier und Mensch unter

240 Die «Atombombe der Psychologie»

Hermann von Helmholtz

Das Unbewußte: Helmholtz und Freud **241**

Freud flieht vor den Nazis nach London

wechselnden Umweltbedingungen, also mit den Reaktionen des Organismus auf Reize, zu befassen habe. Es bestand keinerlei Notwendigkeit für Begriffe wie Bewußtsein, Denken oder Fühlen, denn entweder gab es ein Gesetz, das den Zusammenhang zwischen Input und Output beschrieb (und dann spielte es keine Rolle, wie er sich von innen gesehen darstellte), oder es gab eben kein Gesetz (und dann war die Innensicht eh gleichgültig). Das Problem «Bewußtsein» und andere Begriffe wie Aufmerksamkeit oder Wille wurden von den Behavioristen schlicht verboten – und erst recht natürlich jede Diskussion über unbewußte Wahrnehmung.

Wie radikal sich der Behaviorismus jeder Form von Introspektion und Selbstbeobachtung widersetzte, kommt sehr gut in einem Witz über zwei Behavioristen zum Ausdruck, die sich nach dem Beischlaf unterhalten: «Für dich war es sehr schön, aber wie war es für mich?»[8]

Nach dem Zweiten Weltkrieg war die Zeit des Behaviorismus vorbei, und es folgte die sogenannte «kognitive Revolution» der fünfziger Jahre. «Millers magische Zahl Sieben» gehört zu den grundlegenden Erkenntnissen der Kognitionswissenschaft, die den Menschen als informationsverarbeitendes Wesen begreift. Wesentliche Elemente der kognitiven Revolution stammen aus der Sprachwissenschaft und der Automatentheorie. Berechnung – *computation* – wurde zum wichtigsten Begriff zur Beschreibung des Menschen, Berechnung allerdings von der Art, wie sie von den damaligen Computern durchgeführt wurde, das heißt, Serien von Rechenvorgängen, die von der Zentraleinheit des Rechners gesteuert werden.

In der *Kognitionsforschung* spielt das Unbewußte also keine große Rolle. Sie interessiert sich für die Regeln und Algorithmen, die notwendig sind, um das menschliche Innenleben zu beschreiben, und setzt dabei voraus, daß es sich um eindeutige und logische Regeln und nicht um unüberschaubare Mengen unbewußter Rechenaktivitäten handelt.

Der englische Psychologe Donald Broadbent begründete 1958 die sogenannte *Filtertheorie*. Auch er ging von der Erkenntnis aus, daß sehr viel mehr Information in den Menschen gelangt als in sein Bewußtsein. Die Informationen der Sinnesorgane, so Broadbent, würden in einem Kurzzeitgedächtnis gespeichert; ein Filter wähle dann sehr schnell aus, was an das Bewußtsein weitergegeben werde. Die Theorie war insofern bahnbrechend, als sie zu dem Problem der großen Bandbreite der Sinneswahrnehmung gegenüber der kleinen Bandbreite des Bewußtseins Stellung bezieht. Doch wie sich schon bald zeigte, liegt das Problem des Modells darin, daß der größte Teil der Information einfach unbearbeitet gelöscht wird. Sie verschwindet, wenn das Bewußtsein sie nicht brauchen kann. Hat das Langzeitgedächtnis dem Filter erst einmal mitgeteilt, was man während einer Cocktailparty zu hören wünscht, wirft er das übrige einfach hinaus. Man hört, was man hört, und was man nicht hört, kann einem nicht weh tun.

Diese Auffassung aber ist aus der Sicht der Forscher, die sich mit subliminaler Wahrnehmung befassen, anfechtbar, denn ihren Untersuchungen zufolge kann auch Information, die nicht in das Bewußtsein gelangt, dessen Inhalt und Beschlüsse beeinflussen.

In den achtziger Jahren wurde die Kognitionsforschung durch einen neuen Ansatz bereichert, der als symmetrisches Multiprozessorsystem oder Parallelverarbeitung bezeichnet wird. Das klingt großartig, und es hat in der Tat mit Rechenmaschinen zu tun. Während die traditionelle Kognitionsforschung das Modell des Computers ihrer Zeit voraussetzte, den Rechner mit zentralem Prozessor, der alles kontrolliert, orientierte sich die Erforschung der Parallelverarbeitung an Computern, die nach dem Vorbild des menschlichen Gehirns als Parallelrechner ohne Zentraleinheit gebaut sind. Die Entwicklung solcher Parallelmaschinen wird zur Zeit mit großem Tempo vorangetrieben, wobei das Problem in der Koordination der vielen simultanen Verarbeitungsprozesse liegt.

In einem Modell mit Parallelverarbeitung gibt es kein bestimmtes Filter, das alles abweist, was vor dem Thron des Bewußtseins keine Gnade findet. Die Funktion des Gehirns insgesamt ist nach diesem Modell eher als umfassender Rechenprozeß zu verstehen, dessen Resultate Bewußtseinszustände sind. Die unbewußten mentalen Prozesse behandeln Information rasch und parallel, während die bewußten langsam und seriell arbeiten. Sie erledigen eins nach dem anderen, wie ein altmodischer Computer.

Mit Ausnahme der Behavioristen sind sich die Psychologen also immer im klaren darüber gewesen, daß das Bewußtsein nicht der ganze Mensch ist. In den letzten zehn Jahren aber hat sich das Bild zu wandeln begonnen. Es ist jetzt leichter zu begreifen, daß es Unbewußtes, Paralleles und Unergründliches gibt, während andererseits das Bewußtsein fast unbegreiflich geworden ist.

Der amerikanische Philosoph und Kognitionsforscher Daniel Dennett beschreibt die Entwicklung: «Wir sind heute in der Situation, daß wir einfach eine lange Reihe von Behauptungen akzeptieren müssen, denen zufolge in uns Deduktionsprozesse aufgrund komplexer Hypothesenüberprüfung und Gedächtnisdurchforstung – also Informationsverarbeitung – stattfinden, die der Introspektion vollkommen unzugänglich sind. Es handelt sich nicht um verdrängte unbewußte Aktivitäten des Typs, wie Freud ihn aufgedeckt hat, Regungen, die aus dem Blickfeld des Bewußtseins vertrieben worden sind, sondern einfach um mentale Vorgänge, die in irgendeiner Weise generell unterhalb oder jenseits des Bewußtseins liegen.»

Und Dennett fügt mit kaum verhohlener Unruhe hinzu: «Es ist nicht nur so, daß unser Innenleben Außenstehenden zugänglich ist, einige mentale Vorgänge sind Außenstehenden sogar zugänglicher als uns selbst!»[9]

Das ist schon allgemein betrachtet ein beunruhigender psychologischer Befund; besonders bedenklich aber ist er in einer Gesellschaft, in der die Arbeit vieler Menschen darin besteht, uns andere dazu zu bringen, Dinge zu tun, die wir uns nicht leisten können.

Sigmund Freud und die Psychoanalyse haben die westliche Kultur gelehrt, dem Unbewußten Beachtung zu schenken. Die Naturwissenschaft des 20. Jahrhunderts hat lange auf die psychoanalytische Schule mit all ihrem Gerede über unbewußte Regungen hinabgeblickt. Wissenschaftler und Philosophen hielten die

Psychoanalyse immer für ein wenig abseitig. Deshalb mag es ungerecht erscheinen, daß heute, da die nichtbewußten Prozesse ins Zentrum der psychologischen ebenso wie der eher naturwissenschaftlich orientierten Erforschung des Menschen rücken, die Psychoanalyse erneut im Kreuzfeuer steht. Die Bedeutung des Unbewußten für das Seelenleben des Menschen ist inzwischen so gut erkannt, daß die Psychoanalyse nun kritisiert wird, weil sie dem Unbewußten eine *zu geringe* Bedeutung beimißt. Diesmal lautet die Kritik, die Psychoanalyse, die uns gelehrt hat, das Unbewußte ernst zu nehmen, habe es selbst nicht ernst genug genommen.

Einige Schüler Freuds entwickelten ein psychoanalytisch begründetes Menschenbild, das dem Unbewußten sehr viel Platz einräumt. Auf Carl Gustav Jung geht die Vorstellung eines Selbst zurück, das dem bewußten Ich übergeordnet ist und bewußte wie unbewußte Prozesse umfaßt. Wilhelm Reich hat beschrieben, wie sich unbewußte Prozesse körperlich manifestieren.

Jung kritisierte an Freud, er habe die Bedeutung des Nichtbewußten unterschätzt. In der Einleitung seines Buches *Das Ich und das Unbewußte* schreibt Jung: «Wie bekannt, beschränken sich die Inhalte des Unbewußten nach der Freudschen Anschauung auf infantile Tendenzen, die ihres inkompatibeln Charakters wegen verdrängt sind. Die Verdrängung ist ein Prozeß, der in der frühen Kindheit unter dem moralischen Einfluß der Umgebung einsetzt und das ganze Leben hindurch anhält. Durch die Analyse werden die Verdrängungen aufgehoben und die verdrängten Wünsche bewußt gemacht. Nach dieser Theorie enthielte das Unbewußte sozusagen nur diejenigen Teile der Persönlichkeit, die ebensogut bewußt sein könnten und eigentlich nur durch die Erziehung unterdrückt sind.» Und dann teilt Jung seine eigene Auffassung mit: «Wir heben hervor, daß außer dem verdrängten Material auch alles unterschwellig gewordene Psychische sich im Unbewußten befindet, inbegriffen subliminale Sinneswahrnehmungen.»[10]

Die Vorstellung unbewußter kognitiver Funktionen finden seit einigen Jahren auch in die psychoanalytische Literatur Eingang – nicht ohne den bei Abrechnungen mit einem Vaterbild so häufig anzutreffenden Hinweis, die anderen Psychoanalytiker hätten

Freuds Werke nur teilweise gelesen, während sich gerade auf seine letzten Schriften eine neue Schule gründen lasse.

Der amerikanische Psychoanalytiker Joseph Weiss hat zusammen mit Kollegen vom San Francisco Psychoanalytic Institute die Psychoanalyse revidiert, indem er dem Unbewußten eine wichtige Rolle bei «höheren» mentalen Funktionen wie Denken, Planen und Entscheiden zuschrieb. Weiss kritisiert die traditionelle psychoanalytische Auffassung, nach der das Unbewußte der Ort mentaler Erlebnisse sei, die in der Kindheit verdrängt wurden, weil das bewußte Selbst sie nicht ertragen konnte, wobei es sich vor allem um sexuelle und aggressive Impulse handle, die der Erwachsene durch Verdrängung in Schach halte. Diese Hypothese, so Weiss, «gründet sich auf Freuds frühe Arbeiten und besagt, daß sich das unbewußte Seelenleben wenig oder überhaupt nicht bewußt kontrollieren ließe»[11].

Weiss schlägt ein alternatives Konzept vor, das auf Freuds späteren Schriften beruht. Danach ist eine gewisse Kontrolle über das Unbewußte durchaus möglich: «Antriebe und andere mentale Inhalte werden nicht unbedingt etwa deshalb unterdrückt, weil die verdrängenden Kräfte mächtiger wären als die unbewußten Regungen, sondern weil man doch unbewußt unterscheiden kann, ob das eigene Wiedererfahren oder ein Offenlegen der verdrängten Inhalte eine Gefahr bedeutet.» Diese Entscheidungen sind nicht immer zweckmäßig, können jedoch durch Therapie revidiert werden. Ausgangspunkt der Therapie ist, daß die unbewußten Entscheidungen der Patienten als sinnvoll betrachtet werden. Das unbewußte Denken soll einsehen lernen, daß, beispielsweise, Sex nichts Gefährliches ist.

«Anscheinend hat man die kognitiven Fähigkeiten des Unbewußten bislang unterschätzt. Offenbar kann der Mensch auch unbewußt intellektuelle Leistungen vollbringen – in einer bestimmten Absicht Pläne entwickeln etwa und sie auch durchführen», schreibt Weiss.[12]

Das Unbewußte ist nicht nur ein Sumpf verdrängten sexuellen Begehrens und verbotenen Hasses, sondern ein aktiver und wichtiger Teil des inneren Menschen.

Die Bandbreite des Bewußtseins ist nicht groß genug, um mehr als nur einen kleinen Teil dessen zu erfassen, was in unserem Kopf vor sich geht. Deshalb besteht das Unbewußte nicht nur aus verdrängten sexuellen Gelüsten und Todestrieben, sondern wird vielmehr vom Undramatischen und Wohlbekannten dominiert. Doch finden im Unbewußten auch interessantere Aktivitäten statt. Durch die Erforschung der subliminalen Wahrnehmung haben sich viele Ideen Freuds als richtig erwiesen.

Der Neurologe Otto Pötzl entdeckte 1917, daß Menschen subliminale Stimuli, denen sie im Wachzustand ausgesetzt waren, im Traum wiedererleben können.

Jemandem wird also im Wachzustand ein Bild gezeigt, jedoch nur so kurz, daß er es mit dem Bewußtsein nicht erfassen kann. Im Wachzustand weiß er nichts von ihm, doch taucht genau dieses Bild dann in seinen Träumen auf.

Zweifellos kann diese Erkenntnis zur Deutung eigener Träume und zur Interpretation von Fernsehserien wie «Twin Peaks» beitragen. Das sogenannte Pötzlsche Phänomen ist experimentell und nicht nur in Träumen immer wieder nachgewiesen worden. Auch durch Tagträume, freie Assoziation und freie Bildgestaltung, Techniken, die in Psychoanalyse und Tiefenpsychologie angewendet werden, läßt sich die Erinnerung an subliminal wahrgenommene Bilder zugänglich machen.

Bei der Erforschung des Pötzlschen Phänomens wie auch bei der Untersuchung subliminaler Wahrnehmungen wird das Tachistoskop eingesetzt, ein Apparat, der in vielen experimentalpsychologischen Disziplinen eine Rolle spielt. Mit dem Tachistoskop kann man einer Versuchsperson ein Bild von sehr kurzer Dauer zeigen – zum Beispiel $1/100$ Sekunde –, das vom Bewußtsein nicht erfaßt werden kann. (Im Fernsehen wird ein Bild $1/25$ Sekunde gezeigt; man muß sich sehr konzentrieren oder besser noch mit der Arbeit des Fernsehredakteurs vertraut sein, um ein Bild von den anderen zu unterscheiden. Wir empfinden Fernsehbilder als «lebend», weil wir zwischen so kurzen Zeiträumen nicht unterscheiden können.)

Pötzl zeigte experimentell, daß ruhige Bilder von archäologischen Ausgrabungen in den Träumen der Versuchspersonen auftauchten, obwohl diese sich im Wachzustand nicht an das betreffende Bild erinnern konnten. Dieser Pötzlsche Effekt ist seitdem

Die große Popularität der Fernsehserie «Twin Peaks» im Jahre 1990 signalisierte ein zunehmendes Interesse an subliminaler Wahrnehmung und unbewußtem Denken in der westlichen Welt. Ahnungen, Angst und Fremdartigkeit sind durchgehende Themen der Serie.

in zahlreichen Kontrolluntersuchungen bestätigt, aber natürlich auch bestritten worden.[13]

Das Pötzlsche Phänomen ist das erste Beispiel für subliminale Wahrnehmung, das mittels moderner Methoden untersucht worden ist.

Am 17. Oktober 1884 wurde in der Amerikanischen Akademie der Wissenschaften ein Vortrag über «Kleine Unterschiede der Sinneswahrnehmung» gehalten. Die Autoren, der Mathematiker und Philosoph Charles Sanders Peirce und der Wahrnehmungspsychologe Joseph Jastrow, publizierten ihn später in den Annalen der Akademie. Sie hatten gemeinsam ein kleines, effektives und elegantes Experiment durchgeführt, das den Begriff der Wahrnehmungsschwelle ein für allemal aus der Welt schaffte.

Peirce und Jastrow gingen von dem Gedanken aus, daß ein gewisser Unterschied zwischen zwei Eindrücken bestehen muß, damit man sie unterscheiden kann, die sogenannte *Unterschiedsschwelle*. Sie bezeichnet die Grenze der *bewußten* Unterscheidungsfähigkeit. Peirce und Jastrow untersuchten nun, ob der menschliche Organismus imstande ist, zwei Eindrücke auseinanderzuhalten, zwischen denen das Bewußtsein keinen Unterschied erkennen kann.

Durch Experimente mit kleinen Gewichten, die Druck auf die Haut ausübten, konnten Peirce und Jastrow zeigen, daß sie in der Lage waren, Einwirkungen zu unterscheiden, zwischen denen sie bewußt keinen Unterschied wahrnahmen. Ihr Gespür dafür, welche Einwirkung stärker war, erwies sich als so fein, daß man, wie sie schreiben, nicht länger behaupten könne, die bewußte Fähigkeit zu unterscheiden setze der generellen Unterscheidungsfähigkeit des Menschen Grenzen.

«Diese allgemeine Tatsache hat sehr wichtige praktische Konsequenzen», fahren Peirce und Jastrow fort, «denn sie liefert einen weiteren Beleg für die Annahme, wir würden Vorgänge, die sich im Innern anderer Menschen abspielen, in großem Umfang mit so feinen Sinneswahrnehmungen erfassen, daß wir uns ihrer Existenz nicht im geringsten bewußt sind und keinen Grund angeben könnten, wie wir zu unseren Schlußfolgerungen über diese Vorgänge kommen. Vielleicht lassen sich damit weibliche Intuition *[the insight of females]* ebenso wie gewisse ‹telepathische› Phänomene erklären. Diese feinen Wahrnehmungen verdienen es, von Psychologen gründlich untersucht und von allen Menschen eifrig kultiviert zu werden.»[14]

Charles Sanders Peirce entwickelte den Begriff *Abduktion* zur Beschreibung eines Prozesses, bei dem «unbewußte Kräfte aktiviert» werden, um eine Hypothese oder eine Meinung zu bilden. Einige Jahre vor der mit Jastrow durchgeführten Untersuchung hatte er einen Dieb ausfindig gemacht, der ihm auf einem Flußdampfer auf der Reise von Boston nach New York ein wertvolles Chronometer gestohlen hatte. Peirce konnte ihn zwar identifizieren, war aber nicht in der Lage, die Gründe dafür zu nennen. Bei der nachfolgenden Durchsuchung zeigte sich, daß er recht hatte. «Daß Peirce den Dieb sicher zu identifizieren vermochte, beruhte in erster Linie nicht auf logischem Räsonnement, sondern auf die Fähigkeit, den inneren sprachlichen Dialog zum Stillstand zu bringen und sich selbst in einen Zustand passiver Empfänglichkeit für die nonverbalen Signale zu bringen, die gewöhnlich im Rauschen der Hirnrinde untergehen», kommentiert der dänische Peirce-Kenner Peder Voetmann Christiansen.[15]

Ein besonders überzeugendes Beispiel dafür, daß Menschen aufgrund von Informationen aus der Umgebung handeln können, von denen das Bewußtsein nichts weiß, ist das Phänomen des *blindsight*, des Blindsehens. Es wurde in den siebziger Jahren bei Patienten mit schweren Läsionen der Sehrinde entdeckt, die in weiten Segmenten ihres Gesichtsfeldes erblindet waren.

Sie sahen aber doch etwas, nur wußten sie es nicht. Wies man ihnen Objekte im Blindbereich des Gesichtsfeldes vor, konnten sie auf sie zeigen, sie ergreifen, korrekt handhaben und über ihre Lage Auskunft geben. Doch behaupteten sie, sie nicht sehen zu können. Die verwirrten Ärzte und Psychologen stellten verschiedene Untersuchungen an; so sollten die Patienten beispielsweise die Position eines Stocks im Raum definieren. Die Patienten rieten immer richtig, beharrten aber zugleich darauf, nichts sehen zu können.

Der Patient D. B. wurde unter anderem von dem Psychologen L. Weiskrantz untersucht, der darüber in seinem Buch *Blindsight* berichtet: «Nach einer dieser langen Serien von ‹Vermutungen›, bei denen er nicht ein einziges Mal falsch geraten hatte, sagten wir ihm, wie gut er seine Aufgabe erfüllt habe. In der darauf folgenden Befragung, die auf Tonband aufgenommen wurde, brachte D. B.

zum Ausdruck, wie überrascht er war. ‹Haben Sie gewußt, wie gut Sie geraten haben?› wurde er gefragt. ‹Nein›, erwiderte er, ‹denn ich konnte nichts sehen; ich konnte überhaupt nichts sehen.› – ‹Können Sie sagen, wie Sie es gemacht haben – was Sie in die Lage versetzt hat, zu sagen, ob senkrecht oder waagerecht richtig war?› – ‹Nein, denn ich konnte nichts sehen; ich weiß es einfach nicht.› Schließlich fragten wir ihn: ‹Sie haben also tatsächlich nicht gewußt, daß Sie immer richtig geraten haben?› – ‹Nein›, erwiderte er, immer noch mit ungläubiger Miene.»[16]

Nach Weiskrantz ist dieses Phänomen nur zu erklären, wenn man davon ausgeht, daß die Sehinformation des Auges im Gehirn an verschiedenen Stellen und in verschiedener Weise verarbeitet wird. Nur die normalen Formen der Verarbeitung resultieren in Bewußtsein, während andere unbewußt ablaufen. Wenn also die bewußte Verarbeitung der Sehinformation gestört ist, weil ein Teil des Gehirns nicht funktioniert oder entfernt worden ist, kann der Patient nicht sehen – und kann es dennoch, wie sein Verhalten beweist.

Ein eindeutigeres Beispiel für die Existenz von Sinneswahrnehmung ohne Bewußtsein ist schwer vorstellbar.

Um 1980 begann die intensive Erforschung des *priming*, eines Phänomens, das deswegen interessant ist, weil es unter anderem mit eindeutig kognitiven Prozessen zu tun hat. Es geht um das Wiedererkennen von Wörtern und anderen sinnhaltigen Objekten.

Man bietet jemandem zum Beispiel zwei Bilder mit dem Tachistoskop dar, das erste sehr schnell, so daß die Versuchsperson nicht erfaßt, was gezeigt wird. Auf dem zweiten Bild ist irgendein Objekt zu sehen, ein Wort oder ein Bild, zu dem die Versuchsperson Stellung nehmen soll: Handelt es sich um ein richtiges Wort? Ist es ein mögliches Objekt? Besteht zwischen dem ersten und dem zweiten Bild ein Zusammenhang, dann können die Versuchspersonen viel besser und schneller herausfinden, was das zweite Bild zeigt.

Man lernt also etwas von einem Eindruck, der so kurz ist, daß man ihn nicht erfaßt. Die Versuchspersonen kennen die Ursache ihrer eigenen Tüchtigkeit nicht. Dies ist ein interessantes Ergebnis, nicht nur für die wissenschaftliche Forschung, sondern auch für unseren Alltag.

Der Psychologe John F. Kihlstrom schrieb 1987 in der Zeitschrift *Science* über die Bedeutung des *priming* und anderer Formen subliminaler Wahrnehmung: «Solche informationsverarbeitenden Aktivitäten können in zweifachem Sinne unbewußt sein. Weder die Stimuli selbst noch die kognitiven Prozesse, die sie verarbeiten, sind dem unmittelbaren Bewußtsein zugänglich. Dennoch haben diese doppelt unbewußten Vorgänge wesentlichen Einfluß auf die soziale Interaktion. In den alltäglichen Routineprozeduren sozialen Handelns können wir uns zum Beispiel einen Eindruck von Menschen verschaffen, ohne uns der perzeptiven und kognitiven Basis dieses Eindrucks bewußt zu sein.»[17] An anderer Stelle schreibt Kihlstrom: «Eine sehr große Zahl sozialer Beurteilungen und Schlußfolgerungen, besonders solcher, die den ersten Eindruck bestimmen, scheint durch solche unbewußten Prozesse vermittelt zu sein.»[18]

Hier ist nicht nur von Liebe auf den ersten Blick die Rede, sondern generell von der blitzschnellen Einschätzung eines Menschen, wie wir sie häufig – und nicht immer freiwillig – vornehmen. Oft stellen wir fest, daß wir uns von einem ersten Eindruck nicht lösen können, obwohl wir uns wünschen, mit der betreffenden Person gut auszukommen. Und wie oft müssen wir verzweifelt feststellen, daß mit manchen Menschen gerade dann «nichts geht», wenn es uns darauf ankommt.

Das Phänomen des *priming* macht den Einfluß von «Hochgeschwindigkeitskanälen» im Baum der Rede, wie ich sie oben beschrieben habe, geradezu unmittelbar evident. Die Augen nehmen Information auf, die auf unsere Fähigkeit einwirkt, Wörter und Bilder über den bewußten Kanal zu lesen.

1990 schrieben der kanadische Psychologe Endel Tulving und der amerikanische Psychologe Daniel Schacter in *Science*: «Wir wissen in diesem frühen Forschungsstadium noch ziemlich wenig über das *priming*. Dennoch scheint erwiesen zu sein, daß es eine wichtigere Rolle in menschlichen Belangen spielt, als seine späte

Entdeckung vermuten ließe. Zwar wird das *priming* in seiner typischen Ausprägung nur unter sehr sorgfältig kontrollierten experimentellen Bedingungen beobachtet, doch treten entsprechende Bedingungen häufig auch in der gewohnten Lebenswelt außerhalb des Labors auf. Deshalb liegt es nahe anzunehmen, daß *priming* im Alltagsleben allgegenwärtig ist.»

«Eine bemerkenswerte Eigenschaft des *priming*», fahren Tulving und Schacter fort, «ist sein im Gegensatz zu anderen Formen kognitiven Gedächtnisses unbewußter Charakter. Eine Person, die ein bekanntes Objekt wahrnimmt, ist sich nicht darüber im klaren, daß das Wahrgenommene gleichermaßen ein Ausdruck der Erinnerung wie der Wahrnehmung ist. Die Tatsache, daß sich die Menschen des *priming* nicht bewußt sind, erklärt vermutlich seine späte Entdeckung. Es ist schwierig, Phänomene zu untersuchen, deren Existenz man nicht erwartet.»[19]

Vermutlich gibt es viele Erlebnisse im Alltag, bei denen wir etwas wiedererkennen, ohne uns dessen bewußt zu sein. Das gilt nicht nur für Déjà-vu-Erlebnisse (die uns als Momente des Wiedererkennens bewußt sind, nur *was* wir wiedererkennen, wissen wir nicht), sondern vor allem, wenn uns ein Haus, ein Mensch oder was auch immer auf den ersten Blick gefällt – oder mißfällt.

Von der Reklameindustrie ist ein neues Interesse zu erwarten und von den Psychologen eine neue Debatte über ethische Fragen.

Nicht nur Phänomene der subliminalen Wahrnehmung im eigentlichen Sinne weisen darauf hin, daß unser Bewußtsein nur in geringem Ausmaß an dem beteiligt ist, was in uns vorgeht. Die Tätigkeiten, die wir Tag für Tag verrichten, finden zum großen Teil ohne Bewußtsein statt. Wir sind in der Lage, automatische Handlungen zu trainieren, die wir immer dann besonders gut ausführen, wenn wir uns ihrer nicht bewußt sind.

Wir sind in der Lage, radzufahren, ohne erklären zu können, wie wir es machen. Wir schreiben, aber während wir es tun, können wir nicht erklären, wie wir es fertigbringen. Wir spielen Musikinstrumente, aber je besser wir sie beherrschen, desto schwerer fällt es uns, zu sagen, was dabei vor sich geht.

Nichtbewußte Wahrnehmung ist ein Phänomen, das nur in der westlichen Welt Überraschung hervorrufen kann.

Das Erlernen dieser Fertigkeiten findet unter der Kontrolle des Bewußtseins statt, nicht dagegen ihre Ausübung. Erlernen wir eine fremde Sprache oder ein neues Spiel, oder erkunden wir eine unbekannte Stadt, tasten wir uns stotternd und stammelnd, linkisch und verwirrt vor. Plötzlich findet ein Umschlag statt, und wir üben die betreffende Aktivität am besten aus, wenn wir nicht daran denken, was wir tun. Sobald wir daran denken, daß wir eine Sprache sprechen, die wir eigentlich nicht beherrschen, werden wir uns unseres Tuns bewußt und machen es gleich weniger gut.

Der Schlafwandler nimmt eindeutig die Umgebung wahr, durch die er tappt (Kinder finden die Toilette im Schlaf, auch wenn ein Stuhl im Weg steht), und gleichzeitig ist er sich des Geschehens nicht im geringsten bewußt.

Der Körper nimmt eine ungeheure Menge von Sinnesdaten aus der Umwelt auf und reagiert auf sie, ohne daß wir uns dessen bewußt sind: Temperatur, Luftdruck, Verkehr. Denkt man ein wenig über die Möglichkeit nach, in der modernen Zivilisation ohne den Gebrauch unbewußter Wahrnehmung und unbewußter Wahl des Verhaltens zu überleben, wird man rasch erkennen, daß im eigenen Kopf subliminale Aktivität in erheblichem Umfang stattfinden muß.

«Eines ist inzwischen klar», schrieb John Kihlstrom 1987 in *Science*, «Bewußtsein ist nicht mit spezifischen perzeptorisch-kognitiven Funktionen wie dem von Unterscheidungen geleiteten Reagieren auf Stimuli, mit Perzeption, Gedächtnis oder den höheren mentalen Prozessen zu identifizieren, die an einer Beurteilung oder Problemlösung beteiligt sind. Alle diese Funktionen können jenseits der phänomenologischen Aufmerksamkeit stattfinden. Bewußtsein ist eher eine Qualität des Erlebens, die jede dieser Funktionen begleiten kann.»[20]

Es zeichnet sich immer deutlicher ab, daß vieles in uns geschieht, von dem wir nichts wissen. Doch gibt es weiterhin berechtigte Kritik und Diskussion. Noch 1986 stieß der belgische Psychologe Daniel Holender bei der Analyse einiger Untersuchungen zur Ergründung subliminaler Wahrnehmung und automatischer Handlungen auf erhebliche Schwachpunkte.[21]

Selbstverständlich treten methodische Schwierigkeiten auf, wenn man nachzuweisen versucht, daß Menschen von etwas beeinflußt werden, dessen sie sich nicht bewußt sind. Da subliminale Wahrnehmung ein so wichtiger Aspekt der menschlichen Existenz zu sein scheint, ist es notwendig, sie so gründlich und redlich wie nur möglich zu untersuchen. Da ferner die Möglichkeiten des Mißbrauchs zum Zwecke der Manipulation und der Kontrolle so groß sind, hat die Öffentlichkeit ein vitales Interesse daran, daß das Phänomen von unabhängigen Forschern untersucht wird. Es nützt nichts, den Kopf in den Sand zu stecken, wie die Psychologen es um 1960 taten. Subliminale Wahrnehmung ist eine Realität, und es ist wichtig, sich ihrer bewußt zu sein.

Es sei daran erinnert, daß die Bandbreite des Bewußtseins sehr viel geringer ist als die der Sinneswahrnehmung. Wenn all die Information, die die Sinne aufnehmen, einfach aussortiert wird, außer der wenigen, die in unser Bewußtsein gelangt, woher wissen wir dann, daß wir uns des jeweils «Richtigen» bewußt sind?

Wenn Bewußtsein und Aufmerksamkeit etwas anderes sind als nur ein Luxus für Menschen, die die Zeit haben, Bücher zu lesen, müssen sie – auch biologisch – einen vernünftigen Zweck haben. Warum haben wir einen Wahrnehmungsapparat, der unendlich viel Information aus der Umgebung aufnimmt, wenn wir uns ihrer nicht bewußt werden? Wir brauchen ihn, weil wir das Tierleben im Dschungel und den Wechsel der Ampelsignale kennen müssen, um zu überleben. Wenn aber das Bewußtsein nur nach dem Zufallsprinzip entschiede, was es erfassen will, wäre sein Nutzen gering.

Der Prozeß des Sortierens setzt also eine Art von «Klugheit» voraus, denn sonst wären wir uns immer nur irgendeiner zufälligen Sache bewußt, die keinen Zusammenhang mit dem hat, was jeweils für uns wichtig ist.

Bewußtsein ist das Ergebnis eines umfassenden Aussortierens von Information, und seine Genialität beruht nicht auf der Information, die es enthält, sondern auf der, die es nicht enthält.

Wenn wir jemanden anrufen wollen, ist es sehr praktisch, die betreffende Telefonnummer im Kopf zu haben. Nicht so praktisch wäre es in dieser Situation, wenn wir hundert Telefonnummern und die Einkaufsliste für den Supermarkt im Kopf hätten. Es ist herrlich, beim Spazierengehen Beeren im Wald zu finden, wenn aber ein Tiger hinter uns her ist, sollten wir besser nicht nach ihnen Ausschau halten.

Das Bewußtsein ist genial, weil es weiß, was wichtig ist. Das dafür notwendige Sortieren und Deuten geschieht aber nicht bewußt. Das eigentliche Geheimnis des Bewußtseins besteht also in subliminalem Wahrnehmen und Sortieren.

Beispiele aus dem Alltagsleben gibt es in Hülle und Fülle. Nehmen Sie nur Ihre Einkaufsstraße – gibt es dort einen Laden, der Wolle verkauft? Manche wohnen jahrelang in der Nähe eines

Fachgeschäfts, ohne zu wissen, daß es existiert. Bis sie eines Tages genau dieses Geschäft brauchen und es sich zeigen lassen oder selbst entdecken. Später kann man sich kaum vorstellen, daß man so lange nichts von dem Laden gewußt hat. Unzählige Male ist man daran vorbeigekommen; man hat gewußt, daß es zwischen den beiden Läden, in die man immer wieder gegangen ist, noch einen dritten gibt. Aber daß man dort Wolle kaufen kann, ist einem nicht aufgefallen, obwohl im Fenster ein Schild steht.

«Das Bewußtsein macht einen sehr viel geringeren Teil unseres Seelenlebens aus, als uns bewußt ist – weil wir kein Bewußtsein davon haben, wovon wir kein Bewußtsein haben», schreibt der amerikanische Psychologe Julian Jaynes in *Der Ursprung des Bewußtseins*, einem 1976 erschienenen Buch, auf das ich in einem späteren Kapitel ausführlich eingehen werde: «Leicht gesagt, aber schwer einzusehen! Es ist, als verlange man von einer Taschenlampe, daß sie in einem dunklen Zimmer einen Gegenstand ausfindig macht, der im Dunkeln bleibt. Weil es überall hell ist, wohin die Lampe ihren Strahl richtet, muß sie daraus schließen, daß der ganze Raum erleuchtet ist. Genauso kann der Eindruck entstehen, als ob das Bewußtsein das ganze Seelenleben durchdringe, auch wenn dies nicht im entferntesten der Fall ist.»[22]

Jaynes macht zum Beispiel auf die Frage aufmerksam, wie lange wir uns eigentlich unserer selbst bewußt sind. Sind wir es den ganzen hellen Tag lang? Ja, würden die meisten sofort antworten. Aber dann lautet die Gegenfrage: Wie kann man Bewußtsein von Zeitpunkten haben, zu denen man sich seiner nicht bewußt ist, sondern einfach nur ist? Daß die Taschenlampe brennt, wäre ihr nur bewußt, solange sie brennt, und so können wir nur wissen, daß wir zu einem gegebenen Zeitpunkt Bewußtsein von etwas hatten, wenn wir uns dessen tatsächlich bewußt waren. Hatten wir davon aber kein Bewußtsein, können wir nicht wissen, daß wir uns nicht bewußt waren. «Die zeitliche Erstreckung unseres Bewußtseins ist also kürzer, als wir meinen, weil wir uns nicht bewußt sein können, wann wir uns nicht bewußt sind», schreibt Jaynes.[23]

Man könnte einwenden, dies gelte vielleicht, wenn wir einen Abendspaziergang machten oder in der Nase bohrten, es gebe aber Momente, in denen wir uns des Geschehens immer bewußt seien, zum Beispiel wenn wir nachdenken oder lesen.

«Die Tatsache, daß man sich den Inhalt, aber nicht die Worte des vorhergehenden Satzes ins Gedächtnis rufen kann, ist allgemein bekannt», schreiben die Psychologen Richard Latto und John Campion.[24] «Während Sie diesen Satz lesen, läßt sich in Wahrheit sehr schwer beschreiben, was in Ihrem Bewußtsein vorgeht, obwohl etwas da ist, dessen Sie sich klar bewußt sind.»

Oder? Aber das Denken ist doch eine bewußte Aktivität?!

«Ich beharre darauf: Wenn ich wirklich denke, sind Wörter in meinem Verstand überhaupt nicht vorhanden», schreibt der französisch-amerikanische Mathematiker Jacques Hadamard in seinem berühmten *Essay on the Psychology of Invention* von 1945. «Selbst nach dem Lesen oder nach dem Hören einer Frage verschwindet jedes einzelne Wort, sobald ich anfange, darüber nachzudenken. Die Wörter kehren nicht in mein Bewußtsein zurück, ehe ich die Untersuchung zu Ende geführt oder aufgegeben habe... Ich stimme vollkommen mit Schopenhauer überein, der schreibt: ‹Das eigentliche Leben eines Gedankens dauert nur, bis er an den Grenzpunkt der Worte angelangt.›»[25]

Das Buch beruht auf einer Fragebogenerhebung, die Hadamard an einige große Mathematiker jener Zeit gerichtet hatte. Unter anderem hatte er sie gebeten, darüber Auskunft zu geben, ob sie sich während des Denkens ihrer selbst bewußt seien. Zu den Befragten gehörte auch Albert Einstein, der schrieb: «Die Worte oder die Sprache, wie sie geschrieben oder gesprochen wird, scheinen für meine Art des Denkens keine Rolle zu spielen. Die psychischen Einheiten, die anscheinend als Elemente des Denkens dienen, bestehen aus bestimmten Zeichen und mehr oder weniger klaren Bildern...»[26]

Man könnte einwenden, Bewußtsein und Wörter seien nicht identisch. Wir können uns dessen, was wir tun, sehr wohl bewußt sein, auch wenn wir es während der Handlung nicht in Worten ausdrücken.

Wann haben Sie das letzte Mal Fisch gegessen? Zu Neujahr, in den Sommerferien, Montag, heute?

Sie sind sich der Frage ganz gewiß bewußt – ebenso wie der Antwort. Woran aber haben Sie gedacht, während Sie überlegten, wann Sie zuletzt Fisch gegessen haben? Wonach haben Sie gesucht? Vielleicht sind Sie an die Frage herangegangen wie ein Politiker im Fernsehen und haben gedacht oder gesagt: «Hm, hm, auf Grundlage der vorliegenden Informationen würde ich denken, es handle sich hierbei um...» Plötzlich aber ist es da: «Letzte Woche habe ich Fisch gegessen, Bachforelle, sie hat gut geschmeckt.»

«Hm, hm» ist eine Äußerung, die wir benutzen, um so zu tun, als seien wir bewußt, während wir denken. In Wirklichkeit aber findet das Denken vollkommen unbewußt statt. Julian Jaynes hält es für erwiesen, «daß der eigentliche Denkvorgang, der gemeinhin als das Herz- und Kernstück des Bewußtseins betrachtet wird, überhaupt nicht bewußt ist und daß lediglich seine Vorbereitung, sein Material und sein Endergebnis im Bewußtsein wahrgenommen werden»[27].

Stellen Sie sich vor, die Frage, wann Sie zuletzt Fisch gegessen haben, würde bewirken, daß Sie sämtliche Mahlzeiten der vergangenen Woche oder die traditionellen Menüs verschiedener Feierlichkeiten bewußt durchgehen oder sich an all die Mahlzeiten bewußt erinnern, die Ihnen nicht geschmeckt haben. Das Denken wäre nicht auszuhalten.

Wie verhält es sich aber bei anspruchsvolleren Fragen als solchen nach den Essensgewohnheiten? Jaynes stellt folgende Aufgabe:

○ △ ○ △ ○ △ ○ ?

Welche Figur kommt als nächste in der Reihe? Man sieht die Antwort sofort, wenn man sie sieht. Vielleicht haben Sie gedacht: Hm, hm, komplizierte Sache, aber in dem Augenblick, in dem man die Antwort sieht, sieht man sie. Und mit dem «Hm, hm» hatte das nichts zu tun!

Denken geschieht unbewußt – oder, wie der große französische Mathematiker Henri Poincaré zu Beginn des 20. Jahrhunderts sagte: «Kurz, ist das subliminale Selbst dem bewußten Selbst nicht überlegen?»[28]

Der amerikanische Psychologe William James veröffentlichte 1890 sein einflußreiches Buch *The Principles of Psychology*, das wegen seiner theoretischen Weitsicht und der Klarheit des Ausdrucks zu einem Grundstein der Psychologie der folgenden hundert Jahre geworden ist. Manche Passagen dieses großen Werks konfrontieren uns mit unserer eigenen Gegenwart. James beschrieb in jener fruchtbaren Frühzeit der Psychologie in der zweiten Hälfte des 19. Jahrhunderts innere Aspekte des Menschen, die dann vom Behaviorismus und Positivismus für ein halbes Jahrhundert von der Tagesordnung der Psychologie gestrichen wurden.

In dem wohl berühmtesten Kapitel des Buches, «The Stream of Thought», hebt James hervor, daß das Bewußtsein immer eine Auswahl treffe. «Es ist stets an einer Seite eines Objekts stärker interessiert als an einer anderen, es begrüßt und weist zurück oder wählt aus, während es ständig denkt.»[29] Bewußtsein besteht in Auswahl, in Abwahl, in Aussortieren.

Das Kapitel über den Strom des Denkens mündet in folgendes Resümee: «Der Verstand [mind] verfährt, kurz gesagt, mit den Daten, die er empfängt, ganz ähnlich wie ein Bildhauer, der an einem Steinblock arbeitet. In gewissem Sinne steht die Statue seit ewigen Zeiten da. Daneben aber gab es tausend andere, und dem Bildhauer allein ist es zu verdanken, daß er gerade diese unter all den anderen herausgearbeitet hat. Genauso verhält es sich mit der Welt eines jeden von uns, wie unterschiedlich unsere Auffassungen von ihr auch sein mögen; sie alle lagen in dem ursprünglichen Chaos von Empfindungen eingebettet, das unterschiedslos den Rohstoff für das Denken eines jeden liefert. Wir könnten, wenn wir wollten, die Dinge durch unsere Schlußfolgerungen bis in jene schwarze und unterschiedslose Kontinuität des Raums und der treibenden Wolken schwärmender Atome zurückverfolgen, die von der Wissenschaft als einzig wirkliche Welt bezeichnet wird. Doch immer wird die Welt, die *wir* empfinden und in der *wir* leben, diejenige sein, die von unseren Ahnen und uns durch allmählich kumulierende Akte des Wählens wie von Bildhauern, die bestimmte Bestandteile eines Stoffes einfach zurückweisen, herausgearbeitet worden ist. Andere Bildhauer, andere Statuen aus dem gleichen Stein! Ein anderer Geist, eine andere Welt aus dem gleichen monotonen und ausdruckslosen Chaos! Meine Welt ist nur eine von einer Million, die ebenso eingebettet sind und die gleiche Wirklichkeit besitzen für diejenigen, die diese abstrahieren. Wie verschieden müssen die Welten im Bewußtsein einer Ameise, eines Kuttelfisches oder eines Krebses sein!»[30]

1988, hundert Jahre später, brachte der deutsche Neurophysiologe Hans H. Kornhuber den gleichen Sachverhalt in etwas weniger poetischen Worten zum Ausdruck: «Es findet also im Nervensystem eine erhebliche Reduktion von Information statt. Der Informationsfluß im Gehirn ist... größtenteils unbewußt. Die Seele ist nicht ‹reicher› als der Körper. Im Gegenteil, der größte Teil der Informationsverarbeitung in unserem zentralen Nervensystem wird nicht wahrgenommen. Das Unbewußte (das lange vor Freud entdeckt und untersucht worden ist) erweist sich als der gewöhnlichste Vorgang im Nervensystem. Wir sehen nur auf die Resultate, aber wir haben die Möglichkeit, den Fokus unserer Aufmerksamkeit zu dirigieren.»[31]

Schauen wir uns also die Bedeutung unbewußter Prozesse für das Bewußtsein genauer an. Sie wird auf eine beunruhigende Weise deutlich, wenn wir den Gesichtssinn betrachten.

Kapitel 8
Die Sicht von innen

Es ist schwierig, einem Laien zu erklären, daß unsere Art des Sehens Fragen aufwirft. Es erscheint so mühelos», schrieb der Biologe und Gehirnforscher Francis Crick 1990. «Je genauer wir den Prozeß untersuchen, desto komplizierter und überraschender erscheint er uns. Eines aber ist sicher: Wir sehen die Dinge nicht so, wie unser gesunder Menschenverstand es uns einreden will.»[1]

Die Erkenntnis, daß der Gesichtssinn des Menschen hochentwickelt ist, haben wir nicht zuletzt den in den vergangenen Jahrzehnten unternommenen Versuchen zu verdanken, Computern das Sehen beizubringen. Im Zusammenhang mit der Entwicklung sogenannter Künstlicher Intelligenz (KI) laufen seit Ende der fünfziger Jahre zahllose Forschungsprojekte mit dem Ziel, Maschinen zu konstruieren, die mentale Funktionen des Menschen ausüben können. Es geht dabei nicht nur um körperliche Funktionen, wie Bulldozer und Lautsprecher sie ausführen, und nicht nur um Aufgaben wie Berechnung und doppelte Buchführung, die herkömmliche Computer hervorragend beherrschen. Thema sind vielmehr höhere Funktionen wie Diagnostik, Wiedererkennen von Mustern und logische Schlußfolgerungen.

Die Künstliche Intelligenz hat es nicht sehr weit gebracht – bislang kann man sogar von einem Fiasko sprechen. Die heute möglichen Computer und Roboter sind immer noch wenig intelligent. Dafür hat der Versuch, menschliche Fähigkeiten nachzuahmen, in mancher Hinsicht gezeigt, was der Mensch ist, besser: was er nicht ist. Die KI-Forschung begreift ihn als Wesen, das gemäß einer Reihe beschreibbarer Regeln und Anweisungen, Algorithmen, funktioniert. Der Mensch wird als ein spezifizierbares, transparentes Wesen verstanden. Diese Auffassung kehrt in der schon erwähnten Kognitionsforschung wieder, mit der die Versuche, künstliche Intelligenz zu entwickeln, eng verbunden sind.

Als historische Ironie offenbart sich nun, daß diese Forschungen ihren eigenen Ausgangspunkt – die Überzeugung, «der Mensch sei ein bewußtes, vernunftgeleitetes Wesen, das erklären kann, was es tut» – dementieren mußten. Seltsamerweise haben gerade die Versuche, künstliche Intelligenz zu schaffen, die wichtige Rolle der unbewußten Prozesse im Menschen deutlich gemacht.

Es ist nicht schwierig, Computer zu bauen, die Schach spielen oder Rechenaufgaben lösen können. Computern fällt es leicht, zu tun, was man in der Schule lernt. Schwierigkeiten haben sie jedoch, zu lernen, was Kinder lernen, bevor sie in die Schule kommen: eine auf dem Kopf stehende Tasse als Tasse zu identifizieren, sich in einem Garten zurechtzufinden, ein Gesicht wiederzuerkennen, *zu sehen*.

Anfangs glaubte man, es sei ein leichtes, Maschinen das Sehen beizubringen. «In den sechziger Jahren erkannte fast niemand, daß maschinelles Sehen schwierig ist», schrieb der inzwischen verstorbene David Marr, einer der hellsichtigsten Forscher auf diesem Gebiet, in seinem visionären, postum erschienenen Buch *Vision* von 1982.[2]

Tomaso Poggio vom Labor für Künstliche Intelligenz am Massachusetts Institute of Technology, ein enger Mitarbeiter David Marrs, schrieb 1990: «Erst in letzter Zeit hat die Forschung auf dem Gebiet Künstlicher Intelligenz die algorithmischen Probleme der Berechnung bei vielen visuellen und anderen Wahrnehmungsaufgaben sichtbar gemacht. Da diese Bereiche der subjektiven Introspektion unzugänglich sind, war die Versuchung groß, Schwierigkeiten der Wahrnehmung zu unterschätzen. Das Sehen erscheint so mühelos, weil wir uns seiner nicht bewußt sind. Schachspielen kommt uns dagegen schwierig vor, weil wir darüber nachdenken müssen. Ich glaube, wir neigen dazu, uns vor allem der Dinge bewußt zu sein, die unser intelligentes Gehirn am wenigsten gut beherrscht, zum Beispiel neueste Errungenschaften der biologischen Entwicklung wie Logik, Mathematik, Philosophie, überhaupt Problemlösung und Planung, während wir gleichzeitig dazu neigen, uns seiner wirklichen Stärken wie beispielsweise des Sehens überhaupt nicht bewußt zu sein.»[3]

Wir denken über das nach, was wir nicht verstehen. Über Dinge, die wir beherrschen, brauchen wir nicht nachzudenken. Wir tun sie einfach, ohne Bewußtsein.

Die Versuche, Menschen als Maschinen zu rekonstruieren, haben diese Tatsache deutlich gemacht. Sie ist aber keine neue Erkenntnis.

Schließen Sie das linke Auge und richten Sie das rechte auf den ersten Buchstaben am linken Rand der Zeile. Lassen Sie den Zeigefinger die Zeile entlangwandern, von dem «S» nach rechts. Fixieren Sie Ihren Blick weiter auf den Buchstaben, konzentrieren Sie sich aber gleichzeitig auf Ihren Finger. Versuchen Sie es mehrmals (es ist schwer, den Blick nicht zu verändern), dann sehen Sie folgendes Phänomen: Die Fingerspitze verschwindet ungefähr am rechten Rand, also gegen Ende der Zeile, und taucht nach einigen Zentimetern wieder auf.

Ist der Punkt gefunden, wo die Fingerspitze verschwindet, können Sie den Finger einigemal hin- und herwandern lassen und sich davon überzeugen, daß es einen blinden Fleck in Ihrem Gesichtsfeld gibt.

Um das herauszufinden, braucht man keinen Computer. Der blinde Fleck ist seit Jahrhunderten bekannt und längst erklärt worden. An einer Stelle der hinteren Wand des Auges, der Netzhaut, müssen Nervenbahnen und Blutgefäße aus dem Auge heraustreten, so daß es dort keine Sehzellen – Photorezeptoren – geben kann. Deshalb ist an der entsprechenden Stelle ein «Loch» im Gesichtsfeld, der sogenannte blinde Fleck.

Interessant ist nun aber nicht, daß es einen blinden Fleck gibt, sondern daß wir ihn nicht sehen. Unter normalen Umständen ist das nicht merkwürdig, denn gewöhnlich benutzen wir zwei Augen, die ständig in Bewegung sind. Doch selbst wenn wir nur mit einem Auge sehen, nehmen wir den blinden Fleck nicht wahr. Der entsprechende Bereich des Gesichtsfeldes wird einfach mit etwas ausgefüllt, das der Umgebung ähnlich ist. Wir müssen einen Finger über eine Buchseite wandern lassen, um dies zu entdecken. Wenn kein Finger da ist, sondern nur Buchseite, wird das Bild mit «Buchseite» ausgefüllt.

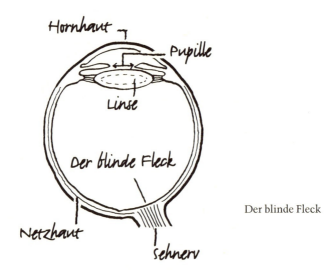

Der blinde Fleck

In Wirklichkeit ist es kein blinder Fleck, sondern, wie der Psychologe Julian Jaynes es ausdrückt, ein *Nichtfleck*.[4] Obwohl wir keine Information darüber haben, was sich an dieser Stelle des Gesichtsfeldes befindet, empfinden wir kein Loch, sondern nur einen Ausgleich, eine Vermittlung mit der unmittelbaren Umgebung. Wir wissen nicht, daß das, was wir sehen, eine Täuschung ist. Das Seherlebnis ist geschminkt.

Betrachten Sie die Figur auf dieser Seite. Sie stellt das älteste und berühmteste Beispiel einer optischen Täuschung dar und ist benannt nach dem Schweizer Louis A. Necker, der sie 1832 beschrieben hat. Der Necker-Würfel zeigt sehr schön, daß das Bewußtsein seine Wahrnehmungen nicht nach eigenem Gutdünken dirigieren kann.[5]

Sie erkennen, daß die Figur wie ein Würfel aussieht. Welche Seite ist Ihnen am nächsten? Versuchen Sie, die Ecke anzuschauen, die am weitesten entfernt ist, also am tiefsten unterhalb der Ebene des Papiers. Sehen Sie, schon ist diese Ecke am nächsten.

Man kann den Necker-Würfel auf zweierlei Art sehen, als zwei verschiedene dreidimensionale Körper. Es ist aber nur eine Zeichnung vorhanden. Sie besteht aus Strichen auf der zweidimensionalen Fläche des Papiers. Alles andere, das Räumliche der Figur, trägt der Betrachter selber bei. Wir deuten die Zeichnung als Würfel, sogar als zwei Würfel, die sich aus einer Zeichnung ergeben.

Es *ist* aber kein Würfel, obwohl es unmöglich ist, etwas anderes darin zu sehen. Wir können hin- und herschalten zwischen den beiden verschiedenen Versionen des Würfels und in gewisssem Maße bestimmen, welche wir sehen wollen, indem wir die Aufmerksamkeit auf die am weitesten von uns entfernte Ecke richten. Den Würfel selbst aber werden wir nicht los. Es ist auch nicht

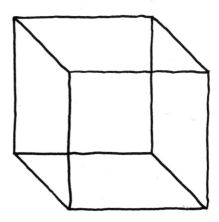

Necker-Würfel

möglich, die beiden verschiedenen Versionen gleichzeitig zu sehen.

Wie sehr wir uns auch bewußt sind, daß es sich um Striche auf einem Blatt Papier handelt, wir haben doch immer einen Würfel im Kopf. Das Bewußtsein kann zwischen zwei Möglichkeiten wählen. Es kann sie aber nicht abwählen.

Wir können eine der Würfelflächen mit einem Punkt markieren, als Zeichen, daß sie die vordere ist. Schalten wir dann aber zur anderen räumlichen Version des Würfels um, wandert der Punkt mit.

Wir sehen nicht erst die Striche, um sie dann als Zeichnung eines Würfels zu deuten. Wir sehen die Deutung, nicht die Daten, die wir deuten.

Betrachten Sie diese drei Zeichnungen. Erkennen Sie die Dreiecke? Man nennt sie Kanisza-Dreiecke nach dem italienischen Psychologen Gaetano Kanisza von der Universität Triest.[6]

Kanisza-Dreiecke

Es sind keine Dreiecke vorhanden, sondern nur etwas, das man subjektive Konturen nennt. Schauen Sie genau hin, es sieht so aus, als sei das Papier im Innern der Dreiecke ein wenig heller. Aber das ist nicht der Fall. Untersuchen Sie die Seiten der Dreiecke, genau an der Grenze. Es gibt keinen Übergang. Es ist reine Einbildung.

Kanisza-Dreiecke und geometrische Täuschungen 269

Auch wenn wir unser Bewußtsein davon überzeugt haben, daß die Dreiecke nicht «in Wirklichkeit» da sind, ist es unmöglich, sie wieder loszuwerden. Man sieht sie immer.

Betrachten Sie die sogenannten geometrischen Täuschungen auf dieser Seite. Länge und Größe der Figuren erscheinen uns anders, als sie tatsächlich sind. Die beiden Striche des auf dem Kopf stehenden «T» sind gleich lang (Vertikalentäuschung), ebenso die Linien in der Müller-Lyer-Täuschung. Auch in der Ponzo-Täuschung sind die waagerechten Striche gleich lang, wir «lesen» jedoch eine Perspektive in die Zeichnung hinein und nehmen an, der obere Strich sei weiter entfernt, also müsse er länger sein als der untere, da sie ja gleich lang aussehen. Dabei wissen wir nur zu gut, daß dies in Wirklichkeit nicht der Fall ist.[7]

Geometrische Täuschungen

Das auf dem Kopf stehende T illustriert, warum uns der Mond am größten erscheint, wenn er dicht über dem Horizont steht. Wir begreifen Entfernungen in vertikaler Richtung anders als in der Horizontalen. Dieses Phänomen macht sich auch bei Sternbildern bemerkbar; sie sehen größer aus, wenn sie tief stehen, denn dann sind sie ja nicht so weit entfernt... Man halte sich vor Augen, welch ein Unterschied es ist, ob man sich hundert Meter aufwärts oder hundert Meter horizontal über die Erdoberfläche bewegt. Es ist verständlich, daß wir uns daran gewöhnt haben, etwas für weiter entfernt zu halten, wenn wir es in Aufwärtsrichtung sehen. Daß wir es aber für weiter entfernt halten, bedeutet, daß es uns kleiner erscheint. Der Durchmesser des Mondes am Himmel beträgt aber immer einen halben Grad, einerlei, ob er hoch oder tief steht. Das Bild des Mondes auf der Netzhaut (oder auf einem Film) ist also immer gleich groß. Er wird aber als verschieden groß wahrgenommen, je nachdem, ob der Mond hoch am Himmel steht und klein und fern aussieht, oder ob er mächtig über dem Horizont brütet, so daß man ihn fast berühren kann.

Betrachten Sie die Figuren auf der nächsten Seite. Sie zeigen uns, daß wir auf einem Planeten leben, der um einen Stern kreist. Beachten Sie die Tiefe der Figuren: Sind es Kugeln oder Vertiefungen, sind sie konkav oder konvex? Vermutlich sehen Sie einige als Kugeln und andere als Vertiefungen. Drehen Sie das Buch auf den Kopf, verändert sich das Bild sofort. Dies sagt uns, daß unser Gesichtssinn von der Annahme ausgeht, das Licht falle von oben ein. Ist der Schatten oben, handelt es sich um eine Vertiefung, ist er unten, sehen wir eine Erhöhung.

Das Licht auf unserem Planeten kommt von oben und nicht vom Erdboden. Unser Gesichtssinn weiß das von vornherein. Diese schönen Beispiele aber wurden erst vor wenigen Jahren von dem Psychologen Vilayanur Ramachandran gefunden. Den Effekt selbst, daß die Richtung des Lichts darüber entscheidet, ob Markierungen als konkav oder konvex aufgefaßt werden, hat schon David Brewster im 19. Jahrhundert beschrieben.[8]

Die Vasen rechts gehen auf ein Doppelbild des dänischen Psychologen Edgar Rubin von 1915 zurück. Unsere Abbildung zeigt eine vervielfachte Version, die von dem amerikanischen Fotografen Zeke Berman stammt.[9] Entscheidet man sich, die schwarzen Vasen zu sehen, sieht man die weißen Gesichter als Hintergrund. Wir können aber auch die Gesichter betrachten, und dann bilden die schwarzen Vasen den Hintergrund. Wir entscheiden also, was wir als Figur und was als Hintergrund sehen wollen, doch können

Tiefenillusion und Rubins Vasen **271**

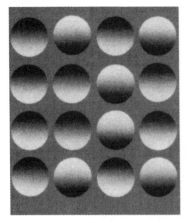
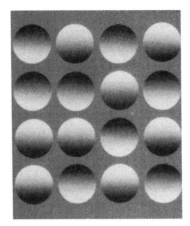

Tiefenillusion

Rubins Vase

272 Die Sicht von innen

Jung oder alt

wir uns nicht für beides gleichzeitig entscheiden. Wir unterscheiden zwischen Signal und Rauschen. Wieder sehen wir nicht die rohen Daten, sondern eine Deutung, und nur jeweils eine Deutung zur Zeit.

Bermans Version der Rubinschen Vasen ist keine Zeichnung. Der Fotograf hat Bilder von Silhouetten wirklicher Menschen benutzt.

In welcher Weise Sie das Bild links sehen, ist ein Hinweis darauf, wie alt Sie sind. Sehen Sie eine junge Frau, die das Gesicht abwendet, sind Sie wahrscheinlich selbst jung. Sehen Sie eine ältere Frau, sind Sie vermutlich nicht ganz jung.

Diese Erfahrung jedenfalls hat man im Wissenschaftsmuseum «Exploratorium» in San Francisco gemacht, wo diese Zeichnung hängt. Ursprünglich hat sie sich der amerikanische Psychologe E. G. Boring ausgedacht. Junge Besucher sehen spontan zuerst die junge Frau, ältere die alte.[10] Meist braucht man eine Weile, bis es einem gelingt, zwischen den beiden Bildern hin und her zu wechseln. Dann aber ist die Wirkung frappant. Kennen Sie erst einmal beide Bilder, können Sie leicht bestimmen, welches Sie sehen wollen. Sie brauchen den Blick nur auf den Punkt der Zeichnung zu richten, wo sich das Auge der gewünschten Figur befinden soll, und sehen dann sofort die ganze Frau.

Der englische Neuropsychologe Richard L. Gregory hat sich ein Leben lang mit solchen optischen Täuschungen beschäftigt. Sie sagen viel über die Art unseres Sehens aus. Gregory führt sie darauf zurück, daß unsere Gesichtswahrnehmung in Wirklichkeit eine Hypothese, eine Deutung der Welt darstellt. Wir sehen nicht die Daten vor unseren Augen, wir sehen eine Deutung.

In dem weitverbreiteten kleinen Lehrbuch über die Psychologie des Sehens, *Auge und Gehirn* (1966), schreibt Gregory: «Die Sinne geben uns also kein direktes Bild der Welt. Sie stellen nur das Material bereit, mit dem wir unsere Hypothese über das, was vor uns liegt, prüfen. In der Tat, ein wahrgenommener Gegenstand *ist* eine Hypothese.»[11]

Die doppeldeutigen Figuren, so Gregory, zeigten deutlich, «wie ein und dasselbe Erregungsmuster im Auge zu ganz verschiedenen Wahrnehmungen führen kann und wie die Wahrnehmung der Objekte über die bloße Empfindung hinausreicht»[12].

Die optischen Täuschungen haben auch in Wissenschaft und Philosophie eine Rolle gespielt. Sie dienen einem Philosophen wie Ludwig Wittgenstein und Wissenschaftshistorikern wie Norwood Russell Hanson und Thomas Kuhn als Ausgangspunkt der Kritik an der positivistischen Auffassung, bei Erkenntnissen spiele es keine Rolle, wer der Erkennende sei.[13]

Viele optische Täuschungen wurden zu Beginn des 20. Jahrhunderts im Rahmen der *Gestaltpsychologie* analysiert.

Gestaltpsychologen wie Edgar Rubin machten deutlich, daß man einer Sinneswahrnehmung nicht gerecht wird, wenn man sie in elementare «Einzelempfindungen» zerlegt und diese dann jede für sich analysiert. Für die menschliche Wahrnehmung sei eine Ganzheitlichkeit bezeichnend, die sich nicht reduzieren lasse. Wir sehen entweder den einen oder den anderen Necker-Würfel, obwohl wir nur eine Zeichnung vor uns haben. Wir erleben eine Gesamtheit *vor* ihren Konstituenten, wir sehen eine Gestalt, ehe wir ihre elementaren Bestandteile erkennen.

Zu Zeiten der Dominanz des Behaviorismus Anfang des 20. Jahrhunderts hatte es die Gestaltpsychologie schwer. Heute kommt sie wieder zu Ehren, da inzwischen deutlich geworden ist, daß die visuelle Wahrnehmung nur im Rahmen von Gesamtheiten und Hypothesen zu begreifen ist.[14]

Wir sehen nicht, was wir wahrnehmen, sondern was wir wahrzunehmen glauben. Was unserem Bewußtsein präsentiert wird, ist eine Interpretation, nicht das Datenmaterial selbst. Durch unbewußte Informationsverarbeitung ist Information bereits aussortiert worden, und wir sehen eine Simulation, eine Hypothese, eine Deutung. Wir haben bei diesem Vorgang keine Entscheidungsfreiheit.

Im Falle des Necker-Würfels können wir zwischen zwei Möglichkeiten wählen, das Bewußtsein kann jedoch nicht bestimmen, *welches* die beiden Möglichkeiten oder *daß* es zwei Möglichkeiten sein sollen, zwischen denen es wählen will.

Interessant ist natürlich, daß es sich bei den optischen Täuschungen um verfeinerte und genau analysierte Beispiele handelt, bei denen wir ausnahmsweise wirklich zwischen zwei Möglichkeiten wählen und zugleich noch erkennen können, daß wir von unserer visuellen Wahrnehmung betrogen werden.

Was aber geschieht in all den Situationen, in denen wir nur eine Deutung sehen können beziehungsweise nicht bemerken, daß wir eine geometrische Perspektive verdrehen? Auch dann geht dem Erleben ein unbewußtes Aussondern von Information voraus, nur können wir es nicht erkennen. Die Täuschungen sind die Sonderfälle, die uns sagen, daß jedes Sehen und jedes Erleben auf einer Vielzahl von Entscheidungen, Zurückweisungen und Deutungen beruht, die bereits stattgefunden haben, ehe wir uns des Wahrgenommenen bewußt werden.

Wir erleben die Welt nicht als rohe Daten. Wenn das Bewußtsein die Welt erlebt, sind die Dinge durch das unbewußte Aussortieren von Sinnesdaten längst gedeutet worden.

Was wir erleben, hat bereits Bedeutung, ehe wir uns ihrer bewußt werden.

Daß es optische Täuschungen gibt, hat seinen Grund nicht allein in der Organisation unseres Nervensystems. Auch kulturelle Faktoren spielen eine Rolle, wie zum Beispiel die Tatsache, daß es in vielen nichtwestlichen Kulturen in Abbildungen keine Perspektivik gibt. Viele Täuschungen hängen mit kulturellen Konventionen zusammen, durch die geregelt wird, wie wir Bilder zu «lesen» haben. Die Konventionen selbst sind natürlich nicht weniger unbewußt. Es ist schwer, sich über seinen eigenen Hintergrund hinwegzusetzen, da man bereits eine Menge Information aussortiert hat, ehe man ein Bild bewußt «sieht».

Die Voraussetzungen, auf denen das Aussortieren von Information beim Betrachten einer optischen Täuschung beruht, werden an folgendem Beispiel deutlich. Anthropologen wollten die Bildauffassung der *Me'em*, eines Volkes in Äthiopien, untersuchen.

Sie zeigten ihren Probanden ein Bild und fragten, was es sei. «Sie befühlten das Papier, rochen daran, zerknüllten es und lauschten dem Knittergeräusch; sie bissen kleine Stücke ab und kauten, um zu spüren, wie es schmeckt.»[15] Das Muster auf dem Papier interessierte sie nicht, denn Bilder sind für die Me'em auf Stoff gemalt. (Zeigte man ihnen westliche Bilder auf Stoff, hatten sie allerdings ebenfalls Probleme zu sehen, was sie nach unserem Standard hätten sehen sollen.)

Der Anthropologe Colin Turnbull hat sich im Kongo mit Pygmäen befaßt, die ihr Leben im Urwald verbringen und deshalb nicht gelernt haben, die Größe weit entfernter Objekte zu beurteilen. Turnbull brachte seinen Pygmäenführer Kenge dazu, gemeinsam mit ihm den Wald zu verlassen. Sie kamen auf eine Steppe und sahen in der Ferne eine Herde Büffel.

«[Kenge] fragte mich, was für Insekten das seien, und ich sagte ihm, es seien Büffel, doppelt so groß wie die Waldbüffel, die er kannte. Er lachte laut und meinte, ich solle ihm nicht so dumme Geschichten erzählen... Wir setzten uns ins Auto und fuhren auf die weidenden Büffel zu. Er beobachtete, wie sie immer größer wurden, und obwohl er ein sehr mutiger Pygmäe war, rutschte er zu mir herüber, saß dicht bei mir und murmelte etwas von Hexerei... Als er erkannte, daß es wirkliche Büffel seien, hatte er keine Angst mehr, aber er zerbrach sich den Kopf, warum sie so klein gewesen wären und ob sie wirklich so klein gewesen und plötzlich gewachsen wären oder ob es ein Trick gewesen sei.»[16]

Aber auch westliche Menschen haben manchmal Schwierigkeiten mit westlichen Bildern, besonders wenn es sich um Kunst handelt. Pablo Picasso wurde einmal in einem Eisenbahnabteil von einem Mitreisenden gefragt, warum er die Menschen nicht male, «wie sie wirklich sind». Picasso fragte den Mann, was er damit meine. Dieser nahm ein Foto seiner Frau aus der Brieftasche und sagte: «Das ist meine Frau!» Picasso entgegnete: «Ist sie nicht ziemlich klein und flach?»[17]

Was wir sehen, ist keine Wiedergabe der rohen Daten. Was aber repräsentiert es dann? Das Farbensehen gibt uns einen Fingerzeig. Ein dänischer Briefkasten ist rot, morgens, mittags und abends. Wir Dänen stimmen alle darin überein, daß die Farbe unserer Briefkästen rot sei und den ganzen Tag lang gleichbleibe. Im Prinzip ist ein Briefkasten auch im Dunkeln rot, nur kann man es dann nicht sehen.

Das Licht aber ist nicht den ganzen Tag lang gleich, es ist morgens und abends viel roter als mittags. Steht die Sonne tief, geht ein großer Teil des kurzwelligen Lichts – blau – durch Streuung verloren, denn wenn das Sonnenlicht die Atmosphäre «schräg» passiert, muß es eine größere Luftmenge durchdringen.

Der Briefkasten sieht den ganzen Tag lang gleich rot aus, obwohl das Licht, das von ihm zu unseren Augen gelangt, im Laufe des Tages nicht gleichbleibt. Diese *Farbkonstanz*, die Tatsache, daß wir die gleiche Farbe sehen, obwohl die Informationen, auf denen unser Farberlebnis beruht, unterschiedlich sind, ist sehr zweckmäßig. Es wäre zumindest unpraktisch, wenn sich die Farbe der Briefkästen im Laufe des Tages verändern würde, und noch unpraktischer, wenn dies bei Fliegenpilzen geschähe.

Die Farben, die wir sehen, sind das Ergebnis von Berechnungen, die im Gehirn vorgenommen werden. Die elektromagnetischen Strahlen, die von einem Objekt ausgehend auf unsere Netzhaut fallen, werden mit denen aus anderen Bereichen des Bildes verglichen, und auf dieser Grundlage wird die Farbe des Objekts berechnet. Dadurch behält das Objekt seine Farbe, obwohl die Informationen, die das Auge von ihm empfängt, zu unterschiedlichen Zeiten verschieden sind: Farbkonstanz. Die Farbe ist eher ein Produkt des Gehirns als eine Eigenschaft des Objekts selbst.

Man kann mit Farben optische Täuschungen erzeugen, zum Beispiel farbige Schatten, wobei ein gelbes und ein weißes Licht einen blauen Schatten ergeben, oder Mischfarben, wobei ein Spot aus rotem Licht und ein Spot aus grünem Licht zusammen als gelber Lichtfleck erscheinen. Fügt man einen blauen Spot hinzu, erhält man einen weißen Lichtfleck.

Die Farben, die wir sehen, sind das Ergebnis von Berechnungen, es gibt sie nicht in der äußeren Welt. Sie entstehen erst, wenn wir sie sehen. Wären Farben eine Eigenschaft der äußeren Welt, könnten wir keine farbigen Schatten wahrnehmen.

Zweckmäßig daran ist die Konstanz. Unabhängig von den Lichtverhältnissen wird dem Objekt eine gleichbleibende Farbe zugeschrieben. Was wir wahrnehmen, wenn wir einen roten Briefkasten sehen, ist das Ergebnis einer Berechnung, durch die das Gehirn versucht, dem gleichen Ergebnis das gleiche Objekt zuzuschreiben, obwohl die Informationen, die es empfängt, verschieden sind.

Diese Berechnung nimmt das Gehirn aufgrund der Informationen dreier verschiedener Arten von Sehzellen – Photorezeptoren – vor, deren jede auf eine bestimmte Wellenlänge spezialisiert ist. Ein ähnliches System macht man sich bei Fernsehkameras zunutze. Sie registrieren drei verschiedene Farben, die dann zu einem Fernsehbild kombiniert werden. Eine Kamera ist jedoch nicht so schnell wie der Mensch, und sie kann nicht selbst errechnen, wie die Umgebung aussieht. Deshalb muß ihr gesagt werden, wie das Licht ringsumher erscheint, andernfalls würde man ein Bild mit falsch eingestellten Farben erhalten. Wir erleben dies gelegentlich bei Nachrichtensendungen im Fernsehen, wenn eine Person an einem Fenster interviewt wird. Die Kamera ist auf das künstliche Raumlicht eingestellt, das sehr gelb ist (da künstliches Licht von Glühbirnen kommt, die eine niedrigere Temperatur als die Oberfläche der Sonne haben), während am Fenster Tageslicht herrscht. Ist die Kamera auf künstliches Licht eingestellt, erscheint das Tageslicht sehr blau, ist sie dagegen auf Tageslicht eingestellt, erscheint das Licht der Lampen im Raum sehr gelb.

Man löst dieses Einstellungsproblem in der Praxis durch eine sogenannte *Weißbalance*. Zu Beginn der Aufnahme wird die Kamera auf ein Stück weißes Papier justiert, so daß sie «erkennt», wie die Farbe Weiß auszusehen hat, und auf dieser Basis die Beleuchtung in der gegebenen Situation «berechnen» kann.

Eine solche Weißbalance nimmt der menschliche Gesichtssinn ständig vor, beispielsweise wenn er einen Briefkasten wahrnimmt. Er findet zunächst heraus, wie die Farbe Weiß aussieht, zum Beispiel durch einen Blick auf die Mauer hinter dem Kasten. Danach ist das visuelle System in der Lage, das in diesem Zusammenhang ziemlich irrelevante Faktum, nämlich die konkrete Zusammensetzung des vom Briefkasten zurückgeworfenen Lichts, das auf das Auge trifft, zu korrigieren.

Die Weißbalance wird unbewußt erstellt. Wir nehmen nicht wahr, daß es sich um einen roten Briefkasten im hellen Mittagslicht handelt, wir nehmen einen roten Briefkasten wahr.[18]

Die Weißbalance kann jedoch vom Bewußtsein beeinflußt werden – oder besser von dem Wissen um die Situation, wie aus folgendem kleinen Erlebnis hervorgeht:

Auf der Wäscheleine in der dämmrigen Waschküche war viel freier Platz. Es hing nur ein weißer Pullover da, als er mit seiner Weißwäsche hereinkam. Er bemerkte, als er seine weiße Unterwäsche aufhängte, daß der weiße Pullover nicht ganz weiß, sondern ein wenig rötlich war. Es war nicht sein Pullover, und er dachte ein wenig zerstreut, daß wohl eine rote Socke zwischen die Wäsche geraten sei, so etwas kommt vor.

Kurz darauf kam die Besitzerin des Pullovers in den Keller. Ehe er ihr sein Mitgefühl ausdrücken konnte, rief sie: «O Gott, deine Sachen sind ja ganz blau geworden!»

Und tatsächlich, er hatte beim Sortieren nicht aufgepaßt und etwas Blaues unter die weiße Wäsche gemischt. Alles war blau geworden.

Seine innere Weißbalance hatte sich jedoch unbewußt nach der Weißwäsche eingestellt, die ja per definitionem weiß sein soll. Er definierte also die blau verfärbte Wäsche als weiß und den weißen Pullover als rot verfärbt. Bemerkenswert aber ist: Nachdem er sich dessen bewußt geworden war, konnte er es sehen.

Farben entstehen erst im Kopf, doch sind sie keineswegs so subjektiv oder zufällig, daß sich nicht aufklären ließe, wem eine falsche Socke in die Waschmaschine geraten ist.

Keine Farbpalette auf unserem Planeten ist faszinierender als die des Himmels. Diese Orgien tief changierender Farben und zarter Nuancen, die über dem Horizont erscheinen, wenn Sonnenuntergang, Wolken und Meeresoberfläche zusammenwirken und ein Schauspiel bieten, dem wir stundenlang zusehen können! Wir empfinden es in unseren Ferien als wohltuend, wenn das Licht von Tag zu Tag und von Landschaft zu Landschaft wechselt und wir einmal nicht eingesperrt sind in das monotone, ergonomisch kalkulierte Kunstlicht des Büros. Ein einziger Blick zum Himmel, und der Kopf wird lebendig. Warum? Vielleicht, weil das Farbensehen ein aktiver Vorgang ist, eine Berechnung, ein Aussondern von Information, das in einem bewußten Erleben resultiert. Ein neuer Himmel ist eine neue Herausforderung, ein neues Licht ist ein neues Erlebnis, einerlei, was man in ihm sieht. Sind nicht die natürlichen Farben der unruhigen Wasseroberfläche *tief* – unergründlich zart und komplex, reich nuanciert in ständigem Wechsel? Wir sind doch froh, weil unsere Augen Beschäftigung finden, weil Information aussortiert werden muß, weil das Reduzieren der Sinneswahrnehmung auf ein bewußtes Erleben ein visueller Verdauungsprozeß ist, wohltuend wie junges Gemüse und frisch gefangener Fisch. Der Himmel ist selten fade wie Kaugummi und *fast food*. Je älter der Mensch wird, desto hingebungsvoller widmet er sich seltenen Himmeln.

Richard Gregory ist ein Mann von Format, ein Brite von großer Statur, breit und mit markanten Zügen – ein adäquates Äußeres für einen Experimentalpsychologen, der Experte für optische Täuschungen ist und das bewußte Erleben als Hypothesenbildung versteht. Seine Auffassung gründet sich auf die experimentelle Arbeit eines ganzen Menschenlebens. Versteht man erst das Erleben als Deutung, ist es nur noch ein kleiner Schritt, die gesamte Wirklichkeit, die wir erleben, als Deutung und nicht als Wiedergabe tatsächlicher Verhältnisse zu begreifen.

Als ich Gregory 1989 für dieses Buch fragte, was Wirklichkeit seiner Meinung nach sei, antwortete er freudestrahlend: «Eine Hypothese.»

«So würde ich sie bezeichnen, als Hypothese.» In diesem Begriff ist ein Großteil von Gregorys Leistungen für die experimentelle Psychologie zusammengefaßt.

Als sich das Gelächter über die Frage, ob es möglich sei, sich eine bessere Hypothese zu verschaffen, gelegt hatte, fragte ich: Und wenn man die Wirklichkeit nun als Simulation versteht?

«Oh, das ist sicher ein besserer Ausdruck», erwiderte er prompt.[19]

Eine Simulation ist eine Rekonstruktion, eine Nachahmung, ein Abgucken. Läßt sich ein Prozeß simulieren, dann können wir ihn in wesentlichen Aspekten wiedergeben, und wir können errechnen, wo er endet, ohne unbedingt den Prozeß selbst experimentell nachvollziehen zu müssen. Eine Simulation ist eine dynamische Deutung, eine Hypothese und somit eine Vorhersage. Unser Erleben der Wirklichkeit ist in gewissem Sinne ein Erleben unserer Simulation dessen, was um uns herum passiert.

Die erstaunliche Lehre der optischen Täuschungen ist, daß wir die Dinge nie direkt erleben, sondern als Deutung sehen. Wir können nicht anders, als den Necker-Würfel dreidimensional aufzufassen. Wir müssen uns anstrengen, um ihn als Striche auf einem Stück Papier zu erleben. Wir erleben erst die Deutung, die Simulation. Wir erleben nicht, was wir sinnlich wahrnehmen, sondern eine Simulation unserer Wahrnehmung.

Die Reihenfolge ist nicht so, daß erst die sinnliche Wahrnehmung kommt, dann das Erleben und dann die Simulation, das Deuten, Werten und Schlüsseziehen.

Wir nehmen wahr, simulieren und erleben – vielleicht. Denn manchmal nehmen wir wahr, simulieren und handeln sofort, weil zum bewußten Erleben die Zeit fehlt.

Das ist die Lehre der optischen Täuschungen, eine sehr radikale Lehre.

«Was das Froschauge dem Froschhirn mitteilt», lautete der Titel einer Untersuchung, die 1959 in den *Proceedings of the Institute of Radio Engineers* veröffentlicht wurde. Sie handelt ausschließlich davon, wie Frösche die Welt sehen, obwohl sie vom amerikanischen Heer, von der amerikanischen Luftwaffe und der amerikanischen Flotte (sowie den Bell Laboratories) finanziell unterstützt worden war. «Diese Arbeit ist an Fröschen durchgeführt worden, und unsere Deutung gilt nur für Frösche»[20], betonen die Autoren Jerome Lettvin, Humberto Maturana, Warren McCulloch und Walter Pitts, alle vom Massachusetts Institute of Technology.

Die Arbeit sollte in ihrer Konsequenz das Weltbild anderer als gerade der Frösche beeinflussen, und nicht wegen dieser Art finanzieller Unterstützung (Finanzmittel des Militärs waren in den fünfziger Jahren in den USA die häufigste Form der Förderung von Grundlagenforschung), sondern wegen ihrer erkenntnistheoretischen Aspekte. Die vier Autoren hatten das «synthetische *a priori*» in den Genen von Fröschen nachgewiesen.[21]

Als synthetisches *a priori* bezeichnete Immanuel Kant die Voraussetzungen der Erkenntnis, von denen man sich nicht freimachen kann. Kant erneuerte die Philosophie im 18. Jahrhundert, indem er, wie in Kapitel 3 erwähnt, darlegte, daß der menschlichen Erkenntnis apriorische Denkformen der Anschauung (Zeit und Raum), des Verstandes (zum Beispiel Ursache) und der Vernunft vorgegeben seien. Sie ermöglichen überhaupt erst Erfahrungserkenntnis, und zugleich formen und begrenzen sie deren Erkenntnisbereich. Somit erkennt der Mensch nicht die Welt selbst, sondern sieht sie durch die Brille der Apriori. Wir können die Welt nicht erkennen, wie sie ist, sondern nur, wie sie für uns ist. Kant unterschied zwischen den Dingen, wie sie *sind*, dem *Ding an sich*, das nicht erkannt, aber gedacht werden kann, und den Dingen, wie sie für uns erfahrbar sind, den Erscheinungen.

Die vier Forscher hatten mit Unterstützung des Militärs das «Ding für Frösche» gefunden.

Das Auge des Frosches teilt seinem Gehirn lediglich das Auftreten von vier Dingen im Gesichtsfeld mit: 1. von deutlichen Kontrastlinien (die zum Beispiel erkennen lassen, wo der Horizont ist), 2. von plötzlichen Veränderungen der Lichtverhältnisse (die zum Beispiel darauf hindeuten, daß sich ein Storch nähert), 3. von

Rändern, die sich bewegen (die zum Beispiel etwas über die Bewegungen des Storches aussagen), und 4. von der Randkrümmung kleiner, dunkler Objekte. Sie seien versucht, schreiben die Autoren, letztere als «Insekten-Detektoren» *(bug perceivers)* zu bezeichnen.

Das Gehirn des Frosches erhält keine Kenntnis von der Aussicht, die sich seinen Augen bietet, genauer: es wird nur über den Teil der Szenerie unterrichtet, der für ihn interessant ist, nämlich Freunde, Feinde und die Wasseroberfläche. Das Gehirn des Frosches macht sich nicht die Mühe, ein «naturgetreues» Bild von der Außenwelt zu erzeugen. Es interessiert sich dafür, etwas zum Fressen zu finden, ohne selbst gefressen zu werden.

Diese Eigenart seiner Weltsicht liegt in der Anatomie des Frosches begründet. Jede einzelne Nervenbahn, die vom Auge zum Gehirn führt, ist mit *vielen* Sehzellen verbunden. Die Bahnen übermitteln nicht nur, ob eine bestimmte Sehzelle Licht empfängt, sondern übertragen ein Muster. Das Gehirn erhält das Ergebnis einer Berechnung.

Die Autoren ziehen folgenden Schluß aus ihrer Arbeit: «Grundsätzlich zeigt sich, daß das Auge in einer bereits stark organisierten und gedeuteten Sprache zum Gehirn spricht und nicht nur eine mehr oder weniger präzise Kopie der Lichtverteilung in den Rezeptoren [des Auges] weitergibt.»[22]

Und deshalb entdeckt der Frosch erst, wenn man ihn küßt, daß man eine Prinzessin ist...

Die vier Forscher waren nicht die ersten, die den Gesichtssinn des Frosches untersuchten. Schon 1953 hatte der Engländer Horace Barlow eine Arbeit zu diesem Thema veröffentlicht. Zwanzig Jahre später schrieb Barlow über seine Ergebnisse: «Plötzlich wird einem klar, daß ein großer Teil des Sinnesapparates, der an der Nahrungssuche des Frosches beteiligt ist, tatsächlich in der Netzhaut angesiedelt ist, nicht in mystischen ‹Zentren›, die sich mittels physiologischer Methoden nicht verstehen ließen.»[23]

«Jede einzelne Nervenzelle», fährt Barlow fort, «kann eine sehr viel kompliziertere und subtilere Aufgabe ausführen, als wir bisher glaubten... Die Aktivitäten der Nervenzellen sind schlicht Denkprozesse.»[24] Beim Frosch sitzt das Unbewußte in den Augen!

Ein derartiges Aussortieren von Information durch die Augen ist später auch bei Tieren mit diffenzierteren Ernährungsgewohnheiten nachgewiesen worden. Bei Katzen, Affen, Menschen und vielen anderen Lebewesen hat man eine entsprechende Aufspaltung der Information aus der Umgebung erkennen können.

Beim Menschen ist der Weg der Nervenimpulse von den Augen zum Gehirn sehr kompliziert. Sie passieren ein Kerngebiet inmitten des Gehirns, den *Thalamus* oder Sehhügel, und werden von dort zur Sehrinde (visueller Cortex) weitergeleitet. In der ersten visuellen Cortexregion, die sie erreichen, dem primären Sehfeld, befinden sich 100 Millionen Nervenzellen. Im Verhältnis zu den wenigen Millionen Sehzellen in den Augen ist diese Zahl sehr hoch. In den sechziger Jahren wiesen der Amerikaner David Hubel und der in den USA arbeitende Schwede Torstein Wiesel nach, daß die Nervenzellen in der Hirnrinde sehr spezialisiert sind. Sie erkennen jeweils ganz bestimmte Qualitäten im Gesichtsfeld, zum Beispiel einen Rand, eine Linie, einen Kontrast usw.

Aufgrund der Arbeit von Hubel und Wiesel glaubte man, einer Erklärung des menschlichen Sehens nähergekommen zu sein. Die Ergebnisse wiesen eindeutig in die gleiche Richtung wie die Froschforschungen Barlows und anderer.

So herrschte anfangs große Begeisterung über die Entdeckung, daß jede einzelne Zelle im primären Sehfeld an der Verarbeitung dessen, was wir sehen, beteiligt sein kann. Dann aber schwand den Forschern der Mut, und in den siebziger Jahren zeigte sich, daß ein wichtiges Bindeglied fehlte.[25]

1990 schrieb Horace Barlow über die 100 Millionen Nervenzellen im primären Sehfeld, von denen eine jede eine bestimmte Eigenschaft innerhalb des Gesichtsfeldes deutet: «Dies ist eine interessante Form der Repräsentation eines Bildes, und die Tatsache, daß jede einzelne Nervenzelle eine wichtige Teilinformation weiterleitet, vermittelt uns das Gefühl, wir hätten gewisse Fortschritte in der Erkenntnis gemacht, wie Bilder ‹verdaut› werden.

Sie hat aber auch etwas zutiefst Unbefriedigendes. Wozu in aller Welt nützen 100 Millionen Zellen, deren jede auf eine sehr spezifische Eigenschaft eines kleinen Teils des Gesichtsfeldes reagiert? Für die uns aus unseren Köpfen vertrauten Bilder sind Einheitlichkeit und Brauchbarkeit kennzeichnend, was bei dieser wie bei einem Puzzle in eine große Zahl winziger Teile zerlegten Repräsentation nicht der Fall zu sein scheint. Warum findet die Repräsentation in dieser Weise statt? Wie wird das Bild des Puzzles ermittelt, oder besser, durch welche neuralen Mechanismen wird die Analyse des Bildes weitergeführt, und was ist das Ziel dieser weiteren Schritte? Ich würde mich nicht wundern, wenn das Haupthindernis darin liegt, daß wir das eigentliche Problem nicht erfaßt haben.«[26]

Das eigentliche Problem könnte aber auch darin bestehen, daß überhaupt kein Bild, sondern nur ein Puzzle existiert. Barlow setzt stillschweigend voraus, daß *erst* ein Bild da ist, das dann auf 100 Millionen Nervenzellen verteilt wird, um schließlich wieder zusammengesetzt und gesehen/erlebt zu werden.

Zuerst *muß* doch ein Bild da sein, könnte man ihm beipflichten, denn wir sehen ja die Welt. Die Augen zeichnen nach, wie die Welt aussieht. Hat aber je ein Mensch die Welt ohne diese Puzzleteilchen gesehen? Wer sagt, daß die Welt so aussieht, wie wir sie sehen? Wir sehen ja nur *die Dinge, wie sie für uns erfahrbar sind* – das Ding an sich ist uns nie zu Gesicht gekommen.

Sehen kann man nur durch die Augen und über die 100 Millionen Nervenzellen im primären Sehfeld (das übrigens ganz hinten im Kopf liegt, nicht direkt hinter den Augen). Wir sehen Farben und Ränder und Formen und Fliegen und Frösche, aber was wir sehen, ist das Ergebnis von Berechnung und Simulation. Es gibt nicht den geringsten Grund zu der Annahme, das, was wir sehen, sei dem ähnlich, was wir anschauen.

Aber, könnte man einwenden, wir stimmen doch in dem überein, was wir sehen. Wir sehen denselben Baum, denselben Bus, dieselben roten Briefkästen. Richtig – in dem Maße, wie wir uns darüber sprachlich verständigen können. Sprachliche Verständigung aber findet innerhalb einer sehr geringen Bandbreite statt, wenigen Bits pro Sekunde, der Kanalkapazität des Bewußtseins und der Sprache. Über diese Bandbreite läßt sich die Erlebnisqualität der Farbe Rot nicht vermitteln. Sie erlaubt lediglich, auf die Dinge zu zeigen und sich mit Gesprächspartnern über Briefkästen, Baumkronen und Busse zu verständigen.

Wir können ein Bild von dem zeichnen, was wir sehen, dann wird sich zeigen, daß wir dasselbe sehen. Ja, wenn wir es nicht gerade mit Pablo Picasso oder den Me'em zu tun haben, die dazu neigen, so viele Fragen zu stellen, daß wir fast unsere ganze Lebensgeschichte entrollen müssen, um sie zu beantworten.

Wir stimmen darin überein, wie die Dinge aussehen, aber stimmen wir auch darin überein, was die Farbe Rot ist? Ist Ihr Rot gleich meinem Rot?

Für dieses klassische philosophische Problem fand der amerikanische Philosoph Thomas Nagel vor einigen Jahren eine sehr treffende Formulierung: «Woher wissen wir... ob das Schokoladeneis, das wir gemeinsam mit einem Freund essen, für ihn den gleichen Geschmack hat wie für uns? Wir können von seinem Eis kosten, wenn es dann jedoch genauso schmeckt wie unseres, so heißt das nur, daß es *für uns* genauso schmeckt: wir haben nicht erfahren, welchen Geschmack es *für ihn* hat.»

«Treiben wir diese Fragestellungen ziemlich schonungslos weiter», fährt Nagel fort, «so gelangen wir von einem gemäßigten und harmlosen Skeptizismus darüber, ob Schokoladeneis für uns und unseren Freund genau gleich schmeckt, zu einem viel drastischerem Skeptizismus darüber, ob es zwischen meinen und seinen Erlebnissen *überhaupt* irgendeine Ähnlichkeit gibt.»

«Woher weiß ich gar, daß mein Freund ein bewußtes Wesen ist? Woher weiß ich eigentlich, daß es außer mir überhaupt Bewußtsein *[mind]* * gibt?» fragt Nagel. «Das einzige Beispiel für eine Kor-

---

* In der deutschen Ausgabe der Nagelschen Abhandlung steht für das schwer eindeutig zu übersetzende englische Wort *mind* der Begriff «Bewußtsein», der damit dort eine weiter gefaßte Bedeutung erhält als in diesem Buch, in dem «Bewußtsein» im Sinne von *consciousness* oder *conscious mind* verwendet wird. Zur Abgrenzung steht deshalb im folgenden der Begriff «Psyche» für *mind* (dänisch *sind*). Anm. d. Ü.

relation zwischen Bewußtsein, Verhalten, Anatomie und äußeren physischen Umständen, das wir jemals direkt beobachtet haben, ist unser eigener Fall.»[27]

The problem of other minds, das Problem des Fremdpsychischen, ist, versteht sich, ein abseitiges Problem, denn natürlich haben auch andere eine Psyche. Setzten Sie dies nicht voraus, würden Sie sich wohl kaum die Mühe machen, meinen Ausführungen zu folgen.

Interessant aber ist nicht die Frage, ob es eine andere Psyche als die eigene gibt, denn das ist der Fall, sondern daß die Philosophen, die dieses Problem seit Jahrhunderten diskutieren, keine überzeugenden logischen Argumente dafür gefunden haben. Eine kleine, aber hartnäckige, meist aus jungen Philosophen bestehende Schar beharrt seit jeher auf dem Solipsismus, der Vorstellung, man sei der einzige, der existiert. «Ich allein bin.» Was natürlich Unsinn ist: «Wäre ich ein Solipsist, so schriebe ich dieses Buch vermutlich nicht, da ich nicht glaubte, daß ein anderer, der es lesen könnte, überhaupt existierte», schreibt Nagel.[28]

Das Problem des Fremdpsychischen ist nahe verwandt mit dem der äußeren Welt. Was berechtigt uns, zu behaupten, es existiere eine äußere Welt? Der dänische Philosoph Peter Zinkernagel beantwortet die Frage mit dem Hinweis darauf, man dürfe eben nicht sagen, daß es keine äußere Welt gibt. Die sprachliche Verständigung bräche zusammen, würde man behaupten, daß sie sich nicht auf etwas bezöge.[29]

Dementsprechend können wir sagen, die Kommunikation bräche zusammen, wollte man nicht anerkennen, daß das Fremdpsychische existiert. Alle Kommunikation beruht auf der Voraussetzung, daß die Kommunikationspartner Personen sind und daß sie einen Baum der Rede in sich haben. Ohne diese Voraussetzung wäre das Gespräch sinnlos.

Ist man also nicht bereit, die Existenz des Fremdpsychischen anzuerkennen, kann man mit niemandem über diese Meinung reden.

Das beweist jedoch nicht, daß es andere Seelenleben als das eigene (beziehungsweise eine äußere Welt) gibt. Es sei nur festgestellt, daß sich hier ein Problem zeigt, über das man nicht sprechen kann. Denn das Sprechen setzt die positive Antwort – daß jemand da ist, mit dem man redet – bereits voraus.

Kehren wir zum Weg der Sehimpulse vom Auge zur Hirnrinde zurück. Warum gibt es diese Zwischenstation inmitten des Gehirns, den Thalamus? Die Region des Thalamus, die als Schaltzentrum, als Relais für die Übermittlung der Sehnervenimpulse dient, wird *Corpus geniculatum laterale* genannt, abgekürzt CGL.

Über dieses anatomisch sehr wichtige CGL steht im dänischen Lehrbuch der Physiologie: «Als Resümee vieler Untersuchungen ist vorgeschlagen worden, das Corpus geniculatum laterale sei kein einfacher Relaiskern, sondern erfülle eine integrative Funktion. Diese Ausdrucksweise zeigt beispielhaft, daß unser relativ geringes Wissen über das Gehirn zu wohlklingenden, aber inhaltslosen Aussagen verleitet... Der Ausdruck ‹integrative Funktion› [ist], obwohl er in der Neurophysiologie Tradition hat, nicht sehr erhellend, sondern deutet vielmehr an, daß hier etwas stattfindet, das wir nicht erklären können.»[30]

Thalamus und CGL spielen eine sehr wichtige Rolle bei der zerebralen Verarbeitung von Sinnesdaten. 1986 schrieb Francis Crick: «Ein wichtiges Merkmal des Neocortex ist, daß mit Ausnahme gewisser Geruchs- und Geschmacksinformationen fast die gesamte Information, die er von außen (von der Peripherie der Sinne oder von anderen subkortikalen Zentren) aufnimmt, den Thalamus passiert... Der Thalamus wird deshalb oft als ‹Eingangstor› der Hirnrinde bezeichnet.»[31]

Doch erhält der Thalamus auch Rückmeldungen von der Hirnrinde: es findet eine intensive Wechselwirkung mit den «höheren» kortikalen Funktionen statt. Viele Zentren oder Kerne des Thalamus sind an diesem Zusammenspiel beteiligt, in bezug auf das Sehen besonders das CGL.

Neurophysiologie des Sehens **289**

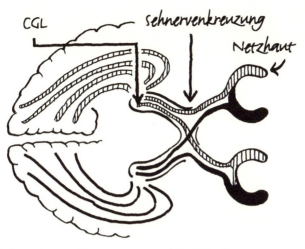

Die Information der Netzhaut geht durch das CGL (Corpus geniculatum laterale) im Thalamus, ehe es die Sehzentren im Hinterkopf erreicht.

Der Thalamus befindet sich tief im Innern des Gehirns und dient als eine Art Tor zur Hirnrinde. Fast alle Informationen von außen passieren ihn, ehe sie zur Hirnrinde geleitet werden.

Der russische Neurophysiologe Iwan Pawlow ist vor allem durch die Versuche bekannt geworden, die er zu Beginn des 20. Jahrhunderts an Hunden vornahm. Er konnte bedingte Reflexe bei ihnen hervorrufen, indem er mit einer Glocke läutete, wenn sie Futter bekamen, und schließlich tropfte den Hunden bereits der Speichel aus dem Maul, wenn sie nur die Glocke hörten.

Pawlow hat die Bedeutung einiger tief im Innern des Gehirns liegender Strukturen für die Hirnrinde erforscht. Die Verarbeitung der Informationen von außen wird in der Hirnrinde vorgenommen, doch deren eigenes Aktivitätsniveau, ihr Tonus, wird von tiefer gelegenen Strukturen wie dem Thalamus reguliert. Das Aktivitätsniveau der Hirnrinde insgesamt zeigt im Wachzustand ein anderes Erscheinungsbild als im Schlaf; bei Wachheit verändert sich darüber hinaus die Aktivität an verschiedenen Stellen der Hirnrinde, je nachdem, wie die Aufmerksamkeit «umherwandert». Wie der russische Gehirnforscher Alexander R. Lurija schreibt, dachte sich Pawlow dieses Wandern der Aufmerksamkeit als «einen sich bewegenden Lichtpunkt... der sich im Wechsel der Aktivitäten über die Hirnrinde bewegt»[32].

Lurija hat Pawlows Überlegungen weitergeführt und das Gehirn in drei Einheiten gegliedert, eine für die Regulierung von Wachheit/Tonus/Aufmerksamkeit (tieferliegende Strukturen), eine Einheit für die Verarbeitung von Sinnesdaten (hintere Regionen der Hirnrinde) und eine für Planung und Nachdenken (vordere Rindenfelder). Der Thalamus spielt eine wichtige Rolle für die erste Einheit.

Wir können uns diese erste Funktionseinheit als eine Art Projektor vorstellen, der entscheidet, welche Stelle der Hirnrinde beleuchtet wird, je nachdem, worauf sich die Aufmerksamkeit richtet. Dies wäre eine anatomische Version jener Metapher vom Spotlight, das im dunklen Raum umherwandert, der wir bereits bei Dietrich Trincker (Kapitel 6) und Julian Jaynes (Kapitel 7) begegnet sind. Francis Crick versuchte das Modell Mitte der achtziger Jahre zu konkretisieren, indem er einen Thalamuskern, den Nucleus reticularis thalami, als Steuerzentrale für den Projektor des Bewußtseins identifizierte[33], doch hat er später erkennen müssen, daß dieses Modell zu einfach war.

Gleichwohl ist die Metapher, Aufmerksamkeit und Bewußtsein seien ein Spotlight, das auf einer Bühne, wo viele Dinge gleichzeitig geschehen, etwas Bestimmtes auswähle, ein brauchbarer Denkansatz.

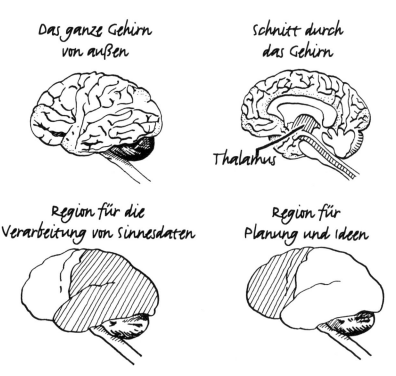

Die Einheiten des Gehirns nach Lurija. Das ganze Gehirn wird von der Großhirnrinde (Cortex) umhüllt. Der Thalamus und einige andere vitale Zentren befinden sich tief im Innern des Gehirns. Die Hirnrinde gliedert sich in eine hintere Region, die vorwiegend Sinnesdaten verarbeitet, und eine vordere Region, die vor allem für Pläne und Ideen zuständig ist.

Der Biologe Humberto Maturana ist einer der Autoren des Artikels «Was das Froschauge dem Froschhirn mitteilt». Zusammen mit seinem chilenischen Landsmann Francisco Varela hat er in den letzten Jahrzehnten die Meinung vertreten, unser Erleben der Außenwelt setze überhaupt keine Repräsentation oder Widerspiegelung voraus. Es handle sich um keinerlei Abbildung, vielmehr mache sich ein subtilerer Sachverhalt geltend.

Francisco Varela schrieb 1987: «Das CGL wird gewöhnlich als Relaisstation zur Hirnrinde beschrieben. Bei näherer Prüfung zeigt sich jedoch, daß der größte Teil dessen, was die Nervenzellen im CGL empfangen, nicht von der Netzhaut kommt (weniger als 20 Prozent), sondern aus anderen Zentren des Gehirns... Was das Gehirn von der Netzhaut erreicht, ist nur eine leichte Perturbation [Störung] im ständigen Summen interner Aktivität, die, in diesem Falle im Thalamus, [von Impulsen der Netzhaut] moduliert, aber nicht instruiert werden kann. Dies ist der Schlüssel. Um die neuralen Prozesse im Rahmen des Modells der Nichtrepräsentation zu verstehen, genügt es festzustellen, daß Perturbationen beliebiger Art, die aus dem Medium [der Umgebung] eintreffen, entsprechend den internen Zusammenhängen des Systems eingeformt *[in-formed]* werden.»[34]

Mit anderen Worten, das Sehen ist nicht primär das Ergebnis von Mitteilungen der Netzhaut (die von vornherein schon etwas anderes sind als das Licht, das dort von den Rezeptoren aufgenommen wird), sondern das Resultat einer umfassenden internen Bearbeitung, die Daten von außen mit inneren Aktivitäten und Modellen korreliert.[35] Doch ist diese Wiedergabe nicht ganz richtig, denn Maturana und Varela erkennen nicht an, daß etwas von außen eintrifft. Das Ganze sei ein geschlossener Kreislauf, würden sie argumentieren. «Das Nervensystem ‹empfängt› keine ‹Information›», schreiben sie. Es bestehe aus einer sich selbst regulierenden Ganzheit, in der es «weder Innen noch Außen» gibt. Um das Überleben zu sichern, bringe es «vielmehr eine Welt hervor, indem es bestimmt, welche Konfigurationen des Milieus Perturbationen darstellen und welche Veränderungen diese im Organismus auslösen».[36]

Diese sehr radikale Erkenntnistheorie wird von den beiden Chilenen noch dazu als geschlossenes System formuliert. Besonders Maturana ist bekannt dafür, daß er es ablehnt, über das Verhältnis seiner Auffassungen zu ein paar Jahrtausenden epistemologischer Tradition zu diskutieren. Es handelt sich um eine in sich geschlossene Theorie, die sich nicht diskutieren läßt.

Wie aber steht Maturana heute zu der Erwähnung Kants in dem Artikel über das Auge des Frosches? Er ist nicht begeistert darüber. «Die Beschreibung der Außenwelt hat nichts mit der Außenwelt, sie hat etwas mit uns zu tun», erklärt er 1991.[37] Nur das Erleben gelte es zu erklären, erkenntnistheoretisch gesehen gebe es nichts anderes. Er hält es für unsinnig, über eine Welt ohne uns, eine Welt *an sich* zu sprechen, denn wie ließe sich überhaupt darüber sprechen?

Maturana und Varela haben ihre Auffassung in einer Metapher zum Ausdruck gebracht. Wir erleben die Welt wie eine Schiffsbesatzung, die ihr ganzes Leben in einem U-Boot verbringt. Die Besatzungsmitglieder können Hebel und Knöpfe drehen und die Wirkungen ihrer Eingriffe auf den Anzeigetafeln registrieren, erleben aber nicht direkt, daß es eine Welt außerhalb des U-Boots gibt. Diese könnte ganz anders sein, als sie es sich – wenn überhaupt – vorstellen, sie muß nur *konsistent* mit den Erfahrungen sein, die die Besatzung gemacht hat.[38]

Maturanas und Varelas Auffassung ist extrem in dem Sinne, daß sie von der Mehrzahl der Forscher auf dem Gebiet nicht geteilt wird. Sie ist jedoch konsistent, in sich schlüssig. In ihrer logischen Struktur erinnert sie stark an die sogenannte Kopenhagener Deutung der Quantenmechanik, der Physik der Atome, die überwiegend auf Niels Bohr zurückgeht. «Es ist falsch zu glauben, die Aufgabe der Physik bestünde darin, herauszufinden, wie die Natur *ist*. Die Physik hat mit dem zu tun, was wir über die Natur sagen können»[39], schrieb Bohr und hob damit hervor, daß wir die Welt nicht beschreiben können, ohne in der Beschreibung den Sachverhalt zu berücksichtigen, daß wir sie beschreiben.

Heutige Verfechter der Kopenhagener Schule interessieren sich so wenig für Maturanas Vorstellungen, wie dieser sich für die Quantenmechanik interessiert, doch die Ähnlichkeit ist augenfällig. Wenn wir unsere eigene Beschreibung beschreiben, entsteht das große Problem, daß wir uns die Welt gern als etwas vorstellen, daß wir im Kopf widerspiegeln, wiedergeben, abbilden, repräsentieren.

Vielleicht aber ist es unmöglich, unter einer solchen Voraussetzung zu eindeutigen und klaren Aussagen zu kommen. (Genauso wie es sehr schwierig sein dürfte, unter der Voraussetzung «Es gibt keine äußere Welt» zu eindeutigen und klaren Aussagen zu kommen. In diesem Kapitel ist durchgängig die traditionelle Annahme vorausgesetzt, es gebe eine Welt; andernfalls könnten wir gar nicht von Täuschungen als Täuschungen sprechen.)

Vieles deutet darauf hin, daß die Vorstellung eines Innen und Außen hinfällig ist. Die Physik und die Neurophysiologie vermitteln die gleiche Botschaft; der Physiker John Wheeler hat sie, wie in Kapitel 1 zitiert, wohl am elegantesten ausgedrückt: «Es gibt kein Draußen dort draußen.»

Aus dem Zusammenhang zwischen der Kopenhagener Schule und der Auffassung Maturanas und Varelas ergibt sich die Frage, ob diese Beschreibungen vollständig sind. Wenn wir sie als in sich schlüssig akzeptieren, müssen wir fragen, ob sie auch alles umfassen. Das aber ist nicht der Fall, kann es nicht sein. Kurt Gödel hat bewiesen, daß eine endliche und begrenzte Theorie nicht gleichzeitig konsistent *und* vollständig sein kann. Ist sie konsistent, wird es Aussagen in der Theorie geben, deren Wahrheitswert nicht entscheidbar ist, obwohl man – auf anderem Wege – sehr wohl wissen kann, daß sie wahr sind.

Albert Einstein, jahrzehntelang Gödels engster Freund, fragte 1935 nach der Vollständigkeit der Quantenmechanik. Er versuchte mit einem raffiniert ausgedachten Beispiel zu beweisen, daß diese Theorie nicht vollständig sei. Es entstand eine lange Diskussion mit Niels Bohr, der die gegensätzliche Auffassung vertrat. Aus Experimenten in den achtziger Jahren hat sich ergeben, daß Einsteins Beispiel nicht stichhaltig ist. Die Quantenmechanik *ist* vollständig, man kann nicht mehr über die Welt der Atome wissen, als durch sie gesagt ist. Soweit wir wissen.[40]

Die gleiche Frage, ob ihre Theorie vollständig ist, ließe sich an Maturana und Varela richten. Sie ist es nicht. Sie liefert eine vollständige Beschreibung des Lebens in einem U-Boot, doch setzt diese Beschreibung voraus, daß – und nur *daß* – eine Welt außerhalb des U-Boots existiert. Sonst wäre sie nicht in sich schlüssig.

Nach Maturanas und Varelas Theorie lassen sich alle Erlebnisse im Innern des U-Boots erklären, doch erfordert sie eine Welt draußen, sonst wäre sie unsinnig. Das aber kann man nicht von innen, aus dem Innern des U-Boots erkennen.

Es genügt nicht, von einem Standpunkt zu fordern, daß er konsistent sei; es gibt viele konsistente, aber uninteressante Standpunkte in der Welt. Zum Beispiel den des Solipsismus: «Ich allein bin.»

Maturanas und Varelas Auffassung trifft vielleicht zu, aber das ist in gewissem Sinne nicht sehr wichtig.

Ein großes Problem der heutigen Gehirnforschung ist das sogenannte *binding problem*, das Kohärenzproblem. Fortlaufend werden die Signale aller Sinnesorgane aufgegliedert und in vielen verschiedenen Zentren des Gehirns analysiert. Darüber hinaus aber verteilt sich die sensorische Information innerhalb der verschiedenen Zentren auf Myriaden von Nervenzellen, deren jede einen Rand oder eine Form, oder eine Bewegung, oder Farbe, oder eine Lichtstärke, oder einen Kontrast, oder eine Richtung, oder eine räumliche Placierung erkennt.

All diese Aspekte müssen analysiert und verarbeitet und zu einem Gesamtbild des Pferdes, auf dem wir reiten, vereint werden, und das visuelle Bild soll mit Geruch, Gehör, Gefühl und dem Erlebnis der Freude verbunden sein. *Dies alles soll darüber hinaus gleichzeitig geschehen, ehe wir vom Pferd gefallen sind!*

Das menschliche Gehirn muß die Verarbeitung und Koordination von mehr als elf Millionen Bits bewältigen, die pro Sekunde von außen eintreffen und sich auf Hunderte Millionen Nervenzellen verteilen, und es muß all diese verschiedenen Signale so vereinheitlichen, daß ein bewußtes Bild des Geschehens entsteht. Dies soll ständig, fortlaufend, sechzehn Stunden am Tag funktionieren, ohne daß die Synchronizität des Erlebens auseinanderfällt.

Das ist das Kohärenzproblem. Man kann es auch das Figur/Hintergrund-Problem nennen[41]: Wie findet das Gehirn in den Daten, die es verarbeitet, die Vase und die Gesichter? Wie werden die vielen verschiedenen Aspekte eines Objekts zusammengefügt, wie wird überhaupt erst einmal entschieden, was Figur und was Hintergrund ist?

Das Kohärenzproblem ist ein Problem von erheblicher Tiefe, unabhängig davon, ob es eine äußere Welt gibt oder nicht.

In den Jahren 1989/90 weckte eine Idee Begeisterung, die erstmals das Phänomen des Bewußtseins auf einen naturwissenschaftlichen Begriff zu bringen schien und unter anderem einen Mechanismus zur Lösung des Kohärenzproblems vorschlug.

Sie stammte von dem jungen deutschen Physiker Christoph Koch, der das «Labor für Berechnungen und Nervensysteme» der biologischen Institute am California Institute of Technology leitet, und von dem britischen Physiker, Biologen und Gehirnforscher Francis Crick, der im Salk Institute in La Jolla, Kalifornien, tätig ist. Die Idee ist so umfassend, kühn und einfach, daß sie wohl kaum ernstgenommen worden wäre, wenn es nicht zwei bemerkenswerte Umstände gegeben hätte, die die Fachwelt aufhorchen ließen.

Der eine ist in der Person eines der Autoren zu suchen. Francis Crick ist eine der legendären Gestalten der Naturwissenschaft dieses Jahrhunderts. Er wurde 1953 berühmt, als er das Rätsel der Vererbung löste und zusammen mit dem Amerikaner James Watson die Struktur des DNA-Moleküls entdeckte, die berühmte Doppelhelix, die eines der Wahrzeichen unserer Zeit geworden ist. Seitdem hat er immer wieder einfache, unausgegorene und manchmal richtige Ideen vorgebracht, die der wissenschaftlichen Diskussion neue Impulse gegeben haben.

Der andere bemerkenswerte Umstand war der, daß sich Cricks und Kochs Vorschlag anscheinend experimentell belegen ließ.

Eine deutsche Forschergruppe hatte 1989 herausgefunden, daß weit auseinanderliegende Nervenzellen im Gehirn einer Katze in synchrone elektrische Aktivität zu verfallen beginnen, wenn sie auf Reize reagieren, die vom selben Objekt ausgehen. In diesen Schwingungen mit einer Frequenz von rund 40 Hertz drückt sich offenbar aus, daß die beteiligten Zellen sich auf ein gemeinsames Objekt «geeinigt» haben.[42] Über diese Entdeckung Wolf Singers und seiner Kollegen berichtete die angesehene amerikanische Zeitschrift *Science* unter der Überschrift «The Mind Revealed?». Der Artikel beginnt mit der Frage: «Hat Wolf Singer die zelluläre Basis des Bewußtseins entdeckt?»[43]

Crick und Koch hatten die Idee, daß die Schwingungen oder Oszillationen, die Singers Team gefunden hatte, die Grundlage des Bewußtseins bilden könnten. Alle Zellen, die Signale von demselben Gegenstand empfangen, schließen sich in einem Rhythmus zusammen, den sie für eine Weile aufrechterhalten.

Die Theorie betrifft vor allem das bewußte Sehen, doch verhehlen die beiden Forscher nicht, daß sie nach ihrer Meinung alle bewußten Aktivitäten erklären könne.[44] Die Vorstellung, daß sich die Kooperation von Nervenzellen in zeitlich synchronisierten Oszillationen ausdrücke, wurde ursprünglich 1986 von Christoph von der Malsburg entwickelt, der heute das Institut für Neuroinformatik in Bochum leitet.[45]

Im Sommer 1990 hatten die Naturwissenschaftler nach der Veröffentlichung der Ergebnisse Singers und der Spekulationen Cricks und Kochs erstmals seit langem das Gefühl, sie würden das Rätsel des Bewußtseins in den Griff bekommen, und es herrschte große Begeisterung. Die Ergebnisse späterer Versuche waren jedoch wenig ermutigend. Es zeigte sich, daß der gleiche Effekt in Affengehirnen schwer nachzuweisen war, und inzwischen hat der Optimismus, der die Idee noch vor wenigen Jahren beflügelte, stark nachgelassen. In Affengehirnen haben sich nur vage Anzeichen solcher Oszillationen feststellen lassen; nur fünf bis zehn Prozent der Zellen sind an diesen Aktivitäten beteiligt. Am Menschen konnten entsprechende Untersuchungen bisher noch gar nicht vorgenommen werden.[46]

Elegant an der Idee ist jedoch, daß sie gleichzeitig das Phänomen der *Aufmerksamkeit* erklärt, die Essenz der äußeren Welt im Bewußtsein. Aufmerksamkeit wäre demnach, daß ein spontan gebildetes Nervenzellensemble synchron mit 40 Hertz, vierzigmal pro Sekunde, schwingt, das heißt «feuert». Verschiedene Nervenzellverbände oszillieren synchron bei verschiedenen Objekten in der Außenwelt (dem Tisch, Stuhl, Buch, dem Manuskript, dem Pferd), und jeweils ein Schwingungsmuster gewinnt die Oberhand – und das ist Aufmerksamkeit, Bewußtsein. In diesem einen Schwingungsmuster, das in dem einen Augenblick dominiert, in dem wir uns einer Sache bewußt sind, sind zahlreiche Nervenzellen verbunden, die Bewußtsein bilden. Man kann sich nur einer Sache zur Zeit bewußt sein (oder richtiger: sieben plus/minus zwei), weil jeweils eines der Schwingungsmuster dominiert.

Ist ein Objekt Gegenstand einer solchen 40-Hertz-Oszillation geworden, sind wir uns seiner bewußt – und können uns seiner erinnern. Dabei haben Schwingungsmuster, die auf Objekte bezogen sind, die wir schon kennen, größere Siegeschancen als ganz neue Muster, die neue Objekte repräsentieren, denn bei letzteren handelt es sich um Muster von Neuronen, die bis dahin noch nicht synchron zusammengewirkt haben.

Die vielen Objekte, denen jeweils ein Muster entspricht, welches in einem gegebenen Augenblick nicht dominiert, können zu einem späteren Zeitpunkt, wenn die entsprechende Oszillation in den Vordergrund tritt, Gegenstand des Bewußtseins werden – oder sie bleiben für immer unbemerkt.

In jedem einzelnen Moment gibt es im Gehirn sehr viele Muster von Nervenzellen, die in synchroner elektrischer Aktivität «feuern», aber wenige von ihnen werden für einen winzigen Augenblick derart verstärkt, daß sie die dominierende 40-Hertz-Schwingung erreichen. Die anderen Schwingungsmuster können also nicht Gegenstand des Bewußtseins werden.

Sie repräsentieren die unbewußte Verarbeitung von Information im Gehirn: «Ein großer Teil der neuralen Aktivität im visuellen System gelangt nicht vollständig zu Bewußtsein», schreiben Crick und Koch. «Er entspricht überwiegend den Berechnungen, die notwendig sind, um zu der besten Deutung der eintreffenden Information vorzustoßen, die mit der in früherer Zeit angeeigneten, gespeicherten kategorialen Information kompatibel ist. Diese ‹beste Deutung› ist diejenige, derer wir uns bewußt werden.»[47]

Die Stärke der Theorie liegt darin, daß sie intuitiv verständlich macht, warum das Bewußtsein so schnell und effektiv zwischen sehr verschiedenen Objekten umschalten kann. Ständig schwingt eine große Zahl von Zellensembles im Gleichtakt, doch nur ein Ensemble gewinnt und wird zu Bewußtsein. Der Rest konkurriert um seine Gunst.

Die 40-Hertz-Schwingungen sind wie ein Spotlight, das über die Aktivitäten im Gehirn streicht. Nur ist die Metapher jetzt nicht mehr nur räumlich zu verstehen. Die Korrelation der Nervenzellen findet ihren Ausdruck auch in der Zeit.

«Sind mehrere Deutungen der eintreffenden Information möglich», schreiben Crick und Koch, «dann kann es eine Weile dauern, bis eine bestimmte Deutung ihre Rivalen übertrumpft und sich etabliert. Bei ‹Rivalität›, wenn die Wahrnehmung wie im Falle des bekannten Necker-Würfels wechselt, habitualisieren sich, so vermuten wir, in gewissem Maße schließlich die Schwingungen, die zuerst etabliert wurden, so daß die andere Deutung die Oberhand gewinnt, indem sie die ihr entsprechenden Schwingungen etabliert und damit den Rivalen unterdrückt. Nach einer Weile wird sie ihrerseits unterdrückt usw.»[48]

Wir sind also wieder bei den optischen Täuschungen und den gestaltpsychologischen Untersuchungen des menschlichen Sehens: «Die Rolle, die wir den 40-Hertz-Schwingungen zuschreiben, bringt einige Ideen der Gestaltpsychologen in Erinnerung. Was wir als ‹Objekt› bezeichnet haben, sollte besser ‹Gestalt› heißen», schreiben Crick und Koch. «Was für einen Psychologen eine bestimmte Gestalt ist, drückt sich für den Neurologen in einem bestimmten Muster phasengleich oszillierender Neuronen aus.»[49]

Vieles spricht dafür, daß Cricks und Kochs Theorie nicht stimmt. Sie sollte wohl auch nicht (viel) mehr sein als ein Denkmodell, ein

In einem berühmten Passus eines Vortrags von 1975 sagte der amerikanische Neurophysiologe Vernon B. Mountcastle:
 «Jeder von uns glaubt, unmittelbar in der Welt zu sein, die ihn umgibt, ihre Objekte und Ereignisse präzise wahrzunehmen und in einer wirklichen und kontinuierlichen Zeit zu leben. Ich behaupte, dies seien Wahrnehmungstäuschungen...

Hinweis darauf, daß es sinnvoll ist, über Bewußtsein nachzudenken.

Ihre Auswirkungen aber werden vermutlich noch über Jahre zu spüren sein, auch wenn die konkrete Theorie einer Prüfung nicht standhält.

Cricks und Kochs Präsentation der Theorie beginnt mit den Worten: «Es ist bemerkenswert, daß die meisten Arbeiten in der Kognitionsforschung ebenso wie in der Neurologie nicht auf Bewußtsein (oder Aufmerksamkeit) Bezug nehmen, vor allem wohl, weil das Bewußtsein das große Rätsel der Neuropsychologie darstellt, und tatsächlich erscheint es vielen zur Zeit zutiefst geheimnisvoll... Wir meinen, die Zeit ist reif für einen Vorstoß zur neuralen Basis des Bewußtseins.»[50]

Damit ist der Anstoß zur Untersuchung von Bewußtsein und Aufmerksamkeit gegeben, nachdem das Thema von den «harten» Naturwissenschaften bisher im großen und ganzen ignoriert und von den «soften» Humanwissenschaften nicht mit dem naturwissenschaftlichen Weltbild in Verbindung gebracht worden ist.

Jeder von uns lebt im Universum – im Gefängnis – seines eigenen Gehirns. Von diesem gehen Millionen zarter Sinnesnervenfasern aus, die, zu Gruppen angeordnet, in einzigartiger Weise dafür eingerichtet sind, den energetischen Zustand der Welt ringsum zu sondieren: Wärme, Licht, Kraft und chemische Zusammensetzung. *Das ist alles, was wir je direkt von der Welt erfahren; alles andere ist Deduktion.* Sinnesreize, die uns erreichen, werden an den periphären Nervenendigungen umgeformt und als neurale Kopien zum Gehirn geleitet, zum grauen Mantel des Cortex. Wir benutzen sie, um dynamische, laufend revidierte neurale Karten über unseren Ort und unsere Orientierung in der äußeren Welt und die Ereignisse in ihr zu erzeugen. Auf der Ebene der Empfindung sind deine und meine Bilder im wesentlichen gleich, und durch verbale Beschreibungen oder gemeinsame Reaktionen sind sie leicht miteinander zu identifizieren. Darüber hinaus aber wird jedes Bild mit genetischer und gespeicherter Erfahrungsinformation verbunden, die jeden von uns in einzigartiger Weise persönlich macht. Aus dieser komplexen Gesamtheit konstruiert jeder von uns auf einer höheren Ebene perzeptueller Erfahrung... seine eigene, sehr persönliche *Sicht von innen.*»[51]

Das Wichtigste an der Crick-Koch-Theorie aber könnte sein, daß sie die Neurowissenschaftler veranlaßt, das Kohärenzproblem ernst zu nehmen. Die naturwissenschaftlich ausgerichteten Gehirnforscher neigten dazu, so «komplizierte» Probleme wie den Necker-Würfel und die Rubinsche Vase zu ignorieren. Die Erschließung der menschlichen Wahrnehmung durch die Gestaltpsychologie könnte, wie die Idee der 40-Hertz-Schwingungen zeigt, auch für eine *harte* naturwissenschaftliche Theorie der Neuronenaktivität eine zentrale Rolle spielen. Ob man zu so radikalen Lösungen wie Maturana und Varela greift und die Außenwelt für irrelevant erklärt oder an einer eher traditionellen Erkenntnistheorie festhält, man wird auf jeden Fall der Tatsache ins Auge sehen müssen, daß das Kohärenzproblem ein Problem darstellt.

Als besonders schwierig dürfte sich die Frage der Zeit erweisen, die Frage, wie es möglich ist, daß alle diese Prozesse synchron stattfinden, so daß wir die verschiedenen Aspekte eines Ereignisses als gleichzeitig erleben, während die Analyse an so vielen verschiedenen Stellen im Gehirn stattgefunden hat. Geschmack, Geruch, Gesichtssinn, Gleichgewichtsgefühl und Gehör müssen zusammenwirken, wenn wir auf einem Pferd reiten. Wie findet diese Koordination zeitlich statt?

Bewußtsein ist ein Phänomen von großer *Tiefe*: während es entsteht, müssen große Mengen Information aussortiert werden. Wie werden all diese Prozesse koordiniert, und wieviel Zeit ist dafür notwendig?

An dieser Stelle – die Hälfte der Strecke liegt hinter uns – halten wir inne, um zusammenzufassen. Das nächste Kapitel wird uns Antwort auf die Frage nach dem Bewußtsein in der Zeit geben, eine beunruhigende Antwort. Überzeugen wir uns also davon, daß sie unumgänglich ist.

Maxwells Dämon sagt uns, daß Wissen mit Welt zu tun hat, daß der Begriff der Information auf der Thermodynamik, der Lehre von Wärme- und Dampfmaschinen beruht. Wissen über die Welt kostet etwas, aber es ist nicht notwendigerweise der Erwerb des Wissens, der die Kosten verursacht, sondern die Tatsache, daß es schwer wieder loszuwerden ist. Der eigentliche Kostenfaktor ist das klare, reine Bewußtsein. Wir können nichts über die Welt wissen ohne dieses klare Bewußtsein, das wir wiederum nicht haben können, ohne uns all der Information entledigt zu haben, die wir noch vor einem Augenblick im Bewußtsein hatten.

Berechnung und Erkenntnis bestehen darin, Information auszusortieren, das Wesentliche aus dem Unwesentlichen herauszufiltern. Das Aussondern von Information ist thermodynamisch relevant, es verursacht die Kosten.

Information ist dann interessant, wenn wir uns ihrer wieder entledigt haben; wir nehmen viel Information auf, gewinnen daraus das Wesentliche und werfen den Rest wieder hinaus. Information ist an sich ein Maß für Zufälligkeit, Unvorhersagbarkeit, Unbestimmtheit. Sie ist eher mit Unordnung als mit Ordnung verwandt, da Ordnung eben dann entsteht, wenn weniger Information vorhanden ist, als möglich gewesen wäre. Information ist ein Maß dafür, wie viele andere Mitteilungen als die tatsächlich vorliegende möglich gewesen wären, also für das, was wir hätten sagen können, nicht für das, was wir gesagt haben.

Die Komplexität der physikalischen und biologischen Welt läßt sich als *Tiefe*, als Menge der aussortierten Information beschreiben. Uns interessiert im Leben nicht, was sehr viel Information enthält und folglich nur mit sehr großem Zeitaufwand zu beschreiben ist, denn das ist identisch mit Unordnung, Wirrwarr, Chaos. Auch das vollkommen Geordnete und Vorhersagbare interessiert uns nicht besonders, denn es birgt keine Überraschungen.

Uns interessieren Dinge, die eine Geschichte haben, Dinge, die sich über die Zeit erhalten haben, nicht weil sie statisch und geschlossen wären, sondern weil sie offen sind und in Wechselwirkung stehen – Dinge, die im Laufe der Zeit viel Information ausgesondert haben. Deshalb können wir Komplexität oder Tiefe als thermodynamische Tiefe, als Menge der aussortierten Information messen oder auch mit dem nahe verwandten Begriff der logischen Tiefe, der Rechenzeit, die gebraucht wurde, um die Information auszusondern.

Für Gespräche ist der Austausch von Information kennzeichnend. Da aber die Worte eines Gesprächs sehr wenig Information enthalten, ist das Aussondern von Information, ehe die Worte formuliert werden, das Wichtigere. Der Sender komprimiert sehr viel Information in der geringen Menge dessen, was gesagt wird. Der Empfänger kann aus dem Zusammenhang heraus eine Menge Information, die vorher aussortiert worden ist, assoziieren oder exzitieren. Der Sender bildet Exformation durch Wegwerfen von Information, übermittelt die resultierende Information und erlebt, wie eine entsprechende Menge früherer Exformation im Kopf des Empfängers wachgerufen wird.

Die Bandbreite der Sprache, ihre Kapazität gemessen in Bits pro Sekunde, ist also sehr gering, sie beträgt um 50 bit oder weniger. Da die Sprache und der Gedanke das Bewußtsein ganz und gar ausfüllen, kann die Bandbreite des Bewußtseins nicht größer sein als die der Sprache. Psychophysiologische Experimente haben in den fünfziger Jahren gezeigt, daß die Bandbreite des Bewußtseins sehr gering ist und weniger als 40, vermutlich weniger als 16 bit/Sek. beträgt.

Diese Zahl ist ungeheuer klein im Verhältnis zu der Informationsmenge, die die Sinnesorgane liefern – etwa 11 Millionen bit/Sek. Das bewußte Erleben umfaßt nur einen sehr geringen Teil der Information, die ständig über die Sinne aufgenommen wird.

Daraus ist zu schließen, daß unser Handeln in der Welt auf Information beruht, die von den Sinnen registriert wird, aber das Bewußtsein nicht erreicht. Denn wenige Bits pro Sekunde reichen nicht aus, um das vielfältige Verhalten des Menschen zu erklären. Die Psychologen haben denn auch nachgewiesen, daß es subliminale – unterschwellige – Wahrnehmung gibt. Die seltsamen Pausen in der Geschichte ihrer Erforschung sind mit der konkreten Furcht vor dem Mißbrauch des Wissens über subliminale Wahrnehmung zu Reklamezwecken und mit der abstrakten Furcht vor der Unergründlichkeit des Menschen zu erklären.

Das Bewußtsein kann sich selbst nicht über diese subliminale Wahrnehmung in Kenntnis setzen, da sie eben nicht bewußt ist.

Die Existenz optischer Täuschungen und anderer Alltagsphänomene zeigt jedoch, daß das, was wir erleben, eine Simulation dessen ist, was wir durch unsere Sinne wahrnehmen. Es hat bereits ein Aussortieren von Information und somit eine Deutung der Sinnesdaten stattgefunden, ehe diese das Bewußtsein erreichen. Das mentale Leben des Menschen findet zum größten Teil unbewußt statt, und dies ist nicht als Resultat von Verdrängungen im Sinne Freuds zu verstehen, sondern als seine normale Funktionsweise.

Bewußtsein läßt sich von innen her verstehen, erscheint dann aber als geschlossenes und teilweise irreführendes Phänomen, das vorgibt, man erlebe das, was durch die Sinne aufgenommen wird. Die optischen Täuschungen zeigen, daß die Dinge komplizierter sind. Bewußtsein läßt sich auch von außen betrachten, doch ist dann schwer zu begreifen, wie aus den großen Mengen Information, die ihm angeboten werden, schließlich ein einheitliches und vollständiges Bild der erlebten Wirklichkeit wird. Es ist ein fundamentales Problem, wie sich das Bewußtsein von innen gesehen und das Bewußtsein von außen gesehen zueinander verhalten.

Das menschliche Bewußtsein ist überaus komplex, ein Phänomen von beträchtlicher *Tiefe*: Im Laufe seiner Entwicklung ist sehr viel Information aussortiert worden. Für das Bewußtsein ist hohe Komplexität bei geringem Informationsgehalt bezeichnend.

Der Physiker Charles Bennett definiert *logische Tiefe* mittels der Rechenzeit, die gebraucht wird, um etwas hervorzubringen. Je länger die Rechenzeit, desto größer die Tiefe, denn Tiefe ist Ausdruck der Menge von Information, die ausgesondert worden ist. Für das Aussondern von Information ist Zeit erforderlich, ebenso wie es Zeit braucht, eine Skulptur aus einem Marmorblock «herauszulösen».

Daher ist jetzt zu fragen: Ist auch Zeit erforderlich, um Bewußtsein entstehen zu lassen? Ist Zeit dafür erforderlich, daß der größte Teil der Sinnesinformation vor dem bewußten Erleben aussortiert wird?

Da dies der Fall sein *muß*, lautet die Frage in Wirklichkeit: Wie lange dauert es? Die Frage drängt sich auf, denn wir nehmen ständig über unsere Sinne Information auf und sind – fast – ständig bewußt.

Wenn also Bewußtsein Zeit braucht, muß es immer ein wenig hinter der aktualen Zeit zurückliegen.

Es wäre eine eigenartige Vorstellung, daß wir gar nicht in der wirklichen Zeit sind, sondern die Welt mit Verspätung erleben. Einerseits würde uns dadurch die notwendige Zeit gegeben, um all die Täuschungen unter Kontrolle zu halten und all die Kohärenzprobleme zu lösen und die vielen verschiedenen Sinnesdaten, die in unterschiedlicher Weise und über zahlreiche Bahnen und Zentren im Gehirn verarbeitet werden, zu einer Welt, einem Erlebnis, einem Gegenstand zu koordinieren. Andererseits ergäbe sich daraus, daß unser Erleben Lüge ist. Wir erleben ja nicht, daß das bewußte Erleben der aktualen Zeit hinterhereilt.

Das Problem der notwendigen Rechenzeit wird durch die subliminale Wahrnehmung nicht geringer, denn aus ihr folgt, daß ein viel größerer Teil der Sinneswahrnehmung als derjenige, dessen wir uns bewußt sind, das Bewußtsein letztlich beeinflussen kann. Träfe Donald Broadbents Filtertheorie zu, wäre das Problem weniger drängend – es ginge dann nur darum, die große Menge der Sinnesdaten außer dem kleinen Teil, der das Bewußtsein erreicht, wieder zu löschen. Doch die subliminale Wahrnehmung zeigt gerade, daß die Filtertheorie nicht stichhaltig ist. Der größte Teil der Millionen Bits, die auf uns einstürmen, wird in irgendeiner Weise verarbeitet. Dem Bewußtsein ist ein Teil dessen zugänglich, was wir wahrnehmen – sofern es dazu bereit ist, aufmerksam zu sein. Das aber läßt es die Sinne nicht sehr lange im voraus wissen; wir können unsere Aufmerksamkeit ja schlagartig verlagern. Es sind also große Informationsmengen ständig und fortlaufend zu verarbeiten.

Das kostet den inneren Computer Rechenzeit. Es führt kein Weg daran vorbei: *Bewußtsein entsteht zeitverzögert.*

Fragt sich nur, in welchem zeitlichen Abstand. Eine ziemlich beunruhigende Frage.

Wir verstehen die Methoden des Gehirns, Information auszusortieren, noch nicht so gut, daß wir die Antwort auf diese Frage rechnerisch finden könnten. Sie läßt sich noch nicht theoretisch lösen.

Doch aus einem Forschungsbereich, der ganz anders gelagert ist als jener, in dem die Frage aufgeworfen wurde, liegt bereits eine Antwort vor. Sie ist seit 1983 bekannt und nicht weniger beunruhigend als die Frage selbst:

Wie groß ist die Verzögerung, mit der das aktuale Geschehen ins Bewußtsein gelangt? Eine halbe Sekunde!

Bewußtsein

Selbstporträt mit Blitz, um 1967

Kapitel 9
Eine halbe Sekunde Verspätung

Der amerikanische Neurophysiologe Benjamin Libet stellte eine ungewöhnlich gute Frage. Sein Ausgangspunkt war eine an sich schon verblüffende Entdeckung des deutschen Neurophysiologen Hans H. Kornhuber und seines Mitarbeiters Lüder Deecke aus dem Jahre 1965. Kornhuber und Deecke, der die Ergebnisse in seine Dissertation aufnahm, hatten mittels moderner Methoden der Datenspeicherung und -verarbeitung «hirnelektrische Begleitvorgänge wiederholter Willkürbewegungen beim Menschen» untersucht.[1] Sie hatten, mit anderen Worten, den Zusammenhang zwischen willkürlichen Hand- und Fußbewegungen und elektrischen Wellenmustern im Gehirn erforscht.

1929 hatte der österreichische Psychiater Hans Berger entdeckt, daß man durch Messungen der sogenannten Potentialschwankungen am Schädel Aktivitäten des Gehirns erkennen kann. Elektroden, die am Kopf befestigt werden, machen Muster bioelektrischer Aktivität sichtbar. Man nennt dieses Verfahren Elektroenzephalographie, abgekürzt EEG. Sie dient zum Nachweis von Alphawellen und anderen Wellenformen, die jeweils verschiedenen Aktivitätszuständen des Gehirns entsprechen. Alphawellen zeigen beispielsweise an, daß sich die untersuchte Person im Ruhezustand befindet.

Kornhuber und Deecke wollten wissen, ob man auch spezifischere Erscheinungen als den generellen Zustand der Wachheit oder des Schlafs erkennen könne. Ließ sich anhand des EEGs nachweisen, daß eine Person eine Handlung ausführt?

Ein solcher Nachweis ist schwierig, weil die Elektroenzephalographie ein sehr grobes Meßverfahren ist; sie mißt die elektrischen Signale der Nervenzellen im Gehirn von außen über die Schwankungen der elektrischen Spannung an der Schädeldecke. Die Methode macht sich die elektrische Funktionsweise der Nervenzellen zunutze: Der Zustand einer Nervenzelle wird durch die elektrische Spannung außerhalb ihrer Membran (ihrer Oberfläche) bestimmt, also durch den Spannungsunterschied zwischen dem Zellinnern und der Umgebung. Wird die Zelle erregt, verändert sich die Spannung. Dieses Aktionspotential breitet sich in der Nervenzelle und über lange Nervenfasern, Axone genannt, auf andere Zellen aus. Die Kommunikation zwischen den Axonendigungen zweier Nervenzellen findet überwiegend auf chemischem Wege statt, während die «Sprache» der Nervenzelle selbst überwiegend aus elektrischen Signalen besteht.

Das EEG ist auch deshalb ein recht grobes Verfahren, weil sehr viele Nervenzellen erregt werden müssen, ehe es zu einer meßbaren Veränderung des elektrischen Feldes kommt. Die elektrische Aktivität einzelner Nervenzellen muß sich zu etwas summieren, das sich durch den Schädel hindurch messen läßt.

Kornhuber und Deecke lösten das Problem, indem sie mehrere Vorgänge zusammenlegten. Sie forderten die Versuchspersonen auf, eine einfache Handlung, zum Beispiel das Krümmen eines Fingers, ständig zu wiederholen. Anschließend legten sie alle EEG-Messungen übereinander. Wenn im unmittelbaren Umfeld der Handlung eine besondere EEG-Reaktion auftrat, mußte sich das entsprechende Signal durch Übereinanderlegen einer großen Zahl von Messungen verstärken. Das Rauschen dagegen, welches das Signal überdeckt, wird bei diesem Verfahren nicht verstärkt, denn es ist ein Zufallsgeräusch.

Mit Hilfe dieser Technik konnten Kornhuber und Deecke zeigen, daß bei einfachen Handlungen wie dem Bewegen einer Hand oder eines Fußes eine «Vorwarnung» im Gehirn auftritt. Noch ehe die Handlung einsetzt, ist an den Potentialschwankungen zu erkennen, daß etwas im Gange ist. Es tritt ein Phänomen auf, das Kornhuber und Deecke *Bereitschaftspotential* nannten, eine Veränderung des elektrischen Spannungsfeldes, die anzeigt, daß die Bereitschaft zu einer demnächst einsetzenden Handlung etabliert wird. In der Veränderung des elektrischen Musters spiegelt sich eine Aktivität der Nervenzellen im Gehirn wider, in diesem Fall im sogenannten motorischen Cortex.[2]

Das Auftreten des Bereitschaftspotentials leuchtet an sich ein: Das Gehirn bereitet eine Handlung vor, indem es berechnet, wie sie am besten auszuführen ist. Obwohl der Nachweis eines Bereitschaftspotentials durch Kornhuber und Deecke insofern nicht überrascht, ist seine Placierung in der zeitlichen Abfolge höchst erstaunlich.

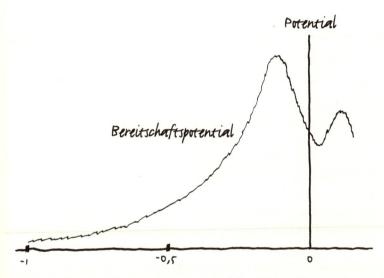

Bereitschaftspotentiale, Veränderungen im elektrischen Feld einer Hirnregion, sind bereits etwa eine Sekunde vor Beginn einer Handlung meßbar.

Natürlich muß das Bereitschaftspotential vor der Handlung auftreten, die es vorbereitet. Die Zeit aber, die nach Kornhuber und Deecke zwischen dem Einsetzen des Bereitschaftspotentials und der Handlung vergeht, ist überraschend lang: *Es handelt sich um eine ganze Sekunde.*

Eine ganze Sekunde, bevor jemand den Finger krümmt oder einen Fuß bewegt, gibt das Gehirn zu erkennen, daß ein Bereitschaftspotential entsteht. Eine ganze Sekunde! Im Durchschnitt sind es 0,8, in Einzelfällen jedoch bis zu 1,5 Sekunden. Das ist sehr viel.

Kornhuber und Deecke untersuchten keine Reaktionen, sondern Handlungen, die die Versuchspersonen aus eigenem Antrieb in die Tat umsetzten. Sie entschlossen sich, den Finger zu krümmen, an ihrer Hirnaktivität aber war schon eine Sekunde vorher zu erkennen, daß sie mit den Vorbereitungen beschäftigt waren.

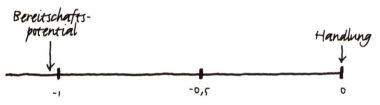

Das Bereitschaftspotential setzt eine Sekunde vor der Handlung ein.

Für Benjamin Libet, Professor der Neurophysiologie am Medical Center der University of California in San Francisco, ergab sich aus Kornhubers und Deeckes Entdeckung des Bereitschaftspotentials eine Frage, über die er, wie er sagt[3], in den siebziger Jahren nachzudenken begann. Viele Jahre nachdem er entsprechende Untersuchungen durchgeführt hatte und zu seinen Resultaten gelangt war, formulierte er sie so: «Das lange Zeitintervall (im Durchschnitt ungefähr 800 Millisekunden), das zwischen Bereitschaftspotential und einer selbstinitiierten Handlung vergeht, wirft die entscheidende Frage auf, ob auch der Willensantrieb zum Handeln so lange im voraus bewußt erlebt wird.»[4]

Mit anderen Worten: *Wenn eine so einfache Handlung wie das Krümmen des Fingers im Gehirn bereits eine halbe Sekunde vor der eigentlichen Muskelaktivität beginnt, stellt sich die Frage, wann die bewußte Entscheidung, diese Handlung auszuführen, getroffen wird.*

Denkt man nur ein wenig darüber nach – was jetzt, *nachdem* Libet seine Frage gestellt hat, leichtfällt –, wird einem sofort klar, daß das Bereitschaftspotential unseren Alltagserfahrungen grundlegend widerspricht.

Von dem Entschluß, einen Finger zu krümmen oder einen Fuß zu bewegen, bis zum Zeitpunkt der tatsächlichen Ausführung der Handlung verstreicht keine volle Sekunde. Eine Sekunde ist lang. Wenn wir die Hand nach etwas ausstrecken, den Fuß bewegen oder der Katze einen Tritt versetzen, dann liegt keine Sekunde zwischen dem Entschluß und der Handlung. Wäre es so, würden wir es erleben.

Der bewußte Entschluß kann also nicht genau dann gefaßt werden, wenn das Bereitschaftspotential anzeigt, daß die Handlung in Gang gekommen ist. Das würde bedeuten, daß zwischen dem Entschluß zu einer Handlung und ihrer Ausführung eine Sekunde vergeht (was natürlich häufig der Fall ist, oft vergehen sogar Jahre; hier aber ist die Rede von dem Entschluß, jetzt mit den Fingern zu schnippen, freiwillig und aus Lust).

Aufgrund von Selbstbeobachtung ist also auszuschließen, daß das Bewußtsein sich genau dann zu einer Handlung entschließt, wenn das Bereitschaftspotential auftritt. Nach unserer unmittelbaren Erfahrung liegt zwischen Beschluß und Ausführung nur ein kurzer Moment, also nicht eine ganze Sekunde, sondern vielleicht 0,1 Sekunden.

Dies dürfte ein guter Schätzwert sein, doch entstehen nun andere, offenbar abgründige Probleme: *Wenn das Gehirn bereits ungefähr eine Sekunde vor dem bewußten Entschluß, einen Finger zu krümmen, aktiv wird, haben wir dann einen freien Willen?*

Das Spiel hat schon begonnen, bevor wir uns dazu entschließen! Eine Handlung ist bereits eine Sekunde, bevor wir uns für sie entscheiden, initiiert!

Offensichtlich kann auch das nicht richtig sein. Libet: «Wenn eine bewußte Absicht oder Entscheidung, eine Handlung zu vollziehen, zu einem Willensakt führt, dann muß das subjektive Erleben dieser Absicht dem Beginn der spezifischen Prozesse im Gehirn, die die Handlung steuern, vorausgehen oder zumindest mit ihnen zusammenfallen.»[5]

Die Vorstellung, daß wir uns bei freien Willensakten zu unseren Handlungen bewußt entschließen, setzt voraus, daß die Entschlüsse nicht schon eine ganze Sekunde, bevor wir sie fassen, in die Tat umgesetzt werden.

Die Frage nach dem Zeitpunkt des bewußten Entschlusses bereitet also Kopfzerbrechen. Fragen, die Verwirrung stiften und die man nicht beantworten kann, sind ein guter Ausgangspunkt für ein wissenschaftliches Experiment.

Libet forderte seine Versuchspersonen auf, eine einfache Handlung vorzunehmen, wenn sie die Lust dazu verspürten, zum Beispiel den Finger zu krümmen oder die Hand zu bewegen.

Um herauszufinden, was geschah, hatten Libet und seine Kollegen Curtis Gleason, Elwood Wright und Dennis Pearl einige Apparate aufgestellt. Sie konnten messen, wann sich die Hand oder die Finger bewegten, indem sie die elektrische Aktivität in der Hand registrierten. Sie konnten ferner mittels Elektroden am Kopf der Versuchspersonen durch das EEG messen, wann das Bereitschaftspotential einsetzte. Schließlich forderten sie die Versuchspersonen auf, selbst zu sagen, wann sie sich bewußt zur Durchführung der jeweiligen Handlung entschlossen.

Diese drei Informationen konnten sie dann vergleichen und feststellen, wann das Bewußtsein den Entschluß faßt und wann das Bereitschaftspotential einsetzt.

Die dritte Messung (Wann wird der Entschluß zur Handlung bewußt gefaßt?) ist umstritten – und sie ist entscheidend. Benjamin Libet war allerdings kein Neuling in der Bewußtseinsforschung; vielmehr gehörte er schon damals zu den wenigen Neurophysiologen, die seriöse Experimente auf diesem Gebiet durchgeführt hatten.

Seit Beginn seiner Untersuchungen zu diesem Thema Mitte der sechziger Jahre war Libet klar, daß Bewußtsein ein primäres Phänomen ist. Es läßt sich nicht auf etwas anderes, etwa auf eine meßbare Größe im Gehirn, reduzieren. Ein Mensch hat das Erlebnis eines bewußten Entschlusses, und nur er selbst kann danach befragt werden. Bewußtsein läßt sich nicht durch Rückführung auf etwas «objektiv» Meßbares untersuchen.

Dazu Libet: «Bewußtes Erleben im Sinne von Aufmerksamkeit auf einen Gegenstand oder ein Ereignis ist nur dem Individuum, das dieses Erlebnis hat, zugänglich, nicht dem externen Beobachter.» Infolgedessen kann ein «Indiz im Verhalten, das keinen überzeugenden introspektiven Bericht erfordert, nicht als Anzeichen bewußten subjektiven Erlebens interpretiert werden». Man kann nicht wissen, ob ein bewußtes Erlebnis vorliegt, wenn die betreffende Person selbst es nicht bekundet.

«Dies gilt unabhängig von der Zweckmäßigkeit der Handlung oder der Komplexität der heuristischen und abstrakten Problemlösungsprozesse, die beteiligt sind, denn diese alle können stattfinden und finden häufig statt, ohne daß sich das Subjekt ihrer bewußt ist.» Es genügt nicht, daß eine Handlung den Eindruck erweckt, sie werde bewußt durchgeführt. Der Mensch, der sie ausführt, muß sie bewußt erleben, wenn von Bewußtsein die Rede sein soll.

Über das Bewußtsein der Versuchsperson kann der Experimentator daher ausschließlich durch die betreffende Person selbst Kenntnis erhalten. Sie muß gefragt werden. Wird aber jemand gefragt, wann er sich entschlossen habe, den Arm zu beugen, fällt die Antwort nicht sehr präzise aus, jedenfalls nicht in bezug auf den Zeitpunkt. Es braucht Zeit, ein «Jetzt!» zu formulieren.

Libet umging das Problem, indem er die Versuchspersonen vor einen Bildschirm setzte, auf dem – wie auf einer Uhr – ein rotierender Punkt zu sehen war. Der einzige Unterschied zu einer Uhr bestand darin, daß der Punkt für eine Umdrehung statt sechzig nur 2,56 Sekunden brauchte. Indem er fragte, an welcher Stelle sich der Punkt befand, als der betreffende Entschluß stattfand, erhielt Libet eine Zeitangabe. Da dem Unterschied zwischen «eins» und «zwei» statt der gewohnten fünf Sekunden auf dieser

Uhr 0,2 Sekunden entsprechen, war eine ausreichende Genauigkeit gewährleistet.

Kontrollversuche bestätigten, daß dies ein sinnvolles Verfahren zur zeitlichen Bestimmung von Erlebnissen war; Kontrollstimulationen der Haut bewiesen, daß die Methode zu recht präzisen Ergebnissen führte.

Der rotierende Punkt gehört zu den klassischen Verfahren der experimentellen Psychologie. Der Philosoph und Psychologe Wilhelm Wundt benutzte sie im 19. Jahrhundert zur Messung von Reaktionszeiten; man nennt sie die *Wundtsche Komplikationsuhr*.[6]

Bei Libets Experiment saß die Versuchsperson in einem bequemen Sessel und wurde aufgefordert, sich zu entspannen und auf ein Signal hin auf das Zifferblatt der Uhr zu schauen. Nachdem der Punkt eine Umdrehung vollzogen hatte, sollte sie den Finger oder die Hand bewegen, sobald sie Lust dazu verspürte. Die Versuchsperson wurde ausdrücklich aufgefordert zu warten, bis sich eine Regung, ein Entschluß, eine Absicht einstellte, die Handlung auszuführen[7]; erst wenn sie diese Regung wirklich empfand, sollte sie ihr nachgeben. Gleichzeitig sollte sie darauf achten, an welcher Stelle der Scheibe der Punkt in diesem Augenblick stand.

Damit erhielt Libet die drei Informationen, wann die Versuchsperson den bewußten Entschluß zu einer Handlung faßt, wann sie handelt und wann das Bereitschaftspotential einsetzt.

Die Versuche wurden im März und Juli 1979 mit fünf Versuchspersonen, Studenten zwischen zwanzig und dreißig Jahren, durchgeführt.

«Ich war überrascht von der Genauigkeit», erklärt Libet viele Jahre später. Die Ergebnisse ließen sich korrelieren, die Zahlen ergaben bei der anschließenden Analyse einen Sinn. Es zeigte sich ein statistischer Zusammenhang zwischen den Kontrollversuchen durch Hautstimulierung, der Bestimmung des Zeitpunktes der tatsächlichen Handlung und dem Erlebnis des Zeitpunktes des bewußten Entschlusses.

Die Ergebnisse sind sehr deutlich: Das Bereitschaftspotential setzt 0,55 Sekunden, das Bewußtsein hingegen 0,20 Sekunden vor der Handlung ein. Der bewußte Entschluß folgt also der Aktivierung des Bereitschaftspotentials in einem zeitlichen Abstand von 0,35 Sekunden nach. 0,35 Sekunden vergehen von der «Zündung» des Gehirns bis zum bewußten Erleben des Entschlusses.

Rundet man die Zahlen ab, was bei Resultaten konkreter Experimente sinnvoll ist, ergibt sich als Schlußfolgerung: *Das Bewußtsein, daß wir eine Handlung durchführen wollen, zu der wir uns aus eigenem Antrieb entschließen, tritt fast eine halbe Sekunde nach dem Moment ein, in dem das Gehirn mit der Vorbereitung des Entschlusses begonnen hat.*

Es finden also drei Ereignisse statt: Zuerst setzt das Bereitschaftspotential ein, dann wird sich die Person bewußt, daß sie die Handlung einleitet, und schließlich wird der Akt ausgeführt.

Der Wunsch, eine Handlung zu vollziehen, wird also erst bewußt, nachdem das Gehirn mit Vorbereitungen begonnen hat, sie in die Tat umzusetzen. Immerhin aber stellt sich das Bewußtsein noch *vor* der Handlung ein...

«Offenbar ‹beschließt› das Gehirn, die Handlung zu initiieren oder zumindest die Initiierung vorzubereiten, bevor ein mitteilbares subjektives Bewußtsein vorliegt, daß ein solcher Entschluß gefaßt worden ist», schreiben Libet und seine Mitarbeiter. «Daraus ist zu folgern, daß die zerebrale Initiierung auch spontaner Willenshandlungen des Typs, wie er hier untersucht wurde, im Normalfall *unbewußt* beginnt.»[8]

In einem zwei Jahre später veröffentlichten Aufsatz Libets heißt es: «Dies führt mich zu dem Ergebnis, daß der Ausführung einer jeden bewußten, willentlichen Handlung bestimmte unbewußte Hirnprozesse vorausgehen, die ungefähr 500 Millisekunden vor der Handlung einsetzen.»[9]

Unsere Handlungen setzen unbewußt ein! Selbst wenn wir glauben, uns bewußt zu etwas zu entschließen, ist das Gehirn bereits eine halbe Sekunde vor dem Entschluß aktiv. Nicht das Bewußtsein, sondern unbewußte Prozesse stehen am Anfang.

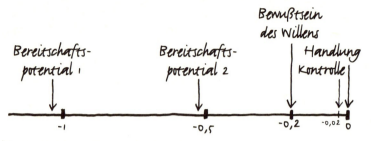

Benjamin Libets Messung der Bewußtseinsverspätung. Die Handlung findet zum Zeitpunkt 0 statt. Eine Kontrollstimulation der Haut, die eine korrekte Zeitbestimmung gewährleisten soll, wird zum Zeitpunkt $-0{,}02$ Sekunden erlebt. Bei Handlungen, die eine Vorprogrammierung erfordern, ist das Bereitschaftspotential eine Sekunde vor ihrem Vollzug zu erkennen. Bei einfacheren Handlungen sieht man das Bereitschaftspotential 0,5 Sekunden vorher: zum Zeitpunkt $-0{,}5$ Sekunden. Der bewußte Entschluß, die Handlung durchzuführen, tritt jedoch erst zum Zeitpunkt $-0{,}2$ Sekunden ein. Also verstreichen mehr als 0,3 Sekunden, ehe das Bewußtsein merkt, daß das Gehirn begonnen hat, die bewußt beschlossene Handlung durchzuführen! (Nach Libet.)

An dieser Stelle müßte der Leser mit größtem Eifer Einwendungen erheben, denn diese Schlußfolgerungen stehen in direktem Gegensatz zu unseren Alltagsbegriffen. Das Bewußtsein betrügt!

Das Bewußtsein läßt uns glauben, wir könnten beschließen, was wir tun wollen, und ist doch offenbar nur ein Kräuseln an der Oberfläche, eine Marionette, die vorgibt, Dinge unter Kontrolle zu haben, die sie in Wirklichkeit nicht bestimmt.

Das Bewußtsein läßt uns glauben, es treffe die Entscheidungen und sei der Urheber dessen, was wir tun. Wenn aber die Entscheidungen getroffen werden, ist es selbst nicht präsent. Es hinkt der Zeit hinterher und sorgt dafür, daß wir nichts davon merken. Es betrügt sich selbst – kann aber mein Bewußtsein sich selbst betrügen, ohne mich zu betrügen? Ist der Betrug des Bewußtseins mein eigener Selbstbetrug?

Trügt das Bewußtsein? 321

Doch sollten wir nicht über das Ziel hinausschießen. Es muß zahlreiche dunkle und zweifelhafte Punkte in einer solchen Untersuchung geben. Ehe wir den Schluß ziehen, unser ganzes erlebtes Dasein beruhe auf Selbstbetrug, schauen wir uns an, welche Fragen Libets Untersuchungen aufwerfen.

Erstens wäre einzuwenden, es sei nur von dem Erlebnis die Rede, wann wir uns des Entschlusses bewußt werden. Ohne Zweifel setze das Bewußtsein den Prozeß in Gang, nur würden wir erst im nachhinein darüber unterrichtet. Den Entschluß aber fasse das Bewußtsein.

Gut, würde die Antwort lauten, es erfährt aber erst nachträglich davon! Wie soll man bewußt einen Entschluß fassen, dessen man sich nicht bewußt ist? Bewußtsein ist *primär*, und wenn man sich noch nicht bewußt ist, einen Entschluß gefaßt zu haben, obwohl man ihn schon gefaßt hat, wie soll man ihn dann bewußt nennen?

Da Bewußtsein eine primäre Größe ist, die sich ausschließlich am bewußten Erleben messen läßt, müssen wir der Tatsache ins Auge sehen, daß das einzige Kriterium für Bewußtsein es selbst ist. Ist man sich einer Sache nicht bewußt, dann ist man sich ihrer nicht bewußt. Hier ist an Julian Jaynes' Gedanken zu erinnern, daß wir nicht wissen können, in welcher Zeit wir uns nicht bewußt sind. Beim Nachdenken über den Begriff des Bewußtseins gilt die simple Regel: *Bewußt ist nur das Bewußte*. Das aber ist nicht viel, wenn man sich die geringe Bandbreite des Bewußtseins vor Augen hält.

Zweitens wäre einzuwenden, die Versuchspersonen bräuchten eben ungefähr 0,3 Sekunden, um die Lage des Punktes in dem Augenblick zu erkennen, als sie den Antrieb zum Handeln verspürten. Damit wäre das Phänomen erklärt. Man muß dann aber auch erklären, warum die Versuchspersonen eine Hautstimulation oder die tatsächliche Muskelbewegung zeitlich sehr genau bestimmen konnten. Die Wundtsche Komplikationsuhr ist, sowohl bei Libets konkretem Experiment als auch in der Geschichte der experimentellen Psychologie überhaupt, ein erprobtes Verfahren, das zuverlässige Ergebnisse liefert. Außerdem wurden die Kontrollstimulationen der Haut tatsächlich genau zu dem Zeitpunkt registriert, der nach entsprechenden früheren Untersuchungen Libets zu erwarten war, nämlich ungefähr 0,02 Sekunden nach der Reizung.

Drittens wäre auf einen sonderbaren Umstand aufmerksam zu machen. Die Reaktionszeit des Menschen ist nämlich viel kürzer als 0,5 Sekunden. Es dauert keine halbe Sekunde, die Finger zurückzuziehen, wenn man sie sich verbrennt. Warum sollte es dann eine halbe Sekunde dauern, die Finger zurückzuziehen, wenn man es selbst will? Warum dauert etwas länger, wenn man es selbst tun will, als wenn man auf das Handeln anderer reagiert?

Der Grund ist, daß Reaktionen nicht bewußt sind. Erst ziehen wir die Finger zurück, dann denken wir «Au!», nicht umgekehrt. Die Reaktionszeit des Menschen ist sehr viel kürzer als die Zeit, die wir brauchen, um eine bewußte Handlung durchzuführen.

Viertens wäre einzuwenden, daß Bewußtsein meist mit anspruchsvollen Tätigkeiten zu tun habe, zum Beispiel ins Theater zu gehen oder Bücher zu lesen, und dazu könne man sich ohne weiteres mit mehr als einer Sekunde Anlaufzeit entschließen. Der Einwand ist vollkommen richtig, die meisten folgenreichen Entschlüsse werden nach längerem Überlegen gefaßt. Beschließen wir, zum Kaufmann zu gehen, haben wir Zeit genug, uns dessen bewußt zu werden, bevor wir die Wohnung verlassen. Libets Experiment sagt nur etwas über die Rolle des Bewußtseins bei unmittelbar bewußten Entschlüssen aus, die wir ständig fassen (zum Beispiel die Hand auszustrecken).

Wenn diese aber nicht bewußt sind, wie kommen wir dann zum Kaufmann?

Fünftens wäre zu fragen, was an der Sache eigentlich so seltsam sei. *Da Bewußtsein selbst das Ergebnis einer Hirnaktivität ist, liegt es doch auf der Hand, daß diese Aktivität einsetzt, bevor sich Bewußtsein einstellt.* Es *muß* so sein. Infolgedessen steht nicht das Bewußtsein am Anfang, denn nur das Bewußte ist bewußt.

Dieser Gedankengang macht auf einen wichtigen Sachverhalt aufmerksam. Wollen wir Bewußtsein als eine materiell veran-

Benjamin Libet mit einem Apparat, der bei der Untersuchung subliminaler Entschlüsse benutzt wurde, deren Ergebnisse er im Herbst 1991 veröffentlichte.

kerte Größe verstehen, die auf Aktivitäten im Gehirn beruht, kann es nicht am Anfang stehen. Irgendeine Aktivität muß schon dasein, bevor das Bewußtsein in Gang kommt. Seltsam ist nur, daß wir den bewußten Entschluß erst mit deutlicher Verzögerung erleben, nachdem er bereits gefaßt wurde. Womit wir wieder bei dem ersten Einwand wären, wie denn das Bewußtsein bestimmen soll, wenn es nicht selbst am Anfang steht. Da nur das Bewußte bewußt und Bewußtsein das Ergebnis gewöhnlicher Hirnmechanismen ist, deren wir uns nicht bewußt sind, kann das Bewußtsein nicht bestimmen.

Dieser Gedankengang macht die Problematik unseres Bewußtseinsbegriffs sichtbar. Gehen wir von der Annahme aus, Körper und Geist bildeten eine Einheit und Mentales und Physisches gehörten nicht, wie nach der sogenannten *dualistischen* Auffassung, getrennten Welten an, dann leuchtet es ein, daß Bewußtsein nicht am Anfang stehen kann. Bei Libets Experiment ging es nicht um eine solche Einheitstheorie von Körper und Geist oder ihre logischen Folgen; es sagt nur aus, daß wir die Ausführung einer Handlung eine knappe halbe Sekunde, nachdem das Gehirn aktiv geworden ist, bewußt erleben. Es ist jedoch reizvoll, nach dem Abschluß eines Experiments zu erkennen, daß das Ergebnis von vornherein feststand: Das Bewußtsein kann nicht am Anfang stehen. Aber muß es wirklich so viel später einsetzen?

Sechstens wäre auf einer Linie mit dem Nobelpreisträger und Dualisten John Eccles einzuwenden, daß der Mensch einfach nur sehr praktisch sei. Die Handlung werde nicht vom Bereitschaftspotential, sondern vom Bewußtsein initiiert, nur entschließe sich das Bewußtsein immer in solchen Momenten dazu, wenn eine Sekunde vorher ein Bereitschaftspotential ausgelöst wurde. Es ist wie ein Fahrplan, der bestimmt, wann die Passagiere ankommen, aber nicht, ob sie den Zug nehmen. Mit dieser Theorie rettet Eccles seinen Dualismus, die Auffassung, Geist und Materie seien zwei sehr verschiedene Dinge. Das Problem ist nur, daß diese Erklärung Vorannahmen impliziert, die sich gegenwärtig nicht untersuchen lassen.

Nach Eccles' Modell muß es rhythmische Variationen im elektrischen Feld des Gehirns geben, die es zweckmäßig erscheinen lassen, eine Handlung in dem Moment in die Wege zu leiten, da sich das Feld verändert, wie es beim Aufbau eines Bereitschaftspotentials der Fall ist. Wenn eine solche Variation eintritt, hat das Bewußtsein die Möglichkeit, auf dieser «Welle» bioelektrischer Potentialschwankungen im Kopf «zu reiten». Die Realisierung der Handlung wird genau darauf abgestimmt, daß sie zu einer Welle paßt, die sich eine Sekunde vorher in Bewegung gesetzt hat. Das Bewußtsein surft auf den Gehirnwellen.

Eine elegante Theorie, aus der Eccles den Schluß zieht: «Es gibt keine wissenschaftliche Basis für die Auffassung, das introspektive Erleben der Initiierung einer Willenshandlung sei illusorisch.»[10] Das Bewußtsein entscheide nicht über den Zeitpunkt, sondern nur, *daß* es geschehen soll. Zwar setze es seinen «Besitzer» darüber nicht in Kenntnis, doch erteile es den Befehl, auch wenn es den Zeitpunkt nicht auf den Bruchteil einer Sekunde genau festlegt.

Diese Theorie erklärt Libets Ergebnisse in Wirklichkeit dadurch, daß sie das ganze Bereitschaftspotential wegerklärt. Es sei eine irreführende Erscheinung und beruhe darauf, daß sich das Bewußtsein immer dann zum Handeln entschließe, wenn eine Variation im Gehirn auftrete, wie sie sich im Bereitschaftspotential manifestiere.

Eccles' Einwand könnte sich *im Prinzip* als richtig erweisen. Wenn dies der Fall ist, würde man, sobald man Genaueres über das bioelektrische Hintergrundrauschen im Gehirn weiß (das man gegenwärtig nicht messen kann), erkennen, daß sich das Bewußtsein immer dann zur Ausführung von Handlungen entschließt, wenn sich eine Welle ausbildet, auf der es «reiten» kann. Dann würde man aus der Tatsache, daß vor dem Entschluß eine Welle auftritt, nicht mehr die Folgerung ableiten können, der Entschluß hinke dem Potential hinterher.

Es entsteht aber wiederum ein Problem: «Das Bewußtsein müßte all die Wellen überwachen», sagt Libet. «Im Gehirn gibt es ungeheuer viel Geräusch, es wären unglaublich viele Wellen zu kontrollieren – das kann nicht funktionieren.» Wenn das Bewußtsein den Entschluß faßt, muß dies ja bewußt geschehen. Nicht einmal bei Libets vereinfachtem Experiment, bei dem die Versuchsperson nichts weiter tun soll als einen Finger zu krümmen, kann man einen entsprechenden Hintergrund erkennen. Wie sollte das Bewußtsein dann im Durcheinander des Alltags in der Lage sein, all diese Wellen zu überblicken?

John Eccles' Erklärung ist in ihren praktischen Konsequenzen haarsträubend kompliziert. Sie erinnert an die mittelalterlichen epizyklischen Modelle der Planetenbewegungen, ein kompliziertes System, das mit Kopernikus' Idee, nicht die Erde, sondern die Sonne sei Mittelpunkt der Welt, ausgedient hatte.

Es ist nicht ungewöhnlich, daß sich ein logisch unantastbarer Einwand wie der von John Eccles gegen ein wissenschaftliches Experiment richten läßt. Die Wissenschaftsgeschichte zeigt, daß dies sogar eher der Normalfall ist. Schlupflöcher gibt es immer. Die Beurteilung eines Experiments beruht deshalb teils auf einer logischen Analyse, teils auch auf anderen Erfahrungen, die mit ihm übereinstimmen müssen. Und in der Tat gibt es andere, gewichtige Argumente dafür, daß das, was im Kopf des Menschen geschieht, unbewußt bleibt. Genau eine halbe Sekunde lang.

Einige der gegen Libet ins Feld geführten Argumente sind der umfassenden Diskussion seiner Ergebnisse in der Zeitschrift *The Behavioral and Brain Sciences* von 1985 entnommen.[11] Die Zeitschrift ist eine Goldgrube. Sie präsentiert ein Thema in Form eines Übersichtsartikels, worauf eine Reihe von Stellungnahmen anderer fachkundiger Forscher folgen. Der Außenstehende erhält so die Möglichkeit, sich einen Überblick über Diskussionen zu verschaffen, die in der wissenschaftlichen Literatur meist keineswegs geradlinig verlaufen. Neben dem Überblick erhält man auch einen Eindruck vom Diskussionsklima. Die Debatte um das Libetsche Experiment gehört zu den spannendsten, die bislang in *The Behavioral and Brain Sciences* dokumentiert sind. Die Stellungnahmen reichten von begeisterter Anerkennung bis zu mürrischer Irritation.

Lüder Deecke hat, wie erwähnt, zusammen mit Hans H. Kornhuber das Bereitschaftspotential entdeckt, auf dem Libets Experiment aufbaut. In seinem Kommentar zu Libet heißt es unter anderem: «Ein ‹vorbewußtes› Auftreten des SMA BP [Bereitschaftspotentials], wenn es denn ein solches gibt, wird den Neurologen nicht weiter beunruhigen, der mit den verschiedenen unterbewußten Hirnfunktionen vertraut ist und... sich fragt, warum die Phylogenese das Bewußtsein erfunden hat: nämlich zum Zwecke der Datenreduktion. Aus diesem Grund ist die Methode der Introspektion begrenzt. Sie kann also scheitern, aber das bedeutet noch lange nicht, daß alles, was ihr verschlossen bleibt, übernatürlich ist.»[12]

In Libets Ergebnissen liegt zwar nichts Übernatürliches, vielleicht aber etwas Seltsames. Deecke möchte die Metaphysik aus ihnen vertreiben[13], während Libet selbst jeden Verdacht, seine Ergebnisse enthielten metaphysische Elemente, entschieden zurückweist. (Unter Forschern ist Metaphysik ein Schimpfwort für alles, was man nicht mit wissenschaftlichen Methoden untersuchen, sondern worüber man nur Vermutungen anstellen kann.)

Am Tonfall seiner Stellungnahme ist Deeckes Irritation über Libets Ergebnisse zu erkennen.

Libet hatte auf der Grundlage von Deeckes und Kornhubers Untersuchung eine überaus wichtige Frage gestellt. Viele haben sich seither gewundert, warum nicht auch andere darauf gekommen sind.

Natürlich gab es diese anderen, aber keiner von ihnen ist der Frage experimentell nachgegangen. Dennoch wurden die entscheidenden Experimente auch in diesem Fall, wie so oft in der Wissenschaftsgeschichte, mehrmals durchgeführt, nur nahmen nicht alle das Ergebnis ernst genug, um es in die wissenschaftliche Literatur einzubringen.

In der Diskussion von 1985 legte der finnische Psychologe Risto Näätänen, seit langem ein anerkannter Forscher auf dem Gebiet der evozierten Potentiale, folgenden Bericht vor: «Aufgrund meiner eigenen Arbeit vor mehr als zehn Jahren bin ich von der Solidität dieses Datenmaterials überzeugt. Erstaunt über das lange Andauern des Bereitschaftspotentials vor der tatsächlichen Bewegung in Relation zu der Erfahrung betrachtet, daß motorische Reaktionen bei Reaktionszeit-Experimenten sehr viel schneller auf den Reiz folgen, führte ich zusammen mit T. Järvilehto Pilotversuche mit dem Ziel durch, den Generator des Bereitschaftspotentials im Gehirn zu täuschen, indem wir uns auf die Lektüre eines Buches konzentrierten und dann plötzlich, infolge eines Entschlusses ‹aus dem Nichts›, auf einen Knopf drückten. Auf diese Weise versuchten wir, eine Bewegung ohne oder mit nur sehr geringem Bereitschaftspotential zu erzeugen. Zu unserer großen Überraschung traten dennoch Bereitschaftspotentiale von erheblicher Dauer auf, obwohl die Versuchsperson selbst das Gefühl hatte, sie sei einem plötzlichen, spontanen Antrieb, auf den Knopf zu drücken, unmittelbar gefolgt.»[14]

Der amerikanische Psychologe Arthur Jensen, der in den sechziger Jahren durch seine Theorie, schwarze Amerikaner seien aufgrund genetischer Mängel dümmer als weiße, herostratische Berühmtheit erlangte, berichtete Libet von einer überraschenden Vorwegnahme seines Versuchs. Jensen hatte eine Serie von Reaktionsexperimenten durchgeführt, die im Mittel eine Reaktionszeit von 0,25 Sekunden ergaben, was durchaus normal ist. Und doch spürte er einen leisen Zweifel, ob nicht einige der Versuchspersonen – vielleicht aus Skepsis hinsichtlich der Verwertung der Ergebnisse – ihn zu täuschen versuchten, indem sie bewußt zu langsam reagierten. Um dies auszuschließen, forderte Jensen die Probanden auf, ihre Reaktionszeit allmählich zu verlängern. Dazu war jedoch keiner in der Lage. Sobald die Probanden versuchten, die Reaktionszeit geringfügig über eine Viertelsekunde hinaus zu verlängern, sprang sie sofort auf mindestens eine halbe Sekunde. Jensen war verblüfft – bis er von Libets Experiment hörte.

«Er kam und sagte zu mir: Sie haben mein verrücktes Ergebnis erklärt», berichtet Libet.

Diese Geschichte von Arthur Jensen macht ihm Spaß, denn sie bringt sehr schön zum Ausdruck, daß der Mensch zwar sehr schnell reagieren, die Reaktionszeit aber nicht aus eigenem Antrieb geringfügig verlangsamen kann. Will man ein wenig langsamer reagieren, als man es instinktiv tut, muß man bewußt reagieren, und das dauert sehr viel länger.[15]

Was also schnell gehen muß, geschieht unbewußt. Das Bewußtsein kann es nicht ein wenig, sondern nur sehr stark verlangsamen. Des Bewußtseins bedienen wir uns, wenn es nicht *ganz* so schnell zu gehen braucht.

Andere Forscher haben Libets Experiment wiederholt und sind zum gleichen Ergebnis gekommen – auch solche, die von seinen Schlußfolgerungen alles andere als begeistert sind. Die Neurophysiologen I. Keller und H. Heckhausen aus München veröffentlichten 1990 eine Untersuchung, die Libets Ergebnisse bestätigt. Der bewußte Entschluß stellt sich 0,267 Sekunden nach dem Bereitschaftspotential ein.

Keller und Heckhausen werden aber Libets Interpretation der Versuche nicht recht froh. Sie glauben diese vielmehr dadurch erklären zu können, daß sich die Versuchspersonen eines Vorgangs bewußt geworden seien, der normalerweise unbewußt ablaufe. «Die Anweisung des Versuchsleiters, interne Prozesse introspektiv zu überwachen, veranlaßte die Versuchspersonen, das Gefühl ‹Wunsch zur Bewegung› wahrzunehmen.»[16] Keller und Heckhausen zufolge ist also bei Libets Versuchen kein wirkliches Bewußtsein, sondern nur ein Pseudobewußtsein beteiligt, das nichts besagt.

Dieses Argument bricht mit dem entscheidenden und grundlegenden Prinzip der Untersuchungen Libets: Welcher Dinge sich ein Mensch bewußt ist, steht nicht zur Disposition. Man kann ihm sein Bewußtsein nicht wegnehmen. Sagt jemand, er erlebe bewußt den Wunsch, einen Finger zu krümmen, darf man nicht behaupten, dieses bewußte Erleben habe keine Geltung. Bewußtsein ist eine primäre Größe, über die der Versuchsleiter nicht rechten kann.

Kurz, es ist ziemlich gleichgültig, ob die Instruktion des Versuchsleiters die Personen veranlasse, sich eines Vorgangs bewußt zu sein, dessen sie sich normalerweise nicht bewußt sind (wir sind uns sehr selten bewußt, daß wir einen Finger krümmen wollen). Entscheidend ist das Erlebnis der Versuchspersonen, daß sie eine bewußte Handlung durchführen – und daß sich dieses bewußte Erlebnis anschließend mit anderen Messungen korrelieren läßt. Welchen wissenschaftlichen Theorien auch immer wir anhängen, wir können einem Menschen nicht seine Erlebnisse wegnehmen. Wir würden dann nicht Bewußtsein, sondern etwas anderes untersuchen.

Obwohl sich also die Einwände Kellers und Heckhausens als nicht sehr wichtig erweisen, sind ihre experimentellen Ergebnisse sehr wohl relevant. Sie reproduzieren Libets Resultate, was praktisch bedeutet, daß er bei seinen Untersuchungen nicht von heimtückischen Details getäuscht wurde, die seine Ergebnisse verfälscht hätten. Wird eine Untersuchung von anderen wiederholt und dabei das gleiche Ergebnis erzielt, haben wir Grund, ihr Vertrauen zu schenken.

Es gibt also gewichtige experimentelle Argumente dafür, daß das Bewußtsein dem aktuellen Geschehen hinterherhinkt. Dem rationalen Diskurs entstehen dadurch zweifellos erhebliche philosophische Probleme. Bevor aber diese luftigen Dinge zur Sprache kommen, drehen wir das Rad der Zeit drei Jahrzehnte zurück und verfolgen, wie Libet eigentlich auf die Frage gekommen ist, um wieviel sich das Bewußtsein verspätet.

«Ich habe nichts Bestimmtes gesucht», sagt der inzwischen achtundsiebzigjährige Libet über eine Entdeckung, die er in den sechziger Jahren machte, «aber als ich auf die halbe Sekunde Verspätung stieß, wußte ich sofort, daß es etwas Wichtiges sein mußte. Ich beschloß, die Sache weiterzuverfolgen.»

Bei Reizungen der Hirnrinde durch elektrische Pulse hatte sich gezeigt, daß der Mensch erst dann etwas merkt, wenn die Stimulation mindestens eine halbe Sekunde lang andauert. Ist sie kürzer, bleibt sie außerhalb des bewußten Erlebens.

Menschen sind nun allerdings nicht dafür geschaffen, daß man ihren Schädelinhalt mit Strom reizt. Vor Eingriffen in unser Gehirn hat uns die Evolution mit ganz besonderen Vorkehrungen geschützt.

Der Schild des Menschen gegen solche Einwirkungen ist jedoch nicht undurchdringlich; der Schädel läßt sich öffnen. Dies ist das Metier der Neurochirurgie, und sie wird nicht zum Spaß betrieben. In den sechziger Jahren hatten die Neurochirurgen einige nach heutigem Standard recht grobe Methoden entwickelt, um chronische Schmerzen und Schüttellähmungen bei Parkinson-Kranken zu lindern. Der Schädel wurde geöffnet und ein Wärmekörper ins Gehirn eingesetzt. Wenn die Temperatur auf ungefähr 60 Grad Celsius anstieg, konnte man einen Nervenzellverband zerstören und damit die sonst unbeeinflußbaren Schmerzzustände des Patienten lindern.

Diese sogenannten stereotaktischen Hirnoperationen wurden in den sechziger Jahren unter anderem von dem inzwischen verstorbenen Chirurgen und Physiologen Bertram Feinstein vom Mount Zion Hospital in San Francisco durchgeführt. Feinstein,

ein führender Chirurg auf diesem Gebiet, war damit einverstanden, daß Benjamin Libet, mit dem er befreundet war, die während solcher Operationen gegebenen Möglichkeiten zur Untersuchung von Hirnfunktionen nutzte.

«Ein anderer Chirurg hätte mir die Chance nicht gegeben», erklärt Libet. «Die meisten Hirnchirurgen sind nur daran interessiert, Schädel zu öffnen und wieder zuzumachen. Nachschauen interessiert sie nicht.»

Feinstein aber ließ Libet nachschauen. «Ich wollte wissen, bei welchen Einwirkungen auf das Gehirn der Patient sagt: Das spüre ich.»

Libet setzte die freiliegenden Gehirne der Patienten kurzen elektrischen Reizungen aus. Die Versuche waren sorgfältig vorbereitet, so daß sich die Operationszeit nur minimal verlängerte. Die Patienten waren während des Eingriffs und des Experiments bei vollem Bewußtsein. Sie hatten sich vorher zur Teilnahme an dem Versuch bereit erklärt, und es entstanden keine Blutungen oder Schmerzen.

Dennoch erscheint diese Art der Forschung nicht gerade anziehend. Was hat man im Kopf eines Menschen zu suchen? Hätte man das Ergebnis nicht durch Tierversuche finden können?

«Zwischen Patienten und Tieren gibt es einen Unterschied», erklärt mir Libet eines Nachmittags im Frühjahr 1991 in dem kleinen Büro, das ihm im Medical Center der University of California in San Francisco zur Verfügung steht. Der Achtundsiebzigjährige ist inzwischen längst emeritiert, verfolgt aber die Spur weiter, auf die er dank der Zusammenarbeit mit dem Chirurgen Feinstein und seinen Patienten gestoßen war. «Patienten kann man Fragen stellen.» Und die Antworten der Patienten auf die Frage «Was spüren Sie?» waren sehr interessant.[17]

Es ging also im wesentlichen nicht nur darum, wie die Patienten objektiv meßbar reagierten; das Ziel war vielmehr, zugleich festzustellen, was sie selbst empfanden und mitzuteilen hatten. Außen- und Innensicht des Gehirns sollten verglichen werden.

Nachdem Pioniere wie Helmholtz und Freud im 19. Jahrhundert entdeckt hatten, daß es außerordentlich schwierig ist, die Funktionsweise des Mentalen durch Introspektion zu erkennen, haben sich viele Wissenschaftler von der Methode der Selbstbeobachtung ganz abgewendet. Themen wie Bewußtsein und Aufmerksamkeit wurden von der Tagesordnung gestrichen, da man sich nicht darauf verlassen kann, was die Menschen über sich selbst sagen. Das Mentale kann sich nicht selbst von innen her verstehen, weshalb sich viele Forscher entschlossen, es nur von außen, durch Beobachtung der objektiven Anzeichen seiner Aktivitäten, zu untersuchen.

Aber nur weil man sich auf Introspektion nicht verlassen kann, verschwindet das subjektive Erleben noch lange nicht einfach aus dem menschlichen Leben. Es gibt kaum etwas Wichtigeres als das subjektive Erleben dessen, was um uns herum vorgeht.

Die entscheidende Frage, wie sich die Funktionsweisen des Mentalen von außen und von innen gesehen zueinander verhalten, ist aus den genannten Gründen nicht untersucht worden. Wie verhalten sich das objektiv registrierte und das subjektiv erlebte Ereignis zueinander?

Libet war so klug, die Frage zu verfolgen, ohne eines von beiden als Richter über das andere zu stellen. Man kann deshalb bei dieser Forschung auch keine Tierversuche durchführen, denn von Tieren erhält man keine oder nur wenig Information über das subjektive Erlebnis.

Bereits 1965 stellte Libet eingehende methodische Überlegungen zu der Frage an, wie sich das Verhältnis zwischen von außen und von innen gesehenen mentalen Prozessen messen lasse. Im wesentlichen ging es um die Innensicht: Das bewußte Erlebnis ist eine primäre Größe und läßt sich nicht auf etwas anderes reduzieren. «Ich gehe von der Prämisse aus, daß die subjektive oder introspektive Erfahrung der auf etwas gerichteten Aufmerksamkeit das primäre Kriterium bewußten Erlebens ist», schrieb er, den Gedankengang erläuternd, der der Untersuchung der Patienten Feinsteins zugrunde lag.[18] Er wollte ihnen ihr Erleben also nicht nehmen. Was ein Mensch als bewußtes Erlebnis empfindet, ist nur ihm selbst direkt zugänglich. Genau das gilt es zu untersuchen, wenn man Bewußtsein erforscht: das Mentale von innen gesehen. Von außen gesehen hat man es mit dem Gehirn zu tun. Die Frage lautete also: Welches innere Erleben findet statt, wenn das Gehirn von außen stimuliert wird? Nicht die Augen, die Ohren oder das Rückgrad, sondern das Gehirn, direkt und in seiner eigenen Sprache, mit elektrischen Pulsen. Wenn nämlich das Gehirn über die gewohnten Kanäle, die Sinne, stimuliert wird, weiß man nicht, was alles geschieht, bis die Stimulation zum subjektiven Erlebnis wird.

Gegen Ende des 19. Jahrhunderts erkannte man durch Beobachtungen an Patienten, daß die elektrische Reizung der Hirnrinde körperliche Reaktionen und Erlebnisse wie beispielsweise ein Kribbeln in den Gliedern zur Folge hat. Seit den ersten barbarischen (und unpopulären[19]) Experimenten mit verwundeten Soldaten und Versuchstieren entwickelte sich die Elektrostimulation zu einer wichtigen Methode der Hirnforschung. In den dreißiger Jahren stellte ein Team in Montreal unter Leitung von Wilder Penfield durch eine umfassende Untersuchung einer großen Zahl von Patienten fest, welche Regionen der Hirnrinde welchen Teilen des Körpers «entsprechen». Das Ergebnis war eine Karte über die Lage und Größe von Regionen der Hirnrinde, die Information von verschiedenen Teilen des Körpers empfangen. Die Karte zeigt darüber hinaus, von welchen Regionen die Motorik dieser Körperteile gesteuert wird. Sie sagt also etwas darüber aus, welche Bereiche des Körpers das Gehirn besonders beschäftigen. Es sind der Mund, die Hände, das Gesicht, die Füße und die Geschlechtsorgane, in ebendieser Reihenfolge. Ein jeder ist auf seine Weise wichtig für das Überleben.

Bei elektrischer Stimulation der Rindenfelder, die für die Tastempfindung zuständig sind, hat der Patient das Erlebnis einer körperlichen Einwirkung. Der Mensch besitzt keinen Tastsinn, der die direkte Reizung der Hirnrinde wahrnimmt, denn unter normalen Umständen ist ja das Gehirn durch die Schädeldecke gegen solche

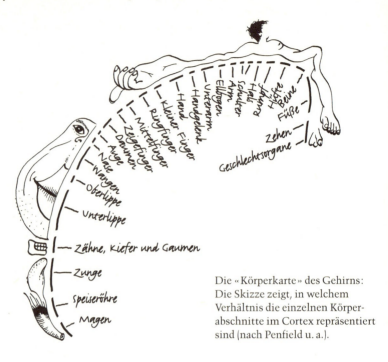

Die «Körperkarte» des Gehirns: Die Skizze zeigt, in welchem Verhältnis die einzelnen Körperabschnitte im Cortex repräsentiert sind (nach Penfield u. a.).

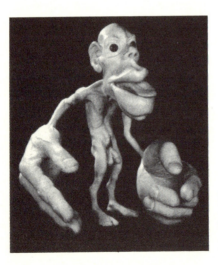

Homunculus: In diesen Proportionen erlebt das Gehirn den männlichen Körper.

Berührungen geschützt. Sie treten nicht auf, und biologisch ergäbe es keinen Sinn, wenn man sie spüren könnte. Wenn aber der Schädel geöffnet ist, gibt es Wichtigeres zu tun, als zu testen, ob eine Einwirkung auf die Hirnrinde zu einem Kitzeln in den Zehen führt.

Eine Reizung der Hirnrinde wird aber als Erlebnis in den Körper hineinprojiziert. Man erlebt es so, als werde der Körper und nicht das Gehirn einem Stimulus ausgesetzt.

Die Aktivität der Cortexneuronen infolge einer direkten elektrischen Stimulation entspricht der Wirkung einer Sinnesempfindung. Das Gehirn erkennt keinen Unterschied, ob die Haut gereizt oder ob eine elektrische Stimulation an ihm selbst vorgenommen wird, es erlebt beides als Prickeln der Haut (wenn die Hirnregion stimuliert wird, in der das Zentrum für das Erleben von Prickelempfindungen liegt). Elektrische Signale sind die Sprache des Gehirns.

Durch elektrische Reizung konnte Libet von außen auf das Gehirn einwirken, und gleichzeitig konnte er die Patienten fragen: Was erleben Sie, wenn ich das tue?

Es wurde die Region der sensiblen Großhirnrinde, auf die die Berührungsrezeptoren der Haut projizieren, kurzen elektrischen Reizungen ausgesetzt. Ein einzelner Puls war sehr kurz, kürzer als eine Millisekunde, aber den Patienten wurden auch Pulsfolgen verabreicht, die bis zu mehreren Sekunden dauern konnten.

Wie lang mußte eine solche Serie von Reizpulsen sein, bis der Patient etwas erlebte? «Ich wollte einfach nur herausfinden, was geschah. Ich suchte nichts Bestimmtes», erinnert sich Libet.

Doch er erlebte eine Überraschung. Wurde die Hirnrinde kürzer als eine halbe Sekunde lang stimuliert, spürten die Patienten nichts. «Sie erklärten, sie fühlten nichts», sagt Libet, «obwohl die einzelnen Schläge so stark waren, daß sie sehr wohl etwas spürten, wenn die Serie länger als eine halbe Sekunde dauerte. Ich wußte sofort, daß ich etwas Wichtiges entdeckt hatte.»

Die Haut muß ja nicht eine halbe Sekunde lang gereizt werden, ehe wir etwas merken. Die Stimulation eines Sinnesorgans wird auch dann wahrgenommen, wenn sie sehr kurz ist. Warum beansprucht die Hirnrinde so viel Zeit, ehe wir etwas erleben?

Benjamin Libet entwickelte eine Erklärung für dieses Phänomen. Erst wenn die Hirnrinde eine halbe Sekunde lang stimuliert worden ist, wird das Erlebnis bewußt, bis dahin aber ist es unbewußt. Eine Einwirkung auf ein Sinnesorgan hat eine Kaskade neuraler Aktivität in der Hirnrinde zur Folge, und diese Kaskade bewirkt nach Ablauf einer halben Sekunde ein bewußtes Erleben.

Merkwürdig ist, daß die Stimulation der Haut *unmittelbar* zu einem bewußten Erleben führt. Warum ist dann in der Hirnrinde eine halbe Sekunde Aktivität notwendig, ehe das Erlebnis bewußt wird?

Die Stimulation der Haut führt letztlich zu einer elektrischen Aktivität in der Hirnrinde. Dieser entspricht (der Patient spürt ja keinen Unterschied) die elektrische Aktivität aufgrund der Stimulation der Hirnrinde in Libets Experiment, die eine halbe Sekunde andauern muß, bevor sie ins Bewußtsein tritt. Wie soll sie dann der durch eine Sinnesempfindung ausgelösten neuralen Aktivität entsprechen können, die unmittelbar erlebt wird? Der Hautreiz führt direkt zu einem Erlebnis, die Aktivität in der Hirnrinde aber, die das Erlebnis vermittelt, muß mindestens eine halbe Sekunde andauern.

«Dieses Ergebnis hatte eine beunruhigende Implikation», schreibt der Physiologe Bruce Bridgeman. «Haben wir ein bewußtes Erlebnis erst dann, wenn die Hirnrinde eine halbe Sekunde lang stimuliert worden ist, wie kann das Bewußtsein dann in der ‹Echtzeit› bleiben? Wir leben doch nicht eine halbe Sekunde nach den Ereignissen in der äußeren Welt.»[20]

1979 veröffentlichten Libet und seine Mitarbeiter die Ergebnisse einer Untersuchung[21], deren Ziel es gewesen war, die direkte Stimulation der Hirnrinde mit der der Haut zu vergleichen. Die Frage war, wann der Hautreiz erlebt wird. Wird er im Moment der Stimulation empfunden, oder dringt er erst ins Bewußtsein, wenn die Cortexneuronen eine halbe Sekunde «Bedenkzeit» gehabt haben?

Das überraschende Ergebnis lautete, daß zwar eine halbe Sekunde Aktivität in der Hirnrinde notwendig ist, bis Bewußtsein entsteht, daß aber das subjektive Erlebnis auf einen früheren Zeitpunkt rückbezogen wird, auf den Zeitpunkt nämlich, als die Hautreizung tatsächlich stattfand. Das Bewußtsein hinkt dem Geschehen hinterher, das subjektive Erleben dagegen nicht!

Grundlage dieser bemerkenswerten Entdeckung war eine Untersuchung Libets und seiner Kollegen aus dem Jahre 1967. Im Gehirn treten sogenannte evozierte Potentiale auf, wenn die Sinne stimuliert werden. Es handelt sich um Veränderungen des elektrischen Feldes, die sich im EEG zu erkennen geben. Das EEG ist normalerweise ein harmloses Meßverfahren, da die Elektroden außen am Schädel angebracht werden. Um aber die evozierten Potentiale nach sehr schwachen Stimulationen messen zu können, legte Libet die Elektroden direkt der Hirnrinde von Feinsteins Patienten an.

Es zeigte sich, daß geringfügige Reizungen der Haut, die nicht bewußt erlebt werden, ein evoziertes Potential hervorrufen können. Mit anderen Worten, das Gehirn hat die Stimulation registriert, das Bewußtsein jedoch nicht davon unterrichtet. Eine stärkere Stimulation führt natürlich ebenfalls zu evozierten Potentialen, darüber hinaus aber auch zu bewußtem Erleben.

Damit liegt ein direktes Anzeichen für das Auftreten subliminaler Wahrnehmung vor, denn Libet konnte nachweisen, daß das Gehirn die Stimulation der Haut registriert, während das Bewußtsein sie nicht erlebt.

Selbst wenn Libet den Patienten auf die Stimulation aufmerksam machte, sah sich dieser nicht in der Lage, von einer bewußten Wahrnehmung zu berichten. Das evozierte Potential zeigte jedoch, daß das Gehirn des Patienten die Einwirkung bemerkt hatte. «Diese Tatsache könnte als Indiz dafür geltend gemacht werden, daß eine mögliche physiologische Basis für die sogenannte ‹subliminale Wahrnehmung› existiert», schrieben Libet und seine Kollegen 1967 in *Science*.[22]

Auch bei diesen Untersuchungen hatte Libet die Möglichkeit gehabt, die Hirnrinde direkt zu stimulieren, wobei sich – ganz in

Übereinstimmung mit den Befunden der ersten Untersuchungen an Feinsteins Patienten – zeigte, daß kurze Stimulationen nicht bewußt erlebt werden, längere dagegen sehr wohl.

Damit hatte Libet zwei Komponenten nachgewiesen, die wirksam sind, wenn ein Signal aus der Außenwelt im Gehirn empfangen wird: erstens eine Veränderung im EEG, der kein bewußtes Erleben entspricht, und zweitens eine elektrische Aktivität, die nach Ablauf einer halben Sekunde ins Bewußtsein dringen kann.

Eine Stimulation, die lediglich eine Veränderung im EEG evoziert, führt nicht zwangsläufig zu Bewußtsein. Ist sie aber stark genug oder dauert sie lange genug an, um eine elektrische Aktivität von mindestens einer halben Sekunde hervorzurufen, wird sie bewußt erlebt.

Die ursprüngliche Stimulation der Haut mag sehr kurz sein, sie löst jedoch eine Kaskade von Aktivitäten in der Hirnrinde aus, die nach einer halben Sekunde Dauer Bewußtsein bewirkt.

Damit waren die Voraussetzungen für eine interessante Frage gegeben, die in Feinsteins Operationssaal untersucht werden konnte: *Wann* erleben wir die Hautreize – wenn sie uns zugefügt werden oder nachdem eine halbe Sekunde verstrichen ist?

Libet arrangierte eine elegante Versuchsanordnung, die zu der Entdeckung von 1979 führte. Er reizte die Hirnrinde in der Weise, daß der Patient ein Stechen oder Kribbeln in der einen Hand spürte, während gleichzeitig die Haut der anderen Hand direkt stimuliert wurde.[23]

Nun brauchte er den Patienten nur zu fragen: «Was haben Sie zuerst gespürt, das Kribbeln in der linken Hand oder in der rechten?» Und der Patient sollte nur antworten: «Links zuerst», «Rechts zuerst» oder «Beides gleichzeitig».

Die Versuchsanordnung erlaubte es, frei zu bestimmen, welche Stimulation tatsächlich zuerst stattfand, die der Hirnrinde oder die der Haut. Libet konnte die Reihenfolge der beiden Stimuli und den zeitlichen Abstand zwischen ihnen nach Belieben variieren.

Während des Versuchs wußten weder der Patient noch der Beobachter, welcher Stimulus zuerst gegeben wurde. Nach einer ganzen Reihe von Versuchen konnte dann der Statistiker Dennis Pearl eine Analyse erstellen, aus der hervorging, wieviel Zeit bei den verschiedenen Stimuli erforderlich war, um ein bewußtes Erleben hervorzurufen.

Die Eleganz dieser Anordnung besteht darin, daß Libet die Patienten nur nach einem Bit Information zu fragen brauchte: rechts oder links (oder in Wirklichkeit anderthalb Bits, denn es gab die dritte Möglichkeit der Gleichzeitigkeit). Das Erlebnis wird also auf etwas reduziert, das dem Bewußtsein leichtfällt, nämlich eine Reihenfolge zu erkennen und darüber eine Meldung abzugeben. Das schwierige Problem der zeitlichen Einordnung eines Erlebnisses wurde durch den Vergleich von Kribbelempfindungen in den beiden Händen gelöst.

Libet hatte erwartet, daß eine halbe Sekunde Hirnaktivität verstreichen würde, ehe eine Stimulation erlebt wurde, unabhängig davon, ob sie von der Haut oder der Hirnrinde herrührte. Setzte eine Hautreizung an der linken Hand ein, während eine auf die rechte Hand projizierte Stimulation der Hirnrinde bereits im Gange war, war zu erwarten, daß die Hautreizung als sekundäre erlebt wurde. Schließlich muß ja eine halbe Sekunde Aktivität verstrichen sein, bevor sich das Erlebnis einstellt.

Es kam aber anders. Selbst wenn die Stimulation der Haut an der linken Hand erst 0,4 Sekunden nach einer der rechten Hand entsprechenden Stimulation der Hirnrinde einsetzte, sagte der Patient: «Links zuerst.» Das ist ein seltsames Ergebnis: Es dauert 0,5 Sekunden, bis die Hirnrindenreizung ins Bewußtsein dringt. Entsprechend ist im Falle der Hautstimulation zu erwarten, daß eine gewisse neurale Aktivität stattfinden muß, ehe sie erlebt wird. Und doch gelingt es der Empfindung des Hautreizes, sich innerhalb von nur einer Zehntelsekunde vor die der Hirnrindenstimulation zu setzen.

Libet sah sich gezwungen, seine Theorie zu ändern. Entweder mußte er, was ihm widerstrebte, den Gedanken fallenlassen, daß eine halbe Sekunde Aktivität notwendig ist, bis ein Hautreiz bewußt wird, oder aber er mußte eine umfassendere Theorie aufstellen.

Libet spürte wenig Neigung, die Auffassung aufzugeben, daß es einer halben Sekunde Rindenaktivität bedarf, ehe sich ein bewußtes Erlebnis einstellt. Dafür waren die Belege zu überzeugend. So führt, wie er bereits früher hatte zeigen können, eine intensive Stimulation der Hirnrinde, die 0,2 Sekunden nach einer Hautreizung einsetzt, dazu, daß der Patient letztere gar nicht spürt![24] Wenn nicht eine halbe Sekunde Verzögerung bis zum Bewußtwerden der Hautempfindung zu veranschlagen ist, läßt sich kaum verstehen, warum eine spätere Stimulation der Hirnrinde dazu führt, daß der Hautreiz überhaupt nicht erlebt wird.

Libet entwickelte seine Theorie also weiter. Es seien, schlug er vor, bei der Registrierung einer Hautstimulation zwei Elemente wirksam: eines markiere die Zeit, das andere bewirke Bewußtsein.

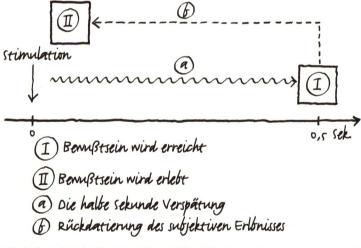

Die halbe Sekunde Verspätung (nach Libet): Ein Hautreiz verursacht eine Aktivität in der Hirnrinde, die nach einer halben Sekunde Dauer Bewußtsein bewirkt. Das Bewußtsein wird jedoch erlebt, als setze es ganz kurz nach der Stimulation ein, da das subjektive Erlebnis zeitlich rückbezogen wird.

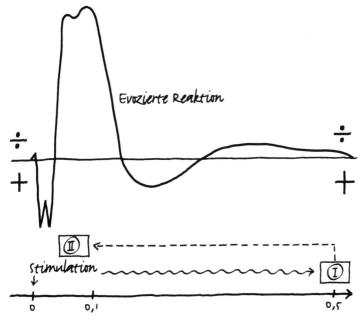

Das elektrische Feld des Gehirns läßt kurz nach der Hautreizung eine evozierte Reaktion erkennen. Diese kann selbst kein Bewußtsein bewirken, wird aber zur Datierung der Stimulation benutzt (nach Libet).

Die Untersuchung von 1967 hatte gezeigt, daß das Gehirn im EEG auch dann mit einem evozierten Potential reagiert, wenn kein Bewußtsein einer Hautstimulation erlangt wird, zum Beispiel, weil sie sehr schwach ist. Diese evozierte Reaktion, die selbst kein Bewußtsein bewirkt, tritt sehr schnell auf, nämlich ungefähr 0,02 Sekunden nach dem Hautreiz.

Die Theorie war deshalb folgende: Das Bewußtsein setze eine halbe Sekunde nach dem Hautreiz ein. Es werde aber so erlebt, *als ob* es sich dann einstelle, wenn das Gehirn mit einem evozierten Potential reagiert. Es finde also ein subjektiver zeitlicher Rückbezug statt, und die Hautstimulation werde bewußt so erlebt, als sei sie einem Zeitpunkt zugeordnet, wenn das Bewußtsein noch gar nicht eingesetzt, das Gehirn aber schon unbewußt reagiert hat.

Dieser Zeitpunkt liege näher an dem der Hautreizung als der Moment, da der Reiz ins Bewußtsein dringt.

Das subjektive Erleben wird zeitlich so zurückdatiert, als sei das Bewußtsein zu dem Zeitpunkt eingetreten, als das EEG eine evozierte Reaktion des Gehirns anzeigte. Diese tritt ungefähr 0,02 Sekunden nach der Einwirkung auf die Haut ein, während 0,5 Sekunden notwendig sind, bis sich das Bewußtsein einstellt. Das Ereignis, das als Zeitindikator dient, die Veränderung im EEG, kann für sich genommen kein Bewußtsein bewirken. Bewußtsein entsteht erst, wenn eine halbe Sekunde elektrische Aktivität stattgefunden hat.

Mit anderen Worten: *Das bewußte Erleben wird genauso in die Vergangenheit zurückprojiziert, wie die Stimulation der Hirnrinde in den Körper projiziert wird.*

Was man erlebt, ist also insofern Trug, denn man erlebt es, als ob man es erlebt habe, bevor man es erlebt. Diese Täuschung aber ist sehr zweckmäßig, denn wir wollen ja wissen, wann uns in die Haut gepikst wurde, nicht, wann wir uns dessen bewußt werden.

Bei der direkten Stimulation der Hirnrinde dagegen findet dieser zeitliche Rückbezug nicht statt. Sie wird erlebt, wenn eine halbe Sekunde vergangen ist, also eine halbe Sekunde, nachdem sie begonnen hat. Nur eine wirkliche, in biologischem Sinne reale Stimulation – an den Rezeptoren, an der Haut – wird in der subjektiven Zeit verschoben. Etwas so Unnatürliches wie die Stimulation der Hirnrinde bleibt «unredigiert».

Soweit Libets Theorie. Aber eine Theorie ist soviel wert wie die Beobachtungen, die sie bestätigen. Libet hat einen eleganten Versuch ersonnen, um zu prüfen, ob sich die Theorie bewährt. «Ich hätte diese Ergebnisse überhaupt nicht zu veröffentlichen gewagt, wenn ich nicht die Ergebnisse des Kontrollversuchs gehabt hätte», erklärt er viele Jahre später.

Bei Säugetieren gelangen die Signale von den Sinnesorganen auf zwei verschiedenen Bahnen zur Hirnrinde. Es gibt ein entwicklungsgeschichtlich altes System, das auch bei vielen anderen Tierarten vorkommt, und ein jüngeres System, das vor allem bei Menschen und Affen zu finden ist. Das alte wird das unspezifische System genannt, das jüngere das spezifische; spezifisch ist es insofern, als es Signale eines Sinnes (einer Sinnesmodalität) mit einer bestimmten Hirnregion verbindet.[25]

Libet hatte folgende Idee: Wenn man eine unter der Hirnrinde liegende Region des Thalamus stimuliert, durch die das spezifische System verläuft, wieviel Zeit vergeht dann, bis man den Reiz spürt – und wann spürt man ihn?

Das Raffinierte des Verfahrens besteht darin, daß eine Reizung der betreffenden Thalamusregion ebenso unnatürlich und seltsam ist wie die der Hirnrinde. Die Stimulation muß ebenfalls eine halbe Sekunde andauern, ehe überhaupt etwas erlebt wird. Sie bewirkt jedoch darüber hinaus auch eine evozierte Reaktion im EEG der Hirnrinde.

Mit anderen Worten, eine Stimulation der Thalamusregion, durch die das spezifische System verläuft, gleicht einer Hautreizung hinsichtlich des EEG und gleichzeitig einer Hirnrindenreizung hinsichtlich der notwendigen 0,5 Sekunden Dauer.

Libet erwartete nun, daß eine Stimulation des Thalamus auch bezüglich des subjektiven Erlebens des Zeitpunktes der Hautstimulation entsprach. Gleichzeitig aber handelt es sich um einen unnatürlichen Stimulus, der überhaupt nicht erlebt wird, wenn er weniger als eine halbe Sekunde dauert.

Das Inkommensurable der Haut- und der Hirnrindenstimulation war damit umgangen. Libet setzte voraus, daß beide eine halbe Sekunde Aktivität der Nervenzellen benötigen, ehe sie bewußt werden. Dabei kann der Hautreiz sehr kurz sein; er löst in jedem Fall eine Kaskade von Hirnaktivitäten aus, die eine halbe Sekunde andauert.

Eine Stimulation des Thalamus gleicht der der Hirnrinde, nur wirkt sie sich auf das EEG genauso aus wie die Hautreizung.

Libet konnte also seine Hypothese, das bewußte Erleben werde subjektiv zurückdatiert, überprüfen, indem er fragte, ob dies auch bei einer Stimulation des Thalamus der Fall sei.

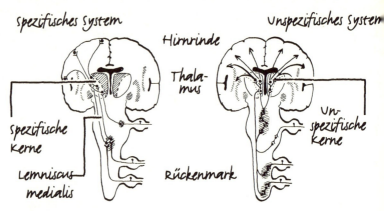

Spezifisches und unspezifisches System. Das spezifische System verbindet bestimmte Bereiche des Körpers mit bestimmten Projektionsfeldern der Hirnrinde. Wichtige Schaltstelle sind einige Kerngruppen, die als spezifische Thalamuskerne oder Ventrobasalkern bezeichnet werden. Das unspezifische System (Truncothalamus) sammelt Information aus dem ganzen Körper im Thalamus, der die gesamte Information in die Hirnrinde sendet.

Wenn es so ist, muß der Patient die Thalamusreizung im selben Moment zu spüren beginnen, da sie einsetzt – obwohl sie nur bewußt wird, wenn sie mindestens 0,5 Sekunden andauert.[26] Dauert sie weniger als 0,5 Sekunden, wird sie überhaupt nicht erlebt, dauert sie aber länger, wird sie erlebt, als habe sie begonnen, als sie tatsächlich begann!

Die Stimulation der Hirnrinde dagegen führte nach 0,5 Sekunden zu einer Empfindung, so als habe sie erst zu diesem Zeitpunkt eingesetzt, nicht früher.

Die Theorie des Rückbezugs des subjektiven Zeiterlebnisses konnte also überprüft werden, indem man untersuchte, ob diese Erscheinung wie bei der Haut auch bei der Stimulation des Thalamus auftrat. Und das war der Fall.

Feinsteins Patienten erlebten eine Reizung des Thalamus in dem Moment, in dem sie stattfand. Also entsprechend dem Zeitpunkt ihrer evozierten Reaktion, 0,02 Sekunden nach der Stimulation selbst.

Der zeitliche Rückbezug war damit bewiesen.

Der Neurologe John Eccles und der Philosoph Karl Popper schreiben in *Das Ich und sein Gehirn*: «Dieser Antedatierungsprozeß scheint nicht durch irgendeinen neurophysiologischen Prozeß erklärbar zu sein.»[27]

Eccles und Popper waren nicht die einzigen, die verblüfft waren. Viele haben versucht, die Ergebnisse der Untersuchung von 1979 anzuzweifeln.

Die Philosophin Patricia Churchland schreibt in ihrem Werk *Neurophilosophy* von 1986, die Untersuchungsresultate zeigten laut Libet, «daß ein mentales Ereignis den Gehirnzuständen, die für dieses Ereignis kausal verantwortlich sind, *zeitlich vorausgehe*»[28]. Das aber behauptet Libet nicht, er sagt nur, daß es so erlebt wird.

Andere haben gesagt, die Ergebnisse seien widersprüchlich[29], irrelevant[30] oder sie bezeugten, daß der Mensch keinen freien Willen habe[31], daß alles ohnehin vorausbestimmt und die Vorstellung eines Willens eine Illusion sei. Solche Einwände aber sind nicht geeignet, uns von Libets erstaunlicher Erkenntnis zu befreien.

Es ist auch versucht worden, sie dahingehend zu deuten, daß sich Bewußtsein zeitlich überhaupt nicht lokalisieren lasse. Diese Interpretation hat der Physiker Roger Penrose in seinem Buch *Computerdenken* vorgeschlagen; nachdem er Libets Ergebnisse von 1979 referiert hat, schreibt er: «Ich möchte diesbezüglich eine alarmierende Vermutung vorbringen, nämlich daß wir vielleicht einen schweren Irrtum begehen, wenn wir bei der Betrachtung des Bewußtseins die üblichen physikalischen Regeln für die *Zeit* anwenden!»[32] Penrose versucht nicht, präzise zu beschreiben, wie das Phänomen des Bewußtseins in zeitlicher Hinsicht zu verstehen sei, er macht nur darauf aufmerksam, daß es sich um grundlegende Probleme handeln könnte.

Eine andere Interpretation, die ebenfalls impliziert, daß die Vorstellung einer im Bewußtsein fließenden Zeit aufgegeben werden muß, stammt von dem amerikanischen Philosophen Daniel Dennett von der Tufts University in Massachusetts. Im Juni 1992 schlug Dennett zusammen mit seinem Kollegen Marcel

Kinsbourne in einem Diskussionsbeitrag für die Zeitschrift *The Behavioral and Brain Sciences* das «Modell mannigfaltiger Konzepte» vor.[33] Danach gibt es keinen einförmig in der Zeit dahinfließenden Bewußtseinsstrom, sondern es sind verschiedene Konzepte gleichzeitig vorhanden, die fortlaufend «redigiert» werden. Dennett meint, dieses Modell, das auch in seinem Buch *Philosophie des menschlichen Bewußtseins*[34] präsentiert wird, erkläre Libets Ergebnisse besser als dessen eigene Deutung. Es versteht sich, daß Libet damit nicht einverstanden ist.[35]

Dennetts Modell ist insofern problematisch, als die Existenz vieler paralleler Konzepte die charakteristische Einheitlichkeit des bewußten subjektiven Erlebens nicht erklärt. Es entsteht das Problem, wie denn alle Erlebnisse und Gedanken zu der Illusion koordiniert werden, das Bewußtsein sei die bestimmende Instanz.

Dennett und Kinsbourne gehen vom Kohärenzproblem aus, das im vorigen Kapitel behandelt wurde. Unter anderem wegen Dennetts dominierender Rolle in der amerikanischen Bewußtseinsphilosophie zeigt ihre Arbeit an, daß das Kohärenzproblem auf die Tagesordnung von Philosophen und Physiologen gelangt ist. Wie werden die vielen verschiedenen Sinneseindrücke, deren Verarbeitung im Gehirn nicht gleich lange dauern kann, zu dem Erlebnis einer ruhigen, synchronen Wirklichkeit zusammengefügt, die wir alle für gegeben halten, in jeder einzelnen der zwei Milliarden Sekunden unseres Lebens?

Die Verspätung des Bewußtseins, die Libet nachgewiesen hat, liefert uns die Zeit, die für die Lösung dieses Problems notwendig ist. Es dauert ein wenig, bis wir die Außenwelt erleben, doch wir versetzen das Erlebnis zurück, so daß wir meinen, wir erlebten die Welt zum richtigen Zeitpunkt. Säugetiere sind physiologisch so eingerichtet, daß die Signale der Rezeptoren in einer Weise zur «Erlebnisinstanz» transportiert werden, daß diese weiß, wann die Dinge geschehen, obwohl sie sie erst etwas später erlebt.

Es ist wie mit dem blinden Fleck des Auges: Unsere Wahrnehmung der Welt ist zwar fehlerhaft, doch erleben wir die Fehler nicht. Das Bewußtsein stellt sich verzögert ein und tut alles, um

Benjamin Libet

diese Tatsache – vor sich selbst – zu verbergen. Es trügt. Es täuscht sich selbst. Das ist sehr zweckmäßig – wenn man genügend Zeit hat.

Wer sich einmal auf eine Heftzwecke gesetzt hat, weiß, daß nicht eine halbe Sekunde verstreicht, ehe man reagiert. Man fährt hoch, ohne lange nachzudenken. Menschen brauchen das Bewußtsein nicht so sehr, wie sie glauben. Schon gar nicht, wenn sie schlecht sitzen.

Benjamin Libets Erforschung des Bewußtseins und seiner Grundlagen im Gehirn umfaßt also zwei Komplexe. Am Anfang standen die Untersuchungen an den Patienten des Chirurgen Bertram Feinstein, aus denen sich die überraschende Erkenntnis ergab, daß eine Aktivität von einer halben Sekunde Dauer im Gehirn notwendig ist, ehe Bewußtsein erlangt wird. Sie führten außerdem zu der noch überraschenderen Erfahrung, daß das Bewußtsein einen subjektiven zeitlichen Rückbezug vornimmt. Bewußtsein eines äußeren Stimulus wird so erlebt, als trete es unmittelbar nach dem Stimulus ein, obwohl tatsächlich eine halbe Sekunde vergangen ist.

Nachdem Feinstein 1978 gestorben war, mußte Libet mit anderen Methoden weiterarbeiten. Er untersuchte EEGs gesunder Versuchspersonen. Ausgangspunkt war das Bereitschaftspotential, und Libet konnte zeigen, daß das Bewußtsein eines Entschlusses, eine bestimmte Handlung vorzunehmen, ungefähr 0,35 Sekunden nach dem Zeitpunkt eintritt, zu dem das Gehirn aktiv geworden ist.

Zusammen liefern diese beiden Untersuchungsreihen ein erstaunliches Bild. Es muß ungefähr eine halbe Sekunde Hirnaktivität stattgefunden haben, ehe Bewußtsein entsteht. Das gilt für Sinneswahrnehmungen ebenso wie für Entschlüsse. Bei Wahrnehmungen wird das subjektive Erlebnis jedoch in der Zeit zurückdatiert, so daß es empfunden wird, als stelle es sich zum Zeitpunkt der Sinnesreizung ein. Bei bewußten Entschlüssen zum Handeln wird der bewußte Entschluß als das erste Glied des Prozesses erlebt, während die Hirnaktivität, die bereits eine knappe halbe Sekunde zuvor begonnen hat, nicht ins Bewußtsein dringt.

Im Herbst 1991 veröffentlichte Libet mit einigen Kollegen in der Zeitschrift *Brain*[36] die Ergebnisse einer Untersuchung, die die Theorie der halben Sekunde Dauer bis zum Auftreten von Bewußtsein und gleichzeitig das Vorhandensein subliminaler Wahrnehmung bestätigten.

Probanden dieser Untersuchung waren Patienten, denen zur Linderung von Schmerzen Elektroden in den Kopf eingesetzt worden waren; sie gehört also zum Typ der Experimente mit Feinsteins Patienten. Die Frage, ob dies nicht eine recht makabre Art von Wissenschaft sei, beantwortet Libet mit dem Hinweis, die Patienten hätten sich über ein wenig Abwechslung während der Behandlung gefreut.

Die Untersuchungen, für die sie sich zur Verfügung stellten, waren tatsächlich recht unterhaltsam. Sie sollten erraten, ob sie einen elektrischen Schlag bekamen! Natürlich keinen schmerzhaften Stromstoß, sondern einen winzigen Puls an der Grenze des

Subliminalen. Die Patienten sollten erkennen, ob eine Elektrode im Innern ihres Gehirns, im Thalamus, eine schwache Stimulation, eine Folge elektrischer Pulse, abgab.

Die Versuche waren so angelegt, daß die Patienten kurzen Folgen von weniger als einer halben Sekunde und langen von mehr als einer halben Sekunde Dauer ausgesetzt wurden. Nur letztere bewirken Bewußtsein, die kurzen Folgen dagegen nicht. Die Patienten sollten nun erraten, ob zu einem gegebenen Zeitpunkt eine Stimulation stattfand oder nicht.

Bei langen Pulsfolgen wurde ihnen bewußt, daß die Stimulation stattfand; es ist also nicht weiter überraschend, daß sie sie «erraten» konnten. Bei kürzeren Pulsfolgen aber, die nicht ins Bewußtsein gelangen, rieten sie die Reizung ebenfalls richtig. In irgendeiner Weise, die den Patienten nicht bewußt war, registrierte der Organismus den Reiz und veranlaßte sie, richtig zu «raten».

Eine Stimulation von einer Viertelsekunde Dauer ist lang genug, um den Patienten richtig raten zu lassen, ohne daß er den Grund dafür weiß. Eine Stimulation von einer halben Sekunde Dauer genügt, um in ihm ein Bewußtsein dafür entstehen zu lassen, warum er richtig rät.

Das Ergebnis bestätigt Libets Auffassung, daß es grundsätzlich eine halbe Sekunde dauert, Bewußtsein zu erlangen, und daß der Unterschied zwischen Nichtbewußtsein und Bewußtsein davon abhängt, ob der jeweilige Prozeß eine halbe Sekunde andauert.

Das Bewußtsein präsentiert dem Menschen ein Bild der Welt und ein Bild seiner selbst als handelndem Subjekt in dieser Welt. Beide Bilder aber sind stark redigiert. Das Bild der Sinneswahrnehmung ist es insofern, als Teile des Organismus bereits bis zu einer halben Sekunde lang von ihr beeinflußt wurden, bevor das Bewußtsein davon erfährt. Es verbirgt die eventuell vorhandene subliminale Wahrnehmung – und Reaktionen darauf. Entsprechend ist auch das Bild der eigenen Handlungen des Subjekts verzerrt. Das Bewußtsein stellt sich selbst als Initiator vor, was es jedoch nicht ist, da die Ereignisse bereits im Gange sind, ehe es selbst auftritt.

Das Bewußtsein ist eine Täuschung, bei der allerlei buchhaltungstechnische Mühen bezüglich der Zeitfolge und der Initiativen aufgewendet werden müssen. Doch genau darum geht es beim Bewußtsein: Große Mengen Information werden aussortiert, und präsentiert wird genau das, was relevant ist. Dem Normalbewußtsein ist es vollkommen gleichgültig, ob eine halbe Sekunde vor dem Bewußtsein ein Bereitschaftspotential einsetzt. Es will wissen, zu was man sich entschlossen hat oder was man auf der Haut spürt.

Was zum Vorschein kommt, wenn man Patienten den Schädel öffnet oder Studenten die Aufgabe stellt, die Finger zu krümmen, kann ziemlich gleichgültig sein. Wesentlich ist, daß Bewußtsein entsteht, wenn die Information ausgesondert worden ist, die man ohnehin nicht brauchen wird.

Dem Argumentationsgang dieses Buches kommt Benjamin Libets halbe Sekunde Verspätung natürlich sehr gelegen. Charles Bennetts Begriff der logischen Tiefe verwies in seiner Konsequenz darauf, daß es eine gewisse Zeit kosten müsse, Bewußtsein zu erreichen. Libet hat uns nun eine halbe Sekunde Spielraum verschafft, eine halbe Sekunde Zeit für den effektivsten aller bisher bekannten Computer, das Gehirn, in der pro Sekunde elf Millionen Wahrnehmungsbits auf zehn bis fünfzig Bewußtseinsbits reduziert und die Spuren der restlichen Daten getilgt werden müssen. Das dürfte ausreichen. Es ist eine wunderbare theoretische Herausforderung für jenen Forschungsbereich, der *computational neuroscience*[37] – die Erforschung des Nervensystems als Rechenprozessor – genannt wird: Wir haben tausend Milliarden Nervenzellen und eine halbe Sekunde Zeit. Die Aufgabe besteht darin, elf Millionen Bits auf sechzehn zu reduzieren, so daß sich diese sechzehn Bits als Karte für die elf Millionen verwenden lassen. Eine Forschungsaufgabe, die im Prinzip in wenigen Jahrzehnten zu lösen sein müßte. Die Präzisierung des rechnerischen Problems durch die halbe Sekunde macht intuitiv einsichtig, daß die Aufgabe lösbar ist.

Was aber wird aus dem freien Willen? Daß wir ohne langes Wenn und Aber von der Heftzwecke hochschrecken, sei unbestritten – aber haben nicht Libets Ergebnisse letztlich zur Konsequenz, daß wir keinen freien Willen besitzen? Wer oder was kann ihn ausüben, wenn nicht das Bewußtsein? Ist das Gehirn bereits eine Weile aktiv gewesen, wenn wir uns bewußt zu entschließen glauben, daß wir mit der Hand nach der Schüssel auf dem Tisch greifen wollen, dann haben wir nicht gerade viel freien Willen.

Libets Experimente zum Bereitschaftspotential haben zu einer weiteren wichtigen Erkenntnis geführt, die ich nur kurz erwähnt habe. Das Bewußtsein setzt zwar erst ein, *nachdem* das Gehirn aktiv geworden ist, doch stellt es sich ja andererseits her, *bevor* die Hand sich rührt.

Es vergehen 0,2 Sekunden vom bewußten Erlebnis des Entschlusses bis zu dessen Ausführung. Hat das Bewußtsein Zeit genug, die Handlung abzubrechen, bevor sie ausgeführt wird?

Benjamin Libet «rettet» den freien Willen mit einem solchen *Vetorecht*. Das Bewußtsein hat genügend Zeit, ein Veto einzulegen, ehe der Entschluß in die Tat umgesetzt wird. Libets Experimente liefern sogar Beweise dafür, daß der Vetomechanismus funktionieren kann. Wenn die Versuchspersonen meldeten, sie hätten eine bereits beschlossene Handlung abgebrochen, zeigte sich bei ihnen trotzdem ein Bereitschaftspotential. Am Ende (kurz vor der Handlung) sah es jedoch anders aus, als wenn die Handlung ausgeführt wurde. Sie konnten sich selbst unterbrechen.

Somit hatten sie einen freien Willen. *Das Bewußtsein kann die Handlung zwar nicht beginnen, es kann aber beschließen, daß sie nicht realisiert wird.*

Libet hat eine Vetotheorie des freien Willens und der Funktion des Bewußtseins entwickelt: «Prozesse, die mit individueller Verantwortung und freiem Willen verbunden sind, ‹operieren› vermutlich nicht in der Weise, daß sie bewußte Handlungen initiieren, sondern indem sie willensbestimmte Ergebnisse selektieren und unter ihre Kontrolle stellen.»[38]

Diese Auffassung ist nicht zuletzt ideengeschichtlich interessant. Der freie Wille entwirft nicht selbst, sondern wählt aus. Er arbeitet eher entsprechend dem Prinzip der natürlichen Selektion, nach dem die Umwelt die Entwicklung biologischer Organismen formt, während wir uns spontan gern vorstellen, unsere bewußten Entscheidungen funktionierten nach Art des Entwurfs, der Architektenzeichnung.

Bewußtsein ist keine auf oberster Ebene angesiedelte Instanz, die untergeordneten Einheiten im Gehirn Anweisungen erteilt, sondern ein selektierender Faktor, der unter den vielen Möglichkeiten, die das Nichtbewußte anbietet, eine Auswahl trifft. Das Bewußtsein funktioniert, indem es Vorschläge aussortiert und vom Nichtbewußten vorgeschlagene Entschlüsse verwirft. Es ist ausgesonderte Information, einkassierte Möglichkeit.

Das Bewußtsein als Vetoinstanz – eine schöne und fruchtbare Vorstellung. Ideengeschichtliche Parallelen bestehen nicht nur zu Darwins Lehre der natürlichen Auslese.

Das Vetoprinzip ist uns aus der Geschichte der menschlichen Ethik vertraut. «Viele ethische Einschränkungen, zum Beispiel die Mehrzahl der Zehn Gebote, sind Anweisungen, wie man nicht handeln soll», schreibt Libet 1985. «Stellt sich andererseits aber die Absicht zu handeln unbewußt ein, läßt sich ihr Auftreten selbst nicht bewußt verhindern, doch kann die Ausführung als motorischer Akt bewußt kontrolliert werden.»[39]

Libet unterscheidet also zwischen der Handlung als physischem Akt und der Lust zum Handeln als mentalem Phänomen. Unsere Handlungen können wir bewußt kontrollieren, schließt er, aber nicht unsere Begierden.

Es handelt sich um eine Unterscheidung von beträchtlicher Tiefe. Zwischen einer Menschen- und Moralauffassung, die vorgibt, wie wir uns zu verhalten haben, und einer, die bestimmt, was wir begehren dürfen, besteht ein großer Unterschied.

Libet im Gespräch: «Wie sollten sonst Freuds verdrängte Impulse funktionieren? Gäbe es keinen Unterschied zwischen der Lust zu handeln und der Handlung selbst, könnten Verdrängungen überhaupt nicht stattfinden. Man braucht Zeit, um etwas zu verdrängen.»

Doch kann Libet mit seinen Erkenntnissen nicht nur Freud, sondern auch seine eigene Religion untermauern. Er ist amerikanischer Jude in zweiter Generation. Seine Eltern, die ursprünglich Libezkij hießen, wanderten aus der Sowjetunion nach Chicago ein. Da Benjamin Libet dort Probleme mit seinem Asthma hatte, siedelte er nach San Francisco über.

Zwischen Juden- und Christentum besteht gerade im Hinblick darauf, was erlaubt und was nicht erlaubt ist, ein großer Unterschied. Das Judentum spricht in Verboten, in Vetos: Du sollst nicht töten, stehlen, huren usw. Die berühmten Zehn Gebote des Alten Testaments sind die moralische Grundlage des jüdischen Glaubens.

Das Christentum dagegen spricht von Gesinnung – es verurteilt schon den Gedanken an die Sünde, es verbietet bereits die Lust, etwas zu tun, das nach den Zehn Geboten nicht zulässig ist. Es ist sündig, etwas zu wollen, das nicht erlaubt ist, auch wenn man es nicht tut.

«Haben Sie von dem Rabbiner Hillel gehört?» fragt Libet, als wir über die Vetotheorie diskutieren. «Er sagte, fünfzig Jahre vor Christus: ‹Füge keinem anderen zu, was du nicht willst, daß man es dir antue.› Diese Lebensregel ist viel deutlicher als das christliche ‹Füge anderen zu, was du willst, daß man es dir antue›. Das ergibt ja keinen Sinn, wenn man näher darüber nachdenkt.»

In der Tat, wir kennen viele Menschen, die es nicht gern haben, wenn wir ihnen zufügen, was wir uns wünschen, daß sie es uns antun.

Libet verweist auf den amerikanischen Philosophen Walter Kaufmann aus Princeton und dessen Buch *Der Glaube eines Ketzers*. Kaufmann macht auf die Probleme aufmerksam, die es christlichen Theologen seit jeher bereitet hat, den Gedanken, wir sollten anderen zufügen, was wir wünschen, daß sie es uns antun, in eine praktische Moralvorschrift zu übersetzen. «Jeder, der versuchen würde, nach der Regel Jesu zu leben, würde zu einer unerträglichen Belästigung», schreibt Kaufmann. «Man versuche beispielsweise, aus der Regel Jesu eine sexuelle Ethik abzuleiten.»[40]

Rabbi Hillel stellt seinen Lehrsatz auf, als ein Heide ihm sagt, er werde zum Judentum übertreten, wenn es ihm, Hillel, gelinge, ihm das ganze Gesetz – die Thora – zu lehren, während er auf einem Bein stehe. Hillel erwidert: «Was du nicht magst, füge nicht anderen zu; das ist das ganze Gesetz; das übrige ist Kommentar. Geh und lerne!»[41]

Hillel faßte die Zehn Gebote Mose in einem Satz zusammen, in dem deren logische Struktur des Verbots bewahrt ist. Bei Moral geht es um die Frage, was wir nicht tun sollen. Sie bezieht sich nicht auf das, was wir begehren könnten, sondern darauf, was wir tun.

Die Entstehung des Christentums ist verbunden mit der Abkehr von diesem Denken. In der Bergpredigt, einer der berühmtesten Passagen aus dem Neuen Testament, verkündet Jesus: «Ihr habt gehört, daß zu den Alten gesagt ist: ‹Du sollst nicht töten›; wer aber tötet, der soll des Gerichts schuldig sein. Ich aber sage euch: Wer mit seinem Bruder zürnet, der ist des Gerichts schuldig... Ihr habt gehört, daß gesagt ist: ‹Du sollst nicht ehebrechen.› Ich aber sage euch: Wer eine Frau ansieht, sie zu begehren, der hat schon mit ihr die Ehe gebrochen in seinem Herzen... Alles nun, was ihr wollt, daß euch die Leute tun sollen, das tut ihr ihnen auch. Das ist das Gesetz und die Propheten.»[42]

Mit der Bergpredigt Jesu wird eine Gesinnungsethik eingeführt. Es ist nicht nur verboten, mit der Frau des Nachbarn zu schlafen, man darf noch nicht einmal Lust dazu haben. Schon das Begehren ist nicht erlaubt.

«Das brachte Jimmy Carter in gewisse Schwierigkeiten», erläutert Libet, auf eine eher komische Episode in der neueren amerikanischen Geschichte anspielend. Der Präsidentschaftskandidat Carter war in einem Interview des *Playboy* gefragt worden, ob er seiner Frau schon einmal untreu gewesen sei. Das nicht, erwiderte Carter, er habe aber Lust dazu gehabt. In einer christlichen Kultur kommt so etwas nicht gut an, und Carters Bekenntnis löste einen Sturm des Protestes aus.

Ein anderer wichtiger Punkt in der Bergpredigt ist die sogenannte Goldene Regel: «Alles, was ihr wollt, das euch die Leute tun sollen, das tut ihr ihnen auch.» Es handelt sich also um eine Handlungsanweisung, nicht um eine Reihe von Handlungsverboten.

Das Christentum sagt, man solle sich richtig verhalten und dürfe keine Lust haben, etwas Falsches zu tun. Das Judentum dagegen fordert, man solle nicht das Falsche tun. Das Verbot des Christentums zielt auf die Lust zu handeln, das des Judentums auf die Handlung selbst. Darüber hinaus gebietet die christliche Ethik, daß man das Richtige auch wirklich tun *soll*.

Aus der Sicht der Vetotheorie Libets wird der Unterschied zwischen Judentum und Christentum sehr deutlich. Hat das Bewußtsein keine Möglichkeit, die Lust zum Handeln zu kontrollieren – es ist ja überhaupt nicht informiert, wenn sie aufkommt –, dann ist es schwer einzusehen, daß wir für unsere Begierden und Träume verantwortlich sein sollen. Die christliche Vorschrift, das Weib des Nachbarn nicht zu begehren und nicht den Drang zu verspüren, seinem Chef den Hals umzudrehen, ist problematisch, wenn Libets experimentelle Ergebnisse richtig sind. Wozu wir Lust haben, liegt außerhalb der bewußten Kontrolle.

Man könnte einwenden, es hätte keiner wissenschaftlichen Experimente bedurft, um das herauszufinden; aber die Frage ist, ob es sich nicht nur um einen voreiligen Schluß handelt. Die Geschichte des Christentums ist ja gerade die Geschichte individueller Sünde und Erlösung, die Geschichte einzelner Menschen, die in ewigem Streben, nicht in Versuchung geführt zu werden, ihre eigene sündige Seele bekämpfen. Walter Kaufmann: «Das Christentum [hat] sittlich versagt... nicht weil die Christen nicht christlich genug waren, sondern aufgrund des ureigensten Wesens des Christentums.»[43] Dem Christentum ist es immer gelungen, dem Menschen das Gefühl zu geben, seine sündigen Gedanken seien sein eigenes individuelles Problem.

Jetzt kommt also ein jüdischer Neurophysiologe daher und sagt, seiner Theorie zufolge sei es dem bewußten Ich gar nicht möglich, die Begierden zu kontrollieren, mit denen es sich konfrontiert sieht.

Libets Experimente verweisen sehr präzise auf den Unterschied zwischen dem Alten und dem Neuen Testament, Judentum und Christentum. Der Unterschied zwischen dem, was wir tun sollen, und dem, wozu wir Lust haben könnten, hat eine alte Tradition in der europäischen Kultur.

Ist das bewußte Ich nicht imstande, das Aufkommen von Regungen zu kontrollieren, wie kann man dann einen Menschen verurteilen, der beispielsweise Begierde empfindet, wenn er die Frau des Nachbarn sieht? Der Bergpredigt zufolge muß er jedoch verurteilt werden.

Umgekehrt verweisen Libets Ergebnisse aber auch auf das Problem des Judentums. «Nur die tatsächliche Ausführung einer Willkürbewegung kann eine konkrete Auswirkung auf andere haben», sagt Libet. Der Mensch kann im Hinblick auf den anderen denken und fühlen, was er will, er darf diese Gedanken und Gefühle nur nicht in Handlung umsetzen. Nicht die Gesinnung, sondern die Handlung hat praktische Bedeutung, das ist der Kern der jüdischen Ethik. Bleibt die Frage: Ist das so richtig, und wenn nicht, was wäre die Konsequenz? Das Judentum wird damit leicht zur religiösen Lizenz, grausame, ja bösartige Gefühle und Hoffnungen im Hinblick auf andere Menschen zu hegen. Solange wir nicht an anderen so handeln, wie wir selbst nicht behandelt werden möchten, und solange wir nicht gegen die Zehn Gebote verstoßen, ist es einerlei, was wir denken und fühlen. Das Fehlen einer Gesinnungsethik in der jüdischen Tradition kann zu einer Form innerer Grausamkeit und Bosheit führen, wie Shakespeare sie im *Kaufmann von Venedig* vor Augen führt.

All das sei akzeptabel, sagt das Judentum, weil nur die *Handlungen* Auswirkungen auf andere haben. Und genau dies ist ein Irrtum, wenn es auch, wissenschaftlich gesehen, bis vor wenigen Jahrzehnten über jeden Zweifel erhaben schien.

Wenn es stimmt, daß es subliminale Wahrnehmung und *priming* gibt, wissen wir mehr darüber, was der andere denkt und fühlt, als unserem Bewußtsein bekannt ist. Es ist deshalb nicht gleichgültig, was wir voneinander denken, auch dann nicht, wenn mit der bewußten Vernunft nicht zu erkennen ist, inwiefern es anderen schaden soll, wenn wir im stillen denken, sie verdienten eine Tracht Prügel.[44]

Hätte nur das, was wir sagen und tun, Auswirkungen auf andere, dann könnten wir denken und fühlen, was wir wollen, es würde keinen Unterschied machen. Das aber ist keine angemessene Auffassung vom Menschen. Libets eigene Resultate treffen die jüdische Moral wie ein Bumerang. Denn da das Bewußtsein verspätet zur Stelle ist, hat es Mühe zu kontrollieren, welche Gedanken zu Handlungen werden.

Das Problem des Judentums ist, daß es eine innere Grausamkeit zuläßt, die vom Bewußtsein in Wahrheit nicht kontrolliert werden kann, weil der Mensch mehr von sich zum Ausdruck bringt, als ihm bewußt ist. Beispielsweise durch die Körpersprache. Als Problem des Christentums erweist sich, daß es vom Bewußtsein eine innere Güte fordert, während ihm die Verwaltung der Vorgänge im menschlichen Innern doch gar nicht möglich ist.

Beides zusammen macht deutlich, daß infolge der veränderten Auffassung von der Bedeutung des Bewußtseins, die sich gegenwärtig durchsetzt, auch eine Revision moralischer Grundfragen auf der Tagesordnung steht.

Die Vetotheorie ist aber nicht nur bezüglich der großen moralischen Fragen, sondern vor allem hinsichtlich ganz alltäglicher Erfahrungen interessant. Sie stellt eine schöne Beschreibung der Funktion des Bewußtseins dar, aber sie zeichnet vielleicht auch ein substantiell irreführendes Bild des Menschen im täglichen Leben.

Die Grundregel lautete, nur das Bewußte sei bewußt. In unseren Kontext übersetzt: Ein bewußtes Veto kann nur vom Bewußtsein ausgeübt werden. Wir können auch unbewußte Vetos gegen alle möglichen unbewußten Begierden einlegen, doch hat das dann nichts mit Bewußtsein zu tun.

Da uns ein bewußtes Veto bewußt ist, können wir uns selbst fragen, wie oft wir einen Entschluß 0,2 Sekunden vor der Ausführung mit einem Veto belegen.

Wir werden feststellen, daß es bestimmte Situationen gibt, in denen die eigenen Regungen ständig mit Vetos belegt werden, daß es im übrigen aber selten geschieht. Gehäuft treten Vetos nur in Situationen auf, die selbst nicht häufig sind. Wir sind zum Beispiel verlegen und nervös, treten uns selbst auf die Zehen, stammeln, wir sitzen, gehen und gestikulieren auf merkwürdig abrupte Weise, brechen unsere Handlungen plötzlich ab, sagen «Ja, selbstverständlich... nein, das meine ich nicht»; wir beleidigen und verwirren die anderen mit den seltsamsten Ausfällen.

Oder wir sind dabei, etwas Neues zu lernen, das uns schwerfällt, eine Sprache, einen Sport, einen Tanz. Wir stellen uns ungeschickt und linkisch an, sind uns unserer Fähigkeiten und Unfähigkeiten ständig peinlich bewußt, ertappen uns selbst bei unseren Bewegungen und erscheinen als blutige Anfänger, die wir ja auch tatsächlich sind.

Oder es geschieht etwas, das uns wirklich wichtig ist, und wir stellen uns genau aus diesem Grunde unsäglich dumm an. Woody Allens Film *Was Sie schon immer über Sex wissen wollten* führt solche Fälle unzweckmäßiger Selbstunterbrechung bei Kontaktversuchen mit Frauen vor.

Mit anderen Worten, es sind immer unangenehme Situationen, in denen wir uns unserer selbst bewußt sind und somit ein Bewußtsein davon haben, daß wir unsere Handlungsimpulse ständig abbrechen. Nicht nur dann, wenn wir eine Strafe von oben befürchten, ist es unangenehm, die eigenen Handlungsimpulse mit Vetos zu belegen, sondern es ist generell ein unangenehmer Vorgang, linkisch, ungeschickt, verkrampft.

Wir unterbrechen uns ständig selbst, vielleicht weil wir uns unserer Leistungsfähigkeit oder des Urteils der anderen nicht sicher sind. Wir fürchten, uns lächerlich zu machen. Wenn wir uns unsrer bewußt sind, neigen wir dazu, uns selbst zu beurteilen, von außen zu sehen, mit den Augen anderer zu betrachten.

Ein bewußtes Veto ist ja nur notwendig, weil sich der bewußte Wille und die nichtbewußte Regung widersprechen. Ein Veto gegen das Nichtbewußte ist Ausdruck dafür, daß Bewußtsein und Nichtbewußtes in verschiedene Richtungen tendieren.

Die Menschen schütten Unmengen von Begrüßungsdrinks,

Nervenpillen und anderen Drogen in sich hinein, um über die bewußten Vetos hinwegzukommen. Wir möchten schrecklich gern aus Situationen heraus, in denen wir uns selbst mit Vetos belegen. Das hat natürlich nicht das geringste mit Christen oder Juden zu tun, stimmt jedoch gut mit Libets Gedankengang überein. In einem brieflichen Austausch über Vetos im Alltag schrieb er mir: «Ihr Gedanke, daß bewußte Vetos meist in unangenehmen Situationen auftreten, gefällt mir gut, doch würde ich die Bedeutung des Vetos in vielen Situationen, die zumindest neutral sind, nicht unterschätzen – zum Beispiel wenn man ein Veto gegen den Drang einlegt, jemandem irgend etwas (über sein Aussehen oder Verhalten) zu sagen, oder gegen die Neigung, ein Kind an etwas zu hindern, das es gerade tut (wenn es für die Entwicklung des Kindes in Wirklichkeit besser ist, daß es mit seiner Tätigkeit fortfährt), usw. Daß aber Vetos bei Konflikten zwischen dem bewußten Willen und der unbewußt initiierten Regung auftreten, ist durchaus kein trivialer Gedanke...»[45]

Der dänische Philosoph und Psychologe Harald Høffding hat diesen Gedanken Ende des 19. Jahrhunderts deutlich formuliert, obwohl er natürlich weder die Vetotheorie noch die Vorstellung kannte, Vetos seien mit Unbehagen verbunden (die Hervorhebung stammt von Høffding selbst): «*Solange die unbewußten Tendenzen zur Thätigkeit in derselben Richtung arbeiten wie die bewußten Gedanken und Gefühle, solange werden sie nicht leicht gemerkt.* Ihre Stärke verschmilzt meistens mit der der bewußten Motive, denen wir die Ehre oder die Schande der ganzen Handlung geben.»[46]

Mit anderen Worten, wir bemerken das Nichtbewußte nur, wenn es dem Bewußten widerspricht. Das Bewußtsein weiß sich gern identisch mit dem ganzen Menschen und räumt unbewußten Regungen nur widerstrebend Platz ein.

Vielleicht erklärt dieser Mechanismus, warum die Freudsche Tradition die Bedeutung *verdrängter* Erlebnisse für das Unterbewußtsein so sehr betont. Da das Nichtbewußte nicht bewußt ist, will das Bewußtsein nichts von ihm wissen, und die einzigen Situationen, in denen es gezwungen ist, zur Kenntnis zu nehmen, daß der Mensch mehr ist als sein Bewußtsein, sind jene, in denen ein Konflikt zwischen dem Bewußten und dem Nichtbewußten auftritt. Deshalb kommt paradoxerweise nur das (fast) Verdrängte in den Blick.

Daß der Vetoprozeß meist mit Unbehagen verbunden ist, bedeutet nicht, daß wir ein solches bewußtes Veto nicht ausüben könnten. Das Veto ist da, auch wenn wir es nicht zur Geltung bringen. Das bedeutet aber nur, daß wir es nicht beachten. Was wiederum darauf schließen läßt, daß wir uns am wohlsten fühlen, wenn das Bewußtsein den freien Willen *nicht* ausübt.

Wirklich froh ist der Mensch, wenn das Bewußtsein *nicht* eingreift und die nichtbewußten Regungen zum Handeln auswählt. Er fühlt sich am wohlsten, wenn er nur handelt.

Die Konsequenz: Wenn wir uns wohl fühlen, regiert nicht das Bewußtsein.

Wir müssen deshalb fragen: Haben wir einen freien Willen nur dann, wenn es uns schlechtgeht, oder auch in Momenten, in denen wir uns wohl fühlen? Und wer oder was hat dann den freien Willen?

Kapitel 10
Maxwells Selbst

Michael Laudrup hatte die Hälfte des riesigen Rasens im Londoner Wembley-Stadion für sich allein. Allan Simonsen hatte einen genialen Paß geschlagen und die englische Abwehr überlistet, und Laudrup stand frei mitten auf dem Platz. Außer Torhüter Peter Shilton befanden sich alle englischen Spieler in der dänischen Hälfte, und der neunzehnjährige Laudrup hatte freie Bahn.

In diesem Fußball-Länderspiel am 21. September 1983 war seit dem Anstoß noch nicht einmal eine Minute vergangen. Daß Michael Laudrup frei vorm englischen Tor stand, war ein Schock für die 82 000 Zuschauer, denn England ist, im Gegensatz zu Dänemark, immer eine der großen Fußballnationen der Welt gewesen. Zwar hatten die dänischen Wikinger, wie die Spieler sich nannten, in den Tagen zuvor geprahlt, Dänemark stehe als Fußballnation vor dem internationalen Durchbruch, aber die Briten zu Hause im Wembley-Stadion zu besiegen, war eine Sache für sich. Und die dänische Elf mußte gewinnen, um das Ziel, die Qualifikation zur Fußball-Europameisterschaft in Frankreich 1984, zu erreichen. Dänemark oder England, das war die Frage.

Nach nur fünfzig Spielsekunden hatten die Dänen sich eine Chance erkämpft, wie sie in einem Auswärts-Länderspiel selten vorkommt.

Peter Shilton lief auf Laudrup zu, ließ sich aber von dem wendigen Dänen täuschen, und der zog an dem englischen Keeper vorbei. Und dann gab es nur noch Laudrup, einen Ball, ein paar Meter Rasen und ein leeres Tor.

In dieser Situation ging es um den Durchbruch Dänemarks als Fußballnation und den eines neunzehnjährigen großen Talents.

Laudrup war, als er Shilton umspielte, ziemlich weit nach außen und nahe an die Torlinie geraten, aber dafür stand das Tor leer. Er brauchte dem Ball nur einen letzten Kick zu geben.

«Ich hatte zu viel Zeit – ich dachte nach, was ich tun sollte; ich traf nicht richtig»[1], berichtete Laudrup, als ich ihn fragte, ob ein Fußballspieler Zeit habe, sich bewußt zu werden, was er tut.

Michael Laudrup schlug den Ball ins Außennetz. Dänemark ging nicht nach einer Minute in Führung. Laudrup hatte Zeit gehabt, sich seiner bewußt zu werden, ehe er handelte. Das Ergebnis war ein Fehlschuß, an den sich Millionen dänische Fernsehzuschauer noch heute erinnern.

Michael Laudrup im Wembley-Stadion, 21. September 1983. Fünfzig Sekunden nach dem Anstoß traf er nur das Außennetz: «Ich hatte zu viel Zeit – ich dachte nach, was ich tun sollte...»

35 Minuten später aber erhielt Laudrup einen Elfmeter zugesprochen. Allan Simonsen traf, Dänemark gewann 1:0, und das berühmte «Danish Dynamite» feierte Triumphe bei der Europameisterschaft in Frankreich und der Weltmeisterschaft 1986 in Mexiko. Michael Laudrup wurde ein Weltstar.

Ein Fußballspieler hat nicht genügend Zeit, bewußt nachzudenken, während er spielt. In der konkreten Spielsituation sind die Abläufe einfach zu schnell. Dennoch kann man, wenn man einem Spieler wie Laudrup zusieht, erkennen, daß er überlegt, und zwar intensiv.

Er muß sich auf alle möglichen Dinge einstellen, den Ball, die Spieler, den Zustand des Rasens. Moderner Fußball ist ein kompliziertes Spiel, das immer schwieriger zu überblicken ist. In den Kinderjahren dieses Sports ging es um Positionen; man spielte einen Mitspieler an, weil er am richtigen Platz stand. Später mußten Bewegungen überblickt werden, es galt zu erkennen, wohin sich der Mitspieler im Verhältnis zu den Gegenspielern bewegt. Und seit den letzten zehn bis zwanzig Jahren geht es beim Fußball mehr und mehr um Beschleunigungen; neben den Bewegungen müssen deren Veränderungen in der Zeit einbezogen werden, wenn man eine Situation überblicken will.

All das muß ein Fußballspieler beherrschen. Besonders Spieler des Typs, den Laudrup repräsentiert, müssen ein sehr kompliziertes Muster im Kopf bilden: Spieler und Ball sind in Bewegung, und es geht darum, das Spiel zu durchschauen und vorherzusagen. Und das zu tun, was keiner erwartet.

Im modernen Fußball gibt es eine Vielzahl eintrainierter Muster. Sie werden von den echten Genies wie Pelé, Cruyff, Netzer, Maradona, Laudrup, Romario ständig gesprengt. Deshalb sind sie so gut.

Will Laudrup abspielen, muß er, während er den Ball unter Kontrolle hält, Bewegung und Beschleunigung eines halben Dutzends Akteure jeder Mannschaft überschauen. Gleichzeitig weiß er, daß die einfachste und geradlinigste Lösung diejenige ist, die die anderen erwarten und gegen die sie Maßnahmen ergreifen.

Aber die Bedenkzeit ist kurz. Ein Schlüsselspieler wie Laudrup wird sofort angegriffen, wenn er nicht abspielt.

Wir Zuschauer sehen, daß Laudrup eine komplizierte Berechnung vornimmt. Wir sehen aber auch, wie schnell das geht. Wir dürfen also fragen: Ist es möglich, sich seines Spiels bewußt zu sein, während man es spielt?

Laudrup beantwortet die Frage mit einem eindeutigen Nein. «Man tut es einfach», sagt er.[2]

Fußballspieler sind sich ihres Handelns nicht bewußt, während sie spielen, was nicht bedeutet, daß keine souveräne mentale Verarbeitung des Geschehens stattfinde, wenn ein Spieler wie Laudrup einen Paß schlägt. Eine Vielzahl komplexer Berechnungen laufen ab – unbewußt.

Die Ausnahme sind die seltenen Situationen, in denen trotz allem Zeit zum Überlegen bleibt. Und in denen es genau deshalb danebengehen kann.

Benjamin Libets Augen strahlen hinter den dicken Brillengläsern. «Dasselbe sagt auch Joe Montana!» erklärt er begeistert und revanchiert sich für diese Geschichte von einem europäischen Fußballspieler mit dem Hinweis auf eine der großen Persönlichkeiten im American Football. «Joe Montana ist der beste Quarterback, den es je gegeben hat. Er hat in einem Interview ebenfalls gesagt, er sei sich seiner nicht bewußt, während er spielt.»

Denkt man über die Bedeutung der halben Sekunde Verspätung nach, liegt es nahe, sportliche Aktivitäten zu beobachten, ebenso wie Theater, Tanz, Musik und das Spiel von Kindern.

Eine halbe Sekunde ist viel, wenn wir Fußball spielen oder mit Kindern toben. Es ist aber nicht viel, wenn wir uns anständig und erwachsen benehmen. Die meisten ordentlichen und zivilisierten Aktivitäten finden in gedrosseltem Tempo statt. Eine halbe Sekunde bedeutet nicht viel in einem Gespräch, weil ein Gespräch langsam ist. Wir können uns fast immer mindestens eine halbe Sekunde vorher ausrechnen, wie ein Satz enden wird. Deshalb ist es möglich, ein Gespräch zu verfolgen und schnell zu antworten, obwohl wir eine halbe Sekunde brauchen, um uns bewußt zu werden, was wir gehört haben.

Beim Fußballspiel ist das nicht möglich. Die meisten Reaktionen des Menschen erfolgen sehr viel schneller als nach einer halben Sekunde. Die charakteristische Reaktionszeit liegt zwischen 0,2 und 0,3 Sekunden. Unter diesem Aspekt ist es verständlich, daß ein Abwehrspieler beim Fußball in der Lage ist, schnell und instinktiv einzugreifen, um den Ball aus der Gefahrenzone zu schlagen. Er führt nur eine eintrainierte Reaktion aus.

Michael Laudrup dagegen ist ein sogenannter genialer Fußballspieler. Das bedeutet, daß er nicht nur tut, was er gelernt hat, sondern sich ständig neue und überraschende Dinge einfallen läßt. Er überlegt wirklich, während er spielt. Er weiß es nur nicht. Er ist sich seiner Denkprozesse ebensowenig bewußt, wie Albert Einstein es nach seinen eigenen Worten war.

Wie aber ist es überhaupt möglich zu reagieren, ehe wir uns bewußt sind, was wir tun?

1990 veröffentlichten die australischen Physiologen Janet Taylor und D. I. McCloskey das Ergebnis einer sehr eleganten Untersuchung der menschlichen Reaktionszeit. Die Grundlage war die zur Erforschung subliminaler Wahrnehmung entwickelte Technik des verdeckten Reizes *(masked stimulus)*.

Einem verdeckten Reiz wird eine Person ausgesetzt, indem man ihr, zeitlich und räumlich dicht beieinanderliegend, zwei verschiedene Signale, zum Beispiel zwei Lichtblitze, darbietet. Folgen ein sehr starker und ein sehr schwacher Lichtblitz unmittelbar aufeinander, ist der schwache Lichtblitz verdeckt und wird von der Versuchsperson nicht erfaßt. Das gilt auch dann, wenn der schwache Lichtblitz dem starken vorausgeht! Dieses rückwirkende Verdecken läßt sich also nutzen, um Sinneseindrücke auszulöschen, so daß sie nicht ins Bewußtsein gelangen.

Taylor und McCloskey gingen der Frage nach, ob eine Versuchsperson, die aufgefordert wird, eine Reaktion auf einen Reiz zu zeigen, auch dann reagiert, wenn er verdeckt ist. Die Antwort war positiv. Wir können auf Stimuli reagieren, deren wir uns nicht bewußt sind. Die Reaktion hat also nicht notwendigerweise etwas mit einem bewußten Erfassen dessen zu tun, worauf wir reagieren. Bei der Untersuchung ging es nicht um instinktive Reaktionen wie der, von einer Heftzwecke hochzufahren, sondern um kompliziertere Verhaltensweisen, die eine gewisse mentale Koordination erfordern. Die Versuchspersonen sollten beide Arme in eine koordinierte Bewegung bringen, bis sich die Hände trafen. Die Koordination war eintrainiert, so daß sie ohne Kontrolle des Bewußtseins vorgenommen werden konnte.

«Es ist also zu schließen», schreiben Taylor und McCloskey, «daß wir sowohl einfache... als auch kompliziertere Bewegungen... vorprogrammieren und dann ohne weiteren bewußten Entschluß auslösen können.»[3]

Diese Schlußfolgerung ist an sich schon interessant, wenn man das Fußballspiel oder andere Aktivitäten begreifen will, die schnelle, aber komplizierte Reaktionen erfordern, wie zum Beispiel radzufahren oder sich zu prügeln. Darüber hinaus aber ist es eine beunruhigende Erkenntnis, daß wir handeln können, bevor wir uns bewußt werden, warum wir handeln. Wir kennen den Sinn der Handlung nicht, ja wir wissen noch nicht einmal, was uns zum Handeln veranlaßt hat.

Taylor und McCloskey: «Fast alle motorischen Reaktionen und viele andere motorische Aktivitäten müssen stattfinden, ehe der Reiz, der sie auslöst, bewußt erfaßt wird. Darüber hinaus ist es möglich, daß ein Reiz, der eine motorische Reaktion hervorruft, die einer bewußten Wahrnehmung entsprechende Stufe neuronaler Aktivität gar nicht erreicht.»[4]

Mit anderen Worten, ein Reiz kann so kurz sein, daß er uns nicht bewußt wird, und trotzdem reagieren wir auf ihn. Wir können auf etwas reagieren, dessen wir uns nie bewußt werden. Wir wissen nicht, worauf wir reagiert haben!

Erinnern wir uns an die Erscheinungen, die die Psychologen bei der Untersuchung subliminaler Wahrnehmung entdeckt haben. Es ging dabei ebenfalls um Eindrücke, die nicht bewußt werden, das Verhalten jedoch entscheidend beeinflussen.

Taylor und McCloskey verweisen in ihrer Begründung für das Vorkommen solcher Reaktionen auf Benjamin Libets Theorie, daß eine halbe Sekunde Zeit notwendig sei, ehe Bewußtsein erreicht werde.

Die Konsequenz dieser Erkenntnisse ist, daß es länger dauert, sich zu einer Handlung zu entschließen, als unbewußt auf eine Einwirkung zu reagieren. Wir sind in der Lage zu reagieren, ohne uns der Ursache bewußt zu sein. Ebenso ist es uns möglich, komplizierte Handlungsmuster vorzuprogrammieren und auszulösen, ohne daß wir uns des auslösenden Faktors bewußt sind. Möglicherweise wird das Bewußtsein häufig gar nicht über unsere Reaktionen unterrichtet.

Das mag beunruhigend erscheinen, wenn man es für wichtig hält, sich dessen, was man tut, immer bewußt zu sein. Andererseits lassen sich dadurch gewisse paradoxe Tatsachen erklären, zum Beispiel die, daß im Western immer der Held die Duelle gewinnt.

Der dänische Physiker Niels Bohr hatte eine ausgeprägte Schwäche für schlechte Western. In den zwanziger und dreißiger Jahren war sein Institut am Blegdamsvej in Kopenhagen ein Ort fruchtbarer Zusammenarbeit von Physikern aus aller Welt. Tagsüber wurde hart gearbeitet, und abends ging man gern ins Kino. Niels Bohr hatte ein Faible dafür, logische Mängel in der oft zweifelhaften Handlung der Filme aufzuspüren. Unter anderem machte er die Beobachtung, daß die Duelle immer vom Helden gewonnen werden.

Der russisch-amerikanische Physiker George Gamow berichtet: «Sein theoretischer Verstand kam sogar bei diesen Kino-Expeditionen zum Vorschein. Er entwickelte eine Theorie, um zu erklären, warum der Held schneller ist und den Schurken erschießt, obwohl dieser immer zuerst zieht. Diese Bohrsche Theorie beruhte auf Psychologie. Da der Held nie zuerst schießt, muß der Schurke entscheiden, wann er ziehen soll, und das hemmt seine Bewegung. Der Held handelt seinerseits aufgrund eines bedingten Reflexes und greift ganz automatisch nach dem Revolver, wenn er sieht, daß sich die Hand des Schurken bewegt. Wir hielten diese Theorie für falsch, und am nächsten Tag ging ich in ein Spielzeuggeschäft und kaufte zwei Revolver in Colt-Taschen. Wir forderten Bohr, der den Helden spielte, zum Duell, und er ‹tötete› alle seine Studenten.»[5]

Wo ist nun aber der freie Wille? Handlungen können ohne Zutun des Bewußtseins in Gang gesetzt und ausgeführt werden, und es sprechen sogar einige Argumente dafür, daß ein sehr großer Teil alltäglicher Handlungen in dieser Weise vorgenommen wird.

Das Bewußtsein hat über weite Bereiche unseres Verhaltens keine Kontrolle. Der Begriff des freien Willens aber ist eng verknüpft mit dem Begriff des Bewußtseins.

Kann mein bewußtes Ich überhaupt nicht darüber bestimmen, was ich tue? Es ist nicht zu erkennen, wie sich ein Ich definieren ließe, ohne es mit Bewußtsein in Verbindung zu bringen. Für das Ich sind Verantwortlichkeit und Zusammenhang kennzeichnend, und wesentlich für die Vorstellung eines Ich ist die Fähigkeit, daß wir unsere eigenen Handlungen begründen können. Das Ich ist aber bei vielen Handlungen nur Zuschauer.

Er war wie üblich zu spät dran. Als er aufs Fahrrad stieg, wußte er schon, daß er nicht rechtzeitig zur Redaktionssitzung kommen würde, und es ging nur noch darum, den Weg, für den er gewöhnlich nicht mehr als eine halbe Stunde brauchte, so schnell wie möglich hinter sich zu bringen.

Als er den Strandboulevard in Richtung Østerbrogade überquerte, sah er hinter sich den Linienbus, doch war er noch so weit entfernt, daß er glaubte, er käme bequem an der Haltestelle vorbei, bevor die wartenden Fahrgäste über den Radweg gingen, um in den Bus einzusteigen.

Plötzlich lief, wenige Meter vor ihm, ein Junge auf den Weg. Er fuhr mit hoher Geschwindigkeit und konnte nicht mehr bremsen. Wie im Traum oder Rausch sah er die Zeit im Schneckentempo weiterschreiten, während sein Ich auf die Rolle des Beobachters seines eigenen Handelns reduziert war. Eine klare Entscheidung mußte gefällt werden: Entweder überfuhr er den

Jungen, oder er warf sich absichtlich mit dem Rad zur Seite und verletzte sich selbst. Eine andere Möglichkeit gab es nicht, denn links von ihm fuhren Autos und rechts standen die wartenden Busfahrgäste. Wie der Zuschauer im Kino stellte er dann fest, daß die Entscheidung zugunsten des Jungen ausgefallen war. Das Fahrrad wurde zur Seite geworfen, und er rutschte die letzten Meter über den Asphalt. Es tat weh, war aber zu verschmerzen: Er trug ein paar Hautabschürfungen davon, hatte eine gute Entschuldigung, warum er zu spät zur Sitzung kam – und eine Geschichte zu erzählen (wäre die Entscheidung anders ausgefallen, hätte er sie wahrscheinlich nicht erzählt).

Wer hatte die Entscheidung getroffen? Nicht sein Ich. Das Ich war Zuschauer. Aber auch nicht der Junge oder das Fahrrad oder Michael Laudrup.

Irgend etwas in ihm traf die Entscheidung, doch das Erlebnis war ganz eindeutig und klar: Es war nicht sein Ich, denn das Ich war Beobachter, es stand außerhalb, war suspendiert. Es war von vornherein unzuständig, denn es blieb keine Zeit zum Überlegen.

Sein Ich hatte bei dieser Entscheidung keinen freien Willen, aber die Entscheidung wurde von ihm getroffen.

Die Situation entspricht ganz denjenigen, die Benjamin Libet untersucht hat. Die Handlung wird nicht vom bewußten Ich der Person, dennoch aber zweifellos von der Person selbst initiiert.

Es gibt also einen Unterschied zwischen dem Ich und der ganzen Person. «Ich erkenne, daß ich mehr bin als mein Ich.»

Das aber will das Ich nicht akzeptieren. Das denkende, bewußte Ich besteht darauf, das handelnde Subjekt, der eigentliche Akteur zu sein, derjenige, der die Kontrolle hat. Hier irrt das Ich, wie Libets Erkenntnisse zeigen. Seine Untersuchungsergebnisse sprechen eindeutig dafür, daß unsere Handlungen nicht vom bewußten Ich ausgelöst werden. In vielen Situationen, in denen wir keine Zeit haben, ein bewußtes Veto einzulegen, wird das Ich ganz einfach außer Kraft gesetzt. Vielleicht glaubt es, der Akteur zu sein, doch das ist reine Illusion.

Der freie Wille scheint sich also in Luft aufzulösen: Nicht das Ich bestimmt, sondern etwas anderes. Das Ich ist nur willenloses Treibgut, ein unschuldiges Opfer von Wind und Wetter, noch dazu Treibgut, das sich ständig selbst versichert: Ich halte den Kurs!

Man könnte Benjamin Libets Versuche als endgültigen Beweis interpretieren, daß der Mensch keinen freien Willen besitze[6], doch wäre das eine Fehldeutung. Denn die Prämisse dafür, daß das nichtbewußte Initiieren willentlicher Handlungen als Beweis für die Nichtexistenz des freien Willens verstanden wird, ist der Glaube an das Ich. Besteht man darauf, daß sich der Mensch erschöpfend und endgültig durch das Ich begründet, wird der freie Wille unter dem Gesichtspunkt der Libetschen Bewußtseinsverzögerung zum unlösbaren Problem. Solange man behauptet, was ein Mensch beschließe, werde einzig und allein bewußt beschlossen, oder was ein Mensch tue, werde ausschließlich bewußt getan, ist es um den freien Willen geschehen, und zwar einfach deshalb, weil die Bandbreite des Bewußtseins viel zu gering ist, als daß es alles, was ein Mensch tut, kontrollieren könnte.

Im Kern geht es bei Libets Verspätung ja nicht darum, daß der Mensch nicht selbst bestimme, wann er eine Handlung vornimmt; die Konsequenz ist vielmehr, daß nicht das Bewußtsein, sondern etwas anderes, Nichtbewußtes den Prozeß in Gang setzt. Ich entscheide also immer noch selbst, was ich tue, nur ist es nicht mein Ich, dem die Entscheidungsgewalt zukommt. Es ist mein Selbst.

Von hier aus läßt sich das Problem des freien Willens lösen: *Ich habe einen freien Willen, doch hat ihn nicht mein Ich, sondern mein Selbst.*

Es ist zu unterscheiden zwischen dem Ich und dem Selbst. Mein Ich ist nicht identisch mit meinem Selbst. Mein Selbst ist mehr als mein Ich. Wenn mein Ich nicht entscheidet, dann entscheidet mein Selbst.

Das Ich ist der bewußte Akteur, das Selbst ist die Person im übrigen. In vielen Situationen, zum Beispiel wenn es schnell gehen muß, ist das Ich nicht an der Macht. Es bestimmt nur dann, wenn Zeit zum Überlegen bleibt. Das aber ist nicht immer der Fall.

Die Bezeichnung Selbst betrifft das Subjekt der körperlichen Handlungen und mentalen Prozesse, die nicht vom Ich, dem bewußten Ich, initiiert oder ausgeführt werden. Die Bezeichnung Ich betrifft die körperlichen Handlungen und mentalen Prozesse, die bewußt sind.[7]

Die Messungen der Bandbreite des Bewußtseins, die subliminale Wahrnehmung und die Experimente Benjamin Libets beweisen, daß das Ich nicht annähernd so oft entscheidet, wie es glaubt. Es neigt dazu, sich Entscheidungen, Berechnungen, Erkenntnisse und Reaktionen zuzuschreiben, die das Selbst ausgeführt hat. Das Ich will nichts davon wissen, daß es ein Selbst gibt, das mit ihm nicht identisch ist. Das Ich kann nicht für das Selbst sprechen; dennoch gibt es vor, es zu können.

Diese Deutung der Erkenntnisse Libets ist nicht ganz neu. Auf die Frage, wie er die Möglichkeiten einschätzt, vor dem Hintergrund seiner Experimente das Problem des freien Willens zu lösen, verweist Libet auf eine Bemerkung des amerikanischen Philosophen Thomas Nagel (der schon in Kapitel 8 zitiert wurde). Nagel veröffentlichte 1987 einen Essay in der *London Review of Books*, in dem er unter anderem Libets Arbeit und ihre Konsequenzen darstellte: «Das Gehirn scheint eine Entscheidung getroffen zu haben, bevor die Person sich dessen bewußt ist. Ein Philosoph, dem ich dieses Experiment beschrieb, erklärte säuerlich, die Schlußfolgerung sei klar: ‹Unsere Gehirne haben einen freien Willen, wir jedoch nicht.›»[8]

Thomas Nagel ist dieser Gedanke unbehaglich: «Aber ein solches Experiment scheint die beunruhigende Möglichkeit zu eröffnen, das, was wir für freie Handlungen halten, seien einfach Dinge, die uns geschehen, und unser bewußtes Erlebnis der Entscheidung sei nur eine Illusion der Kontrolle post festum.»[9]

Trotz Nagels Bedenken stellt sich die Frage, warum wir nicht einfach die Formulierung seines anonymen Philosophen übernehmen können – «Das Gehirn hat einen freien Willen, wir jedoch nicht»?

Wir sollten dieser Versuchung widerstehen – der Begriff des Selbst bezeichnet mehr als nur das Gehirn. Er umfaßt in erster Linie den Körper. Es hat seine Gründe, wenn die Sprache Gefühle und unbewußte Handlungen «im Bauch», «im Herzen», «in den Fingerspitzen», «im Blut» oder gar «im Urin» lokalisiert. Die wenigsten von uns würden es angemessen finden, mit dem Gehirn identifiziert zu werden.

Deshalb erscheint es nicht ratsam, das Gehirn postwendend zum Subjekt der Handlung zu erklären, da es nun einmal nicht das Bewußtsein und also auch nicht das Ich sein kann. Beschränken wir uns lieber darauf, zu sagen, es handle sich um das Nicht-Ich, also um den Teil der Person, der nicht das Ich, aber immer noch ganz undramatisch die Person ist. Zur Bezeichnung dieses Nicht-Ich erscheint das Wort Selbst zweckmäßig, da es keine weiteren Annahmen impliziert.

Freuds Unbewußtes ist in diesem Begriff des Selbst enthalten, ohne daß über die Beziehung zwischen den beiden Begriffen, dem des Unbewußten und dem des Selbst, mehr gesagt sein soll, als daß sie sich beide auf den Teil der Person beziehen, der nicht bewußt und deshalb auch nicht Ich ist.

Bei dem Begriff des Selbst geht es gerade darum, daß er nicht zuviel Bedeutungsballast enthält. Wenn nicht das Ich einen freien Willen hat, muß es ein anderer Teil der Person sein; nennen wir es das Selbst. Ich habe einen freien Willen, aber nicht mein Ich hat ihn, sondern mein Selbst.

Diese Unterscheidung zwischen einem Ich und einem Selbst ist wesentlich weniger «unschuldig», als sie klingt. In ihr sind die radikalen Umwälzungen im Verständnis des Menschen zusammengefaßt, die jetzt, an der Wende des 21. Jahrhunderts, vor dem Durchbruch stehen. Dem Menschen wird nicht viel bewußt von dem, was er wahrnimmt; es wird ihm nicht viel bewußt von dem, was er denkt; es wird ihm nicht viel bewußt von dem, was er tut.

Der Mensch ist nicht in erster Linie bewußt, sondern vor allem nichtbewußt. Die Vorstellung eines bewußten Ich, dem alles untersteht, was die Person aufnimmt oder von sich gibt, ist eine Illusion, vielleicht eine nützliche, aber doch immer noch eine Illusion.

Die Erkenntnis der Ohnmacht des Ich und der Macht des Selbst kann Verstörung hervorrufen. Wer bin ich dann? Auf was für Einfälle könnte ich kommen? Das Ich ist darüber beunruhigt, daß es etwas außerhalb von ihm, aber innerhalb der Person gibt, mit der es sich identisch glaubt.

Das Ich kann nicht akzeptieren, daß in der Person Kräfte wirken, die ihm unzugänglich sind. Will es aber an dieser Einstellung festhalten, muß es der Tatsache ins Auge sehen, daß die Person, von der es spricht, keinen freien Willen hat.

Beharrt das Ich auf seiner Allmacht über die Person, bedeutet dies deren Ohnmacht: Von freiem Willen kann dann nicht die Rede sein.

Die von Libet erkannte Verspätung des Bewußtseins zwingt uns dazu, uns zwischen dem Ich und dem freien Willen zu entscheiden. Wir müssen erkennen, daß wir mehr sind, als wir selbst glauben; daß wir über mehr Ressourcen verfügen, als wir selbst erleben; daß wir mehr von der Welt spüren, als wir bemerken.

In der philosophischen Tradition ist das Problem des freien Willens eng mit der Diskussion um den Determinismus verbunden, die Auffassung, alles sei vorherbestimmt. Die Erscheinungen in der Welt unterliegen einigen Gesetzen; kennt man die Ausgangssituation (die «Anfangsbedingungen»), werden sich diese Gesetze mit unerbittlicher Logik durchsetzen, bis das vorherbestimmte Resultat erreicht ist. Wenn wir annehmen, daß auch der Mensch solchen Gesetzen unterliegt, folgt daraus, daß er nur tut, was er den Gesetzen zufolge unter den gegebenen Umständen tun muß.

Da alles vorherbestimmt sei, sagen der Determinismus und der Fatalismus, gebe es keine freie Entscheidung. Wir hätten nur deshalb das Gefühl einer Entscheidungsfreiheit, weil wir die Umstände in uns oder außer uns, die bestimmen, was wir tun werden, nicht kennen. Wir seien Automaten, jedoch sehr dumme Automaten, die sich nicht selbst verstehen und deshalb nicht wissen, daß sie Automaten sind. Einzig wegen unserer Dummheit und mangelnden Erkenntnis glauben wir, einen freien Willen zu besitzen. (Und auch diese Dummheit selbst ist die Folge von Bedingungen, über die wir nicht verfügen können.)

Die stärksten Einwände gegen den Determinismus hat die Existenzphilosophie, der *Existentialismus*, vorgebracht, der im 19. Jahrhundert von dem dänischen Philosophen Søren Kierkegaard begründet und im 20. in Deutschland von Karl Jaspers und Martin Heidegger und in Frankreich von Albert Camus und Jean-Paul Sartre weiterentwickelt wurde. Der Existentialismus betont die existentielle Wahl, er sieht den Menschen fundamental als wählendes Subjekt, das sich durch seine Freiheit definiert.

Stellt man diese beiden Grundanschauungen gegenüber, kommt der Mensch aus zwei verschiedenen Perspektiven in den Blick. Der Determinismus sieht ihn *von außen*, als Resultat einer Reihe von Ursachen, die *auf den Menschen* einwirken – der Mensch ist Objekt der Naturgesetze, die in ihm und um ihn her wirksam sind. Der Existentialismus dagegen sieht ihn *von innen*, als Subjekt, das *vom Menschen her* auf die Umgebung einwirkt. Er ist wählendes Subjekt und als solches die Ursache von Folgen in der Außenwelt.

Was aber jeweils von außen beziehungsweise von innen gesehen wird, ist nicht die ganze Person. Wäre die ganze Person «innen», würden nur hartnäckigste Deterministen behaupten, daß die von außen wirkenden Ursachen das Verhalten und mentale Leben vollkommen bestimmen. Der Mensch wäre dann einzig und allein eine Konsequenz seiner Umgebung. Aus deterministischer Sicht spielt natürlich gerade das Innere des Menschen, von seiner genetischen Ausstattung bis zu der persönlichen Erinnerung, eine Rolle, jedoch als Faktor, der mitbestimmt, für welches Tun sich der betreffende Mensch entscheidet.

Nicht die ganze Person wird von außen beziehungsweise von innen betrachtet, sondern eher das bewußte Subjekt. Von außen gesehen ist dieses bewußte Subjekt der Akteur, eine Größe, die auf Einflüsse reagiert, welche sowohl aus der Außenwelt als auch aus der Innen-, der nichtbewußten Welt kommen. Von innen gesehen ist das Subjekt einfach die wählende Instanz.

Es ist nicht leicht, zwischen Innen- und Außensicht zu unterscheiden, wie beispielhaft die Diskussion um Alan Turings Tod zeigt.

Turing, dem wir bereits im dritten Kapitel begegnet sind, hatte eine außergewöhnliche mathematische Begabung. Gödels schokkierende Erkenntnisse wurden von ihm zu einer Theorie der Berechenbarkeit weiterentwickelt. Turing zeigte, daß man nicht vorhersagen könne, wie lange eine Berechnung dauern wird. Erst wenn sie faktisch abgeschlossen ist, weiß man es, vorher nicht. Dieses Ergebnis, das große erkenntnistheoretische Bedeutung hat, wird, wie erwähnt, Turings Halte-Theorem genannt.

Am Abend des 7. Juni 1954 löste Turing sein privates Halteproblem mit eigener Hand. Aus Verzweiflung über die Kriminalisierung und Verfolgung, der er als Homosexueller in den bornierten fünfziger Jahren in England ausgesetzt war, nahm er sich das Leben.

Aber stimmt das? Er wurde am 8. Juni von der Reinmachefrau in seinem Bett gefunden, mit Schaum vor dem Mund. Todesursache war eindeutig eine Blausäure-Vergiftung. Neben dem Bett lag ein halb gegessener Apfel. Im Hause befanden sich mehrere Töpfe mit Blausäure, die Turing für elektrolytische Versuche benutzt hatte. Der Apfel ist nie analysiert worden, doch war das Bild klar: Der Apfel war in Zyankali getaucht worden. Ein Bissen vom Apfel der Erkenntnis, und Turing hatte sich weiterer gerichtlicher Verfolgung entzogen.

Die Ergebnisse der offiziellen Untersuchung ließen keinen Zweifel daran, daß es sich um Selbstmord handelte. Doch die Umstände verrieten keinerlei Planung: Theaterkarten waren gekauft, Benutzungszeiten im Rechenzentrum reserviert und Verabredungen zum Essen getroffen worden.

Turing hatte sich in der Zeit vor seinem Tod damit beschäftigt, Metallgegenstände unter Verwendung von Zyankali durch Elektrolyse zu vergolden. Seine Mutter hatte sich darüber Sorgen gemacht. «Wasch dir die Hände, mach deine Nägel sauber, und steck die Finger nicht in den Mund», hatte sie immer wieder gesagt, zuletzt Weihnachten 1953.[10]

Der Mathematiker Andrew Hodges schreibt in seiner Turing-Biographie: «Jeder, der argumentiert, es sei ein Unfall gewesen, müßte zugeben, daß es sicherlich einer von selbstmörderischer Torheit war. Alan Turing selbst wäre von der Schwierigkeit fasziniert gewesen, eine Trennlinie zwischen Unfall und Selbstmord zu ziehen, eine nur durch die Vorstellung vom freien Willen definierte Linie.»[11]

Vielleicht, schreibt Hodges, sei das Ganze in Wirklichkeit arrangiert gewesen, um die Gefühle der Mutter zu schonen. Sie hat es nie akzeptiert, wenn von Selbstmord gesprochen wurde.

Von außen betrachtet sieht es aus wie Selbstmord, obwohl die unklaren Umstände eine eindeutige Entscheidung nicht zulassen. Von innen gesehen muß klar gewesen sein, ob es sich um ein Unglück, einen Suizid oder ein Spiel an der Grenze des Todes (russisches Roulette) gehandelt hat.

Aber dieses «von innen» verschwand, als Turing starb. Geblieben ist nur das «von außen», das nicht erkennen läßt, was geschah. War es freier Wille oder ein düsterer Unfall? Von außen läßt sich diese Frage nur entscheiden, wenn eine Mitteilung von innen vorliegt – ein Brief, ein Zeichen oder ein eindeutiges Arrangement.

Der freie Wille ist also verbunden mit einer von innen erlebten Subjektivität. Ein aus freiem Willen begangener Selbstmord setzt einen Willen zum Sterben voraus, der etwas anderes ist als Unglück und Krankheit.

Wenn aber das Bild, das sich das Ich von sich selbst als Kontrollinstanz macht, falsch ist, wie läßt sich dann überhaupt von Freitod – oder von freiem Willen – sprechen?

Das Problem des freien Willens ist aber nicht so sehr wegen dramatischer Ereignisse wie einem Suizid interessant. Vielmehr ist der Begriff wichtig für das Verständnis des Alltags.

Wenn man sehr schnell handeln muß, weil zum Beispiel ein

Unfall droht, wird man zum Zuschauer seines eigenen Handelns: Man sieht sich selbst nicht von innen als wählendes Subjekt, sondern von außen als handelnder Akteur, der auf eine Herausforderung reagiert.

Um sich selbst als wählendes Subjekt von innen zu sehen, braucht man Zeit. Es muß um Entscheidungen gehen, die nicht innerhalb einer halben Sekunde getroffen werden müssen. Wenn es schnell gehen muß, ist keine Zeit für das Erleben des freien Willens.

Den freien Willen erlebt der Mensch in Situationen, in denen das Selbst dem Ich die Entscheidung zu überlassen wagt. Muß es schnell gehen, wird das Ich mitsamt freiem Willen suspendiert. Dann reagiert nur das Selbst. Das Ich erlebt den freien Willen, wenn das Selbst es gestattet.

Wir befinden uns oft in Situationen, in denen das Ich vom Selbst suspendiert wird – zum Beispiel, wenn wir Ball spielen.

Gehen wir zum Fußballspielen im Verein oder auf dem Bolzplatz, dann trifft unser Ich die Entscheidung, die Person in eine Situation zu versetzen, in der es selber nichts mehr zu sagen hat. Wir sehnen uns nach diesem Erlebnis des Jetzt. Wir verwenden große Teile unserer Freizeit darauf: Sport, Tanz, Spiel, intensives Gespräch, Erotik und Rausch.

Eine andere Freizeitaktivität besteht darin, Menschen zuzuschauen, die ihr Ich suspendiert haben und ihr Selbst zum freien Ausdruck gelangen lassen. Wir nennen es Kunst, Aufführungen oder Spitzensport.

Aus informationstheoretischer Sicht ist das Theaterspiel ein merkwürdiges Phänomen. Die Bandbreite des Stücks, das aufgeführt wird, ist sehr gering. Shakespeares *Hamlet* besteht aus einem Text, der unterschiedlich schnell, jedoch keinesfalls schneller vorgetragen werden kann, als es die Bandbreite der Sprache erlaubt. Oft ist dieser Text dem Publikum bekannt, ja es können Zuschauer darunter sein, die ihn auswendig gelernt haben. Entsprechend gibt es auch viele Konzertbesucher, die die Partitur auswendig kennen. Weshalb kommen sie dann eigentlich?

Der Schauspieler hat eine viel größere Bandbreite als die Sprache. Gesten und Gebärden, Betonungen, Bewegungen, Blicke und Ausstrahlung sind nonverbale Kommunikationsmittel, die das Publikum mehr oder weniger bewußt erfaßt. Auch der Musiker liefert nicht nur eine Partitur, sondern setzt sie in Töne um, die der Partitur zwar folgen, sie aber auch mit Pausen, Betonungen, Phrasierungen und manchem anderen ausfüllen.

Die Arbeit von Regisseur und Dirigent mit Schauspielern und Musikern besteht darin, die sehr geringe Informationsmenge in Text und Partitur in die sehr große Informationsmenge umzusetzen, die in der Aufführung vorliegt.

Ein guter Schauspieler spricht nicht nur den Text, sondern *ist* die Rolle, die er spielt; er durchlebt eine Vielzahl innerer Zustände, jenen entsprechend, die er der von ihm verkörperten Figur in jeder konkreten Szene unterstellt.

Entscheidend für das Erlebnis einer Aufführung ist, ob die Schauspieler selbst mit ihrer ganzen Person auf der Bühne anwesend sind. Ob sie Haß empfinden, wenn sie die haßerfüllten Worte des Textes nachsprechen, ob sie Freude spüren, wenn sie Worte des Glücks äußern, ob sie Liebe empfinden, während sie sie spielen.

Ist ein Schauspieler selbst anwesend, ist es für das Publikum ein Erlebnis. Ist er es aber nicht, besteht auch kein Grund für das Publikum, zur Aufführung zu gehen: Beiden Seiten wäre mehr damit gedient gewesen, wenn sie zu Hause geblieben wären und Shakespeares Text gelesen hätten.

Entsprechendes gilt für Musik und Vorträge. Der Dirigent Wilhelm Furtwängler hat einmal gesagt: «Die einzige unabdingbare Voraussetzung [dafür, daß das Publikum einen Vortrag versteht] ist, daß der Vortragende selbst weiß, was er sagt, und den Sinn dessen, was er vorträgt, versteht. Das klingt selbstverständlich, ist es für den Musiker aber durchaus nicht. Nur wenn das Gesagte im Einklang steht mit eigenem Verständnis, erhält es den richtigen Klang; nur wenn das Gesungene und Gespielte im Einklang steht mit eigenen Gefühlen, erhält es die richtige Form, auf der das Verständnis anderer beruht.»[12]

Eine gute Theateraufführung zustande zu bringen ist deshalb

schwierig, weil die große Informationsmenge, die notwendig ist, damit der Schauspieler mit seiner ganzen Person auf der Bühne agiert, dem Ich unzugänglich bleibt. Da der Mensch Information vor allem unbewußt verarbeitet, kann das bewußte Ich nicht automatisch die Information aktivieren, die eine gute Aufführung erfordert. Das Ich kann den Text nachsprechen, doch das genügt nicht. Es muß dem Selbst erlauben, im Stück mitzuleben, es während des Spiels zu spüren.

Künstlerische Vorführungen lassen die Fähigkeiten des Selbst zum Ausdruck kommen, ohne daß das Kontrollbedürfnis des Ich die Oberhand gewinnt.

Theaterkunst beruht darauf, dem Selbst die Möglichkeit freier Entfaltung zu geben. Gibt das Ich das Selbst nicht frei, entsteht eine Aufführung, die von Vetos geprägt ist. Das Bewußtsein will ständig die Kontrolle wahren und das Geschehen überwachen, und die Aufführung wird ungleichmäßig und unglaubwürdig;

denn ein Gefühl kann nicht glaubwürdig wirken, wenn es vom Bewußtsein kontrolliert und gehemmt wird.

Dem Selbst die Freiheit zu geben ist das große Problem. Es erfordert Vertrauen seitens des Ich, und dieses Vertrauen entsteht durch Übung.

Übung, Proben und noch einmal Übung. Der Schlüssel zu jeder Art von Vorführung ist Übung, Training, Vorbereitung. Das gilt nicht zuletzt für Vorführungen, die einen Charakter der Improvisation haben sollen. Beim Einüben und Proben geht es im wesentlichen darum, daß das Ich Vertrauen in das Selbst entwickelt. Das Ich lernt zu vertrauen, daß das Selbst das Gefühl empfinden und die Bewegung ausführen kann.

Übung entwickelt eine Vielzahl automatisierter Fähigkeiten, die ohne Aktivierung des Bewußtseins ablaufen. Während des Einübens ist das Urteil des Ich ständig präsent, nicht aber bei der Ausführung.

Dies gilt auch für Ballspielen, Radfahren oder Erotik. Wir dürfen. Wir trauen uns. Wir haben Vertrauen zu uns selbst.

Louis Armstrong in einem sublimen Moment

Alle vorführenden Künstler quält mehr oder weniger das scheinbar paradoxe Gefühl der Scham angesichts des Gelingens. Dieses Gefühl ist eine sehr reale Größe: Vorführenden Künstlern fällt es schwer, Beifall zu akzeptieren. Manche wollen ihn sogar abschaffen lassen, wie der Pianist Glenn Gould, der 1962 einen Essay mit dem Titel «Für ein Applausverbot!»[13] schrieb.

Der Musiker Peter Bastian sagte anläßlich der Veröffentlichung seines Buches *Ind i musikken* in einem Interview über seine Schwierigkeiten, Beifall anzunehmen: «Es ist schwer, zu sich selbst sagen zu dürfen: Du bist gut. Die Leute klatschten zwar Beifall, wenn ich spielte, ich selbst aber glaubte im Innersten, es ist Bluff, was ich mache.»

Erst nach intensiver persönlicher Entwicklungsarbeit gelang es Bastian, das Lob der anderen zu akzeptieren und sich selbst einen Meister zu nennen – einen Meister im Wachrufen von Inspiration auf Kommando. Er beschreibt die Haltung, die es ihm erlaubt, den Applaus entgegenzunehmen: «Ich gestehe mir zu, daß ich mir Mühe gemacht habe; ich habe mich geübt.»[14]

Das mag wie eine psychologische Banalität klingen, doch der Eindruck täuscht. Die Mühe und Arbeit, die einer großen Leistung zugrunde liegen, besteht in Training, Übung, Disziplin. Das bewußte Ich besteht auf Übung, die ihm das Vertrauen gibt, das Selbst werde die Aufgabe lösen. Das bewußte Ich steht aber nicht für die Vorführung, ebensowenig wie der Regisseur oder Dirigent. Was auftritt, ist das Selbst – ohne Bewußtheit.

Wenn dann die Aufführung zu Ende ist und das Publikum Beifall klatscht, kehren Bewußtheit und Ich zurück wie aus der Trance und erwachen mitten im Jubel. Die Beschämung rührt daher, daß ja nicht das Ich aufgetreten ist, sondern das Selbst.

Und dennoch steht am Ende das Ich da und soll die Rosen entgegennehmen.

Künstlerische Vorführungen leben von diesem Widerspruch, diesem Pendeln zwischen dem Ich mit seinem klaren und disziplinierten Bewußtsein von künstlerischen Mitteln, Ausdruck und Zusammenhang, und dem Selbst, das all diese Intentionen in einem unbewußten, vetofreien Strom des Mitempfindens auslebt.

Dieser Sachverhalt aber gilt gewiß nicht nur für Vorführungen und Kunst, er macht sich auch im Alltag geltend. Peter Bastian schreibt: «Man braucht kein Musiker zu sein, um zu wissen, wovon ich rede. Ich erlebe es, daß sich dieser Zustand spontan in meiner alltäglichen Wirklichkeit einstellt. Beim Abwaschen! Plötzlich geht alles wie im Ballett, die Teller hören auf zu klirren, die Spülbürste zeichnet unendlich befriedigende Arabesken auf das Porzellan, wie geheime Zeichen, die ich unmittelbar verstehe.»[15]

Der Alltag bietet viele Beispiele für das Gefühl vollkommener und segensreicher Einheit mit dem, was man tut, ein spontanes und unmittelbares Gefühl fließender Energie. Dieses Erlebnis stellt sich besonders häufig bei Aktivitäten ein, die wohlvorbereitet sind, zum Beispiel bei der Arbeit oder in engen persönlichen Beziehungen, die mit Disziplin und Ausdauer über Jahre gepflegt worden sind.

Der amerikanische Arzt und Delphinforscher John Lilly wandte sich gegen Ende der sechziger Jahre dem Studium des menschlichen Bewußtseins zu. Er hatte einige Jahre lang versucht, in Kommunikation mit Delphinen zu treten, diesen intelligenten Tieren, die ein Gehirn besitzen, dessen Volumen im Verhältnis zum Körpergewicht sich mit dem des Menschen durchaus messen kann.[16] Es war Lilly jedoch nicht gelungen, sich mit den Delphinen zu verständigen. Er zog daraus den Schluß, der Intelligenzunterschied zwischen Menschen und Delphinen sei zu groß. Delphine seien zu klug, meinte er. Und befaßte sich fortan mit dem Studium des Menschen.

Nach einer längeren Odyssee, bei der er allerlei Mittel ausprobierte, die in den sechziger Jahren für die wissenschaftliche Untersuchung des Bewußtseins zur Verfügung standen – Stoffen wie LSD –, landete Lilly in Chile bei einem Schamanen namens Oscar. Dieser hatte ein System zur Beschreibung sehr guter und sehr schlechter Bewußtseinszustände entwickelt, das Lilly übernahm. Auf Einzelheiten des Systems brauchen wir hier nicht einzugehen; der springende Punkt in unserem Zusammenhang ist, daß Oscar und Lilly mit einem Zustand experimentierten, den sie «+24» oder «den fundamentalen professionellen Zustand» nannten.

Dieser «+24-Zustand» wird von Lilly als ein angenehmer Zustand definiert, bei dem wir «uns selbst in der Praxis verlieren» und «den Arbeitsprozeß ohne ein Ego genießen». Lilly schreibt: «Wesentlich für +24 sind das Wohlgefühl, der automatische Charakter dessen, was man tut, plus... die Abwesenheit von Ego-Meta-Programmierungen.»[17]

In dem hier verwendeten Sprachgebrauch handelt es sich um Situationen, in denen es dem Selbst erlaubt ist, automatisch und ohne Kontrolle des Ich zu funktionieren. Sie sind insofern angenehm, als sie nicht von Vetos und Bewußtsein geprägt sind. Nervosität und Verlegenheit sind verschwunden und haben Vertrautheit und Unbekümmertheit Platz gemacht.

Es mag überraschen, daß Lilly diesen Zustand mit Arbeit in Verbindung bringt, denn Arbeit hat für uns normalerweise wenig mit Glücksgefühlen zu tun. Entscheidend ist jedoch, daß wir uns gerade dann besonders wohl fühlen, wenn wir etwas tun, das wir nicht ständig bewußt kontrollieren müssen. Und für solche Tätigkeiten ist ein Gefühl der Vertrautheit und Unbekümmertheit bezeichnend.

Mit diesem Gefühl ist auch Arbeit, wenn sie gut läuft, verbunden, selbst wenn der Lohn unvertretbar niedrig ist und der Chef dazu neigt, unsere genialsten Ideen abzuwürgen. Wenn es läuft, läuft es einfach. Man ist gut vorbereitet und kann seine Fähigkeiten spielen lassen.

Vielleicht hat die in vielen Gesellschaftsschichten verbreitete Neigung zur Arbeitssucht etwas mit der Suche nach diesem Zustand unbewußter Gegenwärtigkeit zu tun?

Doch nicht nur bei der Arbeit oder zu Hause kann man das wundervolle Gefühl erleben, eins zu sein mit dem, was man tut. Religion ist zum Beispiel ein Bereich, in dem von solchen Gefühlen von jeher die Rede gewesen ist. Bezeichnenderweise gibt es in den meisten Religionen auch eine starke Tradition der Disziplin in Form von Gebeten, Kirchgang, Psalmen, Texten, Zeremonien, Ritualen, Wiederholungen. Sie sollen in Zustände einüben, die sich dann auf ein Zeichen hin herbeiführen lassen, weil sie zu vertrauten, alltäglichen Praktiken geworden sind, auch wenn sie nicht als solche erlebt werden.

Wirklich gute Erlebnisse sind von außen gesehen oft sehr trivial – wir tun, was wir immer tun –, von innen gesehen aber ganz im Gegenteil nichttrivial.

Der amerikanische Psychologe Abraham Maslow hat den Begriff *peak experience* zur Bezeichnung solcher «Gipfelerlebnisse» geprägt. Maslow bezeichnet den Erkenntniszustand, in dem man nicht einzugreifen und das Erkannte nicht zu verändern wünscht, entsprechend der östlichen Philosophie als taoistisch.

«Der taoistische Weg, etwas über die Natur der Dinge zu erfahren, [ist eher] eine Haltung der Natur gegenüber als ... eine Technik im üblichen Sinne. Vielleicht sollte man sie geradezu als Antitechnik bezeichnen», schreibt er. «Eine wirkliche Aufnahmefähigkeit im taoistischen Sinne ist nur schwer zu erlangen. Zuhören können – wirklich mit ganzer Seele, passiv und sich selbst vergessend zuhören können –, ohne etwas vorauszusetzen, ohne zu klassifizieren, ohne etwas zu verbessern oder anzufechten, ohne zu bewerten, zuzustimmen oder abzulehnen, ohne sich auf ein Rededuell einzulassen ... solches Zuhörenkönnen ist selten.» Maslow betont, daß er nicht die Auffassung vertritt, das Streben nach Erkenntnis sollte sich nur dieser «rezeptiven Strategie» bedienen: Wissenschaft, schreibt er, hat zwei Pole: «einmal das Konkrete zu erleben und zu begreifen und zum anderen das Durcheinander des Konkreten in erfaßbare Abstraktionen zu organisieren».[18]

Wie aber lassen sich «erhabene» und religiöse Erlebnisse mit einem Zurücktreten des bewußten und verbalen Ich erklären, wenn für Gebet und Meditation doch gerade das Sprechen bezeichnend ist, sei es des Vaterunsers oder eines Mantras? Wie kann ein solches Sprechen die Wonnen des Selbst zugänglich machen?

In dem Buch *The Inner Game of Music*, einer der unzähligen Anleitungen zur Steigerung der eigenen Leistungsfähigkeit, die der Buchmarkt anbietet, wird die Technik der Überforderung, des *overload*, vorgeschlagen. Der Autor W. Timothy Gallwey hat in Büchern über Tennis, Golf und Skilaufen das Konzept eines «Selbst 1» und «Selbst 2» entwickelt und die Probleme beschrieben, die durch diese Dopplung entstehen.

«Selbst 1» entspricht in der Terminologie dieses Buches im wesentlichen dem Ich. Das Problem ist, daß dieses «Selbst 1» alles kontrollieren und bestimmen will. «Selbst 2» aber führt die Leistung als Tennisspieler oder Musiker aus. Es weiß, wie man eine gute Vorhand schlägt, während «Selbst 1» damit beschäftigt ist, wie es von außen aussieht, wie der nächste Schlag geschlagen werden soll, wie der letzte Vorhandschlag war usw. «Selbst 1» stört und verwirrt, während «Selbst 2» das Potential dessen ist, was wir können: das Selbst.

Das Problem des Musikers, Tennisspielers oder Skiläufers ist der innere Kampf zwischen «Selbst 1» und «Selbst 2». Darf sich «Selbst 2» ungestört entfalten, kann es zu großen Leistungen kommen, doch wird es ständig von dem «Was, wenn...»-Gedankengang des «Selbst 1» unterbrochen.

Das Ziel ist, «den nichtbeurteilenden Zustand reiner Aufmerksamkeit» zu erreichen, den «Selbst 2» repräsentiert – wenn man es ihm erlaubt.

Timothy Gallwey und sein Mitautor, der Musiker Barry Green, schlagen einige Techniken vor, um «Selbst 2» zur Entfaltung kommen zu lassen. Eine der wichtigsten ist die Überforderung: «Schließt man den Geist kurz, indem man ihm zu viele Aufgaben auf einmal aufbürdet, muß er auf so viele Dinge gleichzeitig achten, daß er keine Zeit mehr hat, zu stören»[19], schreiben Green und Gallwey. «Manchmal checkt Selbst 1 aus und läßt Selbst 2 einchecken.»

Will man lernen, einen Geigenbogen zu führen, kann es nützlich sein, sich währenddessen auf etwas ganz anderes zu konzentrieren. «Hätte mir jemand erzählt, man könne jemandem, der keinerlei Erfahrung mit dem Instrument hat, beibringen, das Stück ‹Mary Had a Little Lamb› in vollem Klang und korrekter Haltung auf dem Baß zu spielen, während er gleichzeitig lächelt, die Worte mitsingt und die Zuhörer zum Einstimmen anleitet, und das alles in den ersten fünfzehn Minuten – ich hätte es einfach nicht geglaubt»[20], heißt es in dem Buch von Green und Gallwey.

Die Überlastung mit Aufgaben führt dazu, daß das bewußte Ich, «Selbst 1», keine Chance mehr hat, alles zu verarbeiten. Eine andere von den beiden Autoren vorgeschlagene Technik besteht darin, sich selbst lächerlich zu machen: Betrachtet man sich selbst als einen Fisch, der Kontrabaß spielt, geht es viel leichter, weil die eigene Wichtigkeit verschwindet.

Man könnte fragen, ob nicht genau hier der Grund für die unzweifelhafte Wirkung von Meditation und Gebeten auf die menschliche Psyche zu suchen ist. Das Rezitieren eines Mantras oder eines Textes füllt den verbalen Kanal völlig aus. Die geringe Bandbreite der Sprache wird ganz durch die gewohnten Worte beansprucht, so daß Denken unmöglich wird. Meditation zielt im wesentlichen gerade darauf ab, das Denken zu vermeiden. Das läßt sich erreichen, indem der sprachliche Kanal mit etwas Wohlbekanntem beschäftigt wird, das kein Nachdenken voraussetzt. Der Geist wird frei für das, worauf sich das Gebet oder die Meditation richtet.

Rituelle Worte können Beschwörungen sein, die den «inneren Radiosender» verstummen lassen und die freie Entfaltung des Selbst ermöglichen.

Der Theaterkünstler Keith Johnstone hat eine ganze Reihe von Techniken entwickelt, um Schauspieler in die schwere Kunst der Hingabe einzuüben, die die Grundlage aller großen Auftritte und besonders der freien Improvisation ist. Das eigentlich Schwierige ist, den notwendigen persönlichen Mut und die Offenheit aufzubringen: «Bei spontaner Improvisation vor einem Publikum muß man akzeptieren, daß das eigene Innerste aufgedeckt wird», schreibt Johnstone in seinem Buch *Impro*, einer Goldgrube voller Beobachtungen zum Verhältnis zwischen Selbstkontrolle und

Selbstentfaltung. Entscheidend ist immer, daß man den Mut hat, an sich selbst zu glauben. Johnstone schreibt über Schauspieler: «Befürchten sie einen Mißerfolg, sind sie gezwungen, zuerst nachzudenken; wenn sie aber spielen, können sie ihren Händen erlauben, den Entschluß selbst zu fassen.»[21]

Das Ich kann kommunizieren und die Kommunikation mit anderen überwachen. Auch das Selbst kann kommunizieren, es hat aber von dem durch die Kommunikation Übermittelten kein Bewußtsein wie das Ich. Das Ich ist sozial und kann Verabredungen mit anderen treffen. Die Frage ist, ob das Selbst diese Verabredungen einhält.

Das soziale Feld etabliert sich durch Verabredungen, soziale Kontrakte, die verbal eingegangen werden. Der Zusammenhalt des gesellschaftlichen Lebens ist also von einer sehr geringen Bandbreite abhängig. Die Bandbreite der Sprache ermöglicht nur wenig Information, die gleichwohl den gesamten sozialen Verkehr dirigieren soll.

Als Mensch in der Gesellschaft zu funktionieren, der seine Verabredungen einhält und nicht gegen die Regeln verstößt, ist in Wahrheit also auch ein individuelles Problem. Es liegt in der Beziehung zwischen dem Ich, das die Verabredungen trifft, und dem Selbst, von dem die Handlungen ausgehen. Mit anderen Worten: Da Menschen überwiegend nichtbewußt funktionieren, das soziale Leben aber durch Verabredungen festgelegt ist, die bewußt eingegangen werden, besteht das Problem darin, das Nichtbewußte dazu zu bringen, daß es die Verabredungen einhält, die das Bewußtsein trifft.

Das Verhältnis zwischen deinem Selbst und meinem Selbst verwandelt sich also faktisch in ein inneres Verhältnis zwischen meinem Selbst und meinem Ich. Das Drama zwischen den Menschen spielt sich zum großen Teil im Innern des einzelnen ab, im Widerstreit von Ich und Selbst. Das Ich ist der Repräsentant des Sozialen im Selbst.

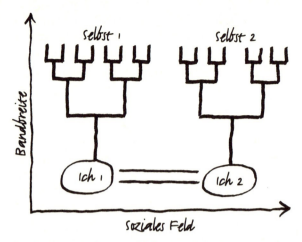

Sozialer Baum. Selbst 1 und Selbst 2 funktionieren mit sehr großer Bandbreite, müssen aber Verabredungen einhalten, die innerhalb sehr geringer Bandbreite von Ich 1 und Ich 2 getroffen werden.

Die Beziehung zwischen dem Selbst und dem Ich ist nicht leicht zu leben, obwohl es ein Hauptthema der Alltagserfahrung aller Menschen ist. Nicht nur professionelle Künstler wie Musiker und Theaterleute kennen das Problem; es ist vielmehr ein Grundthema in vielen Bereichen des Lebens.

Das Ich muß darauf vertrauen, daß das Selbst eine Aufgabe bewältigt. Schauen wir uns daraufhin einige typische Bereiche des modernen Lebens genauer an.

Die freie Wille ist vor allem ein Problem der Rechtsphilosophie. Besteht auch nur der geringste Zweifel daran, daß der Mensch einen freien Willen besitzt und frei über seine Handlungen gebietet, ist die Grundlage der Rechtsgesellschaft selbst in Frage gestellt. Denn wie kann man jemanden für etwas bestrafen, wenn er nicht selbst die Entscheidung zu der Tat getroffen hat? Ist nicht jede Vorstellung einer geregelten Gesellschaft hinfällig, wenn kein freier Wille mehr vorhanden ist?

Hier soll nun ganz und gar nicht behauptet werden, der freie Wille sei nicht vorhanden. Behauptet wird nur, daß er eher vom Selbst als vom Ich ausgeübt wird (in dem Sinne, daß das Selbst entscheidet, wer von beiden, das Ich oder das Selbst, das Steuer übernimmt). Das Ich aber geht soziale Verabredungen ein und kennt die Grenzen des sozial Akzeptablen. Es weiß, was verboten ist. Es hat aber nur sein ärmliches Veto vorzubringen.

Das Problem des Individuums besteht also darin, daß das Selbst handelt, während das Ich der Gesellschaft gegenüber verantwortlich ist. Es muß die Verantwortung übernehmen für etwas, das seiner Kontrolle nicht ganz untersteht. Das Gebot der Rechtsgesellschaft an den einzelnen ist deshalb, sich eine schwierige Lehre anzueignen: *Ich übernehme die Verantwortung für mich selbst.*

Die Psychotherapie ist ein wichtiges Element der modernen Gesellschaft geworden. Der einzelne Mensch hat mehr und mehr Mühe, die Kräfte zu regulieren, die in ihm wirksam sind. All der Haß und die Angst, die aus dem Unterbewußtsein aufsteigen können, sind schwer zu akzeptieren, ebenso viele Handlungsimpulse, die auftauchen, die Liebe, die man geben will, aber nicht los wird, weil andere sie nicht haben wollen, oder der Widerwille gegen Menschen in der eigenen Umgebung. Das Thema der Psychotherapie ist die Anerkennung des Selbst durch das Ich. Das Ich muß akzeptieren, daß das eigentliche Subjekt der Handlung nicht seiner Kontrolle untersteht, obwohl unsere gesamte Kultur das Gegenteil beschwört – wir müßten nur ein wenig fromm und diszipliniert sein. Die Botschaft der Psychotherapie an den einzelnen besteht in der Lehre: *Ich akzeptiere mich selbst.*

In den letzten Jahrzehnten sind spirituelle Schulen, die nicht zwangsläufig religiös oder therapeutisch sein müssen, immer stärker hervorgetreten. Gemeinsam ist ihnen das Streben, das menschliche und das eigene Wesen in seiner ganzen Kompliziertheit und in seinem ganzen Spektrum vom Geistigen bis zu stupidem tierischem Eigensinn zu erkennen. In gewissem Sinne läuft Spiritualität darauf hinaus, sich selbst und das eigene Leben ernst zu nehmen, indem man sich selbst und seine Möglichkeiten erkennt. Das ist nicht banal, denn in den meisten von uns verbergen sich allerlei unangenehme Überraschungen. Das Bezeichnende großer spiritueller Persönlichkeiten sind innere Transparenz, Selbsterkenntnis, Akzeptanz. Das höchste Ideal der Buddhisten ist das Ruhen in sich selbst. Die Herausforderung der Spiritualität besteht im Kern darin, die furchteinflößende innere Wahrheit zu erkennen: *Ich kenne mich selbst.*

Und das Problem der Zivilcourage, das in der modernen Kultur fast in Vergessenheit geraten ist, besteht im Selbstvertrauen: *Ich vertraue auf mich selbst.*

Rechtsphilosophie:	Ich übernehme die Verantwortung für mein Selbst.
Therapie:	Ich akzeptiere mein Selbst.
Soziale Beziehungen:	Ich akzeptiere dein Selbst.
Private Beziehungen:	Mein Selbst akzeptiert dein Selbst.
Spiritualität:	Ich kenne mein Selbst.
Zivilcourage:	Ich vertraue auf mein Selbst.

Die Beziehung zwischen Ich und Selbst macht sich auch in Bereichen geltend, in denen sie weniger deutlich hervortritt, zum Beispiel bei ärztlicher Behandlung.

Es ist eine allgemeine Erfahrung der medizinischen Praxis, daß die meisten Medikamente nicht besonders gut gegen Krankheiten wirken. Die Ärzte sagen dies aber selten laut. Der therapeutische Wert vieler Medikamente ist zweifelhaft; die großen Infektionskrankheiten sind nicht durch Medikamente ausgerottet worden, sondern durch verbesserte Hygiene und Lebensumstände. Gesündere Ernährung, Wohn- und sanitäre Verhältnisse haben Krankheiten wie die Tuberkulose aus unserem Leben verbannt.[22]

Das bedeutet natürlich nicht, daß die Behandlung durch einen Arzt keine Wirkung hätte, es bedeutet nur, daß die Wirkung nicht unbedingt vom Medikament ausgeht. Das weitaus effektivste aller bekannten Arzneimittel heißt *Placebo*. Der Name kommt aus dem Lateinischen und bedeutet «Ich werde gefallen». Auf etwaige medizinische Wirkstoffe und auf die äußere Form, seien es Kalktabletten, sei es Wasser aus der Pumpe oder was auch immer, kommt es dabei kaum an. Was am Placebo wirkt, ist der Glaube des Patienten an die Wirkung.

Menschlicher Kontakt: Arzt–Patient 391

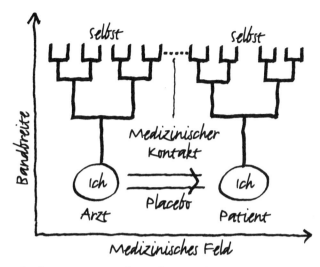

Placebo-Baum. Der medizinische Kontakt zwischen Arzt und Patient (große Bandbreite) gewährleistet, daß das Selbst des Patienten Vertrauen in seine Selbstheilungskräfte entwickelt. Dem Ich des Patienten werden ein Placebo und ein wenig Medizinerlatein verabreicht, und das Selbst erhält Gelegenheit, sich in Ruhe selber zu kurieren.

Der gute Arzt und Krankenpfleger kennt den Wert des menschlichen medizinischen Kontakts. Das Verständnis und Mitgefühl, das der Arzt oder die Krankenschwester dem Patienten entgegenbringt, kann in diesem das Vertrauen erzeugen, daß er von der Krankheit genesen wird. Weniger entscheidend ist dabei, welche Medikamente eingesetzt werden, obwohl es dem Patienten zumeist wichtig ist, daß er sie verabreicht bekommt.

Wenn ein solches Placebo benutzt wird, kann es geschehen, daß das Ich wieder Vertrauen in die Fähigkeit des Selbst findet, sich selbst zu heilen. Krankheit hat oft mit Krisen zu tun, in denen der Glaube an die eigenen Fähigkeiten verlorengeht. Überforderung, Enttäuschungen und Unwohlsein führen dazu, daß der Körper pausieren will und man sich mit einer Erkältung ins Bett legt. Der kritische Ausgangspunkt ist, daß man nicht daran glaubt, «man» werde die Situation in den Griff bekommen und wieder gesund werden. Das Ich will das Selbst nicht bestimmen lassen und der Lust folgen, sich ins Bett zu legen, Gummibärchen zu essen, schlechte Radiosendungen zu hören und Zeitschriften zu lesen. Das Ich glaubt nicht an die Selbstheilungskräfte des Selbst. Deshalb besteht die Beziehung zwischen Behandelndem und Patient in Wahrheit und vielleicht in erster Linie auch in der Beziehung zwischen dem Ich und dem Selbst des Erkrankten.

Entsprechendes gilt für das Horoskop. Die wissenschaftliche Wochenzeitschrift *New Scientist* veröffentlichte im Januar 1991 einen Artikel darüber, warum Horoskope in der modernen Welt so unsäglich populär sind: «Der plausiblere Grund für die Beliebtheit graphologischer und astrologischer Deutungen und dergleichen liegt paradoxerweise darin, daß sie wahr sind», schreibt der Psychologe Adrian Furnham.[23]

Horoskope enthalten eine Menge allgemeiner und überwiegend positiver Aussagen. In den fünfziger Jahren unterzog der amerikanische Psychologe Ross Stagner eine Gruppe von 68 Personalchefs einem Persönlichkeitstest. Aber statt einer individuellen Auswertung erhielten sie alle, ohne es zu wissen, die gleiche Liste mit einer Reihe von Aussagen, die Horoskopen entnommen waren. Sie sollten dann dazu Stellung nehmen, wie präzise die Beschreibung ihrer Person war, die sie bekommen hatten. Es herrschte große Zufriedenheit. Viele fanden sich gut getroffen durch eine Aussage wie: «Obwohl es in deiner Persönlichkeit einige Schwächen gibt, bist du im großen und ganzen in der Lage, sie zu kompensieren.»

Und wer würde das nicht als treffend empfinden? Es ist nicht sehr schwierig, generelle, überwiegend positive Charakterisierungen zu formulieren, denen die meisten von uns zustimmen würden. Wahrscheinlich würden wir sogar das Gefühl haben, unsere Geheimnisse seien aufgedeckt worden. Der deutsche Psychologe Kreuger führte ein graphologisches Experiment mit einigen Studenten durch, die gebeten wurden, eine Auswertung zu beurteilen, die auf einer Analyse ihrer Handschrift beruhte. Sie waren allesamt begeistert, wie präzise ihr individuelles Psychogramm war, hatten aber alle ein und dieselbe Auswertung bekommen, die jedem von ihnen sagte, er sei im Grunde und im Innersten schwach und unsicher, verstehe es aber, äußerlich stark und froh zu erscheinen. Außer dem Eindruck, daß die Beschreibung zutrifft, entsteht das Gefühl, ein Geheimnis sei offengelegt worden. Und das ist eine Erleichterung.

Horoskope sagen dem verzweifelten Ich, verwirrt angesichts der vielfältigen, komplexen und gegenläufigen Initiativen des Selbst, daß man innerlich so und nicht anders beschaffen sei. Und das ist wohltuend. Man braucht dann nicht soviel Angst vor sich selbst zu haben.

Aus dieser Sicht spielen Horoskope eine wichtige Rolle in der modernen Kultur. Sie flößen dem Ich Vertrauen in das Selbst ein. Daß es nicht den geringsten Grund gibt, sich auf Horoskope als Basis für ein solches Vertrauen zu stützen, tut wenig zur Sache, wenn es andere Gründe dafür gibt. Denn das große psychologische Problem der modernen Kultur liegt darin, daß der Mensch die Existenz eines Selbst jenseits des Ich nicht akzeptieren will.

Das Problem des Ich aber ist, daß es keine andere Möglichkeit hat, als das Selbst zu akzeptieren. Wir sind die, die wir sind – und davor können wir nicht weglaufen. Aber wir können natürlich eine Menge Verabredungen mit uns selbst und anderen treffen, die uns daran hindern, das Selbst zu respektieren.

Wie das Hauptproblem der Rechtsphilosophie darin besteht, daß das Ich die Verantwortung für das Selbst zu tragen hat, so könnte man das Hauptproblem des Existentialismus so «übersetzen», daß sich das Ich für das Selbst entscheiden muß.

Obwohl keine andere Möglichkeit besteht, als daß wir uns für uns selbst entscheiden – obwohl also das Ich keine Alternative dazu hat, sich für das Selbst zu entscheiden –, fällt diese Entscheidung nicht leicht. Denn das Selbst ist all das, was das Ich nicht akzeptieren kann: Es ist nicht voraussagbar, unordentlich, lustig, schnell und mächtig.

Søren Kierkegaard sprach von drei Stadien auf dem Lebensweg, drei möglichen existentiellen Entscheidungen, die manchmal, aber nicht immer, aufeinander folgen. Das erste Stadium ist das des Ästhetikers, der das Leben in einem Rausch der Sinneseindrücke geschehen läßt. Es ist in gewissem Sinne das freie, unbekümmerte Selbst, das sich rücksichtslos auslebt. Das zweite Stadium ist das des Ethikers, der fleißig und friedlich seiner Arbeit nachgeht, Verantwortung trägt, für die Familie sorgt und alle Verabredungen einhält. Es ist in gewissem Sinne das reine Ich. Das dritte Stadium ist bei Kierkegaard das religiöse, in dem sich die beiden ersten in Demut vor Gott vereinigen.

Bei Kierkegaards Nachfolgern tauchen diese Themen vielfach wieder auf. Jean-Paul Sartre betont die Entscheidung und die Wichtigkeit, sich selbst von innen zu sehen. Heidegger spricht von der Angst, daß die Welt frei gedeutet, jedoch nur durch Deutung erfahren werden kann: die Unruhe des Ich angesichts der Tatsache, daß es nicht das Selbst ist.

Die Existenzphilosophie ist ein großartiger Versuch, dieses Grundproblem, die Anerkennung des Selbst durch das Ich, zur Sprache zu bringen. Der eigentliche existentielle Ernst hängt nicht davon ab, wofür man sich entscheidet, sondern daß man sich entscheidet. Nicht der Reflexion des Ich, welche Möglichkeit die richtige ist, kommt die zentrale Bedeutung zu; diese liegt vielmehr darin, daß sich das Ich für eine Möglichkeit zu entscheiden wagt und zu ihr als seiner eigenen steht (obwohl sie es nicht ist).

Die Angst, der Ekel, die Entfremdung, die Unbehaustheit, all die existentialistischen Erfahrungen des Unbehagens lassen sich als fehlender Kontakt des Ich zum Selbst deuten.

Kierkegaard drückt dies besonders dialektisch aus, wenn er von der Angst als einer Mischung von Anziehung und Abschreckung spricht: «Angst ist eine sympathetische Antipathie und eine antipathetische Sympathie.»[24] Er führt unter anderem als Beispiel eine Wanderung an den hohen Steilufern der nördlichen Küste Seelands an. Man mag befürchten, über einen Stein zu stolpern und abzustürzen, die Angst aber gilt der plötzlichen Regung zu springen.

Das sind die Einfälle, auf die das Selbst kommt.

In seinem Werk *Die Krankheit zum Tode* beschreibt Kierkegaard das Gefühl der Verzweiflung in seinen drei Varianten, die alle mit der Situation des Selbst zu tun haben, wobei das Selbst der Geist oder das Bewußtsein, die Art des Verhaltens zu sich selbst ist: «Verzweiflung ist eine Krankheit im Geist, im Selbst, und kann somit ein Dreifaches sein: verzweifelt sich nicht bewußt sein ein Selbst zu haben...; verzweifelt nicht man selbst sein wollen; verzweifelt man selbst sein wollen.»[25]

Es mag sinnvoll sein, diese Dreiteilung in die Terminologie der Ich/Selbst-Unterscheidung zu übersetzen, obwohl eine solche Übertragung natürlich Kierkegaards Beschreibung auf einen Aspekt reduziert:

Die erste Form der Verzweiflung betrifft die Tatsache, daß keine Beziehung zwischen Ich und Selbst besteht: Das Ich ist nicht verankert.

Die zweite Form der Verzweiflung betrifft ein Ich, das das Selbst nicht akzeptiert, dessen Ich es ist. Das Ich stemmt sich dagegen, verliert aber unausweichlich und muß verzweifeln. «Ich will nicht ich selbst sein.»

Die dritte Form der Verzweiflung betrifft ein Ich, das gern das Selbst sein will, jedoch nicht fähig ist, loszulassen, sich hinzugeben und das Selbst zu akzeptieren, trotz aller guten Absichten. «Ich will gern ich selbst sein. Aber ich wage es nicht.»

Das Selbst ist natürlich nicht nur für wundervolle Tanzschritte und geniale Pässe beim Fußball zuständig. Es hat auch, wie nicht zuletzt die Psychoanalyse gezeigt hat, zahlreiche negative Züge. Andererseits repräsentiert das Ich nicht nur Vetos und Kontrolle, sondern auch die Fähigkeit zu kommunizieren, Gedanken ein Leben lang festzuhalten und zwischen Freunden auszutauschen. Die beiden Seiten des Menschen sind gewiß reicher an Gutem wie an Schlechtem, als aus obiger «phänomenologischer» Analyse hervorgeht.

Ehe wir uns aber auf eine nähere Untersuchung der Größen des Ich und des Selbst einlassen, ist darauf hinzuweisen, daß zumindest ein Problem gelöst ist: Boltzmanns Frage, wer Maxwells Gleichungen geschrieben habe.

Als James Clerk Maxwell krebskrank auf dem Sterbebett lag und nichts mehr tun konnte, sagte er zu seinem Freund, Professor Hort: «Was von dem sogenannten ‹Ich› vollbracht wird, vollbringt, das spüre ich, in Wirklichkeit etwas, das größer ist als das ‹Ich› in mir selbst.»

Obwohl nicht so gemeint, war dies die Antwort an den Physikerkollegen Ludwig Boltzmann, der ehrfürchtig nach dem Ursprung der wunderbaren Maxwellschen Gleichungen gefragt hatte.

Boltzmann: «War es ein Gott, der diese Zeichen schrieb?»
Maxwell: «Nein, mein Selbst!»
Something greater than myself in me.

Kapitel 11
Die Benutzerillusion

Zweitausend Jahre westlichen Denkens stehen hinter der Anschauung, daß unsere Handlungen das Produkt eines einheitlichen Bewußtseinssystems sind», schreibt der Gehirnforscher Michael Gazzaniga von der Cornell University. «Dies ist eine sehr wichtige Voraussetzung, auf der viele wissenschaftliche Überzeugungen basieren. Die Einheit des Bewußtseins plausibel in Frage zu stellen erfordert viel Zeit, Mühe und ein ungeheures Maß an stützenden Untersuchungen.»[1]

Michael Gazzaniga und seine Kollegen haben sogenannte Split-brain-Patienten untersucht – Menschen, bei denen der Balken, die Verbindung zwischen den beiden Gehirnhälften, durchtrennt worden war – und sind zu Beobachtungen gelangt, die jeden überraschen müssen, der glaubt, das Bewußtsein sei ein einheitliches Phänomen.

Besonders spektakulär ist eine Reihe von Untersuchungen an einem Patienten namens P. S., einem sechzehnjährigen Jungen, der an schwerer Epilepsie litt. Da die Behandlung mit Medikamenten keine Wirkung zeigte, entschlossen sich amerikanische Neurologen im Januar 1975 zu einer Split-brain-Operation. Solche Eingriffe werden vorgenommen, seit man im Jahre 1940 erkannt hatte, daß sich epileptische Anfälle von einer Gehirnhälfte auf die andere ausbreiten können. So drastisch der Eingriff ist, er führt doch zu erheblich verbesserter Lebensqualität. Die Nebenwirkungen sind erstaunlich gering, jedoch von großem theoretischem Interesse.

Bei allen Menschen findet eine gewisse Arbeitsteilung zwischen den beiden Gehirnhälften statt. Der amerikanische Neurobiologe Roger Sperry entdeckte in den sechziger Jahren, daß die beiden Gehirnhälften auf sehr verschiedene Tätigkeiten spezialisiert sind. Die linke ist sprachlich, analytisch und rational (manche würden sagen maskulin), die rechte eher räumlich, ganzheitsorientiert und intuitiv (andere würden sagen feminin). Diese Zweiteilung des Gehirns wurde schnell zum Gegenstand zahlreicher Mythen einer «westlichen» und einer «östlichen» Gehirnhälfte, die einen Keim von Wahrheit enthalten, obwohl das Bild nicht so schwarzweiß ist, wie sie glauben machen wollen.[2] Die Gehirnforscher Niels A. Lassen und David Ingvar aus Kopenhagen beziehungsweise Lund haben zum Beispiel durch Messungen der Durchblutung der beiden Großhirnhemisphären zeigen können, daß die Sprache nicht nur in der linken Gehirnhälfte lokalisiert ist. Die rechte steuert die Betonungen, Rhythmen und nonverbalen Aspekte der Sprache, ihre Melodie oder Prosodie bei. Sprechakte entstehen also aus der Zusammenarbeit zwischen rechts und links, doch bleibt im Prinzip gültig, daß die linke Hemisphäre die sprachliche ist (bei rechtshändigen Personen; bei Linkshändern ist es komplizierter).

Wenn bei einem Patienten die Verbindung zwischen den beiden Gehirnhälften durchtrennt wird, verliert eine von ihnen die Verbindung zur Sprache. Das Phänomen läßt sich praktisch studieren, indem man einem solchen Patienten zwei verschiedene Bilder in den beiden Segmenten des Gesichtsfeldes zeigt. Die Sehbahn ist so eingerichtet, daß der rechte Teil des Gesichtsfeldes beider Augen von der linken Hemisphäre bearbeitet wird und umgekehrt. Jede Gehirnhälfte bearbeitet also ihren Teil des Gesichtsfeldes (während jedes Auge beide Teile sieht).

Zeigt man einem Patienten das Bild eines Gesichts, das sich aus zwei verschiedenen Gesichtern zusammensetzt – rechts aus dem eines Jungen und links aus dem einer Frau –, erhält man zwei verschiedene Antworten, je nachdem, welche Hirnhemisphäre man befragt. Fragt man verbal, wendet man sich an die linke Hemisphäre, die die rechte Bildhälfte sieht, und man erhält zur Antwort, es sei ein Junge. Fragt man nonverbal, indem man den Patienten auffordert, auf eines von vier Bildern zu zeigen (von denen zwei nichts mit der Aufgabe zu tun haben), dann wendet man sich an die rechte Hemisphäre, und der Patient zeigt auf das Bild der Frau.

Es handelt sich um zwei vollgültige, sinnvolle und vernünftige

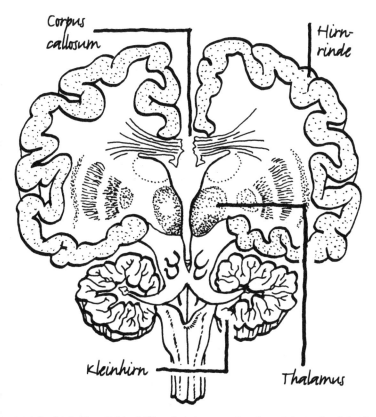

Ansicht der beiden Gehirnhälften bei einem senkrechten Schnitt durch beide Ohren. Die beiden Hälften sind durch den Balken (Corpus callosum) verbunden, der bei Split-brain-Patienten durchtrennt ist.

Antworten, doch der Patient weiß nicht, daß sie verschieden sind. Die beiden Gehirnhälften sind unabhängig voneinander, weil die Verbindung durchtrennt ist.

P. S. war jedoch ein besonderer Fall. Der Sechzehnjährige war der erste der untersuchten Patienten, dessen rechte Hirnhemisphäre eindeutig sprachliche Fähigkeiten aufwies. Seine rechte Gehirnhälfte verfügte nicht nur über die Fähigkeit, der Sprache Melodie zu verleihen, sondern war zu echtem sprachlichem Ausdruck in der Lage. Sie konnte zwar nicht sprechen, aber sie konnte sich mit Buchstabenklötzchen ausdrücken. Die Ursache dieser Fähigkeit ist vermutlich darin zu sehen, daß P. S.s linke Gehirnhälfte schon lange vor der Operation eine Läsion erlitten hatte, so daß auch in der rechten Sprachfunktionen ausgebildet waren.

Die rechte und die linke Hemisphäre waren sich bei P. S. nicht immer einig. Mit der linken teilte P. S. zum Beispiel auf die Frage nach seinem Berufswunsch verbal mit, er würde gern technischer Zeichner werden, während er mit der rechten die Meldung «Rennfahrer» zusammenbuchstabierte.

Solche bemerkenswerten Gegensätze haben einige Pioniere der Hemisphären-Forschung zu der Auffassung veranlaßt, der Mensch könne zwei «Bewußtseine» haben – vorausgesetzt, die Verbindung zwischen den beiden Gehirnhälften sei durchtrennt. Die beiden «Bewußtseine» können über Wörter (Namen, Begriffe) uneinig sein, und das Ausmaß dieser Divergenz kann von Test zu Test variieren. P. S. war an Tagen, an denen sich die beiden Hälften einig waren, am besten gelaunt.

Das eigentlich überraschende Ergebnis der Untersuchung von P. S. war jedoch nicht die sprachliche Ausdrucksfähigkeit der rechten Gehirnhälfte. Deren Ursache lag ja in der bei Split-brain-Patienten üblichen Dominanz der linken Hemisphäre.

«Es ist schwer zu beschreiben, wie eindrucksvoll es ist, solche Phänomene mit eigenen Augen zu beobachten», schreibt Michael Gazzaniga über eine Antwort von P. S. während eines Versuchs, der seitdem, auch mit anderen Patienten, hundertfach wiederholt worden ist.

Chimärenbilder: Eine Split-brain-Patientin sieht ein Gesicht, das sich aus zwei halben Gesichtern zusammensetzt: links eine erwachsene Frau, rechts ein Junge (A). Die linke Gehirnhälfte der Patientin, die den rechten Bildteil sieht, sagt, es sei ein Kind (B). Die rechte Gehirnhälfte, die nicht sprechen kann, zeigt auf ein Bild der Frau (C) (nach Bloom und Lazerson).

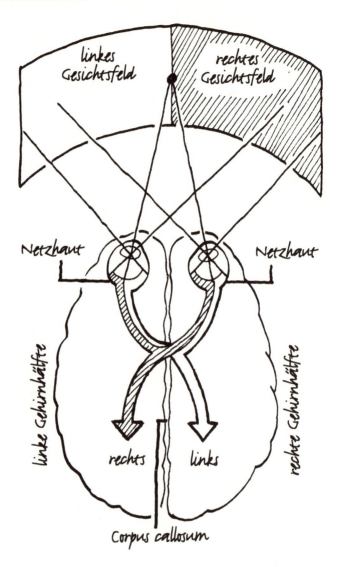

Sehnervenkreuzung (Chiasma opticum): Die linke Hälfte des Objekts wird von der rechten Hälfte der beiden Netzhäute erfaßt. Die Information der linken Netzhauthälfte der Augen wird in der rechten Gehirnhälfte, die rechten Segmente des Objekts in der linken Gehirnhälfte verarbeitet.

P. S. wurden die üblichen zusammengesetzten Bilder präsentiert, die im rechten und im linken Gesichtsfeld verschiedene Dinge zeigen. Gleichzeitig gab man ihm einige Karten, auf denen andere Objekte abgebildet waren. Er sollte die Karten auswählen, die in einem thematischen Zusammenhang mit dem standen, was er sah.

Die rechte Gehirnhälfte sah eine Schneelandschaft, die linke die Klaue eines Huhns. Die linke Hand (die der rechten Hemisphäre entspricht) zeigte auf eine Schaufel, die rechte auf den Kopf eines Huhns. Das war zu erwarten, denn die rechte Hand wird von der Gehirnhälfte gelenkt, die den Körperteil eines Huhns sieht, die linke hingegen von der, die Schnee wahrnimmt, der ja mit Hilfe von Schaufeln entfernt wird.

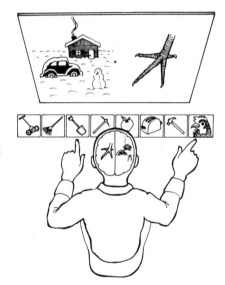

Ein Split-brain-Patient sieht zwei verschiedene Bilder, mit jeder Gehirnhälfte eines. Er hat die Aufgabe, auf korrespondierende Bilder darunter zu zeigen, doch weiß die eine Hand nicht, was die andere tut. Das führte zu einer mündlichen Erklärung, die den Wissenschaftlern die Sprache verschlug (nach Gazzaniga und LeDoux).

Dann aber geschah etwas, das Gazzaniga die Sprache verschlug. Er berichtet: «Nach dieser Antwort fragte ich ihn: ‹Paul, warum hast du das getan?› Paul blickte auf und sagte, ohne auch nur einen

Augenblick zu zögern, von seiner linken Hemisphäre aus: ‹Oh, das ist einfach. Die Hühnerklaue gehört zum Huhn, und man braucht eine Schaufel, um den Hühnerstall auszumisten.›»[3]

Die linke Gehirnhälfte hat von Schnee nichts gesehen oder gehört, sie weiß nur von Hühnern, aber sie registriert, daß die linke Hand (die der rechten Hemisphäre entspricht) auf die Schaufel zeigt; also liefert sie bereitwillig und ohne Zögern eine Erklärung dafür, was die linke Hand tut. Die eine Hand weiß nicht, was die andere tut, aber das Gehirn hat sofort eine Erklärung parat.

Gazzaniga schreibt: «Die linke Hemisphäre wußte wegen der fehlenden Verbindung zwischen den beiden Gehirnhälften nicht, was die rechte Hemisphäre gesehen hat. Doch der Körper des Patienten tat selbständig etwas. Warum tat er das? Warum deutete die linke Hand auf die Schaufel? Das kognitive System der linken Gehirnhälfte benötigte eine Theorie und lieferte auch sogleich eine, die sie unter Berücksichtigung der Information, über die sie... verfügte, geben konnte.»[4]

Das Verblüffende an dieser klinischen Beobachtung ist, daß P. S. bei seiner Antwort weder zögerte noch Unsicherheit zeigte. Seine linke Hemisphäre erfand bereitwillig und ohne den geringsten Vorbehalt eine kleine Lügengeschichte, die P. S.s Handlungen eine Rationalität verlieh, die in Wahrheit nicht gegeben war.

P. S. konnte nicht ahnen, was Gazzaniga und seine Kollegen von ihm wußten. Seine sprechfähige linke Gehirnhälfte hatte keine Ahnung, was seine rechte Hemisphäre gesehen hatte – oder daß die Versuchsleiter es bemerkt hatten. Sie erfand eine Notlüge, anstatt zuzugeben, daß sie nicht wußte, warum P. S. so und nicht anders gehandelt hatte.

Die Versuche mit P. S. wurden von Michael Gazzaniga zusammen mit Joseph LeDoux durchgeführt und beschrieben. Letzterer stellt in seinem Artikel «Brain, mind and language» die Frage: «Was geschieht, wenn Verhalten von Systemen hervorgebracht wird, die nichtbewußt arbeiten? Mit anderen Worten, wie reagiert die bewußte Person auf Verhaltensweisen nichtbewußten Ursprungs? Es zeigt sich, daß sich Split-brain-Patienten ideal für die Untersuchung dieser Frage eignen.»[5]

LeDoux' Antwort beruht auf den Erfahrungen mit P. S., der Schneeschaufel und der Hühnerklaue: «Die sprechfähige linke Gehirnhälfte... sah das reagierende Verhalten des Körpers und baute es sofort in ihre Sicht der Situation ein. Diese Beobachtungen sind natürlich nur insofern relevant, als gezeigt werden kann, daß in unserem täglichen Leben das bewußte Ich mit Verhaltensweisen konfrontiert wird, die von nichtbewußten Systemen hervorgerufen werden. Wie wir gesehen haben, ist dies eine sinnvolle Annahme, wenn nicht ein nachweisbares Faktum», schrieb LeDoux 1985.[6]

Inzwischen aber, da die Konsequenzen der Untersuchungen Benjamin Libets immer deutlicher zutage treten, kann es als erwiesen gelten, daß selbst die banalsten und trivialsten Handlungen wie das Krümmen eines Fingers das Ergebnis nichtbewußter Prozesse sind, die das Bewußtsein zu initiieren vermeint.

Aufgrund der Erfahrungen mit P. S. und anderen ähnlichen Patienten ist daher die Frage zu stellen, in welchem Ausmaß unsere täglichen Handlungen nachträglich im Bewußtsein mit irreführenden Rationalisierungen erklärt werden. Wie oft belügen wir uns selbst hinsichtlich des Motivs einer Handlung, die wir begonnen haben?

Der Anthropologe Edward T. Hall hat, wie in Kapitel 6 zitiert, schon in den fünfziger Jahren darauf aufmerksam gemacht, daß andere oft mehr darüber wissen, was sich in unserem Innern abspielt, als wir selbst.

Wie oft sind auch wir gesunden Menschen in der Situation von Split-brain-Patienten, deren stummer rechter Hemisphäre die Anweisung «Geh!» gegeben wird und die sofort aufstehen und den Versuchsraum verlassen. Auf die Frage, wohin sie gehen, antwortet ihre linke Gehirnhälfte zum Beispiel: «Ich gehe nach Hause, um mir eine Cola zu holen.»[7]

LeDoux macht darauf aufmerksam, daß wir solche Erklärungen oft dann vornehmen, wenn wir uns unseres Tuns nicht bewußt gewesen sind. Wird einem zum Beispiel nach einer Autofahrt klar, daß man den Wagen gesteuert hat und eine bestimmte Route gefahren ist, ohne sich dessen bewußt gewesen zu sein (ein geläufiges Erlebnis routinierter Autofahrer), kommt man mit langatmigen und vagen Erklärungen etwa des Inhalts, daß es immer geradeaus gegangen sei oder man den Weg im Schlaf kenne.

«Solche Gedanken entstehen aus der Konfrontation des bewußten Selbst [Ich] mit der Tatsache, daß zielgerichtete Tätigkeiten ohne seine Zustimmung oder Mitwirkung ausgeführt worden sind. Das bewußte Selbst [Ich] versucht, eine Geschichte zu erdichten, mit der es leben kann», schreibt LeDoux und fährt fort: «All die Information, die unser Verstand verarbeitet, oder die Ursachen des Verhaltens, das wir an den Tag legen, oder den Ursprung der Gefühle, die wir erleben, nehmen wir keineswegs vollständig mit bewußter Aufmerksamkeit wahr. Das bewußte Selbst [Ich] benutzt sie jedoch als Anhaltspunkte, um eine kohärente Geschichte, unsere persönliche Geschichte, unsere subjektive Auffassung von uns selbst, zu konstruieren und aufrechtzuerhalten.»[8]

Für LeDoux ergibt sich daraus der Schluß, es sei eine primäre Funktion des Bewußtseins, solche Geschichten über das Ich und seine Welt zu erdichten.[9]

Die Untersuchung von Split-brain-Patienten lehrt, daß das bewußte Ich das Blaue vom Himmel herunterlügt, um ein zusammenhängendes Bild von etwas herzustellen, das es gar nicht versteht. Wir konstruieren uns den Zusammenhang und die Konsistenz, die wir in unserem Verhalten erleben. Dabei belügen wir weniger andere als uns selbst, und es sind keine Lügen im üblichen Sinne, bei denen man weiß, daß man einen anderen täuscht. Es sind Lügen in dem für das Bewußtsein typischen Sinne, daß wir nicht andere täuschen, sondern uns selbst.

«Die subjektive Einheit von Selbstgefühl, Denken und persönlichem Erleben ist eine Illusion, hervorgerufen durch die begrenzte Kapazität der Selbstbewußtseinssysteme»[10], so fassen die Psychologen David O. Oakley und Lesley Eames die Ergebnisse von Untersuchungen zusammen, bei denen es unter anderem um die Funktionsweise der beiden Gehirnhälften und um Hypnose und Hysterie (unterdrückte oder übersteigerte Erlebnisse von Sinneseindrücken) ging. Das Bewußtsein hat nicht die Kapazität, all die Aktivitäten zu vermitteln, die dem bewußten Erleben zugrunde liegen. Deshalb bleibt uns die mentale Vielfalt verborgen, und wir erleben eine Einheit, die nicht sehr deckend ist. «Unser einheitliches Bild unserer eigenen Bewußtseinsprozesse», schreiben Oakley und Eames, «resultiert aus den Begrenzungen, die daraus folgen, daß wir sie durch das schmale Fenster des Selbstbewußtseins [Ich] sehen.»[11]

Der *verborgene Beobachter* wurde 1973 entdeckt, angeblich durch einen Zufall. Bei der Demonstration eines Beispiels hypnotisch erzeugter Taubheit vor einer Gruppe von Studenten war einer Versuchsperson gesagt worden, sie werde taub sein, wenn man bis drei gezählt habe, und das Gehör werde sich wieder einstellen, sobald die Hypnose vorüber sei. Die Hypnose wirkte, und die Versuchsperson zeigte keinerlei Reaktion auf Fragen oder unerwartete Geräusche oder Lärm hinter ihrem Rücken.

Solche Demonstrationen sind Routineangelegenheiten, denn obwohl Hypnose vielen Menschen obskur erscheint, handelt es sich um ein natürliches und wohluntersuchtes Phänomen des menschlichen Seelenlebens, das zum Beispiel bei der Entwicklung der Psychoanalyse eine wichtige Rolle gespielt hat.

Als aber der Hypnoseforscher Ernest Hilgard diese Demonstration vornahm, stellte ein Student die Frage, ob es möglich sei, daß «ein Teil» der Versuchsperson trotz der Hypnose von dem Geschehen wisse.

Ernest Hilgard erklärte dem Hypnotisierten daraufhin, ein Teil seiner Person wisse anderes und mehr als der Teil, mit dem er spreche. Im Protokoll eines späteren Versuchs, der den ursprünglichen bestätigen sollte, wird nun folgende Erklärung gegeben:

«Ich will dir jetzt etwas Interessantes über deine Psyche [mind] sagen. Wenn du wie jetzt unter Hypnose stehst, kannst du viele Erfahrungen machen, bei denen dir die Dinge anders als in der gewohnten Wirklichkeit erscheinen. Es ist möglich, daß du Dinge, die vorhanden sind, nicht riechen oder sehen kannst; andererseits kannst du dir Dinge vorstellen, die in Wirklichkeit nicht vorhanden sind; du kannst eine ganze Reihe von Erfahrungen machen, die anders sind als in der gewohnten Wirklichkeit. Aber während du diese Erlebnisse hast und dir der gewohnten Wirklichkeit nicht bewußt bist, weiß ein verborgener Teil in dir, was wirklich vorgeht. Dies ist ein Teil deiner Psyche, ein besonderer Teil. Obwohl du dir während der Hypnose nicht bewußt bist, was vorgeht, weiß es dein Körper, weiß es dieser verborgene Teil in dir. Es gibt viele Regulatoren körperlicher Funktionen, die genau auf diese Weise arbeiten. Du brauchst nicht zu wissen, daß du atmest, und die Atmung funktioniert trotzdem. Genauso gibt es einen Teil in dir, der weiß, was vorgeht. Es ist nun möglich, mit diesem Teil während der Hypnose in Verbindung zu treten. Du wirst feststellen, daß ich, wenn ich mit diesem verborgenen Teil von dir sprechen will, meine Hand auf deine Schulter lege, so. Wenn ich meine Hand auf deine Schulter lege, stehe ich in Kommunikation mit diesem verborgenen Teil. Wir können miteinander sprechen. Der hypnotisierte Teil von dir, der Teil, den ich jetzt anspreche, wird jedoch nicht wissen, daß wir miteinander reden.»[12]

Während der Demonstration vor den Studenten forderte Hilgard nun die Versuchsperson auf, den Zeigefinger der rechten Hand zu heben, wenn ein Teil von ihr hörte, was um sie herum geschah. Zu seiner Verblüffung hob der Student daraufhin den Zeigefinger und gab anschließend zu erkennen, daß er aus der Hypnose geweckt werden wollte. Er hatte soeben gefühlt, wie sich sein Finger aus eigenem Antrieb bewegte, und wollte eine Erklärung dafür haben![13]

Seitdem ist die Existenz eines verborgenen Beobachters auch bei Hypnoseversuchen nachgewiesen worden, bei denen man die Versuchsperson einem Schmerzreiz aussetzt, der nicht erlebt wird (wohl aber von einem verborgenen Beobachter im Innern der Person, der den Schmerz toleriert, aber eben doch spürt). Das gleiche gilt für Patienten, die unter Narkose stehen.

Der Psychologe John Kihlstrom kommentiert das Phänomen: «Der verborgene Beobachter ist eine Metapher für die nichtbewußten mentalen Repräsentationen des Reiz-Input und die Mittel, durch die man Zugang zu ihnen erhalten kann. Der Erfolg der

Technik verweist darauf, daß Personen unter Narkose ohne Bewußtsein von Stimuli sein können, die ihr kognitives System durchaus verarbeitet hat.»[14]

Dieses Phänomen verweist darauf, wie wenig wir über das Bewußtsein wissen. Sogar unter Betäubung kann man den Schmerz wahrnehmen und so verarbeiten, daß er von dem verborgenen Beobachter erlebt wird, obwohl «man» ihn nicht erlebt.

1991 gingen zwei Forscher aus ganz anderen Fachrichtungen, der Zahnarzt John Kulli und der Gehirnforscher Christof Koch, der Frage nach, ob Narkose den Verlust von Bewußtsein verursache. Ihr Artikel beginnt mit folgender Bemerkung: «Obwohl allein in den USA jährlich etwa 30 Millionen Operationen routinemäßig unter Narkose vorgenommen werden, ist es nicht möglich, zuverlässig festzustellen, ob ein anästhesierter Patient während der Operation bewußt ist. Manche Patienten könnten somit während der Operation teilweise bewußt oder in der Lage sein, sich später an Vorgänge während der Operation zu erinnern.»[15]

Kulli und Koch zitieren einige Schreckensbeispiele, die zeigen, daß Patienten nicht immer in dem Zustand sind, den die Anästhesie herstellen soll: «Das Gefühl der Hilflosigkeit war entsetzlich. Ich versuchte, dem Personal mitzuteilen, daß ich bei Bewußtsein war, aber ich konnte weder einen Finger noch ein Augenlid bewegen. Ich fühlte mich wie in einen Schraubstock eingespannt, und mir wurde mehr und mehr klar, daß ich mich in einer ausweglosen Situation befand. Ich hatte das Gefühl, ich könnte nicht mehr atmen, und machte mich bereit zu sterben.»[16]

Der Patient überlebte – sonst hätten wir nichts von der Geschichte gehört. Sie zeigt aber, daß man über das Phänomen Bewußtsein nur sehr wenig weiß. Natürlich können wir Bewußtsein nicht schon aufgrund der Tatsache definieren, daß wir wissen, was Narkose ist. Aus dem Umstand, daß eine Ratte nicht betäubt ist, kann man nicht schließen, daß sie Bewußtsein im menschlichen Sinne hat. Auffallend ist aber, wie viele Operationen ausgeführt werden, ohne daß sich eindeutig feststellen läßt, ob der Patient bei Bewußtsein ist oder nicht.

Bewußtsein ist ein seltsames Phänomen. Es zeigt Merkmale der Täuschung und Selbsttäuschung; etwas, von dem angenommen wurde, es sei durch Narkose ausgelöscht, kann bewußt sein; das bewußte Ich konstruiert gern rationale Erklärungen für Dinge, die der Körper tut; das Erlebnis von Sinnesreizen ist das Ergebnis eines ausgeklügelten zeitlichen Rückbezugs; glaubt das Bewußtsein sich für eine Handlung zu entscheiden, hat das Gehirn den Prozeß bereits in Gang gesetzt; im Gehirn gibt es offenbar mehr als nur ein Angebot für das Bewußtsein; Bewußtsein enthält fast keine Information, wird aber so erlebt, als sei es äußerst reich an Information. Das Bewußtsein ist etwas Seltsames.

Benjamin Libets Untersuchungen haben uns jedoch mit einer halben Sekunde Zeit ausgestattet, um all diese Seltsamkeiten hervorzubringen. Wenn wir von Libets Entdeckung des zeitlichen Rückbezugs des Bewußtseins ausgehen, zeichnet sich folgendes Bild ab:

Eine äußere Einwirkung, zum Beispiel ein Hautreiz, wird dem Gehirn auf zwei Wegen mitgeteilt, über das schnelle und spezifische System von Nerven, das kein Bewußtsein auslöst, es jedoch, wenn es sich einstellt, datiert, und durch das langsame und unspezifische System, das eine halbe Sekunde Aktivität bewirkt, die Bewußtsein hervorruft.

Denken wir näher darüber nach, so zeigt sich, daß ein Reiz auf der Haut nicht ohne einen Zusammenhang erlebt werden kann. Ist es eine Mücke oder eine Liebkosung? Ist es eine Heftzwecke, auf die wir uns setzen, oder tippt uns jemand, der uns etwas zuflüstern will, auf die Schulter? Bewegen wir uns selbst, oder bewegt sich die Umgebung auf uns zu?

Eine Empfindung der Haut wird im Zusammenhang «erlebt». Man erlebt sie nicht zuerst als einen Reiz, der anschließend gedeutet wird. Erleben wir etwas bewußt, dann haben wir es schon gedeutet (und vielleicht auch schon darauf reagiert, indem wir beispielsweise von der Heftzwecke auf dem Stuhl hochfahren).

Erst die Deutung, dann die Wahrnehmung

Es war spät am Abend und der Bewußtseinsstrom weit draußen mit weltfernen Problemen beschäftigt. Die Gedankenreise hatte lange angedauert, und er lag auf dem Sofa, in sich gekehrt und dösend, wach, aber abwesend.

Da zuckte sein Arm, als wollte er sich beschützen, aber die Bewegung wurde sofort unterbrochen von dem Bewußtsein: «Es macht doch nichts, wenn der Tisch ein bißchen nachgibt.» Dann erst hörte er das Geräusch, ein leises Knacken des Tisches, der ganz undramatisch in sich zusammensank.

Die Reihenfolge der Erlebnisse ist also: 1. Er reagiert. 2. Es gibt keinen Grund dafür. 3. Er hört das Geräusch, das 1 und 2 ausgelöst hat.

«Ich habe etwas Ähnliches am 4. Juli erlebt», berichtet Benjamin Libet. Der 4. Juli ist der Nationalfeiertag in den USA, bei dem allerlei Raketen abgefeuert werden: «Ich springe manchmal hoch, ehe ich das Geräusch höre.»[17]

Ein Versuch, der uns klar demonstriert, daß wir ein Geräusch erst dann erleben, wenn es gedeutet ist, läßt sich mit Hilfe eines Fernsehers und eines Kopfhörers durchführen. Er besteht einfach darin, die Fernsehnachrichten oder ein anderes Programm, bei dem Menschen sprechen, zu sehen und zu hören und dabei auf zwei verschiedene Geräuschmuster im Kopfhörer zu achten, 1. auf die Rede der sprechenden Person, 2. auf das Rauschen.

Fragen wir uns nun, woher die Geräusche stammen, genauer: aus welcher Richtung kommend wir sie erleben. Dabei wird deutlich, daß das Geräusch der Rede aus dem Kasten kommt, in dem eine Frau sitzt und spricht. Der Ton kommt vom Fernsehbild, das Rauschen hingegen aus dem Kopfhörer! Das Rauschen wird nicht auf die sprechende Frau auf dem Bildschirm bezogen, sondern auf die Kopfhörer. Die Hörempfindung deutet und sortiert automatisch die Eindrücke in Signal und Rauschen, Figur und Hintergrund. Das Geräuschmuster wird auf den Ort bezogen, an dem wir die entsprechende Figur optisch wahrnehmen, das Rauschen dagegen beziehen wir auf nichts; wir erleben es, als komme es von dort, wo die physische Einwirkung stattfindet.

(Sehr einfach läßt sich die Erscheinung mit einem Video hervorrufen, denn der Tonstreifen eines Videobands gibt ein ausgeprägtes Rauschen wieder; man kann auch die Feineinstellung des Fernsehers ein wenig verstellen, um das Rauschen stärker hervortreten zu lassen.)

Das Bewußtsein präsentiert Sinneseindrücke, die bereits stark bearbeitet sind, was das Bewußtsein aber nicht mitteilt. Sie wirken wie rohe Sinnesdaten, sind aber eingelagert in einen Zusammenhang, ohne den sie gar nicht zu dem werden könnten, was wir erleben. Wir erleben ja eine Liebkosung oder eine Mücke, nicht einen Reiz, bei dem wir uns anschließend fragen, woher er kommt.

Der Inhalt des Bewußtseins ist bereits verarbeitet und reduziert und in einen Zusammenhang gestellt, ehe wir ihn erleben. Bewußte Erlebnisse haben Tiefe: Sie stehen in einem Kontext, und es ist viel Information in sie eingearbeitet worden, die aber nicht präsentiert wird. Große Mengen sensueller Information sind aussortiert worden, ehe Bewußtsein entsteht, und diese Sinnesinformation wird nicht präsentiert. Dennoch aber beruht das Erlebnis selbst auf der ausgesonderten Information.

Wir erleben, daß wir sinnlich wahrnehmen, wir erleben aber nicht, daß die Wahrnehmung gedeutet und bearbeitet ist. Wir erleben die umfassende mentale Arbeit nicht, die wir leisten, um zu erleben. Wir erleben sinnliches Wahrnehmen als unmittelbares, direktes Wahrnehmen der Oberfläche von Dingen, doch ist diese in Wirklichkeit das Ergebnis eines Prozesses, der dem erlebten Sinnesreiz Tiefe verleiht. *Bewußtsein ist Tiefe, wird aber als Oberfläche erlebt.*

Der Trick des Bewußtseins besteht darin, daß es zwei sehr verschiedene Arten des Zugangs zur Welt kombiniert, nämlich einerseits die Sinnesempfindung von Einwirkungen aus der Außenwelt und andererseits das Bild, mit dem wir diese Wahrnehmungen erklären.

Die rohen Sinnesdaten erleben wir nicht. Wir sehen nicht die

Wellenfrequenz des Lichts, sondern die Farbe Rot. Wir hören den Nachrichtensprecher nicht im Kopfhörer, sondern im Fernsehapparat. Wir empfinden eine Liebkosung nicht als Mückenstich.

Doch die rote Farbe und die Fernsehsprecherin und die Liebkosung werden so erlebt, als fänden sie jetzt und hier statt und bestünden genau in dem, was wir erleben. Das aber ist nicht der Fall, vielmehr sind sie das Ergebnis einer *Simulation*.

Wir erleben nicht die rohen Sinnesdaten, sondern ihre Simulation. Die Simulation unserer Wahrnehmungserlebnisse ist eine Hypothese über die Wirklichkeit. Die Simulation ist das, was wir erleben, die Dinge selbst erleben wir nicht. Wir nehmen sie wahr, doch erleben wir nicht die Wahrnehmung, sondern deren Simulation.

Diese Auffassung setzt die sehr weitreichende Behauptung voraus, unser unmittelbares Erleben sei eine Illusion, die gedeutete Daten präsentiert, als seien sie unbearbeitet. Diese Illusion ist der Kern des Bewußtseins: die Welt, erlebt als sinnvoll und gedeutet.

Wir erleben nicht einfach das, was wir wahrnehmen, weil wir viel zuviel wahrnehmen, Millionen Bits pro Sekunde. Wir erleben nur einen Teil dessen, was unsere Sinne erfassen, den Teil nämlich, der im gegebenen Zusammenhang sinnvoll ist.

Aber warum erleben wir nicht, daß unser Erleben aus bearbeiteten Daten besteht und daß große Informationsmengen aussortiert worden sind, bevor uns ein Rest von Information präsentiert wird?

Eine mögliche Erklärung wäre, daß es Zeit erfordert, diese Tiefe zu erreichen, und daß es nicht zweckmäßig ist, das Verstreichen dieser Zeit zu bemerken. Es gibt eine Menge Zwischenrechnungen, die für unser Handeln in der Welt nicht relevant sind. Wir müssen das Kohärenzproblem gelöst haben, ehe wir überhaupt irgend etwas erleben können; wir müssen eine Hypothese bilden, woher der Ton kommt, ehe wir ihn hören.

Benjamin Libet hat gezeigt, daß die spezifischen Nervenbahnen zwischen Sinnesorganen und Gehirn eine zeitliche Bestimmung des Wahrgenommenen liefern, das erst erlebt wird, wenn die unspezifischen Nervenbahnen jene halbe Sekunde Aktivität bewirkt haben, die das Erleben der Wahrnehmung erst ermöglicht.

Im Wahrnehmungserlebnis können deshalb Eindrücke mehrerer Sinnesmodalitäten, die Signale von ein und demselben Gegenstand aufnehmen, verkettet werden, obwohl für die Wahrnehmung der verschiedenen Modalitäten (etwa auditiv oder visuell) unterschiedlich lange Verarbeitungszeiten im Gehirn notwendig sein könnten. Hätten wir die halbe Sekunde nicht, um die verschiedenen Eindrücke zu synchronisieren, würde unser Wirklichkeitserlebnis, um einen Ausdruck Libets zu verwenden, möglicherweise in einem flirrenden Zittern *[jitter]* bestehen.

Das Bewußtsein stellt sich verzögert ein, weil es uns ein Bild der Außenwelt präsentieren soll, das zweckmäßig ist. Es ist ein Bild der Außenwelt, das uns präsentiert wird, nicht eines von all der Feinarbeit, die das Gehirn leistet.

Die Reihenfolge ist Sinneswahrnehmung, Simulation, Erlebnis. Da es aber nicht relevant ist, die Simulation zu kennen, wird sie vom Erlebnis übersprungen, das aus einer redigierten Wahrnehmung besteht, die als unredigiert erlebt wird.

Bewußtsein ist Tiefe, erlebt als Oberfläche.

Manchmal stoßen wir auf einen Begriff, der uns unmittelbar und instinktiv wesentlich erscheint, ohne daß wir diesen Eindruck begründen könnten, ebenso wie wir manchmal einem Menschen begegnen, der uns sehr sympathisch ist, ohne daß wir wissen, warum. Ein solcher Begriff tauchte auf, lange bevor Libets Erkenntnisse ihn notwendig machten, doch das Aha-Erlebnis stellte sich sofort ein.

Es ist der Begriff der Benutzerillusion, *user illusion*, der sich auf die Konstruktion von Computern bezieht. Er weist beträchtliche erkenntnistheoretische Tiefe auf und ist eine hervorragende Metapher für die oben dargestellte Auffassung von Bewußtsein.

Den Begriff der Benutzerillusion hat der bekannte Computerforscher Alan Kay geprägt, der heute für Apple Computers arbeitet. Früher war Kay bei Xerox PARC beschäftigt, dem Forschungszentrum von Rank Xerox in Palo Alto im Silicon Valley südlich von San Francisco, wo in den siebziger Jahren eine revolutionäre Computersprache namens «Smalltalk» entwickelt wurde. Rank Xerox war nicht visionär genug, um die großen Möglichkeiten zu realisieren, die Smalltalk bot. Es blieb Apple Computers vorbehalten, mit Maschinen wie dem Macintosh die Idee eines Computers zu verwirklichen, mit dem es sich so einfach kommunizieren läßt wie mit einem guten Bekannten bei einer Tasse Tee.

Die Grundidee war, daß sich der Computer, den man ja zu allem möglichen programmieren kann, höflich und kooperativ zeigt. Der Rechner sollte die Drecksarbeit machen, nicht der Benutzer.

Bevor die von Apple entwickelten Geräte auf den Markt kamen, war dies keineswegs so selbstverständlich, wie es klingen mag. Die vorherrschende Computerarchitektur beruhte auf Prinzipien, die von Ingenieuren, die ihr Leben lang an Computern arbeiten, entwickelt worden waren. Ingenieuren macht es nichts aus, mit allerlei merkwürdigen Symbolen und Kürzeln die Vorgänge im Computer zu steuern, denn sie interessiert die Maschine, nicht, wozu sie benutzt werden kann.

Für uns ist es genau umgekehrt. Der Computer an sich ist höchstens als Spielzeug und Statussymbol interessant; wichtig ist seine Benutzung. Diese Sätze werden zum Beispiel auf einem Macintosh geschrieben, auf dessen Bildschirm die Zeilen des Textes und einige Symbole am Rand zu sehen sind, mit deren Hilfe man im Manuskript zurückblättern kann. Als Benutzer habe ich keine Ahnung, wie *dieses* Wort im Computer gespeichert ist, und es ist mir auch ziemlich gleichgültig, solange es bei Bedarf auf dem Bildschirm erscheint oder ausgedruckt wird.

Eine ganze Reihe von Ingenieuren, Software-Programmierern und Designern hat die Maschine mit einer Menge schöner Funktionen ausgestattet, die es ermöglichen, genau *dieses* Wort zu speichern. Der Benutzer freut sich darüber, aber es ist ihm egal, wie es funktioniert.

Früher – was auf diesem Gebiet vor nur wenigen Jahrzehnten bedeutet – konnte man mit einem Computer nur kommunizieren, wenn man eine Sprache beherrschte, die der Maschine genaue Anweisungen gab, was sie zu tun hatte. Man instruierte sie, wo sie was speichern sollte. Deshalb mußte der Benutzer eine Vorstellung davon haben, wie die Maschine funktioniert. Die sogenannten Personalcomputer von IBM und seinen Nachahmern, bei denen man allerlei Ziffern- und Buchstabencodes beherrschen muß, um die Maschine in Gang zu bringen, stehen in dieser Tradition (inzwischen verwendet allerdings auch IBM Fenster, Icons, Mouse und andere auf Smalltalk zurückgehende Elemente).

Es ist aber eine Kinderkrankheit, Computer so zu bauen, daß der Benutzer merkwürdige Codes im Kopf behalten muß. Für dergleichen hat man ja gerade seinen Computer.

Smalltalk und die Verwendung der Benutzerillusion bezeichnen den großen Wandel vom anspruchsvollen zum hilfreichen Computer. Mit der Benutzerillusion wurde das *user interface*, die Benutzerschnittstelle, also der Teil des Computers, mit dem man kommuniziert, radikal verändert. Für die Ingenieure, die die ersten Computer entwickelt hatten, war das Interface von geringem Interesse gewesen, denn alle Benutzer waren Fachleute. Deshalb präsentierten sich die Computer kryptisch und sperrig.

Alan Kay schreibt: «Früher wurde die Benutzerschnittstelle als letzter Teil eines Systems entworfen. Heute ist sie der erste; denn sie wurde deswegen als überaus bedeutsam erkannt, weil für Anfänger wie für Fachleute gleichermaßen gilt: Der Computer *ist* das, was für den Benutzer sinnlich wahrnehmbar wird. Am Xerox-Forschungszentrum... sprechen wir von der Benutzerillusion; es ist die vereinfachte anschauliche Version, die sich jeder von dem System macht, um sich dessen Tätigkeit zu erklären (und sie zu erraten) und um sich klarzumachen, was man selbst als nächstes tun muß.» [18]

Die Benutzerillusion ist also die Vorstellung, die der Benutzer von der Maschine hat. Kay und seine Kollegen erkannten, daß es kaum eine Rolle spielt, ob diese Vorstellung richtig oder vollständig ist, sie muß nur kohärent und zweckmäßig sein. Eine unvollständige und metaphorische Vorstellung von der Funktionsweise des Computers ist besser als gar keine.

Dem Benutzer soll nicht erklärt werden, wie die Maschine funktioniert, sondern es geht darum, eine Version zu bieten, die konsistent und zweckmäßig ist – und die vom Benutzer und nicht vom Computer ausgeht.

Der Computer, der jetzt gerade *dieses* Wort erfaßt, präsentiert dem Benutzer zum Beispiel Manuskripte, die in Hängemappen auf einem Schreibtisch geordnet sind. Mißratene Passagen werden in den Papierkorb geworfen, unten rechts. Will der Benutzer ausrechnen, ob ein Kapitel zu lang geworden ist, nimmt er den Taschenrechner, der in der Schublade des Schreibtisches liegt.

Im Innern des Computers gibt es keine Hängemappen, Papierkörbe oder Taschenrechner, es gibt dort eine Menge Nullen und Einsen aneinandergereiht. Unbeschreiblich große Mengen von Nullen und Einsen, der ganze Computer kann viele Millionen davon enthalten. Der Benutzer wird damit aber nicht belastet, denn er will nur sein Manuskript ausdrucken lassen, wenn er es fertiggestellt hat. Die riesigen Mengen von Nullen und Einsen sind ihm vollkommen gleichgültig. Der Benutzer interessiert sich nur für das, was die Benutzerillusion präsentiert. Manuskriptseiten, Hängemappen mit fertigen Kapiteln, Hängemappen mit losen Blättern, Korrespondenzen, schiefen Formulierungen und ungeordneten Einfällen.

Die Benutzerillusion ist eine Metapher dafür, daß die konkreten Nullen und Einsen gleichgültig sind, nicht aber ihre Funktionen.

Ich behaupte nun, die Benutzerillusion ist eine gute Metapher für Bewußtsein.[19] Das Bewußtsein ist unsere Benutzerillusion von uns selbst und der Welt.

Das Bewußtsein ist keine Benutzerillusion der ganzen Welt oder des ganzen Selbst. Es ist eine Benutzerillusion des Teils der Welt, der von uns selbst, und des Teils von uns selbst, der vom Bewußtsein beeinflußt werden kann.

Die Benutzerillusion ist unsere Karte von uns selbst und unseren Möglichkeiten, auf die Welt einzuwirken. Der britische Biologe Richard Dawkins schreibt: «Vielleicht entsteht Bewußtsein dann, wenn das Gehirn die Welt so vollständig simuliert, daß die Simulation ein Modell ihrer selbst enthalten muß.»[20]

Wenn das Bewußtsein meine Benutzerillusion von mir selbst

darstellt, muß es darauf bestehen, daß der Benutzer eben Benutzer ist; seinen Horizont muß es widerspiegeln, nicht den Horizont dessen, was benutzt wird. Deshalb operiert die Benutzerillusion mit einem Benutzer namens Ich.

Das Ich erlebt sich als handelnde, wahrnehmende, denkende Instanz. In Wirklichkeit aber führt das Selbst diese Tätigkeiten aus. Mein Ich ist meine Benutzerillusion von mir selbst.

Wie ein Computer eine Menge Bits enthält, die für den Benutzer ohne Interesse sind, enthält das Selbst eine Menge Bits, die das Ich nicht interessieren. Das Ich will nicht wissen, wie das Herz das Blut durch das Selbst pumpt, jedenfalls nicht ständig. Das Ich will auch nicht wissen, wie im Selbst eine Assoziation entsteht, sondern erfahren, worauf sie hinausläuft.

Aber nicht nur das Ich ist, wenn es als die persönliche Identität und das Subjekt des Handelns erlebt wird, eine Illusion. Auch was wir erleben, die Welt, die wir sehen, spüren, fühlen und erleben, ist eine Benutzerillusion.

Es gibt in der Außenwelt keine Farben, Töne und Gerüche. Sie sind etwas, das wir erleben. Damit ist nicht gesagt, daß es keine Welt gibt; sie existiert sehr wohl: Die Welt ist einfach – sie hat keine Eigenschaften, bevor sie erlebt wird, jedenfalls keine Eigenschaften wie Farben, Gerüche und Töne.

Ich sehe ein Panorama, ein Gesichtsfeld; es ist jedoch nicht identisch mit dem, was bei meinen Sinnen ankommt. Es ist eine Rekonstruktion, eine Simulation, eine Präsentation dessen, was meine Sinne aufnehmen. Eine Deutung, eine Hypothese.

Was würde geschehen, wenn wir die Welt direkt erleben könnten, ohne sie zuerst zu simulieren und ohne daß eine halbe Sekunde Zeit verstreichen muß, um das Erlebnis zu verdauen, das dann präsentiert wird, als falle es zeitlich zusammen mit dem materiell Erlebten?

Aldous Huxley beschreibt ein solches Erlebnis in seinem Buch *Die Pforten der Wahrnehmung* von 1954, einer Art Voläufer der gewaltigen Umwälzungen im Wirklichkeitsverständnis der westlichen Kultur seit den sechziger Jahren. Aldous Huxley hatte die Droge Meskalin eingenommen und berichtet folgendes:

«Ich schluckte meine Pille um elf Uhr. Eineinhalb Stunden später saß ich in meinem Arbeitszimmer und blickte angespannt auf eine kleine Glasvase. Die Vase enthielt nur drei Blumen – eine voll erblühte ‹Schöne-von-Portugal›-Rose, muschelrosa, mit einer wärmeren, flammenderen Tönung am Grund jedes Blütenblatts; eine große magentarote und cremeweiße Nelke; und auf gekürztem Stengel die blaßviolette, sehr heraldische Blüte einer Schwertlilie. Nur zufällig und vorläufig zusammengetan, verstieß das kleine Sträußchen gegen alle Regeln herkömmlichen guten Geschmacks. Beim Frühstück an diesem Morgen war mir die lebhafte Disharmonie seiner Farben aufgefallen. Aber auf sie kam es nicht länger an. Ich blickte jetzt nicht auf eine ungewöhnliche Zusammenstellung von Blumen. Ich sah, was Adam am Morgen seiner Erschaffung gesehen hatte – das Wunder, das sich von Augenblick zu Augenblick erneuernde Wunder bloßen Daseins.» Huxley fährt fort:

«Ich blicke weiter auf die Blumen, und in ihrem lebendigen Licht schien ich das qualitative Äquivalent des Atmens zu entdecken – aber eines Atmens ohne das wiederholte Zurückkehren zu einem Ausgangspunkt, ohne ein wiederkehrendes Ebben; nur ein wiederholtes Fluten von Schönheit zu erhöhter Schönheit, von tiefer zu immer tieferer Bedeutung. Wörter wie Gnade und Verklärung kamen mir in den Sinn. Und unter anderem war es selbstverständlich das, wofür sie stehn.»[21]

Während des Meskalinrausches, zum Beispiel bei der Betrachtung der Falten seiner Hose oder der Buchrücken im Regal, wiederholt Huxley immer wieder: «So sollte man sehen!» Das Erlebnis führt ihn zu folgenden Überlegungen zum Thema Bewußtsein als Resultat des Aussonderns von Information:

«Wenn ich über mein Erlebnis nachdenke, muß ich dem hervorragenden Philosophen C. D. Broad in Cambridge beistimmen, ‹daß wir gut daran täten, viel ernsthafter, als wir das bis jetzt zu tun geneigt waren, die Art von Theorie zu erwägen, die [der französische Philosoph Henri] Bergson im Zusammenhang mit dem Gedächtnis und den Sinneswahrnehmungen aufstellte, nämlich insofern, als die Funktionen des Gehirns und Nervensystems und der Sinnesorgane hauptsächlich *eliminativ* und nicht produktiv sind. Jeder Mensch ist in jedem Augenblick fähig, sich alles dessen zu erinnern, was ihm je geschehen ist, und alles wahrzunehmen, was irgendwo im Weltall geschieht. Es ist die Aufgabe des Gehirns und des Nervensystems, uns davor zu schützen, von dieser Menge größtenteils unnützen und belanglosen Wissens überwältigt und verwirrt zu werden, und sie erfüllen diese Aufgabe, indem sie das meiste dessen, wessen wir sonst in jedem Augenblick gewahr werden oder uns erinnern würden, ausschließen und nur die sehr kleine und besondere Auswahl übrig lassen, die wahrscheinlich praktisch nützlich ist.› Gemäß einer solchen Theorie ist potentiell jeder von uns ‹Geist als Ganzes›. Aber soweit wir animalische Lebewesen sind, ist es unsere Aufgabe, um jeden Preis am Leben zu bleiben. Damit ein biologisches Überleben möglich werde, muß der Geist als Ganzes durch das Reduktionsventil des Gehirns und Nervensystems hindurchfließen. Was am anderen Ende hervorkommt, ist ein spärliches Rinnsal der Art von Bewußtsein, die uns hilft, auf der Oberfläche gerade unseres Planeten am Leben zu bleiben.»[22]

Doch sind solche Erlebnisse nicht allein Konsumenten von Rauschmitteln vorbehalten. Der amerikanische Philosoph Charles Sanders Peirce, der gegen Ende des 19. Jahrhunderts viele Erkenntnisse des 20. vorwegnahm, nennt ein direktes Erleben der Welt *haecceitas*, «Diesheit». Der dänische Physiker und Peirce-Kenner Peder Voetmann Christiansen beschreibt «Diesheit» folgendermaßen: «Es ist ein direktes schockartiges Erleben eines Objekts, das die Sprache verdampfen läßt wie einen Wassertropfen auf einer glühenden Metallplatte. Wir können nur den Zeitfinger ausstrecken und sagen: dies.»[23]

Voetmann Christiansen illustriert Peirces Auffassung, indem er sie mit einer Passage aus dem berühmten Zyklus des Anthropologen Carlos Castaneda über den südamerikanischen Zauberer Don Juan und seine Lehre vergleicht: «‹Denken Sie daran›, sagte er, ‹daß die Welt sich uns nicht direkt gibt, die Beschreibung der

Welt steht dazwischen. Recht besehen stehen wir also immer einen Schritt weit entfernt, und unser Erlebnis der Welt ist immer ein Wachrufen des Erlebnisses. Wir rufen ständig den Augenblick wieder wach, der gerade gewesen, gerade vergangen ist.»[24]

Vor zwanzig Jahren erfand der amerikanische Psychologe Roger Shepard morgens direkt vor dem Aufwachen ein berühmtes Experiment. Im Halbschlaf sah er einige Bilder, die er daraufhin am Computer nachstellen ließ, einfache Formen aus kleinen Klötzen, die wie rudimentäre Lego-Konstrukte aussehen.

Mit seiner Kollegin Jacqueline Metzler veröffentlichte Shepard 1971 in der Zeitschrift *Science* eine Untersuchung, die sich mit der Wahrnehmung solcher Objekte befaßt. Die beiden Psychologen hatten Versuchspersonen gebeten, die Konstrukte paarweise zu vergleichen. Sie präsentierten ihnen Bilder von jeweils zwei Klotzgebilden, die räumlich zueinander verdreht waren, so daß sie auf den ersten Blick nicht gleich aussahen. Die Frage war: Sind die beiden Klotzkonstrukte identisch oder nicht?

Das Ziel war, festzustellen, wie lange die Versuchspersonen brauchten, um herauszufinden, ob die Klötze gleich oder beispielsweise Spiegelbilder voneinander waren. Wie sich zeigte, benötigten sie um so mehr Zeit, je stärker die beiden Klotzkonstrukte im Verhältnis zueinander räumlich verdreht waren. Als Schlußfolgerung kristallisierte sich heraus, daß der Mensch, wenn er zwei Objekte vergleicht, eine Drehung im Kopf vornimmt oder sich eine Drehung vorstellt.

Das Bild, das wir sehen und erleben, läßt sich durch eine mentale Drehung im Kopf manipulieren und bearbeiten. Wir sehen nicht nur. Wir simulieren und konstruieren Modelle, um vergleichen zu können.

«Die Idee zu meinem ursprünglichen mit Jackie Metzler durchgeführten Experiment, bei dem es um mentale Rotation ging, kam mir als dynamisches, dem Schlaf entwachsenen Bild dreidimensionaler Objekte, die sich majestätisch im Raum drehten», schreibt Roger Shepard in seinem Buch *Mind Sights*. Daß er die Idee direkt vor dem Aufwachen hatte, hält er nicht für einen Zufall: «Viele

Forscher und kreative Denker haben festgestellt, daß der Geist seine Arbeit manchmal am besten ohne bewußte Lenkung, in empfänglichen Zuständen der Verträumtheit, der Meditation, des Traums oder beim Übergang vom Schlaf zur Wachheit ausführt.«[25]

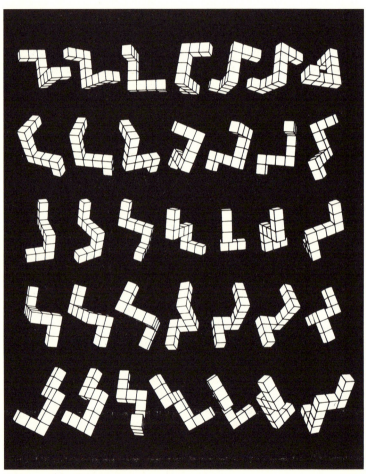

Computersimulation dreidimensionaler, zueinander verdrehter Objekte (nach Shepard und Metzler).

Wie aber sind Träume im Hinblick auf Benutzerillusion und Simulation zu verstehen? Eine Tatsache fällt sofort ins Auge: Beim Träumen simulieren wir etwas, wir stellen uns etwas vor und verstehen (oft seltsame) Zusammenhänge darin. Doch wir steuern diese Simulation nicht, während wir sie erleben. Im Traumzustand, dem sogenannten REM- oder Slow-wave-Schlaf, sind die Körperglieder unbeweglich, weil die motorischen Zentren des Gehirns gehemmt sind. Der Slow-wave-Schlaf ist ein Zustand, in dem es keinen Benutzer, aber viel Illusion gibt. Bedenkt man, wie wenig man tatsächlich über die Funktion des Slow-wave-Schlafs weiß, ist es nicht ganz abwegig zu vermuten, Träume seien eine Art Probelauf von Simulationen.

Das Gehirn überprüft seine Wirklichkeitssimulation, indem es neue Zusammenhänge erprobt oder neue (oder ganz alte) Erinnerungen und Erlebnisse integriert. Voraussetzung für die Erprobung solcher ausufernder Möglichkeiten ist, daß sie nicht realisiert werden. Deshalb ist die Motorik während des Slow-wave-Schlafs gezielt blockiert, während die übrigen Körperfunktionen auf Hochtouren laufen. Der Puls steigt, der Atem beschleunigt sich, die Augen sind in Bewegung, und die Sauerstoffaufnahme des Gehirns entspricht der des Wachzustands.[26]

Versteht man Träume als Probelauf neuer und seltsamer Simulationen, wäre dies ein Beispiel für eine Situation, in der Bewußtsein aktiv ist, während das Ich ausgeschlossen bleibt: Wir können nicht willkürlich mit dem Körper agieren, und wir können mit unserem Ich auch keinen Einfluß auf die Träume nehmen. Wir sind jedoch bei vollem Bewußtsein, wenn wir träumen. Eine Benutzerillusion ohne Benutzer.

Umgekehrt kann man einen Schlafwandler als einen Benutzer ohne Illusion bezeichnen. Beim Schlafwandeln finden Aktionen statt, der Agierende aber hat kein Bewußtsein davon.

Man könnte die poetischen Möglichkeiten, die in dem Ausdruck Benutzerillusion liegen, weiter ausspinnen: Hypnose als Illusion mit einem anderen Benutzer; Meditation als ein Zustand, in dem es weder Benutzer noch Illusion gibt. Sie würden aber schnell unbrauchbar werden.

Im Dezember 1958 wurden einem zweiundfünfzigjährigen Mann im Royal Birmingham Eye Hospital in England neue Hornhäute eingesetzt. Im Alter von zehn Monaten waren seine Hornhäute infolge einer Augeninfektion degeneriert, und er war seitdem völlig blind gewesen.

Die Operation galt als großer Erfolg und erregte in England beträchtliche öffentliche Aufmerksamkeit. Der *Daily Telegraph* brachte eine Artikelserie und berichtete unter anderem, wie wenige Stunden nach der Operation die wiedergewonnene Sehkraft einsetzte.

Diesen Bericht las auch der Psychologe Richard Gregory, der sich für Wahrnehmungsprozesse interessierte (und dessen Arbeiten über optische Täuschungen wir in Kapitel 8 kennengelernt haben). Mit seiner Kollegin Jean Wallace begann Gregory zu untersuchen, wie die Welt aus der Sicht des Patienten beschaffen war, der in der wissenschaftlichen Literatur auf den Namen S. B. getauft wurde.

S. B. war vor der Operation ein aktiver und lebensfroher Mensch gewesen, der viele Dinge beherrschte, die man Blinden gewöhnlich nicht zutraut. Er konnte (mit Hilfe eines Sehenden) radfahren, Werkzeuge benutzen und ohne Stock gehen. Er ertastete seine Umgebung und hatte zum Beispiel Spaß daran, das Auto seines Schwagers zu waschen, wobei er sich dessen Form vorstellte.

Gregory berichtet, was nach der Operation geschah. «Als der Verband zum erstenmal von seinen Augen entfernt wurde, so daß er nicht mehr länger blind war, hörte er die Stimme des Chirurgen. Er wandte sich in Richtung der Stimme, sah aber nichts als einen verschwommenen Fleck. Er stellte sich vor, daß dies wegen der Stimme ein Gesicht sein mußte, denn sehen konnte er es nicht. S. B. nahm also nicht plötzlich die Umwelt wahr wie wir, wenn wir unsere Augen öffnen.» [27]

Als aber S. B. nach Ablauf weniger Tage seine Sehkraft zurückgewonnen hatte, bereitete es ihm keine Mühe, Objekte wiederzuerkennen, die ihm durch Berührung vertraut waren, Tiere, Autos, Buchstaben, Uhrzeiger und vieles andere. Sehr schnell lernte er, recht gut zu zeichnen, jedoch mit seltsamen Fehlern. Einen Bus

S. B.s Omnibus-Bilder. Zwei Tage nach der Operation zeichnete er einen Bus mit Speichenrädern, obwohl es solche Busse nicht mehr gab. Vermutlich gingen alle Einzelheiten zu diesem Zeitpunkt noch auf Erinnerungen des Tastsinns zurück. Sechs Monate später haben die Räder keine Speichen mehr, doch sind noch immer Probleme mit dem Vorderteil zu erkennen, den S. B. nie betastet hatte.

stattete er mit Speichenrädern aus, obwohl Busse Anfang der sechziger Jahre keine Speichen mehr hatten – S. B. hatte als Kind einen Bus abgetastet, dessen Räder mit Speichen versehen waren.

Wirklich überrascht war S. B. vom Mond. «Was ist das?» fragte er, als er die Mondsichel am Himmel sah. Die Antwort erstaunte ihn, denn er hatte immer geglaubt, ein Viertelmond sehe aus wie ein Tortenviertel.

S. B. bediente sich Erinnerungen seines Tastsinns, um zu sehen, und der Mond gehörte zu den Dingen, die er nicht betasten konnte.

Unter anderem hatte S. B. davon geträumt, an einer Drehbank zu arbeiten. Gregory und Wallace zeigten ihm eine im Wissenschaftsmuseum, doch S. B. sagte, er könne sie nicht sehen. Als er die Drehbank berührte, schloß S. B. die Augen, betastete sie eine Minute lang, trat einen Schritt zurück, öffnete die Augen und sagte: «Jetzt, wo ich sie gefühlt habe, kann ich sie auch sehen.»[28] Er konnte anfangs nur sehen, was der Tastsinn ihm vertraut erscheinen ließ.

Die Geschichte von S. B. endet tragisch, denn er starb ein Jahr nach der Operation in tiefer Depression. Es hatte ihn enttäuscht, die Welt zu erblicken, und er hatte abends oft bei gelöschtem Licht im Dunkeln gesessen.

Seine Geschichte aber macht deutlich, wie schwer es ist, etwas zu sehen, das wir vorher noch nicht simuliert haben. Es ist nicht richtig, daß wir etwas gesehen haben wollen, ehe wir es glauben. Wir wollen es glauben, ehe wir es sehen.[29]

Der Mensch erlebt die Welt, indem er die Wahrnehmungen verschiedener Sinne zu einem inneren Bild zusammensetzt. Wir benutzen den einen Sinn, um den anderen zu unterstützen; es ist leichter, Worten zuzuhören, wenn wir den Sprechenden sehen.

Wir benutzen die anderen Sinne jedoch nicht nur dann, wenn die Daten einer Modalität knapp sind. Das ganze Projekt des Erlebens und damit auch des Bewußtseins besteht darin, die vielen verschiedenen Input-Daten zu einer Simulation dessen zu verbinden, was wir erkennen.

Richard Gregory hat unter anderem vor dem Hintergrund der

Geschichte von S. B. folgende Frage gestellt: «Wieviel würden wir sehen, wenn wir als Kinder in einer berührungslosen, spiegelartigen Welt des Sehens aufgewachsen wären, ohne die Erfahrung, Objekte mit den Händen zu ertasten? Mit Sicherheit sehr wenig, denn wir würden Muster erkennen, keine Gegenstände; wir würden die Zusammenhänge nicht begreifen und deshalb keine Objekt-Hypothesen entwickeln können.» [30]

Gregorys Engagement für Exploratorien, Wissenschaftsmuseen, in denen das Anfassen und eigene Erleben, die Interaktion mit dem Ausstellungsobjekt, im Zentrum stehen, beruht auf der Erkenntnis, wie wichtig das Berühren für das Sehen ist.

Gregory zieht aus dieser Erkenntnis pädagogische Lehren. Er unterscheidet zwischen drei Formen des Lernens:

Drei Formen des Lernens [31]

Formal	*(Handle-turning)*
Intuitiv	*(Hand-waving)*
Interaktiv	*(Hands-on)*

Formales Lernen besteht darin, sich die mathematischen Kenntnisse anzueignen, um Aufgaben lösen und mit den Zahlen umgehen zu können, ohne wissen zu müssen, was in ihnen zum Ausdruck kommt. Es ist die Tradition der schwarzen Pädagogik.

Intuitives Lernen besteht darin, Erklärungen auf das Basis des gesunden Menschenverstandes abzugeben, die der Lernende intuitiv versteht. Verstehen wird nicht, wie beim formalen Lernen, durch Sprache und Symbole erreicht, sondern resultiert aus einem intuitiven Gefühl, das durch Gesten des Lehrenden vermittelt wird.

Beim interaktiven Lernen berührt man die Dinge, man erforscht sie selbst, erprobt sie in der Praxis und macht sich die Hände schmutzig.

Die Exploratorien (allerdings nicht unbedingt all die Kopien, die inzwischen unter diesem Namen firmieren) sollen Erwachsenen und Kindern die Möglichkeit bieten, sich durch physischen Umgang mit Versuchsanordnungen spielerisch Wissen anzueignen. Zur Grundlage dieser Strategie gehört nicht nur, daß das Lernen durch die formale Methode sehr langweilig ist und das Lernen durch die Methode des intuitiven Verstehens vor allem mittels nonverbaler Zeichen auf Dauer nicht befriedigt. Die *Hands-on*-Strategie ist vor allem wichtig, weil sie beweist, daß wir nicht nur mit dem Bewußtsein lernen.

Die erste Strategie, die formale, ist reines Bewußtsein, reine Information. Wir lernen einige Codes, aber wir lernen nicht, was in ihnen kodiert ist. Präsent sind nur explizite Symbole.

Die zweite Strategie, die intuitive, ist sowohl Bewußtsein als auch und vor allem Nichtbewußtsein, sowohl Information als auch Exformation. Der Lernende übernimmt die Simulation des Lehrers, er schöpft sie nach aufgrund der Argumente und geistigen Zustände, die der Lehrer durch Worte und Gebärden vermittelt. Die Kommunikation findet mit größerer Bandbreite statt, da nicht nur der sprachliche und symbolische Kanal, sondern auch der visuelle benutzt wird.

Die dritte Strategie, die interaktive, bedient sich einer sehr viel größeren Bandbreite als das rein formale Lernen. Es gibt allerdings keinen Lehrer; der Lernende muß die Information selbst erfassen und aussortieren. Eine intelligent gestaltete Versuchsanordnung wird ihm jedoch die Möglichkeit bieten, sich ein neues Verständnis des Wirklichkeitsaspektes, den sie darstellt, anzueignen.

Würden wir nur mit dem Bewußtsein lernen und wäre allein das Ich verantwortlich für das Wissen, über das wir verfügen, wie könnten wir dann radfahren, tanzen oder denken lernen? Wir verfügen über viele Fähigkeiten, die wir nicht begründen können. Es ist sogar eher die Regel als die Ausnahme, daß wir sie nicht erklären können.

Wie sieht Marilyn Monroe aus? Blond, ja, lächelnd, ja, Schönheitsfleck, ja. Können Sie viel mehr sagen als das? Die meisten von uns können es nicht, aber ein Bild, sogar schon der Ausschnitt eines Bildes genügt, und wir erkennen das Gesicht sofort wieder.

Wie sieht die eigene Familie aus, der Arbeitgeber, die Kollegen, der Kaufmann? Man weiß es wohl, kann es aber nicht sagen. Es ist unmöglich, ein Gesicht detailliert zu beschreiben, obwohl ein einziges Detail genügt, um die Person in Erinnerung zu bringen.

Der englische Philosoph Michael Polanyi, von dem das Gesichter-Beispiel stammt, hat das Phänomen in den fünfziger Jahren als *tacit knowledge*, stummes Wissen, beschrieben. Das meiste von dem, was wir wissen, können wir nicht sagen. Der schwedische Philosoph Ingvar Johansson resümiert: «Wenn wir unsere Aufmerksamkeit auf ein Gesicht richten, schreibt Polanyi, wenden wir sie gleichzeitig von den Details des Gesichtes ab. Von den Dingen, denen wir unsere Aufmerksamkeit entziehen, besitzen wir stummes Wissen. Wir halten, wenn wir über Wissen verfügen, die Aufmerksamkeit immer auf etwas gerichtet, doch müssen wir sie dann auch von etwas abwenden. Stummes Wissen ist notwendige Voraussetzung für Wissen überhaupt.» [32]

Wesentlich am Konzept des stummen Wissens ist, daß eine Fähigkeit, zum Beispiel die eines Handwerkers, viel mehr Wissen beinhaltet, als durch Worte vermittelbar ist. «Grüne Daumen», also viel Geschick in der Pflege von Pflanzen, bekommen wir nicht durch Lektüre von Instruktionen; grüne Daumen bekommen wir nur, wenn wir sie uns selbst schmutzig machen (und manch einer bekommt sie nie).

Es gibt zahllose solcher Beispiele aus dem Alltag, doch sind sie mindestens ebenso häufig in der Wissenschaft – der Aktivität also, von der zu erwarten wäre, daß sie vor allem auf explizitem Wissen beruht. Der amerikanische Wissenschaftshistoriker Thomas Kuhn hat, von den Erkenntnissen Polanyis ausgehend, 1962 seine berühmte Theorie der *Paradigmen* in der Wissenschaft aufgestellt. Ein wesentlicher Gedanke Kuhns ist, daß eine wissenschaftliche Disziplin ihre eigenen Werte und Normen nicht selbst begründen kann, ganz zu schweigen von ihren Theorien. Man wird Wissenschaftler, indem man Beispiele erlernt und wiederholt. Man rechnet Newtons Physik nach, um das stumme Wissen zu erlernen, man erprobt Mendels Genetik, indem man sie an Beispielen nachvollzieht. Man lernt, indem man mit den

Dingen umgeht, durch die Wiederholung von Handlungen, also nicht durch die von Worten (beim Auswendiglernen werden gerade diejenigen belohnt, die die Fähigkeit haben, Worte zu reproduzieren, ohne daß überprüft wird, ob sie das, was die Worte bedeuten, reproduzieren können).

Der Begriff Paradigma hat in der heutigen Wissenschaftsphilosophie eine andere Bedeutung als zum Zeitpunkt seiner Einführung durch Kuhn. Paradigma bedeutet heute so etwas wie Weltbild, und viele, die von einem neuen Paradigma sprechen, meinen ein neues Weltbild, was auch immer das ist.

Als Kuhn kritisiert wurde, daß er den Begriff Paradigma (eigentlich das griechische Wort für Flexionsmuster) auf 22 verschiedene Arten benutzt habe [33], veränderte er selbst den Sprachgebrauch und unterschied Paradigmen von «Musterbeispielen» *(exemplars)*, «konkreten Problemlösungen, denen die Studenten von Anfang ihrer wissenschaftlichen Ausbildung an begegnen, ob in Laboratorien, in Prüfungen oder am Ende von Kapiteln wissenschaftlicher Lehrbücher»[34].

Ein *exemplar* enthält all das stumme Wissen, von dem die Formeln nichts sagen, es enthält das, was die Symbole *bedeuten*. Es läßt sich nur erfahren, indem man die Symbole praktisch erprobt, sie verwendet, um Information auszusortieren. Wir können nichts lernen, wenn wir nur auf Symbole starren. Sie entfalten ihre Kraft erst dann, wenn sie sich mit dem Geist des lebendigen Menschen vereinigen, der einen Teil der Exformation wiedererschaffen kann, die präsent war, als das Symbol formuliert wurde.

Untersuchungen des *priming*, der subliminalen Wahrnehmung, die das bewußte Erleben beeinflußt, werden inzwischen vorgenommen, um zwischen dem sogenannten impliziten und expliziten Gedächtnis zu unterscheiden [35], Gedächtnis also, das ohne beziehungsweise mit Beteiligung des Bewußtseins funktioniert.

An der Ausführung einer Aufgabe können Gedächtnisinhalte beteiligt sein, die während der Ausführung nicht bewußt präsent sind. Das, woran man sich erinnert, war bewußt (explizit), als es ins Gedächtnis aufgenommen wurde, aber in Momenten späteren Gebrauchs bleibt es implizit.

Der Psychologe John Kihlstrom schreibt über dieses Phänomen: «Die Auswirkungen des impliziten Gedächtnisses entsprechen begrifflich denen subliminaler Wahrnehmung, insofern beide den Einfluß von Ereignissen, die dem bewußten Erleben nicht zugänglich sind, auf Erfahrung, Denken und Handeln offenbaren. Doch sollten die beiden Phänomene unterschieden werden. Im Unterschied zu subliminaler Wahrnehmung waren die Ereignisse, die in das implizite Gedächtnis eingehen, für das Subjekt eindeutig beobachtbar, sie waren Gegenstand der Aufmerksamkeit und zum Zeitpunkt ihres Auftretens im Bewußtsein repräsentiert.»³⁶

Unvollständiges Wort (nach Warrington und Weiskrantz)

Daß Erinnerungen, die man sich nicht mehr bewußt ins Gedächtnis rufen kann, das Verhalten beeinflussen, zeigt sich sehr drastisch bei Menschen, die an schwerer Amnesie leiden. Sie sind zum Beispiel fähig, ein Wort zu erraten, wenn ihnen nur der Anfang dargeboten wird. Der Kranke erinnert sich nicht an seine Kenntnis des Wortes und an deren Herkunft, aber sein Verhalten zeigt, *daß* er es kennt. Tatsächlich geht das heutige Interesse für *priming* auf diese Beobachtung zurück, daß Menschen mit schwerer Amnesie das ganze Wort «erraten» können, wenn ihnen unvollständige Wörter präsentiert werden.[37]

Doch stößt man nicht nur bei Kranken auf dieses Phänomen. Vermutlich ist das implizite Gedächtnis auch im Alltag wirksam.

Das Wiedererkennen von Gesichtern beruht auf Wissen, das wir nicht erklären können. Dieser Gedanke Michael Polanyis bestätigte sich bei Untersuchungen von Kranken, die an *Prosopagnosie* (von griechisch *prosopon*, Gesicht, und *agnosis*, Nichterkennen) litten, der Unfähigkeit, Gesichter wiederzuerkennen, obwohl der Gesichtssinn im übrigen funktioniert.

Man präsentierte zwei dieser Patienten fünfzig Schwarzweißfotos von Gesichtern. Auf zweiundvierzig Bildern waren Personen zu sehen, denen der Kranke noch nie begegnet war, während ihm die übrigen acht Gesichter vertraut sein mußten, da es sich entweder um Angehörige oder um öffentlich bekannte Personen handelte.

Die Patienten erkannten die vertrauten Gesichter nicht wieder. Sie waren nicht in der Lage, zwischen den zweiundvierzig fremden Gesichtern und den acht bekannten zu unterscheiden, jedenfalls nicht mit dem Bewußtsein. Wohl aber mit dem Körper!

Daniel Tranel und Antonio Damasio von der University of Iowa, USA, untersuchten, ob die Patienten sich an die Gesichter erinnerten, maßen darüber hinaus aber auch die elektrische Leitfähigkeit der Haut, um festzustellen, ob sich dort eine Reaktion abzeichnete. Die Methode ist auch unter dem Namen Lügendetektor bekannt, doch stellt die Messung der elektrischen Eigenschaften der Haut ein sehr viel wertvolleres Instrument dar, als es der etwas zweifelhafte Einsatz von Lügendetektoren erkennen läßt.

Die Elektrodermatographie zeigte eindeutig an, daß die Kranken die bekannten Gesichter in irgendeiner Weise wiedererkannten, obwohl dieses Wissen nicht in ihr Bewußtsein gelangte. Die elektrische Leitfähigkeit ihrer Haut veränderte sich, wenn sie bekannte Gesichter sahen, nicht dagegen bei unbekannten, während ihr Bewußtsein keinen Unterschied feststellte.

Tranel und Damasio kommentieren den Befund: «Die Dissoziation zwischen dem fehlenden Erlebnis des Wiedererkennens und der positiven elektrodermalen Identifikation kann bedeuten, daß eine frühe Stufe des physiologischen Wiedererkennungsprozesses bei diesen Patienten noch aktiviert, das Ergebnis dieser Aktivität jedoch dem Bewußtsein nicht zugänglich gemacht wird.»[38]

Tranel und Damasio entwerfen aufgrund einer früheren Untersuchung[39] ein Modell für das Wiedererkennen von Gesichtern, demzufolge die unmittelbare Wahrnehmung eines Gesichts visuelle und andere Erinnerungen wachruft, die mit dem Gesicht in Verbindung stehen. Erst danach tritt das bewußte Erleben ein. Es handelt sich also um eine Reihenfolge, die dem Schema Sinneswahrnehmung, Simulieren, Erleben entspricht.

Der Körper erinnert Gesichter besser als das Bewußtsein – jedenfalls bei diesen Patienten. Aber erleben wir selbst nicht auch manchmal etwas Ähnliches? Wenn das der Fall ist und dieses Wissen allgemeine Verbreitung findet, wird es vielleicht einmal möglich sein zu sagen: «Ich weiß, daß ich dich schon einmal gesehen habe, aber ich kann mich nicht erinnern, wer du bist» – ohne daß es als Beleidigung aufgefaßt werden muß.

Das ist natürlich auch ein alter Trick von Schürzenjägern: «Wo haben wir uns schon einmal gesehen?» Der Schürzenjäger aber dürfte eher eine charakteristische Veränderung der elektrischen Leitfähigkeit der Haut als eine Erinnerung an das Gesicht erleben, das er erblickt.

Angesichts dieser Erfahrungen stellt sich die Frage: Welche Bedeutung hat das bewußte Ich für das Lernen und unsere Fähigkeiten? Spielt es überhaupt eine Rolle, wenn das Radfahren ebenso wie wissenschaftliche Experimente und das Abwaschen auf Routine beruhen, die nicht bewußt ist?

Die Funktion des Ich beim Lernen besteht darin, daß es das Nichtbewußte, das Selbst, dazu zwingt, zu trainieren, sich zu üben oder überhaupt aufmerksam zu sein. Das Ich ist eine Art Auftraggeber, der dem Selbst sagt, was es zu üben hat. Es ist der Sekretär des Selbst.

Während eines solchen vom Ich gelenkten Lernprozesses ist die Leistung nicht sehr gut. Es ist schwer, radfahren oder eine neue Sprache sprechen zu lernen, und es wird nicht leichter dadurch, daß wir uns dessen bewußt sind, während wir etwas zu lernen versuchen, schon gar nicht, wenn wir uns bewußt machen, daß es anderen bewußt ist, daß wir es zu lernen versuchen, und wir somit nicht nur den eigenen, sondern auch die Blicke anderer auf uns gerichtet wissen.

Das Bewußtsein ist störend beim Lernen wie auch beim Ausüben von Fähigkeiten; deshalb können Überforderung und Gebetssprüche, wie im letzten Kapitel beschrieben, nützliche Hilfen sein.

Der Nutzen von Bewußtsein und Ich besteht darin, daß sie in der Lage sind, einen Zusammenhang zu überblicken und den Zweck einer Tätigkeit zu erkennen, zu der wir keine Lust haben, zum Beispiel des Übens. Das Ich kann also die Ursache der Freude sein, die im Selbst aufkommt, wenn wir etwas tun, bei dem wir uns sicher fühlen. Das Gefühl der Sicherheit kommt ja daher, daß wir die Tätigkeit schon in Situationen ausgeübt haben, in denen wir uns nicht so sicher fühlten. Das Ich ist der Sitz der Disziplin, obwohl es sehr wenige Bits pro Sekunde verarbeitet.

Die wirkliche Stärke des Ich macht sich aber erst geltend, wenn es sich demütig zeigt gegenüber dem Selbst, das so viel mehr kann, weil seine Bandbreite um ein Vielfaches größer ist. Das Bewußtsein ist ein wunderbares Instrument, wenn es seine eigenen Grenzen kennt.

Und in der Regel kennt es seine Grenzen, zum Beispiel wenn wir fernsehen. Wir haben schon gesehen, wie schockiert der Ingenieur John Pierce von der Telefongesellschaft AT&T Anfang der sechziger Jahre darüber war, daß die bewußte Bandbreite des Menschen nicht mehr als höchstens 50 bit/Sek. beträgt. Warum, fragte er, produzieren wir dann Fernsehsendungen mit Millionen bit/Sek.?

Die Antwort ist natürlich, daß wir nicht nur mit dem Bewußtsein fernsehen. Das bewußte Ich erfaßt nur wenig von dem, was bei einer Fernsehsendung oder einem Film abläuft. Es kann nicht anders, denn die Bandbreite des Ich ist zu gering. Es wird (im Prinzip) sehr viel mehr Information gesendet, als wir begreifen können.

In der Praxis zeigt sich dies darin, daß jede einzelne Minute eines Filmstreifens von Cutter und Regisseur stundenlang «redigiert» wird. Manchmal brauchen sie ganze Tage für eine einzelne Sequenz von wenigen Sekunden Dauer. Sie müssen zu einer Vielzahl von Informationen Stellung nehmen, zu den einzelnen Bildschnitten, dem Rhythmus der Schnitte, dem Sprechtext, dem Klangbild – und das oft in mehreren Schichten.

Doch schon bevor man sich in den Schneideraum begibt, sind zahlreiche Entscheidungen getroffen worden. Wie muß das Licht bei der Aufnahme sein? Hart oder weich, warm oder kalt? Wird eine Person oder Szene aus der Nähe oder aus der Distanz, von oben oder unten aufgenommen? Bewegt sich die Kamera? Bewegt sich der Fokus? In welchem Verhältnis steht das Vordergrund- zum Hintergrundgeräusch? Und so weiter.

Wenn man an bewegten Bildern arbeitet, braucht man oft Tage für Einzelheiten, von denen man weiß, daß sie dem Publikum nicht bewußt sein werden – gerade darauf kommt es an: daß die Zuschauer sich ihrer nicht bewußt werden, obwohl sie sie durchaus wahrnehmen.

Für eine gute Produktion ist die Liebe zum Detail kennzeichnend. Jede Kameraeinstellung, jeder Schnitt, jeder Ton ist bewußt und fügt sich musikalisch in ein Ganzes ein. Der Film wird dann als unablässig fließender Erzählstrom erlebt, der auf vielen verschiedenen Ebenen das gleiche zum Ausdruck bringt.

Qualität hat bei Filmen mit Details zu tun, die das Publikum nicht bewußt erlebt und dennoch unterhalb der bewußten Wahrnehmung spürt. Worin aber die Qualität eigentlich besteht, kann man mit Worten nur erklären, wenn man selber Filme macht. Das gilt im Prinzip für jedes Handwerk und für alle Fähigkeiten: Nur wenn wir es selbst ausprobiert, und das heißt, viele Jahre lang Bewußtsein darauf verwendet haben, können wir es in Worte fassen und uns bewußt sein, was Qualität ist.

Es gilt aber festzuhalten, daß das Erlebnis von Qualität nicht davon abhängt, ob es bewußt ist! Die meisten Menschen finden, daß die Musik von Bach, den Beatles und Bob Dylan von hoher Qualität ist. Das bedeutet jedoch nicht, daß sie einen Vortrag über die mathematische Struktur in Bachs Orgelwerken halten können (und manche, die dazu in der Lage sind, haben vielleicht Mühe, die Musik zu erleben). Wenn die Wirkung der Kunst darin besteht, ein gutes Erlebnis mit guten Gedanken, Gefühlen und Stimmungen entstehen zu lassen, ist es nicht so wichtig, wovon die Wirkung abhängt – es sei denn, man will selbst der Künstler sein.

Künstler, Handwerker, Forscher – alle Menschen entfalten bei ihrer Arbeit ein großes stummes Wissen, was welche Wirkung auf die Menschen hat. Das stumme Wissen ist eine notwendige Voraussetzung der Fähigkeit, in guter Qualität zu kommunizieren, doch muß dies nicht notwendigerweise vom Empfänger erlebt werden.

Jeder routinierte Schlagerkomponist weiß, welche Saiten er zum Klingen bringen muß, damit eine Melodie Siegeschancen beim Grand Prix hat. Wer das stumme handwerkliche Wissen ausnutzt, um Wirkung zu erzielen, ohne etwas von sich selbst vermitteln zu wollen, erzeugt leicht Klischeekunst und Pop. Künstlerischer Ausdruck balanciert zwischen «dem sicheren Hit» und dem tiefen Gefühl.

Die Exformation, die einem Fernsehfilm oder einem anderen Kommunikationsprodukt zugrunde liegt, ist sehr viel größer als die Information, die in ihm enthalten ist. Die meisten Konsumenten erleben die Exformation nicht bewußt, aber sie ist da und wirkt.

«Sehen Sie einen Film oder eine Fernsehsendung aus so großer Entfernung, daß Sie weder den Ton hören noch die Gesichter erkennen, werden Sie mit großer Sicherheit ein abgehacktes Stakkato erblicken, dessen man sich nicht bewußt ist, wenn man dem Film aus der Nähe zuschaut.»[40]

Das Zitat stammt nicht aus dem Handbuch der Fernsehproduktion, sondern aus einer Vortragsreihe zum Thema *Images and understanding*, Bilder und Verstehen, die 1986 von der gelehrten britischen Royal Society veranstaltet wurde. Die meisten Beiträge dieser Reihe befaßten sich mit der Frage, was man auf naturwissenschaftlicher Grundlage über das Sehen und die Wahrnehmungen des Gesichtssinnes weiß, doch einer der Referenten, Jonathan Miller, widmete seinen Vortrag dem Film. «Je erfolgreicher ein Cutter ist», erklärte er, «das heißt, je mehr Übung er hat, desto schwerer ist zu erkennen, wieviel Geschick in das Ergebnis eingeflossen ist.»[41]

Man könnte es als eine Art Zen des Filmschnitts bezeichnen: Je mehr Arbeit in etwas hineingelegt wird, desto weniger ist davon zu sehen, was darauf hinausläuft, daß das Publikum die Umstände nicht bemerkt, aber die Botschaft versteht. Jonathan Miller ging es jedoch vor allem darum, daß Filmcutter mehr als andere darüber wissen, wie Menschen Bilder sehen. Es gibt eine Reihe mehr oder weniger klarer Regeln, wie Bilder zusammengesetzt sein müssen, damit sie den Menschen glaubhaft erscheinen. Zwei Personen, die in einer Reportage zusammengeschnitten werden, müssen sich in Blickrichtung zueinander befinden, auch wenn die beiden Aufnahmen aus ganz verschiedenen Situationen stammen. Sie müssen nach links beziehungsweise nach rechts schauen, da der Zuschauer der Nachrichtensendung andernfalls das merkwürdige Gefühl hat, daß sie gar nicht miteinander sprechen können (was vielleicht auch der Fall ist).

Jonathan Millers Gedanke ist, daß es sich zu untersuchen lohnt, was Cutter über das menschliche Sehen wissen – nicht um selber Filme zu machen, sondern um das Sehen zu verstehen. Die Tricks der Cutter funktionieren ja, weil sie auf Menschen wirken, die diese Prinzipien nicht kennen. Die Cutter machen sich ein stummes Wissen über das Abbilden von Szenen nach Regeln zunutze, die dem menschlichen Sehen zugrunde liegen (oder kulturell erworbene Codes darstellen, die die meisten von uns unbewußt verstehen, auch wenn wir nie etwas von ihnen gehört haben; eine Szene wird von uns als Abend- oder Nachtszene erlebt – auch wenn wir nichts von dieser kulturell eingeübten Gewohnheit wissen).

Die «Sehforscher» können deshalb viel von den Cuttern lernen, vorausgesetzt, sie sind sich nicht zu fein dazu. Historisch gesehen sind weitaus die meisten großen wissenschaftlichen Fortschritte praktischen Kenntnissen zu verdanken, die der Theoriebildung weit voraus waren. Dampfmaschinen waren längst in Betrieb, ehe die Thermodynamik ihre Arbeitsweise in Begriffe faßte, Krankheiten wurden geheilt, lange bevor die Ärzte behaupteten, sie wüßten, wie sie zu heilen seien, und telefoniert wurde schon, bevor Claude Shannon seine Informationstheorie aufstellte.

Generell läßt sich Wissenschaft als Artikulation und Explikation eines Wissens verstehen, das in der Praxis bereits ausgeübt wird. Die Wissenschaft beschreibt Fähigkeiten, die sich dann aufgrund der Beschreibung weiterentwickeln lassen, so daß neue und überraschende Aspekte sichtbar werden – Gelände, das auf der Karte nicht verzeichnet war.

Diese Auffassung läuft keineswegs auf eine Geringschätzung der Wissenschaft hinaus. Wissenschaft faßt in Begriffe, was wir bereits über die Welt wissen, uns aber noch nicht mitteilen konnten. In der schönen Formulierung Jonathan Millers: «Eine wichtige Informationsquelle ist die intuitive Kunde, an der die Cutter teilhaben, nur hat sich bis jetzt niemand bemüht, dieses Wissen explizit zu machen.»[42]

Vielleicht wird die Bewußtseins- und Kommunikationsforschung kommender Jahrhunderte genausoviel von Schauspielern, Rundfunkproduzenten und Cuttern lernen wie die Wissenschaft von Energie und Wärme in früheren Jahrhunderten von Kesselschmieden und Köhlern gelernt hat...

«Alle Wissenschaft ist nur eine Verfeinerung des Denkens des Alltags»[43], schrieb Albert Einstein 1936 in seinem Artikel «Physik und Realität», zu dem er sich durch die Diskussionen mit Niels Bohr über die moderne Atomphysik herausgefordert sah. Wie die Quantenmechanik gezeigt hatte, ist es schwierig, die Welt zu beschreiben, ohne darauf zu verweisen, daß man sie beschreibt. Einstein gab nicht viel auf diese Auffassung, die von Niels Bohr sehr nachdrücklich verfochten wurde.

Einstein ging es darum, «daß die kritische Besinnung des Physikers sich nicht auf die Untersuchung der Begriffe seiner besonderen Wissenschaft beschränken kann, sondern daß er an der kritischen Betrachtung des viel schwieriger zu analysierenden Denkens des Alltags nicht achtlos vorbeigehen kann»[44].

Das war nicht nur eine höfliche Verbeugung des gefeierten Forschers vor der Welt; der Alltag ist tatsächlich viel verwickelter als die Domäne der Wissenschaft, denn deren Trick besteht gerade darin, von all dem, was man ohnehin nicht in den Griff bekommt, abzusehen.

Dennoch machen sich der Alltag und seine Sprache im wissenschaftlichen Denken geltend, auch wenn dieses sich mit viel einfacheren Problemen als denen des Alltags beschäftigt. Daß die Alltagswelt im Vergleich zu der der Wissenschaft wesentlich mehr *Tiefe* besitzt, darüber waren Niels Bohr und Einstein durchaus einer Meinung: «Wir hängen derart in der Sprache», betonte Bohr, «daß wir nicht sagen können, was oben und unten ist.»[45] Seine Auffassung war, daß die Wissenschaft letztlich von dem handelt, worüber wir in unzweideutiger Weise sprechen können.

Das, worüber wir in unzweideutiger Weise sprechen können, ist jedoch nicht viel, wenn man es mit dem vergleicht, was wir erleben, erfahren und denken, ganz zu schweigen von dem, was wir fühlen. Die Wissenschaft ist ein kollektives Projekt, das darauf hinausläuft, die Welt so zu erkennen, daß wir uns verbal über sie verständigen können. Eine Erkenntnis ist erst dann eine wissenschaftliche, wenn sie so vermittelt wird, daß andere sie wiederholen können, also in unzweideutiger Weise.

Diesem Vorbehalt sind andere menschliche Erkenntnisaktivitäten nicht unterworfen. Auch Kunst handelt von etwas, das wir uns mitteilen können, jedoch wird es nicht in unzweideutiger Weise mitgeteilt. Deshalb unterliegen diese anderen Erkenntnisaktivitäten auch nicht der massiven Forderung der «Aussagbarkeit», die die Wissenschaft kennzeichnet.

Aufgrund dieser Forderung aber kann sich die Wissenschaft nicht einfach von der Alltagssprache lösen, sobald es um Erkenntnisse geht, die sich mit ihren Mitteln schwer ausdrücken lassen, wie zum Beispiel der Umstand, daß Teilchen gleichzeitig die Eigenschaften von Wellen und Korpuskeln besitzen. Zwar erscheint der Sprachgebrauch der Wissenschaft häufig fremdartig, die Prämisse ist aber immer, daß eine neue Generation von Wissenschaftlern diese Zeichen und Symbole als unzweideutige Sprache erlernen kann und daß zehn Jahre an der Universität genügen, um zu wissen, wovon die Rede ist.

Man lernt ein bestimmtes Wort nicht zwangsläufig dadurch, daß man lange und gründlich darüber nachdenkt, sondern wohl eher, indem man es anwendet. «Strenggenommen steht ja die bewußte Analyse eines jeden Begriffes in einem ausschließenden Verhältnis zu seiner unmittelbaren Anwendung», schrieb Bohr.[46]

Deshalb besteht eine wissenschaftliche Ausbildung darin, sich durch zahlreiche Beispiele von Experimenten, Berechnungen und Argumentationen hindurchzuarbeiten, um sich das Wissen anzueignen, was die anderen mit diesen Aktivitäten meinen. In unzweideutiger, aber nicht notwendig bewußter Weise: Alle, die einen bestimmten Versuch machen, gelangen zum gleichen Ergebnis, auch wenn nicht alle Details ganz identisch sind oder sein können.

Zwischen bewußtem Lernen und nichtbewußten Fähigkeiten besteht in der Wissenschaft eine ähnliche Beziehung wie beim Ballett. Es geht darum, hart zu arbeiten, um etwas zu lernen, von dem man letzten Endes nicht sagen kann, was es ist, und das man dennoch mit vielen anderen teilen kann.

Da unser Alltagswissen nicht trivial, sondern sehr tief ist, können wir uns nicht von ihm befreien, sondern müssen unsere Erkenntnis immer auf es zurückführen. Dieses *Rückführungspro-*

blem ist das eigentliche Problem der Philosophie der Atomphysik: Wir hängen in der Sprache, aber sie kann nicht sagen, was wir sagen wollen.[47]

Wir können uns von der Sprache nicht lösen, denn dann wären wir nicht in der Lage, miteinander zu reden. Aber wir können auch nicht sagen, was wir sagen wollen, denn wir können uns nur durch die Sprache verständigen.

Das Rückführungsproblem der Wissenschaft wurzelt also in der allgemeineren Tatsache, daß die Bandbreite der Sprache viel geringer ist als die der Sinneswahrnehmung. Das meiste von dem, was wir über die Welt wissen, können wir einander nicht sagen.

Das Problem der Quantenphysik ist nur die verschärfte Version des allgemeineren Problems, daß unsere sprachlich-soziale Gemeinschaft auf dem Austausch über eine Bandbreite von 16 bit/Sek. beruht. Unsere unmittelbar-natürliche Gemeinschaft mit der Welt aber beruht auf dem Austausch über eine Bandbreite von vielen Millionen bit/Sek.

Deshalb können wir über das Wesentliche nur sprechen, indem wir nicht sprechen, sondern handeln. Wir können einander die Dinge zeigen, sie gemeinsam spüren, von den grünen Daumen der anderen lernen, können uns unserer und anderer Fähigkeiten freuen. Aber wir können einander nicht im einzelnen darüber berichten.

Das Ich sagt zwar: «Ich kann radfahren», aber das kann es in Wahrheit nicht. Das Selbst kann es.

Lao-Tse, der chinesische Weise, der den Taoismus begründete, sagte, als er sich zum Sterben in die Berge zurückzog: «Ein Wissender redet nicht; ein Redender weiß nicht.»[48]

Kapitel 12
Der Ursprung des Bewußtseins

Vor hundert Jahren, als die Psychologie die Introspektion noch ernst nahm, schrieb der Philosoph und Psychologe William James: «Die universelle bewußte Tatsache ist nicht, daß ‹Gefühle und Gedanken existieren›, sondern ‹Ich denke› und ‹Ich fühle›.»[1] Das bewußte Ich ist das Unmittelbarste, was wir erleben. Es geht allen anderen Erlebnissen voraus. Es ist der Punkt, von dem ein jeder die Welt sieht, die ihn erschaffen hat.

Woher aber kommt das Ich selbst?

1976 stellte der amerikanische Psychologe Julian Jaynes die schockierende Theorie zur Diskussion, die Menschen hätten vor dreitausend Jahren kein Bewußtsein gehabt. «Wenn es richtig ist, was ich bisher gesagt habe», schreibt er, «dann ist es durchaus möglich, daß zu irgendeiner Zeit einmal Menschen gelebt haben, die sprachen, urteilten, Schlüsse zogen und Probleme lösten, ja, die so gut wie alles, was wir tun, zu tun vermochten, die aber nicht das geringste Bewußtsein besaßen.»[2]

Die großen Erzählungen des alten Griechenland, die *Ilias* und *Odyssee* des Homer, handeln von Menschen, die kein Bewußtsein haben; sie sind wie Automaten und agieren auf Geheiß von Stimmen, die zu ihnen sprechen. Vor allem die *Odyssee* aber entstand in einer Periode, in der das Bewußtsein das Leben der Menschen mehr und mehr zu prägen begann. Der Ursprung des Bewußtseins sei ein historischer Prozeß, behauptet Jaynes, der sich in den überlieferten Zeugnissen der ältesten Zivilisationen verfolgen lasse.

Bewußtsein, so erklärt er, sei für die Lebensfunktion des Menschen nicht so unabdingbar notwendig, wie wir glauben. Es sei eine relativ junge Erfindung. Der Ich-Begriff sei ein Bestandteil dieses historischen Produktes. Bewußtsein und Ich-Begriff seien historisch entstanden und historisch veränderbar.

Julian Jaynes' Theorie erregte Aufsehen und Widerspruch, denn sie entzieht unserem Begriff des Bewußtseins das Fundament und deutet darüber hinaus eine lange Reihe von Ereignissen in historischer Zeit neu. Jaynes liefert in seinem Buch eine ungewohnte Interpretation der Geschichte des Menschen mit dem Ursprung des Bewußtseins als Hauptthema.

Danach existierte in sehr alter Zeit, vor mehr als dreitausend Jahren, kein Bewußtsein, kein Ich-Begriff, keine Vorstellung davon, daß der Mensch einen mentalen Raum in sich habe. Damit soll nicht gesagt sein, daß es keine sozialen Strukturen, keine Erkenntnisse oder keine Sprache gab; jedoch wurden die Handlungen des Menschen ganz anders aufgefaßt. Nach diesem Verständnis handelte der Mensch auf Geheiß der Götter, nicht aufgrund eigener Regungen. Gefühle, Triebe und Entschlüsse waren Ergebnis göttlichen Wirkens im Menschen.

Möglich war das nach Jaynes' Auffassung dadurch, daß die menschliche Psyche aus zwei «Kammern» bestand, die der rechten und der linken Hirnhemisphäre entsprechen. Die nonverbale Aktivität der rechten Gehirnhälfte teilte sich der linken in Form von Stimmen mit, die im Kopf des Menschen sprachen. Ebenso wie schizophrene Patienten Stimmen hören können, wo keine sind, konnten diese Menschen Stimmen der Götter in sich vernehmen, so daß sie wußten, was sie zu tun hatten. Mittels der *bikameralen Psyche* sprach die soziale Ordnung in Form von Götterstimmen zum Individuum. Heute nennt man derartige Stimmen Halluzinationen.

Der wesentliche Unterschied zum Menschenbild unserer Zeit besteht darin, daß im Kopf der Menschen keine selbständig reflektierende Aktivität stattfand. Bewußtsein und Entschlüsse gab es nicht, dieser Dinge nahmen sich die Götter an. In alter Zeit hießen sie *Dämonen*.

Der Mensch besaß keinerlei freien Willen, er besaß noch nicht einmal Willen im heutigen Sinne. «Tatsächlich hatten jene Menschen kein Bewußtsein, wie wir es haben; sie waren demnach für das, was sie taten, nicht verantwortlich, so daß nichts von allem, was sie über diese langen Jahrtausende hin taten und ausrichteten, ihnen als Verdienst oder Schuld angerechnet werden kann», schreibt Jaynes.[3]

Wie aber war das möglich? Wie konnten Menschen ganz ohne Bewußtsein Städte, Schiffe und Straßen bauen? Wie konnten sie überhaupt ohne Bewußtsein funktionieren?

In Wirklichkeit ist dies nicht schwer nachzuvollziehen, obwohl der Gedanke befremdlich klingt. Denken Sie an eine Radtour oder eine Fahrt mit dem Auto durch die Stadt, denken Sie an etwas, das mit viel Routine verbunden ist, zum Beispiel die Fahrt zur Arbeit oder zu Ihrem Lebensmittelgeschäft. Der typische Verlauf einer solchen Tour ist, daß wir fahren und nicht sehr aufmerksam auf den Verkehr achten, daß wir vielleicht daran denken, was sein wird, wenn wir angekommen sind, oder an das derzeitige Wetter oder etwas ganz Fernliegendes. Die Fahrt selbst findet im großen und ganzen von allein statt; wir haben Zeit, die Gedanken wandern zu lassen, während Beine und Arme den Rest erledigen. Natürlich haben wir bei einer solchen Fahrt durch die Stadt Kontakt mit dem Verkehr, wir denken aber wiederum auch an andere Dinge. Viele Funktionen laufen ab, ohne daß wir uns ihrer bewußt sind; wir haben etwas anderes im Kopf, das Bewußtsein ist anderweitig beschäftigt.

«Ziehen Sie nun von dem Ganzen einfach das Bewußtsein ab, dann haben Sie eine Vorstellung davon, was es heißt, ein bikameraler Mensch zu sein», schreibt Jaynes.[4]

Da wir in der Regel an etwas anderes denken als an das, was wir tun, bedeutet das Bewußtsein für unser normales Funktionieren wenig. Wäre es nicht so, könnten wir ja nicht, während wir etwas tun, an etwas anderes denken.

Ein Mensch ohne Bewußtsein ist also genauso wie wir, nur ohne den fortlaufenden Gedankenstrom, der mit etwas anderem beschäftigt ist. Ein Unterschied macht sich nur dann bemerkbar, wenn etwas Unerwartetes oder Problematisches geschieht, zum Beispiel wenn ein Verkehrschaos entsteht. Der moderne Mensch ist dann zur Aufmerksamkeit gezwungen, er muß sich bewußt sein, was geschieht und was zu tun ist. Ein Mensch mit einer bikameralen Psyche hingegen müßte auf Instruktionen der Götter warten, auf eine innere Stimme, die ihm sagt, was er tun muß. Die Erfahrungen des Lebens würden sich nicht durch bewußtes Gedächtnis und Reflexion ausdrücken, sondern durch die Stimme der Götter aus dem Nichtbewußten.

Man kann tatsächlich ohne Ich-Bewußtsein funktionieren, was bei der Mehrzahl der Menschen auch die meiste Zeit der Fall ist. Wir wissen es nur nicht, denn währenddessen ist es uns nicht bewußt. Wir können uns nicht bewußt sein, daß wir nicht bewußt sind. Nur das Bewußte ist bewußt.

«Alle Götter [sind] einerseits nichts weiter als ein bloßer Nebeneffekt der Sprachevolution, andererseits zugleich aber auch die bemerkenswerteste Hervorbringung der Evolution des Lebens seit Entstehung des Homo sapiens. Das alles sollte nicht als poetische Rhetorik verstanden werden», schreibt Jaynes. «Keineswegs waren die Götter ‹figmenta imaginationis›, Fiktionen aus irgendeines Menschen Einbildungskraft. Sie *waren* des Menschen Wollen.»[5]

Auf Dauer aber konnte es so nicht funktionieren, und es endete damit, daß die Götter die Menschen verließen.

«Mein Gott hat mich verlassen und entschwand», heißt es in einer der ältesten mesopotamischen Schriften, die uns überliefert sind. «Meine Göttin hat mich im Stich gelassen und hält sich fern. Der gute Engel, der mir zur Seite schritt, ist auf und davon.»[6]

Es herrschten schwere Zeiten im vorletzten Jahrtausend vor unserer Zeitrechnung (2000 bis 1000 vor Christus). Naturkatastrophen, Kriege und Völkerwanderungen verursachten in den Zivilisationen des Mittleren Ostens Aufbrüche und Zusammenbrüche. Die Menschen lernten andere Völkerschaften kennen, die Schriftsprache schwächte die Macht der Rede, die archaischen Er-

Die Stimmen der Götter **447**

Odyssee: Das Auge des einäugigen Zyklopen sitzt dort, wo sich beim Menschen nach Auffassung einiger Kulturen das sogenannte dritte Auge befindet, das als Sitz der intuitiven Wahrnehmung gilt.

fahrungen, die die Stimmen der Götter zum Ausdruck gebracht hatten, waren zu alt geworden – die Welt veränderte sich.

Die bikamerale Psyche brach zusammen, und ein gewaltiger kultureller Wandel führte, so Jaynes' Theorie, zur Entstehung von Bewußtsein.

Es ist kein neuer Ansatz, die klassischen Werke der griechischen Literatur als Zeugnisse der strukturellen Entwicklung menschlichen Denkens zu lesen. Die Psychoanalyse wendet diese Betrachtungsweise seit langem an; Freud zum Beispiel analysierte die Mythen von Oidipus (der seinen Vater ermordete, um seine Mutter zu besitzen) und Narkissos (der sich in sein eigenes Spiegelbild verliebte).

In der von C. G. Jung begründeten psychoanalytischen Tradition beschrieb Erich Neumann schon 1949 die *Odyssee* als Schlüsseldokument über den Ursprung des Bewußtseins. Die *Odyssee* berichtet von Odysseus, König von Ithaka, und seinen Abenteuern auf der Heimreise von Troia. Im Krieg um Troia hatte er unter anderem den zum Sieg führenden Einfall gehabt, Soldaten mittels eines hölzernen Pferdes in die belagerte Stadt zu schmuggeln. Da er Poseidon, den Gott des Meeres, gekränkt hat, bekommt er auf der Heimreise allerlei Probleme. Sie haben häufig den Charakter von Versuchungen – der Gesang der Sirenen, die Liebe der Nymphe Kalypso, die verführerische Zauberin Kirke, die Männer gern in Schweine verwandelt –, die er dank seiner Willenskraft und seines Heldenmuts überwindet.

Der amerikanische Historiker Morris Berman referiert Neumanns Deutung: «Immer wieder erlebte Odysseus eine enorme Anziehung der großen, unbewußten, undifferenzierten weiblichen Kraft, die Lust, sich mit ihr zu vereinigen oder zu verschmelzen; die Lust, nicht bewußt zu sein, wie er es einmal als sehr junger Mensch oder als Fötus gewesen war. Zum Helden aber wird er dadurch, daß er dieser Versuchung widersteht. Er hat kein Interesse an der dunklen Energie des Unbewußten. Sein Sieg über sie wird symbolisiert durch die Blendung des Zyklopen, dessen Auge das ‹dritte Auge› der intuitiven Erkenntnis repräsentiert.»

Berman fährt fort: «Mit der Geburt des Helden, die in Wirklichkeit die Geburt des Ego ist, wird die Welt ambivalent. Sie spaltet sich in maskulin und feminin, schwarz und weiß, links und rechts, Gott und Teufel, Ego und unbewußt; dies ist das Drama, das (laut Neumann) alle Kulturen auskämpfen müssen.»[7]

Die *Odyssee* aber ist nur der Bericht vom ersten Aufkommen des Bewußtseins und von den Versuchungen durch das Unbewußte, denen es sich ausgesetzt sieht. Jaynes datiert den Ursprung des Bewußtseins historisch präzise auf die Ära des griechischen Politikers Solon von Athen, der von 640 bis 560 vor unserer Zeitrechnung lebte. Solon führte im gleichen Jahrhundert, in dem Denker wie Thales, Anaximander und Pythagoras die griechische Philosophie begründeten, in Athen die Demokratie ein.

Aus den überlieferten Quellen wissen wir, daß Solon das griechische Wort *noos* (in späterer Schreibweise *nous*) als Ausdruck für einen subjektiven geistigen Raum im Menschen benutzte. Einer der Lehrsätze, die ihm, zugleich aber auch anderen zeitgenössischen griechischen Denkern zugeschrieben werden, ist das berühmte «Kenne dich selbst» – ein Satz, der nur Sinn ergibt, wenn man einen Begriff von sich selbst von außen gesehen hat. Sich selbst von außen zu sehen ist eine fortgeschrittene geistige Operation, die eine Vorstellung davon voraussetzt, wer man ist.

Julian Jaynes findet Anzeichen für den Ursprung des Bewußtseins in vielen Zivilisationen. *Ilias* und *Odyssee* beschreiben den beginnenden Übergang. Der *Veda*, eine der ältesten religiösen Schriften der Inder, stammt aus der bikameralen Zeit, während die *Upanishaden* subjektbezogen sind. Bei den Chinesen ist aus der bikameralen Zeit fast nichts erhalten und bei den Ägyptern ebenfalls nur wenig.

Von den schriftlichen Zeugnissen über die erstaunlich zahlreichen kulturellen Umwälzungen, die ungefähr ein halbes Jahrtausend vor Beginn unserer Zeitrechnung in vielen verschiedenen Zivilisationen gleichzeitig stattfanden, enthält nach Jaynes das Alte Testament die beste Beschreibung vom Ursprung des Bewußtseins. Dort wird die ganze lange Geschichte vom Verschwinden der Götter bis zum Einzug des Bewußtseins in die menschliche Seele nacherzählt.

Bezeichnenderweise ist die Religion des Alten Testaments monotheistisch: Es gibt nur einen Gott. Religionen mit vielen Göttern entsprechen der bikameralen Psyche, Religionen mit nur einem Gott dem bewußten Geist.

Der große Unterschied zwischen dem Heidentum mit seinen vielen Göttern und dem Monotheismus besteht weniger in Aberglaube, Halluzinationen oder kultischen Tänzen als in dem Begriff davon, wer das Subjekt menschlichen Handelns ist.

Vor der Zeit des Bewußtseins, in der Periode der bikameralen Psyche, hatte der Mensch weder einen freien Willen noch überhaupt einen Willen. Der freie Wille des Menschen kam mit dem Bewußtsein – jedenfalls in gewissem Umfang. Es entstand das Problem der Moral; Moses stieg mit den Gesetzestafeln und den Zehn Geboten Gottes vom Berg Sinai herab.

Plötzlich galt es darüber nachzudenken, wie der Mensch zu handeln habe. Den großen Kontrast zwischen dem «Kenne dich selbst» und moralischen Vorschriften einerseits und der Verantwortungsfreiheit der bikameralen Psyche andererseits beschreibt Jaynes folgendermaßen: «Ein altes sumerisches Sprichwort lautet in moderner Übersetzung: ‹Handle unverzüglich, mach deinem Gott Vergnügen.› Sehen wir einen Moment lang davon ab, daß die beziehungsreichen Wörter unserer Sprache nur eine tastende Annäherung an sehr viel weniger aufgeschlüsselte sumerische Gegebenheiten zu liefern vermögen, so können wir die Verständnisbrücke zwischen dieser seltsamen Aufforderung und unserer eigenen subjektiven Mentalität in folgender Lesart finden: ‹Denke nicht nach: laß keinen Zeit-Raum sein zwischen dem Hören deiner bikameralen Stimme und der Ausführung dessen, was sie dich tun heißt.›» [8]

In dem alten Zitat klingt die Ahnung nach, daß der Mensch sich mit sich selbst am wohlsten fühlt, wenn er frei und ohne Intervention des Bewußtseins handeln darf.

Übersetzt in den Sprachgebrauch dieses Buches lautet das sumerisches Sprichwort: «Vermeide Vetos – mache deinem Selbst Vergnügen.» Aber natürlich beinhaltet diese Übersetzung einen enormen Bedeutungswandel, denn wir heutigen Menschen vernehmen die Stimmen der Götter nicht (und wer sie hört, wird eingesperrt). Nicht einer inneren Stimme gilt es zu folgen; es geht darum, ohne allzuviel Beteiligung des Bewußtseins und vorhergehende Reflexion zu handeln.

Die Forderung selbst – handle ohne bewußtes Nachdenken – aber war für die alten Sumerer sicher nicht weniger absurd, als sie es heute ist, wenn man sie aus dem Zusammenhang löst und zu einer Lebensregel an sich macht.

Im Laufe des Übergangs von der bikameralen zur bewußten Psyche gab es eine ganze Reihe von Zwischenformen. Die Zahl der Menschen, in denen die Stimmen der Götter sprachen, nahm allmählich ab, und immer mehr Ratsuchende hingen an den Lippen derer, die sie noch zu hören vermochten.

«Nach dem Zusammenbruch der bikameralen Psyche blieb die Befragung des Orakels in Griechenland über ein Jahrtausend lang der Königsweg, um in wichtigen Fragen zu einer Entscheidung zu kommen», schreibt Jaynes.[9] In Delphi, der Stätte des berühmtesten Orakels, waltete eine junge Frau ihres Amtes, indem sie mit «rasendem Munde» und verdrehten Bewegungen auf die Fragen Antwort gab, die ihr gestellt wurden. Die Fragen betrafen keine Kleinigkeiten, sondern es ging um Kolonien, Kriege, Gesetze, Hunger, Musik und Kunst. Bemerkenswert ist, daß die Priesterin ihre Antwort umgehend gab, ohne Nachdenken und ohne Unterbrechung. Jaynes stellt sogleich die Frage: «Wie reimt man es sich zusammen, daß irgendeine Unschuld vom Lande, die keine besonderen Voraussetzungen mitbringen mußte, dazu ausgebildet werden konnte, sich in einen psychischen Zustand zu versetzen, in dem sie *spontan* weltbewegende Entscheidungen zu treffen vermochte?»[10]

Man kann darüber diskutieren, wie ungebildet die Delphischen Orakel tatsächlich waren. Aristoxenos, Schüler des Aristoteles und Verfasser einer Pythagoras-Biographie, berichtet zum Beispiel, Pythagoras habe die meisten seiner ethischen Maximen von der delphischen Priesterin Themistokleia erhalten.[11] Auch wäre zu diskutieren, wie konkret die Antworten der jungen Priesterinnen waren. Heraklit, ein anderer großer griechischer Philosoph, schreibt: «Der Herrscher [Herr], dem das Orakel in Delphi gehört, verkündet nichts und verbirgt nichts, sondern er deutet nur an.»[12] Die jungen Frauen sprachen also in Andeutungen, die erst gedeutet werden mußten, bevor sie anwendbar waren. Unabhängig von solchen Einzelheiten aber ist es bemerkenswert, daß aufgrund Delphischer Sprüche ganze Reiche regiert werden konnten.

Die Erklärung liegt, so Jaynes, in der weithin zu beobachtenden Erscheinung, daß ein gemeinsamer Glaube durch besondere Individuen zum Ausdruck gebracht wird, die durch Rituale und Trance Kontakt zu Kräften (in sich) aufnehmen können, zu denen die anderen keinen Zugang (mehr) haben. Das große Aufgebot an Zauberern, Medizinmännern, Orakeln, Hexen, Wahrsagerinnen und ihren modernen Nachfolgern ist Ausdruck der Sehnsucht nach dem Kontakt der bikameralen Psyche mit den Göttern. Im Laufe der Geschichte verloren die Menschen dann das Vertrauen zu den wenigen Auserwählten, die den Willen der Götter noch spüren konnten. Vielleicht aber wird ihre Botschaft inzwischen nur in anderem Gewand übermittelt?

Die Epoche der bikameralen Psyche ging zu Ende, das Bild des Menschen von sich selbst hatte sich verwandelt und damit auch das Bild, daß der Mensch sich vom Göttlichen machte. Die griechische Götterwelt verschwand und machte dem Christentum, der Religion des Bewußtseins, Platz. Die von Jesus angestrebte Reform des Judentums lasse sich interpretieren als Entwurf einer Religion für subjektiv bewußte Menschen, die eine bikameral begründete Religion ersetzen sollte, schreibt Jaynes. «Verhaltensmodifikationen müssen nun von drinnen, aus dem neuen Bewußtsein heraus, kommen und nicht mehr durch die Außenleitung mosaischer Gesetze bewirkt werden. Sünde und Buße bestehen nun in bewußter Gier und bewußter Reue, nicht mehr im Verstoß gegen die äußeren Verhaltensvorschriften der Zehn Gebote und in Tempelopfern und öffentlicher Bestrafung.»[13]

Jaynes verfolgt diese religionsgeschichtlichen Betrachtungen nicht weiter, doch entspricht seine Überlegung dem Vergleich von Judentum und Christentum aufgrund von Benjamin Libets Vetoprinzip. Während das Judentum von außen, durch soziale Zeremonien und moralische Verbote auf die menschliche Psyche einwirkt, versucht das Christentum, sie von innen zu verändern, indem es vom Menschen eine Gesinnung fordert, die die Kontrolle, die früher außerhalb, in der sozialen Gemeinschaft lag, selbst übernehmen kann. Das Christentum wird zur Religion des Bewußtseins, indem es dieses statt einer äußeren Instanz zum Regulator des menschlichen Verhaltens macht.

Julian Jaynes' Analyse legt eine Dreiteilung des historischen Verlaufs nahe. Am Anfang steht eine vorbewußte Periode, in der die Menschen keinen freien Willen besaßen und unmittelbar und unreflektiert auf Anweisung von Stimmen handelten, die sie als göttlich deuteten. Es folgt eine sozial bewußte Periode, in der der freie Wille durch einen sozialen Kontrakt (die Zehn Gebote) geregelt wird, den ein Mensch mit der besonderen Fähigkeit, die Stimme Gottes zu hören (Moses), aufsetzt; in dieser Phase stehen die Gemeinschaft und die Zeremonien im Mittelpunkt. Die dritte Phase ließe sich beschreiben als eine persönlich bewußte, in der das Verhältnis zwischen Mensch und Gott wiederum innerlich (wie in der vorbewußten Periode), nun aber bewußt ist. Der freie Wille ermöglicht die Sünde sowohl in Gedanken als auch durch Handeln.

Alle heidnischen Religionen (mit vielen Göttern) gehören der ersten Periode an, während das Judentum und teilweise der Katholizismus zur zweiten gehören; im Protestantismus findet die dritte Periode ihre reinste Ausprägung.

Es bleibt aber die Frage, ob der Versuch des Christentums, den Menschen vollkommen bewußt und transparent zu machen, gelingen kann. Wenn Benjamin Libet recht hat und das Bewußtsein das Aufkommen nichtbewußter Regungen nicht unter Kontrolle halten, sondern sie nur mit einem Veto belegen kann, so daß sie nicht in Handlung umgesetzt werden, ist der Mensch nicht so durchsichtig, wie die westliche Philosophie und Religion nach der Renaissance gemeint haben. Während in älterer Zeit die vollkommene Abwesenheit von Bewußtsein herrschte, bestand die Neuzeit auf der Abwesenheit des Nichtbewußten.

In Julian Jaynes' Analyse des Ursprungs des Bewußtseins spielen die Begriffe «I» (Ich) und «Me» (Mich; entspricht in diesem Buch dem Selbst) eine wichtige Rolle. Der Ich-Begriff entsteht gleichzeitig mit der Vorstellung von einer Welt. Verfügt der Mensch über ein Bild der Außenwelt, über das er nachdenken kann, so muß er auch sich selbst in diese Welt denken; er kann sich selbst von außen sehen. Er kann sich in Situationen hineindenken und sich fragen, wie er reagieren wird. Der Ich-Begriff ist eng verbunden mit diesem «Sich selbst von außen sehen können»; auf der Karte von der Welt ist der Mensch selbst mitverzeichnet. Doch auch beim Begriff «Me», dessen Verhältnis zum Begriff des Ich, wie Jaynes einräumt, profunde Probleme aufgibt, geht es um Selbstwahrnehmung von außen, den Blick auf «uns aus der Distanz»[14].

Auf der Basis der Ich/Selbst-Unterscheidung können wir diesen Sachverhalt auch anders ausdrücken: Der vorbewußte Mensch ist ausschließlich Selbst, während der bewußte Mensch nur Ich zu sein glaubt. Aus einer Periode, in der er nur Selbst war, ist der Mensch also in eine andere übergegangen, in der er scheinbar nur Ich ist. In der Periode des Selbst wurde das Verhalten durch Stimmen kontrolliert, während in der Periode des Ich das Bewußtsein die Kontrolle zu haben glaubt.

Das Ich muß, nachdem es einmal entstanden ist, notwendigerweise darauf bestehen, daß es die Kontrolle über die Person innehat. Das ist der eigentliche Sinn eines Ich. Die Vorstellung eines Ich mit freiem Willen ist unvereinbar mit einer Menge von Göttern, deren Stimmen das Kommando führen, denn dann bedarf es keines Ich, das Kontrolle ausübt.

Umgekehrt aber steht das Ich vor dem Problem, daß es nicht alles, was in der Person geschieht, erklären oder akzeptieren kann. Die Vorstellung eines Ich, das alles überblickt und durchschaut, ist offensichtlich falsch. Das Ich kann weder für all das Glück und all die Freude, die ein Mensch empfindet, noch für den Haß und die Niederträchtigkeit, die er in sich haben mag, einstehen.

Deshalb muß sich das Ich vor etwas beugen, das größer ist als es selbst. Eine wesentliche Eigenschaft des Ich ist aber, daß es dieses Größere nicht in der Person selbst sehen kann, die es ja allein zu kontrollieren glaubt.

Die Lösung ist der Monotheismus, die Vorstellung, daß es einen und nur einen Gott gibt.

Der Gottesbegriff ist die Rettung des Ich, wenn es mit Eigenschaften des Selbst konfrontiert wird, für die es nicht einstehen kann. Gott ist die Kraft, die viel größer ist als das Ich und die durch alle Dinge und Ereignisse in der Welt wirkt. Mit der göttlichen Intervention lassen sich all die Eigenschaften und Regungen der Person erklären, für die das Ich nicht einstehen kann.

Wir können noch weitergehen und behaupten, der Gottesbegriff decke all jene Aspekte des Selbst ab, die nicht das Ich sind. Die Fähigkeit zu subliminaler Wahrnehmung, nichtbewußtem Denken und einer Vielzahl anderer unbewußter Aktivitäten, die es nicht erklären kann, verlegt das Ich vom Innern der Person nach außen: Sie sind göttliches Prinzip.

Die Unfähigkeit des Ich, für das Selbst einzustehen, wird damit durch den Gottesbegriff gedeckt, der eine Irrationalität erlaubt, von der das Ich behauptet, daß es sie in der Person nicht gibt.

Das Bewußtsein kann nicht akzeptieren, daß es nicht die Kontrolle über den Menschen ausübt, und andererseits muß es einräumen, daß es nicht alles im Griff hat. Daher der Monotheismus.

In fast allen monotheistischen Religionen gibt es aber auch die mehr oder weniger dominierende Vorstellung, das göttliche Prinzip sei nicht nur außen, sondern auch innen und liege in jedem einzelnen Menschen selbst. «Das Himmelreich ist in euch.»

Aldous Huxley hat das religiöse Denken von Jahrtausenden in seinem Buch *Die ewige Philosophie* zusammenzufassen versucht. Er hebt dort die Existenz dieses inneren Gottes hervor: «Gott innen und Gott außen sind zwei abstrakte Begriffe, die der Verstand erfassen kann und die in Worten ausgedrückt werden können. Die

Tatsachen aber, auf die diese Begriffe verweisen, lassen sich nur ‹im tiefsten Innern der Seele› erkennen oder erfahren. Das gilt ebensosehr für Gott außen wie für Gott innen.»[15]

Die Religionen thematisieren die Tatsache, daß das Ich die Existenz von etwas anerkennen muß, das größer ist als es selbst. Sie beschreiben auch die Methoden der Besinnung des Ich gegenüber diesem anderen. Religionen bieten Menschen, die dieses Verhältnis beschäftigt, eine Gemeinschaft an.

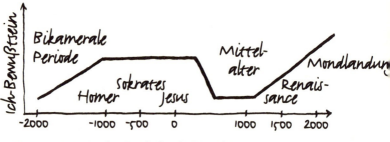

Hauptereignisse in der Geschichte des Bewußtseins

Gebete und Meditation, Zeremonien und Segnungen lassen sich als Kontaktaufnahme mit dem inneren Göttlichen interpretieren. Wir können also einen Schritt weitergehen und behaupten, das Ich versuche durch Gebete, Meditation, Messen und Lektüre der Schrift mit ebenjenem Selbst in Verbindung zu treten, dessen Existenz es bewußt verleugnen muß.

Huxleys Begriff «Gott innen» verweist im wesentlichen auf jenen Teil des Menschen, für den das Bewußtsein nicht einstehen kann. Daraus ergibt sich die Deutung, Religionen thematisierten in Wirklichkeit das Problem des Bewußtseins und damit das des Ich, das in der Besinnung angesichts der Tatsache besteht, daß der Mensch mehr ist, als er selber wissen kann.

Es gibt also gute Gründe, religiöse Erfahrungen ernst zu nehmen. Auch vom atheistischen Standpunkt aus ist zu sagen, daß

Religionen von etwas Wirklichem und Realem handeln, das nicht nur mit der Sehnsucht nach der Einfalt und Unschuld der bikameralen Psyche, sondern mit einem höchst gegenwärtigen und wirklichen Drama im Menschen, dem Verhältnis zwischen Bewußtsein und Nichtbewußtsein, zu tun hat. Auch ein Atheist lebt in diesem Gegensatz, den die Religionen beschreiben. Religion ist zu wichtig, als daß die Atheisten sie den Religiösen überlassen könnten.

Der Amerikaner Julian Jaynes ist nicht der einzige, der den Ursprung des Bewußtseins erforscht hat. Auch deutsche und französische Mentalitätshistoriker haben die Geschichte des Ich-Bewußtseins untersucht, doch stimmen ihre Schlußfolgerungen mit denen Jaynes' nicht immer überein.

Den europäischen Untersuchungen zufolge ging die Etablierung eines Bewußtseins durchaus nicht so glatt vonstatten, wie Jaynes mit seiner Theorie von 1976, das Bewußtsein sei erst ungefähr ein Jahrtausend vor Beginn unserer Zeitrechnung entstanden, behauptete. *Das Bewußtsein verschwand wieder!*

Es verschwand um das Jahr 500 für mehr als fünfhundert Jahre! Bezugnehmend auf neuere Forschungen über diese Zeit schreibt der Historiker Morris Berman: «Aus nicht ganz klaren Gründen verlor sich in diesem Zeitraum das menschliche Selbstbewußtsein und tauchte erst im elften Jahrhundert auf mysteriöse Weise wieder auf. In der Zeit von 500 bis 1050 n. Chr. hatte das Verhalten eine Art ‹mechanischen› oder roboterhaften Charakter.»[16] Im gleichen Zeitraum veränderte sich das Verständnis von Verbrechen: «Welchen Zweck ein Verbrechen hat, wurde im großen und ganzen nicht diskutiert. Was zählte, war nur die Handlung, die vollendete physische Handlung.»[17]

Das Ende des Mittelalters steht unter dem Zeichen der Wiederkehr des Bewußtseins, des Durchbruchs eines Verständnisses des Menschen von sich selbst. «In der Zeit um 1500», schreibt Morris Berman, «ist ein deutliches und synchrones Zunehmen des Selbstbewußtseins und der technischen Qualität in der Herstellung von Spiegeln zu erkennen.»[18]

Der Gebrauch von Spiegeln breitete sich während der Renaissance aus, die unter dem Zeichen der Wiedergeburt des Individuums steht und den Beginn der Neuzeit markiert. Die direkte technische Vermittlung von Ich-Bewußtsein fand dadurch statt, daß der Mensch sich selbst im Spiegel, also von außen betrachtete. Parallel dazu waren Bücher über den guten Ton *en vogue*, die den Menschen instruierten, wie er sich vor den Augen anderer zu verhalten, wie er zu essen, sich zu kleiden, Konversation zu treiben und überhaupt gebildet zu sein habe.

Eine solche Interpretation der Verbreitung von Spiegeln mag absurd erscheinen, doch ist eben der Spiegel das Instrument, das es erlaubt, sich selbst zu sehen, wie man in den Augen anderer erscheint. Die vorbewußte Person sah die Welt und ihre eigenen Handlungen nur von innen. Daß man sich selbst mit anderen vergleichen könne, setzt voraus, sich selbst so wahrzunehmen, wie andere einen sehen. Und das ermöglicht der Spiegel.

(Dennoch: Betrachten wir uns im Spiegel, sehen wir uns selbst in zweifachem Sinne seitenverkehrt, nicht nur optisch, sondern auch sozial. Wir sehen nicht das, was andere sehen, sondern eine Person, die niemanden anderen als sich selbst anschaut. Es ist ein geschlossener Kreislauf ohne das Soziale, das gegeben ist, wenn man einem anderen in die Augen blickt.)

Der merkwürdige historische Sachverhalt, daß Spiegel und Bewußtsein gleichzeitig aufkommen, ist von den französischen *Annales*-Historikern, dem deutschen Soziologen Norbert Elias und manchen anderen erforscht worden. Wichtig ist dabei natürlich nicht der Spiegel an sich, sondern das Spiegelbild; denn um sich selbst zu sehen, kann man auch einfach tief in eine stille Wasserfläche schauen. Der Spiegel soll wie viele andere Techniken nur sicherstellen, daß man selbst bestimmen kann, wann man eine bestimmte Wirkung erzielen will – in diesem Fall die, sich selbst nicht nur dann, wenn Windstille herrscht, von außen sehen zu können.

Der alte griechische Mythos von Narkissos, der sich in sein eigenes Spiegelbild verliebt, ist vielschichtig und erlaubt mehrere Lesarten. In der heute geläufigsten Version handelt er von einem

Jüngling, der aus Stolz auf seine eigene Schönheit die Liebe anderer abweist, so auch die der Nymphe Echo. Wegen seines Hochmuts wird er schließlich mit unerfüllbarer Sclbstliebe gestraft. So verliebt er sich in sein eigenes Spiegelbild und nimmt sich schließlich in verzweifelter Leidenschaft das Leben. Der mit seinem Blut getränkten Erde entspringt die weiße Narzisse.

Ein Kind sieht sich selbst, wie andere es sehen: von außen.

In unserem Zusammenhang können wir den Mythos als Ausdruck der Gefahr deuten, zu sehr mit dem eigenen Anblick von außen beschäftigt zu sein, also damit, wie andere einen sehen. Man verliert das selbstverständliche und direkte Gefühl für die eigenen Bedürfnisse. Nicht die Liebe zu sich selbst ist das Problem des Narkissos, sondern die Liebe zu sich selbst in den Augen anderer.

Dies ist auch das Problem des Bewußtseins. Denn mit dem Selbstbewußtsein und dem Spiegel und den guten Tischmanieren entsteht die Komplikation, daß die Handlungsmöglichkeiten des Menschen nicht mehr nur dadurch beschränkt sind, was einerseits die Begierden verlangen und andererseits die Gesetze gestatten; plötzlich wird auch der Blick der anderen wichtig. Damit aber ist unweigerlich das Ich gefordert, denn nur das Ich kann sich vorstellen, was die anderen meinen; das Selbst kennt nur seine eigenen Regungen.

Der britische Psychoanalytiker Donald Winnicot hat darauf aufmerksam gemacht, daß der erste Spiegel des Säuglings das Gesicht der Mutter ist. «In der individuellen Entwicklung ist das Gesicht der Mutter der Vorläufer des Spiegels», schreibt Winnicott.[19] Untersuchungen haben gezeigt, daß Säuglinge einen hektischen und unorganisierten Ausdruck annehmen, wenn das Gesicht der Mutter, die das Kind ansieht, keine Gefühle ausdrückt.

Der Säugling aber hat keine Vorstellung von sich selbst. «Ein Etwas namens Säugling gibt es nicht», erklärt Winnicott in einem berühmten Satz, der besagt, daß Säuglinge nur in der Einheit mit der Mutter oder anderen Menschen leben. Die Vorstellung eines «Ich», einer Identität, entsteht erst im dritten Lebensjahr. Die ursprüngliche Art des Erlebens ist beim Kind die der Nichttrennung, der Nichtidentität.

Morris Berman bezeichnet das Erlernen des Unterschieds zwischen der eigenen Person und anderen als «den fundamentalen Fehler» *[the basic fault]* im Weltbild des modernen Menschen. «Wann genau sich jemand seiner selbst bewußt wird, ist ganz und gar zufällig; was konstant bleibt, ist das Bewußtsein, ‹Ich› sei ‹hier› und ‹das› (was immer man gerade anschaut oder was außen ist) sei ‹dort›.»[20]

Die Etablierung des Unterschieds zwischen einem «Innen» und einem «Außen» ist Kennzeichen – und Problem – des Bewußtseins. «Bis zu diesem Punkt», schreibt Berman, «fühlen wir uns alle mehr oder weniger in einer Kontinuität mit der externen Umgebung. Zu Bewußtsein zu kommen bedeutet einen Bruch dieser Kontinuität, das Entstehen einer Spaltung zwischen Selbst und Anderen. Mit dem Gedanken ‹Ich bin ich› eröffnet sich uns eine neue Ebene der Existenz.»[21]

Dieser Prozeß läuft nicht schmerzlos ab. Donald Winnicott schlug 1951 vor, die Kuscheltiere, mit denen Kinder sich so gern beschäftigen, als *Übergangsobjekte* zwischen dem Innen und Außen zu deuten. Das Kind benutzt Stofftiere und andere Surrogate, um einen Übergang zwischen sich selbst und dem Rest der Welt zu schaffen. Später kommen avanciertere Dinge hinzu: Kunst, Religion, Alkohol, Tabletten, Bücher. Die grundlegende Angst, die von der Vorstellung herrührt, man sei von der Welt getrennt, wird mit allen verfügbaren Mitteln gedämpft.

In dieser Trennung während der Kindheit sieht Morris Berman in seinem anregenden Buch *Coming to Our Senses* den Schlüssel dafür, warum wir unseren eigenen Körper und die Gefühle, die wir in ihm spüren, verleugnen. Das Unterscheiden zwischen sich selbst und der übrigen Welt führt zu der konfliktreichen Frage, wie beide sich zueinander verhalten. Man kann die Existenz des Bewußtseins bestreiten (und das ekstatische Gefühl der Vereinigung mit der Welt erleben, indem man sich selbst vergißt), oder man kann die Existenz der Außenwelt und ihre Andersartigkeit bestreiten, so daß das Bewußtsein und das Ich widerspruchslos regieren können.

Letztere Strategie sei die dominierende in unserer Kultur, behauptet Berman, wobei er sich auf Erkenntnisse verschiedener psychoanalytischer und philosophischer Schulen mit Forschern wie Winnicott, Elias, dem Psychoanalytiker Jacques Lacan und dem Philosophen Maurice Merleau-Ponty stützt. Die Unterscheidung zwischen sich selbst und dem anderen werde zum durchgehenden Thema in der Geschichte. Der Mensch lerne, zwischen Freund und Feind, dem Zahmen und dem Wilden, dem Irdischen und dem Himmlischen zu unterscheiden. Sein mehr oder weniger verzweifelter Versuch, die Vorstellung aufrechtzuerhalten, er habe die Kontrolle über sich selbst, drücke sich in der Bildung von Nationalstaaten und der Aufstellung stehender Heere aus (die zur gleichen Zeit wie Spiegel und Ich-Bewußtsein aufkommen).

Das eigentliche Drama aber besteht für Berman nicht in diesen äußeren Konflikten, sondern in dem inneren Gegensatz. Der

Mensch ist eine Person mit einem Körper, von dem er aber nichts wissen will, denn der Körper ist unkontrollierbar, seltsam und unappetitlich. Was sich nicht unter Kontrolle bringen läßt – Spinnen, Sexualität, Gefühle, Angst, Körper –, ist monströs. Mit anderen Worten, das Monströse ist all das, was das Ich trotz seiner Anstrengungen nicht kontrollieren kann, und seine Verleugnung, so Berman, führt zu einem Gefühl großer Leere, einer inneren Unruhe, die ständig mit Übergangsobjekten kompensiert werden muß. Wie ein Diktator, der am Ende wahnsinnig wird, weil ihm niemand zu widersprechen wagt, versinkt das Ich schließlich in verzweifeltem Lebensüberdruß; das Unkontrollierbare, das es bedroht, muß bekämpft, das andere unter Kontrolle gebracht werden. «Es darf überhaupt nichts mehr draußen sein», schrieben Max Horkheimer und Theodor W. Adorno 1944, «weil die bloße Vorstellung des Draußen die eigentliche Quelle der Angst ist.»[22]

«Während der Körper in unserem Leben einerseits mehr als alles andere dauerhaft und unentrinnbar präsent ist, so ist er zugleich wesentlich durch Abwesenheit charakterisiert», schreibt der amerikanische Philosoph Drew Leder in seinem Buch *The Absent Body* (Der abwesende Körper) von 1990. Zwar sei der Körper die Grundlage des Erlebens, doch neige er dazu, sich vom direkten Erleben zurückzuziehen.[23]

Drew Leder stützt sich auf die sogenannte phänomenologische Schule in der Philosophie des 20. Jahrhunderts, die von dem deutschen Philosophen Edmund Husserl begründet wurde.

Husserl wollte die Grundlagen allen Erkennens in Wissenschaft, Philosophie und Alltag erkunden. Dabei konzentrierte er sich zunächst auf die *Phänomene*, auf das, was sich direkt in reinen, das heißt theoriefreien Erkenntnisakten zeigt. Von etwa 1913 an versuchte er nachzuweisen, daß die Erfahrungen, die Phänomene, von einem *transzendentalen Ich* konstituiert werden, wobei «transzendental» auf etwas verweist, das der Erfahrung und ihrem Charakter bedingt vorausgeht. Das transzendentale Ich entspricht nicht dem empirischen Ich, keiner an Raum und Zeit

Primat des Körpers 463

gebundenen Person, sondern ist, in der Terminologie dieses Buches, eher mit den Prinzipien der Simulation zu vergleichen, die der Benutzerillusion zugrunde liegen. Entscheidend aber war Husserls Gedanke, daß man das menschliche Erleben, die Phänomene, die wir unmittelbar erfassen, analysieren kann, nicht nur abstrakte Begriffe.

Der Franzose Maurice Merleau-Ponty hob darüber hinaus hervor, daß dieses unmittelbare Erleben in der Sinneswahrnehmung des Körpers verankert ist. Wir können nur wahrnehmen, weil wir einen Körper haben.

Zivilisation: Das Primitive wird Kunst, man muß es nur hochkant stellen. Versuchen Sie es.

Drew Leder aber geht weiter als Husserl und Merleau-Ponty. Deren Phänomenologie betreffe im wesentlichen die Wahrnehmung und das Bewegungsvermögen. «Durch die Modalitäten der Perzeption und Motilität erleben wir die Welt direkt und wirken auf sie ein», schreibt Drew Leder. «Diese Funktionen aber treten innerhalb einer Reihe unpersönlicher Horizonte auf: des embryonalen Körpers, der autonomen Rhythmen von Atmung und Blutkreislauf, des ruhigen Körpers im Schlaf und des Geheimnisses des Leichnams. Da solche körperlichen Zustände von unterschiedlichen Formen der Abwesenheit von Erleben begleitet sind, zeigte sich bei Philosophen, die sich mit Erfahrung befassen, die Neigung, sie zu vernachlässigen.»[24]

Das eigentliche Problem der philosophischen Auffassung vom Körper besteht nach Drew Leder darin, daß die Philosophen, wenn sie zwischen Körper und Geist unterscheiden, die grundlegende Verbundenheit des Körpers mit der Welt nicht verstanden haben. Wir essen, atmen und erleben, wir bewegen uns, tanzen und winken. Der Körper ist in einer Weise mit der Außenwelt verbunden, die wir nicht erleben, da wir uns nicht bewußt sind, daß wir atmen, und uns offiziell nicht bewußt sein wollen, daß wir zur Toilette gehen.

«Fast alle spirituellen Schulen bedienen sich posturaler und gestischer Mittel, um mit dem Göttlichen in Verbindung zu treten», schreibt Drew Leder. «Die Wurzeln des Körpers reichen in einen Nährboden organischen Lebens hinab, wohin der bewußte Verstand nicht folgen kann.»[25]

Der Körper weiß um eine Verbundenheit mit der Welt, die das Bewußtsein nicht spüren kann. Deshalb arbeiten fast alle spirituellen und viele therapeutische Schulen mit Körperhaltungen, -stellungen und -bewegungen. Diesen Techniken liegt die Überzeugung zugrunde, daß sich in der Haltung des Körpers viel mehr ausdrückt, als das Bewußtsein weiß. Indem wir die Arme verschränken, demonstrieren wir Verschlossenheit gegenüber unseren Mitmenschen; strecken wir uns aus, spüren wir Behagen und beweisen Vertrauen, denn in gestreckter Haltung sind wir verwundbarer.

Der dänische Psychologe Olav Storm Jensen hat 1981 eine Körpertheorie aufgestellt, in der einige Grundgedanken Drew Leders vorweggenommen sind. Er unterscheidet zwischen einem Körper, der vom Bewußtsein kontrolliert wird («der kognitiv-volontäre Körper» oder «Ego-Körper»), und einem, der sich der bewußten Kontrolle entzieht («der emotional-vegetative Körper»).[26]

Der bewußt kontrollierte Körper repräsentiert alles, was dem Willen und Denken unterliegt, das körperliche «Man kann, wenn man will». Der andere Körper ist für die Funktionen zuständig, die nicht unserer Willkür unterstehen: den Kreislauf, die Reflexe, die Verdauung, die Sexualität und die emotionalen Reaktionen.

Die Brücke zwischen den beiden Körpern ist vor allem die Atmung. Sie wird normalerweise ganz vom nichtbewußten Körper kontrolliert. Wir denken nicht darüber nach, daß wir Atem holen, wir denken noch nicht einmal darüber nach, daß wir manchmal vor Spannung oder Überraschung die Luft anhalten – und wir denken auch nicht darüber nach, daß das Atemholen ein sehr wichtiger Teil eines Telefongesprächs ist. Wir können unsere Atmung jedoch bewußt beeinflussen. In einigen therapeutischen und spirituellen Schulen kommen Atemtechniken zur Anwendung.

Eine andere Brücke ist die Sexualität, die nicht vom bewußten Körper allein kontrolliert werden kann, sondern dazu neigt, ihrer eigenen Wege zu gehen (Frigidität, Impotenz, neurotische Berührungsangst und andere Fehlfunktionen).

Bezeichnend aber ist, daß der bewußte Körper den nichtbewußten nicht daran hindern kann, seine Funktionen zu erfüllen. Wir können den Atem maximal ungefähr eine Minute lang anhalten, wir müssen alle paar Stunden Wasser lassen, und wir können seine sexuellen Funktionen nicht unterbinden.

Um den Sachverhalt anders und recht makaber auszudrücken: Es ist sehr schwer, sich das Leben zu nehmen. Der Teil des Körpers, den das Bewußtsein nicht regiert, hindert uns daran, den Atem so lange anzuhalten, daß wir daran sterben. Ebenso schwierig ist es, sich des Körperkontakts, der Sexualität, des Essens und Trinkens, des Stuhlgangs und des Schlafens zu enthalten.

Das Bewußtsein hat die Person nur begrenzt im Griff. Der vegetative Körper lebt sein eigenes Leben. Das Ich kann das Selbst nicht zu allem und jedem veranlassen. Es finden im Körper unfaßbar viele Prozesse der Verarbeitung von unfaßbar viel Information statt, von denen das Bewußtsein nichts erfährt.

In gewissem Maße können wir bestimmen, ob das Bewußtsein etwas von dem Geschehen erfahren soll. Wenn wir die Aufmerksamkeit entsprechend lenken, können wir spüren, daß wir Kleider am Körper haben oder auf einem Stuhl sitzen. Wir können aber nicht spüren, daß unser Immunsystem in diesem Augenblick damit beschäftigt ist, ein banales Virus zu erledigen (wir merken es erst, wenn Anstalten getroffen werden, die Funktion des Immunsystems beispielsweise durch Hebung der Körpertemperatur zu stärken). Wir können auch nicht spüren, wie das Blut durch unseren linken Schenkel strömt.

Manche Menschen, die es lange geübt haben, können in gewissem Ausmaß vitale Körperfunktionen unter die Kontrolle des Bewußtseins bringen. Mittels verschiedener Konzentrationstechniken lassen sich Blutdruck, Körpertemperatur und andere Funktionen in begrenztem Rahmen regulieren.

Verfahren wie Visualisierung und Biofeedback werden seit einigen Jahren mit vielversprechenden Ergebnissen in der Krankenbehandlung eingesetzt. Sie bestehen darin, die bewußte Aufmerksamkeit auf Körperteile zu richten, in denen ein Ungleichgewicht herrscht oder die erkrankt sind. Der Patient stellt sich die heilende Funktion des Körpers vor und ist sich also der Selbstheilungskräfte seines Körpers bewußt.

Die Untersuchung des Zusammenhangs zwischen Psyche, Nerven- und Immunsystem, die Psychoneuroimmunologie, ist in den letzten Jahren zu einem bedeutenden medizinischen Forschungsgebiet geworden.

Doch ob wir es wollen oder nicht, der nichtbewußte Körper untersteht im Prinzip nicht der Kontrolle des Bewußtseins. Er ist Teil eines biologischen Stoffwechsels mit dem lebendigen System des Planeten, und diese Teilhabe ist der Macht des Bewußtseins entzogen. Wir haben keine Möglichkeit, die Rolle zu verändern, die wir individuell auf der Erde spielen. Wir sind Teil eines lebendigen Systems, dem wir so genau angepaßt sind, daß wir keinerlei Spielraum haben.

Der chinesische Autor Lin Yutang schreibt: «Selbst der am meisten vergeistigte Mensch kann sich nicht länger als vier bis fünf Stunden der Gedanken ans Essen entschlagen.»[27]

Der Körper steht in ständiger Wechselwirkung mit der Umgebung. Wir essen, trinken und geben Materie in den Kreislauf des Lebendigen ab. Im Laufe von nur fünf Jahren werden so gut wie alle Atome des Organismus ausgetauscht, die meisten sogar viel häufiger. Identität, Körperstruktur, Aussehen und Bewußtsein bleiben, die Atome aber kommen und gehen.[28]

Das Gefühl individueller Kontinuität ist gewiß eine Realität, doch ist es nicht materiell begründet. Materielle Kontinuität gibt es nur in einem größeren Kreislauf.

Der amerikanische Physiker Richard Feynman schrieb 1955: «Die Atome im Gehirn [werden] ausgetauscht...: Die sich vordem darin befanden, sind nicht mehr da. Was ist demnach unser Intellekt? Was sind diese mit Bewußtsein begabten Atome? Schnee vom vergangenen Jahr! Dennoch wohnt ihnen die *Erinnerung* an das inne, was vor einem Jahr in meinem Intellekt vor sich gegangen ist.»[29]

Gedächtnis, Ich, Persönlichkeit, Individualität sind ein Tanz, ein Muster, ein Wirbel in der Welt; die Ordnung einer Materie, die fließt. «Alle Körper sind in immerwährendem Flusse, wie die Ströme, und es treten unaufhörlich Teile ein und aus», schrieb der visionäre deutsche Philosoph Gottfried Wilhelm Leibniz 1714 in seiner *Monadologie*.[30]

Leibniz lieferte gegen Ende des 17. Jahrhunderts Beiträge zur Mathematik, Physik und Philosophie. Er vertrat die Auffassung, daß alle Veränderungen in der Natur in stetigem Fluß, nicht in Sprüngen stattfinden, und untersuchte die Bedeutung kleiner Unterschiede. Auch das Studium des menschlichen Geistes beschäftigte ihn.

Der dänische Philosoph Harald Høffding schreibt: «Leibniz hat zuerst auf die Bedeutung der verschwindend kleinen Elemente in der Psychologie (sowie in der Mathematik und der Physik) aufmerksam gemacht... Mittels der unbewußten Eindrücke (die er ‹petites perceptions› nannte) erklärt er den Zusammenhang des einzelnen Individuums mit dem ganzen Weltall, mit dem es in weit innigerem Verhältnis steht, als es sich deutlich bewußt ist...»[31]

Aufgrund subliminaler Wahrnehmung und nichtbewußter psychischer Aktivität ist die Verbundenheit des Menschen mit der Welt viel enger, als das Bewußtsein ahnt. Philosophen wie Leibniz wußten das, ebenso wie die Psychologen Ende des 19. Jahrhunderts. Im 20. Jahrhundert aber geriet dieser Zusammenhang in Vergessenheit, und die Beziehung zwischen Mensch und Welt wurde allein im Bewußtsein gesehen.

Inzwischen dreht sich der Wind, und den Menschen wird wieder klar, daß sie viel mehr sind, als sie selbst wissen können.

Die Schönheit der Wissenschaft hat die Wissenschaftler oft in Erstaunen versetzt. Wissenschaft ist ursprünglich der Versuch, die göttlichen Prinzipien in der Welt zu verstehen. Julian Jaynes sieht ihren Ursprung in der Erforschung der Vorzeichen, die den Zusammenbruch der bikameralen Psyche in Assyrien einleiteten. Pythagoras betrieb Mathematik, weil sich für ihn in den Zahlen das göttliche Prinzip ausdrückte. Große Gestalten der modernen Naturwissenschaft wie Kepler, Newton und Einstein folgten oft tief religiösen Motiven. Galilei, so schreibt Julian Jaynes, nannte die Mathematik die Sprache Gottes.[32]

Denken ist zum großen Teil nicht bewußt, auch nicht wissenschaftliches Denken; unser Begriff von Bewußtsein aber umfaßt alles, was uns an uns Menschen mit Stolz erfüllt, also auch und nicht zuletzt die Wissenschaft.

Vielleicht aber ist es gar nicht erstaunlich, daß die Schönheit in der wissenschaftlichen Arbeit eine so große Rolle spielen kann. Denn nicht das bewußte Ich denkt, sondern das nichtbewußte Selbst, all das, wofür das Ich nicht einstehen kann.

Wir können daher den Wortwechsel vom Ende des zehnten Kapitels fortsetzen:

Boltzmann: War es ein Gott, der diese Zeichen schrieb?
Maxwell: Nein, mein Selbst!
Der Schöpfer: Ja, ich selbst!

Besinnung

Die Erde über dem Horizont des Mondes, fotografiert von Apollo 11, 1969

Kapitel 13
Im Innern von nichts

Wenn einmal Erdaufnahmen aus dem Weltraum zur Verfügung stehen, [steht] ein Durchbruch neuer Ideen mit historischer Tragweite... bevor», schrieb 1948 der britische Astronom Fred Hoyle.[1] Nur zwei Jahrzehnte später bekam die ganze Welt dieses Bild zu sehen. Die amerikanische Raumkapsel Apollo 11 umkreiste im Juli 1969 mit drei Astronauten an Bord den Mond und sendete jenes atemberaubende Bild unseres Planeten, wie er über dem Horizont des Mondes steht, zur Erde hinab.

Wir sahen uns selbst von außen – nicht uns und unsere Werke, denn wir sind viel zu klein, aber unseren Planeten. Zum erstenmal erblickte der Planet sich selbst im Spiegel.

Und dieses Erlebnis führte zu einer tiefgreifenden Veränderung unseres Selbstverständnisses. Bis zu diesem Zeitpunkt hatten wir die Sterne und die anderen Planeten von außen gesehen, wie sie am Himmel erscheinen. Unseren eigenen Planeten kannten wir nur von seiner Oberfläche her. Wir unterschieden zwischen Himmel und Erde. Was wir am Himmel kannten, kannten wir nur von dort. Was wir über die Erde wußten, wußten wir nur von hier.

Plötzlich aber war die Erde zu einem Himmelskörper geworden.

Die Raumfahrtprogramme wurden aus militärischem und industriellem Großmachtinteresse, weniger aus wissenschaftlichem und schon gar nicht aus Interesse für die Umwelt auf der Erde ins Leben gerufen. Sie führten aber dazu, daß wir, nachdem wir uns auf die Reise begeben hatten, endgültig den Platz entdeckten, von dem wir aufgebrochen waren. Wir schauten über die Schulter zurück und sahen einen unsagbar schönen, azurfarbenen Planeten inmitten der Unendlichkeit, eine Orgie von Farben, einen einzigartigen Ort, anders als jeder andere Himmelskörper, den je ein Mensch erblickt hat.

Die Oberfläche des Mondes ist eine Kraterwüste mit unregelmäßigen Spuren der Zusammenstöße einer toten Gesteinskugel mit Felsbrocken, die im Sonnensystem umherflogen. Auch die nächsten Nachbarn im Weltraum, die Planeten Venus und Mars, sind, wie die Raumsonden erkundet haben, unfruchtbare, von Kratern übersäte Wüsten.

Als wir nun Himmel und Erde vergleichen konnten, wurde deutlich, daß die Erde keinem anderen bekannten Ort im Weltraum ähnelt. Sie ist anders, und sie ist einzigartig.

Als dann die Forscher darüber nachzudenken begannen, erkannten sie, daß diese Andersartigkeit einen Grund hat. Wir kennen keinen anderen Ort im Weltraum, der der Erde auch nur annähernd gleicht, weil uns kein anderer Ort im Weltraum bekannt ist, dem Leben innewohnt. Das Leben gibt der Erde ihr einzigartiges Gesicht.

Auf diesen aufrüttelnden Anblick des Planeten von außen folgte ein Bewußtwerdungsprozeß, der sich in seiner Intensität durchaus mit jenem messen läßt, der einsetzte, als die Menschen sich selbst im Spiegel zu betrachten begannen. Umweltbewußtsein und die Erkenntnis, daß ebendieser Planet der Ort unseres Lebens ist, verbreiteten sich mit großer Geschwindigkeit unter den Menschen und waren gegen Ende der achtziger Jahre endgültig Allgemeingut geworden.

Die wohlhabenden und technisch versierten Bevölkerungsschichten in den Industrieländern begannen einzusehen, daß die vorindustriellen Kulturen über einen Erfahrungsreichtum im Umgang mit der lebendigen Umwelt auf dem Planeten verfügen, von dem die wissenschaftlichen Zivilisationen viel lernen können. In den USA war in den Fernsehnachrichten am «Earth Day» 1990 aus dem Munde prominenter Persönlichkeiten zu hören, es sei ein Glück, daß man gerade noch Zeit habe, von der Kultur der

Indianer zu lernen, ehe sie endgültig verschwunden sei. Im selben Jahr war in der Sowjetunion ein aufkeimendes Interesse für das Wissen und Naturverständnis der unterdrückten buddhistischen und sibirischen Schamanenkulturen zu erkennen.

In den Zivilisationen, die eine Kultur des Bewußtseins und der Wissenschaft entwickelt hatten, wuchs die Einsicht, daß der Mensch in jener Zeit, als er noch nicht begonnen hatte, in den Spiegel zu schauen, zu etwas anderem und vielleicht Wichtigerem fähig gewesen war.

James Lovelock

Und all das war vor allem darauf zurückzuführen, daß sich unser Planet – dank der Menschen, die sich selbst im Spiegel gesehen hatten – zum erstenmal von außen erblicken konnte.

Die Raumfahrten machten die Erde als Planeten sichtbar. In den sechziger Jahren sollte eine Reihe von Forschern, darunter der britische Chemiker James Lovelock, für die amerikanische Raumfahrtbehörde NASA herausfinden, wie mittels einer auf dem Mars stationierten Raumsonde zu erkennen sei, ob es Leben auf dem Planeten gebe.

Lovelock hatte darauf eine einfache Antwort, zu der er allerdings erst nach jahrelanger Arbeit gelangt war. Es ist nicht nötig, zum Mars zu fahren, um festzustellen, ob es dort Leben gibt. Man kann von der Erde aus erkennen, daß der Mars nicht belebt ist. Diese Antwort kam der Raumfahrtbehörde wenig gelegen, denn sie wollte ja ein Raumschiff zu unserem Nachbarn im Sonnensystem schicken, und die Frage nach Lebensspuren war ein wichtiges Argument, um sich Mittel zu verschaffen. Es war aber insofern eine wichtige Antwort, als sich der Gedankengang umkehren läßt: Man kann vom Mars aus erkennen, daß es auf der Erde Leben gibt.

Von außen gesehen gibt die Erde sehr deutlich zu erkennen, daß auf ihr Leben existiert. Ihre Atmosphäre wäre sonst ganz anders zusammengesetzt. Gäbe es keine Lebewesen, wäre zum Beispiel kein freier Sauerstoff in der Erdatmosphäre vorhanden. Der Sauerstoff wiederum führt dazu, daß die Atmosphäre rein und durchsichtig ist, so daß man von außen große Flächen blauen Meeres erkennt. Die Meere spiegeln die Farbe der Atmosphäre wider, die sich von innen gesehen als blauer Himmel über uns erstreckt. Gäbe es kein Leben auf der Erde, wäre der Himmel nicht blau, sondern eher bräunlichrot.[2]

Vieles auf der Erdoberfläche wird von Lebewesen reguliert: die Zusammensetzung der Atmosphäre, die Temperatur, der Salzgehalt der Meere, das Auswaschen kontinentaler Felssockel, die Wolkenbildung, die Reflexion des Sonnenlichts usw. Zusammen mit der amerikanischen Biologin Lynn Margulis stellte James Lovelock die Gaia-Theorie auf, der zufolge die Erde ein lebender Organismus ist: Gaia hieß bei den alten Griechen die Göttin der Erde.

Lovelock und Margulis gehören zu den eher ideenfreudigen Forschern und lassen sich gern auf wissenschaftliche Debatten mit Kollegen ein, die den Gedanken, die Erde sei ein einziger lebender Organismus, ein wenig zu grobgestrickt finden. Warum, fragen sie, sollte man nicht die Konsequenz daraus ziehen, daß alle Verhältnisse auf unserem Planeten von Lebensprozessen geregelt werden, und das Ganze als einen einzigen großen, lebenden Organismus bezeichnen?

Was wir essen und trinken, ist lebendig oder lebendig gewesen. Selbst das Tafelsalz ist Produkt von Lebensprozessen, die den Salzgehalt der Meere regulieren. Ebenso ist die Luft, die wir atmen, das Ergebnis von Lebensprozessen; der lebensnotwendige Sauerstoff entsteht durch die Photosynthese der Pflanzen, bei der Sonnenlicht in chemische Energie umgewandelt wird.

Der Mensch verbindet chemische Stoffe, die von Pflanzen (oder anderen Tieren, die Pflanzen fressen) stammen, mit Sauerstoff, der ebenfalls durch die Aktivität der Pflanzen entsteht. Bei dieser Kombination pflanzlichen Materials mit einem pflanzlichen Abfallprodukt (Sauerstoff) wird Energie frei, die es uns ermöglicht, wiederum mehr Pflanzen anzubauen oder zu ernten.

Indem Pflanzenmaterial und Sauerstoff zusammengefügt werden, wird Kohlendioxid frei, jene Art von Gas, die die Pflanzen «atmen». Von ihm beziehen sie ihre Körpersubstanz; es ist die Nahrung der Pflanzen.

Tiere und Pflanzen sind in einen Kreislauf eingegliedert, durch den die Abfallprodukte des einen zur Nahrung des anderen werden. Tiere fressen Pflanzen und geben Pflanzennahrung in Form ausgeatmeter Luft und Pflanzendünger in Form von Ausscheidungen ab. Dazu sind sie wiederum in der Lage, weil sie die Ausscheidung der Pflanzen, den Sauerstoff in der Luft, verwenden können.

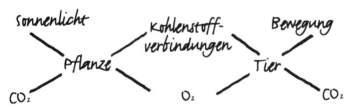

Tiere und Pflanzen – eine Stoffwechselkette setzt Sonnenenergie in chemische und Bewegungsenergie um und hält einen komplexen Kreislauf in Gang.

Die beiden Lebensformen zusammen bilden eine effektive Allianz zur Ausnutzung der Sonnenenergie. Die Pflanzen stehen still da und wachsen dank des Sonnenlichts, die Tiere laufen umher und konzentrieren Pflanzenmaterial, so daß es mit dem Sauerstoff der Luft verbrennt und den Humus für neue Pflanzen schafft. Ein ewiger Austausch zwischen Pflanze und Tier, zwischen Ausscheidung und Absorption.

Menschen und andere Tiere haben eine klar bestimmte und wichtige Funktion in diesem Kreislauf, die sie deshalb erfüllen können, weil sie atmen. Unser Atem beweist in jeder Sekunde, daß wir Teil eines großen, lebenden Organismus sind, der die Zirkulation der Materie auf einem von den Strahlen eines Sterns beschienenen Planeten bewirkt.

Vom Gaia-System her gesehen ist am Menschen wichtig, daß er atmet und daß er in einem ähnlichen, wenn auch ein wenig langsameren Rhythmus feste Materie absorbiert und ausscheidet. Der Atem ist die Brücke zu Gaia, die Bestätigung, daß wir Teil eines lebenden Systems sind.

Als Organismus, als Selbst, ist jeder von uns in diesen Kreislauf eingebunden; die Funktionen unseres Körpers, die das Bewußtsein nicht regulieren kann, sind für Gaia gerade die wichtigsten: Atmung, Verdauung, Sexualität, Überleben. Sie werden gestützt von jenen Aktivitäten, die wir bewußt regulieren können, der Versorgung mit Nahrung, der Wahl von Reproduktionspartnern, der Ausscheidung der Abfallprodukte.

Diese Tätigkeiten werden vom Bewußtsein und den menschlichen Gesellschaften effektiv organisiert, seit jeher unter der Voraussetzung, daß sie im Kreislauf des Lebens auf der Erde funktionieren. In den letzten Jahrhunderten hat jedoch die Zivilisation eine Veränderung und Vermehrung dieser Aktivitäten in einem Ausmaß ermöglicht, das für diesen Kreislauf problematisch geworden ist. Die Umweltverschmutzung, der Abbau von Ressourcen und die Auswahl der Arten, die gefördert oder nicht gefördert werden, haben wichtige Materie- und Energieströme auf dem Planeten umgelenkt.

Das Entstehen des menschlichen Bewußtseins hat die Entwicklung des Planeten wesentlich beeinflußt, indem sich Umfang und Charakter der nichtbewußten Funktionen verändert haben, andererseits aber auch, indem es Gaia möglich geworden ist, sich selbst auf den vom Mond aufgenommenen Fotos von außen zu sehen. (Man könnte einwenden, Gaia als Gesamtheit sehe sich keineswegs selbst, wenn der Mensch ein Bild der Erde betrachtet. Nein, aber meine Ohren sehen sich auch nicht selbst im Spiegel.)

Unabhängig vom Ausmaß der Veränderungen aber ist das Selbst nach wie vor Teil eines größeren lebenden Organismus; die Person ist im Planeten verankert. Das Verhältnis zwischen Ich und Selbst ist daher auch ein Verhältnis zwischen der bewußten Person und dem Planeten. Wie groß die Informationsmenge auch ist, die wir durch die äußere Oberfläche des Körpers und seine Wahrnehmung aufnehmen, sie ist gering verglichen mit dem gewaltigen Informationsstrom, der ständig über die innere Oberfläche der Lungen und des Magen-Darm-Trakts umgesetzt wird. Wir atmen und essen und tauschen gewaltige Mengen Materie, Energie und Information mit der Erde als lebendem System aus. Gaia geht direkt durch uns hindurch, von oben bis unten. Der Mensch ist eine Art Vanillekringel um einen Strom von Materie, ein Wirbel auf einem Wirbel in Gaia.

Das Ich ist verankert im Selbst. Das Selbst ist verankert in Gaia.

Im 19. Jahrhundert formulierte Charles Darwin die Evolutionstheorie, die zur Grundlage der modernen Biologie wurde. Organismen entwickeln sich durch natürliche Auslese weiter. Individuen, die sich behaupten, haben viele Nachkommen und werden zahlreicher. So findet ständig Auswahl statt, die Entwicklung bewirkt.

Intuitiv ist immer schwer zu verstehen gewesen, wie nach wenigen Milliarden Jahren etwas so Wunderbares wie der Mensch zum Vorschein kommen konnte. Als Ergebnis einer blinden Entwicklung ist zum Beispiel eine so komplexe Konstruktion wie das menschliche Auge schwer vorstellbar.

Die amerikanische Biologin Lynn Margulis, neben James Lovelock die wichtigste Vertreterin der Gaia-Hypothese, argumentiert seit langem für eine Variante des Darwinismus, die als *Endosymbiose* bezeichnet wird. Lebende Organismen wie der Mensch sind dieser Theorie zufolge selbst wieder das Ergebnis der Kooperation vieler verschiedener Organismen, aus deren Zusammenwirken die Zellen entstanden sind, aus denen wir bestehen.

In einer sehr frühen Phase der Evolution entstanden Mikroorganismen wie die Bakterien, und jede dieser Arten entwickelte eine Reihe von Eigenschaften, die ihr das Überleben ermöglichte. Sie versuchten, sich gegenseitig zu zerstören, aber statt des Sieges einer bestimmten Art entstand eine Zusammenarbeit. Die Bakterien begannen zu kooperieren.

Wenn sich zwei dieser Organismen gegenseitig so stark beeinflussen, daß sie ohne den anderen nicht überleben können, entsteht eine *symbiotische* Beziehung. Solche Symbiosen sind in der

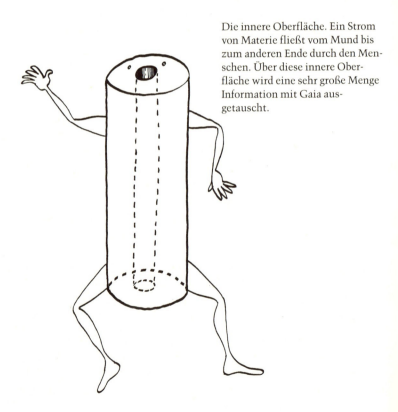

Die innere Oberfläche. Ein Strom von Materie fließt vom Mund bis zum anderen Ende durch den Menschen. Über diese innere Oberfläche wird eine sehr große Menge Information mit Gaia ausgetauscht.

Natur weit verbreitet. Nach Margulis' Theorie können sich nun kooperierende Einzelorganismen zu komplexeren Lebewesen zusammenschließen. Ein Organismus besteht somit gewissermaßen aus einer Zusammenarbeit in seinem Innern, einer Endosymbiose, wobei *endo* «innen» bedeutet.

Die Theorie erklärt sehr elegant, warum die Evolution in großen Sprüngen stattfinden kann. Zwei Eigenschaften, die attraktiv füreinander sind – zum Beispiel die Fähigkeit, sich zu bewegen, und die, Sauerstoff zu verbrennen –, können sich plötzlich vereinigen. Damit entsteht eine sprunghafte Verbesserung, die wiederum auf das Lebensmilieu anderer Organismen einwirkt und sie zur Veränderung, möglicherweise zu einer Veränderung durch Kooperation zwingt.

Die Theorie war, als Lynn Margulis sie in den sechziger Jahren vorschlug, sehr umstritten. Inzwischen hat sie mehr Zustimmung gefunden, weil der Nachweis gelungen ist, daß einige der wichtigsten Bestandteile von tierischen Zellen selbst einmal eigenständige Organismen gewesen sind – Strukturen, die überlebt haben, indem sie als Organellen Bestandteil von etwas Größerem wurden. Das gilt etwa bei tierischen Zellen für so wichtige Bauelemente wie die *Mitochondrien*, die als «Kraftwerke» für den Zellstoffwechsel sorgen, und bei den pflanzlichen Zellen für die *Plastiden* (Chloroplasten), die für die Photosynthese zuständig sind.

Tatsächlich sind also gerade die Bestandteile der Zellen von Tieren und Pflanzen, die den großen Kreislauf vermitteln, ursprünglich freilebende Mikroorganismen gewesen, die später kooperiert haben.

Eine Pflanze läßt sich daher als eine Plattform für Organellen betrachten, die, da sie als Plastiden Bestandteil des Blattes sind, ins Licht gehoben werden. Ein Tier läßt sich als Wärmebehälter für Organellen verstehen, die dort angesiedelt sind, wo pflanzliche Nahrung vorhanden ist, welche sich mit Sauerstoff verbinden kann, um verbrannt zu werden.

Lynn Margulis provoziert gern mit der Behauptung, Menschen seien ambulante Ökosysteme von Mikroorganismen, und der

Sinn des Menschen bestehe aus der Gaia-Perspektive eben darin, als Wärmebehälter für einige Kilogramm Mikroorganismen zu dienen, die Kohlendioxid für die Pflanzen liefern.[3]

Lynn Margulis

Die Gaia-Hypothese und die Theorie der Endosymbiose ergeben, nimmt man sie zusammen, ein System chinesischer Schachteln: Im Innern einer jeden Zelle des menschlichen Körpers arbeiten ursprünglich autonome Mikroorganismen zusammen. Diese Kooperation stellt ihrerseits ein wanderndes Ökosystem dar, das wiederum Teil eines sehr viel größeren und letztlich den ganzen Planeten umfassenden Ökosystems ist. Es findet Kooperation im Innern von Kooperation statt, und die Frage ist nur: Wo zieht man die Grenze? Was ist ein Individuum?

Wenn in mir selbst Kooperation stattfindet und mein Selbst Teil eines kooperativen Systems ist, an dem auch alle anderen Tier- und Pflanzenarten teilhaben, die selbst wieder aus den gleichen mikrobiologischen Bausteinen zusammengesetzt sind, die auch in mir kooperieren, welchen Sinn hat es dann noch, zu sagen, das Selbst sei etwas Getrenntes und Spezielles?

Wenn alle Atome im Laufe von fünf Jahren ausgetauscht werden und der Körper nur ein Muster in einem größeren Strom ist, welchen Sinn hat es dann, zwischen sich selbst und dem Rest dieses lebenden Organismus so scharf zu unterscheiden?

Ist es nicht angemessener, das Ganze als ein sinnreiches System von Endosymbiosen im Innern von Endosymbiosen im Innern von Endosymbiosen zu verstehen? Das schließt nicht aus, daß es Sinn ergibt, eine Grenze zwischen zwei Organismen zu ziehen, auch wenn sie aus Atomen bestehen, die ständig ausgetauscht werden. Doch würde dadurch betont, daß die Kategorien Individuum und Organismus nur eine Art der Betrachtung des lebendigen Kreislaufs darstellen.

Es ist auf die Analogie zur Psyche des Menschen zu verweisen, die offenbar ebenfalls aus vielen verschiedenen Schichten und Elementen besteht, welche gern und bereitwillig darum streiten, wer von ihnen auf die Fragen des Versuchsleiters antwortet. Man könnte eine Theorie des *endosymbiotischen Ich* aufstellen, der zufolge das Bewußtsein, die Benutzerillusion, nur ein mentaler Symbiont, eine Anschauungsform wäre, die die Kontrolle in einer Zusammenarbeit übernommen hat und nicht anerkennen will, daß andere als es selbst an dieser Kooperation beteiligt sind.

Ohne Kooperationspartner wäre dieses endosymbiotische Ich vollkommen unfähig, sich zu behaupten. Vielleicht ist es sogar sehr zweckmäßig, daß der Symbiont, der den Kampf um das Bewußtsein «gewonnen» hat, nicht auf die anderen hören will. Würden alle Organellen in uns darüber abstimmen, wohin wir zu gehen haben, wenn wir hungrig sind, würden wir vielleicht niemals von der Stelle kommen.

Insgesamt gesehen ist das lebende System auf der Erde ein großer Organismus, der wiederum aus einem umfangreichen System chinesischer Schachteln besteht, eine jede im Innern einer anderen. Es ist nicht entscheidend, wo die Grenze verläuft, wenn auch unsere gewohnte Anschauung von uns selbst aus dieser Perspektive ein wenig eng erscheint.

Wir können uns selbst als Symbionten im Innern eines Organismus betrachten, dessen äußere Membran der blaue Himmel ist, der sich über uns wölbt.

Es mag absurd klingen, die Erde als lebenden Organismus zu bezeichnen, denn trotz allem besteht der weitaus größte Teil unseres Planeten aus totem Gestein tief unter der Erdkruste. James Lovelock begegnet diesem Einwand mit der Analogie, ein Baum sei auch nur an seiner Oberfläche lebendig.

Es wäre auch eine andere Antwort denkbar, deren Ausgangspunkt die Verbundenheit der Erde mit dem übrigen Sonnensystem wäre, wie sie sich in den letzten Jahren abgezeichnet hat.

Unser Planet besteht aus zwei verschiedenen Systemen, die in aufeinanderfolgenden Phasen seiner Entwicklung entstanden sind. Das erste, das den größten Teil der Erdsubstanz bildet, entstand vor gut 4,6 Milliarden Jahren mit dem Sonnensystem selbst, als eine riesige Materiewolke im interstellaren Raum der Milchstraße zu einem neuen Stern, der Sonne, kollabierte. Aus einem Materiering, der sie umgab, formten sich ihre Planeten.

Die äußere Schicht der Erde und die Meere sind später entstanden. Das Sonnensystem läßt sich grob in zwei Regionen unterteilen. In der inneren, in der sich die Erde befindet, verbanden sich nur schwere Elemente, da alles Leichtere in der Hitze der Sonne verdampfte. In der äußeren Region dagegen konnten sich leichtere Elemente zu großen Planeten wie Jupiter und Saturn zusammenfügen, und noch weiter draußen regierten die Kometen, mächtige Konglomerate aus leichten und flüchtigen Stoffen, die fern vom Mutterstern zu Eis gefroren.

Die Kometen aber sind die Vagabunden des Sonnensystems. Es gibt sie in großer Zahl, und manche dringen in die innere Region des Sonnensystems ein, wo sie auf die kleinen Ansammlungen schwerer Elemente in den Planeten treffen.

Vieles deutet darauf hin, daß die äußeren, leichteren Schichten der Erde, besonders die Meere, während eines heftigen Bombardements mit solchen Kometen in der Frühzeit des Sonnensystems vor ungefähr 3,5 bis 4,5 Milliarden Jahren entstanden sind.[4] Man-

Ist das Leben kosmischen Ursprungs? **485**

che vermuten, daß auch die wichtigsten organischen Stoffe, die später Grundlage der lebenden Organismen wurden, von solchen Kometenkollisionen stammen.[5]

Nach diesem Bild, das sich erst in den letzten Jahren abgezeichnet hat[6], ist das Leben auf der Erde, das sich in den äußeren Schichten des Planeten entfaltet, kosmischen Ursprungs. Die Entwicklung des Sonnensystems ist danach so verlaufen, daß sich

Der Komet «West» 1976

zuerst in den inneren Regionen, wo sich die leichteren Elemente nicht verdichten konnten, massereiche Planeten bildeten. Später fielen Klumpen gefrorener leichter Materie auf die aus schweren Elementen gebildeten Planeten hinab. Dort schmolzen sie und wurden von der Schwerkraft festgehalten. Auf einem dieser Planeten, der Erde, entwickelte sich ein empfindliches Gleichgewicht zwischen Verdampfung und Niederschlag, während die anderen Planeten nicht in der Lage waren, «ihr Wasser zu halten». Daß die Erde diese äußeren, flüchtigen Schichten geschmolzener Kometen festhalten konnte, ist im Rahmen dieser Überlegungen vor allem darauf zurückzuführen, daß lebende Organismen entstanden, die die wesentlichen klimatischen Verhältnisse regulierten und konstant hielten.

Auf dem Planeten Erde wurden nach diesem Modell Kometen zu lebenden Organismen «eingekocht». So gesehen macht es Sinn zu behaupten, die Erde lebe, nicht die «ganze» Erde, aber doch die jüngeren, äußeren Schichten. In diesen aber ist unsere Existenz lokalisiert, alles, was unser Leben ermöglicht: Erde, Luft, Feuer und Wasser.

Die ursprüngliche Erde, die aus schweren Elementen zusammengesetzt war, kollidierte mit Kometen aus den fernen Regionen des Sonnensystems. Diese bildeten eine Schicht aus Wasser, Boden und Luft, in der Leben entstand. Wenn man die Gaia-Hypothese so formuliert, liegt die Schlußfolgerung auf der Hand, *die Erde sei lebendig geworden.*

Kennzeichen von Leben ist Ordnung. Inmitten eines gewaltigen Stroms von Atomen und Energie bildet sich eine Form, eine Identität, die Bestand erhält, obwohl die Atome fortwährend ausgetauscht werden. In einem fließenden Strom entstehen feste Strukturen, wachsen im Laufe der Zeit und werden größer, bis sie sterben und vergehen, weil die Atome sich trennen und nicht durch neue ersetzt werden.

Wie ist das möglich, da doch die Welt auch dem Zweiten Hauptsatz der Thermodynamik unterliegt, der besagt, daß nicht die Ordnung, sondern die Unordnung zunehme? Es ist möglich, *weil sich das Universum ausdehnt.* Durch die Expansion, die die Ordnung ermöglicht, erklärt sich seltsamerweise zugleich, daß die Unordnung zunimmt.

Lebewesen sind offene Systeme, die mit der Umgebung Energie und Materie austauschen. Die Unordnung in ihrem Innern muß deswegen nicht zunehmen; die Thermodynamik verlangt nur, daß die Unordnung im lebenden Organismus und seiner Umgebung *insgesamt* wächst.

Ißt ein Säugling Bananenbrei und wandelt ihn in Ausscheidungen um, enthält die Windel mehr Unordnung als der Löffel. Ein Lebewesen sorgt also dafür, daß die Unordnung in seinem Umkreis zunimmt. Es bringt sie teils in Form von Ausscheidungen, teils in Form von Wärme hervor. Das Lebewesen muß ständig etwas zu essen bekommen, damit in ihm Ordnung entstehen kann, während es in seiner Umgebung Unordnung produziert.

Doch leben im selben Milieu wie der Säugling auch andere Wesen, die ebenfalls mehr Ordnung importieren müssen als sie exportieren. Die Frage ist, wie die Erde insgesamt, als lebendig gewordener Planet betrachtet, in der Lage ist, die Balance zu halten, wo doch ungeheure Mengen lebender Organismen auf dem Planeten umherkrabbeln, die vor allem damit beschäftigt sind, zu essen, auszuscheiden und zu atmen.

Die Erde muß notwendigerweise mehr Unordnung exportieren, als sie empfängt, sonst könnte kein Leben auf ihr sein. Und genau das ist der Fall.

Das Sonnenlicht besteht aus hochorganisierter Strahlung, die auf die Erde trifft und von Organismen in Struktur umgewandelt wird. Diese fressen einander in einem geschlossenen Kreislauf der Materie, aus der der Körper Wärmeenergie erzeugt. Die Körperwärme wird an die Umgebung abgegeben und schließlich in Form von Mikrowellen von der Erde in den Weltraum gestrahlt.

Zwischen aufgenommener und abgegebener Energie entsteht keine Differenz. Die Erde wird nicht ständig wärmer. Die Wärmestrahlung, die die Erde in Form von Mikrowellen abgibt, enthält genausoviel Energie wie das Sonnenlicht, das sie empfängt. Der Energiehaushalt der Erde ist ausgeglichen, die Rechnung geht genau auf.

Doch gibt es einen wesentlichen Unterschied: Das Sonnenlicht hat eine kürzere Wellenlänge als die abgestrahlten Mikrowellen. Mit der Wellenlänge wird bei elektromagnetischer Strahlung der Abstand zwischen zwei Wellenkämmen bezeichnet. Licht hat eine kleine, Mikrowellen haben eine große Wellenlänge.

Die Erde empfängt eine bestimmte Menge Energie in Form kurzwelligen Lichts, gibt aber die gleiche Energiemenge in Form langwelliger Wärmestrahlung wieder ab.

Es macht nun einen erheblichen Unterschied, ob eine bestimmte Energiemenge die Form von Licht oder die Form von Mikrowellen annimmt. Die Physik des 20. Jahrhunderts hat gezeigt, daß jede Art von Strahlungsenergie in Quanten auftritt, kleinen Päckchen, gewissermaßen der kleinsten Münze der jeweiligen Strahlung mit ihrer bestimmten Wellenlänge. Licht tritt in Quanten auf, die jeweils mehr Energie enthalten als diejenigen, in denen Mikrowellen auftreten. Eine bestimmte Energiemenge in Form von Mikrowellen muß also mehr Quanten aufweisen als in Form von Licht.

Die Erde gibt somit mehr Quanten ab, als sie von der Sonne empfängt, da die gleiche Energiemenge in großen Päckchen empfangen, jedoch in kleinen Päckchen abgegeben wird.

Mehr Quanten bedeutet mehr Unordnung. Eine Energiemenge, die in Form von Mikrowellen auftritt, ist schwieriger zu beschreiben als die gleiche Menge Energie in Form von Licht, da eine größere Anzahl Quanten berücksichtigt werden muß und der Freiheitsgrad, der Spielraum an Möglichkeiten, größer ist.[7]

Deshalb exportiert die Erde unter dem Strich Unordnung, Entropie. Sie gibt mehr Unordnung ab, als sie empfängt.

Gäbe es auf der Erde kein Leben, wäre ihre Temperatur der Gaia-Theorie zufolge mehrere hundert Grad höher.[8] Die Folge wäre, daß die Strahlung, die die Sonnenenergie in den Weltraum hinausträgt, von einem etwas wärmeren Körper käme und deshalb dem Licht der Sonne etwas ähnlicher wäre, als es tatsächlich der Fall ist. Die Abstrahlung von der Erde hätte eine etwas kürzere Wellenlänge, was wiederum bedeuten würde, daß weniger Quanten, also etwas weniger Unordnung von unserem Planeten ausginge.

Das Leben reguliert die Temperatur auf der Erde so, daß sie etwas niedriger ist, als es auf einer toten Erde der Fall wäre, was dazu führt, daß etwas mehr Unordnung exportiert wird. Aufgrund dieses Unterschiedes kann auf der Erde Ordnung entstehen.

Die Energie, die von der Erde abgestrahlt wird, ist schwieriger zu beschreiben als diejenige, die auf sie trifft. Es sind mehr Quanten zu berücksichtigen. Mehr Unordnung bedeutet, daß mehr Information übertragen werden kann.

Die Erde mustert also eine Menge Information aus. Es wird Ordnung empfangen, in Wärme umgewandelt und in Form aussortierter Information abgestrahlt. Aufgrund dieses Aussonderungsprozesses kann auf der Erde Komplexität – Leben – entstehen.

Für die Erde gilt das gleiche wie für Säuglinge: Was hineingeht, ist leichter zu beschreiben als das, was herauskommt.

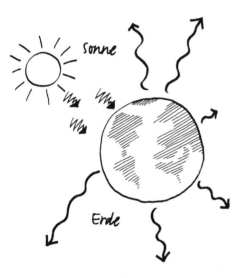

Das Entropie-Gleichgewicht der Erde. Sie empfängt hochorganisiertes Sonnenlicht und gibt weniger organisierte Wärmestrahlung ab. Die Energie in beiden Strahlungsformen ist gleich, doch enthält die Wärmestrahlung mehr Entropie.

Im Weltraum ist für all die Information, all das Durcheinander, das von der Erde ausgeht, genügend Platz vorhanden. Er ist da, weil der Weltraum sich ausdehnt. Es gibt immer mehr Platz, und deshalb kühlt alles ständig ab.

Es finden zwei Grundprozesse in der Welt statt, Expansion und Kontraktion. Insgesamt befindet sich das Universum in einem Prozeß heftiger Expansion, der seit dem Beginn seiner 15 Milliarden Jahre währenden Geschichte ununterbrochen anhält. Die

Ausdehnung bewirkt, daß zwischen allen Dingen immer mehr Platz entsteht. Die Galaxien entfernen sich voneinander.

Kontraktionen dagegen finden lokal bei Sternen statt. Sterne entstehen durch Kontraktion großer Materiemengen aufgrund der Massenanziehung. Die Schwerkraft preßt die Materie zusammen, so daß sie sich erhitzt und zu leuchten und Energie in den Weltraum abzustrahlen beginnt.

Die Expansion bewirkt, daß das Universum im großen und ganzen dunkel und kalt ist und immer dunkler und kälter wird. Die Sterne senden Licht ins Dunkel, wo es verschwindet.

Unterwegs aber begegnet das Licht einem kleinen Planeten, auf dem Leben entstanden ist. Aufgrund der Ausdehnung des Universums kann sich das Leben auf diesem Planeten der zunehmenden Unordnung, der Information, die es aussortiert, entledigen.

Betrachten wir den Nachthimmel über der Erde, sehen wir Dunkelheit, unterbrochen von einigen wenigen leuchtenden Sternen. Betrachten wir den Tageshimmel, sehen wir einen einzelnen Stern, der so nahe ist, daß er alle anderen überstrahlt.

Die Erde empfängt Licht von einem einzigen Ort in der Welt, der Sonne; dagegen strahlt sie ihre eigenen Mikrowellen in alle Richtungen ab. Ein hochorganisiertes Signal von der Sonne wird durch Streuung zu einem ungeordneten Rauschen, das sich in alle Richtungen ausbreitet.

Die Expansion des Weltraums bedeutet, daß die Entropie wächst. Die Entfernungen zwischen den Dingen nehmen im großen und ganzen immer mehr zu. Es entsteht immer mehr Raum, aber keine neue Materie. Alles wird mit immer mehr Nichts verdünnt, es gibt immer mehr Freiheitsgrade, es wird immer schwieriger, die Welt als Ganzes zu beschreiben.

Die Expansion bedeutet aber auch, daß lokale Anhäufungen von Ordnung möglich sind. Es entstehen Sterne, die leuchten und ihr Licht ungehindert abstrahlen. Es gibt viel leeren Raum, in den es hineinleuchten kann. Deshalb können auch Planeten entstehen, die wärmer sind als die Umgebung, so daß sie ihre Energie an diese ableiten können.

Die Expansion gewährleistet also gleichzeitig, daß die Entropie global – in der ganzen Welt – zunehmen und lokal – in der lebenden Welt – abnehmen kann.

Es ist also Platz genug da, um die überschüssige Information loszuwerden.

«Insgesamt ist es nichts. Lokal ist es sehr aktiv.»[9] Mit diesen Worten faßte der amerikanische Kosmologe James Peebles 1979 das Ergebnis seiner Untersuchungen zur großräumigen Struktur des Weltalls zusammen. Insgesamt sind Materie und Strahlung im Universum gleichmäßig verteilt, ohne übergeordnete Struktur oder Richtung. Lokal aber gibt es Galaxienhaufen, bevölkert von Sternen, die umkreist werden von Planeten, die wiederum – zumindest in einem Fall – von wundervollen kleinen Geschöpfen bevölkert sind, die im Schein der Sterne umherkrabbeln.

Im großen Maßstab ist die Welt eine gleichmäßige Materiesuppe, die sich immer weiter ausdehnt. Alles ist gleich, aber es gibt immer mehr Nichts; alles ist gleichmäßig verteilt und wird ständig mit Nichts verdünnt. Lokal aber gibt es Struktur, gibt es Unterschiede. Sie verschwinden nicht, sie werden nur verdünnt. Und während der Verdünnung kann Komplexität entstehen.

Komplexe Strukturen können sich bilden, weil die Verdünnung es ermöglicht, daß Information ausgemustert, daß Unordnung aus den lokalen, durch Zellwände, Hautoberflächen und blaue Himmel begrenzten Einheiten exportiert wird.

Innerhalb dieser Grenzen, im Innern der Membrane, die Lebewesen umgeben, entsteht die Ordnung. Sie enthält selbst nicht viel Information, ist aber das Ergebnis davon, daß große Informationsmengen durch ebendiesen Bereich hindurchgegangen sind, der von den Membranen, den Zellwänden, Hautoberflächen und blauen Himmeln, begrenzt wird.

Da sich das Universum ausdehnt, kann innerhalb der Membrane die Komplexität zunehmen. Da es sich ausdehnt, können Unterschiede durch die Membran, die selbst einen Unterschied zur Außenwelt darstellt, nach außen strömen, so daß im Innern Ordnung entsteht. Diese lokale Ordnung widerspricht scheinbar der ständigen Erzeugung von Unordnung durch die Expansion, der unablässigen Zunahme von Freiheitsgraden in der Welt insgesamt.

Das ist aber kein Widerspruch. Im großen Maßstab nimmt die Unordnung zu, und ebendeswegen kann lokal, durch Export von Unordnung, Ordnung entstehen. Die Ausdehnung des Universums bedeutet, daß für einen solchen Export von Unordnung Platz vorhanden ist.

Da die Welt insgesamt betrachtet nichts ist, ist lokal Aktivität möglich, die all das hervorbringt, was wir als lebende Organismen kennen. Da diese Organismen ständig Unordnung, Information exportieren, kann lokal, in ihrem Innern, ein Bewußtsein entstehen, das selbst wieder das Ergebnis des Aussortierens großer Mengen von Information, eines enormen Exports von Unordnung ist.

Da alles ständig mit Nichts verdünnt wird, können wir es als Alles erleben.

Die Ausdehnung des Universums begann vor 15 Milliarden Jahren mit dem sogenannten Urknall und läßt sich heute an der Galaxienflucht im All beobachten. Weit entfernte Anhäufungen uralter Sterne bewegen sich rascher von uns fort als nahe Haufen jüngerer Sterne. Je weiter etwas entfernt ist, desto schneller bewegt es sich von uns fort.

Die Ausdehnung wurde Ende der zwanziger Jahre von dem amerikanischen Astronomen Edwin Hubble entdeckt und wird deshalb Hubble-Expansion genannt. Sie bedeutet nicht, daß sich alles von *uns* fortbewegt, sondern daß sich von jedem Punkt im Universum alle anderen Punkte entfernen. Sitzen auf der Oberfläche eines Luftballons, der gerade aufgeblasen wird, Ameisen, die sich gegenseitig beobachten, wird jede Ameise feststellen, daß sich alle anderen von ihr entfernen. Wahrscheinlich aber wird keine von ihnen auf den Gedanken kommen, dieser Eindruck entstehe, weil der Ballon größer wird.

Die Urknall-Theorie ist heute die dominierende in der Kosmologie, der Wissenschaft vom Universum als Ganzem. Rekonstruiert man die von Hubble entdeckte Expansion in ihrer zeitlichen Entwicklung, ergibt sich, daß sie irgendwann vor 10 bis 20 Milliarden Jahren begonnen hat. Da die ältesten Sternenhaufen ungefähr 12 Milliarden Jahre alt sind, muß die Expansion mindestens ebenso lange andauern. 15 Milliarden Jahre sind daher ein guter Schätzwert.

Das Bild, das Astronomen und Kosmologen vom Geschehen während dieser 15 Milliarden Jahre zeichnen, nimmt immer mehr Kontur an (wenn auch das Puzzle nach wie vor unvollständig ist[10]). Aus einem Zustand gleichmäßig verteilter Strahlung, dessen Reste sich in der sogenannten Hintergrundstrahlung finden, die das Universum durchzieht, kristallisierten sich Haufen von Gasnebeln heraus, die zur Bildung von Sternen und Sonnensystemen führten. Wie aus der gleichmäßig verteilten Strahlung die körnige Struktur entstehen konnte, die wir heute in der Materie erkennen, ist noch nicht geklärt; die Wissenschaftler verstehen nicht, warum sich Sterne im dunklen Weltall gebildet haben.

Vielleicht ist das aber auch gar nicht so wichtig. Wichtiger dürfte die Frage sein, wie alles begann.

Die Expansion bedeutet, daß alle Materie mit immer mehr Nichts verdünnt wird. Gehen wir in der Zeit zurück, stoßen wir immer noch auf die gleiche Materiemenge, aber es gibt weniger Nichts. Die Entfernungen schrumpfen, die Welt wird immer kleiner, je weiter man zurückgeht. Die Materie ist zwar vollständig vorhanden, der Raum aber ist kleiner.

Reisen wir fast die ganze Strecke, also etwa 15 Milliarden Jahre zurück, gelangen wir zu einem Zustand, in dem es so gut wie keinen Raum, dagegen Materie und Strahlung in großer Menge gibt. Nähern wir uns dem Zeitnullpunkt, nimmt die Dichte enorm zu. Die Kosmologen haben die ersten Sekunden des Universums recht gut beschreiben können, sie haben sogar eine Vorstellung von den allerersten Sekundenbruchteilen seiner Geschichte, bis zu einem Zeitpunkt, der als Planck-Zeit bezeichnet wird (Max Planck entdeckte im Jahre 1900 das sogenannte Wirkungsquantum und brachte damit die Entwicklung der Physik zur Quantenmechanik und die Beschreibung von Atomen und anderen Teilchen einen entscheidenden Schritt voran).

Die Planck-Zeit umfaßt die ersten 0,0000000000000000000000000000000000000000001 (10^{-43}) Sekunden nach dem Urknall, dem Beginn der Welt. In dieser Phase war das ganze Universum, wie wir es heute beobachten können, mit sehr wenig Nichts verdünnt. Alles war noch äußerst dicht gepackt. Dennoch nahm es Raum ein, obwohl dieses Etwas, das unserem heutigen sichtbaren Universum entsprach, einen Durchmesser von weniger als einem Hundertstel Zentimeter hatte.

Bei der Beschreibung des Universums in der Planck-Zeit werden alle herkömmlichen Begriffe obsolet. Zeit, Raum und Materie sind ununterscheidbar. Alles wird von *Quantenfluktuationen* bestimmt, Störungen, die mit dem grundlegenden Charakter der Unbestimmtheit zusammenhängen, welcher der Quantenmechanik zufolge für die Welt kennzeichnend ist. Zeit und Raum gehen ständig ineinander über; sie lassen sich nicht unterscheiden, wie es im heutigen Universum möglich ist.

In einer solchen Welt funktionieren die Gesetze der Physik nicht mehr, die Naturgesetze, wie wir sie heute kennen, verlieren ihre Gültigkeit. Deshalb geben sich viele Astronomen damit zufrieden, die Geschichte des Universums bis zur Planck-Zeit und nicht weiter zurückzuverfolgen. «Die physikalischen Bedingungen sind so extrem, daß es völlig angemessen erscheint, die Planck-Zeit als den Augenblick der Erschaffung des Universums anzusehen», schreibt der amerikanische Astronom Joseph Silk in einem Standardlehrbuch der Kosmologie.[11]

Doch geben sich nicht alle Kosmologen geschlagen, denn die eigentliche Frage ist ja, was im Moment der Schöpfung geschah, nicht kurze Zeit danach. Auf der Suche nach einer Erklärung, wie alles begann, unternimmt man eine geistige Reise 15 Milliarden Jahre in die Vergangenheit zurück und soll dann einen winzigen Sekundenbruchteil vor dem Zeitnullpunkt aufgeben?!

«Wir haben im Auto während der ganzen Fahrt von Albuquerque hierher darüber diskutiert», erklärte John Wheeler, «und doch nur eine einzige Antwort gefunden: Schwarze Löcher.» Es war am

Planck-Zeit – Messung von Entropie

16. April 1990, einem Montag, im Seminarraum des schmucken kleinen Gebäudes in der 1120 Canyon Road in Santa Fe, New Mexico, das zum Sante Fe Institute gehört. Der Kongreß über Komplexität, Entropie und die Physik der Information hatte soeben begonnen, und die versammelten Koryphäen schlugen Fragen vor, die im Laufe der Woche behandelt werden sollten.

John Wheeler war vom Flughafen von Albuquerque, der Hauptstadt New Mexicos, in die malerische Gebirgsstadt Santa Fe gefahren, die von Spöttern Fanta Se genannt wird, weil die meisten ihrer Einwohner ihren Lebensunterhalt mit Kunstgalerien, Kristallheilkunde und der Herstellung von Atomwaffen verdienen. Es ist eine Touristenstadt in indianischem Stil und ein Zentrum von Kunst und Spiritualität, umgeben von einer Gebirgslandschaft mit Hochebenen, deren grandiose Schönheit J. Robert Oppenheimer während des Zweiten Weltkriegs veranlaßte, das nahe gelegene Los Alamos als freiwilliges Gefängnis zu wählen, wo im Zuge des Manhattan Project einige hundert weltweit führende Physiker unter strengster Geheimhaltung die Atombombe herstellen sollten. Seitdem gehört Los Alamos zu den wichtigsten Forschungszentren in den USA.

Das Santa Fe Institute wiederum gilt international als eines der Zentren für die interdisziplinäre Erforschung komplexer Systeme. Während der Autofahrt mit einigen seiner früheren Schüler, die heute in Albuquerque arbeiten, hatte Wheeler eine sehr einfache Frage gestellt. Sie lautete: «Wenn man ein Thermometer herstellen kann, das Wärme mißt, warum kann man dann nicht ein ‹Entropiemeter› herstellen, das Unordnung mißt?»

Warum läßt sich kein Gerät entwickeln, das in eindeutigen Werten angibt, wieviel Entropie ein physikalisches System enthält?

Bei der Antwort ist zunächst zu berücksichtigen, daß die Größe Entropie immer eine Definition des eigenen Mikro- und Makrozustandes erfordert. Es ist notwendig, den Beobachter zu definieren, ehe man von Entropie sprechen kann. Erst wenn dessen Fähigkeiten bekannt sind, läßt sich angeben, wieviel von der in einem System vorhandenen Energie für ihn nicht verwendbar ist. Erst wenn man die Grobkörnung der Beschreibung und damit die Geschicklichkeit des Beobachters kennt, kann man sagen, was er aus einem System herauszuholen vermag. Entropie ist also ebenso wie Information erst dann definiert, wenn feststeht, an welcher Skala man mißt und wie grobkörnig die eigene Analyse ist – wenn man also klar bestimmt, wie groß die Maschen des Netzes sind, mit dem man Fische fangen will.

Deshalb kann es kein Entropiemeter geben, das die Menge von Unordnung oder Entropie in einem System mißt.

Das können nur Schwarze Löcher.

Schwarze Löcher sind eine faszinierende Konsequenz der modernen Theorie der Gravitation, der Allgemeinen Relativitätstheorie, einem Gebiet, auf dem der Einstein-Schüler John Wheeler als einer der führenden Experten gilt. Er war es auch, der diesen seltsamen Erscheinungen 1968 den Namen Schwarze Löcher gab. Ein Schwarzes Loch ist eine Region im Weltraum, in der die Schwerkraft so stark ist, daß nichts aus ihr entweichen kann. Alle Materie- und Lichtteilchen werden von dem mächtigen Gravitationsfeld festgehalten. Wollte etwas einem Schwarzen Loch entfliehen, müßte es sich schneller fortbewegen als das Licht, und das ist nicht möglich. Folglich sind Schwarze Löcher von einer Art Membran umgeben, die den Durchgang nur in einer Richtung erlaubt, in das Loch hinein.

Solche Schwarzen Löcher können als letzte Lebensphase eines Sterns entstehen, wenn er die Strahlungsenergie, die seine Existenz gewährleistete, verbraucht hat und unter der enormen Kraft der Gravitation in sich zusammenstürzt. Sie können aber auch in den superdichten Kernen junger Galaxien auftreten.

In den sechziger Jahren wurden die Schwarzen Löcher theoretisch untersucht, und im Laufe der siebziger stellte sich heraus, daß sie tatsächlich existieren. Heute ist sicher, daß sie bei vielen Vorgängen im Universum eine bedeutende Rolle spielen.

In gewissem Sinne ist es jedoch gleichgültig, woraus ein Schwarzes Loch entstanden ist. Es ist eben schwarz. Man kann über ein Schwarzes Loch nur sagen, wie groß seine Masse ist –

alles andere ist dem Außenstehenden unzugänglich. Vorhanden ist nur ein Gravitationsfeld, der Rest ist verschwunden, fort, vergessen. Was sich in einem Schwarzen Loch befindet, liegt in gewissem Sinne außerhalb unseres Universums; es bleibt unserem Blick verschlossen.

Die Membran des Schwarzen Loches hat eine Oberfläche, den Ereignishorizont; er ist die Grenze, jenseits derer kein Weg zurückführt. Hat ein Objekt sie durchstoßen, kommt es nicht wieder heraus. Der Ereignishorizont eines Schwarzen Loches kann daher nur größer werden. Er kann nur immer weitere Materie aufsaugen, aber keine emittieren. Je größer die Masse des Schwarzen Loches, desto größer sein Ereignishorizont. Und die Masse nimmt ständig zu.

Die Oberfläche Schwarzer Löcher vergrößert sich ständig; sie kann sich nicht verringern. Vereinigen sich zwei Löcher und saugen einander auf, entsteht eine Oberfläche, die mindestens ebenso groß ist wie die der beiden ursprünglichen zusammen. Diese Gesetzmäßigkeit hat der britische Mathematiker Roger Penrose zusammen mit R. M. Floyd und Stephen Hawking entdeckt.

1970 kam Jacob Bekenstein, ein Schüler Wheelers an der Universität Princeton, auf die Idee, daß die ständig wachsende Oberfläche eines Schwarzen Loches an eine Größe aus einem ganz anderen Gebiet der Physik erinnert, die ebenfalls nur zunehmen und nicht kleiner werden kann: die Entropie.

Bekenstein begann, diese Analogie zwischen Schwarzen Löchern und der Thermodynamik zu untersuchen, und gelangte zu dem bahnbrechenden Schluß, daß Schwarze Löcher Entropie besitzen.[12] Sie kommt im Ereignishorizont, der Oberfläche der Einwegmembran, zum Ausdruck, die das Loch umgibt. Je größer das Loch ist, desto mehr Entropie enthält es. Und die Entropie kann nur zunehmen.

Die Erklärung liegt darin, daß wir nicht wissen können, woraus das Loch besteht. Eine Menge Materie ist in sich zusammengestürzt – kollabiert, wie die Physiker sagen; wir können sie nicht sehen, sondern nur auf ihr Gravitationsfeld schließen. Das Wissen, woraus sich das Loch gebildet hat, ist für uns verloren. Was auch immer in seinem Innern sein mag, wir wissen nur, daß es vorhanden ist und ein Gravitationsfeld bildet. Von außen gesehen ist es gleichgültig, was sich dort drinnen befindet. Für die Welt außerhalb des Schwarzen Loches ist diese Information verloren.

Welche Mikrozustände auch immer zu dem Loch geführt haben mögen, sie kommen in ein und demselben Makrozustand des Gravitationsfeldes zum Ausdruck. Ein Schwarzes Loch repräsentiert eine Menge Information, die der Außenwelt nicht zur Verfügung steht. Verborgene Geschichte.

«Man kam in diesem Jahrhundert zur Einsicht, daß die Entropie ein Maß für nichtverfügbare Information darstellt», schreibt John Wheeler in einem poetischen Buch über das heutige Wissen von Gravitation und Raumzeit.[13] Nicht zuletzt die theoretischen Untersuchungen Schwarzer Löcher vor dem Hintergrund der Idee Bekensteins haben zu dieser Erkenntnis geführt.

Die *Entropie eines Schwarzen Loches* kommt in seiner Größe zum Ausdruck. Größe aber ist eine rein geometrische Eigenschaft, die mit der Struktur des Raums zusammenhängt. Es ist an sich schon verblüffend, daß etwas, das mit Raum zu tun hat, eine Eigenschaft besitzt, die aus der Thermodynamik stammt, welche sich ursprünglich mit Regeln für die Konstruktion von Dampfmaschinen befaßte.

Interessanter aber ist, daß die Entropie Schwarzer Löcher eindeutig definiert ist. Es ist nicht nötig zu wissen, wer nach der Entropie fragt; es besteht kein Grund, die Grobkörnung des Beobachters zu bestimmen, da alle Beobachter außerhalb des Loches völlig gleichgestellt sind. *Niemand* kann wissen, was sich im Innern des Schwarzen Loches befindet; alle außenstehenden Beobachter sind in derselben Situation. Deshalb ist die Entropie des Schwarzen Loches für alle, die es von außen beobachten, wohldefiniert. Das Maß an Unwissen ist gleich groß, einerlei, wie man das Loch untersucht.

Historisch gesehen führte Bekensteins Gedanke zu der wichtigen Erkenntnis, daß Schwarze Löcher auch eine Temperatur besitzen, was bedeutet, daß sie dennoch – durch quantenmechanische Prozesse – Strahlung emittieren können. Diese Strahlung, die von Stephen Hawking berechnet wurde, steht jedoch in keinerlei Relation zu dem, woraus das Loch entstanden ist. Sie hängt allein vom Geschehen an seiner Oberfläche ab. Die Geschichte *ist* vergessen, die Information ein für allemal verloren.

Das Wichtigste an Bekensteins Idee aber war, daß sie das erste Entropiemeter ermöglichte, das erste System, dessen Entropie eindeutig definierbar ist und bei dem man fragen kann: Wieviel Information ist hier verlorengegangen?

Untersucht man zum Beispiel ein hypothetisches Loch von der Masse, wie sie das Universum zu Beginn, in der Planck-Zeit, besaß, dann kann man fragen: Wieviel Entropie hatte das Universum damals? Wieviel Information ist in einem solchen Universum enthalten?

Die gleiche Frage, anders formuliert: Auf wie viele Weisen konnte dieses ganz junge Universum zusammengesetzt sein? Wie viele Mikrozustände entsprechen dem Makrozustand, der als ganz junges Universum beschrieben wird?

Das heutige sichtbare Universum hat einen sehr hohen Informationsgehalt, es besitzt sehr viel Entropie. Sie wird mittels der Entropie der Hintergrundstrahlung berechnet, die das Universum erfüllt, jenes gleichmäßig verteilten Echos des Urknalls.

Der Entropiegehalt des heutigen Universums ist sehr groß; es wäre ungeheuer viel Information vonnöten, wollte man die Welt in allen Einzelheiten beschreiben. Der Zweite Hauptsatz der Thermodynamik gilt ja seit 15 Milliarden Jahren, es ist also eine Menge Unordnung produziert worden, die es zu berücksichtigen gälte.

Die zur Beschreibung der Entropie des sichtbaren Universums notwendige Bit-Zahl wird durch eine Eins gefolgt von 88 Nullen (10^{88}) dargestellt. Wäre das ganze Universum in einem Schwarzen Loch zusammengepreßt, wäre die Entropie größer; die Bit-Zahl beliefe sich dann auf eine Eins gefolgt von 120 Nullen (10^{120}). Wie groß aber war die Entropie zur Planck-Zeit?

Diese Frage wurde Ende der achtziger Jahre gestellt[14], und die

Antwort ist auch dann schockierend, wenn man bedenkt, daß der Zweite Hauptsatz der Thermodynamik zur Planck-Zeit eben erst zu gelten begonnen hatte, daß gerade die allererste Entropie erzeugt wurde, zu deren Beschreibung Information erforderlich ist. Betrachtet man dieses neugeborene Universum als ein Schwarzes Loch, ist seine Entropie, also sein verborgener Informationsgehalt, gleich ein Bit.

Ein einziges Bit! *Die Welt begann als etwas, das sich mittels eines einzigen Bit beschreiben läßt.* Mehr verborgene Information enthält sie nicht, und all das andere Durcheinander ist später hinzugekommen.

Die Astronomen sind im Prinzip in der Lage, die Welt bis zurück zum Zeitpunkt des allerersten Bit zu beschreiben, aber nicht weiter. Dann verlieren die Gesetze ihre Gültigkeit.

Ein Bit ist genug Information, um eine Frage mit Ja oder Nein zu beantworten. Aber nicht, um sie zu stellen.

Wie lautete die Frage?

1973 brachte der amerikanische Physiker Edward Tyron die seltsame Theorie vor, ein so kleines, frühes Universum wie das der Planck-Zeit könne einfach aus dem Nichts, *ex nihilo*, entstanden sein. Tyron beruft sich dabei auf das Unbestimmtheitsprinzip der Quantenmechanik, das tatsächlich zuläßt, daß etwas sehr Kleines aus nichts entsteht, wenn auch nur für einen winzigen Augenblick. Und je kleiner es ist, desto länger kann es bestehen.

Addiere man alles, so Tyron, was es im Universum gebe, also die Materie, die Energie, die Gravitationskräfte, die Ausdehnungsgeschwindigkeit und alle Zwischenrechnungen, kommt unter dem Strich die Masse Null heraus. Es gebe gleich viel positive und negative Energie in der Welt; die in der Materie des Universums gebundene Energie entspreche der, die in der durch Expansion bewirkten Bewegung von Materie gebunden sei. In einem streng mathematischen Sinne sei die Summe des Ganzen nichts.[15] Dabei ging Tyron von bestimmten theoretischen Prämissen aus, die sich aber seit 1973 mehr und mehr als wohlbegründet erwiesen haben.

Addiert sich nun letztlich alles zu einer großen runden Null, ergibt sich eine interessante Konsequenz, wenn man die Gesetze der Quantenmechanik zugrunde legt. Diese besagen nämlich, daß ein Nichts, der leere Raum, sich gelegentlich teilen und für kurze Zeit zu einem Etwas werden kann. Je kleiner dieses Etwas ist, desto länger kann es existieren. Eine Null aber kann beliebig lange existieren. Wenn also die Welt mathematisch eine Null ist, kann sie in alle Ewigkeit fortbestehen.

Tyrons Theorie ist, daß ein Nichts einer gelegentlichen Fluktuation unterworfen und zu einem ganzen Universum wird, das zwar sehr klein ist, aber rasch expandiert. Mathematisch gesehen ist dieses Universum eine große Null, aber was macht das schon, wo es doch ewig besteht?

Seither ist Tyrons Theorie, die heute durchaus ernst genommen wird, von dem Kosmologen Alexander Vilenkin vertieft und von vielen Forschern aufgegriffen worden. Die Welt ist *ex nihilo*, aus dem Nichts entstanden. Auch jüngste Forschungen im Rahmen des Versuches, eine Quantentheorie der Gravitation zu entwikkeln, haben sich auf die Vorstellung konzentriert, das ganze Universum sei eine gigantische Null.[16]

Es gibt also Gründe, Tyrons Theorie ernst zu nehmen. Alles ist durch eine Zufallsfluktuation aus nichts entstanden und dann zu einem Universum aufgebläht worden, das zwar gleich Null ist, dafür aber ewig fortbestehen kann. Ein Nichts vibriert in Ewigkeit.

Im letzten Jahrhundert brachte der deutsche Philosoph Georg Wilhelm Friedrich Hegel Gedanken über das Sein und das Nichts vor (wie sie auch in zahlreichen östlichen Philosophien und bei frühen griechischen Philosophen wie Heraklit zu finden sind). Hegel schrieb: «Das Werden ist das Verschwinden von Sein in Nichts und von Nichts in Sein...»[17]

Der dänische Philosoph Søren Kierkegaard, der Hegels begriffslogischem Denken sehr kritisch gegenüberstand, sah sich dadurch zu der Bemerkung veranlaßt, die Vorstellung, alles habe mit nichts begonnen, sei eine «Kolonialwarenhändlererklärung»:

«Das ‹mit nichts anfangen› ist nämlich weder mehr noch weniger als eine neue Umschreibung gerade der Dialektik des Anfangs», schreibt Kierkegaard. «Der Anfang beginnt mit nichts. Das ist nur ein neuer Ausdruck, nicht ein einziger Schritt, der weiterführt… Der Anfang ist nicht und der Anfang fängt mit nichts an sind ganz und gar identische Sätze, und ich komme nicht von der Stelle.» Kierkegaard macht sogleich einen eigenen Vorschlag: «Wie wäre es, wenn wir also, statt von einem absoluten Anfang zu reden oder zu träumen, von einem Sprung redeten.»[18]

Ein Sprung! Kierkegaard nimmt hier in seiner «Abschließenden unwissenschaftlichen Nachschrift zu den philosophischen Brokken» von 1846 die Theorie Tyrons und Vilenkins vorweg, die Welt habe als eine Quantenfluktuation begonnen, eine Störung im Nichts, als ein *Quantensprung*. Zumindest im Rückblick betrachtet.

Der Physiker Peder Voetmann Christiansen hat 1983 gezeigt, daß Niels Bohrs Formulierung der Sprünge in der Quantenmechanik von Kierkegaard inspiriert sein könnte.[19] Die Kosmologen aber werden Kierkegaard kaum gelesen haben. Der dänische Philosoph dachte auch nicht an einen physischen Sprung, sondern an eine Willenshandlung, eine existentielle Wahl. Sein Gedanke ist begriffslogischer Art und macht darauf aufmerksam, daß mit der Aussage, alles habe mit nichts begonnen, nichts gesagt ist. Denn womit hätte es sonst beginnen sollen? Und was ist überhaupt damit gesagt, außer nichts?

Dennoch ist Kierkegaards Bemerkung im Hinblick auf die Idee einer Schöpfung *ex nihilo* interessant: Was ist eigentlich erreicht, wenn man sagt, alles habe mit nichts begonnen? Als eine Fluktuation im Nichts, als ein Sprung?

Statt von einer Schöpfung *ex nihilo* sollte man vielleicht eher von einer Störung *in nihilo*[20], im Nichts, sprechen. Die Welt ist nicht aus dem Nichts, sondern im Nichts entstanden. Alles ist nichts – von innen gesehen. *Das All ist das Nichts – von innen gesehen.* Wir sind im Innern von nichts.

Von außen gesehen ist es null und nichts, von innen gesehen alles, was wir kennen, die ganze Welt.

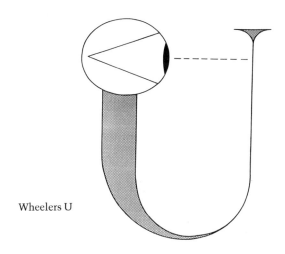

Wheelers U

Wie aber können wir wissen, ob wir im Innern von nichts leben?

Mathematisch gesehen ist die Antwort einfach. Da sich alles, was wir ringsum sehen, zu einer großen runden Null addiert, *ist die Welt nichts*. Die Frage, wie man dort hineingelangen kann, ist nicht sehr sinnvoll, denn wenn wir sie stellen, haben wir sie schon beantwortet.

«Es gibt kein Draußen dort draußen.» Mit diesen Worten charakterisiert Wheeler die Erkenntnissituation des Menschen im Licht quantenphysikalischer Forschungsergebnisse. Er illustriert seine Vorstellung gern mit einer Zeichnung[21], die den Umstand darstellen soll, daß wir eher Teilnehmer als nur Beobachter des Universums sind. Wir sind, so Wheeler, teilnehmende Beobachter. Unsere Beobachtung erschafft die Welt mit, die wir beobachten. Seine Zeichnung besteht aus einem großen U, dessen linker Aufstrich ein Auge enthält, das den anderen Strich betrachtet. Wir können Wheelers Gedanken anders formulieren: Die Welt begann, als nichts sich selbst im Spiegel sah.

Der Physiker Fred Alan Wolf hat das gleiche in einem Buch über die Quantenmechanik mit einer Abwandlung der berühmten Zeilen aus Shakespeares *Hamlet* beschrieben: «Sein oder Nichtsein, das ist *nicht* die Frage. Es ist die Antwort.»[22]
Wie aber lautete die Frage?

Kapitel 14
Am Rand des Chaos

Mehr ist anders», lautete der Titel eines Artikels von P. W. Anderson, der 1972 in der Zeitschrift *Science* erschien.[1] Der amerikanische Festkörperphysiker und Nobelpreisträger wandte sich in dieser Arbeit einem Problem zu, das dann in den achtziger Jahren in der Debatte über *Holismus und Reduktionismus* in den Naturwissenschaften verhandelt wurde.

Der Begriff Holismus bezeichnet die Auffassung, die Welt bestehe aus Ganzheiten, die sich nicht allein durch Analyse der Elemente, aus denen sie zusammengefügt sind, ergründen lassen. Der unter Naturwissenschaftlern vorherrschende Reduktionismus besagt dagegen, daß sich die vielfältigen Erscheinungen der Welt am besten beschreiben lassen, indem man sie in ihre einzelnen Bestandteile zergliedert, die man dann gesondert untersucht. In den achtziger Jahren galt die reduktionistische Naturwissenschaft mehr und mehr als obsolet, und es verbreitete sich die Auffassung, die Konzentration auf einzelne Bestandteile und künstlich isolierte Aspekte der Wirklichkeit habe die Welt in die Umweltkrise geführt, die mittlerweile zum größten Problem der modernen Zivilisation geworden ist.

Der holistische Standpunkt wurde förmlich als *neues Paradigma* der Wissenschaft lanciert, als neues wissenschaftliches Weltbild, das im Gegensatz zur etablierten Naturwissenschaft Ganzheiten und Zusammenhänge in den Blick rückt.[2]

Die Kritik des Reduktionismus hatte einiges für sich, denn die naturwissenschaftliche Beschreibung der Welt hatte die Wissenschaftler überheblich werden lassen. Reduktionismus heißt ja, daß man reduziert, vereinfacht, verkürzt und Information ausmustert, um eine abstrakte Beschreibung der Welt zu erhalten. Viele Naturwissenschaftler, vor allem aber Techniker, verwechselten in den technikgläubigen sechziger und siebziger Jahren ihre Beschreibung der Welt mit der Welt selbst. Inzwischen sind Naturwissenschaftler wie Laien durch verschiedene Erfahrungen mit technischen Systemen wie der Gewinnung von Atomenergie klüger geworden.

Die naturwissenschaftliche Beschreibung der Welt ist weiter nichts als eine Karte des Geländes, ein Modell, das einen großen Teil der empirischen Information ausspart, um gewisse einfache Grundzüge festzuhalten, über die sich dann allerdings in eindeutiger Weise sprechen läßt. Der Holismus dagegen rückt Ahnungen und Zusammenhänge ins Zentrum, über die schwer zu sprechen ist; ihn beschäftigen Wechselwirkungen, die so reich an Informationen sind, daß sie mittels der geringen Bandbreite der Sprache nicht zum Gegenstand des Gesprächs gemacht werden können.

Der Reduktionismus hat jahrzehntelang den borniertenGlauben vertreten, man brauche nur die Teile zu verstehen, um das Ganze zu erfassen. Als Forschungsideologie, die größere Zusammenhänge nicht berücksichtigt, war der Reduktionismus reaktionär und wenig neugierig. Gleichwohl muß die Debatte über Holismus und Reduktionismus heute als überholt bezeichnet werden, denn sie geht von einem falschen Gegensatz aus.

P. W. Anderson

In Wahrheit hatte keine der beiden Seiten in dieser Debatte den eigentlichen Kern des Problems erfaßt, den P. W. Anderson – ursprünglich bereits 1967 in einem Vortrag – mit dem Slogan «Mehr ist anders» umschrieb: «Die Fähigkeit, alles auf einfache grundlegende Gesetze zu reduzieren, bedeutet nicht, daß wir in der Lage sind, von diesen Gesetzen ausgehend das Universum zu rekonstruieren.»[3]

Anderson, damals Mitarbeiter der Bell Laboratories der Telefongesellschaft AT & T, bekannte sich gleich zu Beginn des Vortrags zu der reduktionistischen Auffassung, alles setze sich aus den gleichen elementaren Einheiten zusammen, die man gesondert untersuchen könne. Er fügte dem jedoch eine Kritik des «konstruktionistischen» Aspekts des Reduktionismus hinzu, der Auffassung, man könne allein aufgrund der Kenntnis der elementaren Einheiten und Gesetze errechnen, wie die Welt beschaffen sei.

Man stößt bei einer solchen Rekonstruktion nämlich auf die grundlegenden Probleme der Größenordnung und Komplexität. Es mag sein, daß alles aus Atomen besteht, doch können wir damit, von der Kenntnis des Aufbaus und Verhaltens von Atomen ausgehend, noch lange nicht errechnen, wie ein Elefant Wasser holt. Verbinden sich viele Atome, treten Phänomene auf, die sich nicht zeigen, wenn nur wenige vorhanden sind. An den meisten Erscheinungen, die uns im Alltag interessieren, sind aber sehr viel mehr Atome beteiligt, als die Physiker in ihren Labors je untersucht haben.

Der Reduktionismus stehe deshalb, schreibt P. W. Anderson, nicht notwendigerweise im Widerspruch dazu, daß Komplexität und neue Naturphänomene auftreten, wenn man in der Größenordnung nach oben gehe und höhere Komplexitätsstufen untersuche.

Die grundlegenden Naturgesetze und die kleinsten Teile der Natur zu kennen bedeutet keineswegs, daß man viel über die Welt weiß, denn viele Atome können sich ganz anders verhalten als wenige. Mehr ist anders.

Nach Einführung der Computer ist P. W. Andersons Gedankengang in spektakulärer Weise bestätigt worden. Jahrhundertelang glaubten die Physiker, mittels Newtons Gesetzen der Gravitation und Bewegung ließen sich prinzipiell alle Vorgänge in der Welt beschreiben, und das lernten auch die Kinder in der Schule und die Studenten an der Universität.

Gewiß, wenn man die Beispiele in den Schul- und Lehrbüchern nachrechnet, kommt man tatsächlich durch Gleichungen zum Verhalten eines vorgegebenen Systems. Es zeigte sich aber, daß die Physiker nicht genau genug vorgerechnet hatten. Was wir im Unterricht gelernt haben, stimmt zum größten Teil nicht, weil die Schulbeispiele eben Schulbeispiele sind, ausgeklügelte Spezialfälle, bei denen von Reibungswiderstand und anderen Ärgernissen, die in der wirklichen Welt auftreten, abgesehen wird. Die wirklichen Erscheinungen sind so kompliziert, daß man sie gar nicht berechnen kann. Man ließ sie also einfach unberücksichtigt und konzentrierte sich auf einige Lehrbeispiele, die so einfach waren, daß man sie berechnen und bei Prüfungen abfragen konnte.

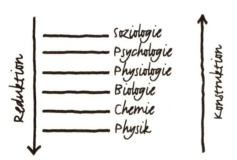

Wissenschaftliche Forschung auf verschiedenen Ebenen. Auf jeder Ebene entsteht neue Komplexität. Obwohl die höheren Komplexitätsstufen aus Elementen der niedrigeren bestehen, lassen sie sich aufgrund der Kenntnis der niedrigeren Stufen allein nicht konstruieren.

Erst seit Computer zur Verfügung stehen, die die mühselige Rechenarbeit erledigen, hat sich gezeigt, daß die Wissenschaftler Newtons Gesetze keineswegs so genau kannten, wie sie glaubten. Sie hatten nicht geahnt, wieviel Wirrnis, Durcheinander, Unordnung und Unübersichtlichkeit sich in ihnen verbirgt.

Schlüsselbegriffe wie Komplexität, Chaos und Fraktale zeigten in den achtziger Jahren ein aufkeimendes Verständnis für eine wichtige Einsicht an: Wer die Gesetze der Welt kennt, kennt noch lange nicht die Welt selbst. Vielleicht kennt man die Formeln, doch nützt das wenig, wenn sehr umfassende Berechnungen notwendig sind, um bis zur Welt selbst vorzudringen.

Eine einfache Regel kann tatsächlich ein System mit sehr kompliziertem Verhalten hervorbringen. Es gilt nur genau zu rechnen, es gilt, eine Menge Berechnungen durchzuführen, eine Menge Information auszusortieren. Hat man die einfache Regel auf die Aussonderung von Information angewendet, kann sich aus den einfachsten Gleichungen ein reiches, komplexes und unvorhersagbares Verhalten ergeben.

Das ist die Lehre des Chaos, die wiederum die Lehre des Computers ist – merkwürdigerweise, denn Computer wurden gerade von Menschen gebaut, die glaubten, die Welt leicht berechnen zu können.

Es ist eine wichtige Lehre, denn sie wirft nicht nur ein Licht auf die Langeweile im Schulunterricht (Kinder sind nicht unbedingt dumm, wenn es sie langweilt, Formeln lernen zu müssen, deren Beziehung zur Wirklichkeit der Lehrer sich zu erklären weigert), sondern auch auf das Bewußtsein – sie sollte Anlaß zur Selbstbesinnung des Bewußtseins sein.

Die einfachen Regeln können, wenn sie sich in Karten über das Gelände niederschlagen, zu schönen und aussagekräftigen Abbildern führen, nur sollte man nicht glauben, man könne von der Karte aus das Gelände rekonstruieren. Mit Hilfe der Karte finden wir wohl einen Weg durchs Gelände, das Gelände selbst aber erleben wir durch die Karte nicht.

Die gegenwärtige philosophische Debatte über Holismus und Reduktionismus spiegelt in der Formulierung, die P.W. Anderson ihr gab, eine Auseinandersetzung zwischen zwei Grundhaltungen wider. Auf der einen Seite steht der Glaube, es gebe Ganzheiten, die sich erkennen lassen und es uns ermöglichen, alles mittels einfacher, aber ganzheitlicher Wendungen zu verstehen. Holisten glauben also, das Bewußtsein könne die Welt begreifen, da sie sich auf Ganzheiten und Lebensprinzipien gründe, die ihm zugänglich seien. Auf der anderen Seite steht die Auffassung, die Welt sei aus einer Menge einzelner Bestandteile zusammengesetzt, die sich zwar gesondert beschreiben lassen, zusammen aber ein Verhalten aufweisen, das ganz anders ist, als wenn jedes für sich untersucht wird. In dieser Sicht kommt also der Glaube zum Ausdruck, das Bewußtsein könne die Welt nicht begreifen, weil sie aus vielen Kleinigkeiten bestehe, die sich, wenn sie zahlreich genug sind, eigensinnig und «anders» verhalten werden.

Der Holismus sagt, es gebe eine Ganzheit, die man erkennen könne. Der nichtkonstruktionistische Reduktionismus erkennt an, daß man die Welt nicht erschöpfend beschreiben kann, weder in Teilen noch als Ganzes. Auf jeder neuen Beschreibungsebene treten neue Formen des Verhaltens auf, ohne daß etwas anderes hinzugekommen ist als eine größere Anzahl der kleinen Bestandteile der vorhergehenden Ebene.

Das große Thema unserer Zeit ist – in der Sprache dieses Buches – die Selbstbesinnung des Bewußtseins angesichts des Nichtbewußten – die Formeln zu überdenken angesichts der Unvorhersagbarkeit, die Beschreibung zu überdenken angesichts des Beschriebenen, die geringe Bandbreite zu überdenken angesichts der hohen. Es geht darum, daß wir die Welt nicht erschöpfend verstehen können, ohne die *gesamte* Welt, also jeden einzelnen ihrer Teile, ganz zu verstehen. Da das Ganze zusammenhängt, können wir nichts vollständig erkennen, ohne alles ganz zu erkennen. Das aber führt zu dem Problem, daß eine erschöpfende Beschreibung notwendigerweise ebensoviel Information enthalten muß wie das, was sie beschreibt. Eine vollständige Beschreibung der Welt würde ebensoviel Platz beanspruchen wie die Welt selbst. Sie ist dem Subjekt, dem erkennenden Bewußtsein, deshalb nicht zugänglich. Die einzige Karte, die alle Einzelheiten des Geländes zeigt, ist das Gelände selbst. Das Gelände aber ist keine Karte.

Der Holismus besteht jedoch darauf, daß man die Welt als Ganzheit verstehen könne. Deshalb ist er als Weltanschauung in Wahrheit tief reaktionär.[4]

Ein besonnenerer Standpunkt wäre, daß sich die Welt überhaupt nicht verstehen, wohl aber beschreiben läßt. Die Beschreibung aber muß sich darauf besinnen, daß sie eine Beschreibung ist, daß also etwas fehlt und daß Information aussortiert worden ist. Sie muß sich darauf besinnen, daß sie nicht das Gelände, sondern eine Karte ist.

Reaktionär ist der holistische Glaube, man könne die Welt sinnvoll beschreiben, wenn man einige übergeordnete Ganzheitsprinzipien versteht. Computer und Chaostheorie haben zu der umwälzenden Erkenntnis geführt, daß selbst die elementarsten Naturgesetze, wie wir sie in den letzten Jahrhunderten gelernt haben, unergründlich sind, wenn man ihnen Gelegenheit gibt, sich in der Praxis auszuwirken. Sie sind algorithmisch – rechnerisch – irreduzibel, um den in Kapitel 4 zitierten Ausdruck Stephen Wolframs zu benutzen.

«Wir haben die Grenze zur Grauzone überschritten», antwortete der amerikanische Physiker Chris Langton vorsichtig auf die Frage, wie weit wir inzwischen gekommen seien. «Es wird ohnehin geschehen», fügte er hinzu. «Wir können es ebensogut erforschen, um die Entwicklung zu beeinflussen.»[5]

Die Szene war von fast erdrückender Symbolik. Der junge, langhaarige amerikanische Physiker Chris Langton stand auf dem Parkplatz vor der kleinen Baracke, in dem sich das Center for Nonlinear Systems (CNLS) am National Laboratory in Los Alamos, New Mexico, befindet. Langton war auf dem Weg in sein Büro in der Abteilung 13, der Theoretischen Abteilung, in einem anderen Gebäude, das an den Parkplatz grenzt.

Zwischen den beiden Gebäuden steht das Museum, in dem die Besucher auf Fotos und in blinkenden Vitrinen Relikte besichtigen können, die Los Alamos als Ort der Entwicklung jener Atombombe zeigen, die im August 1945 über Hiroshima abgeworfen wurde und den Krieg beendete.

Langtons Bemerkungen bezogen sich auf *Künstliches Leben* (KL) – ein neues Forschungsgebiet, das im September 1987 auf einer unter seiner Leitung stehenden Konferenz begründet wurde.

Der Sinn seiner Bemerkung war, daß die Entwicklung künstlicher Lebensformen auf der Erde, ob wir es wollen oder nicht, bereits im Gange ist, Lebensformen, die im Innern der Technologie entstehen, die Menschen erschaffen, aber nicht mehr unter Kontrolle haben.

Wir hatten an jenem Vormittag in seinem Büro über dieses Thema diskutiert, und nun kam Chris Langton mit der Antwort, die man so oft von Forschern zu hören bekommt: «Es wird ohnehin geschehen.» Ausnahmsweise aber war sie nicht nur als Rechtfertigung für die Entwicklung eines technischen Systems gemeint, das große Risiken birgt, sie brachte ebensosehr auch Faszination zum Ausdruck. Es war die einfache, faktische Feststellung, daß die Computernetze auf dem Planeten zu so umfassenden, zusammenhängenden und integrierten Informationsströmen geworden sind, daß wir keinen Entscheidungsspielraum mehr haben. Wir haben den Boden für Künstliches Leben – *artificial life* – bereitet, und ein paar Hacker haben sich auf ihm getummelt. Diese Entwicklung hat ihre eigene unerbittliche Logik: Sind erst einmal die Lebensumstände vorhanden, entstehen auch Organismen, die sie nutzen. Dabei spielt es keine Rolle, ob die Lebensumstände von blinden biologischen oder blinden technologischen Prozessen hervorgebracht wurden; das Leben nutzt sie.

Chris Langton ist ein Mann von großem Verantwortungsbewußtsein. Er berief die Konferenz über Künstliches Leben auch ein, weil ethische und moralische Implikationen einer Entwicklung zu diskutieren waren, die bereits begonnen hatte. «Diese Themen *müssen* diskutiert werden, bevor wir uns der künstlichen Erschaffung von Leben weiter nähern», schreibt Langton im Vorwort des Kongreßberichts. «Vielleicht ist es kein Zufall, daß der erste Kongreß über Künstliches Leben in Los Alamos stattgefunden hat, dem Ort, an dem Kernspaltung und -fusion unter Kontrolle gebracht wurden.»[6]

Es begann im stillen, schleichend und irritierend, und am Anfang war es nur eine Plage. Es begann mit *Computerviren*, kleinen Teilprogrammen, die zum Beispiel in den Arbeitsspeicher des Computers eindringen und ihn anweisen, Kopien ihrer selbst anzufertigen. Sie können höchst unangenehme Wirkungen entfalten. Ursprünglich wurden sie von Programmierern konstruiert, die sich zuerst gegenseitig, dann ihrer Firma und schließlich großen Computernetzen einen Streich spielen wollten. Dann begannen Hakker, mit technologischen und militärischen Mastodonten Späße zu treiben, indem sie deren Datennetze infizierten. Ein kleines Teilprogramm übernimmt die Kontrolle über den Zentralrechner und bringt ihn dazu, das Teilprogramm selbst so oft zu kopieren, daß dieses, das Virus, in den Rechner und alle anderen, mit denen er in Verbindung steht, eindringt und Störungen hervorruft.

Ein nur scheinbar harmloses Spiel, das auf die geringe Sicherheit von Computern verweist: Eine lebhafte Kommunikation zwischen allen Computern der Welt könnte die Verbreitung von Mitteilungen zur Folge haben, die nicht verbreitet werden sollen.

Das Problem ist, daß es bisher nicht gelungen ist, ein solches Virus wieder loszuwerden. Der einzelne Computer kann kuriert werden, das Virus aber ist damit nicht beseitigt. Viele der Kriterien für den Begriff Leben werden von Computerviren erfüllt; sie sind tatsächlich lebendig und nicht umzubringen. Zumindest sind sie ebenso lebendig wie die Viren, die wir von biologischen Organismen kennen.

Künstliches Leben sei heute eine der größten Herausforderungen für die Menschheit, schreibt der amerikanische Physiker Doyne Farmer, der die Complex-System-Gruppe in Los Alamos leitet. Farmer hat zusammen mit seiner Frau Aletta d'A. Belin eine Reihe von Kriterien für den Begriff Leben aufgestellt: Leben ist eher ein Muster in Raum und Zeit als ein materielles Objekt (denn die Atome werden ständig ausgetauscht), Leben kann sich selbst reproduzieren, es kann im Genom Information über sich selbst enthalten, es weist Stoffwechsel auf, es steht in Wechselwirkung mit seiner Umgebung, es kann sich entwickeln usw.[7]

Fragt man bei Computerviren nach diesen Eigenschaften, ist schwer zu erkennen, warum sie nicht lebendig sein sollten. Gewiß sind es nur kleine Programme, die von der Existenz des Computers ebenso abhängig sind wie viele Parasiten von ihrem Wirt oder wie der Mensch von Gaia. Die Viren können sich nur verbreiten, weil der Computer angeschaltet ist, doch auch Pflanzen und Tiere könnten sich auf diesem Planeten nicht behaupten, wenn die Sonne ausgeknipst würde. Computerviren können sich selbst reproduzieren und von Wirt zu Wirt springen. Sie können den in elektrischen Signalen bestehenden Stoffwechsel des Wirts verändern, sie enthalten Information über sich selbst, sie stehen in Wechselwirkung mit der Umgebung, und sie entwickeln sich.

Computerviren sind so lebendig wie biologische Viren, und diese stellen Biologen ja ebenfalls vor die Frage, ob sie als lebendig bezeichnet werden können. Wie biologische Viren existieren auch Computerviren an der Grenze zwischen dem Lebenden und dem Unbelebten.

«Die Analogie ist sehr zutreffend», schreibt der Roboterforscher Hans Moravec, «weil die Millionenbit-Programme, die es heute gibt, etwa den gleichen Informationsgehalt haben wie die genetischen Codes der Bakterien. Und das typische Computervirus von ein paar Tausend Bit entspricht dem kleinen genetischen Code eines biologischen Virus recht genau.»

Moravec zweifelt nicht daran, daß Computerviren sich ausbreiten werden: «Heutige Computersysteme sind wie Körper mit einer Haut, aber ohne Immunsystem.»[8]

Doyne Farmer schreibt: «Wann immer ein Medium existiert, das große Mengen spezifischer Information zu tragen vermag, werden, so scheint es, Organisationsmuster auftreten, die sich selbst fortpflanzen, indem sie die Ressourcen des Mediums vereinnahmen.»[9]

Die Menschen haben einen gewaltigen Informationsfluß in den globalen Computernetzen in Gang gesetzt, der im Begriff ist, lebendig zu werden. Es begann mit Späßen und Streichen und war dann nicht mehr abzuschütteln. Eine eigene Organisation entsteht, eine eigene Logik, unabhängig von unseren Intentionen. Sind genügend Ressourcen vorhanden, findet sich etwas, das sie nutzt.

Um Viren und Bakterien fernzuhalten, hat unser Körper ein Immunsystem mitsamt der Fähigkeit entwickelt, zwischen Eigenem und Fremdem zu unterscheiden. Computer dagegen können eine solche Abgrenzung nicht vornehmen und sind deshalb Infektionen schutzlos ausgeliefert.

Wir haben Maschinen konstruiert, diese aber nicht mit der Fähigkeit ausgestattet, zwischen eigen und fremd zu unterscheiden. Deshalb verbreiten sich in ihnen hemmungslos neue Lebensformen.

«Wir wollen nicht zu beurteilen versuchen, ob die kooperierenden Strukturen, die wir im Kern entwickelt haben, leben oder nicht», schreiben vier dänische Physiker über das Spiel «Coreworld»[10], eine Art «Schiffeversenken» für Computer. Sie haben es bis zu einem solchen Grad der Komplexität weiterentwickelt, daß sie nicht mehr entscheiden können, ob das System, das sie untersuchen, lebt oder nicht. Tatsächlich ist es eindeutig unbelebt, und die Aussage der vier Physiker dürfte ein wenig kokett sein; seltsam aber ist doch, daß so einfache Systeme Eigenschaften wie Kooperation und Entwicklung in einem Ausmaß aufweisen, das an lebende Organismen erinnert.

Die KL-Forscher haben viele solcher Vorgänge untersucht, bei denen einfache Anweisungen zu komplexem Verhalten führen, wenn nur genügend Zeit zur Verfügung steht – Rechenzeit.

Chris Langton hat Künstliche Ameisen auf einem Bildschirm produziert, kleine Wesen, die einfachen Anweisungen gehorchen, zusammen aber ein übergeordnetes Verhalten aufweisen, das kompliziert ist wie das eines Ameisenhaufens. Wir lernen daraus nicht, daß Ameisen so einfach wären wie die künstlichen Langtons, sondern daß einfache Regeln zu komplexem Verhalten führen können, wenn genügend Rechenzeit zur Verfügung steht, das heißt, wenn unterdessen viel Information ausgemustert wird. Es sind keine besonders komplizierten oder avancierten Systeme notwendig, um kompliziertes und avanciertes Verhalten zu bewirken, notwendig ist nur Zeit – Zeit, um Information aus dem Verkehr zu ziehen.

Deshalb beschäftigen sich einige neue Forschungsrichtungen

mit automatisierten Prozessen, die ein nichtautomatisches Verhalten entwickeln.

Aus alldem ergibt sich, daß die Folgen des eigenen Handelns schwer zu überblicken sind. Ein einfacher Befehlsschlüssel wie der eines Computervirus kann unüberschaubare Konsequenzen haben, weil er in einem System, das iterativ rechnet, speichert und kopiert, optimale Entfaltungsmöglichkeiten vorfindet.

Das Aussondern von Information kann zu Strukturen führen, die viel reicher und vielfältiger sind als die Regeln für die Informationsaussonderung selbst. Nicht die Regeln zu kennen ist wichtig, sondern ihre Entwicklung.

Seit den fünfziger Jahren hat die KI-Forschung ohne großen Erfolg versucht, Maschinen mit Intelligenz zu entwickeln. Grundlage dieser Bemühungen war ein Bild vom Menschen, das diesen als datenverarbeitendes Wesen versteht, dessen mentale Prozesse einfachen und klaren Anweisungen folgen, übergeordneten, expliziten, eindeutig definierten Regeln, die leicht zu verstehen und leicht mit der Aufgabe zu verbinden sind, die es zu lösen gilt.

Gerade deshalb aber ist die Erforschung Künstlicher Intelligenz in eine Sackgasse geraten, während die Entwicklung anderer Computersysteme, die nicht auf Regeln, sondern auf Lernprozesse abzielen, weitergekommen ist. So werden zum Beispiel die sogenannten Neuronalen Netze nicht mit Regeln für die Lösung komplizierter Aufgaben wie der Bildanalyse gefüttert, sondern anhand langer Reihen von Beispielen einem Training unterzogen, bis sich schließlich ein Verhalten einstellt, das dem erwünschten, etwa dem menschlichen, gleichkommt. Es gilt, «Erfahrung» zu erweitern und zu vertiefen, nicht, die Regeln explizit und deutlich zu machen. Nicht *wie* die Maschine arbeitet, ist wichtig, sondern *was* sie tut und *was* sie gelernt hat.

Es ist wie beim Erlernen menschlicher Fähigkeiten. Der Weg zur Komplexität ist einfach, aber lang. Einfache Operationen müssen häufig wiederholt werden, damit ein großer Erfahrungsreichtum entstehen kann. Nicht einige einfache, robuste Anweisungen gilt es bereitzustellen, die überall angewendet werden können; es geht nicht darum, alles im voraus zu wissen. Vielmehr muß die

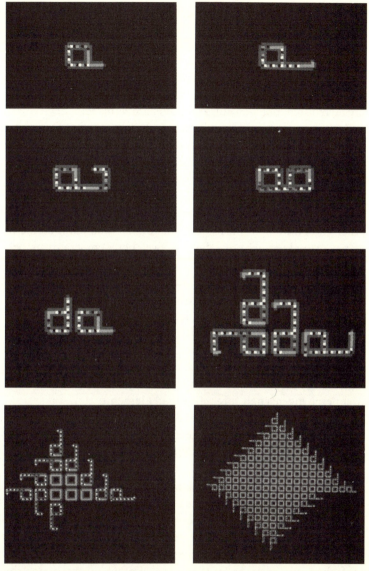

Zellulärer Automat – ein Muster auf einem Computerbildschirm. Trotz der einfachen Regeln ist das Muster in der Lage, sich selbst zu reproduzieren: Künstliches Leben im Keim (nach Langton).

Möglichkeit gegeben sein, Erfahrungen zu machen. Mehr ist anders.

Das Schlüsselwort ist *Emergenz*. Gibt man einfachen Regeln Gelegenheit, genügend lange oder auf entsprechend viele Elemente zu wirken, treten völlig neue Eigenschaften auf: sie emergieren, brechen durch, tauchen auf, kommen zum Vorschein.

Diese emergenten Eigenschaften sind nicht zu erkennen, wenn man eine kleine Anzahl von Elementen untersucht. Man sieht sie erst, wenn die Anzahl der Elemente so groß ist, daß *kollektive Wirkungen*, Gruppeneigenschaften entstehen können.

Der Begriff Temperatur ergibt zum Beispiel keinen Sinn, wenn man sehr wenige Moleküle betrachtet. Er setzt das Vorhandensein einer großen Menge von Molekülen voraus. Man kann dem einzelnen Molekül nicht ansehen, zu welcher Temperatur es beiträgt, denn diese ist eine kollektive Eigenschaft, die sich in einem statistischen Zusammenhang ausdrückt. Temperatur ist Ausdruck der Verteilung der Geschwindigkeiten vieler Moleküle.

Auf noch höherem Niveau können Moleküle mit einer bestimmten Temperatur Bestandteil einer größeren Organisation, etwa eines lebenden Organismus, werden, ohne daß sich am einzelnen Molekül erkennen ließe, daß es Teil eines solchen Organismus ist. Leben ist eine emergente Eigenschaft der Materie, nicht eine Eigenschaft ihrer einzelnen Elemente.

Emergenz ist ein altgewohnter Begriff in jener Tradition der Biologie, der die Auffassung zugrunde liegt, daß Leben mehr ist als Physik und Chemie und daß lebende Organismen mehr sind, als sich mittels der Gesetze der Physik und Chemie beschreiben läßt. Sie vertritt also den antireduktionistischen Standpunkt: Biologie läßt sich nicht auf physikalische Prozesse reduzieren.

In den letzten Jahrzehnten aber tauchten emergente Eigenschaften und kollektive Wirkungen immer wieder in physikalischen Beschreibungen allereinfachster Strukturen wie Atomkernen und einfachen molekularen Systemen auf. Früher machten sich die Wissenschaftler nicht die Mühe nachzurechnen, ob einfache Systeme Emergenz aufweisen können; der Computer aber hat deutlich gemacht, daß für das Auftreten solcher Eigenschaften keine besonders komplizierten Umstände notwendig sind.

Vor dem Aufkommen der Computer waren biologische Systeme die einzigen bekannten Beispiele für einfache Mechanismen, die lange genug in der Zeit wirken können, um Emergenz zu entwickeln. Es hatte daher den Anschein, als seien Lebewesen etwas ganz anderes als die unbelebte Natur. Sie besaßen die Eigenschaft der Emergenz, von der man glaubte, es gebe sie in der unbelebten Natur nicht. Der Computer aber hat gezeigt, daß Emergenz eine generelle Eigenschaft alles Seienden ist, sowohl in der lebenden als auch in der unbelebten Natur.

Der deutsche Chemiker Bernd-Olaf Küppers schreibt: «Das Phänomen der Emergenz... ist ein Phänomen unserer realen Welt, dem man auf allen Ebenen naturwissenschaftlicher Beschreibung begegnet, und nicht etwa eine charakteristische Eigenschaft lebender Systeme, die einer physikalischen Begründung der Biologie prinzipiell im Wege steht...»[11]

Das Phänomen Emergenz läßt sich auch als Konsequenz des Gödelschen Satzes über die Grundlage mathematischer Beschreibung verstehen. Ein formales System, das nur wenig Information enthält, kann nicht «vorhersehen», was mit ihm geschieht, wenn es entfaltet wird. Da es in der Mathematik von unentscheidbaren Problemen wimmelt, kann man nicht im voraus wissen, wohin eine formale Beschreibung führt, wenn man sie lange genug verfolgt. Gregory Chaitins Weiterführung des Gödelschen Satzes in der algorithmischen Informationstheorie (siehe Kapitel 3) hat gezeigt, daß Emergenz eine ganz allgemeine Eigenschaft aller begrenzten Systeme ist. Man kann sie nicht vorausberechnen oder den Elementen im voraus ansehen, wohin sie sich entwickeln werden.

So «ermöglicht der algorithmische Ansatz... eine formale Behandlung des Emergenzproblems», schreibt Bernd-Olaf Küppers. «Und zwar zeigt sich, daß die These... ‹Das Ganze ist mehr als die Summe seiner Teile› für *jedes* strukturierte System S gilt, unabhängig davon, ob es sich hierbei um ein belebtes oder unbelebtes System handelt.»[12] Es gibt also keinen Unterschied zwischen lebenden und unbelebten Systemen. Der Satz «Mehr ist anders» gilt ganz allgemein.

Auch für das Phänomen Bewußtsein ist kennzeichnend, daß Eigenschaften emergieren, die aus der isolierten Betrachtung einfacher Regeln oder Elemente nicht abzuleiten und somit allein auf ihrer Basis auch nicht zu verstehen sind. Der amerikanische Computerforscher Douglas Hofstadter schreibt in *Gödel, Escher, Bach*, Gödels Beweis biete die Idee an, «daß die Betrachtung eines Systems auf hoher Ebene eine Kraft hat, etwas zu erklären, die auf tieferer Stufe einfach nicht vorhanden ist». Und er fährt fort: «Wenn man ihn so betrachtet, legt Gödels Beweis nahe – beweist es aber bei weitem nicht! –, daß es eine Geist/Gehirn-Betrachtungsweise auf hoher Stufe geben könnte, die Begriffe verwendet, die auf niedrigeren Stufen nicht in Erscheinung treten, und daß diese Stufe eine erklärende Kraft besitzen könnte, die es auf tieferer Stufe nicht gibt – noch nicht einmal im Prinzip.»[13]

Douglas Hofstadter versucht auf diesem Weg, das Problem von Determinismus und freiem Willen zu lösen. Er beschreibt Menschen, als seien sie Rechenmaschinen, die ein Programm abarbeiten: «Ob das System deterministisch abläuft, ist ohne Belang; wir lassen gelten, daß es ‹frei wählt›, *weil wir uns mit einer Beschreibung auf hoher Stufe desjenigen Prozesses, der beim Ablauf des Programms stattfindet, identifizieren können.* Auf einer tieferen Stufe... sieht das Programm wie jedes andere aus: auf einer hohen... können Dinge wie ‹Wille›, ‹Intuition›, ‹Kreativität› und ‹Bewußtsein› auftauchen.»[14]

Laut Hofstadter kann auch ein vollständig bestimmtes und determiniertes System einfacher Regeln ein so kompliziertes Verhalten aufweisen, daß es sinnvoll erscheint, es mit Begriffen wie Entscheidung und Wille zu beschreiben, ganz unabhängig davon, daß es ganz und gar von den auf einfacheren Stufen wirkenden Gesetzen gesteuert wird.

Eine vollständig entfaltete Reihe einfacher Regeln kann Eigenschaften hervorbringen, die in den Regeln selbst nicht enthalten sind. Der Grund dafür, daß die Eigenschaften nicht in den Regeln zu finden sind, ist ein allgemeines Charakteristikum der Welt, das in Gödels Satz und Chaitins Weiterführung beschrieben ist. Da man, wie Turing gezeigt hat, nicht entscheiden kann, ob ein Rechenprozeß zum Halten kommen wird, kann man auch nicht im voraus überblicken, wohin die Gesetze führen werden.

In gewissem Sinne ist es gleichgültig, ob Menschen einen freien Willen besitzen. Es mag einfache Gesetze geben, die unser Handeln letztlich bestimmen; und diese Gesetze sowie die Anfangsbedingungen mögen bekannt sein, so daß sich im Prinzip errechnen ließe, was ein Mensch in einer gegebenen Situation tun wird. Diese Gesetze aber werden sich höchstwahrscheinlich als algorithmisch irreduzibel erweisen, so daß man nur dann berechnen kann, zu welchen Konsequenzen sie führen, wenn man über die gesamte Information verfügt, die sie in konkretes Verhalten umsetzen. Wir müßten also alles wissen, was ein Mensch erfahren hat, und all seine Erlebnisse selbst gehabt haben, um errechnen zu können, was dieser Mensch tun wird. Überall, wo er gewesen ist, müssen auch wir gewesen sein, und alles, was er getan hat, müssen wir selbst getan haben. Erst dann verfügen wir über genügend Information, um zu berechnen, was dieser Mensch tun wird. Wir müssen dann aber notwendigerweise dieser Mensch selbst sein.

Selbst dann aber haben wir diese Information nicht, denn das meiste, was ein Mensch erlebt und tut, ist nicht bewußt.

Man kann also nicht vorhersagen, was ein Mensch tun wird, denn dazu ist die gesamte Information erforderlich, die dieser Mensch hat oder gehabt hat, und über diese verfügt nicht einmal er selbst, denn der Mensch funktioniert zum größten Teil nichtbewußt.

Weder der einzelne Mensch selbst noch ein Außenstehender kann wissen, was ein Mensch zu tun bestimmt ist, selbst wenn es durch Gesetze und Anfangsbedingungen vollständig festgelegt ist.

Die Chaostheorie hat einen analogen Sachverhalt für die einfachsten physikalischen Systeme nachgewiesen. In voller Länge heißt sie Theorie des *deterministischen Chaos*, womit gesagt ist, daß auch determinierte Systeme nicht vorhersagbar sind. Die Gesetze eines Systems mögen einfach und bekannt sein, das System ist jedoch hochempfindlich gegenüber den Anfangsbedingungen. Will man *exakt* wissen, wie das Wetter in einigen Wochen sein wird, muß man die gegenwärtige Wetterlage auf der Erde in allen Einzelheiten kennen; die Temperatur- und Windverhältnisse überall auf dem Planeten müßten mit vollständiger Genauigkeit erfaßt sein.

Der Grund dafür ist, daß die meisten physikalischen Systeme (die Schulbeispiele ausgenommen!) chaotisches Verhalten aufweisen; schon die geringste Abweichung von der Beschreibung der Anfangsbedingungen eines Systems wird mit hoher Rate zunehmen, je mehr Zeit vergeht – sie wächst exponentiell. Es ist deshalb unmöglich vorherzusagen, wie sich der Zustand der Atmosphäre in nur wenigen Wochen entwickeln wird, es sei denn, Position und Geschwindigkeit sämtlicher Moleküle in der Atmosphäre wären exakt bestimmt. Ein solches Wissen aber ist in der Praxis unerreichbar.

Daß wir die Welt nicht vorausberechnen können, liegt nicht daran, daß es keine ihr zugrundeliegenden Gesetze gäbe oder diese nicht bekannt wären; der Grund ist, daß wir die Welt nicht mit vollkommener Genauigkeit erfassen können. Und wir werden dazu auch nie in der Lage sein, da wir Subjekte in der Welt, Erkennende mit unvollständigem Wissen sind.

Wollten wir in aller Vollständigkeit wissen, wie sich ein System entwickelt, müßten wir das System selber sein und dessen Entwicklung in dessen eigener Zeit durchlaufen. Nichts ließe sich kurzschließen oder in angenäherten und handlichen Modellen zusammenfassen. Nur die Welt weiß, was sie will, und wir sind nicht die Welt.

Der Thermodynamik zufolge ist die Welt grundlegend von Irreversibilität, von Unwiderrufbarkeit und Unumkehrbarkeit in der Zeit gekennzeichnet. Mehr als ein Jahrhundert lang hat es die Physiker gewundert, daß Newtons Gesetze, die so schön und reversibel sind, und die thermodynamische Beschreibung einer weit weniger geordneten, durch Irreversibilität und statistische Phänomene gekennzeichneten Welt Seite an Seite existieren konnten. Unbefriedigt angesichts diesen Gegensatzes im physikalischen Weltbild, haben viele Physiker entweder gegen die Thermodynamik oder gegen Newton Front gemacht.

Der bekannteste moderne Vertreter der Auffassung, Newtons Weltbild könne nicht richtig sein, weil es die Irreversibilität nicht berücksichtige, ist der belgische Physiker und Nobelpreisträger Ilya Prigogine. Er ist bekannt für seine poetische und mitreißende Philosophie, Zeit und Irreversibilität seien in die moderne Weltbeschreibung notwendig einzuarbeiten. Prigogine hat wichtige Beiträge zur Entwicklung der Thermodynamik geleistet, seine Philosophie aber genießt bei Laien mehr Respekt als bei Fachleuten. Der Grund dafür ist, daß er das Gesetz des «Mehr ist anders» nicht respektiert und die Irreversibilität auch auf der mikroskopischen Ebene sehen will.

«Die Entdeckung von irreversiblen Prozessen, angefangen von den Elementarteilchen bis hin zu kosmologischen Ereignissen, zeigt, daß dies ein Merkmal des gesamten Universums ist»[15], schreibt Prigogine in dem großangelegten Werk *Dialog mit der Natur*, in dem er zusammen mit der Chemikerin Isabelle Stengers die Theorie aufzustellen versucht, daß Irreversibilität nicht ein Ausdruck unserer Beschreibungsebene sei, sondern sich auf der mikroskopischen Stufe geltend mache. Irreversibilität ist aus dieser Sicht eher ein Manko der Newtonschen Gesetze als eine emergente Eigenschaft, die auftritt, wenn die einfachen, reversiblen Gesetze lange genug in entsprechend großen Systemen gewirkt haben.

Diese Auffassung Prigogines wird von seinen Freunden[16] wie Gegnern[17] unter den Physikern gleichermaßen kritisiert. Prigogines Versuch, eine Theorie mikroskopischer Irreversibilität zu entwickeln, steht physikalisch auf schwachem Fundament.

Die Frage ist auch, ob Bedarf für eine solche Theorie besteht. Das Interessante ist vielleicht gerade die Tatsache, daß wir die Welt auf verschiedenen Ebenen beschreiben können. Es geht Wissen über sie verloren, wenn wir auf einem bestimmten Niveau unter Vernachlässigung anderer an sie herangehen. Eben der Umstand, daß wir nicht alles auf einmal beschreiben wollen, sondern nur das, was uns an der Welt interessiert, ist die Ursache der Irreversibilität.

Der Physiker Rolf Landauer, der Prigogine sehr kritisch gegenübersteht, hat das Problem der Irreversibilität unter Berücksichtigung der Tatsache zu lösen versucht, daß unsere Möglichkeiten, Berechnungen vorzunehmen, physikalisch immer begrenzt sein werden. Wie groß die Computer auch sind, die wir bauen, sie werden immer kleiner sein als das Universum selbst. Deshalb können wir keinen Prozeß – auch nicht prinzipiell – beliebig lange in die Zukunft hinein verfolgen; denn der Prozeß wird irgendwann in chaotisches Verhalten verfallen. Letztlich bedeutet dieser chaotische Charakter der Welt, daß wir nicht alle Moleküle beliebig lange in die Zukunft hinein verfolgen können. Auch wenn wir die Welt unter Kontrolle hätten, wir könnten sie nicht unter Kontrolle behalten. Die Dinge entgleiten uns, und sie entgleiten uns auf irreversible Weise.

«Obwohl Chaos an sich keine Quelle der Unvorhersagbarkeit oder der Irreversibilität ist, bedeutet es doch, daß der Rechenbedarf offenbar sehr schnell anwächst, je mehr Zeit vergeht», schreibt Landauer.[18]

Nicht einmal beim deterministischen Chaos in einem begrenzten Bereich des Universums sind wir in der Lage, alle Ereignisse zu überblicken, da wir mit der Tatsache rechnen müssen, daß unsere Rechenzeit begrenzt ist. Die Welt muß einem jeden begrenzten Beobachter irreversibel erscheinen, auch wenn die Gesetze der Welt es nicht sind.

Landauer bezeichnet seine Lösung selbst als spekulativ, der Grundgedanke aber leuchtet durchaus ein: Nur weil wir uns an die Vorstellung gewöhnt haben, es stünde uns prinzipiell unendliche Rechenkapazität zur Verfügung, glauben wir, deterministische Gesetze würden zu einem Verhalten führen, das wir praktisch als reversibel verstehen können. Wir verfügen aber nicht über die Rechenkapazität des ganzen Universums, und selbst wenn dieses der Fall wäre, könnten wir die Zukunft der Welt nicht schneller errechnen, als die Welt selbst es tut. «Im Widerspruch zu dieser physikalischen Situation steht die Mathematik, die uns gelehrt hat, im Rahmen einer unbegrenzten Folge von Rechenschritten zu denken», schreibt Landauer in einem Artikel mit dem Titel «Information ist physikalisch».[19] Das aber sei unrealistisch, denn Berechnungen seien physikalische Prozesse, die in einem physikalischen Universum mit begrenzten Ressourcen stattfänden.

Wir können die Welt nicht überblicken, denn «Mehr ist anders», und noch mehr ist noch anders. Letztlich entstehen unsere Schwierigkeiten bei der Beschreibung der Welt aus der Tatsache, daß wir ein unendliches Universum in einer endlichen Beschreibung zusammenzufassen versuchen.

Das aber ist unmöglich – auch dann, wenn man, wie die Mathematik und Naturwissenschaft, behauptet, die eigene Beschreibung sei im Prinzip unendlich. Aus dieser Sackgasse gelangen wir nur heraus, wenn wir uns der Tatsache stellen, daß wir das Ganze nicht beschreiben können. Wir kommen nur weiter, solange wir wir selbst bleiben wollen.

Rolf Landauer sieht in der Irreversibilität einen Ausdruck der Tatsache, daß wir niemals alle Einzelheiten der Systeme, die wir zu beschreiben versuchen, im Griff haben können und deshalb akzeptieren müssen, daß uns die Welt ständig immer mehr entgleitet und es immer schwieriger wird, sie zu beschreiben. Er beschließt seine Ausführungen zur Irreversibilität mit einem Zitat von James Clerk Maxwell: «Dissipierte Energie ist Energie, die wir nicht fassen und nach Wunsch dirigieren können, zum Beispiel die Energie der wirren Bewegung von Molekülen, die wir Wärme nennen. Nun ist aber Wirrheit, ebenso wie der verwandte Ausdruck Ordnung, nicht eine Eigenschaft der Dinge selbst, sondern existiert nur im Verhältnis zu dem Geist, der sie begreift.»

Landauer kommt nicht auf den Umstand zu sprechen, daß Maxwell in dieser Passage, die ich schon am Ende des ersten Kapitels zitiert habe, auf den Geist verweist. Denn es geht hier nicht um das subjektive geistige Erleben, sondern um *coarsegraining*, die Grobkörnung, mit der wir uns der Welt nähern. Auf unserer Beschreibungsebene, in der Größenordnung, in der wir die Welt erfassen, ist eine Menge Energie vorhanden, die wir nicht nutzen können. Maxwells Dämon hat uns gelehrt, daß uns die enorme Menge der in der Bewegung von Molekülen in heißem Material vorhandenen kinetischen Energie unzugänglich ist. Dies ist nur in dem Sinne ein subjektiver Sachverhalt, als er etwas über die Ebene aussagt, auf der wir die Welt beschreiben. Mit unserer Grobkörnung, der Maschengröße unseres physikalischen Fischernetzes, wird die Energie unwiderruflich immer schwerer zugänglich. Die Irreversibilität ist eine Folge unserer Möglichkeiten der Wechselwirkung mit der Welt, auch wenn die Regeln dieser Wechselwirkung selbst reversible Gesetze sind.

Läßt man einen Eisklumpen in einen Drink fallen, kann er sich seiner «richtigen» Temperatur, 0 Grad Celsius, erinnern. Eine Mischung aus Eis und Wasser hält sich auf dem Gefrierpunkt, bis kein Eis mehr vorhanden ist, weil der warme Nachmittag immerzu ein Gleichgewicht herzustellen und den Drink genauso warm zu machen versucht wie die Luft.

Da sich aber ein Eisklumpen im Glas befindet, behält der Drink eine konstante Temperatur. Er reagiert nicht nur passiv auf die Temperatur der Umgebung, sondern erhält seine eigene aufrecht. Der Drink kann sich seiner eigenen Temperatur erinnern, weil er eine Mischung aus zwei *Phasen* des Wassers enthält, die Aggregatzustände fest (gefrorenes Eis) und flüssig (Wasser).

Der Übergang zwischen den Phasen Eis und Wasser, den man Schmelzen (oder, in umgekehrter Richtung, Gefrieren) nennt, stellt einen *Phasenübergang* dar. Die beiden anderen Phasenübergänge des Wassers sind Verdampfen/Kochen beziehungsweise Kondensation/Tau.

Phasenübergänge sind wichtige Erscheinungen in der physischen Welt. Ein System, in dem zwei Phasen enthalten sind, kann den Mischungszustand aufrechterhalten, obwohl es vom Zustand des Gleichgewichts, in dem es die gleiche Temperatur wie die Umgebung hätte, weit entfernt ist. Der Unterschied zwischen der flüssigen und festen Phase des Wassers wird in der Molekulartheorie der Materie so erklärt, daß Eis aus Wassermolekülen besteht, die ihren jeweiligen Platz in einer Kristallgitterstruktur beibehalten, während Wasser aus Molekülen besteht, die sich umherbewegen können, dabei allerdings verbunden bleiben, ungefähr wie Marmorkugeln in einem Beutel. Die gasförmige Phase des Wassers, Dampf, besteht aus Molekülen, die sich völlig frei umherbewegen können. Die molekulare Situation entspricht ganz dem Verhalten der drei Phasen in unserer Größenordnung. Eis behält seine Form bei, unabhängig von dem Behälter, in dem es sich befindet; Wasser paßt sich dem Boden des Behälters an, und Dampf füllt den gesamten Behälter aus.

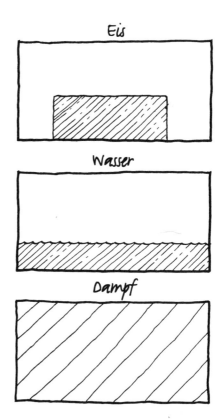

Eis, Wasser und Dampf: drei Phasen mit sehr unterschiedlichen Eigenschaften, obwohl sich ausschließlich die Temperatur verändert hat.

Die drei Zustandsformen des Wassers sind ein Beispiel für das Prinzip «Mehr ist anders». Wird Wasser erhitzt, geschieht nichts anderes, als daß die Temperatur ansteigt und die Geschwindigkeit der Moleküle sich erhöht. Man verändert nur eine einzige Größe, aber Mehr wird plötzlich anders: Wärmeres Eis schmilzt und wird zu Wasser, heißeres Wasser verdampft und wird zu Gas.

In unserer Alltagssprache gibt es viele Begriffe, nicht zuletzt psychologische, die mit solchen Phasenübergängen zusammenhängen: Gefrieren, Schmelzen, Erstarren, Auftauen, Verdampfen, Verdichten. Die beiden Grundbewegungen tauchen durchgängig in unseren Alltagsbegriffen auf: Etwas kann fließen, treiben, verdampfen, loslassen, auftauen, kochen, es kann erstarren, gefrieren, sich verdichten, festgehalten werden, zur Ruhe kommen, sich abschließen.

Das ist natürlich nicht weiter erstaunlich, denn die drei Phasen des Wassers – fest, flüssig und gasförmig – gehören zu unseren elementarsten Erfahrungen. (Sie kommen im übrigen auch in der ältesten aller westlichen philosophischen Beschreibungen der Welt vor. Bertrand Russell schreibt in einer Philosophiegeschichte: «‹Alle Dinge sind aus Wasser entstanden›, hat Thales von Milet nach der Überlieferung gesagt. Und das ist der Beginn der Philosophie und der Wissenschaft.»[20])

In den letzten Jahren hat sich gezeigt, daß diese Erfahrung sehr viel universaler ist, als es scheint.

«Wir schlagen vor, daß die festen und die fluiden Phasen der Materie, die uns aus der täglichen Erfahrung so vertraut sind, viel fundamentalere Aspekte der Natur darstellen, als wir angenommen haben. Sie sind nicht nur mögliche Zustandsformen der Materie, sondern stellen zwei grundlegende, universale Kategorien dynamischen Verhaltens dar», schreibt Chris Langton in einem Aufsatz über «Berechnung am Rande des Chaos», in dem er über vielversprechende Ergebnisse jüngster physikalischer Forschungen berichtet.[21]

Die Idee ist so einfach wie bahnbrechend. Chris Langton erforscht nicht nur Künstliches Leben, sondern befaßt sich auch mit dem allgemeineren theoretischen Problem, wie denn überhaupt informationsverarbeitende Systeme wie lebende Organismen spontan in der Natur entstehen können. Analog gesehen: In welcher Weise entwickeln physikalische Systeme die Fähigkeit, Information zu verarbeiten, und wie entsteht die Rechenfähigkeit als emergente Eigenschaft unbelebter Systeme? Im Grunde handelt es sich um die Frage nach der Entstehung des Lebens in einer allgemeinen Version.

Wie physikalische Systeme die Fähigkeit zu rechnen, also Information zu verarbeiten, erwerben, ist ein schwieriges Problem, und Chris Langton hat es deshalb in die Frage übersetzt, wann, zu welchem Zeitpunkt, einfache Computerversionen physikalischer Systeme die Fähigkeit entwickeln, selbst Berechnungen anzustellen. Konkret hat sich dieses Problem in einer mathematischen Sprache niedergeschlagen, die *zelluläre Automaten* genannt wird.

Es handelt sich um sehr einfache Modelle, wobei eine Vielzahl lokaler Einheiten jeweils höchst simple Regeln befolgt. Man kann dabei an ein schachbrettartiges System denken. Die lokale Regel mag besagen, daß alle Felder, die von drei schwarzen Nachbarfeldern umgeben sind, weiß sein sollen, während alle anderen schwarz bleiben. Solche einfachen Anweisungen können zu einem erstaunlich reichen und changierenden Verhalten führen. Die Erforschung der Unüberschaubarkeit solcher zellulärer Automaten durch den jungen Physiker Stephen Wolfram hat mehr als alles andere deutlich gemacht, daß viele Systeme der Wirklichkeit algorithmisch irreduzibel sind. Selbst eine sehr einfache Anweisung für einen zellulären Automaten kann zu einem Verhalten führen, das nicht vorherzusagen ist.

Indem er seine Frage auf zelluläre Automaten übertrug, konnte Langton ihr am Computer nachgehen. Unter welchen Voraussetzungen entwickelt ein zellulärer Automat die Fähigkeit, Information zu verarbeiten und Komplexität hervorzubringen?

Manche zellulären Automaten sterben sehr schnell aus; die Anweisung führt zu keinem interessanten Verhalten. Andere leben sehr lange und könnten vielleicht bis in alle Ewigkeit weiterexistieren.

Das entspricht ganz der Situation bei herkömmlichen Rechenvorgängen an einem Computer. Manche kommen schnell zu einer Antwort (2 + 2 = 4), andere laufen unendlich lange weiter (10 : 3 = 3,33333333...), wieder andere sind schwer einschätzbar. Alan Turings Halte-Theorem besagt, daß wir prinzipiell nicht wissen können, ob ein Rechenprozeß zum Halten kommt, es sei denn, er tut es.

Diese drei Möglichkeiten gibt es auch bei Langtons zellulären Automaten. Sie sterben ab, sie laufen unendlich lange weiter, oder sie bewegen sich an einer Grenze, so daß schwer zu sagen ist, was geschehen wird.

Berechnungen, die absterben, entsprechen dem Eis. Man erhält die Antwort, und der Vorgang ist beendet. Es herrscht totale Ordnung. Die Situation ist erstarrt und auf Dauer von geringem Interesse.

Berechnungen, die unendlich lange weiterlaufen, entsprechen dem Wasser: Das Ganze bleibt fließend. Es herrscht Chaos, Unklarheit. Es ist für eine Weile interessant, aber auf Dauer auch recht trivial, weil nie etwas dabei herauskommt.

Das wirklich Interessante sind Berechnungen, die in der Mitte zwischen Erstarrung und ewigem Fließen liegen, bei denen man also nicht weiß, ob sie zu einem Ende kommen. Sie liegen oft nahe an der Grenze zwischen dem Festen und dem Flüssigen, nahe am Übergang zwischen Eis und Wasser.

Ein interessanter Rechenprozeß, der Information verarbeitet, muß zwei Dinge können: Information speichern und Information löschen. Ohne die Fähigkeit zum Speichern können keine Erfahrungen angesammelt und ohne die Fähigkeit zum Löschen können keine Berechnungen angestellt werden, die die Information neu zusammensetzen. Soll ein System etwas Interessantes zuwege bringen, muß es in der Lage sein, zu speichern und zu löschen, sich zu erinnern und zu verschieben, festzuhalten und fließen zu lassen, zu erstarren und zu strömen. Und es muß fähig sein, beide Prozesse dicht beieinander ablaufen zu lassen.

Langton entdeckte, daß sich mit zellulären Automaten nur diese beiden Grundformen aller dynamischen Systeme, Gefrieren und Fließen, nachahmen lassen. Daraus folgt praktisch, daß physikalische Systeme von einer dieser beiden Grundformen, der festen oder der fluiden (zu der auch der gasförmige Zustand gehört) gekennzeichnet sein müssen.

Es gibt letzten Endes nur diese beiden Grundzustände oder Grundphasen. Alles Interessante geschieht an der Grenze zwischen ihnen, an der Grenze zwischen Chaos und Ordnung, zwischen Wasser und Eis, zwischen dem endlichen und dem unendlichen Rechenprozeß.

Es geschieht genau an der Stelle, an der man nicht weiß, ob das Ganze zu einem Ende kommt.

«Rechenprozesse können spontan entstehen und die Dynamik physikalischer Systeme zu dominieren beginnen, wenn diese sich im oder am Übergang zwischen ihrer festen und ihrer fließenden Phase befinden», schreibt Langton. «Die wohl interessanteste Konsequenz ist, daß der Ursprung des Lebens möglicherweise in der Nähe eines Phasenübergangs liegt.»[22]

Andere Forscher, vor allem James Crutchfield aus Berkeley, Kalifornien, sind aufgrund ähnlicher Untersuchungen zu der gleichen Schlußfolgerung gelangt[23]: Das wirklich Interessante geschieht am Rand des Chaos, an der Grenze zwischen Chaos und Ordnung. In diesem Bereich lassen sich Berechnungen durchführen, die neue Strukturen hervorbringen können.

Das Interessante ist nicht, Orangensaft oder ähnliche schöne Dinge im Kühlschrank und Eiswürfel im Gefrierfach zu haben. Das Interessante ist, sie zu einem Drink draußen auf der Terrasse zu vermischen.

Der deutsche Physiker und Chaosforscher Peter Richter hat diese Gedanken 1988 in einer frühen Version unter der Bezeichnung «Die Schönheit der Grenzen» entwickelt.[24] Richter hatte Computergraphiken von Erscheinungen chaotischer und fraktaler Natur beobachtet und vor diesem Hintergrund analysiert, an welchen Orten sich Menschen niederlassen. Es sind Küsten, Flüsse, Gebirgsketten, Bergpässe – Orte also, die an Grenzen liegen, nahe am Übergang zwischen dem einem und dem anderen Element.

Der «Schönheit der Grenzen» zufolge geschieht das Komplexe und Interessante in den Übergangszonen zwischen Meer und Land. Das Meer ist auf Dauer trivial, ebenso das Festland. An einer Küste aber oder an einem Flußlauf, wo Wasser und Land aufeinandertreffen, kann etwas Überraschendes geschehen, so wie sich das Leben auf der Erde größtenteils an der Grenze zwischen Meer und Land oder Land und Luft abspielt.

So ist es auch im Leben der Menschen. Seine eigene Domäne zu haben, ist nicht so interessant, als wenn wir an der Grenze zwischen verschiedenen Bereichen stehen, wo unterschiedliche Faktoren wirken und der Ausgang unsicher ist.

Die Naturwissenschaft hat dazu tendiert, sich entweder für Ordnung oder für Chaos, für die Reversibilität Newtons oder für die Irreversibilität der Thermodynamik, entweder für Einfachheit oder für Unüberschaubarkeit zu interessieren.

Die Erforschung komplexer Systeme wurde ernsthaft in Angriff genommen, als Bernardo Huberman und Tadd Hogg 1986 darauf aufmerksam machten, daß das Komplexe in der Mitte zwischen Chaos und Ordnung anzutreffen sei. Wenige Jahre später konnten Chris Langton, James Crutchfield und andere zeigen, daß das Interessante geschieht, wo und wenn Ordnung und Chaos zusammentreffen. Komplexität entsteht am Rand des Chaos.

Das ist letztlich der Grund dafür, daß es nicht genügt, die einfachen Gleichungen und eine Reihe von Schulbeispielen zu kennen. Selbst wenn wir über alle Formeln für die Welt verfügen, können wir uns aus ihnen nicht die Welt erschließen. Auch wenn wir eine vielfältige Welt auf eine kurzgefaßte Beschreibung reduzieren können, so werden wir sie doch niemals aufgrund der Beschreibung rekonstruieren können.

Mehr ist anders, sagte P. W. Anderson. Und er fügte, wie bereits zitiert, hinzu: «Die Fähigkeit, alles auf einfache grundlegende Gesetze zu reduzieren, bedeutet nicht, daß wir in der Lage sind, von diesen Gesetzen ausgehend das Universum zu rekonstruieren.»

Genau das aber versuchen wir bewußt mit dem künstlichen Leben der technologischen Zivilisation.

Kapitel 15
Die ungerade Linie

Im Jahre 1877, als der Planet Mars der Erde mit einer Distanz von nur 60 Millionen Kilometern ungewöhnlich nahe war, verkündete der italienische Astronom Giovanni Schiaparelli, er habe auf der Oberfläche unseres Nachbarplaneten Kanäle, *canali*, entdeckt. Sie bildeten ein riesiges zusammenhängendes System, das sich über die ganze Oberfläche des Mars erstrecke. Die Kanäle waren schwer zu erkennen, denn die Untersuchung von Planetenoberflächen wird durch die Unruhe der Erdatmosphäre stark beeinträchtigt. Fotografieren war nicht möglich, da das Bild des Mars im Sehfeld des Fernrohrs aufgrund der Unruhe der Luft «verschwamm» und bei der Belichtung des Films ganz unscharf wurde. Schiaparelli aber verwandte viele Jahre darauf, das umfassende System der schnurgeraden, miteinander verbundenen Linien auf der Marsoberfläche zu kartieren.

Als er 1892 mitteilte, seine nachlassende Sehkraft zwinge ihn, die Untersuchungen einzustellen, entschloß sich der steinreiche amerikanische Diplomat Percival Lowell, in Flagstaff in Arizona, einer Gegend mit ungewöhnlich geringer Luftunruhe, eine Sternwarte zu errichten, um die Erforschung der Kanäle fortzusetzen.

Percival Lowells planetarische Forschungen wurden nicht zuletzt dadurch bedeutsam, daß er die Suche nach dem letzten, neunten Planeten des Sonnensystems initiierte. 1930 war sie von Erfolg gekrönt: Lowells Nachfolger Clyde Tombaugh entdeckte den sonnenfernsten Planeten, der den Namen Pluto erhielt, da er mit den Initialen Lowells beginnt und zugleich einer der Beinamen des Unterweltgottes Hades ist.

Bis zu seinem Tod im Jahre 1916 beschäftigten Lowell aber vor allem die Marskanäle. Er glaubte ein umfassendes System schnurgerader Linien zu erkennen, das auf der Oberfläche des Planeten verteilte Dunkelzonen miteinander verband. Dieses sinnreich konstruiert wirkende Liniensystem deutete er als ein riesiges künstliches Bewässerungssystem, durch das Flüssigkeit von den Polkappen des Mars in die trockenen Gebiete um den Äquator geleitet werde. Der Mars sei offenbar ein trockener Planet, und das Wasser müsse aus den polaren Regionen abgezogen werden, die – wie auf der Erde – mit ewigem Schnee bedeckt seien.

Lange Zeit später beschrieb der amerikanische Planetenforscher und Publizist Carl Sagan den Vorgang: «Der Angelpunkt des Arguments lag im regelmäßigen Verlauf der Kanäle, von denen manche über Tausende von Kilometern hinweg großen Kreislinien folgten. Eine solche geometrische Genauigkeit kann – so meinte Lowell – nicht durch geologische Prozesse hervorgebracht worden sein. Die Linien waren einfach zu gerade, zu regelmäßig. Die Kanäle konnten nur von intelligenten Wesen gebaut worden sein.»[1]

Lowell kam zu dem umstrittenen Schluß, es gebe auf dem Mars Lebewesen, die den Planeten ganz und gar zivilisiert, umgeformt und so reguliert hätten, daß die wenige vorhandene Flüssigkeit über seine gesamte Oberfläche verteilt werden könne.

Die Diskussion über die Marskanäle dauerte Jahrzehnte an, bis im Zuge der Raumfahrtprogramme Sonden zum Mars geschickt wurden, die den endgültigen Beweis erbrachten, daß es diese geradlinigen Kanäle auf dem Mars gar nicht gibt. Dagegen sind ausgetrocknete Flußbetten aus einer früheren Epoche entdeckt worden, in der es auf dem Mars Wasser gegeben haben muß, doch sind sie keineswegs gerade, sondern krumm und unregelmäßig wie die Flüsse auf der Erde. Sie sind also das Ergebnis natürlicher Prozesse und ohne Einwirkung von Intelligenz zu erklären. Außerdem sind sie zu klein, als daß Lowell sie mit seinem Teleskop hätte sehen können.

Was Lowell sah, war eine optische Täuschung. Es gab keine Kanäle, keine Geraden, aber das Auge ist darauf trainiert, Muster zu sehen, und es will sie auch dann sehen, wenn sie nicht vorhanden sind.

Alle möglichen unregelmäßigen Flecken auf der Marsoberfläche, die gerade noch durch die unruhige Bewegung der Luft hindurch zu erkennen waren, sind als gerade Linien gedeutet worden. Lowell sah etwas, das nicht vorhanden war; er sah ein Muster, wo es in Wirklichkeit nur regellos verstreute Flecken gab.

Carl Sagan bemerkt: «Lowell betonte immer wieder die Regelmäßigkeit der Kanäle, worin er einen unzweideutigen Hinweis auf intelligente Lebewesen sah, was auch zweifellos zutrifft. Fragt sich nur, auf welcher Seite des Teleskops.»[2]

In der Natur gibt es im großen und ganzen keine geraden Linien. In der von Menschen geschaffenen Zivilisation finden sich überall neben exakten Rundungen gerade Linien und rechte Winkel, in der Formenwelt der Natur dagegen ist die Gerade nicht vorhanden.

Es gibt eine Vielzahl natürlicher Formen, die mit ein wenig gutem Willen als geradlinig bezeichnet werden können, jedoch nur, wenn man nicht genau hinsieht. Bäume stehen oft gerade und senkrecht, doch müssen wir schon sehr weit von ihnen entfernt sein, damit sie uns ganz glatt und geradlinig erscheinen. Auch wenn wir von den Ästen absehen, sind Bäume krumm und voller Knäste, die Rinde ist rauh, und der Stamm hat Ausbuchtungen. So gleicht auch kein Grashalm dem anderen, und der Rücken keines Tieres ist ganz gerade. Eisblumen und Kristalle weisen gerade Linien auf, aber nur über kurze Strecken. Flußläufe und Küsten sind unregelmäßig, Gebirgsketten gezackt, und Wolken sind völlig ungleichmäßig geformt.

Der Horizont sieht zwar geradlinig aus, doch nur, weil wir ihn in einer bestimmten Größenordnung sehen. Würden wir, zum Beispiel von einem Raumschiff, mehr von ihm sehen, würden wir erkennen, daß die Erde nicht flach, sondern rund ist. Holen wir den Horizont mit einem Fernglas näher heran, erkennen wir, daß

Kanäle auf dem Mars, nach der Zeichnung Schiaparellis. Die Geradlinigkeit der Kanäle galt als Beleg dafür, daß sie intelligenten Ursprungs seien.

sich seine Linie aus unzähligen kleinen Unregelmäßigkeiten zusammensetzt, die dem Auge als Gerade erscheinen.

Lichtstrahlen breiten sich entlang gerader Linien aus, doch können wir das nicht sehen. Blicken wir direkt in einen Lichtstrahl hinein, sehen wir nicht die gerade Bahn, sondern einen Punkt. Betrachten wir einen Lichtstrahl von der Seite, erkennen wir ihn nur deshalb, weil das Licht durch Staub- und Rauchpartikel in der Luft gestreut wird. Würden wir diese Partikel genauer analysieren, dann würden wir erkennen, daß sie keine Geraden darstellen, sondern eine Reihe verstreuter Punkte.

Die Formen, die wir aus den Geometriebüchern in der Schule kennen, die gerade Linie, der rechte Winkel, das gleichschenklige Dreieck, sind in der Natur nicht vorhanden. Wir finden sie nirgends, auch wenn wir sie vielleicht bei einer ersten Annäherung zu sehen glauben. Außer der Geradlinigkeit der Kristalle ist der Kreis die einzige einfache geometrische Figur, die in reiner Ausprägung in der Natur vorkommt. Wir sehen sie am Himmel in Form der Sonne und des Vollmonds.

Die Natur kennt keine Geraden 537

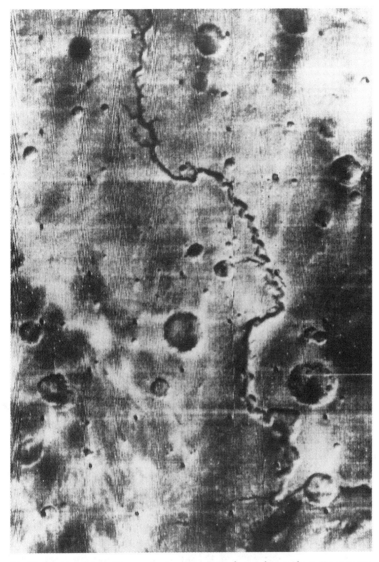

Ein Flußbett auf dem Mars, von einer Raumsonde aus fotografiert. Es stammt vermutlich von einem ausgetrockneten Fluß aus der Frühzeit des Planeten. Dieser natürliche «Kanal» ist alles andere als geradlinig.

Die Natur bedient sich einer ganz anderen Formensprache als die Schulgeometrie, deren Formen wir den alten Griechen zu verdanken haben.

Rinnt ein Regentropfen einen Berg hinab, dann beschreibt er keine gerade Linie. Abstrakt gesehen folgt er zwar der Geraden, da die Gravitation auf ihn einwirkt. Aber neben dem Schwerefeld der Erde spielt noch ein anderer Aspekt eine Rolle, nämlich ihre Oberfläche. Die aber ist unregelmäßig, und deshalb schlägt der Regentropfen keinen geraden Weg ein, denn er muß an jedem Punkt seines Pfads darauf reagieren, in welcher Richtung es abwärts geht. Das aber ist keineswegs immer die direkte Vertikale. Ein Steinchen kann im Weg liegen, oder ein kleiner Vorsprung ragt empor, und so wird die Bahn des Regentropfens unregelmäßig, sie verläuft ein wenig im Zickzack. Jeder Punkt des Weges nach unten spiegelt die lokalen Umstände wider. Regentropfen überlegen nicht, wohin ihr Weg führt, die stecken keinen Kurs ab, bevor sie sich auf die Reise machen. Sie bewegen sich an jedem Punkt ihres Pfads in die Richtung, die abwärts führt; sie gehen von der lokalen Situation aus, nicht von der globalen, sie reagieren von Schritt zu Schritt.

Deshalb folgen Regentropfen keiner geraden Linie. Vielleicht tun sie es, wenn es regnet und ausnahmsweise kein Wind weht, aber sie tun es nicht, wenn sie einen Berg hinabrinnen.

Und deshalb sind auch Flüsse, Auen und Bäche nicht geradlinig. Sie folgen einem gewundenen, unsteten Weg, der nicht nur von der übergeordneten Neigung des Geländes abhängt, sondern auch von lokalen Unterschieden in der Konsistenz des Bodens. Vor einem großen Felsen macht der Flußlauf vielleicht «zick», bei ein wenig Geröll macht er «zack». Betrachten wir einen Fluß von einem Flugzeug oder einer Raumsonde aus, erkennen wir große Ausbuchtungen in seinem Lauf; wandern wir aber an seinem Ufer entlang, sehen wir innerhalb der großen Ausbuchtungen eine Vielzahl kleinerer.

In Holland begegnet man fast nur geradlinigen Wasserläufen. Holland ist insgesamt eine unnatürliche Landschaft, die, von Deichen beschützt, unterhalb des Meeresspiegels liegt. Deshalb ist das Wasser dort hinsichtlich Höhenstand und Fließrichtung vollständig reguliert. Alle größeren Wasserläufe werden durch Deiche gebändigt und gelenkt, und sie sind am besten unter Kontrolle zu halten, wenn sie sich an die geraden Linien der von Menschen gebauten Kanäle halten müssen.

Hollands Wasserläufe erinnern an ein Geometriebuch; die reißenden Wildbäche mit dem Schmelzwasser der Berggipfel dagegen sind anders als alles, was uns die Schulwissenschaft bietet.

Die gerade Linie ist, wie Percival Lowell richtig erkannt hat, ein Zeichen von Intelligenz und Zivilisation. Sie ist der Fingerabdruck des Bewußtseins, der Abdruck des Bewußtseins auf der Welt – oder, wie in Lowells Fall, auf der Wahrnehmung der Welt.

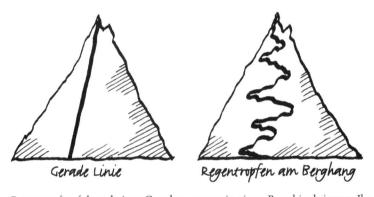

Regentropfen folgen keiner Geraden, wenn sie einen Berg hinabrinnen. Ihr Weg ist schwieriger zu beschreiben als eine Vertikale.

Solche Gedankengänge hat der in Polen geborene Mathematiker Benoit B. Mandelbrot, der am IBM-Forschungszentrum in Yorktown Heights, New York, arbeitet, vorgebracht und mit einer massiven Kritik der Euklidischen Geometrie verbunden, der griechischen Geometrie also, die bis vor wenigen Jahren Grundlage aller mathematischen Forschung und Lehre gewesen ist. Mandelbrot gilt als Entdecker der Fraktale, geometrischer Formen, die, der vertrauten Geradlinigkeit zuwiderlaufend, an jedem einzelnen Punkt abknicken und dadurch abstrakte Muster hervorbringen, die dem menschlichen Auge unsagbar schön erscheinen, weil sie die gleiche Komplexität wie die Geometrie der wirklichen Natur zu besitzen scheinen: Formen von großer Tiefe und Vertracktheit, die desto reicher werden, je eingehender man sie untersucht.

In seinem 1983 erschienenen Buch *Die fraktale Geometrie der Natur* schreibt Mandelbrot: «Warum wird die Geometrie oft als ‹nüchtern› und ‹trocken› bezeichnet? Nun, einer der Gründe besteht in ihrer Unfähigkeit, solche Formen zu beschreiben wie etwa eine Wolke, einen Berg, eine Küstenlinie oder einen Baum. Wolken sind keine Kugeln, Berge keine Kegel, Küstenlinien keine Kreise. Die Rinde ist nicht glatt, und auch der Blitz bahnt sich seinen Weg nicht gerade. Überhaupt gehe ich davon aus, daß viele Naturerscheinungen in ihrer Unregelmäßigkeit und Zersplitterung nicht einfach einen höheren Grad an Komplexität gegenüber Euklid... sondern ein völlig anderes Niveau darstellen.»[3]

Man kann sich fragen, warum ausgerechnet ein Forscher der Computerfirma IBM ein Buch über dieses Thema schreibt. Der Grund ist eben der Computer.

Die Mathematik, die wir in der Schule gelernt haben, handelt größtenteils von Formen und Funktionen, die kontinuierlich und ableitbar sind. Eine kleine Veränderung bedeutet wenig, eine große mehr.

Isaac Newton und Gottfried Wilhelm Leibniz schufen um 1700 die Differential- und Integralrechnung, auf der fast die gesamte mathematische Naturwissenschaft beruht. Diese Rechenarten sind effektive mathematische Hilfsmittel, um regelmäßige Formen und Funktionen zu analysieren. Newton und Leibniz erfanden ausgeklügelte Manöver, um die Untersuchung in wenigen einfachen Formeln zusammenzufassen; ein Bleistift und ein Stück Papier genügen, um mit ihnen zu arbeiten. Man kann die Probleme per Hand durchrechnen, da sie durch die mathematischen Kunstgriffe der beiden großen Naturforscher vereinfacht worden sind.

Fraktale und Iteration 541

Mathematische Probleme aber, auf die sich Integral- und Differentialrechnung nicht anwenden lassen, müssen numerisch gelöst werden, mit anderen Worten, man muß sie Zahl für Zahl durchrechnen. Dazu aber hat niemand Lust, und deshalb hat sich auch niemand für die nicht ableitbaren Formen und Funktionen, für alles Unregelmäßige also, interessiert – bis der Computer aufkam. Mit dem Computer war es auf einmal möglich, Probleme durchzurechnen, die andere mathematische Verfahren als die schöne Differential- und Integralrechnung erforderten, Formen also, die sich nicht mittels einfacher geometrischer Figuren und Funktionen, die sich nicht durch überschaubare Gleichungen darstellen lassen.

Diese komplizierten Formen wurden von Benoit Mandelbrot erforscht. Er nannte sie Fraktale. Sie waren bereits in der Zeit um den Ersten Weltkrieg von den französischen Mathematikern Gaston Julia und Pierre Fatou entdeckt worden, doch ließen sie sich damals wegen ihrer Kompliziertheit nicht weiter analysieren. Man nannte sie deshalb *monstres* und ließ sie im Archiv verschwinden, wo bereits ältere Ansätze zur fraktalen Mathematik ruhten. Heute, in den neunziger Jahren, ist jedes Kind mit ihrer Schönheit vertraut – dank des Computers, der die unzähligen kleinen Entscheidungen berechnen kann, die beim Aufbau eines fraktalen Bildes getroffen werden müssen.

Die Fraktale bilden sehr komplizierte Muster, setzen aber im Grunde keine komplizierte Mathematik voraus. Viele werden durch Formeln von großer Einfachheit definiert, die aber im Laufe eines Prozesses, den man *Iteration* nennt, ständig wiederholt werden müssen. Mittels einer Formel wird eine Zahl errechnet, das Ergebnis wiederum der Formel unterworfen, so daß man ein neues Ergebnis erhält, auf das die Formel dann erneut angewendet wird.

Das Ergebnis ist eine Iteration, eine unendliche Wiederholung, die, von sehr einfachen Regeln ausgehend, zu sehr komplizierten Mustern führt. Das Geheimnis liegt in der Wiederholung. Zu solchen Wiederholungen hat der Mensch keine Lust, dem Computer aber sind sie nicht zuwider, ebensowenig wie der Natur.

Mandelbrot machte darauf aufmerksam, daß viele Anweisungen im Genom lebender Organismen den Charakter ebensolcher Regeln für einen Prozeß besitzen, der sich ständig wiederholt. Ein Baum entfaltet sich, indem er eine einzige Form in sich selbst stetig iteriert. Einen Blumenkohl kann man in einzelne Knospen zerlegen, diese dann wieder in kleinere Knospen, die wiederum in noch kleinere Knospen zerlegt werden können, bis jede Knospe schließlich kleiner ist als der Nagel eines kleinen Fingers. Eine einzige Grundform hat sich in sich selbst ständig wiederholt.

Computersimulationen überzeugten die Wissenschaftler davon, daß die *lineare Mathematik* nur einen Sonderfall der Welt repräsentiert, einen sehr kleinen Ausschnitt. Der größte Teil der Welt muß durch eine *nichtlineare Mathematik* beschrieben werden, also mittels der Formeln und Formen, die nicht regelmäßig und glatt sind, sondern sich dadurch auszeichnen, daß die kleinste Veränderung zu einem sehr großen Unterschied führen kann, da sich alles überall verzweigt und ausbuchtet. Chaotische Phänomene sind, ebenso wie die Fraktale, ein nichtlinearer Effekt. Der Computer hat in den achtziger Jahren zu der nichtlinearen Revolution in den Naturwissenschaften geführt; diese wiederum hat uns endgültig die Augen dafür geöffnet, daß unsere Zivilisation ganz anders ist als die Natur.

Als die beiden deutschen Fraktalforscher Heinz-Otto Peitgen und Peter Richter 1986 das Vorwort zu ihrem schönen und inzwischen weltberühmten Buch *The Beauty of Fractals* schrieben, zitierten sie als Motto eine Äußerung des österreichischen Malers Friedensreich Hundertwasser: «1953 erkannte ich, daß die gerade Linie zum Untergang der Menschheit führt. Doch die gerade Linie ist zur absoluten Tyrannei geworden. Die gerade Linie ist etwas, das, ohne Gedanken oder Gefühl, feige dem Lineal nachgezogen wird; es ist die Linie, die in der Natur nicht existiert. Diese Linie aber ist das morsche Fundament unserer zum Tode verurteilten Zivilisation. Obwohl es Orte gibt, wo erkannt worden ist, daß diese Linie zu raschem Verderben führt, wird sie weiterhin gezeichnet... Jeder Entwurf, der auf der Geraden beruht, ist totgeboren. Wir sind heute Zeugen des Triumphs des rationalistischen

Know-hows und stehen doch zugleich vor der Leere. Einer ästhetischen Leere, einer Wüste der Gleichförmigkeit, der kriminellen Sterilität, dem Verlust an kreativer Kraft. Selbst die Kreativität ist vorfabriziert. Wir sind impotent geworden, sind nicht mehr fähig, etwas zu erschaffen. Das ist unser wirklicher Bildungsmangel.»[4]

Was aber ist so problematisch an einer Zivilisation, die auf der geraden Linie beruht? Problematisch ist, daß sie sehr wenig Information enthält. Sie hat der Sinneswahrnehmung fast nichts zu bieten.

Der Weg des Regentropfens bergabwärts ist schwer zu beschreiben. Er macht allerlei kleine Abstecher, die detailliert dokumentiert sein wollen. Eine zwischen Ausgangs- und Endpunkt des Tropfens gespannte Schnur ist im Prinzip viel leichter zu beschreiben. Es genügt, die beiden Punkte festzulegen, an denen die Schnur befestigt wird, und dafür zu sorgen, daß sie stramm ist, dann hat man alles gesagt, was es über diese Linie zu sagen gibt.

Es ist wenig Information nötig, um eine Gerade darzustellen; die Beschreibung einer ungeraden Linie dagegen, die sich ständig krümmt und biegt, erfordert eine Menge Information. Ein modernes Gebäude aus Beton ist leicht zu beschreiben, anders als ein altmodisches Haus, dessen Steine vom Maurer einzeln aufeinandergesetzt wurden, von einem reetgedeckten Fachwerkhaus ganz zu schweigen.

Die geradlinige Zivilisation ist leicht zu beschreiben und also leicht vorherzusagen. Eine schnurgerade ebene Autobahn enthält viel weniger Information als eine Gasse mit Kopfsteinpflaster. Legt man einen asphaltierten Platz an, beseitigt man Information über das Gelände, das sich vorher dort befand; dieser neugeschaffene Bezirk der Erdoberfläche ist leichter zu beschreiben.

Zivilisation heißt Vorhersagbarkeit erlangen, und Vorhersagbarkeit ist das Gegenteil von Information, denn Information ist ein Maß für den Überraschungswert einer Mitteilung, für die Verblüffung, die sie auslöst.

«In der Straße ist ein Loch», sagen wir – und für den, der sie befährt, ist das eine nützliche Information. Information enthält

Fraktale – seltsame Formen (nach Peitgen/Richter)

die Aussage deshalb, weil es sich um eine Straße und nicht nur um ein löchriges Gelände handelt.

Die Zivilisation hält Information von unserem Leben fern, Information über das Gelände, durch das wir fahren, über die Niederschlagsverhältnisse, während wir schlafen, über die wechselnde Lufttemperatur im Laufe des Tages, über den Bakteriengehalt des Wassers, ehe es gereinigt wird, sie hält Information über die Form des Baums fern, aus dem unser Fußboden besteht, und Information darüber, was wir auf den Fußboden gekleckst haben, bevor wir ihn saubermachen.

Wir ziehen gerade Linien und machen sauber, denn dann brauchen wir nicht zu wissen, wie die Welt beschaffen ist. Und das ist auch gut so. Für den Radfahrer ist es gut, daß die Straße eben ist. Für den Schlafenden ist es gut, daß der Regen von ihm abgehalten wird. Zur Vermeidung von Durchfall ist es gut, gereinigtes Wasser zu haben, und wenn man tanzen will, ist es gut, daß der Fußboden eben ist. Will man weiterkommen im Leben, ist es gut, sauberzumachen.

Es gibt jedoch eine Grenze. Die geradlinige Zivilisation ist auch sehr langweilig anzusehen, die Städte entwickeln sich zu sterilen, leeren Welten, die dem Auge kein Erlebnis und dem Geist keine Erholung bieten. Wir machen daher Urlaub in naturwüchsiger Umgebung und genießen es, Holz zu hacken und mit der Sense Gras zu mähen. Es gefällt uns, einen ganzen Tag darauf zu verwenden, nur für den Lebensunterhalt zu sorgen und den Körper zu erquicken. Wir genießen es, uns darüber informieren zu müssen, auf wie viele verschiedene stechwütige Insekten wir uns auf dem Land einzurichten haben. Aber arbeiten können wir unterdessen nicht, jedenfalls nicht im heutigen Sinne.

Zivilisation erfordert, Information aus unserer Umgebung fernzuhalten und Information über die Natur auszumustern, damit unsere Sinne nicht belastet werden und unser Bewußtsein sich auf etwas anderes konzentrieren kann. Wir schneiden eine Menge Information aus der Umgebung heraus, um uns unserem eigenen Leben im Innern unseres Kopfes und im Innern der Gesellschaft widmen zu können. Die Beziehungen zwischen dem Menschen und seinem Innern werden immer wichtiger und beanspruchen unsere Aufmerksamkeit mehr und mehr, weil wir, anstatt ständig ans Wetter denken zu müssen, an uns selbst denken können.

Technik läuft darauf hinaus, die Dinge vorhersagbar und wiederholbar zu machen, damit sie uns möglichst wenig Zeit und Aufmerksamkeit abverlangen. Die Ölheizung braucht viel weniger Aufmerksamkeit, als wenn wir alle Holz hacken müßten. Der Kühlschrank erleichtert das Herbeischaffen und Aufbewahren von Nahrungsmitteln. Straßennetz und Fahrrad ermöglichen präzisere Vorhersagen, wie schnell ein ferner Punkt zu erreichen ist. Technik macht Sinneswahrnehmung und Aufmerksamkeit in vielen Bereichen überflüssig, so daß wir sie auf etwas anderes richten können.

Deshalb ist Technik aber auch langweilig. Ihr eigentlicher Zweck ist, uns von der Tätigkeit zu entfernen, die wir gerade ausführen, unsere Aufmerksamkeit überflüssig zu machen, indem sie uns der Notwendigkeit, eine Menge Information zu verarbeiten, enthebt.

Eine Schreib- oder Setzmaschine entfernt Information aus dem Schreibprozeß. In den unruhigen Buchstaben der Handschrift, die den Gemütszustand des Schreibenden zu erkennen geben, liegt viel mehr Information als in den vorgeformten Buchstaben des Computers. Ein Telefongespräch enthält weniger Information als ein richtiges Gespräch, jedoch mehr als ein Brief. Ein handgeschriebener Brief enthält mehr Information als der gleiche Brief, wenn er auf der Maschine geschrieben ist.

Die Zivilisation entfernt «naturwüchsige» Information aus unserem Leben, so daß für anderes Platz frei wird, für die Arbeit, das Privatleben, die Kultur, das Fernsehen, die Unterhaltung. Wir brauchen nicht ständig unseren gesamten Wahrnehmungsapparat auf Regenwetter und Giftschlangen zu richten und können statt dessen miteinander reden. Die Umgebung belastet uns inzwischen so wenig, daß wir es uns erlauben können, das Bewußtsein für eine halbe Sekunde von der Wirklichkeit abzuziehen, um es zum Thema eines Gespräches zu machen.

Langweilt uns die Technik, dann langweilt uns in gewissem Sinne unser eigenes Erleben der Welt. Technische Systeme lassen sich definieren als *vergegenständlichte Simulationen*. Unser Erleben der Welt findet, wie bereits beschrieben, in der Reihenfolge Wahrnehmen – Simulieren – Erleben statt. Wir bilden eine Hypothese über das Wahrgenommene, wir simulieren die Außenwelt, die

Geradlinige Welt

uns mit Sinnesdaten versorgt. Erst anschließend erleben wir diese Simulation. Wir sehen nicht das Spektrum elektromagnetischer Wellen, sondern einen roten Briefkasten. Unser Gehirn erkennt etwas, das dem gleicht, was es bereits früher erfahren hat.

Die Simulation ist gewöhnlich gar nicht bewußt, die Wissenschaft aber versucht, die Regeln, denen sie unterliegt, explizit und bewußt zu machen. Die Wissenschaft faßt den Teil unserer Simulation der Welt zusammen, über den wir sprechen können, weil uns dafür eindeutige Begriffe zur Verfügung stehen.

Ist die Art und Weise bekannt, wie wir etwas simulieren, können wir dieses Etwas auch rekonstruieren. Wir können es nachbauen, denn wir kennen die zugrundeliegenden Prinzipien. Wir können es im Geiste simulieren und diese Simulation in einen Gegenstand verwandeln, dessen Prinzipien wir verstehen. Wir können unsere Simulation vergegenständlichen.

Wir kennen die Prinzipien des Fliegens und sind deshalb in der Lage, eine Flugmaschine zu bauen. In der Praxis läuft es allerdings eher umgekehrt: Wir beginnen, eine Flugmaschine zu bauen, es gelingt uns aber nicht. Dann schauen wir uns die Vögel an und studieren alles, was wir über Luftbewegung wissen, und nach ein paar hundert Jahren bauen wir wieder eine Flugmaschine, und diesmal funktioniert sie.

Das Problem aber ist, daß wir die Welt simulieren, als bestünde sie aus geraden Linien und anderen handlichen Formen. Alle unsere zur Beschreibung der Welt entwickelten Begriffe sind geradlinig und handlich, und deshalb können wir auch nur geradlinige und handliche Dinge bauen. Wir sehen die Welt, als wäre sie geradlinig. Diese Auffassung hat sich im Innersten unseres Nervensystems abgelagert, die gerade Linie ist in die Funktion der Nervenzellen einprogrammiert.

Deshalb bauen wir eine geradlinige Welt, wenn wir unser Weltverständnis in Form technischer Systeme vergegenständlichen.

Unsere Begriffe sind geradlinig, und sie sind es oft in einer Weise, die wir uns gar nicht klarmachen.

«Wie lang ist die Küste von Großbritannien?» fragte Benoit Mandelbrot in seinem ersten Artikel über Fraktale, einer bahnbrechenden Studie, die in der Zeitschrift Science erschien.[5] Es ging um die einfache Tatsache, daß die Länge einer Küstenlinie nicht eindeutig definiert ist, obwohl wir alle in der Schule gelernt haben, wie lang verschiedene Küstenlinien und Flüsse sind. Für die dänische Küstenlinie wird zum Beispiel eine Länge von 7474 Kilometern angegeben.[6]

Genaugenommen sind solche Maße aber Unsinn, denn es kommt ganz darauf an, wie viele von all den kleinen Buchten der Küste mitgezählt werden. Auf einem Luftbild Dänemarks sind in einem bestimmten Maßstab Einzelheiten zu erkennen, und man kann nachmessen, wie lang die Küste ist. Wandert man aber an der Küste entlang, erkennt man innerhalb der großen Ausbuchtungen der Küstenlinie viele kleine. Die Küste wird länger, je mehr Einzelheiten man berücksichtigt.

Mit der Aussage, die Küste sei 7474 Kilometer lang, wird also stillschweigend ein bestimmter Maßstab vorausgesetzt, eine bestimmte Grobkörnung, wie sie bei der Bestimmung der Küstenlinien aller Länder benutzt wird. Genaugenommen aber sind alle Küstenlinien unendlich lang. Je mehr Einzelheiten berücksichtigt werden, desto länger wird die Küste, bis man am Ende jedes einzelne Sandkörnchen umrunden muß. Auch Flüsse sind unendlich lang, zählt man alle kleinen Biegungen mit. Im gegebenen Maßstab aber ist der Nil natürlich länger als beispielsweise die Bille.

Die Frage läßt sich auch anders stellen: Wie lang ist die Küste zwischen einer Mole und einer Straße, deren Abstand zueinander 167 Meter beträgt?

Im Prinzip ist die Küste zwischen Mole und Straße unendlich lang. Überspringen wir jedoch einige kleine Ausbuchtungen der Küstenlinie, ergibt sich eine wohldefinierte Länge. Gehen wir von der Luftlinie zwischen Mole und Straße aus und überspringen sämtliche ungeraden Einzelheiten, ist die Küste nur 167 Meter lang. Je mehr Krümmungen wir aber berücksichtigen, desto länger wird die Küste.

Jede Länge ist unendlich **549**

© Dänisches Karten- und Katasteramt (A-423-91)

550 Die ungerade Linie

© Dänisches Karten- und Katasteramt (A-423-91)

Unendliche Küste 551

© Dänisches Karten- und Katasteramt (A-423-91)
Je näher man an eine Küste herangeht, desto mehr Einzelheiten werden erkennbar.

Anders gefragt: Gehen wir, bei der Mole beginnend, 167 Meter an der Küste entlang in Richtung Straße, wie weit kommen wir dann?

Das hängt davon ab, wie groß unsere Schritte sind!

Die *Länge,* einer der gebräuchlichsten Begriffe des Alltags, ist erst dann definiert, wenn wir einen Beobachter bestimmt haben, der sie erlebt.

Abstand ist ein wohldefinierter, andererseits aber sehr abstrakter Begriff; er bezeichnet die Strecke zwischen zwei Punkten.

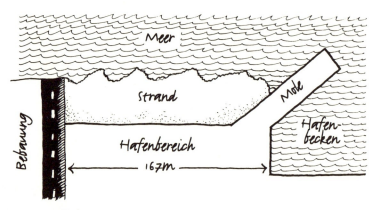

Eine unendliche Küste

Die Länge bezieht sich auf eine natürlich bestimmte Grenze, zum Beispiel eine Küste, einen Fluß oder eine Oberfläche in einem Gelände; sie ist deshalb erst dann bestimmt, wenn wir einen Maßstab festgelegt haben, eine Grobkörnung – mit anderen Worten, einen Beobachter. Längen gibt es in Wirklichkeit nicht, sie sind erst vorhanden, wenn wir bestimmen, wer die Wirklichkeit erlebt.

Dennoch ist die Länge wohldefiniert, wenn es beispielsweise um die Straße von Kopenhagen nach Roskilde geht. Der Grund ist, daß sie von Menschen angelegt worden ist, die in ihr bereits einen bestimmten Maßstab vergegenständlicht haben, eine Grobkörnung, die anzeigt, welcher Maßstab der richtige ist. Die Straße ist in einem bestimmten Maßstab geradlinig und eben, und in diesem Maßstab ist ihre Länge präzise bestimmt. In mikroskopischem Maßstab ist sie an der Oberfläche rauh und faserig und somit länger, als das Straßenbauamt festgelegt hat, doch weiß jeder, der eine Straße befährt, welcher Maßstab gemeint ist, wenn von ihrer Länge die Rede ist.

Der Begriff Länge ist in der Natur erst dann wohldefiniert, wenn der Mensch involviert ist. In allen Zusammenhängen der Zivilisation ist er eindeutig bestimmt, aber da ist der Mensch ja bereits beteiligt.

In der Alltagssprache setzen wir aber voraus, daß ein Begriff wie Länge *immer* wohldefiniert ist. Das ist an sich auch vernünftig, denn die Alltagssprache beruht auf gesundem Menschenverstand, und dieser wird einem jederzeit sagen, es sei rechthaberischer Unsinn, von Länge zu reden, ohne anzuerkennen, daß jemand da ist, der von ihr spricht. Da aber ein Jemand von der Länge spricht, ist der Maßstab bereits gegeben, denn aus dem Gespräch geht, vielleicht implizit, hervor, in welchem Zusammenhang die Länge steht. Es ist immer der Verweis auf eine Praxis da (Autofahren, Häuserbauen, Malen), und diese zeigt eindeutig an, welcher Maßstab vorauszusetzen ist. Sie mag sogar darin bestehen, den erwünschten Maßstab mittels Hobeln, Planen oder Asphaltieren als Geradlinigkeit in einer bestimmten Skala förmlich zu vergegenständlichen.

Das Problem entsteht erst dann, wenn das Bewußtsein einen Begriff wie Länge definieren will, ohne die Notwendigkeit der Bestimmung des Beobachters anzuerkennen.

Mit solchen Fragen beschäftigen sich Philosophen, und sie sind Gegenstand der Paradoxa, mit denen der Philosoph Zenon vor über 2500 Jahren der westlichen Philosophie und Mathematik einige ihrer größten Probleme aufgab.

«Von allen Vorsokratikern ist Zenon heute der lebendigste», schreiben G. S. Kirk, J. E. Raven und M. Schofield in ihrem Standardwerk über die ältesten griechischen Philosophen, *The Presocratic Philosophers*.[7] Zenon, der um 500 v. Chr. in Elea lebte, ist so modern wegen der Paradoxa, die er erfand, um die Lehre seines Meisters Parmenides zu verteidigen, es gebe weder Unterschiede noch Veränderungen, denn alles sei eins – das Seiende, das, im Gegensatz zum Nichtseienden, allein denkbar sei, eine mit sich selbst identische Einheit, die weder entstehen noch vergehen könne.

In einem der Paradoxa Zenons geht es um Bewegung. Wollen wir von einem Ort zum anderen kommen, müssen wir zunächst die Hälfte des Weges zurücklegen, doch ehe wir so weit gekommen sind, müssen wir die Hälfte der Hälfte gegangen sein und vorher die Hälfte der Hälfte der Hälfte. Wir müssen also unendlich viele Hälften des jeweils halben Weges hinter uns bringen, ehe wir ankommen. Das aber ist in endlicher Zeit nicht zu schaffen, und so kommen wir nicht von der Stelle.

Ein anderes Paradox betrifft einen Pfeil. Befindet er sich in jedem Moment an einem gegebenen Ort, wo ist er dann, wenn er sich bewegt? Befindet er sich nicht in jedem Moment an einem gegebenen Ort, wo ist er dann zu einem gegebenen Zeitpunkt? Bewegt er sich dort, wo er ist, oder dort, wo er nicht ist?

Seit Zenons Zeit haben diese Paradoxa Philosophen und Mathematiker immer wieder beschäftigt. Offensichtlich liegt ihnen die Vorstellung eines *Kontinuums*, einer unendlichen Teilbarkeit von Raum und Zeit zugrunde, eine Auffassung, die heute von vielen Physikern angezweifelt wird. Rolf Landauer hat sie kritisiert, weil sie letzten Endes impliziert, daß das Universum unendlich viel Information enthalte (etwas unendlich Teilbarem kann man unendlich viele Ja/Nein-Fragen stellen)[8], und John Wheeler hat gegen sie argumentiert, weil sie der Quantenmechanik grundlegend widerspricht.[9]

Befreit man sich von dieser Vorstellung eines Kontinuums, schafft man auch das Problem aus der Welt, daß man die Hälfte der Hälfte der Hälfte gehen muß, um von der Stelle zu kommen.

Zenons Paradoxa entstehen, wenn Länge als unendlich teilbare Größe aufgefaßt wird. Das aber ist sie nicht. Eine Küste ist zwar unendlich lang, doch wenn wir sagen, sie habe eine bestimmte Länge, haben wir bereits eine «Grobkörnung» eingeführt, eine Maschengröße, dank deren wir überhaupt von Länge sprechen können.

Der Alltagsbegriff Länge impliziert also, daß nicht von einem Kontinuum, sondern von einer Unendlichkeit die Rede ist, die abgebildet wird, als sei sie von endlicher Ausdehnung. Wird eine unendliche Größe als endlich beschrieben, setzt dies einen Beobachter voraus, der ein Mindestmaß definiert, unterhalb dessen keine Einzelheiten mehr berücksichtigt werden.

Die Probleme entstehen, weil Länge ein abstrakter Begriff ist, den wir nur benutzen können, wenn wir eine Größenordnung, eine «Grobkörnung» definiert haben. Wir bedenken dies gewöhnlich nicht, sondern stellen uns vor, man könnte eine Länge bis in alle Unendlichkeit teilen.

Das gleiche gilt für die Zeit. Zenon macht darauf aufmerksam, daß sich unmöglich feststellen läßt, ob sich etwas dort bewegt, wo es ist. Wenn dies der Fall ist, ist es ja nicht dort, und wenn es nicht der Fall ist, wo ist dann die Bewegung?

Man fühlt sich an ein Problem der Filmproduktion erinnert: Eine Bewegung läßt sich nicht im Bild festhalten. Man muß eine Menge Bilder aufnehmen, die einen Bewegungsablauf in erstarrten Sequenzen nacheinander festhalten, und sie dann in schneller Folge zeigen, damit der Zuschauer die Illusion einer Bewegung erlebt. Die Bewegung selbst aber kann man nicht fotografieren (außer als unscharfes Bild).

Es gibt eine recht genau bestimmte Grenze dafür, wie viele Bilder notwendig sind, um den Eindruck kontinuierlicher Bewegung entstehen zu lassen, nämlich ungefähr achtzehn pro Sekunde. Beim Gehör sind entsprechend sechzehn Pulse pro Sekunde erforderlich, damit wir einen Ton hören und nicht eine Reihe einzelner Pulse.

Bewegung und Töne sind «Illusionen», die entstehen, wenn wir Sinnesdaten integrieren, die wir nicht unterscheiden können, weil sie innerhalb eines SZQ, also eines «subjektiven Zeitquants» auftreten, um es in der Sprache der deutschen Kybernetik auszudrücken (die in Kapitel 6 vorgestellt wurde). In unseren Begriffen spiegelt sich wider, daß die Bandbreite des Bewußtseins ungefähr 16 bit/Sek. beträgt.[10]

Deshalb setzen die Begriffe Bewegung und Ton ebenso wie der der Länge eine bestimmte Grobkörnung voraus, eine Größenordnung, einen Beobachter, der die Quantifizierung des Erlebnisses vornimmt. Spricht die Alltagssprache von Länge, Bewegung und Tönen, ist bereits vorausgesetzt, daß es jemanden gibt, der diese Länge, diese Bewegung oder diesen Ton erlebt, sonst würden diese Begriffe keinerlei Sinn ergeben.

Zenons Paradoxa machen also darauf aufmerksam, daß die Sprache sich erlaubt, über diese Größen zu sprechen, als setzten sie keine Grobkörnung voraus. Man kann aber nicht von der Grobkörnung des Beobachters abstrahieren, ohne die Phänomene, deren Voraussetzung sie ist, ebenfalls zum Verschwinden zu bringen.

Das Gelände, so die Lehre Zenons, mag unendlich teilbar sein, die Karte aber ist es nicht, denn sie wurde gezeichnet von einem Bewußtsein mit begrenzter Bandbreite.

Die Zivilisation vergegenständlicht unsere Simulation der Welt. Wir stellen uns vor, wie man Häuser, Straßen, Städte zu bauen hat, und bauen sie nach einer Zeichnung, in der es lauter gerade Linien gibt. Die Zivilisation bedient sich der geraden Linie, um die Informationsmenge zu verringern und die Alltagsbegriffe unmittelbar sinnvoll erscheinen zu lassen. Wo Unendlichkeit herrschte, entsteht Endlichkeit.

Die fraktale Mathematik, von Mandelbrot initiiert und von anderen Mathematikern weiterentwickelt, arbeitet mit dem treffenden Begriff der *fraktalen Dimension*, um zu zeigen, wieviel Platz «zwischen» unseren Alltagsvorstellungen liegt. Wir sind es gewohnt, uns den Raum dreidimensional vorzustellen (und verdrehen die Augen, wenn Einstein von einer vierten Dimension spricht, die der Zeit). Drei Raumdimensionen können wir uns leicht veranschaulichen: aufwärts/abwärts, rechts/links, vor/zurück. Auch sind wir es gewohnt, daß etwas dreidimensional (Raum), zweidimensional (Fläche) oder eindimensional (Linie) ist.

Mandelbrot schlug nun Dimensionen vor, die zwischen 1 und 2 oder 2 und 3 liegen. So kann eine Küstenlinie die Dimension 1,23 haben; sie wäre dann zwar eine Linie von unendlicher Länge, jedoch so verschlungen, daß sie die Fläche ein wenig ausfüllt. Eine Linie mit der fraktalen Dimension 1,98 ist so verschlungen, daß sie die Fläche fast vollständig ausfüllt, während eine Linie mit der Dimension 1,02 einer Geraden sehr nahe kommt.

Entsprechend kann eine Oberfläche eine Dimension von 2,78 besitzen; sie ist dann so ausgebeult, daß sie den Raum fast ausfüllt. Natürliche Formen haben bezeichnenderweise meist nichtganzzahlige Dimensionen. Küstenlinien besitzen, obwohl sie gerade sind, im großen und ganzen nie die Dimension 1,0. Sie können die Dimension 1,09 haben, wenn sie sehr gerade sind (wie die Westküste Jütlands), oder aber eine Dimension nahe 2, wenn sie viele Buchten aufweisen (wie Jütlands Ostküste).

Die Zivilisation bringt fast immer Objekte mit ganzzahligen, die Natur dagegen solche mit nichtganzzahligen Dimensionen hervor. Dies ist nur ein anderer Ausdruck für die Feststellung, die gerade Linie sei in der Natur fast nicht zu finden, während die Zivilisation fast nichts anderes erzeuge. Der Vorbehalt «fast» ist notwendig, denn die Natur bringt auch Objekte mit ganzzahligen Dimensionen hervor.

Der Gegensatz zur geraden Linie ist reiner Zufall, den man *random walk* nennt, eine vollkommen zufällige Bewegung, die entsteht, wenn an jedem einzelnen Punkt darum gewürfelt wird, in welcher Richtung es weitergehen soll. Ein physikalisches Beispiel dafür ist die *Brownsche Bewegung* kleiner Partikel in einer Flüssigkeit. Die Partikel stoßen ständig mit Wassermolekülen zusammen, die ihnen Schübe in zufällige Richtungen geben. Eine Brownsche Bewegung enthält eine große Menge Informa-

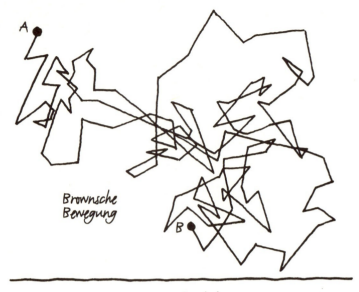

Zufallsbewegung (*random walk*, Brownsche Bewegung) enthält sehr viel Information, weil an jedem einzelnen Punkt Zufälle über den weiteren Weg entscheiden. Eine gerade Linie enthält sehr wenig Information, weil sie sich bereits durch Angabe von zwei Punkten beschreiben läßt.

tion, weil sie sehr schwer zu beschreiben ist.[11] Die fraktale Dimension dieser Zufallslinie entspricht genau 2,0; sie füllt die Fläche auf Dauer vollständig aus.

Reiner Zufall führt letztlich zu Objekten mit ganzzahliger Dimension, reine Ordnung und Planung ebenfalls. Das Interessante liegt zwischen dem vollständig Zufälligen und dem vollständig Geplanten.

Das Ideal sind nicht Linien mit größtmöglicher Information, aber gewiß auch nicht solche mit geringstmöglicher Information, also gerade Linien. Die wirklich interessante Sphäre wird durch Komplexität, Nichttrivialität gekennzeichnet; sie liegt zwischen totaler Ordnung und totalem Chaos, totaler Geradlinigkeit und totaler Ungeradlinigkeit, totaler Zivilisation und totalem Verfall. An einer solchen Grenze liegt die Natur, die nie ganz geradlinig, aber auch nicht völlig ungeordnet ist. Für die Natur, auch die unbelebte, sind Organisation und Komplexität kennzeichnend, Information, jedoch nur in begrenzter Menge – vorhandene Information, aber noch mehr Information, die vorhanden *gewesen* ist.

Deshalb macht es uns unendlich viel Freude, die Natur zu betrachten.

Ein Kai ist eine Küste
in *einer* Dimension,
1,0.

Eine Fliese ist ein Festland
in zwei Dimensionen,
2,0.

Ein Zimmer ist ein Weltraum
in drei Dimensionen,
3,0.

Ein Himmelszelt ist ein Beben
im Nichts.
0,0

Der geradlinigen Zivilisation ist nicht durch ein Verbot von Objekten mit ganzzahliger Dimension beizukommen. Es ist gut, daß der Tisch flach ist, denn so wird der Zeichnung durch die Kreativität des Zeichners, nicht durch die Rauheit des Tisches Information zugeführt.
  Ein Stadtbewohner aber steht einer Vielzahl von Objekten mit ganzzahliger Dimension gegenüber. Auch den ökologischen Systemen ist es wenig zuträglich, wenn zu viele Flußdeltas zu Kanalsystemen begradigt werden, die Verunreinigungen nicht in der Weise ablagern können wie ein verschlungener Flußlauf.

Die Balance zwischen dem Geradlinigen und dem Ungeradlinigen ist eine der großen Herausforderungen der Zivilisation. Sie ist letztlich eng verwandt mit der Aufgabe, die Balance zwischen dem Bewußten und dem Nichtbewußten zu finden. Der Unterschied zwischen bewußt und nichtbewußt besteht ja eben darin, daß das Bewußtsein sehr wenig Information enthält. Gerade Linien kann es überblicken, aber mit den ungeraden, die sehr viel Information enthalten, tut es sich schwer.

In der Tendenz der Zivilisation zur Geradlinigkeit drückt sich deshalb die Macht des Bewußtseins über das Nichtbewußte, die Macht der Planung über die Spontaneität, die Macht der Dachrinne über den Regentropfen aus. Die gerade Linie ist das Medium der Planung, des Willens und des Entschlusses, die ungerade das der Sinne, der Improvisation und der Hingabe.

Das Ich ist geradlinig, das Selbst ungeradlinig. Das soziale Feld, das Feld des Gesprächs, neigt zur Geradlinigkeit und dazu, leeres Gerede zu werden. Das persönliche Feld, das der Sinneswahrnehmung, bewahrt das Ungeradlinige.

Kunst sucht das Ungeradlinige, Wissenschaft das Geradlinige. Der Computer aber hebt den Unterschied auf, denn er versetzt das Bewußtsein in die Lage, große Mengen Information in einer Maschine umzusetzen.

Die geradlinige Zivilisation kommt in reinster Ausprägung dort zum Vorschein, wo viel Macht konzentriert ist. So hat der planwirtschaftliche Sozialismus sowjetischer Prägung eine Zivilisation mit unzähligen geraden Linien in Form gewaltiger Boulevards und Wohnquartiere hervorgebracht, die sich aus dem Flugzeug wie der Traum eines Architekten ausnehmen, dabei aber jegliche Wirtlichkeit vermissen lassen.

Mit dem absurden Größenwahn stalinistischer Architektur setzte das Bewußtsein seine Zeichenbrettprojekte widerstandslos durch. Die Absurdität geht letztlich auf die planwirtschaftliche Vorstellung zurück, ein zentrales Bewußtsein könne wissen, wie viele Schuhe am anderen Ende des Kontinents benötigt werden.

Das Problem des Sozialismus ist, daß dort, wo die Entscidungen getroffen werden, nicht genügend Informationen über die Situation in der Gesellschaft vorliegen. Das gleiche Problem entsteht in den sehr großen kapitalistischen Monopolkonzernen, die den Markt so sehr dominieren, daß keine echten Rückmeldungen der Verbraucher mehr zu ihnen gelangen, weil der Preismechanismus außer Kraft gesetzt ist.

Der Markt ist der einzige bekannte Mechanismus, um in der Industriegesellschaft zu gewährleisten, daß Rückmeldungen vom Verbraucher zum Produzenten gelangen. Die sozialen Einheiten der vorindustriellen Wirtschaftssysteme waren so klein und ihre Produktion war so einfach, daß diese sich durch Verabredungen ordnen ließ (obwohl in letzter Instanz alles vom Feudalherrn oder einem Gutsbesitzer bestimmt wurde).

Die Industriegesellschaften dagegen sind so komplex, daß es dem einzelnen Subjekt nicht mehr möglich ist, alle in der Gesellschaft entstehenden Bedürfnisse zu überblicken. Der Marktmechanismus gewährleistet jedoch mittels der Preisbildung, daß aus der Gesellschaft Information über die Bedürfnisse der Menschen an diejenigen, die über die Produktionsmittel verfügen, zurückgemeldet werden, so daß sie über Marktkenntnisse verfügen.

Der einzelne Verbraucher auf dem Markt trifft eine Ja/Nein-Entscheidung: Will ich diese Ware zu diesem Preis haben, ja oder nein? Er entscheidet nicht darüber, was er gern haben will; das Bedürfnis ist nicht vollständig bewußt. Es geht ausschließlich um die Entscheidung für oder gegen ein bestimmtes Produkt zu einem bestimmten Preis.

Die Planwirtschaft geht davon aus, daß die Menschen ihre Bedürfnisse prinzipiell bewußt formulieren können: Dies und das will ich haben, und soviel will ich dafür bezahlen. Deshalb gebe ich meine Stimme dem und dem, der dann dafür garantiert, daß produziert wird, was ich brauche. Die Prämisse des planwirtschaftlichen Sozialismus lautet, daß die Gesellschaft fähig ist, ihre Bedürfnisse zu formulieren, die der Marktwirtschaft dagegen, daß die Verbraucher zwischen verschiedenen Angeboten entscheiden können.

Eine funktionierende Planwirtschaft setzt voraus, daß der

Mensch sich seiner selbst bis in den letzten Winkel bewußt ist und seine Wünsche kennt. Das ist jedoch keine realistische Einschätzung. Das Funktionieren einer Marktwirtschaft im Sinne von Bedürfnisbefriedigung setzt voraus, daß der Mensch sich autonom selbst verwaltet und in der Lage ist, zu etwas nein zu sagen, das er nicht haben will. Auch das ist nicht realistisch – immerhin aber weniger unrealistisch als die Auffassung, die Menschen könnten ihre Bedürfnisse diskutieren mit dem Ziel, sie positiv zu formulieren, so daß eine zentrale Planwirtschaft möglich wird.

Der Zusammenbruch des Kommunismus ist Ausdruck der geringen Bandbreite im sozialen Bereich, der geringen Bandbreite der Sprache im Gegensatz zum faktischen Informationsreichtum der Bedürfnisse. Die bewußte, sprachliche Bandbreite gestattet keine hinreichend effektiven Rückmeldungen aus der Gesellschaft an die Planer; in der Warengesellschaft gelingt die Rückführung der Information besser.

Darin zeigt sich eine bittere Ironie, denn die Idee des Sozialismus beruht darauf, daß durch Warenaustausch und Marktwirtschaft zuviel Information aus dem Verkehr gezogen wird. Karl Marx' Kritik des kapitalistischen Warenaustausches hat mit ausgesonderter Information zu tun. Der Markt konzentriert sich nicht auf den Gebrauchswert der Ware, also auf ihre tatsächliche Qualität und materielle Fähigkeit, Bedürfnisse zu befriedigen, sondern auf ihren Tauschwert, also auf ihren Preis, der in Marx' Sicht die Arbeit zum Ausdruck bringt, die in die Herstellung der Ware eingeflossen ist.

Marx hat immer wieder darauf aufmerksam gemacht, daß der Tauschwert eine Abstraktion darstellt, das Ergebnis einer Informationsreduzierung. Der gesamte soziale Bereich wird durch diese Abstraktion geregelt, die nichts über die tatsächlichen Bedürfnisse und den tatsächlichen Gebrauchswert aussagt, sondern sich nur auf die reduzierte Entscheidung bezieht, ob jemand eine bestimmte Ware für einen bestimmten Preis haben will.

Marx meinte, die Menschen machten sich etwas vor, wenn sie glaubten, das Gold selbst besitze magische Kraft, die doch in

Wirklichkeit nichts mit dem Gold, sondern mit seinem Tauschwert im Verhältnis zu anderen Waren hat. Anstatt einander zu erfreuen, indem sie eine konkrete Arbeit ausführen, die zu einem konkreten Produkt führt, von dem sie wissen, daß es ein konkretes Bedürfnis befriedigt, unterwerfen sich die Menschen einer Abstraktion, dem Tauschwert, der im Preis zum Ausdruck kommt. Und um dieser Abstraktion willen gehen sie arbeiten und stellen Dinge her, von denen sie nicht wissen, ob jemand sie braucht – und sie stellen sie in einer Weise her, von der sie nicht wissen, ob sie zweckmäßig ist.

Marx' Kritik zeigte auch, daß die Industrialisierung den Handwerker seiner Kenntnisse beraubt und sie zur Schablone für die Konstruktion von Maschinen macht, die ständig gleichartige Produkte ausstoßen.

Nach Marx ist eine bewußte, sozial regulierte Produktion in viel höherem Maße in der Lage, die sozialen Bedürfnisse zu befriedigen und Freude an der Arbeit zu schaffen. Seine Vorstellung war, daß «der vergesellschaftete Mensch, die assoziierten Produzenten, diesen ihren Stoffwechsel mit der Natur rationell regeln, unter ihre gemeinschaftliche Kontrolle bringen, statt von ihm als von einer blinden Macht beherrscht zu werden»[12].

Der Zusammenbruch des sowjetischen Sozialismus hat gezeigt, daß es hinsichtlich der Rückmeldung von Information aus der Gesellschaft an die Machthaber, die über die Produktionsmittel verfügen, keine Alternative zum Marktmechanismus gibt. Nur der Markt hat sich als fähig erwiesen, effektiv darüber zu informieren, ob eine Produktion ein Bedürfnis erfüllt. Die bewußte Interaktion kann nicht genügend Information in zuverlässiger Weise übermitteln.

Es ist kein Zufall, daß Karl Marx' Kritik der kapitalistischen Ökonomie unter anderem auf dem Gedanken beruht, daß zuviel Information ausgemustert wird, denn sein gesamtes Werk baut auf der Philosophie Hegels auf, in der es in weiten Teilen um Informationsverlust geht. Hegel erhob gegenüber der klassischen Logik die Dialektik zur absoluten Methode des Erkennens als innerer

Gesetzmäßigkeit der Selbstbewegung des Denkens und der Wirklichkeit. Beide seien durch Unterschiede und Zusammenhänge strukturiert, und die Dialektik zeige, wie diese sich auseinander entwickeln. Während die klassische aristotelische Logik im Schwarz-Weiß-Schema steckenbleibt, betrachtet das dialektische Denken Gegensätze als Momente eines größeren Zusammenhangs, in dem sie «aufgehoben» werden. Dabei geht grundsätzlich Wissen verloren. Die Bildung eines abstrakten Begriffes setzt voraus, daß Information entfällt.

Sagt man von einem Menschen, er sei Bankangestellter, werden viele andere Dinge nicht erwähnt, die in bezug auf diesen Menschen ebenso richtig sind: Geschlecht, Religion, Freizeit, Familie, Politik, Interessen, Erziehung usw. Die Dialektik betont deshalb die Gegensätzlichkeit der Begriffe. Hebt man das eine hervor, taucht das andere in Form verborgener Zusammenhänge oder innerer Widersprüche wieder auf. Der dänische Philosoph und Hegel-Kenner Jørgen K. Bukdahl definiert Dialektik folgendermaßen: «Generell gesehen ist Dialektik die Erklärung des Erkenntnisverlusts durch abstrahierende Analyse. Immer wenn Elemente aus dem unbestimmten Zusammenhang, in dem sie auftreten, abstrahiert werden, gibt es – möglicherweise – Beziehungen, Zusammenhänge und Bedingungen, die übersehen werden.»[13]

Marx' Kritik des Kapitalismus weist eben darauf hin, daß der Marktmechanismus von zu vielen Dingen absieht, etwa von den natürlichen Bedingungen der Produktion. Er übersah aber, daß auch das bewußte soziale Feld dazu tendiert, auf zuviel Information zu verzichten und die Bedürfnisse der Menschen wie auch der Natur unberücksichtigt zu lassen.

Es ist festzuhalten, daß Marx' Kritik richtig sein kann, obwohl die Versuche, den Marktmechanismus durch zentrale Planung und Parteidisziplin zu ersetzen, alles nur schlimmer gemacht haben.

Wenn in den kapitalistischen Gesellschaften der Staat in zunehmendem Maße regulierend in die Wirtschaft eingreift, ist dies ein Zeichen dafür, daß die Aussonderung von Information durch den Marktmechanismus problematisch geworden ist. Es gibt natürliche und humane Bedürfnisse, die in der vollkommen freien Marktwirtschaft nicht berücksichtigt werden, doch sind sie geringfügig im Verhältnis zu jenen, die in Wirtschaftssystemen ohne Marktmechanismus aufgetreten sind.

Daß die politische Verwaltung der sozialistischen Gesellschaft besessen war von der geraden Linie, zeigt uns, daß ganz neue Begriffe von Politik notwendig sind, bevor sich eine Alternative zum Marktmechanismus aufstellen ließe.

Eine solche Alternative gibt es gegenwärtig nicht, doch auf lange Sicht ist denkbar, daß die Menschen es als unbefriedigend empfinden, daß der Industrialismus sie zwingt, mehr für Abstraktionen als für konkrete Bedürfnisse zu arbeiten. Es ist daher vorstellbar, daß die Frage nach einer Alternative zum Marktmechanismus eines Tages wieder aktuell wird.

Das grundsätzliche Problem aber dürfte sein, daß Menschen sich selbst nicht vollkommen durchschauen und ihre Bedürfnisse nicht über die geringe Bandbreite der Sprache formulieren können.

Die Informationsgesellschaft zieht herauf und verspricht Linderung für manche der Leiden, die der Kapitalismus den Menschen mit schlechten Arbeitsbedingungen, körperlichem Verschleiß, Vernichtung der Umwelt und anderem zugefügt hat.

Mit der Informationsgesellschaft aber droht eine andere Gefahr, nämlich der *Mangel an Information*. Es gibt in ihr zuwenig Information, in dem Sinne, wie eine geradlinig gebaute Stadt zuwenig Information enthält. Die Arbeit der meisten Menschen in der Informationsgesellschaft bedient sich ausschließlich der geringen Bandbreite der Sprache.

Es wird zwar oft beklagt, die Informationsgesellschaft mute den Menschen zuviel Information zu, in Wahrheit aber verhält es sich umgekehrt. Der Mensch ist dafür ausgestattet, Millionen Bits pro Sekunde sinnvoll zu verarbeiten, hat es aber nur mit wenigen Bits auf einem Bildschirm zu tun. Die Sinnlichkeit stofflicher Bearbeitung ist aus dem Arbeitsprozeß verschwunden, und das Bewußtsein muß sich von wenigen Bits pro Sekunde nähren. Es ist wie *fast food* – nichts zu verdauen, weder Knochen noch Fasern sind wegzuwerfen. Während die Menschen einst in Handwerksberufen über ein umfassendes stummes Wissen um Material und Verarbeitung und Ertrag verfügten, müssen sie jetzt zu bewußt ausgestalteten technischen Lösungen Stellung nehmen, die ihnen auf einem Monitor präsentiert werden.

Die Fähigkeit des Computers, große Informationsmengen zu verarbeiten, hat es den Forschern ermöglicht, Komplexität zu untersuchen, aber der Computer präsentiert dem Benutzer auch sehr wenig Information, indem er sich an der Schnittstelle im wesentlichen der Bandbreite der Sprache bedient.

Die Informationsgesellschaft wird nicht deshalb als anstrengend empfunden, weil sie zuviel, sondern weil sie zuwenig Information enthält.

Der Mensch in der Informationsgesellschaft muß große Mengen Exformation exzitieren, wenn er seiner Arbeit nachgeht; es gilt, in wenige Zeichen auf einem Bildschirm Bedeutung hineinzulesen. Der Arbeitsprozeß wird nicht mehr von einem Überfluß an Einzelheiten und Sinnlichkeit beherrscht, sondern bietet eine trockene und kalte Minimalkost aus Information, die in Exformation «eingekleidet» werden muß, um Sinn zu ergeben.

Die Verarmung der Sinneswahrnehmung und der Bedeutungsmangel des Informationsflusses werden zum gesellschaftlichen Problem. Der Mensch ist auf eine geringe Bandbreite heruntergestuft worden und beginnt sich zu langweilen.

Niemand bewegt sich mehr im materiellen Gelände, alle stekken nur noch Wege auf einer Karte ab. Die geradlinige Zivilisation ist im Begriff, das Gelände durch eine Karte zu ersetzen, und der Mensch erfährt nur noch in der Freizeit, daß er eine Materialität besitzt, daß das Ich im Selbst verankert ist, daß der Kopf auf einem Körper sitzt.

Das Bewußtsein droht, die Macht über den Menschen an sich zu reißen, die gerade Linie siegt über die ungerade, und die Informationsmenge im Leben wird zu klein.

Die Welt wird ersetzt durch ihre Simulation. Information wird weggeworfen, und das Leben ist ein anstrengender Versuch, aufgrund der geringen Information auf einem Fernsehbildschirm Überblick zu gewinnen.

Die Politik wird es in zunehmendem Maße damit zu tun haben, daß die Sinneswahrnehmung beschäftigt sein will. Es geht nicht mehr nur um Kleidung, Nahrung und Wohnung – wir wollen Bits! Los die Sinne! Das wird eine Parole des Aufruhrs zukünftiger Zeiten sein.

Die Langeweile des künstlichen, zivilisierten Lebens hat inzwischen neue Technologien unter der gemeinsamen Bezeichnung *Virtuelle Realität* hervorgebracht. Das Erlebnis der 11 Millionen bit/Sek. in einem Wald wird einfach durch entsprechende 11 Millionen bit/Sek. ersetzt, die der Person aus ebendiesem Wald zugeführt werden – oder aus dem Innern eines Hummers, so daß man spüren kann, wie es ist, Hummer zu sein. Einen Fernseher vor Augen, Kopfhörer auf den Ohren und Fühlhandschuhe an den Händen (und letzten Endes am ganzen Körper) – und schon ist man in der virtuellen Realität. Dort erhält man die Bits, die man in der wirklichen, künstlich ausgestalteten Realität vermißt.

Sogar mit virtuellem Sex wird gelockt – garantiert frei von HIV-Ansteckung und jeder Form der Auseinandersetzung mit dem anderen.

Der Autor von *Alice im Wunderland*, der Mathematiker Lewis Carroll, sah diese Entwicklung vor mehr als hundert Jahren vorher, als er den «phantastischen Nonsens-Roman» *Silvie & Bruno* schrieb. Der Erzähler begegnet darin einer Figur namens *Mein Herr*, und es entspinnt sich folgender Dialog zwischen den beiden:

«Mein Herr war derart verwirrt, daß ich lieber das Thema zu wechseln beschloß. ‹Wie nützlich doch so ein Faltplan ist!› bemerkte ich.

‹Das haben wir ebenfalls von *Ihrem* Volk gelernt›, gestand Mein Herr, ‹das Herstellen von Karten. Aber wir haben es viel konsequenter getrieben als *Sie*. Was halten Sie für die größte noch brauchbare Karte?›

‹Die im Maßstab eins zu zehntausend, also zehn Zentimeter für einen Kilometer.›

‹Nur *zehn Zentimeter!*› wunderte sich Mein Herr. ‹Wir waren schon bald auf zehn *Meter* für einen Kilometer. Dann haben wir es mit *hundert* Metern für einen Kilometer versucht. Und dann kam uns die allergroßartigste Idee! Wir haben wahrhaftig eine Karte im Maßstab eins zu eins von unserem Land gezeichnet!›

‹Haben Sie sie schon oft gebraucht?› verlangte ich zu wissen.

‹Sie ist bisher noch nicht entfaltet worden›, bekannte Mein Herr. ‹Die Bauern haben dagegen protestiert: Sie haben behauptet, das ganze Land würde zugedeckt und die Sonne ausgesperrt! Deshalb benutzen wir jetzt das Land selbst als Karte, und ich kann Ihnen versichern, das ist fast genausogut.›» [14]

Kapitel 16
Das Sublime

Eine unbegreifliche Schönheit liegt über den Jemez Mountains am Rio Grande im nördlichen New Mexico. Flußläufe und Erosionen durchziehen die Plateaus, und steile Hänge ragen in erdfarbener Pracht als isolierte Tafelberge auf, die nach dem spanischen Wort für Tisch *Mesas* heißen. Die Spuren der vulkanischen Aktivität, durch die dieses Hochland entstanden ist, sind noch in den heißen Quellen der Gegend zu finden, die den Bergen den Namen gegeben haben. Das Wort «jemez» stammt von den Indianern dieser Region und bedeutet «Ort der kochenden Quellen».

Der gebirgige Horizont rings um die Hochebenen verleiht der Gegend einen einzigartigen Charakter eines offenen Terrains und gleichzeitig eines umschlossenen Landes, eines großen Geheges von einer Weite, daß es auch dem Gefühl größter Seligkeit Raum gewährt.

Gegen Ende der dreißiger Jahre ritt ein poetisch gestimmter Physiker über die Mesas. Wenige Jahre später empfahl er der amerikanischen Regierung ein Versteck, in dem ein paar Dutzend Forscher unter strengster Geheimhaltung und in vermeintlichem Wettlauf mit deutschen Physikern eine neue Waffe entwickelten, die alle herkömmlichen Begriffe von Kriegführung außer Kraft setzen sollte.

Der junge Mann, J. Robert Oppenheimer, empfahl Los Alamos, einen kleinen, auf einer Mesa gelegenen Ort nordwestlich der Stadt Santa Fe. Wenige Jahre später, als der Zweite Weltkrieg mit der Explosion der Atombomben über Hiroshima und Nagasaki beendet worden war, erklärte Oppenheimer, der wissenschaftliche Leiter des sogenannten Manhattan Project, die Physiker hätten sich dadurch für immer schuldig gemacht.

In unfaßbarer Arbeitswut hatten sie in der Zeit zwischen März 1943, als sie nach Los Alamos kamen, und August 1945, als Japan kapitulierte, die Atombombe entwickelt. Sie hatten geglaubt, die Waffe werde nur zu Demonstrationszwecken in unbewohnten Gegenden eingesetzt, und sich ausgemalt, daß sie alle Vorstellungen von Krieg ein für allemal ad absurdum führen würde.

Sie sollten recht bekommen, allerdings mit fünfundvierzig Jahren Verspätung.

Mesa bei Los Alamos

Noch Mitte der achtziger Jahre lebte die Welt unter der Schreckensvision einer Götterdämmerung durch den Atomkrieg. Die Supermächte USA und Sowjetunion hatten irrwitzige Waffenlager aufgebaut, mehr als fünfzigtausend Bomben, die ausreichten, um sämtliche Landsäugetiere auszurotten und den größten Teil des Lebens auf der Erde aus dem Gleichgewicht zu bringen. An Warnungen hatte es in dieser düsteren Periode der nuklearen Aufrüstung ebensowenig gefehlt wie in der Zeit vor der ersten Atombombenexplosion.

Der dänische Physiker Niels Bohr hatte während des Krieges westliche Staatsführer und 1950 die Vereinten Nationen (und damit die Öffentlichkeit) in einem Brief gewarnt, daß Geheimniskrämerei um die Atombombe zu einem «schicksalhaften Wettlauf um diese fürchterlichen Waffen» führen werde.[1]

Er brachte jedoch in demselben Brief noch einen anderen Gedanken vor. Die Atomwaffen, schrieb er, böten die bis dahin undenkbare Möglichkeit, «die ganze Menschheit zu einer kooperativen Einheit» zusammenzuschließen: zu einer offenen Welt.

Bohrs Idee war so einfach, daß seine Zeitgenossen sie sehr naiv fanden. Atomwaffen sind derart gefährlich, daß die Nationen gezwungen sind, darüber zu reden, wie man sie unter Kontrolle bringt. Mit den Atomwaffen hat der Mensch ein Stadium technischer Entwicklung erreicht, in dem, ob er will oder nicht, Koexistenz und Gespräch zur Lebensnotwendigkeit werden.

Geschlossenheit, Befestigung und Isolation bieten keine Existenzgrundlage mehr. Die Atomwaffen zwingen die Menschen, sich einander im Dialog zu öffnen.

Die ersten Jahrzehnte nach dem offenen Brief von 1950 wiesen nicht in die Richtung, die Niels Bohr vorhergesagt hatte. In den sechziger Jahren fand eine immense atomare Aufrüstung statt, und die Sowjets holten den Vorsprung, den die USA mit ihrem Vernichtungspotential erreicht hatten, allmählich auf. Beide Seiten statteten sich mit immer mehr Waffen aus und ersannen immer ausgeklügeltere Methoden, sie beispielsweise mit Flugzeugen, U-Booten und Interkontinentalraketen auf das Territorium des Gegners zu befördern. Viele westliche Aufrüstungsgegner protestierten, und es kam in den sechziger Jahren zu einer bedeutenden öffentlichen Diskussion. Sie verlief jedoch im Sande, und übrig blieb nur ein dumpfes Grummeln der Furcht, das gegen Ende der siebziger Jahre den Hintergrund aller sozialen Aktivitäten bildete. Doch in dieser Zeit setzte überall auf der Welt und selbst unter militärischen Führern in den USA und der Sowjetunion eine zweite Welle der Kritik ein, die sich gegen die offenkundige Wahnvorstellung richtete, eine Nation könne sich durch einen Atomkrieg verteidigen. Alle militärischen Analysen ergaben, daß der Einsatz von Atomwaffen in jedem Fall zu einem Austausch der gesamten Arsenale führen würde. Die Konsequenz war die gegenseitige Auslöschung, der kollektive Suizid.

Die Situation war kritisch geworden. In den sechziger Jahren hatten die USA noch über wesentlich mehr Waffen als die Sowjets verfügt, was zu einer gewissen Stabilität geführt hatte, und Anfang der siebziger Jahre besaßen beide Supermächte ungefähr gleich viele Bomben, wodurch sich ebenfalls eine gewisse Balance ergab. Durch eine technologische Veränderung aber wurde die Situation plötzlich unstabil: die *Multiple Individually-targetable Re-entry Vehicles* (MIRV) ermöglichten es, eine Rakete mit mehr als einer Bombe zu bestücken.

Vor diesem Wandel wäre ein Atomkrieg wie der Bauerntausch bei einem Schachspiel verlaufen. Jede Seite hätte ihre Atomraketen auf die des Feindes abgefeuert, um sie zu zerstören. Die Bombe in jeder Rakete hätte jeweils eine feindliche Rakete mit ihrer Bombe vernichtet. Angesichts dieser Form des Bauerntausches hätte es keinen großen Vorteil gebracht, eigene Atomwaffen einzusetzen, ehe der Gegner es tat. Die Situation war, so absurd es auch erscheinen mag, grundsätzlich stabil. Der Erstschlag lohnte sich nicht.

Die MIRV veränderten das Bild. Jede Trägerrakete wurde jetzt mit mehreren Atombomben bestückt, die bei Annäherung an den Feind auf verschiedene Ziele gelenkt werden konnten. Damit sah die Rechnung ganz anders aus: Trägt jede Rakete zehn Bomben und zerstört jede dieser Bomben eine Rakete des Feindes, dann bringt es einen großen Vorteil, die eigenen Raketen zuerst abzufeuern. Eine Rakete trifft zehn feindliche Raketen mit jeweils zehn Bomben, sie vernichtet also hundert feindliche Bomben.

Der Erstschlag machte auf einmal Sinn. Bestand der begründete Verdacht, daß der Feind im Begriff war, seine Waffen einzusetzen, dann galt es, die eigenen Raketen vor ihm abzufeuern, um ihn an dem geplanten Angriff zu hindern. Denn hätte der Feind erst einmal Gelegenheit gehabt, seine Atomwaffen einzusetzen, wären von den eigenen Bomben nicht viele übriggeblieben.

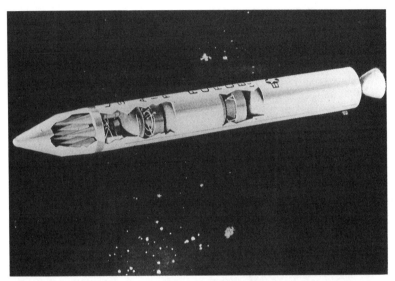

MIRV: Die Bestückung einer Interkontinentalrakete mit vielen kleinen Atomraketen. Diese Technik führte zu einem völlig veränderten militärischen Verständnis von Atomwaffen. Es war plötzlich sehr gefährlich geworden, Atomwaffen zu besitzen.

In der ersten Hälfte der achtziger Jahre zogen die Atomwaffen in Bevölkerung und Politik große Aufmerksamkeit auf sich, und in der zweiten Hälfte des Jahrzehnts änderte sich die Situation plötzlich drastisch. Die beiden Supermächte zeigten sich interessiert, nicht nur die Aufrüstung einzustellen, sondern sogar eine echte Abrüstung vorzunehmen. Die Sicherheit einer Supermacht war auf einmal umgekehrt proportional zur Anzahl der Atomwaffen

574 Das Sublime

Niels Bohr

auf ihrem Gebiet, denn diese luden den Feind nur zum Erstschlag ein.

Als die Universität Kopenhagen 1985 eine lange Reihe von Atomwaffenexperten aus aller Welt anläßlich des hundertsten Geburtstages von Niels Bohr zu einer Konferenz über die offene Welt einlud, herrschte unter den Wissenschaftlern große Sorge.[2] Als dieselbe Universität nur vier Jahre später eine zweite Konferenz mit den gleichen Teilnehmern einberief, um die Diskussion fortzusetzen, hatte sich die Stimmung völlig verändert. Die sonst eher professionell bekümmerten Forscher zeigten sich optimistisch und erleichtert.[3]

Dieser tiefgreifende Stimmungswandel war nicht nur auf die ernsthaften Abrüstungsverhandlungen zwischen den Supermächten zurückzuführen, die in jener Zeit begonnen hatten, sondern hing in erster Linie damit zusammen, daß der Welt die militärische Unsinnigkeit eines Atomkrieges klargeworden war. Es hatte sich die Einsicht durchgesetzt, daß sich Atomwaffen nicht zur Verteidigung eignen.

Seltsam an dieser Entwicklung war, wie die Menschen auf sie reagierten. Nur ein Jahrzehnt zuvor, Anfang der achtziger Jahre, hatte die Bedrohung durch den Atomkrieg im Bewußtsein der meisten Menschen hohe Priorität. Fast jeder nahm in Diskussionen und Aktivitäten zu dieser Frage Stellung. Manche vertraten die Auffassung, Atomwaffen seien notwendig, um den Westen beziehungsweise den Osten zu verteidigen, andere meinten, sie seien absurd und stellten in sich selbst ein Problem von ungeheuren Ausmaßen dar. Niemand aber war neutral oder unberührt geblieben.

Heute, wenige Jahre nach dem Umschwung, hat sich das Problem gleichsam in Luft aufgelöst. Die Waffen sind im großen und ganzen noch vorhanden, aber so gut wie niemand kann sich vorstellen, daß sie jemals eingesetzt werden, jedenfalls nicht in einem Atomkrieg großen Maßstabs, obwohl das Risiko der Anwendung von Atomwaffen bei lokalen Konflikten in der Dritten Welt immer noch im verborgenen lauert und vielen Menschen auch bewußt ist.

Niemand macht sich mehr ernsthafte Sorgen wegen eines Atomkriegs. Die Situation ist radikal anders als vor zehn, fünfzehn Jahren, so anders, daß man es kaum bemerkt hat.

Was ist geschehen? Die wenigsten Menschen hatten sich mit konkreten Einzelheiten wie dem MIRV-System vertraut gemacht, es liegen faktisch nur sehr wenige Entwürfe und Parlamentsbeschlüsse im Hinblick auf vertragliche Vereinbarungen über die Verschrottung von Atomwaffen vor, und nur sehr wenige Waffen sind tatsächlich verschrottet worden.

Die Stimmung aber ist völlig verändert, so verändert, daß Atomwaffen in der politischen Debatte keine Rolle mehr spielen und die Diskussionen in den zuständigen wissenschaftlichen Disziplinen nicht mehr beherrschen. Die Tatsache, daß Atomwaffen in den achtziger Jahren zu Recht als größtes Problem der Menschheit galten, heute aber vergessen sind, gibt zu der Frage Anlaß, warum über die Gründe dieses Vergessens nicht diskutiert wird.

Man kann natürlich behaupten, dies sei allein darauf zurückzuführen, daß es keinen Feind mehr gebe. Der Zusammenbruch des Weltkommunismus und der Aufbruch in Osteuropa haben den Kalten Krieg beendet. Der Kapitalismus habe gesiegt, heißt es. Und doch ist noch keine Situation entstanden, die merklich stabiler wäre. Das Militär der früheren Sowjetunion opponiert gegen die Entwicklung in der inzwischen aufgelösten Supermacht, und es sind ihm die obskursten Einfälle zuzutrauen. Dieses Militär verfügt noch immer über unfaßbar große Atomwaffenarsenale.

Tatsächlich ist der Aufbruch im Ostblock eher eine Folge der nachlassenden Spannung im Bereich der atomaren Rüstung als ihre Ursache. Die Ost-West-Paranoia hatte sich bereits vor Perestrojka und Glasnost gelegt. Daß es unter dem Gesichtspunkt der Sicherheit vorteilhaft sei, die eigenen Atomwaffen zu verschrotten, wurde zum Beispiel von dem inzwischen verstorbenen dänischen Friedensforscher Anders Boserup hervorgehoben, ehe Gorbatschow an die Macht kam und den Aufbruch im Osten auslöste.[4]

In Wirklichkeit ist vielleicht gerade das geschehen, wovon Niels Bohr geträumt hatte. Die Bedrohung durch Atomwaffen wurde so übermächtig und gefährlich, daß sie die beiden Supermächte zum Gespräch zwang. Da begriffen die politischen Führer und beide Bevölkerungen (die einander auf unterschiedliche Weise kennenlernten), daß die jeweils andere Seite keineswegs so feindlich eingestellt war, wie es den Anschein gehabt hatte. Sie begannen, die Sorgen der anderen zu verstehen, und erkannten den Anflug von Komik in der gemeinsamen Situation. Es war, als würden zwei Menschen einander gegenübergestellt, die in Streit geraten sind und ihren Haß und ihre Furcht aufeinander richten; sie beginnen sich auszusprechen, woraufhin die ganze Paranoia und alle Gespenster wie Tau in der Sonne verschwinden.

Die Atomwaffen haben die verfeindeten Nationen gezwungen, miteinander zu sprechen, und diese haben dabei erkannt, daß es nicht viel Anlaß zu Streitigkeiten gibt.

Die Atomwaffen wurden geschaffen, um den Nationalstaat und die Grenzen zwischen den Völkern zu verteidigen. Gerade wegen ihrer ungeheuren Zerstörungskraft aber führen sie dazu, daß die Geschlossenheit der Nationalstaaten, die sie verteidigen sollten, aufbricht.

Atomwaffen wurden hergestellt, um Geschlossenheit zu verteidigen, und sie haben Offenheit bewirkt. Sie haben den Horizont, in dem sie entstanden, den Horizont des Nationalstaats, weit überschritten. Sie haben der Welt bewiesen, daß Nationalstaaten sinnlos sind, wenn Waffen von solcher Zerstörungskraft zur Verfügung stehen.

Atomwaffen sind ein Beispiel dafür, daß Naturwissenschaft und Technik ihren eigenen Entstehungshorizont überschreiten und zum genauen Gegenteil dessen führen können, wozu sie geschaffen wurden.

Andere Beispiele für ein solches Überschreiten des Entstehungshorizonts sind die Technik zur Eroberung des Weltraums, die zum Verständnis des Lebens auf unserem eigenen Planeten beigetragen hat, und die Technik zur Berechnung, die uns die Erkenntnis bescherte, daß wir nicht alles berechnen können.

Die Geschichte der Atomwaffen ist ein Beispiel für etwas, das man *emergente Politik* nennen könnte. Es ist ganz einfach eine Veränderung eingetreten, ohne daß jemand sie recht bemerkt oder parlamentarisch auf den Weg gebracht hätte.

Alle Menschen waren Anfang und Mitte der achtziger Jahre in der Atomwaffenfrage engagiert, und fast alle unternahmen etwas. Die meisten hatten das Gefühl, nicht genug zu tun, aber irgend etwas tat fast jeder: die Kinder warnen, an Versammlungen teilnehmen, eine Bewegung unterstützen, in der Frühstückspause am Arbeitsplatz über das Thema diskutieren, ein Buch dazu lesen usw. Alle taten etwas, das ganz jämmerlich, gleichgültig und bedeutungslos erschien und auf keinen Fall erklären kann, wieso das Problem plötzlich aufzutauen und vor unseren Anstrengungen zu weichen begann.

Vielleicht aber war gerade das die Ursache – daß sich eine unermeßlich große Zahl von Menschen gleichzeitig in der Frage engagierte und jeder von ihnen mit seinen begrenzten Mitteln versuchte, etwas Richtiges zu tun; vielleicht kam es gerade deshalb zu einem eruptiven, gewaltigen Phasenübergang, so daß jedem plötzlich klarwurde, daß diese sonderbaren Atomwaffen militärisch keinen Sinn ergeben.

Vielleicht wurde die Situation gerade deswegen besser, weil sich jeder einzelne einer genügend großen Zahl von Menschen dafür einsetzte. Obwohl sich keine Kausalzusammenhänge aufzeigen lassen, entstand der Unterschied vielleicht doch aus der Summe unfaßbar vieler kleiner und naiver Aktivitäten.

Viele winzig kleine Aktivitäten, die in die gleiche Richtung zielten, bewirkten eine gewaltige emergente Veränderung. Wir alle wagten plötzlich zu glauben, daß ein Atomkrieg tatsächlich undenkbar sei. Und so wurde er undenkbar.

Was ich hier ausführe, ist naiv, sehr naiv. Aber nicht unbedingt falsch.

In den Gesellschaftswissenschaften gibt es eine lange Tradition, soziale Veränderungen und Strukturen durch Kollektivbegriffe zu erklären, durch Gesetze und Entwicklungen, die sich hinter dem Rücken der Individuen durchsetzen, jenseits ihres bewußten Verständnisses dessen, was sie tun, oder geradezu im Gegensatz dazu. Vor allem der Marxismus, aber keineswegs er allein, hat hervorgehoben, daß das Bewußtsein der Menschen von ihrem gesellschaftlichen Handeln dieses nicht vollständig erfaßt. Die Wirkung unserer sozialen Handlungen kann eine ganz andere sein, als wir selbst glauben. Wir können ein «falsches Bewußtsein» von dem haben, was wir tun, und es ist nicht notwendigerweise das individuelle Erleben, das Geltung beanspruchen darf.

Die Konsequenz ist, daß auch nicht notwendigerweise Parlamentsbeschlüsse und Abstimmungen über die Entwicklung entscheiden. Diese erscheinen eher als nachträgliche Rationalisierung von etwas, das bereits geschehen ist.

Die wichtigsten Veränderungen in der Gesellschaft entstehen als emergente Auswirkungen von Handlungen, die nicht im Hinblick auf diese Auswirkungen vorgenommen wurden.

Gesellschaften verändern sich über Nacht, aber nicht infolge gewaltsamer Revolutionen, sondern durch die Wirkung von kleinen Beiträgen, die sich angehäuft haben. Die Menschen können im ganzen nicht überblicken, was sie tun.

Welche Konsequenz ergibt sich aus dieser naiven Auffassung? Daß wir den Dingen ihren Lauf lassen und von jedem bewußten Versuch Abstand nehmen, die gesellschaftliche Entwicklung zu beeinflussen? Daß wir uns zurücklehnen in der Erwartung, es werde schon irgendein emergenter Effekt auftreten, der das Problem in einer Art und Weise löst, die wir nicht vorhersehen können? – Sicherlich nicht.

Wenn wir, wie in dieser naiven «Analyse», annehmen, daß sich das Atomwaffenproblem aufgrund einer solchen plötzlichen emergenten Veränderung auflöste, bedeutet das ja nicht, daß dies ohne eine Vielzahl kleiner Ereignisse hätte geschehen können. Niels Bohr plädierte ja nicht dafür, die Hände in den Schoß zu legen; er wollte vielmehr darauf hinweisen, daß das durch die Atomwaffen erzwungene Gespräch zwischen den Nationen von sich aus den Weg zu einer offenen Welt ebnen würde.

Von den Millionen Flugblättern, Versammlungen, Diskussionen am Arbeitsplatz und Dialogen zwischen Demonstranten und militärischen Strategen wird nichts dadurch überflüssig, daß das Atomwaffenproblem sich aufgelöst hat. Im Gegenteil, die emergente Veränderung entwickelte sich gerade daraus, daß Eltern das Problem im Kindergarten ansprachen, Politiker ihre Meinung änderten, Atomwaffenbefürworter in den Dialog traten, die Schrecken des Atomkriegs in Kunstwerken ausgemalt wurden und die Mediziner herausfanden, daß man die Opfer nicht wieder würde zusammenflicken können.

Die emergente Politik besteht nicht darin, den Dingen ihren Lauf zu lassen, sondern das zu tun, woran man glaubt und wobei man ein gutes Gefühl hat, auch wenn es völlig nutzlos erscheint. Sie besteht darin, etwas zu tun, das nach der eigenen Überzeugung gut ist für einen selbst und für das persönliche Umfeld, auch wenn es naiv erscheint. Emergente Politik bedeutet Naivität zu akzeptieren, aber nicht Passivität.

Emergente Politik besteht darin, zu tun, was dem eigenen Gefühl als richtig erscheint, genau dort, wo man ist. Sich von der Stelle zu rühren, wenn es sich als notwendig erweist, zu akzeptieren: das Wichtigste ist, daß man überhaupt etwas tut. In einer Weise zu handeln und einzugreifen, die jedenfalls der eigenen Einschätzung nach gut ist.

Da wir viel mehr voneinander wissen und viel stärker aufeinander einwirken, als unser Bewußtsein weiß, genügt es nicht, uns für den richtigen Standpunkt zu entscheiden und diesen über die geringe Bandbreite der Sprache zu vermitteln. Wir müssen tun, was wir mit unserem ganzen Organismus für richtig halten, denn die Wirkungen sind größer, als uns bewußt ist.

Das Bewußtsein darf die eigenen Handlungen nicht in dem Sinne lenken, daß wir nur tun, was wir bewußt und reflektiert als zweckmäßig erkennen. Wir müssen tun, woran wir mit dem ganzen Körper glauben. Wir sollten unser eigenes Leben und damit das der anderen ernst nehmen. Wir sollten daran zu glauben wagen, daß das Leben größer ist, als wir ahnen.

Wir müssen wie Niels Bohr den Mut haben, etwas Naives zu

sagen und etwas Naives zu tun, nachhaltig und freundlich über Jahrzehnte hinweg, einfach deshalb, weil wir glauben und fühlen und uns bewußt sind, daß es richtig ist.
Dann dürfen wir glauben, daß wir tun, was wir können. Und mehr können wir ohnehin nicht tun.

Die ergreifende Naivität dieser Auffassung kann sich nur mit der Gegenfrage verteidigen, wie es sich sonst erklären ließe, daß das Atomwaffenproblem verschwunden ist, daß sich Ende der achtziger Jahre die ganze Welt der Umweltprobleme bewußt wurde, daß die Bevölkerungen der reichen Länder mehr und mehr die Notwendigkeit der Solidarität mit den armen Ländern erkennen?
Wie wollen wir sonst erklären, daß es uns noch gibt?

Der amerikanische Historiker Morris Berman kommt in seinem Buch *Coming to Our Senses* auf den menschlichen Trieb zum kollektiven Suizid zu sprechen. Er erklärt den Trieb zur Selbstauslöschung als ein gesellschaftliches Pendant zur panischen Angst des Individuums vor «dem Anderen» *[Otherness]*. Alle Menschen in den industrialisierten Zivilisationen hätten, schreibt Berman, in ihrer Kindheit die erschütternde Trennung zwischen sich selbst und dem Anderen *(Self/Other)* durchgemacht, zwischen dem, was einem als eigene Identität, und dem, was einem als das tiefgründig Andersartige in sich bewußt ist. Das Entstehen des Ich-Bewußtseins in den ersten Lebensjahren führe zu einer radikalen Selbstentfremdung, die wiederum das unentrinnbare Problem mit sich bringe, wie man sich zu dem Anderen verhalten soll, dem Tierischen, Schleimigen und Spinnenhaften, dem Unkontrollierbaren, Körperlichen, Wilden und Primitiven.
Morris Berman versteht einen großen Teil der modernen Geschichte als Versuch der Zivilisation, dieses Problem des Anderen mit Hilfe zoologischer Gärten, Insektenbekämpfungsmittel, Pornographie, Alkohol und Religionen zu lösen, mittels deren all das Wilde kontrolliert werden kann. Die grundlegende Trennung zwischen dem Selbst und der Welt sei der fundamentale Fehler, *the basic fault*, der Angst, Unruhe und Einsamkeit entstehen lasse.

Die Kultur tabuisiere Blut, Samen, Schleim, Schweiß und andere Körperflüssigkeiten, weil sie an das fundamentale Problem, den Unterschied zwischen der Außenwelt und mir selbst, rührten. Der Körper sei für die modernen Menschen eine unheimliche und erschreckende Erinnerung daran, daß er selbst so ist wie die Welt, daß er innerlich letzten Endes Natur, daß er schleimig ist.

«Der atomare Holocaust ist in Wirklichkeit die wissenschaftliche Vision eines Utopia, in dem die Welt endgültig von dem Schmutzigen, Organischen und Unvorhersehbaren befreit ist, indem sie ausgelöscht – ‹gereinigt› wird. Selbstmord, sei es auf der Ebene der Politik, der Umwelt oder der Person, ist die endgültige (und effektivste) Lösung des Problems des Anderen», schreibt Berman. Beispiele seien nicht nur der Atomkrieg, sondern auch die Ausrottung von Homosexuellen, Juden und anderen Minoritäten durch die Nationalsozialisten, die Bekämpfung von Spinnen und anderem «Ungeziefer» im heutigen Haushalt oder die Domestizierung wilder Tiere. Berman fährt fort: «Wir werden es insgesamt lösen, werden jede Spur des wilden, unorganisierten Anderen vollständig auslöschen, bis das [abgetrennte] Selbst in einer reinen, toten und völlig vorhersagbaren Welt allein regiert.»[5]

Morris Berman schrieb diese Worte vor wenigen Jahren, 1988, und doch wirken sie seltsam veraltet. Die panische Angst, das Gefühl des nahe bevorstehenden Untergangs, ist seltsamerweise verschwunden. Da der Atomkrieg nach Bermans Deutung den Versuch darstellt, die grundlegende Ohnmacht des Bewußtseins gegenüber der Welt wie dem eigenen Selbst aufzuheben, ist zu fragen, was es zu bedeuten habe, daß die Gefahr eines globalen Atomkriegs vorbei ist und die Menschen immer mehr den Mut finden, sich der Umweltkrise zu stellen. Bedeutet es, daß sich unser Verhältnis zu uns selbst grundlegend verändert, daß sich die Balance zwischen bewußt und nichtbewußt in den letzten Jahren auf ein anderes Niveau eingependelt hat?

Die Gedanken wanderten zu den heißen Quellen der Jemez Mountains, als der sibirische Bootsführer sich weigerte, in die Nebelbänke des offenen Bajkalsees hinauszufahren. Wir änder-

Die Domestizierung des Wilden 583

Bajkalsee, Südsibirien

ten den Kurs und schlugen auf einem kleinen Strand an dem gewaltigen sibirischen See unser Nachtlager auf. Der Bajkalsee ist fast so groß wie ein Meer; er enthält 23 Prozent des gesamten Frischwassers der Erdoberfläche. Einheimische Biologen und Umweltschützer hatten westliche Theaterleute, Musiker und Wissenschaftler 1990 zu einem Umwelt- und Kulturfestival eingeladen, um auf die Verschmutzung des Sees aufmerksam zu machen. Die Gegend um die Stadt Ulan Ude, unsere Basis, war noch ein Jahr vor dem Festival verbotenes Terrain gewesen, nicht nur für Ausländer, sondern auch für Menschen aus anderen Gegenden der Sowjetunion. Das atemberaubend schöne Land, Heimat der tibetanischen Buddhisten der Region, beherbergt viele Atombombensilos.

Nachdem sich die sowjetische Gesellschaft geöffnet hatte, wurde auch ausländischen Besuchern Zugang zu diesem unvergleichlichen See gewährt, in dem es geologisch und biologisch *einzigartige Zeugnisse des Lebens auf unserem Planeten gibt. Wir waren hinausgefahren, um eine Insel zu besichtigen, auf der es einen großen Bestand des seltenen Bajkal-Seehunds gibt, mußten aber wegen des Nebels für die Nacht Schutz suchen. So fanden wir Zeit, in den heißen Quellen der Gegend zu baden.*

In den dunklen sibirischen Sommernächten hörten wir die Einheimischen wehmütige Lieder über den Bajkal singen, schöne Gesänge voller melancholischer Stimmungen und Klagen. Seit jeher ist die abgelegene, menschenleere Gegend um den Bajkal bevorzugter Standort von Lagern gewesen, in denen Feinde des Zaren, Stalins und anderer Machthaber interniert waren. Fast alle Bajkal-Lieder handeln von Gefangenen, die über den gewaltigen See zu fliehen versuchen, um der Isolation, der Verbannung in die Schönheit, zu entkommen und wieder ein Leben in der Gesellschaft zu führen.

Der Gedanke, diese grandiose Naturlandschaft mit ihren stolzen, genügsamen Fischern sei mit einer anderen Supermacht verfeindet, erschien so wahnwitzig, daß nur eine einzige Erklärung für diese Feindschaft, die gerade erst aufzutauen begann, denkbar war: schlichte Unwissenheit und Paranoia, hervorgerufen durch die Geschlossenheit der politischen Systeme. Diesen See und das Leben in ihm und um ihn herum in die Eiszeit zurückzubombardieren, erschien unvorstellbar.

Hier war es schön wie in den Jemez Mountains in New Mexico, wenn auch auf eine ganz andere Weise. Dort war die Atombombe erfunden worden, hier lagerte sie, was auf höheren Befehl zu einer totalen Abschottung von der Außenwelt geführt hatte. Der religiöse und weltliche Führer der Buddhisten, der Dalai Lama, hat beide Landschaften für heilig erklärt.

Hier wie dort war es fast unerträglich schön, und hier wie dort war die industrielle Zivilisation erstmals 1990 mit der Kultur der ursprünglichen Bewohner in einen Dialog getreten, wie die Natur zu erhalten sei. In New Mexico mit den Indianern, in Sibirien mit den Vertretern der mongolischen Völker, die aus den Bergen herabkamen, um von einem reineren See zu singen, um zu tanzen und über die Zukunft zu sprechen.

Als wir Westeuropäer vor den Einheimischen eine Rede halten und erklären sollten, warum wir so weit gefahren waren, um als Gäste an einem Fest für einen See teilzunehmen, erwies sich das lange Manuskript als überflüssig. Der Dolmetscher hörte dem Entwurf zu und resümierte: Fjodor Dostojewskij sagt dasselbe: «Beauty will save the world.»[6]

Information ist ein Maß für Unvorhersagbarkeit, Unordnung, Wirrwarr, Chaos, Verblüffung, Unbeschreiblichkeit, Überraschungen, für das Andere. Ordnung ist ein Maß für alles, was dem entgegengesetzt ist.

Bewußtsein besteht aus ziemlich wenig Information und betrachtet sich selbst als Ordnung. Es ist stolz, durch Aussonderung von Information all die Unordnung und Verwirrung ringsum auf einfache und vorhersagbare Gesetze, die das Entstehen der Phänomene erklären, reduzieren zu können.

Zivilisation besteht aus sozialer und technischer Organisation, die Information aus unserem Leben schafft. Je weiter sie fortgeschritten ist, desto mehr hat sie es ermöglicht, daß sich das Bewußtsein von der Welt distanziert.

Sie hat ein Weltverständnis ermöglicht, welches das erkannte Bild der Welt mit ihr selbst, die Karte mit dem Gelände identifiziert, ein Verständnis, demzufolge das Ich die Existenz des Selbst bestreitet und jede Form von Andersartigkeit außer in der Form eines göttlichen Prinzips verleugnet wird und nach welchem der Mensch nur leben kann, wenn er an das Gute dessen, was anders ist, zu glauben wagt.

Doch für das Bewußtsein ist die Zeit der Besinnung gekommen. Sehr bewußt durchgeführte Untersuchungen des Menschen und seines Bewußtseins haben deutlich gemacht, daß der Mensch viel mehr ist als sein Bewußtsein. Sie haben gezeigt, daß er viel mehr erfaßt und viel mehr tut, als das Bewußtsein weiß. Die Simulation der Welt ringsum, die wir erleben und für die Welt selbst halten, ist nur aufgrund systematischer Täuschungen und Verkürzungen möglich, die das Resultat einer unentwegten Aktivität ist, durch die der größte Teil der unvorhersehbaren Andersartigkeit, die die Welt außerhalb von uns prägt, ausgemustert wird.

Das bewußte Ich muß erkennen, daß es die Welt nicht erklären kann. Die formale, unzweideutige Beschreibung, die wir von ihr zu geben vermögen, wird die Welt niemals erschöpfend erfassen, geschweige denn vorhersagen können. Der Reichtum einer vereinfachten, formalen Beschreibung, die das Bewußtsein mit seiner geringen Bandbreite aufnehmen kann, wird niemals groß genug sein, um die Vielfalt dessen wiederzugeben, was anders und außerhalb von uns ist. In uns, im Innern der Person, die Träger des Bewußtseins ist, finden Erkenntnisprozesse und mentale Vorgänge statt, die sehr viel reicher sind, als das Bewußtsein wissen oder beschreiben kann. Unsere Körper stehen in einer Gemeinschaft mit einer Umwelt, die direkt durch uns hindurchgeht, vom Mund bis zu den Ausscheidungsorganen, unserem Bewußtsein aber weitgehend verborgen ist. Der Körper ist Teil eines mächtigen lebendigen Zusammenhangs, durch den ein Planet insgesamt geformt und verwaltet wird, der sich belebt hat.

Das bewußte Ich kann weder die Welt draußen noch die Welt drinnen erklären und deshalb auch nicht den Zusammenhang, in dem sie stehen.

Der Religionsphilosoph Martin Buber gehörte dem Chassidismus an, einer Lehre, die im 18. Jahrhundert unter osteuropäischen Juden entstand. Ihr zufolge ist die Vereinigung mit der Allgegenwart Gottes nicht durch Abkehr von der Welt, sondern allein dadurch zu erreichen, daß man sich ihr hingibt und mitten in ihr steht. Das Heilige ist die Freude am Leben hier und jetzt. In seinem berühmten Buch *Ich und Du* von 1923 schreibt Buber, Gott sei «das ganz Andere», aber auch «das ganz Selbe: das ganz Gegenwärtige». Gott ändere und verändere, sei aber auch das «Geheimnis des Selbstverständlichen, das mir näher ist als mein Ich».[7]

Sowohl die Welt draußen als auch die Welt drinnen sind näher bei mir als mein Ich. Die Welt draußen und die Welt drinnen sind miteinander enger verbunden als mit meinem Ich.

Die Welt ist unbegreifbar **587**

Eine Nonne aus der Schweiz sieht zum erstenmal das Meer.

Der Mathematiker Kurt Gödel beschrieb 1930, daß ein begrenztes formales System nicht zugleich vollständig und widerspruchsfrei sein kann. Daß eine endliche Beschreibung eine unendliche Welt nicht wiederzugeben vermag.

Das Bewußtsein wird die Welt nie beschreiben können, weder innerhalb noch außerhalb seiner selbst. Sowohl die Person, die innen ist, als auch die Welt, die außen ist, sind reicher, als das Bewußtsein erfassen kann. Beide bilden für sich eine Tiefe, die sich kartieren und beschreiben, aber nicht vollständig erkennen läßt. Sie stehen miteinander in Zusammenhängen, von denen das Bewußtsein nichts wissen kann. Man könnte diese Tiefen, die innere und die äußere, zusammen *Gödelsche Tiefe* nennen und sagen, das Bewußtsein schwebe in Gödelscher Tiefe: Das Ich schwebt in Gödelscher Tiefe.

Gödels Satz beruht auf einer modernen Version des Lügnerparadoxons, das im antiken Griechenland entdeckt wurde, als das Bewußtsein sich durchzusetzen begann. «Ich lüge» ist die einfachste, «Alle Kreter lügen» lautet eine antike Version, die dem Kreter Epimenides zugeschrieben wird.

Das Bewußtsein hat den Menschen die Möglichkeit gegeben, zu lügen, Behauptungen aufzustellen, die nicht stimmen, einen Abstand zu schaffen zwischen dem, was gesagt wird, und dem, was gemeint ist.

Die moderne Version, den Gödelschen Satz, hat der polnische Philosoph Alfred Tarski als die Erkenntnis gedeutet, einer Aussage sei es prinzipiell unmöglich, von sich selbst zu beweisen, daß sie wahr oder falsch ist.

Das Bezeichnende an dem Satz «Ich lüge» ist deshalb in Wahrheit nicht das Wort «lüge», das dem Paradox den Namen gegeben hat. Es ist das Wort «Ich» – ein Redender, der von seiner eigenen Rede spricht.

Im Verweis auf sich selbst, in der Selbstreferenz liegt das eigentliche Problem. Der Körper kann nicht lügen, seine Bandbreite ist dafür zu groß. Das Ich aber kann es. Es verweist auf sich, als sei es das Selbst, doch das ist es nicht. Das Ich gibt vor, das Selbst zu sein, die Kontrolle über das Selbst zu besitzen, doch ist das Ich nur eine Karte vom Selbst. Eine Karte kann lügen, das Gelände nicht.

«Ich lüge» ist kein Lügnerparadox, es ist die Wahrheit über Bewußtsein.

Das Bewußtsein ist eine wunderbare Erfindung der biologischen Evolution auf der Erde, ein stetes Aufmerksamsein, ein kühnes Deuten, eine lebhafte Veranstaltung.

Jetzt aber lernt das Bewußtsein, sich darauf zu besinnen, daß es die Welt nicht meistert und daß das Verstehen einfacher Regeln und Vorhersageprinzipien nicht bedeutet, die Welt erschließen zu können.

Das Bewußtsein ist nicht sehr alt, aber im Laufe der wenigen tausend Jahre, in denen es das menschliche Leben bestimmt hat, hat es unsere Welt vollkommen verändert. Es hat so viel Veränderung bewirkt, daß es selbst Gefahr läuft, ein Opfer der Mechnismen zu werden, die es hervorgebracht hat. Das Bewußtsein gibt vor, die Simulation der Welt, die es erlebt, sei die sinnliche Wahrnehmung der Welt selbst; es gibt vor, was der Mensch erlebt, entspreche dem, was er wahrnimmt, und was er wahrnimmt, sei die Welt selbst.

Deshalb ist ein Bewußtsein, dem nicht bewußt ist, daß es Bewußtsein und nicht die Welt ist, zur Gefahr für sich selbst geworden. Der Mensch besitzt die Fähigkeit, rasche Veränderungen in seiner Umgebung zu erfassen. Das Bewußtsein ist dazu entwickelt, daß es bestimmter Formen der Veränderung in der Umgebung gewahr wird. Es richtet sich auf die schnellen Wechsel, blinkenden Lichter und bekannten Gefahren.

Die Zivilisation aber, ein Produkt des Bewußtseins, ist im Begriff, eine ganz andere Form von Veränderungen zu bewirken, langsame, schleichende, globale Veränderungen wie das Aussterben von Arten und die Erosion der Umwelt auf dem Planeten.

Die Umweltkrise konfrontiert den Menschen mit Gefahren und Herausforderungen, auf die unsere Aufmerksamkeit nicht automatisch gelenkt wird. Als biologische Art haben wir gelernt, gegenüber Faktoren in unserer Umgebung aufmerksam zu sein, die nicht mehr die wirklichen Gefahren darstellen.

«Die Welt, die uns gemacht hat, ist verschwunden, und die Welt, die wir gemacht haben, ist eine neue, und wir haben nur eine geringe Kapazität entwickelt, um sie zu verstehen», schreiben der Bewußtseinsforscher Robert Ornstein und der Biologe Paul Ehrlich in ihrem Buch *New World, New Mind* von 1989.[8]

Ornstein und Ehrlich entwickeln dort den Gedanken, daß wir unsere Art und Weise, die Welt zu verstehen, revidieren müssen. «Die Zivilisation wird von Veränderungen bedroht, die sich über Jahre und Jahrzehnte vollziehen, und Veränderungen über Jahre oder Jahrzehnte sind so langsam, daß wir sie nicht unmittelbar wahrnehmen können.»[9]

Wir müssen deshalb, argumentieren die beiden Autoren, «einen neuen evolutionären Prozeß auslösen, einen Prozeß bewußter Entwicklung... Wir müssen unser altes Denken durch ein neues ersetzen.»[10]

Eine neue Form der Ausbildung solle kommende Generationen lehren, die Welt in einer Weise zu erkennen, die in bezug auf die vor ihr liegenden Probleme relevant ist. In Schulen und Universitäten müsse über optische Täuschungen, unbewußte Erfahrungen und die Fähigkeit der Anpassung an Veränderungen gesprochen werden, denn «das einzig Konstante im Leben ist die Veränderung selbst»[11].

Ornstein und Ehrlich schlagen also eine bewußt zu trainierende Veränderung des Bewußtseins vor, um den Problemen zu begegnen, die das Bewußtsein hervorgebracht hat. Das Ziel ist, erkennen zu lernen, was wir nicht wissen, darauf aufmerksam zu werden, daß wir nicht für alles aufmerksam sind, und uns bewußtzumachen, daß das Bewußtsein begrenzt ist.

Diese Strategie ist richtig und notwendig, und sie entspricht ganz der Tatsache, daß Wissenschaft und Technik zwingend erforderlich sind, um die Umweltprobleme zu lösen, die von ebendieser Wissenschaft und Technik hervorgebracht worden sind.

Die Frage ist jedoch, ob nicht anderes und mehr dazugehört als nur ein Wandel in der Art und Weise, wie kommende Generationen unterrichtet werden; anderes und mehr als ein Wandel *in* unserem Bewußtsein.

Die Frage ist, ob nicht eine Veränderung in der Art unserer Lebensführung notwendig ist, ein Wandel der Werte, die wir für das Menschsein und ein gutes Leben setzen, eine Neubewertung der Rolle des Bewußtseins im Dasein.

Es gibt einen Wert, der fast allen Menschen erstrebens- und schätzenswert erscheint, ein Wert, der sich auf das Feine und Erhabene der menschlichen Existenz bezieht, ein Wort, das wir verwenden, um Taten und Gedanken, Landschaften und Szenerien, Erlebnisse und Begegnungen, Leistungen und Werke zu beschreiben, wenn sie uns ganz besonders ergreifen: *das Sublime*.

Zieht ein Ballettänzer, eine Sängerin oder ein Musiker unsere Aufmerksamkeit an sich und läßt uns erzittern vor hingebungsvoller Gegenwärtigkeit, verdichtet eine plötzliche Eingebung wochenlange Diskussionen zu einer einfachen Idee, die plötzlich alles Positive einer Situation erfaßt, zeugt eine tadellos gearbeitete Holzkonstruktion von handwerklicher Hingabe, ist ein freundschaftliches Beisammensein von vertrauensvoller Offenheit und ausgelassener Gemeinschaftlichkeit geprägt, dann sprechen wir vom Sublimen.

Das Wort klingt abschreckend nach intellektuellem Snobismus und feinem Gehabe, doch ist dem leicht mit der Redensart zu begegnen, vom Sublimen zum Lächerlichen sei es nur ein Schritt.[12]

Das Wort sublim kommt aus dem Lateinischen und bedeutet schwebend, erhaben, hehr. Genauer besehen handelt es sich um ein Kompositum aus *sub*, «unter», und *limen*, «Schwelle», ursprünglich der obere Querbalken der Tür. Sublim ist, was zu einer oberen Grenze ansteigt, eigentlich das, «was in schräger Linie aufsteigt»[13]. Das Wort hat die gleiche Wurzel wie der Begriff *subliminal*, der, wie in Kapitel 7 dargestellt, in der Psychologie zur Bezeichnung von Wahrnehmungen unterhalb der Schwelle bewußten Erfassens benutzt wird.

Das Sublime ist, rein sprachlich, mit dem Subliminalen verwandt. Verwandt sind aber auch die Phänomene. Bei einem sublimen künstlerischen Auftritt wird vom Künstler sehr viel mehr Information wachgerufen, als das Bewußtsein zu überschauen vermag, es wird viel mehr ausgelebt, als dem Künstler selbst bewußt ist. Der große Künstler hat den Mut, sehr viel mehr zu geben, als er bewußt lenken kann.

Sublim ist ein Auftreten, bei dem das Ich das Selbst freigibt, bei dem ein solches Vertrauen gegenwärtig ist, daß in die Kunst Leben kommt.

Genauso ist es für die große sportliche Leistung, den großen Gedanken, das große Handwerk bezeichnend, daß große Mengen von Information und Erfahrung umgesetzt werden, viel mehr, als das Bewußtsein steuern kann.

Auch im sozialen Bereich suchen wir die Situationen, in denen wir, ohne daran zu denken, wie die anderen uns sehen, uns ganz hinzugeben und unbekümmert füreinander dazusein wagen und im Gespräch, im Bett oder am Küchentisch alles geben können, was wir zu geben haben.

Sublim sind Situationen und Darbietungen, bei denen das Bewußtsein so viel Vertrauen in die Person hat, daß das Leben frei fließen kann.

Das Streben nach dem Sublimen zielt nicht auf die Abwesenheit von Bewußtsein, sondern auf jene Sicherheit bei einer Aufgabe und seinem Umfeld, die so wohlvorbereitet und wohlbekannt ist, daß man alles geben kann, was man hat. Der Weg zu dieser Sicherheit aber führt über das Ich, denn gerade die Disziplin im Leben und in seinen sozialen Beziehungen und die Disziplin im Einüben einer Fähigkeit, die die Domäne des Ich sind, machen die Sicherheit und Vertrautheit zugänglich, die es dem Selbst ermöglichen, diese Fähigkeit ganz zu entfalten.

Zwischen Bewußtsein und dem Sublimen besteht kein wirklicher Widerspruch, denn das Bewußtsein ist der Weg zum Sublimen, die Disziplin der Weg zur Improvisation, die Stabilität der Weg zur Überraschung, das Geschlossene der Weg zur Offenheit.

Das Bewußtsein ist jedoch nur der Diener des Sublimen, die Methode, jenes Gefühl von Vertrautheit, Sicherheit und Gegenwart zu erlangen, aufgrund dessen wir zu geben wagen. Das Bewußtsein ist kein Ziel in sich, es ist ein Mittel zur Gegenwärtigkeit. Gegenwärtigkeit ohne Bewußtsein.

Das Erleben kann nicht nur subliminal, es kann auch sublim sein. Sublim ist es, wenn wir uns des gesamten Erlebnisapparats bedienen und uns trauen, die Welt genau so zu spüren, wie sie ist, chaotisch und widersprüchlich, beängstigend und gefährlich, schmerzvoll und lustig.

Wenn man erlebt, in welch problematischem Zustand sich der Planet Erde befindet, können Angst und Unruhe aufkommen. Vielleicht erschließt sich aber gerade daraus der Weg, die Probleme in Angriff zu nehmen. Das eigene Erleben ernst zu nehmen, ist der Weg dahin, daß wir zu erleben wagen, was der Fall ist, auch wenn es uns nicht behagt.

Der amerikanische Kulturhistoriker Theodore Roszak stellte 1979 die These auf, es bestehe eine nahe Verwandtschaft zwischen den Bedürfnissen eines Planeten und denen einer Person. Die Umweltkrise zeige sich als persönliches Problem in uns selbst. Der Zustand des Planeten sei an unserem eigenen Körper und in unserer Angst erkennbar. Der Weg zu einer tragfähigeren Zivilisation führe deshalb über den Mut der Menschen, sich selbst zu spüren. Erst wenn wir dieses Wagnis eingingen, könnten wir uns unserer Welt annehmen, des Planeten, mit dem wir so eng verbunden sind. Wir müssen es wagen lernen, Personen zu sein, schreibt Roszak in seinem Buch *Person/Planet*.[14]

Das Sublime als Wert betont, daß das Bewußtsein wertvoll ist, wenn es die Balance zur nichtbewußten Wechselwirkung mit der Welt hält, die so viel reicher an Information, Andersartigkeit, Überraschungen, Schleim, Spinnen und Niederlagen ist, als es das Bewußtsein je sein kann.

Es betont, daß wir uns die Welt nicht erschließen können, auch wenn wir ihre Gesetze kennen; daß sich all das, wozu wir fähig sind, nicht in Worte und Regeln fassen läßt, daß die meisten Fertigkeiten notwendigerweise sprachlos bleiben und sich nur als Fähigkeit radzufahren oder als «grüner Daumen» konstatieren lassen.

Søren Kierkegaard schrieb seine Doktorarbeit über Sokrates, den größten Philosophen der Geschichte: *Über den Begriff der Ironie unter ständiger Berücksichtigung des Sokrates*. Während das Bewußtsein im alten Griechenland endgültig die Macht übernahm, erkannte Sokrates immer noch die Weisheit des ungeschulten Menschen an. Durch seine Fragetechnik brachte er einen Sklaven dazu, den Lehrsatz des Pythagoras über die Größenverhältnisse rechtwinkliger Dreiecke abzuleiten, obwohl der Sklave noch nie etwas von Geometrie gehört hatte. Wir wissen also vieles sehr gut im voraus, können nur nicht immer die Worte dafür finden.

Kierkegaard schreibt: «Sokrates' Ziel war es nicht, das Abstrakte konkret zu machen, sondern durch das unmittelbar Konkrete das Abstrakte zum Vorschein kommen zu lassen.»[15]

Wir können die Erkenntnis aus der Welt ableiten, aber nicht die Welt aus der Erkenntnis.

Kultur und Zivilisation des Bewußtseins haben große Triumphe gefeiert, aber auch große Probleme geschaffen. Je mehr Macht das Bewußtsein über das Dasein bekommen hat, desto problematischer wird es, daß es so arm an Information ist. Die Zivilisation läßt die Menschen an einem Mangel an Andersartigkeit und Widersprüchlichkeit leiden, der jene Form von Wahnsinn bewirkt, dem Diktatoren verfallen, denen nie widersprochen wird.

Es ist wichtig, daß wir uns darüber zu freuen wagen, nicht alles unter Kontrolle zu haben und uns nicht immer bewußt zu sein. Es ist wichtig, die Lebendigkeit des Nichtbewußten zu genießen und sie mit der Disziplin und Verläßlichkeit des Bewußtseins zu vermischen. Das Leben macht nun einmal am meisten Spaß, wenn wir uns dessen nicht bewußt sind.

Das Bewußtsein enthält nicht viel Information, denn Information ist Andersartigkeit und Unvorhersagbarkeit. Die Besinnung des Bewußtseins besteht darin anzuerkennen, daß die Menschen mehr Information benötigen, als das Bewußtsein geben kann.

Der Mensch braucht auch die Information, die im Bewußtsein enthalten ist, ebenso wie wir eine Karte benötigen, um uns im

Gelände zurechtzufinden. Das Wesentliche aber ist, nicht die Karte, sondern das Gelände zu kennen.

Die Welt ist viel reicher, als wir glauben, wenn wir die Karte von der Welt betrachten. Wir selbst sind viel reicher, als wir glauben, wenn wir die Karte von uns selbst betrachten.

Freude, Körperlichkeit und Liebe, das Heilige und das Sublime, sind nicht so weit entfernt, wie das Bewußtsein glaubt. Um das menschliche Bewußtsein, das frei in Gödelscher Tiefe schwebt, ist es nicht so schlecht bestellt, wie es selbst in seiner Angst vor Andersartigkeit glaubt: Es ist nur eine halbe Sekunde her, daß Ich Selbst war.

Der Himmel ist nur eine halbe Sekunde entfernt – in umgekehrter Richtung.

«Was von dem sogenannten ‹Ich› vollbracht wird, vollbringt, das spüre ich, in Wirklichkeit etwas, das größer ist als das ‹Ich› in mir selbst», sagte James Clerk Maxwell.

Die Besinnung des Bewußtseins ist die Einsicht: *Ich ist nicht das Zentrum in mir selbst.* Von dort führt der Weg zurück. Unterwegs nützt es nichts, die eigene Sensibilität und die eigenen Hervorbringungen ins Licht zu rücken, indem wir sagen: Ich spüre die Welt. Denn die Welt spürt mein Selbst – und mein Selbst spürt sie. Wir sollten zueinander sagen:

> *Spüre die Welt.*
> *Sie spürt dich.*

William Blake: «The Ancient of Days», 1794

Anmerkungen

Kapitel 1
Maxwells Dämon

1 Ludwig Boltzmann, zitiert nach Des Coudres 1906, S. 622. Das Goethe-Zitat stammt aus «Faust», den Boltzmann für «das größte aller Kunstwerke» hielt; vgl. Broda 1957, S. 17.
2 Maxwell 1895, S. 4.
3 Heinrich Hertz, «Über die Beziehungen zwischen Licht und Electricität» [1889], in: Hertz 1895, S. 339–354, dort S. 344.
4 James Clerk Maxwell, zitiert nach einem Brief F. J. A. Horts an L. Campbell vom 4. Februar 1882, in: Campbell/Garnett 1884, S. 322–326, dort S. 326. In dem Brief wird über zwei Gespräche während «Maxwells letzter Krankheit» berichtet (S. 324). Nach Tolstoy (1981, S. 85) und Goldman (1983, S. 69) fand das Gespräch mit Hort «auf dem Sterbebett» statt. Auch der Zusammenhang, in dem Campbell und Garnett Horts Brief zitieren, legt nahe, daß Maxwell den Ausspruch gegenüber Hort auf dem Sterbebett machte, denn sie führen ihn (S. 316–326) in unmittelbarem Anschluß an den Bericht des Priesters, der Maxwell die Sterbesakramente gab, des Arztes, der ihn bis zuletzt betreute, und eines nahen Angehörigen an, der anwesend war, als Maxwell starb.
5 James Clerk Maxwell, «Recollections of Dreamland», in: Campbell/Garnett 1884, S. 391–393, dort S. 393.
6 Ebd. Vgl. auch Tolstoy 1981, S. 84f.
7 Wojciech H. Zurek, in: Zurek (Hg.) 1990, S. VII.
8 John Wheeler auf dem Kongreß «Complexity, Entropy, and the Physics of Information», Santa Fe Institute, 16.–21. April 1990. Ich danke Wojciech Zurek, Los Alamos National Laboratory, für die Erlaubnis, dem Kongreß beizuwohnen, und dem dänischen Physiker Steen Rasmussen, Los Alamos, für die Vermittlung.

9 Boltzmann 1898, S. III und IV.
10 Boltzmann 1905, S. 205.
11 Über den Zusammenhang zwischen der wissenschaftlichen Diskussion und Boltzmanns Selbstmord vgl. Broda 1957, S. 28–31, und Klein 1985, S. 75–77.
12 Leff/Rex 1990, S. 2.
13 James Clerk Maxwell, Brief an Tait, zitiert nach Goldman 1983, S. 123.
14 James Clerk Maxwell, Brief an Tait, zitiert nach Leff/Rex 1990, S. 5.
15 James Clerk Maxwell, Brief an Tait, zitiert ebd., S. 290. Die Schlußworte lauten: «Only we can't, not being clever enough.»
16 James Clerk Maxwell, Brief an J. W. Strutt (Lord Rayleigh), zitiert nach Leff/Rex 1990, S. 290.
17 William Thomson, «Kinetic theory of the dissipation of energy», Nature IX (1874), S. 441–444; abgedruckt in: Leff/Rex 1990, S. 34–36, dort S. 34.
18 James Clerk Maxwell, «Diffusion», in: Maxwell 1890, Bd. 2, S. 625–646, dort S. 645 f. Der Artikel stammt nach Daub (in Leff/Rex 1990, S. 41) aus der *Encyclopædia Britannica*, 9. Auflage von 1878.

Kapitel 2
Information über Bord

1 Szilard 1929, S. 845.
2 Edward E. Daub, «Maxwell's Demon», *Stud. Hist. Phil. Sci.* 1 (1970), S. 189–211, in: Leff/Rex 1990, S. 37–51, dort S. 48.
3 Isaac Newton, zitiert nach Daub, wie Anm. 2, S. 49.
4 Daub, wie Anm. 2, S. 48 f.
5 Landauer 1989, S. 18.
6 Leff/Rex 1990, S. 16; vgl. auch S. 20 über die Kritik an Brillouin, der Szilard folgt. Rudolf Carnap nimmt mit seiner Kritik die Argumente späterer Physiker vorweg.
7 Léon Brillouin, «Maxwell's Demon Cannot Operate: Information and Entropy. I», *J. Appl. Phys.* 22 (1951), S. 334–337, in: Leff/Rex 1990, S. 134–137.
8 Brillouin 1956. Das Buch übte großen Einfluß aus. Der erwähnte Artikel Brillouins, «Life, Thermodynamics, and Cybernetics», *Am. Sci.* 37 (1949), ist abgedruckt in: Leff/Rex 1990, S. 89–103.
9 Brillouin, wie Anm. 7, S. 134.
10 Ebd.

11 Ebd., S. 136.
12 Brillouin 1956, S. 168.
13 Bennett 1988a, S. 55.
14 Lloyd 1989, S. 5384, Sp. 1.
15 1 mol Luft mit einem Volumen von 22 Litern enthält 6×10^{23} Moleküle. Die Speicherkapazität des Gehirns insgesamt beträgt 10^{12} bit/Sek., und das Leben dauert ungefähr 2×10^9 Sekunden.
16 Bennett 1988a, S. 55.
17 Martin J. Klein, «Maxwell, His Demon, and the Second Law of Thermodynamics», *Am. Sci.* 58 (1970), S. 87–97; in: Leff/Rex 1990, S. 75–88, dort S. 84.
18 Das Beispiel stammt aus Layzer 1990, S. 25–27.
19 Edwin T. Jaynes, zitiert nach Leff/Rex 1990, S. 17.
20 Paul Feyerabend, zitiert nach Broda 1983, S. V.
21 Denbigh/Denbigh 1985, S. 104.
22 Brunak/Lautrup 1993, S. 43; Steinbuch 1965, S. 43.
23 Wiener 1963, S. 38.
24 Ebd.
25 Brillouin, wie Anm. 7, S. 134f, und Brillouin 1956, S., 161, wo behauptet wird, Shannon habe das Vorzeichen geändert; vgl. auch Leff/Rex 1990, S. 6f, 18–21, 28f.
26 Eine mündliche Bemerkung, die in einer weniger pointierten Formulierung wiedergegeben ist bei Peder Voetmann Christiansen, «Informationens elendighed», in: Søderqvist 1985, S. 61–72, dort S. 63.
27 Feynman 1991a, S. 657.

Kapitel 3
Unendliche Algorithmen

1 David Hilbert, «Naturerkennen und Logik» [1930], in: Hilbert 1935, S. 378–387, dort S. 387.
2 David Hilbert, «Mathematische Probleme» [1901], in: Hilbert 1935, S. 290–329, dort S. 297f.
3 Hilbert, wie Anm. 1, S. 383 und 385.
4 Ebd., S. 387.
5 Reid 1970, S. 196.
6 Vgl. John W. Dawson, «The Reception of Gödel's Incompleteness Theorems», *Philosophy of Science Association* 2 (1984); in: Shanker 1988, S. 74–95, dort S. 76–78; und Wang 1987, S. 85. In der historisch-biographischen Literatur findet sich die Angabe, Gödel habe sein Theorem auf der gleichen Veranstaltung vorgetragen,

auf der Hilbert seine Rede hielt, vgl. Hodges 1989, S. 108. Nach Wang hielt Hilbert seine Rede jedoch «vermutlich am 9. September», während Gödels Vortrag in vielen Quellen auf den 7. September datiert wird. Es besteht aber kein Zweifel, daß beide Ereignisse innerhalb weniger Tage am selben Ort stattfanden.

7 Vgl. Dawson, wie Anm. 6, S. 78; und Wang 1987, S. 87.
8 Paul Bernays, zitiert nach Reid 1970, S. 198.
9 Reid 1970, S. 220.
10 Bertrand Russell, zitiert nach Dawson, wie Anm. 6, S. 90.
11 Kurt Gödel, «Über formal unentscheidbare Sätze der *Principia Mathematica* und verwandter Systeme I», in: Gödel 1986, S. 144–194, dort S. 148.
12 Stephen C. Kleene, «The Work of Kurt Gödel», *The Journal of Symbolic Logic* 41, Nr. 4 (1976); in: Shanker 1988, S. 48–71, dort S. 54.
13 Hodges 1989, S. 109.
14 Penrose 1991, S. 105.
15 Witt-Hansen 1985, zum Beispiel S. 196, 206.
16 Vgl. Solomon Feferman, «Kurt Gödel: Conviction and Caution» [1983], in: Shanker 1988, S. 96–144, dort S. 113, Anm. 18.
17 Ebd., S. 96.
18 Ebd., S. 111.
19 Wang 1987, S. 133 f; vgl. auch die Darstellung der Krankheitsgeschichte bei John W. Dawson, «Kurt Gödel in Sharper Focus», *The Mathematical Intelligencer* 6, Nr. 4 (1984); in: Shanker 1988, S. 1–16, dort S. 7 und 12; außerdem Shanker 1988, S. 84 (Dawson) und S. 96, 111 (Feferman).
20 Zitiert nach Wang 1987, S. 46. Das Zitat stammt aus dem Text «Some facts about Kurt Gödel», der auf Gesprächen Wangs mit Gödel 1975/76 beruht. Gödel schlug selbst den Titel vor und gestattete Wang, den Essay nach seinem Tod zu veröffentlichen. Insofern ist der Tonfall richtig, obwohl die Fakten nicht fehlerfrei dargestellt sind; vgl. Dawson bei Shanker 1988, S. 14, Anm. 1.
21 Hodges 1989, S. 129.
22 Kline 1980, «Preface» (unpaginiert).
23 Rucker 1990, S. 275.
24 Über die Philosophen vgl. Witt-Hansen 1985, S. 207. Bemerkenswert ist, daß Tarski laut Witt-Hansen, S. 202, seine Analyse bereits am 21. März 1931 veröffentlichte.
25 Hofstadter 1985.
26 Stewart 1988, S. 116, Sp. 1.
27 Gregory J. Chaitin, «Gödel's theorem and information», *Interna-*

tional Journal of Theoretical Physics 22 (1982), S. 941–954; auch in: Chaitin 1987, S. 55–65, dort S. 55.
28 Stewart 1988, S. 116.
29 Chaitin 1988, S. 67.
30 Ebd.
31 W. H. Zurek, «Algorithmic Information Content, Church-Turing Thesis, Physical Entropy, and Maxwell's Demon», in: Zurek (Hg.) 1990, S. 73–89.
32 Ebd., S. 85.
33 Die Resultate des Kongresses von 1990 lagen zur Zeit der Entstehung des vorliegenden Buches nicht gedruckt vor. Der Inhalt der Diskussionen wird jedoch gestreift bei Zurek, wie Anm. 31, bei Carlton Caves, «Entropy and Information: How Much Information is Needed to Assign a Probability?», in: Zurek (Hg.) 1990, S. 91–113, besonders 112f, und bei Caves 1990. Caves bedankt sich hier (S. 2114, Sp. 2) bei Bill Unruh für eine gute Frage (an Caves). Im übrigen findet sich auch hier (S. 2112) die Formulierung «the Watergate question». Der Artikel wurde im Dezember 1989 zum Druck angenommen, also vor Zureks Vortrag vom April 1990. Caves verweist bezüglich der wesentlichen Ergebnisse der Diskussion ausdrücklich auf Zurek. Ich bin mir jedoch nicht sicher, ob mir auf dem Kongreß 1990 Zureks mündlicher Verweis auf Caves entgangen ist.
34 Caves, in: Zurek (Hg.) 1990, S. 113.
35 Zurek 1989, S. 124.
36 Küppers 1986, S. 160f.

Kapitel 4
Die Tiefe der Komplexität

1 Pagels 1989, S. 66.
2 Feynman 1991a, S. 655.
3 Wolfram 1985.
4 Wolfram 1984b, S. 176, wo es in abschwächender Übersetzung heißt, der Forschung seien «neue Aspekte des Naturgeschehens» zugänglich geworden.
5 Wolfram 1984a, S. 419.
6 Grassberger 1986a. Der Band *Physica* 140A, in dem der Vortrag abgedruckt ist (S. 319–325), enthält «Invited Lectures from the 16th International Conference on Thermodynamics and Statistical Mechanics, Boston University, August 11–15, 1986».
7 Grassberger 1986b, S. 908.

8 Huberman/Hogg 1986.
9 Simon 1962. Grassberger verweist auf Simon in Anm. 8 seines Manuskripts «Problems in Quantifying Selfgenerated Complexity».
10 Grassberger 1986a, S. 325, und Grassberger 1986b, S. 939.
11 Bennett 1988b, S. 230. Ein fast gleichlautender Passus findet sich in: Charles Bennett, «Dissipation, Information, and the Definition of Organization», in: David Pines (Hg.), *Emerging Synthesis in Science*, Reading (Addison-Wesley) 1987, S. 297–313, vgl. Pagels 1989, S. 66. Der Begriff der logischen Tiefe wird mit Verweis auf Bennett als Urheber erstmals erwähnt bei Gregory Chaitin, «Algorithmic Information Theory», *IBM J. Res. Develop.* 21 (1977), S. 350–359, auch in Chaitin 1987, S. 38–52, dort S. 48.
12 Bennett 1986, S. 585.
13 Charles Bennett, «How to Define Complexity in Physics, and Why», in: Zurek (Hg.) 1990, S. 137–148.
14 Lloyd 1990; vgl. auch Grassberger, wie Anm. 9.
15 Hans Kuhn 1988, S. 39.
16 Küppers 1986, S. 127f.
17 Lloyd/Pagels 1988, S. 187.
18 Interview mit Seth Lloyd am 9. 3. 1991 in Pasadena.
19 Landauer 1988b, S. 307.
20 Zurek 1989, S. 124.
21 Landauer 1988b, S. 306.
22 Ebd.
23 Es gibt weitere, mit dem Begriff der Tiefe verwandte Vorschläge für ein Komplexitätsmaß; hingewiesen sei hier besonders auf Crutchfield/Young 1989.

Kapitel 5
Der Baum der Rede

1 Guinness-Buch der Rekorde.
2 Kramer-Friedrich 1986.
3 Roszak 1986b, S. 33.
4 Pedro II., zitiert nach Pierce/Noll 1992, S. 29.
5 Claude E. Shannon, «Die mathematische Theorie der Kommunikation» [1949], in: Shannon/Weaver 1976, S. 41–143, dort S. 41.
6 Warren Weaver, «Ein aktueller Beitrag zur mathematischen Theorie der Kommunikation» [1949], in: Shannon/Weaver 1976, S. 11–39, dort S. 18.
7 Ebd.

8 Ebd.
9 Sayre 1986, S. 125.
10 Donald M. MacKay, «The Nomenclature of Information Theory with Postscript on Structural Information-Content and Optical Resolution» [1950], in: MacKay 1969, S. 156–177, dort S. 171.
11 Garner 1962, S. 15.
12 Dretske 1983.
13 Sayre 1986, S. 131. Der Verweis von S. 131, Sp. 1, Abschnitt 9.1, auf Sayre 1976 führt über die in dem Verweis selbst gegebenen Informationen jedoch nicht hinaus; vgl. Sayre 1976, S. 160, Anm. 6.
14 Weaver, wie Anm. 6, S. 38.
15 Landauer 1988 a. Das Ergebnis wurde erstmals 1987 veröffentlicht (vgl. ebd., Anm. 36).
16 Landauer, zitiert bei Horgan 1990.
17 Ben Schumacher, «How much does information weigh?», Beitrag zum Kongreß «Complexity, Entropy, and the Physics of Information», Santa Fe Institute, 20. April 1990.
18 Die Auffassung, Bedeutung konstituiere sich nicht im Kommunikationsakt, sondern im Subjekt, findet sich bereits bei Edmund Husserl in dessen *Logischen Untersuchungen* (1900/01). Ich danke Ole Fogh Kirkeby für diesen Hinweis. Er schreibt in einem Manuskript über Husserl (Kirkeby 1991, S. 142): «Für Husserl kann Kommunikation daher nicht konstituierend für den Begriff der Bedeutung (des Sinns) sein. Die primäre bedeutungsgebende Aktivität findet im Subjekt, beim Sprechenden, statt, und es gibt kein Kriterium dafür, daß das Gespräch im eigentlichen Sinne eine Übermittlung von Bedeutungen vom Sender zum Empfänger der Sprachzeichen etabliert.» Kirkeby verweist auf Edmund Husserl, *Logische Untersuchungen*, 2. Band, Teil II, Tübingen (Max Niemeyer) 1980, Kapitel 1. Dieser Gedanke Husserls wurde von Husserl-Schülern wie Merleau-Ponty kritisiert. Der hier neu eingeführte Begriff der «Exformation» ist also mit Husserls Gedankengang nahe verwandt.

Die Vorstellung von «Exformation» hat eine Art Vorläufer in dem Begriff «Nichtwissen», den ich in einer 1987 unter dem Titel «Naturvidenskav og ikke-viden» veröffentlichten Universitätsschrift von 1982 verwendet habe (Nørretranders 1987 a). Auch Jesper Hoffmeyer hat diesen Begriff benutzt, unter anderem in Hoffmeyer 1984 und der Zeitschrift *OMverden*, Verlag Munksgaard. Die Bezeichnung «Nichtwissen» selbst ist alt und erscheint zum Beispiel bei Jens Himmelstrup, «Terminologisk Ordbog», in: Søren Kierkegaard, *Samlede Værker*, Kopenhagen (Gyldendal) 1964,

Bd. 20, S. 102; Georges Bataille hielt 1952 drei «Vorlesungen über Nichtwissen». Der Begriff der Exformation ist jedoch mit Husserls Gedankengang viel enger verwandt als mit dem Begriff Nichtwissen. Er ist im Bezugsrahmen der Informationstheorie Shannons definiert und erinnert an den Begriff der Tiefe in der Komplexitätstheorie, während «Nichtwissen» theoretisch nicht klar bestimmt ist. Außerdem betonen die beiden Begriffe unterschiedliche Sachverhalte: Exformation die Etablierung von Komplexität durch Aussondern von Information, Nichtwissen dagegen den reduktiven Erkenntnisverlust bei abstrakter Erkenntnis. Die Verwandtschaft der Begriffe Exformation und Nichtwissen ist also eher geeignet, falsche Assoziationen hervorzurufen.
19 Bastian 1987, S. 37.
20 Davies 1991, S. 40.
21 Lassen/Ingvar/Skinhøj 1977.
22 Roland/Friberg 1985; Friberg/Roland 1988.
23 Roland u. a. 1987.
24 Lars Friberg, «Auditory and language processing», in: Ingvar u. a. (Hg.) 1990, S. 44.
25 Louis Sokoloff, «Local Cerebral Energy Metabolism Associated With Local Functional Activity: Where and Why?», in: Ingvar u. a. (Hg.) 1990, S. 10.
26 Das Wort «Erecacoexecohonerenit» stammt aus einem Brief des schwedischen Chemikers Jöns Jacob Berzelius an seinen deutschen Kollegen Friedrich Wöhler von 1826, in dem Berzelius sich über die Sitte beklagt, neu entdeckte Minerale nach Personen zu benennen. Man könne ja, schreibt Berzelius, ein Mineral nach seinem Freund Miguel Erecacoexecohonerena benennen; vgl. Rancke-Madsen 1987, S. 99. Woher der Familienname dieses Miguel stammt, wird leider nicht erwähnt.

Kapitel 6
Die Bandbreite des Bewußtseins

1 Zimmermann 1993, S. 182.
2 Zimmermann 1985, S. 138.
3 Trincker 1966, S. 11.
4 Eine Äußerung des Psychologen Edward G. Boring, leicht abgewandelt: «To be aware of a conscious datum is to be sure that it has passed.» Boring 1963, S. 228.
5 Die drei kleinen Übungen sind hier spontan zusammengestellt worden, aber sicher nicht neu. Übung 3 geht auf Gespräche mit

Tontechnikern bei Fernsehaufnahmen zurück (die wiederum inspiriert sind von Bastian 1987, S. 143–153). Es gibt in der spirituellen und psychologischen Literatur Berichte über unzählige solcher Übungen, doch kenne ich sie nicht gut genug, um hier darauf verweisen zu können.

6 Garner/Hake 1951.
7 William Hamilton, zitiert nach Miller 1956a, S. 43.
8 Miller 1956b, S. 81.
9 Ebd., S. 86.
10 Miller 1956a, S. 46.
11 Die Tabelle beruht vor allem auf Angaben von Attneave 1959, S. 67–75, und Crossman 1969, S. 233.
12 Steinbuch 1965, S. 263.
13 Hick 1952.
14 Richard Gregory, «Bit», in: Gregory (Hg.) 1987, S. 93 f, dort S. 94.
15 Quastler 1956, S. 367 f und 371.
16 Pierce 1965, S. 259.
17 Ebd., S. 265 und 267.
18 Ebd., S. 280 f.
19 Küpfmüller 1971, S. 203. Die gleichen Zahlen veröffentlichte Küpfmüller schon 1959.
20 Küpfmüller 1962, S. 1500.
21 Frank 1962, S. 69.
22 Ebd., S. 71.
23 Ebd., S. 82.
24 Eysenck 1986, S. 8 f.
25 Lehrl/Fischer 1985, S. 154.
26 Crossman 1969, S. 236.
27 Spelke/Hirst/Neisser 1976, S. 226.
28 Ebd., S. 229.
29 Jung 1978, S. 18.
30 Zimmermann 1993, S. 182.
31 Nach Küpfmüller 1971, S. 220.
32 Nyborg 1983, S. 195.
33 Gregory Bateson, «Probleme in der Kommunikation von Delphinen und anderen Säugetieren», in: Bateson 1983, S. 468–485, dort S. 475 f. Die begrenzte Bandbreite des Bewußtseins beschreibt Bateson in dem Aufsatz «Stil, Grazie und Information in der primitiven Kunst» von 1967, in: Bateson 1983, S. 182–212, besonders S. 195 f und 200 f.
34 Ølgaard 1986, S. 78.
35 Hall 1981, S. 61 f. Vgl. auch Hall 1982.
36 K. S. Lashley, zitiert nach Warren Weaver, «Ein aktueller Beitrag

zur mathematischen Theorie der Kommunikation», in: Shannon/Weaver 1976, S. 11–39, dort S. 13, Anm. 2.
37 Eco 1986, S. 607 und 624.
38 Steinbuch 1965, S. 264.
39 Es soll auch sehr schwierig sein, in der Gebärdensprache der Gehörlosen zu lügen (ein Hinweis, den ich Kijo Sofeza verdanke).
40 Stephen Toulmin, «The Charm of the Scout», in: Toulmin 1982, S. 201–213, hier S. 212. Batesons *Mind and Nature* liegt in deutscher Übersetzung unter dem Tiel *Ökologie des Geistes* vor.

Kapitel 7
Die «Atombombe der Psychologie»

1 Høffding 1893, S. 100.
2 Norman Dixon, «Subliminal perception», in: Gregory (Hg.) 1987, S. 752–755, dort S. 752.
3 Dixon 1971, S. 5.
4 J. V. McConnell/R. L. Cutler/E. B. McNeil, «Subliminal Stimulation: An Overview», *Amer. Psychol.* 13 (1958), S. 229–242, dort S. 238 (zitiert nach Dixon 1971, S. 224).
5 Dixon 1981, S. 183. Es handelt sich um eine stark revidierte Ausgabe von Dixon 1971.
6 Packard 1978, S. 202.
7 Hermann von Helmholtz, zitiert nach Gregory 1984, S. 363.
8 Der Witz stammt aus: Johnson-Laird 1988, S. 18.
9 Daniel C. Dennett, «Consciousness», in: Gregory (Hg.) 1987, S. 160–164, dort S. 162.
10 Jung 1984, S. 11.
11 Weiss 1990, S. 112.
12 Ebd., S. 123 und 129.
13 Vgl. z. B. Dixon 1971, S. 103–152; Dixon 1981, S. 91–112, und Kihlstrom 1987, S. 1448.
14 Peirce/Jastrow 1884.
15 Christiansen 1988, S. 49.
16 Weiskrantz 1986, S. 24.
17 Kihlstrom 1987, S. 1448.
18 Ebd., S. 1447.
19 Tulving/Schacter 1990, S. 302.
20 Kihlstrom 1987, S. 1450.
21 Holender 1986.
22 Jaynes 1993, S. 35 f.
23 Ebd., S. 37.

24 Latto/Campion 1986.
25 Hadamard 1949, S. 75.
26 Albert Einstein, zitiert nach Hadamard 1949, S. 142.
27 Jaynes 1993, S. 56.
28 Henri Poincaré, zitiert nach Hadamard 1949, S. 40.
29 James 1891, S. 284.
30 Ebd., S. 288f. Die Metapher vom Bildhauer taucht in modernen Darstellungen irreversibler Informationsverarbeitung in Berechnung und Bewußtsein wieder auf, vgl. zum Beispiel Brunak/Lautrup 1993, S. 63; die Autoren bestehen jedoch darauf, das Bild nicht von James übernommen zu haben.
31 Kornhuber 1988, S. 246.

Kapitel 8
Die Sicht von innen

1 Francis Crick, «Preface», in: Barlow/Blakemore/Weston-Smith 1990, S. IX–X, dort S. IX.
2 Marr 1982, S. 16.
3 Poggio 1990, S. 139.
4 Jaynes 1993, S. 37.
5 Gregory (Hg.) 1987, S. 508.
6 Kanisza 1976.
7 Gillam 1986.
8 Ramachandran 1988. David Brewsters Beobachtung ist beschrieben bei Gregory 1966, S. 187.
9 Zeke Berman, «Vases or faces?», Postkarte, The Exploratorium, San Francisco's Museum of Science and Human Perception, 1978.
10 Cole 1978, S. 48.
11 Gregory 1966, S. 12.
12 Ebd., S. 10.
13 Wittgenstein 1984, S. 518ff; Hanson 1965, S. 8–24; Kuhn 1976, S. 123ff; ein Überblick bei Gregory 1984, S. 383–414.
14 Rock/Palmer 1991.
15 Deregowski 1989, S. 57.
16 Colin Turnbull, zitiert nach Ornstein/Ehrlich 1991, S. 87.
17 Pablo Picasso und ein Mitreisender, zitiert nach Pagels 1989, S. 163.
18 Brou/Sciascia/Linden/Lettvin 1986; vgl. auch Gregory 1966, S. 117–129; John Mollow, «The tricks of colour», in: Barlow/Blakemore/Weston-Smith (Hg.) 1990; Edwin Land, «The Retinex Theory of Color Vision», in: Rock (Hg.) 1990, S. 39–62.

19 Interview mit Richard Gregory, Oktober 1989 in Bristol.
20 Lettvin/Maturana/McCulloch/Pitts 1959.
21 Ebd., S. 1951, Sp. 2: «The caracter of these contexts, genetically built in, is the physiological synthetic *a priori*.»
22 Ebd., S. 1951, Sp. 1.
23 H. B. Barlow «Single units and sensation: A neuron doctrine for perceptual psychology?», *Perception* 1 (1972) S. 371-394, dort S. 373 (zitiert nach Marr 1982, S. 12).
24 Ebd., S. 13.
25 Marr 1982, S. 11-19, stellt die Entwicklung im Überblick dar.
26 Horace Barlow, «What does – the brain see? How does it understand?», in: Barlow/Blakemore/Weston-Smith (Hg.) 1990, S. 5 bis 25, dort S. 20.
27 Nagel 1990, S. 18, 20, 21.
28 Ebd., S. 11.
29 Zinkernagel 1957; Nørretranders 1985.
30 C. Crone u. a. (Hg.) 1990, S. 99 f. Der Autor des Abschnitts, Arne Mosfeldt Laursen, räumt jedoch in Jahnsen/Laursen 1990, S. 27, ein, daß der Thalamus möglicherweise als ein Filter wirke, der verhindere, daß «die Hirnrinde mit überflüssiger Information überschwemmt wird».
31 Crick/Asanuma, «Certain Aspects of the Anatomy and Physiology of the Cerebral Cortex», in: McClelland/Rumelhart (Hg.) 1986, 2, S. 333-371, dort S. 346-349.
32 Lurija 1992, S. 40.
33 Crick 1984.
34 Francisco Varela, «Laying Down a Path in Walking», in: Thompson (Hg.) 1987, S. 48-64, dort S. 59 f.
35 Maturana 1983.
36 Maturana/Varela 1987, S. 185.
37 Interview mit Humberto Maturana, 14. April 1991, Espergærde. Ich danke dem DISPUK-Center, das dieses Interview ermöglicht hat.
38 Maturana/Varela 1987, S. 149 f.
39 Niels Bohr, zitiert nach Petersen 1963, S. 12.
40 Nørretranders 1985.
41 Es ist auch als «Cocktailparty-Effekt» bezeichnet worden (man kann aus der Geräuschkulisse eines Empfangs einzelne Gespräche herauslösen, wenn sie für einen wichtig sind), das mit dem «Figur-Hintergrund-Problem» gleichgesetzt wird; vgl. W. Schneider (1986), zitiert in: Malsburg/Schneider 1986.
42 Gray/König/Engel/Singer 1989.
43 Baringa 1990.

44 Crick/Koch 1990a.
45 Malsburg/Schneider 1986.
46 Information von Christof Koch, Interview im California Institute of Technology am 28. März 1991.
47 Crick/Koch 1990a, S. 274.
48 Crick/Koch 1990b, Manuskript S. 10.
49 Ebd., S. 16.
50 Crick/Koch 1990a, S. 263.
51 Mountcastle 1975. Der erste Teil des Zitats stammt aus der Einleitung des Vortrags (S. 109), der zweite aus der Schlußbemerkung (S. 131). Der letzte Satz lautet vollständig: «From that complex integral each constructs at a higher level of perceptual experience, on my view in brain regions like those of the parietal lobe, his own, very personal, *view from within*.»

Kapitel 9
Eine halbe Sekunde Verspätung

1 Kornhuber/Deecke 1965.
2 Deecke/Grözinger/Kornhuber 1976.
3 Interview mit Benjamin Libet am 26./27. März 1991 in San Francisco. Wenn nicht anders angegeben, stammen die folgenden Libet-Zitate aus diesem Interview. Ich danke unter anderem Jesper Hoffmeyer und Niels A. Lassen für den Hinweis auf die Bedeutung von Benjamin Libets Untersuchungen.
4 Libet 1985b, S. 529.
5 Ebd.
6 Pedersen 1990, S. 21.
7 Libet/Gleason/Wright/Pearl 1983, S. 625, 627.
8 Ebd., S. 640.
9 Libet 1985b, S. 536.
10 John Eccles, «Mental summation: The timing of voluntary intentions by cortical activity», in: Libet 1985b, S. 542f, dort S. 543.
11 Die Einwände werden zum Teil bei den entsprechenden Erwiderungen Libets, 1985b, referiert. Das Argument Nr. 2 wurde unter anderem von Gary Rollman vorgebracht (Libet 1985b, S. 551f), Argument Nr. 5 von Geoffrey Underwood, Pekka Niemi (ebd., S. 554f) und Charles C. Wood (ebd., S. 557f), Argument Nr. 6 stammt von Eccles (ebd., S. 542f).
12 Deecke 1987, S. 782. Der Anfang des zitierten Abschnitts lautet im Original: «A ‹preconscious› appearance, if there is any, of the SMA BP, does not particularly disturb the neurologist...»

13 Persönliche Mitteilung Lüder Deeckes am 15. August 1990 in Kopenhagen.
14 R. Näätänen, «Brain physiology and the unconscious initiation of movement», in: Libet 1985 b, S. 549.
15 Der Verweis auf Jensens Arbeit bei Libet 1981, S. 185 f.
16 Keller/Heckhausen 1990, S. 360.
17 Der Patient wurde aufgefordert zu beschreiben, «what the sensation felt like to him», vgl. Libet u. a. 1964, S. 549.
18 Libet 1965, S. 78.
19 Vgl. zum Beispiel Kolb/Whishaw 1993, S. 321 und 333–336.
20 Bridgeman 1988, S. 429. Aus dem Literaturverzeichnis S. 513 geht hervor, daß Bridgeman hier Libets Arbeit von 1979 nicht benutzt.
21 Libet/Wright/Feinstein/Pearl 1979.
22 Libet/Alberts/Wright/Feinstein 1967, S. 1600.
23 Libet/Wright/Feinstein/Pearl 1979, S. 194f.
24 Libet/Alberts/Wright/Feinstein 1972.
25 Vgl. zum Beispiel Zimmermann 1985, S. 94–97.
26 Tatsächlich betrug die notwendige Stimulationszeit im Bereich des Lemniscus medialis und der spezifischen Thalamuskerne nur 200 Millisekunden, doch setzen wir sie hier auf 500 ms, um unnötige Verwirrung zu vermeiden, vgl. Libet/Wright/Feinstein/Pearl 1979, S. 202. In der Praxis ist die minimale Stimulationszeit abhängig von der Stärke des Stimulus im Verhältnis zur Reizschwelle. Bei sehr starken Reizen können 100 ms genügen.
27 Popper/Eccles 1982, S. 438.
28 Churchland 1986, S. 486, Anm. 8.2; vgl. auch Churchland 1981a; Libet 1981; Churchland 1981b.
29 Honderich 1984; Libet 1985a.
30 Glynn 1990; Libet 1991.
31 Cotterill 1989, S. 267–271.
32 Penrose 1991, S. 433. Penrose deutet Libets Ergebnisse teilweise falsch. Er erhält eine zu große Verspätung, da er die Kornhuber-Deeckesche Verzögerung der von Libets gemessenen hinzurechnet, so daß mehrere Sekunden zwischen Bewußtsein und «Wirklichkeit» vergehen; vgl. auch Libet 1990. Allerdings ist dies für Penroses Auffassung nicht entscheidend.
33 Dennett/Kinsbourne 1992. Ich danke Daniel Dennett, der mir Teile des Manuskripts zur Verfügung gestellt hat.
34 Dennett 1994, Kapitel 5 und 6.
35 Libet 1992.
36 Libet/Pearl/Morledge/Gleason/Morledge/Barbaro 1991.
37 Seynowski/Koch/Churchland 1988.
38 Libet 1985b, S. 538.

39 Ebd., S. 539.
40 Kaufmann 1965, S. 225.
41 Ebd.
42 Matthäus 5, 21–22; 5, 27–28 und 7, 12.
43 Kaufmann 1965, S. 251.
44 Benjamin Libet akzeptiert diesen Gedanken: «Ich halte Ihre Auffassung für richtig, daß eine Regung, deren Ausführung durch ein Veto verhindert wird, durch andere Signale auf jemanden einwirken könnte» (Schreiben an den Verfasser, 18. September 1991).
45 Benjamin Libet, Schreiben an den Verfasser, 1. Juli 1991.
46 Høffding 1893, S. 468 f.

Kapitel 10
Maxwells Selbst

1 Interview mit Michael Laudrup am 21. Oktober 1989 in *Vedbæk*. Angaben über Zuschauerzahlen etc. nach Frits Ahlstrøm, *Landsholdet EM 84*, København (Komma) 1984, S. 76.
2 Michael Laudrup in der Fernsehsendung «Den intuitive elektronhjerne», *Hvælv*, Danmarks Radio-TV, 24. Oktober 1989.
3 Taylor / McCloskey 1990, S. 445.
4 Ebd.
5 Gamow 1966, S. 56.
6 Diese Deutung ergibt sich zum Beispiel aus Cotterill 1989, S. 268 f.
7 Die Unterscheidung Ich / Selbst [dänisch *Jeg / Mig*] ist also in der Form, wie sie hier verwendet wird, philosophisch naiv. Vor allem von der phänomenologisch-existentialistischen Philosophie ist sie [als Unterscheidung zwischen Ich *(Je)* und ICH *(Moi)*] in einer Form entwickelt worden, mit der die hier verwendete nicht übereinstimmt; vgl. den Abschnitt «Das Ich *[Je]* und das ICH *[Moi]*» bei Jean-Paul Sartre 1982, S. 39–58 (das französische Original erschien in *Recherches philosophiques* 6, 1936/37). In der hier angewendeten Form geht es um nichts weiter als das bewußt erlebte Ich im Gegensatz zu der übrigen Person. Eine genauere Reflexion der Unterscheidung in bezug auf den Begriff des «transzendentalen Ich» bei Kant und Husserl wird hier nicht vorgenommen, dürfte aber ein fruchtbares Unterfangen sein; entsprechendes gilt für Jacques Lacans Begriff Ich / Selbst.
8 Nagel 1987, S. 5, Sp. 2.
9 Ebd.
10 Hodges 1989, S. 563.

11 Ebd., S. 563.
12 Wilhelm Furtwängler, zitiert nach Bastian 1987, S. 129.
13 Glenn Gould 1987.
14 Peter Bastian, zitiert nach Nørretranders 1987c, S. 15.
15 Bastian 1987, S. 160.
16 Lilly 1971.
17 Lilly 1976, S. 177.
18 Maslow 1977, S. 126–133.
19 Green/Gallwey 1993, S. 117.
20 Ebd.
21 Johnstone 1984, S. 118, 100.
22 Dixon 1978.
23 Furnham 1991, S. 33.
24 *Der Begriff Angst*, in: Kierkegaard 1950–74, 11. und 12. Abteilung, S. 40.
25 *Die Krankheit zum Tode*, in: Kierkegaard 1950–74, 24. und 25. Abteilung, S. 8.

Kapitel 11
Die Benutzerillusion

1 Gazzaniga 1989, S. 99.
2 «Dichotomanie» bezeichnet die übertriebene Neigung, die Funktionen der beiden Hirnhemisphären zu trennen; vgl. Springer/Deutsch 1993, S. 209f.
3 Gazzaniga 1989, S. 89.
4 Ebd.
5 J. E. LeDoux, «Brain, mind and language», in: Oakley (Hg.) 1985, S. 197–216, dort S. 206.
6 Ebd., S. 207.
7 Gazzaniga 1989, S. 90.
8 LeDoux, wie Anm. 5, S. 209.
9 Ebd., S. 210.
10 David A. Oakley/Lesley C. Eames, «The plurality of consciousness», in: Oakley (Hg.) 1985, S. 215–251, dort S. 247.
11 Ebd., S. 248.
12 Crawford/Macdonald/Hilgard 1979, S. 198f.
13 Siehe auch Oakley/Eames, wie Anm. 10, S. 238.
14 Kihlstrom 1987, S. 1450.
15 Kulli/Koch 1991, S. 6.
16 Zitiert ebd.
17 Benjamin Libet, Interview am 26./27. März 1991 in San Franciso.

18 Kay 1984, S. 36.
19 Ein direkter Einwand gegen diese Metapher wäre, daß damit wieder einmal die mentalen Funktionen des Menschen mit neuesten technischen Entwicklungen verglichen werden. Zuerst war das Gehirn Teil einer Dampfmaschine, dann wurde es eine Telefonzentrale, und jetzt ist es der Computer, der vor mir steht. Durch neue Technologien aber, und darum geht es hier, werden immer die Aspekte von Mensch und Welt zum Ausdruck gebracht und vergegenständlicht, die gerade vom Menschen verstanden worden sind.
20 Richard Dawkins, *Das egoistische Gen*, Berlin–Heidelberg–New York (Springer) 1978, zitiert nach dem Auszug in Hofstadter/Dennett (Hg.) 1986, S. 123–143, dort S. 140.
21 Huxley 1954, S. 13–15.
22 Ebd., S. 18f.
23 Christiansen 1988, S. 35.
24 Carlos Castaneda, zitiert nach Christiansen 1988, S. 36.
25 Shepard 1990, S. 37f.
26 Hobson 1990; Winson 1991. Für die Information über die Sauerstoffaufnahme danke ich Peter Lund Madsen, Klinisk Fysiologisk Afdeling, Bispebjerg Hospital.
27 Gregory 1966, S. 194f. Zum Hintergrund des Falls vgl. auch Restak 1979, S. 96–103.
28 Zitiert nach Gregory 1966, S. 200.
29 Das Wortspiel stammt von Jesper Hoffmeyer 1980, S. 125, wird von ihm allerdings in umgekehrter Reihenfolge und zur Beschreibung der Wissenschaftsgeschichte verwendet.
30 Gregory 1988, S. 4.
31 Ebd., S. 5.
32 Ingvar Johansson, «Angelsaksisk videnskabsteori», in: Johansson/Kalleberg/Liedman 1974, S. 11–78, dort S. 73; Polanyi 1958.
33 Margaret Masterman 1974, S. 61.
34 Kuhn 1976, S. 198.
35 Schacter/Graf 1986.
36 Kihlstrom 1987, S. 1449.
37 Warrington/Weiskrantz 1968; Warrington/Weiskrantz 1970. Die Rückführung des Interesses für *priming* auf diese Studien bei Tulving/Schacter 1990, S. 301.
38 Tranel/Damasio 1985, S. 1453.
39 Damasio/Damasio/van Hoesen 1982.
40 Jonathan Miller, «Moving pictures», in: Barlow/Blakemore/Weston-Smith 1990, S. 180–194, dort S. 190.
41 Ebd., S. 191.

42 Ebd.
43 Einstein 1936, S. 313.
44 Ebd., S. 313f.
45 Niels Bohr, zitiert nach Petersen 1968, S. 188.
46 Niels Bohr, «Wirkungsquantum und Naturbeschreibung», in: Bohr 1931, S. 60–66, dort S. 63.
47 Nørretranders 1986, S. 397.
48 Lao-Tse 1961, S. 87.

Kapitel 12
Der Ursprung des Bewußtseins

1 James 1891, S. 226.
2 Jaynes 1993, S. 64.
3 Ebd., S. 248.
4 Ebd., S. 110.
5 Ebd., S. 249.
6 Zitiert ebd., S. 277.
7 Berman 1990, S. 329.
8 Jaynes 1993, S. 251.
9 Ebd., S. 390.
10 Ebd., S. 391f.
11 Nach Kirk/Raven/Schofield 1983, S. 233, Anm. 1.
12 Heraklit, Fragment 93, zitiert nach Capelle 1968, S. 138.
13 Jaynes 1993, S. 387.
14 *I* und *Me* werden in der deutschen Ausgabe des Buches beide mit «Ich» übersetzt, unterschieden durch die Zusätze «(qua Analogon)» und «(qua Metapher)»; vgl. Jaynes 1993, S. 83f. *Anm. d. Übers.*
15 Huxley 1987, S. 13.
16 Berman 1990, S. 47.
17 Ebd., S. 179.
18 Thielst 1990, S. 139f.
19 Donald Winnicot, zitiert nach Berman 1990, S. 28.
20 Berman 1990, S. 25.
21 Ebd.
22 Horkheimer/Adorno 1988, S. 22.
23 Leder 1990, S. 1.
24 Ebd., S. 2.
25 Ebd., S. 173.
26 Olav Storm Jensen, «Körperpsychologie und Orgasmus», in: Nørretranders (Hg.) 1983, S. 113–128.

27 Lin Yutang 1960, S. 64.
28 Dossey 1987, S. 115.
29 Richard P. Feynman, «Von Sinn und Nutzen der Wissenschaft» [1955], in: Feynman 1991 b, S. 232–242, dort S. 237.
30 Leibniz, *Monadologie* (71), zitiert nach Leder 1990, S. 30.
31 Høffding 1893, S. 103.
32 Jaynes 1993, S. 530.

Kapitel 13
Im Innern von nichts

1 Fred Hoyle, zitiert nach Morrison 1987, S. 135.
2 Lovelock 1991, S. 122. Lovelocks Argument, der blaue Himmel sei ein Ergebnis des Lebens auf der Erde, wurde erstmals beschrieben bei Nørretranders 1993 [1987], S. 77 ff.
3 Margulis/Sagan 1986; vgl. auch Fisher 1989 und Mann 1991.
4 Chyba 1990.
5 Chyba/Thomas/Brookshaw/Sagan 1990.
6 Eine frühe Formulierung in: Matsui/Abe 1986.
7 Penrose 1991, S. 310–314; vgl. auch Ebeling/Volkenstein 1990.
8 Lovelock 1991, S. 30.
9 James Peebles, Interview am 29. Juni 1979 in Kopenhagen: «On the overall it's nothing. Locally it's very active.»
10 Peacock 1991.
11 Silk 1990, S. 124 f.
12 Bekenstein 1973.
13 Wheeler 1991, S. 226.
14 P. C. W. Davies, «Why is the Physical World so Comprehensible?», in: Zurek (Hg.) 1990, S. 61–70, dort S. 67; John Wheeler, «Information, Physics, Quantum: The Search for Links», in: Zurek (Hg.) 1990, S. 3–28.
15 Tyron 1984.
16 Jan Ambjørn, Interview am 28. Februar 1991 in Kopenhagen.
17 Hegel 1986, S. 113.
18 Kierkegaard 1950–74, Abteilung 16.1, S. 107 f.
19 Peder Voetmann Christiansen, «Retur til Virkeligheden», *Gamma* 52 (1983), S. 12–30, abgedruckt in: Christiansen 1990, S. 53–78.
20 Ich danke Anette Krumhardt und Villy Sørensen für Hinweise bezüglich der Korrektheit des Ausdrucks «in nihilo».
21 Die Zeichnung und einige der markantesten Formulierungen Wheelers sind abgedruckt in: «John Archibald Wheeler: A Few

Highlights of His Contributions to Physics, compiled and edited by Kip S. Thorne and Wojciech Zurek», in: Zurek/Merwe/Miller 1988, S. 2–13, dort S. 2.
22 Wolf 1989, S. 207.

Kapitel 14
Am Rand des Chaos

1 Anderson 1972. Es handelt sich um die erweiterte Version eines «Regents' Lecture» an der University of California, La Jolla 1967.
2 Capra 1983 ist ein bezeichnendes Beispiel.
3 Anderson 1972, S. 393, Sp. 2.
4 Manche Leser mögen meine Auffassungen über lange Strecken des Buches mit holistischen Ideen identifiziert haben und werden daher überrascht sein, daß der Holismus hier als reaktionär bezeichnet wird. Ich habe jedoch über viele Jahre auch am Holismus Kritik geübt, obwohl ich mich häufiger gegen den Reduktionismus gewandt habe; vgl. die Holismus-Kritik in Nørretranders 1985, Kapitel 18, in Nørretranders 1987a und in dem Artikel «Helhedstænkningen er en jernkakkelovn», *Fredag* 16:3 (1988), S. 15–20. Ich bin durchaus nicht der Auffassung, der Reduktionismus sei besser als der Holismus, vielmehr meine ich, daß es sich um einen falschen Gegensatz handelt. Es sei auch darauf hingewiesen, daß die Gaia-Theorie nicht holistisch ist, obwohl sie von vielen so verstanden wird; vgl. Lovelock 1991, S. 35. In Ganzheiten zu denken ist nicht zwangsläufig reaktionär, es ist aber auch nicht mit Holismus gleichzusetzen.
5 Chris Langton, Interview am 23. April 1990 in Los Alamos, New Mexico.
6 Langton 1989, S. XXIII.
7 Farmer/Belin, Vorabdruck.
8 Moravec 1990, S. 177 und 178.
9 Farmer/Belin, Vorabdruck, S. 16.
10 Rasmussen/Knudsen/Feldberg/Hindsholm 1990.
11 Küppers 1986, S. 185.
12 Ebd., S. 227.
13 Hofstadter 1985, S. 754 und 755. Die Verwandtschaft mit Gödels Grundgedanken, daß Probleme, die in einfachen Systemen entstehen, in komplizierteren Systemen gelöst werden können, ist augenfällig; vgl. Wang 1987, S. 170.
14 Hofstadter 1985, S. 761. Daß rechnerische Irreduzibilität den freien Willen beschreiben könne, ist in letzter Zeit vor dem Hin-

tergrund der Chaostheorien von Doyne Farmer formuliert worden; vgl. Gleick 1988. Er taucht auch bei Brunak/Lautrup 1993, S. 137–141, auf.
15 Prigogine/Stengers 1986, S. 268.
16 Coveney 1988.
17 Landauer 1981.
18 Landauer 1989, S. 18.
19 Landauer 1991, S. 28.
20 Russell 1991, S. 27. Was Thales eigentlich mit dem Satz meinte, ist recht unklar; vgl. Kirk/Raven/Schofield 1983, S. 88–95.
21 Langton 1990, S. 30.
22 Ebd.
23 James P. Crutchfield/Karl Young, «Computation at the Onset of Chaos», in: Zurek (Hg.) 1990, S. 223–269.
24 Peter Richter in der Fernsehsendung *Hvælv:* «Det kosmiske kaos», Danmarks Radio-TV, 16. Mai 1988.

Kapitel 15
Die ungerade Linie

1 Sagan 1975, S. 113.
2 Sagan 1982, S. 122.
3 Mandelbrot 1987, S. 13.
4 Friedensreich Hundertwasser, zitiert nach Peitgen/Richter 1986, S. V.
5 Mandelbrot 1967.
6 Tyldendals Tibinds Leksikon, Kopenhagen 1983, Bd. 2, S. 308.
7 Kirk/Raven/Schofield 1983, S. 279. Eine Einführung in Zenons Paradoxa gibt Nørretranders 1985, S. 207–214.
8 Landauer 1991, S. 28 f. Das Argument, der Informationsgehalt des Universums sei unendlich, wurde auf dem Kongreß «Komplexität, Entropie und die Physik der Information», 16.–21. April 1990, Santa Fe Institute, vorgebracht.
9 John Wheeler, «Information, Physics, Quantum: The Search for Links», in: Zurek (Hg.) 1990, S. 3–28, hier S. 9 f.
10 Frank 1962, S. 69.
11 Lavenda 1985.
12 Marx 1975, S. 828.
13 Bukdahl 1975, S. 8.
14 Carroll 1986, Band 2, S. 121. Das Vorwort zu diesem zweiten Teil des Romans *(Sylvie and Bruno Concluded)* ist datiert auf Weihnachten 1893.

Kapitel 16
Das Sublime

1 Niels Bohr, «Åbent brev til de Forenede Nationer» [1950], in: Bohr 1985, S. 231–246, dort S. 236.
2 Boserup/Christensen/Nathan (Hg.) 1986.
3 Barfoed/Bredsdorff/Christensen/Nathan (Hg.) 1989. *Hvælv*: Rundbohr, Danmarks Radio-TV, 29. Mai 1989.
4 Boserup/Nathan/Nørretranders 1984. Anders Boserup, zitiert bei Nørretranders 1985, S. 358–373.
5 Berman 1990, S. 98.
6 *Bajkal Cultural Express*, Ulan Ude, Burjat, Juli 1990. Ich danke Jelena Judenowa für das Zitat.
7 Buber 1962, S. 131.
8 Ornstein/Ehrlich 1991, S. 7.
9 Ebd., S. 10.
10 Ebd., S. 12.
11 Ebd., S. 217.
12 In der geläufigeren Version lautet die dänische Redensart «Es ist nur ein Schritt vom Erhabenen zum Lächerlichen», doch gibt es auch die Variante «Es ist bekanntlich nur ein Hahnenschritt vom Sublimen zum Lächerlichen»; vgl. *Ordbog over det danske Sprog*, Kopenhagen (Gyldendal) 1977, Band 12, Spalte 444.
13 Ebd., Band 22, Spalte 928.
14 Roszak 1986a.
15 Kierkegaard 1950–74, 31. Abt., S. 112.

Literatur

Das Verzeichnis enthält nur Titel, die im Text oder den Anmerkungen zitiert oder erwähnt werden. Artikel, die in hier aufgeführten Anthologien abgedruckt sind, werden nur in den Anmerkungen separat nachgewiesen.

Anderson, P. W., 1972. «More Is Different», *Science* 177, S. 393–396.
Attneave, Fred, 1959. *Applications of Information Theory to Psychology*, New York (Holt & Co.).
Barfoed, N./Bredsdorff, T./Christensen, L./Nathan, O. (Hg.), 1989. *The Challenge of an Open World*, Kopenhagen (Munksgaard).
Baringa, Marck, 1990, «The Mind Revealed?», *Science* 249, S. 856 bis 858.
Barlow, Horace/Blakemore, Colin/Weston-Smith, Miranda, 1990. *Images and Understanding*, Cambridge (Cambridge University Press).
Bastian, Peter, 1987. *Ind i musikken*, Kopenhagen (Gyldendal).
Bateson, Gregory, 1983. *Ökologie des Geistes*, Frankfurt am Main (Suhrkamp).
Bekenstein, Jacob D., 1973. «Black Holes and Entropy», *Physical Review* D 7, S. 2333–2346.
Bennett, Charles H., 1986. «On the Nature and Origin of Complexity in Discrete, Homogenous, Locally-Interacting Systems», *Foundations of Physics* 16, S. 585–592.
Bennett, Charles H., 1988a. «Maxwells Dämon», *Spektrum der Wissenschaft*, Januar 1988, S. 48–55.
Bennett, Charles H., 1988b. «Logical Depth and Physical Complexity», in: Rolf Herken (Hg.), *The Universal Turing Machine*, Hamburg/Berlin (Kammerer & Unverzagt), S. 227–257.
Berman, Morris, 1990. *Coming to Our Senses*, London (Unwin Paperbacks).

Bohr, Niels, 1931. *Atomtheorie und Naturbeschreibung: Vier Aufsätze mit einer einleitenden Übersicht*, Berlin (Julius Springer).
Bohr, Niels, 1985. «Åbent brev til de Forenede Nationer» [1950], in: Niels Bohr, *Naturbeskrivelse og menneskelig erkendelse*, Kopenhagen (Rhodos), S. 231–246.
Boltzmann, Ludwig, 1898. *Vorlesungen über Gastheorie*, II. Teil, Leipzig (Verlag von Johann Ambrosius Barth).
Boltzmann, Ludwig, 1905. *Populäre Schriften*, Leipzig (Verlag von Johann Ambrosius Barth).
Boring, E. G., 1963. *The Physical Dimensions of Consciousness*, New York (Dover).
Boserup, Anders/Nathan, Ove/Nørretranders, Tor, 1984. «McNamara's plan», in: *Nature* 307, S. 680.
Boserup, A./Christensen, L./Nathan, O. (Hg.), 1986. *The Challenge of Nuclear Armaments*, Kopenhagen (Rhodos).
Bridgeman, Bruce, 1988. *The Biology of Behavior and Mind*, New York (Wiley).
Brillouin, Léon, 1956. *Science and Information Theory*, New York (Academic Press).
Broda, Engelbert, 1957. *Ludwig Boltzmann: Mensch – Physiker – Philosoph* [1955], Berlin (Deutscher Verlag der Wissenschaften).
Broda, Engelbert, 1983. *Ludwig Boltzmann: Man – Physicist – Philosopher*, Ox Bow Press, Woodbridge.
Brou, Philippe/Sciascia, Thomas R./Linden, Lynette/Lettvin, Jerome Y., 1986. «Die Farben der Dinge», *Spektrum der Wissenschaft*, November 1986, S. 70–80.
Brunak, Søren/Lautrup, Benny, 1993. *Neuronale Netze: Die nächste Computerrevolution*, München (Hanser).
Buber, Martin, 1962. *Ich und Du* [1923], in: Martin Buber, *Werke*, Bd. 1, *Schriften zur Philosophie*, München/Heidelberg (Kösel).
Bukdahl, Jørgen K., 1975. «Naturdialektik som bidrag til en ædruelig kritik af den instrumentelle fornuft», *Teori og praksis* 4, S. 7–17.
Campbell, Lewis/Garnett, William, 1884. *The Life of James Clerk Maxwell*, revidierte Ausgabe, London (Macmillan).
Capelle, Wilhelm, 1968. *Die Vorsokratiker*, Stuttgart (Alfred Kröner).
Capra, Fritjof, 1983. *Wendezeit: Bausteine für ein neues Weltbild*, Bern/München/Wien (Scherz).
Carroll, Lewis, 1986. *Sylvie & Bruno*, 2 Bände, München (Goldmann).
Caves, Carlton, 1990. «Quantitative Limits on the Ability of a Maxwell Demon to Extract Work from Heat», *Physical Review Letters* 64, S. 2111–2114.
Chaitin, Gregory J., 1987. *Information, Randomness and Incompleteness*, Singapore (World Scientific).

Chaitin, Gregory J., 1988. «Der Einbruch des Zufalls in die Zahlentheorie», *Spektrum der Wissenschaft*, September 1988, S. 62–67.
Christiansen, Peder Voetmann, 1985. «Informationens elendighed», in: Thomas Søderqvist (Hg.), *Informationssamfundet*, Kopenhagen (Forlaget Philosophia), S. 61–72.
Christiansen, Peder Voetmann, 1988. *Charles S. Peirce: Mursten og Mørtel til en Metafysik*, IMFUFA, Tekst nr. 169. Roskilde Universitetscenter.
Christiansen, Peder Voetmann, 1990. *Tegn og Kvanter*, IMFUFA, Tekst nr. 202, Roskilde Universitet.
Churchland, P. S., 1981a. «On the alleged backwards referral of experiences and its relevance to the mind-body-problem», *Philosophy of Science* 48, S. 165–181.
Churchland, P. S., 1981b. «The timing of sensations: Reply to Libet», *Philosophy of Science* 48, S. 492–497.
Churchland, Patricia Smith, 1986. *Neurophilosophy: Towards a Unified Science of the Mind-Brain*, Cambridge/Massachusetts (The MIT Press).
Chyba, Christopher F., 1990. «Impact delivery and erosion of planetary oceans in the inner early Solar System», *Nature* 343, S. 129–133.
Chyba, Christopher F./Thomas, Paul J./Brookshaw, Leigh/Sagan, Carl, 1990. «Cometary Delivery of Organic Molecules to the Early Earth», *Science* 249, S. 366–373.
Cole, K. C., 1978. *Vision: In the Eye of the Beholder*, Exploratorium, San Francisco.
Cotterill, Rodney, 1989. *No Ghost in the Machine*, London (Heinemann).
Coveney, Peter V., 1988. «The second law of thermodynamics: Entropy, irreversibility and dynamics», *Nature* 333, S. 409–415.
Crawford, Helen/Macdonald, Hugh/Hilgard, Ernest R., 1979. «Hypnotic deafness: A psychophysical study of responses to tone intensity», *American Journal of Psychology* 92, S. 193–214.
Crick, Francis, 1984. «Function of the thalamic reticular complex: The searchlight hypothesis», *Proceedings of the National Academy of Sciences*, USA, 81, S. 4586–4590.
Crick, F./Asanuma, C., 1986. «Certain Aspects of the Anatomy and Physiology of the Cerebral Cortex», in: J. L. McClelland/D. E. Rumelhart (Hg.), *Parallel Distributed Processing*, vol. 2, Cambridge/Massachusetts (The MIT Press).
Crick, Francis/Koch, Christof, 1990a. «Towards a neurobiological theory of consciousness», *Seminars of the Neurosciences* 2, S. 263–275.

Crick, Francis/Koch, Christof, 1990b. «Some reflections on visual awareness», in: *Symposia on Quantitative Biology*, vol. 55, Cold Spring Harbor Press.
Crone, C., u.a. (Hg.), 1990. *Fysiologi*, Kopenhagen (Foreningen af Danske Lægestuderendes Forlag).
Crossman, E. R. F. W., 1969. «Information Theory in Psychological Measurement», in: A. R. Mettham/R. A. Hudson (Hg.), *Encyclopedia of Linguistics, Information and Control*, Oxford, S. 232–238.
Crutchfield, James P./Young, Karl, 1989. «Inferring Statistical Complexity», *Physical Review Letters* 63, S. 105–108.
Damasio, Antonio R./Damasio, Hanna/van Hoesen, Gary W., 1982. «Prosopagnosia: Anatomic basis and behavioral mechanisms», *Neurology* (N) 32, S. 331–341.
Das neue Guinness-Buch der Rekorde, Frankfurt am Main (Ullstein) 1993.
Davies, John, 1991. «The musical mind», *New Scientist*, 19. Januar 1991, S. 38–41.
Deecke, Lüder/Grözinger, Berta/Kornhuber, H. H., 1976. «Voluntary Finger Movement in Man: Cerebral Potentials and Theory», *Biological Cybernetics* 23, S. 99–119.
Deecke, Lüder, 1987. «The natural explanation for the two components of the readiness potential», *The Behavioral and Brain Sciences* 10, S. 781 f.
Denbigh, K. G./Denbigh, J. S., 1985. *Entropy in Relation to Incomplete Knowledge*, Cambridge (Cambridge University Press).
Dennett, Daniel, 1994. *Philosophie des menschlichen Bewußtseins*, Hamburg (Hoffmann und Campe).
Dennett, Daniel/Kinsbourne, Marcel, 1992. «Time and the Observer: The Where and When of Consciousness in the Brain», *The Behavioral and Brain Sciences*, Juni 1992.
Deregowski, J. B., 1989. «Real space and represented space: Cross-cultural perspectives», *The Behavioral and Brain Sciences* 12, S. 51–119.
Des Coudres, Theodor, 1906. «Ludwig Boltzmann: Nekrolog», *Berichte über die Verhandlungen der Königlich Sächsischen Gesellschaft der Wissenschaften zu Leipzig, Mathematisch-Physische Klasse* 58, S. 615–627.
Dixon, Bernard, 1978. *Beyond the Magic Bullett*, London (Allen and Unwin).
Dixon, Norman, 1971. *Subliminal Perception: The Nature of a Controversy*, London (McGraw-Hill).
Dixon, Norman, 1981. *Preconscious Processing*, Chichester (John Wiley).

Dossey, Larry, 1987. *Die Medizin von Raum und Zeit: Ein Gesundheitsmodell*, Reinbek (Rowohlt Taschenbuch).
Dretske, Fred I., 1983. «Précis of Knowledge and the Flow of Information», *The Behavioral and Brain Sciences* 6, S. 55–90.
Ebeling, Werner/Volkenstein, Michail V., 1990. «Entropy and the evolution of biological information», *Physica* A 163, S. 398–402.
Eco, Umberto, 1986. *Der Name der Rose*, München (dtv).
Einstein, Albert, 1936. «Physik und Realität», *The Journal of the Franklin Institute* 221, S. 313–347.
Eysenck, H. J., 1986. «The Theory of Intelligence and the Psychophysiology of Cognition», in: Robert J. Sternberg (Hg.), *Advances in the Psychology of Human Intelligence*, Band 3, Hillsdale NJ, S. 1–34.
Farmer, J. Doyne/Belin, Aletta d'A. «Artificial Life: The Coming Evolution», Vorabdruck LA-UR-90-378.
Feynman, Richard P., 1991a. *Vorlesungen über Physik*, Bd. 1, München/Wien (Oldenbourg).
Feynman, Richard P., 1991b. *«Kümmert Sie, was andere Leute denken?»*, München/Zürich (Piper).
Fisher, Arthur, 1989. «The Wheels within Wheels in the Superkingdom Eucaryotae», *Mosaic* 20,3, S. 2–13.
Frank, Helmar, 1962. *Kybernetische Grundlagen der Pädagogik*, Bd. 2, Baden-Baden (Agis-Agis).
Friberg, Lars/Roland, Per E., 1988. «Functional activation and inhibition of regional cerebral blood flow and metabolism», in: J. Olesen/L. Edvinsson (Hg.), *Basic Mechanisms of Headache*, Amsterdam (Elsevier), S. 89–98.
Furnham, Adrian, 1991. «Hooked on horoscopes», *New Scientist*, 26. Januar 1991, S. 33–36.
Gamow, George, 1966. *Thirty Years That Shook Physics: The Story of Quantum Theory*, New York (Dover).
Gardner, Howard, 1989. *Dem Denken auf der Spur*, Stuttgart (Klett-Cotta).
Garner, W. R./Hake, Harold W., 1951. «The amount of information in absolute judgements», *Psychological Review* 58, S. 446–459.
Garner, Wendell R., 1962. *Uncertainty and Structure as Psychological Concepts*, New York (John Wiley).
Gazzaniga, Michael S., 1989. *Das erkennende Gehirn: Entdeckungen in den Netzwerken des Geistes*, Paderborn (Junfermann).
Gillam, Barbara, 1986. «Geometrisch-optische Täuschungen», in: *Wahrnehmung und visuelles System*, Heidelberg (Spektrum der Wissenschaft), S. 104–112.
Gleick, James, 1988. *Chaos – die Ordnung des Universums*, München (Droemer-Knaur).

Glynn, Ian M., 1990. «Consciousness and time», *Nature* 348, S. 477–479.
Gödel, Kurt, 1986. *Collected Works*, vol. 1, hg. v. S. Feferman u. a., New York (Oxford University Press).
Goldman, Martin, 1983. *The Demon in the Aether: The Story of James Clerk Maxwell*, Edinburgh (Paul Harris).
Gould, Glenn, 1987. «Für ein Applausverbot», in: Glenn Gould, *Vom Konzertsaal zum Tonstudio: Schriften zur Musik II*, München (Piper).
Grassberger, Peter, 1986a. «How to measure self-generated complexity», *Physica* 140 A, S. 319–325.
Grassberger, Peter, 1986b. «Toward a Quantitative Theory of Self-Generated Complexity», *International Journal of Theoretical Physics* 25, S. 907–944.
Gray, Charles M./König, Peter/Engel, Andreas K./Singer, Wolf, 1989. «Oscillatory responses in cat visual cortex exhibit inter-columnar synchronization which reflects global stimulus properties», *Nature* 338, S. 334–337.
Green, Barry/Gallwey, Timothy W., 1993. *Der Mozart in uns: The inner game of music oder Anleitung zum mentalen Musizieren*, München (Verlag im Waldgut).
Gregory, Richard L., 1966. *Auge und Gehirn: Zur Psychophysiologie des Sehens*, München (Kindler).
Gregory, Richard L., 1984. *Mind in Science*, Harmondsworth (Penguin).
Gregory, Richard L. (Hg.), 1987. *The Oxford Companion to the Mind*, Oxford (Oxford University Press).
Gregory, Richard, 1988. «Turning minds on to science by hands-on exploration: The nature and potential of the hands-on medium», in: *Sharing Science*, The Nuffield Foundation.
Hadamard, Jacques, 1949. *An Essay on the Psychology of Invention in the Mathematical Field*, Princeton (Princeton University Press).
Hall, Edward T., 1981. *The Silent Language*, New York (Doubleday).
Hall, Edward T., 1982. *The Hidden Dimension*, New York (Doubleday).
Hanson, Norwood Russell, 1965. *Patterns of Discovery*, Cambridge (Cambridge University Press).
Hegel, Georg Wilhelm Friedrich, 1986. *Wissenschaft der Logik I*, Werke, Bd. 5, Frankfurt a. M. (Suhrkamp).
Hertz, Heinrich, 1895. *Schriften vermischten Inhalts*, Gesammelte Werke, Bd. 1, Leipzig (Johann Ambrosius Barth).
Hick, W. E., 1952. «On the rate of gain of information», *Quarterly Journal of Experimental Psychology* 4, S. 11–26.

Hilbert, David, 1935. *Gesammelte Abhandlungen*, 3. Band, Berlin (Verlag von Julius Springer).
Hobson, J. Allan, 1990. *Schlaf: Gehirnaktivität im Ruhezustand*, Heidelberg (Spektrum der Wissenschaft).
Hodges, Andrew, 1989. *Alan Turing, Enigma*, Berlin (Kammerer & Unverzagt).
Høffding, Harald, 1893. *Psychologie in Umrissen auf Grundlage der Erfahrung*, zweite deutsche Ausgabe, Leipzig (O. R. Reisland).
Hoffmeyer, Jesper, 1980. *Evolution, Økologi, Historie*, politisk revy 1980.
Hoffmeyer, Jesper, 1984. *Naturen i hovedet*, Kopenhagen (Rosinante).
Hofstadter, Douglas, 1985. *Gödel, Escher, Bach – ein Endloses Geflochtenes Band*, Stuttgart (Klett-Cotta).
Hofstadter, Douglas R./Dennett, Daniel C. (Hg.), 1986. *Einsicht ins Ich: Fantasien und Reflexionen über Selbst und Seele*, Stuttgart (Klett-Cotta).
Holender, Daniel, 1986. «Semantic activation without conscious identification in dichotic listening, parafoveal vision, and visual masking: A survey and appraisal», *The Behavioral and Brain Sciences* 9, S. 1–66.
Honderich, Ted, 1984. «The Time of a Conscious Sensory Experience and Mind-Brain Theories», *Journal of Theoretical Biology* 110, S. 115–129.
Horgan, John, 1990. «Profile: Claude E. Shannon», *Scientific American* 262,1, S. 16–19.
Horkheimer, Max/Adorno, Theodor W., 1988. *Dialektik der Aufklärung*, Frankfurt a. M. (Fischer Taschenbuch).
Huberman, B. A./Hogg, T., 1986. «Complexity and Adaption», *Physica* 22 D, S. 376–384.
Huxley, Aldous, 1954. *Die Pforten der Wahrnehmung*, München (Piper).
Huxley, Aldous, 1987. *Die ewige Philosophie: Philosophia perennis*, München/Zürich (Piper).
Hvælv, «Det kosmiske kaos», Danmarks Radio-TV, 16. Mai 1988.
Hvælv, «Rundbohr», Danmarks Radio-TV, 29. Mai 1989.
Hvælv, «Den intuitive elektronhjerne», Danmarks Radio-TV, 24. Oktober 1989.
Ingvar, D. H., u. a. (Hg.), 1990. *Brain Work II: Abstracts*, Alfred Benzon Symposium 31, Kopenhagen.
Jahnsen, Henrik/Laursen, Arne Mosfeldt, 1990. *Hjernevindinger*, Kopenhagen (Munskgaard).
James, William, 1891. *The Principles of Psychology*, London (Macmillan).

Jaynes, Julian, 1993. *Der Ursprung des Bewußtseins*, Reinbek bei Hamburg (rororo *science*).
Johansson, I./Kalleberg, R./Liedman, S.-E., 1974. *Positivisme, marxisme, kritisk teori*, Kopenhagen (Gyldendal).
Johnson-Laird, P. N., 1988. *The Computer and the Mind*, London (Fontana).
Johnstone, Keith, 1984. *Impro: Improvisation and the Theatre*, New York (Theatre Arts Books).
Jung, C. G., 1984. *Persönlichkeit und Übertragung*, Olten (Walter-Verlag, Grundwerk C. G. Jung, Band 3).
Jung, Richard, 1978. «Perception, consciousness and visual attention», in: P. A. Buser/A. Rougeul-Buser (Hg.), *Cerebral Correlates of Conscious Experience*, INSERM Symposium Nr. 6, Amsterdam (Elsevier/North-Holland), S. 15–36.
Kanisza, Gaetano, 1976. «Subjective Contours», *Scientific American*, April.
Kaufmann, Walter, 1965. *Der Glaube eines Ketzers*, München (Szczesny).
Kay, Alan, 1984. «Software», *Spektrum der Wissenschaft*, November, S. 34–43.
Keidel, W. D., 1963. «Beispiele und Probleme einer kybernetischen Physiologie des ZNS und der Sinne», in: Bericht über den 23. Kongreß der Deutschen Gesellschaft für Psychologie, S. 103–123.
Keller, I./Heckhausen, H., 1990, «Readiness potentials preceding spontaneous motor acts: Voluntary vs. involuntary control», *Electroencephalography and Clinical Neurophysiology* 76, S. 351 bis 361.
Kierkegaard, Søren, 1950–74. *Gesammelte Werke*, Düsseldorf (Diederichs).
Kihlstrom, John F., 1987. «The Cognitive Unconscious», *Science* 237, S. 1445–1452.
Kirk, G. S./Raven, J. E./Schofield, M., 1983. *The Presocratic philosophers*, Cambridge University Press.
Kirkeby, Ole Fogh, 1991. «Begivenhed og kropstanke», unveröffentlichtes Manuskript.
Klein, Martin J., 1985. *Paul Ehrenfest*, vol. 1: *The Making of a Theoretical Physicist*, 3. Aufl. Amsterdam (North-Holland).
Kline, Morris, 1980. *Mathematics: The Loss of Certainty*, New York (Oxford University Press).
Kolb, Bryan/Whishaw, Ian Q., 1993. *Neuropsychologie*, Heidelberg (Spektrum Akademischer Verlag).
Kornhuber, Hans H./Deecke, Lüder, 1965. «Hirnpotentialänderungen bei Willkürbewegungen und passiven Bewegungen des Men-

schen: Bereitschaftspotential und reafferente Potentiale», *Pflügers Archiv für die gesamte Physiologie des Menschen und der Tiere* 284, S. 1–17.

Kornhuber, H. H., 1988. «The Human Brain: From Dream and Cognition to Fantasy, Will, Conscience, and Freedom», in: Hans J. Markowitsch (Hg.), *Information Processing by the Brain*, Toronto (Hans Huber Publishers), S. 241–258.

Kramer-Friedrich, Sibylle, 1986. «Information Measurement and Information Technology: A Myth of the Twentieth Century», *Boston Studies in the Philosophy of Science* 90, S. 17–28.

Küpfmüller, Karl, 1962. «Nachrichtenverarbeitung im Menschen», in: Karl Steinbuch (Hg.), *Taschenbuch der Nachrichtenverarbeitung*, Berlin (Springer), S. 1481–1501.

Küpfmüller, Karl, 1971. «Grundlagen der Informationstheorie und Kybernetik», in: O. H. Grauer / K. Kramer / R. Jung (Hg.), *Physiologie des Menschen*, Bd. 10, München (Urban und Schwarzenberg), S. 195–231.

Küppers, Bernd-Olaf, 1986. *Der Ursprung biologischer Information: Zur Naturphilosophie der Lebensentstehung*, München / Zürich (Piper).

Kuhn, Hans, 1988. «Origin of Life and Physics: Diversified Microstructure-Inducement to Form Information-Carrying and Knowledge-Accumulating Systems», in: *IBM J. Res. Develop.* 32,1, S. 37–46.

Kuhn, Thomas S., 1976. *Die Struktur wissenschaftlicher Revolutionen*, Frankfurt a. M. (Suhrkamp).

Kulli, John / Koch, Christof, 1991. «Does anesthesia cause loss of consciousness?», *TINS* 14,1, S. 6–10.

Landauer, Rolf, 1981. «Nonlinearity, multistability, and fluctuations: Reviewing the reviewers», *Am. J. Physiol.* 241, S. R 107 bis R 113.

Landauer, Rolf, 1988 a. «Dissipation and noise immunity in computation and communication», *Nature* 335, S. 779–784.

Landauer, Rolf, 1988 b. «A simple measure of complexity», *Nature* 336, S. 306–307.

Landauer, Rolf, 1989. «Computation, measurement, communication and energy dissipation», S. Haykin (Hg.), *Selected Topics in Signal Processing*, Englewood Cliffs (Prentice Hall).

Landauer, Rolf, 1991. «Information is physical», *Physics Today*, Mai 1991, S. 23–29.

Langton, Christopher G., (Hg.), 1989. *Artificial Life*, Santa Fe Institute Studies in the Sciences of Complexity, Proceedings vol. 6, Redwood City (Addison-Wesley) 1989.

Langton, Chris, 1990. «Computation on the Edge of Chaos: Phase Transitions and Emergent Computation», *Physica* D 42, S. 12-37.
Lao-Tse, 1961. *Tao-Tê-King: Das heilige Buch vom Weg und von der Tugend*, Stuttgart (Reclam).
Lassen, Niels A./Ingvar, David H./Skinhøj, Erik, 1977. «Brain function and blood flow», *Scientific American* 239, S. 62-71.
Latto, Richard/Campion, John, 1986. «Approaches to consciousness: Psychophysics or philosophy?», *The Behavioral and Brain Sciences* 9,1, S. 36-37.
Lavenda, Bernard H., 1985. «Die Brownsche Bewegung», *Spektrum der Wissenschaft*, April, S. 58-68.
Layzer, David, 1990. *Cosmogenesis*, New York (Oxford University Press).
Leder, Drew, 1990. *The Absent Body*, Chicago (The University of Chicago Press).
Leff, Harvey S./Rex, Andrew F., (Hg.), 1990. *Maxwell's Demon: Entropy, Information, Computing*, Princeton (Princeton University Press).
Lehrl, S./Fischer, B., 1985. «Der maximale zentrale Informationsfluß bei Küpfmüller und Frank: Beträgt er 50 bit/s oder 16 bit/s?», *Grundlagenstudien aus Kybernetik und Geisteswissenschaft/Humankybernetik* 26, S. 147-154.
Lettvin, J. Y./Maturana, H. R./McCulloch, W. S./Pitts, W. H., 1959. «What the Frog's Eye Tells the Frog's Brain», *Proceedings of the IRE* 47, S. 1940-1951.
Libet, Benjamin, 1965. «Cortical Activation in Conscious and Unconscious Experience», *Perspectives in Biology and Medicine* 9, S. 77-86.
Libet, Benjamin, 1981. «The experimental evidence for subjective referral of a sensory experience backwards in time: Reply to P. S. Churchland», *Philosophy of Science* 48, S. 182-197.
Libet, Benjamin, 1985 a. «Subjective Antedating of a Sensory Experience and Mind-Brain Theories: Reply to Honderich (1984)», *Journal of Theoretical Biology* 114, S. 563-570.
Libet, Benjamin, 1985 b. «Unconscious cerebral initiative and the role of conscious will in voluntary action», *The Behavioral and Brain Sciences* 8, S. 529-566.
Libet, Benjamin (1989), Conscious subjective experience vs. unconscious mental functions: A theory of the cerebral processes involved, in: R. M. J. Cotterill (Hg.), Models of Brain Function, Cambridge (Cambridge University Press).
Libet, Benjamin, 1990. «Time-delays in conscious processes», *The Behavioral and Brain Sciences* 13, S. 672.

Libet, Benjamin, 1991. «Conscious vs. neural time», *Nature* 352, S. 27.
Libet, Benjamin, 1992. «Models of Conscious Timing and the Experimental Evidence», *The Behavioral and Brain Sciences*, 1992 im Druck.
Libet, B./Alberts, W. W./Wright, E. W. Jr./ Delattre, L. D./Levin, G./ Feinstein, B. 1964. «Production of Threshold Levels of Conscious Sensation by Electrical Stimulation of Human Somatosensory Cortex», *J. Neurophysiol.* 27, S. 546–578.
Libet, B./Alberts, W. W./Wright, E. W. Jr./Feinstein, B., 1967. «Responses of Human Somatosensory Cortex to Stimuli below Threshold for Conscious Sensation», *Science* 158, S. 1597–1600.
Libet, B./Alberts, W. W./Wright, E. W. Jr./Feinstein, B., 1972. «Cortical and thalamic activation in conscious sensory experience», in: G. G. Somjen (Hg.), *Neurophysiology Studied in Man*, Amsterdam (Excerpta Medica), S. 157–168.
Libet, Benjamin/Gleason, Curtis A./Wright, Elwood W./Pearl, Dennis K., 1983. «Time of Conscious Intention to Act in Relation to Onset of Cerebral Activity (Readiness Potential)», *Brain* 106, S. 623–642.
Libet, Benjamin/Pearl, Dennis K./Morledge, David/Gleason, Curtis A./Morledge, Yoshio/Barbaro, M., 1991. «Control of the transition from sensory detection to sensory awareness in man by the duration of a thalamic stimulus», *Brain*, 1991 im Druck.
Libet, Benjamin/Wright, Elwood W. Jr./Feinstein, Bertram/Pearl, Dennis, 1979. «Subjective Referral of the Timing for a Conscious Sensory Experience», *Brain* 102, S. 193–224.
Lilly, John C., 1971. *Ein Delphin lernt Englisch: Möglichkeiten der Verständigung zwischen menschlicher und außermenschlicher Intelligenz*, Reinbek (Rowohlt Taschenbuch).
Lilly, John C., 1976. *Das Zentrum des Zyklons: Eine Reise in die inneren Räume*, Frankfurt a. M. (Fischer Taschenbuch).
Lin Yutang, 1960. *Weisheit des lächelnden Lebens: Das Geheimnis erfüllten Daseins*, Reinbek (Rowohlt Taschenbuch).
Lloyd, Seth/Pagels, Heinz, 1988. «Complexity as Thermodynamic Depth», *Annals of Physics* 188, S. 186–213.
Lloyd, Seth, 1989. «Use of mutual information to decrease entropy: Implications for the second law of thermodynamics», *Physical Review A* 39, S. 5378–5386.
Lloyd, Seth, 1990. The Calculus of Intricacy, *The Sciences* 30,5, S. 38–44.
Lovelock, James, 1991. *Das Gaia-Prinzip: Die Biographie unseres Planeten*, Zürich/München (Artemis & Winkler).

Lurija, Alexander R., 1992. *Das Gehirn in Aktion: Einführung in die Neuropsychologie*, Reinbek (Rowohlt Taschenbuch).

MacKay, Donald M., 1969. *Information, Mechanism and Meaning*, Cambridge/Massachusetts (The MIT Press).

Malsburg, Ch. von der/Schneider, W., 1986. «A Neural Cocktail-Party Processor», *Biological Cybernetics* 54, S. 29–40.

Mandelbrot, Benoit B., 1967. «How Long Is the Coast of Britain? Statistical Self-Similarity and Fractional Dimension», *Science* 156, S. 636–638.

Mandelbrot, Benoit B., 1987. *Die fraktale Geometrie der Natur*, Basel (Birkhäuser).

Mann, Charles, 1991. «Lynn Margulis: Science's Unruly Earth Mother», *Science* 252, S. 378–381.

Margulis, Lynn/Sagan, Dorion, 1986. *Microcosmos*, New York (Simon and Schuster).

Marr, David, 1982. *Vision: A Computational Investigation into the Human Representation and Processing of Visual Information*, New York (W. H. Freeman).

Marx, Karl, 1975. *Das Kapital.* Dritter Band, Buch III, MEW, Bd. 25, Berlin (Dietz).

Maslow, Abraham H., 1977. *Die Psychologie der Wissenschaft*, München (Goldmann).

Masterman, Margaret, 1974. «The Nature of a Paradigm», in: Imre Latakos/Alan Musgrave (Hg.), *Criticism and the Growth of Knowledge*, London (Cambridge University Press), S. 59–89.

Matsui, Takafumi/Abe, Yutaka, 1986. «Evolution of an impact-induced atmosphere and magma ocean on the accreting Earth», *Nature* 319, S. 303–305.

Maturana, Humberto R., 1983. «What is it to see?», *Arch. Biol. Med. Exp.* 16, S. 255–269.

Maturana, Humbert R./Varela, Francisco J., 1987. *Der Baum der Erkenntnis*, Bern/München/Wien (Scherz).

Maxwell, James Clerk, 1890. *The Scientific Papers of James Clerk Maxwell*, Cambridge University Press.

Maxwell, James Clerk, 1895. *Über Faraday's Kraftlinien*, Leipzig (Engelmann).

Miller, G. A., 1956a. «Information Theory», *Scientific American* 195,2, S. 42–46.

Miller, G. A., 1956b. «The magical number seven, plus or minus two», *Psychological Review* 63, S. 81–87.

Moravec, Hans, 1990. *Mind Children: Der Wettlauf zwischen menschlicher und künstlicher Intelligenz*, Hamburg (Hoffmann und Campe).

Morrison, Philip und Phylis, 1987. *Zehn hoch: Dimensionen zwischen Quarks und Galaxien*, Heidelberg (Spektrum der Wissenschaft).
Mountcastle, Vernon B., 1975. «The View from Within: Pathways to the Study of Perception», *The Johns Hopkins Medical Journal* 136, S. 109–131.
Myers, Norman (Hg.), 1985. *Gaia, der Öko-Atlas unserer Erde*, Frankfurt a. M. (Fischer Taschenbuch).
Nagel, Thomas, 1987. «It that you, James?», *London Review of Books*, 1. Oktober 1987, S. 3–6.
Nagel, Thomas, 1990. *Was bedeutet das alles? Eine ganz kurze Einführung in die Philosophie*, Stuttgart (Reclam).
Nyborg, Eigil, 1983. *Den indre linie i H. C. Andersens eventyr: En psykologisk studie*, Kopenhagen (Gyldendal).
Nørretranders, Tor (Hg.), 1983. *Hingabe: Über den Orgasmus des Mannes*, Reinbek (Rowohlt Taschenbuch).
Nørretranders, Tor, 1985. *Det udelelige*, Kopenhagen (Gyldendal).
Nørretranders, Tor, 1986. «Videnskab og hverdagssprog», *Bogens Verden* 68, S. 395–398.
Nørretranders, Tor, 1987a. *Naturvidenskab og ikke-viden*, Århus (Kimære).
Nørretranders, Tor, 1987b. *Videnskabsvurdering*, Kopenhagen (Gyldendal).
Nørretranders, Tor, 1987c. «En rejse ind i Peter Bastians lyd», *Levende billeder*, April 1987, S. 12–15.
Nørretranders, Tor, 1993. *Der Anfang der Unendlichkeit: Essay über den Himmel*, Reinbek (Rowohlt Taschenbuch).
Oakley, David A. (Hg.), 1985. *Brain and Mind*, London (Methuen).
Ølgaard, Bent, 1986. *Kommunikation og Økomentale Systemer*, Åbyhøy (Ask).
Ornstein, Robert/Ehrlich, Paul, 1991. *New World, New Mind*, London (Paladin).
Packard, Vance, 1978. *Die große Versuchung: Eingriff in Körper und Seele*, Düsseldorf (Econ).
Pagels, Heinz, 1989. *The Dreams of Reason: The Computer and the Rise of the Sciences of Complexity*, New York (Bantam Books).
Peacock, John, 1991. «More Hubble trouble?», *Nature* 352, S. 378–379.
Pedersen, Johannes Mørk, 1990. *Psykologiens Historie*, Psykologisk Laboratorium, Københavns Universitet.
Peirce, C. S./Jastrow, J., 1884. «On small differences of sensation», in: *[Memoirs of the] National Academy of Sciences*, Band III, Fifth Memoir, S. 73–83.

Peitgen, H. O. / Richter, P. H., 1986. *The Beauty of Fractals*, Berlin (Springer).

Penrose, Roger, 1991. *Computerdenken*, Heidelberg (Verlag Spektrum der Wissenschaft).

Petersen, Aage, 1963. «The Philosophy of Niels Bohr», *Bulletin of the Atomic Scientist* 19, S. 8–14.

Petersen, Aage, 1968. *Quantum Physics and the Philosophical Tradition*, Yeshiva University, New York.

Pierce, J. R., 1965. *Phänomene der Kommunikation: Informationstheorie – Nachrichtenübertragung – Kybernetik*, Düsseldorf / Wien (Econ).

Pierce, John R. / Noll, A. Michael, 1992. *Signale: Die Geheimnisse der Telekommunikation*, Heidelberg (Spektrum Akademischer Verlag).

Poggio, T., 1990. «Vision: The ‹Other› Face of AI», in: K. A. Mohyeldin Said u. a. (Hg.), *Modelling the Mind*, Oxford (Clarendon Press), S. 139–154.

Polanyi, Michael, 1958. *Personal Knowledge*, London (Routledge and Kegan Paul).

Popper, Karl R. / Eccles, John C., 1982. *Das Ich und sein Gehirn*, München (Piper).

Prigogine, Ilya / Stengers, Isabelle, 1986. *Dialog mit der Natur*, 5. Aufl., München (Piper).

Quastler, Henry, 1956. «Studies of Human Channel Capacity», in: Colin Cherry (Hg.), *Information Theory: Proceedings of the Third London Symposium*, London (Butterworths), S. 361–371.

Ramachandran, Vilayanur S., 1988. «Formwahrnehmung aus Schattierung», *Spektrum der Wissenschaft*, Oktober, S. 94–103.

Rancke-Madsen, E., 1987. *Grundstoffernes Opdagelseshistorie*, Kopenhagen (G. E. C. Gad).

Rasmussen, Steen / Knudsen, Carsten / Feldberg, Rasmus / Hindsholm, Morten, 1990. «The Coreworld: Emergence and Evolution of Cooperative Structures in a Computational Chemistry», *Physica D* 42, S. 111–134.

Reid, Constance, 1970. *Hilbert*, Berlin / Heidelberg / New York (Springer).

Restak, Richard M., 1979. *The Brain*, New York (Warner Books).

Rock, Irvin (Hg.), 1990. *The Perceptual World*, New York (W. H. Freeman).

Rock, Irvin / Palmer, Stephen, 1991. «Das Vermächtnis der Gestaltpsychologie», *Spektrum der Wissenschaft*, Februar, S. 68–75.

Roland, P. E. / Friberg, L., 1985. «Localization of Cortical Areas Activated by Thinking», *Journal of Neurophysiology* 53, S. 1219–1243.

Roland, Per E., u. a., 1987. «Does Mental Activity Change the Oxidative Metabolism of the Brain?», *Journal of Neuroscience* 7, S. 2373–2389.
Roszak, Theodore, 1986a. *Mensch und Erde auf dem Weg zur Einheit*, Reinbek (Rowohlt).
Roszak, Theodore, 1986b. *Der Verlust des Denkens: Über die Mythen des Computer-Zeitalters*, München (Droemer Knaur).
Rucker, Rudy, 1990. *Der Ozean der Wahrheit: Über die logische Tiefe der Welt*, Frankfurt a. M. (Fischer Taschenbuch).
Russell, Bertrand, 1991. *Denker des Abendlandes: Eine Geschichte der Philosophie*, München (dtv).
Sagan, Carl, 1975. *Nachbarn im Kosmos: Leben und Lebensmöglichkeiten im Universum*, München (Kindler).
Sagan, Carl, 1982. *Unser Kosmos: Eine Reise durch das Weltall*, München (Droemer Knaur).
Sartre, Jean-Paul, 1982. «Die Transzendenz des Ego», in: Jean-Paul Sartre, *Die Transzendenz des Ego: Philosophische Essays 1931–1939*, Reinbek (Rowohlt), S. 39–93.
Sayre, Kenneth M., 1976. *Cybernetics and the Philosophy of Mind*, London (Routledge and Kegan Paul).
Sayre, Kenneth M., 1986. «Intentionality and information processing: An alternative model for cognitive science», *The Behavioral and Brain Sciences* 9, S. 121–166.
Schacter, Daniel L./Graf, Peter L., 1986. «Effects of Elaborative Processing on Implicit and Explicit Memory for New Associations», *Journal of Experimental Psychology: Learning, Memory and Cognition* 12, S. 432–444.
Seynowski, Terrence J./Koch, Christof/Churchland, Patricia A., 1988. «Computational Neuroscience», *Science* 241, S. 1299–1306.
Shanker, S. G., 1988. *Gödel's Theorem in Focus*, London (Routledge).
Shannon, Claude E./Weaver, Warren, 1976. *Mathematische Grundlagen der Informationstheorie*, München/Wien (Oldenbourg).
Shepard, Roger N., 1990. *Mind Sights*, New York (W. H. Freeman).
Silk, Joseph, 1990. *Der Urknall: Die Geburt des Universums*, Basel/Berlin (Birkhäuser/Springer).
Simon, Herbert A., 1962. «The Architecture of Complexity», *Proceedings of the American Philosophical Society* 106, S. 467–482.
Søderqvist, Thomas, 1985. *Informationssamfundet*, Kopenhagen (Forlaget Philosophia).
Spelke, Elizabeth/Hirst, William/Neisser, Ulric, 1976. «Skills of divided attention», *Cognition* 4, S. 215–230.
Springer, Sally P./Deutsch, Georg, 1992. *Linkes Gehirn, rechtes Gehirn*, Heidelberg (Spektrum Akademischer Verlag).

Steinbuch, Karl, 1965. *Automat und Mensch*, Berlin (Springer).
Steinsaltz, Adin, 1976. *The Essential Talmud*, London (Weidenfeld and Nicolson).
Stewart, Ian, 1988. «The ultimate in undecidability», *Nature* 332, S. 115–116.
Szilard, Leo, 1929. «Über die Entropieverminderung in einem thermodynamischen System bei Eingriffen intelligenter Wesen», *Zeitschrift für Physik* 53, S. 840–856.
Taylor, Janet L./McCloskey, D. I., 1990. «Triggering of Preprogrammed Movements as Reactions to Masked Stimuli», *Journal of Neurophysiology* 63, S. 439–446.
Thielst, Peter, 1990. *Kønnet, kroppen og selvet*, Kopenhagen (Gyldendal).
Thompson, William Irwin (Hg.), 1987. *Gaia: A Way of Knowing* (Lindisfarne Press).
Tolstoy, Ivan, 1981. *James Clerk Maxwell: A Biography*, Edingburgh (Canongate).
Toulmin, Stephen, 1982. *The Return to Cosmology*, Berkeley (University of California Press).
Tranel, Daniel/Damasio, Antonio R., 1985. «Knowledge without Awareness: An Autonomic Index of Facial Recognition by Prosopagnosics», *Science* 228, S. 1453–1454.
Trincker, Dietrich, 1966. «Aufnahme, Speicherung und Verarbeitung von Information durch den Menschen», Kiel (Veröffentlichungen der Schleswig-Holsteinischen Universitätsgesellschaft, Neue Folge, Nr. 44, Verlag Ferdinand Hirt).
Tulving, Endel/Schacter, Daniel L., 1990. «Priming and Human Memory Systems», *Science* 247, S. 301–306.
Tyron, Edward P., 1984. «What made the world», *New Scientist*, 8. März 1984, S. 14–16.
Wang, Hao, 1987. *Reflections on Kurt Gödel*, Cambridge/Massachusetts (The MIT Press).
Warrington, Elizabeth K./Weiskrantz, L., 1968. «New Method of Testing Long-term Retention with Special Reference to Amnesic Patients», *Nature* 217, S. 972–974.
Warrington, E. K./Weiskrantz, L., 1970. «Amnesic Syndrome: Consolidation or Retrieval?» *Nature* 228, S. 628–630.
Weiskrantz, L., 1986. *Blindsight: A Case Study and Implications*, Oxford (Clarendon Press, Oxford Psychology Series No. 12).
Weiss, Joseph, 1990. «Strategien des Unbewußten», *Spektrum der Wissenschaft*, März, S. 122–129.
Wheeler, John A., 1991. *Gravitation und Raumzeit*, Heidelberg (Spektrum der Wissenschaft).

Wiener, Norbert, 1963. *Kybernetik: Regelung und Nachrichtenübertragung im Lebewesen und in der Maschine*, Düsseldorf/Wien (Econ).
Winson, Jonathan, 1991. «Neurobiologie des Träumens», *Spektrum der Wissenschaft*, Januar, S. 126-134.
Wittgenstein, Ludwig, 1984. *Philosophische Untersuchungen* [1953], in: Werkausgabe, Band 1, S. 225-580, Frankfurt a. M. (Suhrkamp).
Witt-Hansen, Johannes, 1985. *Videnskabernes historie i det 20. århundrede: Filosofi*, Kopenhagen (Gyldendal).
Wolf, Fred Alan, 1989. *Der Quantensprung ist keine Hexerei: Die neue Physik für Einsteiger*, Frankfurt a. M. (Fischer Taschenbuch).
Wolfram, Stephen, 1984a. «Cellular automata as models of complexity», *Nature* 311, S. 419-424.
Wolfram, Stephen, 1984b. «Software für Mathematik und Naturwissenschaften», *Spektrum der Wissenschaft*, November 1984, S. 164-176.
Wolfram, Stephen, 1985. «Undecidability and Intractability in Theoretical Physics», *Physical Review Letters* 54, S. 735-738.
Zimmermann, M., 1985. «Neurophysiologie sensorischer Systeme», in: R. F. Schmidt (Hg.), *Grundriß der Sinnesphysiologie*, 5. Aufl., Berlin/Heidelberg (Springer), S. 82-139.
Zimmermann, M., 1993. «Das Nervensystem - nachrichtentechnisch gesehen», in: R. F. Schmidt/G. Thews (Hg.), *Physiologie des Menschen*, 25. Aufl., Berlin/Heidelberg (Springer), S. 176-183.
Zinkernagel, Peter, 1957. *Omverdensproblemet*, Kopenhagen (G. E. C. Gad).
Zinkernagel, Peter, 1988. *Virkelighed*, Kopenhagen (Munksgaard).
Zurek, W. H./van der Merwe, A./Miller, W. A., 1988. *Between Quantum and Cosmos*, Princeton (Princeton University Press).
Zurek, W. H., 1989. «Thermodynamic cost of computation, algorithmic complexity and the information metric», *Nature* 341, S. 119-124.
Zurek, Wojciech H. (Hg.), 1990. *Complexity, Entropy, and the Physics of Information*, Santa Fe Institute Studies in the Sciences of Complexity, Proceedings vol. 8, Redwood City (Addison-Wesley).

Bildnachweis

16 Foto: Per Folkver/Ragnarok.
24 Gemälde von Charles Jervas (The Royal Society of London), Polfoto.
25 Foto (Cavendish Laboratory), reproduziert nach Martin Goldman, The Demon in the Aether, Paul Harris 1983.
39 The Hulton-Deutsch Collection, London.
41, 43 und 52 Zeichnungen reproduziert nach H. S. Leff/A. F. Rex, Maxwell's Demon, Princeton University Press 1990.
57 Zeichnung reproduziert nach Charles Bennett, Scientific American, 1987.
68 Foto reproduziert nach Scientific American, Januar 1990.
80 Foto reproduziert nach Constance Reid, Hilbert-Courant, Springer Verlag 1986.
86 Foto reproduziert nach Kurt Gödel, Collected Works, Oxford University Press 1986.
93 Nach Roger Penrose, The Emperor's New Mind.
117 Graphik reproduziert nach P. Grassberger, Physica 140 A, Elsevier 1986.
118 Zebra. Foto: Bo Jarner/Pressehuset.
119 Brandung. Foto: Per Klaesson/Billedhuset.
120 Die Decke in The Henry VII Chuapel, Westminster Abbey. Foto: John Moss/Camera Press/IFOT.
121 Clematis, Blattoberseite. Foto: Aksel Øye/Biofoto.
122 Feder. Foto: Bo Jarner/Pressehuset.
123 Wasseroberfläche. Birgit Sylvanders Billedarkiv.
124 Düne. Foto: Jørgen Schytte/Billedhuset.
125 Schilf. Foto: J. Stæhr/Pressehuset.
128 Nach B. Huberman/T. Hogg, 1986.
136 Foto: Tor Nørretranders.
144 und 145 Foto: Per Folkver/Ragnarok.

Bildnachweis

164 Nach Rolf Landauer, Nature 335 (1988), S. 799–784.
174 Graphik reproduziert nach Peter Bastian, Ind i musikken, Gyldendal 1987.
176 und 185 Foto: Gregers Nielsen/Billedhuset.
178 und 182 Nach L. Friberg und P. Roland, 1988.
209 Nach Helmar Frank, 1962.
214 Nach Karl Küpfmüller, 1971.
221 Nach E. J. Eysenck, 1986.
225 Nach W. D. Keidel, 1963.
226 Foto: Pia Maria Marquard/CHAOS.
232 Nach N. Dixon, 1971.
239 Foto reproduziert nach: Sigmund Freud, Suhrkamp Verlag 1976.
240 Mansell Collection, London.
241 Ankunft Freuds in London nach der Flucht aus Deutschland (Gyldendals Bildarchiv).
248 Aus der Serie Twin Peaks. Foto: Knutzen/IFOT.
254 Foto: Knud Udbye.
271 Reproduziert nach Irvin Rock, The Perceptual World, W. H. Freeman 1990.
271 Foto/Collage: Zeke Berman/The Exploratorium, San Francisco.
289 Nach F. Crick/C. Asanuma, 1986.
291 Nach Lurija, 1992.
300 Aldous Huxley, London 1930, fotografiert von Cecil Beaton.
310 Foto: Tor Nørretranders.
313 Nach Deecke/Grözinger/Kornhuber, 1976.
320 Nach B. Libet, 1989.
323 und 347 Foto: Tor Nørretranders.
334 Reproduziert nach Kolb/Whishaw, Fundamentals of Human Neuropsychology, W. H. Freeman 1990.
340 und 341 Nach B. Libet, 1989.
344 Nach M. Zimmermann, 1985.
362 Foto: Per Kjærbye.
379 Foto: Mikael Jonsson/MIRA/2 maj.
380 Foto: SIPA/IFOT.
339 und 402 Nach S. P. Springer/G. Deutsch, Left Brain, Right Brain, W. H. Freemann 1989.
401 Reproduziert nach M. Gazzaniga, The Social Brain, Basic Books 1985.
403 Reproduziert nach R. Shepard, Mind sights, W. H. Freeman 1990.

Bildnachweis

422 Reproduziert nach R. Gregory, Eye and Brain, Princeton University Press 1990.
425 Reproduziert nach E. Warrington/L. Weiskrantz, Nature, 1970.
447 Reproduziert nach Gustav René Hocke, Die Welt als Labyrinth, Rowohlt 1987.
459 Foto: Gregers Nielsen/Billedhuset.
463 Das Foto hat Salvador Dalí gefunden und retouchiert, um Picasso zu necken. Reproduziert nach: The Arcimboldo Effect, Gruppo Editoriale Fabbri, Bompiani, Milano 1987.
469 China. Foto: Emil Schulthess/Black Star/IFOT.
472 Foto: NASA/Foci Image Library.
475 Foto: Forlaget Hovedland.
482 Foto: Unviersity of Massachusetts, Amherst, reproduziert nach Mosaic 20,3 (1989).
485 Foci Image Library.
503 Reproduziert nach J. Wheeler, in: W. Zurek (Hg.), Complexity, Entropy, and the Physics of Information, Addison-Wesley 1990.
506 Foto: Keld Ammundsen/CHAOS.
508 Nach P. W. Anderson, 1972.
517 Nach Chris Langton, Physica 22 D, Elsevier 1986.
536 Reproduziertnach C. Sagan, Cosmos, Random House 1980.
537 Foto von Mariner 9. NASA/BIOFOTO.
544 Reproduziert nach H.-O. Peitgen/P. H. Richter, The Beauty of Fractals, Springer-Verlag 1986.
549 und 551 Fotos: Kort- og Matrikelstyrelsen (A-423-91).
570 Foto: Thomas Hopker, Magnum Photos/IFOT.
573 Foto: Sygma /IFOT.
574 Foto: Bent Mann/Det Kongelige Bibliotek, Bildabteilung.
583 Foto: Nicolai Howalt.
587 Foto: Gunvor Jörgsholm/Pressehuset.
597 British Museum/The Bridgeman Art Library, London.
638 Foto: Mikael Andersson/MIRA/2 maj.

Register

Abduktion 249
Aktionspotential 312
Algorithmus 91, 126, 140, 265, 511, 521, 529
 (→Informationstheorie, algorithmische)
 – kürzester 99, 133
 – Theorien 95
Alltagsbewußtsein 26, 440
Amnesie 432
Analogien 19, 27
 – Elektromagnetismus 20
 – Spotlight 192, 291, 299
 (→Bewußtsein)
 – «tiefe» 27
Anderson, P. W. 505–509, 532
Anfangsbedingungen 115, 127, 521 f
Antinomie Richard 85
Apple Computers 414 f
Aristoteles 29, 451
Assoziationen 186 f, 247, 418
Assoziationspfade 187
Assoziationsraum 150
atomare Abrüstung 573, 575
atomare Aufrüstung 571, 576
Atomaustausch 483, 513
Atomismus 32
Atomkrieg 570, 575
 – Unsinnigkeit 575
Atomwaffen 570–575, 575–582
 – emergente Veränderung 579 f
 – Entstehungshorizont überschritten 577

 – Kooperation 571, 577
 – Phasenübergang 578
 – Verschrottung 576
AT & T 67, 154 f, 435, 507
Attraktoren, mentale 217
Aufmerksamkeit 196, 211, 255, 291, 298, 306, 316, 332, 385, 406 (→bewußtes Erleben)
Automatentheorie 242
 (→zelluläre Automaten)
Axiom 100 f

Bandbreite 70 f, 510
 – Baum der Rede 216, 219
 (→ebd.)
 – Bewußtsein →ebd.
 – Fernsehen, Radio 227
 – Gehirn 213–215, 223
 – Sinneswahrnehmung 213, 243, 256, 304, 441 (→ebd.)
 – sprachlich-soziale 207, 285, 304, 441, 506, 562, 564, 580
 – Theater 377 f
«Barbierparadox» 84
Bastian, Peter 173, 381 f
Bateson, Gregory 220–222, 228 f
Baum der Rede 171 f, 184, 186, 188, 216, 218, 287
 (→Bandbreite)
 – Assoziationen 186
 – Hochgeschwindigkeitskanäle 252
 – Kanal 171 f, 188

Bedeutung 113, 157f, 237
(→Komplexität)
– Information, aussortierte 156
(→ebd.)
– Schwarze Löcher 26
Behaviorismus 239, 242, 244, 260, 274
Bekenstein, Jacob 497, 499
Bell, Alexander Graham 155
Bell Laboratories 67–69, 154, 507
Bennett, Charles 49, 54–58, 102, 127f, 130–135, 139, 141, 159f, 163
Benutzerillusion 414, 416f, 423, 463, 483
– ohne Benutzer 423
Beobachter 28, 86, 532, 556
Berechnung 10f, 38, 58, 132, 165, 242, 277f, 364, 530f
– Chaos, Rand des 528
– Information, aussortierte 58, 165, 303 (→ebd.)
– «interessante» 530f
– ir/reversible 165
– Simulation 285 (→ebd.)
– Theorie 10, 38, 127
Bereitschaftspotential 312–316, 318–320, 324–328, 348, 350f
– Täuschungsversuch 327
Berman, Morris 448f, 457, 460, 462, 581f
Bernays, Paul 83f
Beschreibung der Welt 293f, 506, 510f, 525, 586
– formale Sprache 229
– kürzeste 77f, 103, 126 (→Komplexität, algorithmische)
bewußtes Erleben 407, 414, 431, 463, 546
– zeitlich zurückdatiert 342f (→Rückbezug)
Bewußtsein 11, 118, 193, 232, 237, 244, 260, 286, 321f, 362, 364, 434, 438, 460, 580 (→Ich; Unbewußtes)
– Alleinherrschaft 238, 566, 594
– außen/innen 9, 11, 305, 460f

– begrenztes →Bewußtsein, Bandbreite
– Christentum 452f
– Emergenz 520
– «Gehirnwellenreiter» 324f
– Information, aussortierte 190, 192, 256, 302, 326, 350, 352, 412, 419 (→ebd.)
– Komplexität 305
– Kontrolle entzogen 21
– Körperkontrolle 465f
– langsam 194f, 306
– mentaler Symbiont 483f
– Narkose 409f
– neurale Basis 297, 301
– Ordnung 585
– primäres Phänomen 316f, 321, 329, 332
– Schwingungsmuster 297f
– Selbstbesinnung 509f, 585
– (Selbst-)Täuschung 320, 346f, 350, 410
– «spotlight» 192, 291, 299
– Tiefe 412, 414
– Vetoinstanz 351
– Wirklichkeitssimulation 426
– Wörter 258
– zeitlich nicht lokalisierbar 345
Bewußtsein, Bandbreite 191f, 207f, 210f, 220f, 231, 236, 243, 247, 256, 435, 556, 586, 590
– begrenzt 193, 197
– Bitzahl 189–191, 193, 206–208, 212f, 215, 286, 435, 556, 567
– Exformation 199f
– Information, aussortierte 190, 192 (→ebd.)
– Informationsverarbeitung 189–191, 196, 198f, 201, 203, 205–207, 210, 212, 242, 304, 321, 370f
– Lebensalter 209
– Maßeinheit 192
– «Sieben» 197–199, 201, 205, 242
– Symbole 199

Bewußtsein, Ursprung 443 f, 448 f, 454, 457
– Altes Testament 449 f
– bikamerale Psyche → ebd.
– Götter 446, 451
Bewußtseinsphilosophie 346
Bewußtseinsverzögerung 11, 306, 318–320, 323 f, 326, 330, 337 f, 340, 346, 370, 373, 410, 414
– ethische Konsequenzen 353–357, 359, 453
– Kontrollstimulation 319–321
Bewußtseinszustände 243, 382
bikamerale Psyche 444–446, 449–452
– Zusammenbruch 448, 468
Binärbaum 166 f
– hoher 168
Biotechnik 154
bit → Information, Maßeinheit; Bewußtsein, Bandbreite
blinder Fleck 265 f, 346
– *Nichtfleck* 266
blindsight 250
Bohr, Niels 27, 37, 51, 294, 367 f, 439, 502, 571, 574, 577, 579 f
Boltzmann, Ludwig 17, 21, 32, 36–39, 43, 47, 60 f, 63–66, 396, 468
Brillouin, Léon 51–53, 74, 103, 157, 169 f
Broadbent, Donald 242 f, 306
Brownsche Bewegung 557 f

Carnot, Sadi 29
Caves, Carlton 105
CERN 23
Chaitin, Gregory 95, 100–102, 133, 229, 519 (→ Gödels Theorem)
Chaos 11, 23, 110, 113 f, 116 f, 508, 524, 531 f (→ Komplexität)
– Computer 508 f
– deterministisches 521, 524
Chaos, Rand des 528, 531 (→ Komplexität)
Chaostheorie 511, 521
Chimärenbilder 400

Christiansen, Peder Voetmann 74, 250, 420, 502
chunking 189
Church, Alonzo 92
Church-Turing-These 94, 102
Churchland, Patricia 345
Clausius, Rudolf 32, 71
Computer 93, 113 f, 508, 511, 518 f, 524, 530, 541, 566 (→ Chaos; Fraktale)
– «Infektionen» 515 (→ Computerviren)
– Komplexität 114 f
– Parallelverarbeitung 243
– Theorie 93
Computernetze 512–514
– Informationsstrom 512
– Sicherheitsrisiko 513
Computersimulationen 132, 542
Computersysteme 514, 516
Computerviren 513 f, 516
– Reproduktion 514
Comte, Auguste 82, 87
Corpus callosum 399, 402
Corpus geniculatum laterale (CGL) 288 f, 292
Cortexneuronen 336
Crick, Francis 263, 288, 296–299, 301 f
Crick-Koch-Theorie 301 f

Damasio, Antonio 432
Darwin, Charles 479
Daub, Edward E. 48 f
Dawkins, Richard 417
Deecke, Lüder 311–314, 326 f
Delphisches Orakel 451 f
Denken → unbewußte Prozesse
Dennett, Daniel 345 f
Descartes, René 90, 237
Determinismus 373 f, 520, 524 (→ Chaos)
Diesheit 420
Differentialrechnung 540 f
Dissipation → Energie
Dixon, Norman 232–234
DNA 134, 296
Double-bind-Theorie 221 f

Eccles, John 324f, 345
Eigen, Manfred 134
Einstein, Albert 21f, 37, 294, 365,
 439, 468, 556
Elektrizität 17, 19, 22f
Elektrodermatographie 433
Elektroenzephalographie (EEG) 311,
 316, 337f, 341–343, 348
– Handlungsnachweis 311f
Elektromagnetismus 20, 22, 107
Elias, Norbert 458, 461
Emergenz 518f, 523, 529
 (→Atomwaffen)
– einfache Regeln 518, 520, 529
– kollektive Wirkungen 518
– Leben 518
– Politik 580
Endosymbiose 479, 481–483
Energie, Dissipation 44
– wissensabhängig 44f
Energie, konstante 29, 31
Energie, unzugängliche 32, 34, 36,
 42, 44, 50, 162
Energie, zugängliche 35, 44f, 53f
Energieumsatz 54
Energieumwandlung 29
Entscheidungsproblem 90, 92
Entropie 27, 32, 50, 56, 60, 64, 69,
 73–75, 102, 131, 162, 488–491,
 495, 499 (→Information;
 Mikrozustand)
– Abnahme 47
– Beschreibungsniveau 64–66
– feinkörnige 138f
– grobkörnige 64f, 138f
– Maß für Nichtwissen 64, 66
 498
– physikalische 106
– Unordnung 73
– Wahrscheinlichkeit 60, 62, 64
– Zunahme 32, 36, 42, 53, 55,
 113, 490f, 497 (→Energie,
 unzugängliche)
– 1 Bit 500
Entropieexport →Erde
Entropiegesellschaft 69
«Entropiemeter» 495f, 499
 (→Schwarze Löcher)

Erdatmosphäre 476
Erde 472–476, 478f, 483–490
 (→Gaia-Theorie)
– Entropieexport 487–489
– Information, aussortierte 489
– kosmischer Ursprung 485f
– Spiegelbild 472f, 475
Ereignishorizont 497
Erkenntnisfähigkeit 78, 81, 282, 384,
 439f, 462, 510
– «a priori» 80, 282
– Grenzen 78
– grenzenlos 82
– intuitive 447f
– Quantenphysik 503
Erkenntnistheorie 292
Erstschlag 573–575
Evolution 330, 480f, 589f
Evolutionstheorie 479
Exformation 148–150, 152, 156,
 164f, 169, 172, 176, 187, 217,
 222–224, 229, 304, 428, 430, 436
– Messung 184
– Schizophrenie 222
– Übertragung 150
Existentialismus 374, 394
Exzitation 172f, 187, 217f, 566
 (→Baum der Rede)

Faraday, Michael 19, 26
Farbensehen 277f, 280
Farbkonstanz 277
Farmer, Doyne 110, 513f
Feinstein, Bertram 330–332, 347f
Feinstein-Patienten 337f, 344, 347f
Feyerabend, Paul 50, 66
Feynman, Richard 75, 112, 467
Filmcutter 437f (→Gesichtssinn)
Filtertheorie 242f, 306
Formeln 114
– algorithmisch irreduzibel 115
Fraktale 23, 114, 204, 508, 531,
 540–542, 548, 556
– Computergraphik 26, 531
– Iteration 541 (→ebd.)
fraktale Dimension 556f
Frank, Helmar 207–209, 221
Fremdpsychisches 287

Freud, Sigmund 238f, 241, 244, 246f, 261, 305, 332, 352, 359, 372, 448
Friberg, Lars 178f, 181f
Froschauge → Sehen
«fundamentaler Fehler» 460f, 581
Gaia-Theorie 476, 478–480, 482, 486, 488, 514
Gazzaniga, Michael 397, 400, 403
Gedächtnis 430f, 432, 446
– explizites 430f
– implizites 430f, 432
Gehirn (→ Elektroenzephalographie; Hirnaktivität; Nervenzellen)
– Außenansicht 331f
– elektrische Impulse 311, 333, 335
– Elektrostimulation 333, 337
– freier Wille 371f (→ ebd.)
– Hintergrundrauschen 325
– Innenansicht 331–333
– «Körperkarte» 333f
– Rechenprozeß 243
– Sauerstoffumsatz 179, 423
– Wirklichkeitssimulation 423
Gehirndurchblutung 177–184, 398
– Denken 179
– Gespräch 178, 184
– Informationsbeseitigung 180, 183
Gehirnforschung 295, 333
– Kohärenzproblem 395f, 302
Gehirnfunktionen 177, 243, 331f, 419
Gehirnhälften 182, 397
(→ Hemisphären; bikamerale Psyche)
– Arbeitsteilung 398
– Verbindung durchtrennt 400 (→ Split-brain-Patienten)
Gentechnik 154
Genom 513
Geometrie, Euklidsche 539f
geometrische Täuschungen 269 (→ optische Täuschungen)
Gerade 535–539, 542f, 545, 547
– Fingerabdruck des Bewußtseins 539
– Information 543, 558

Gesichter, Wiedererkennung 429, 432
Gesichtsfeld 285, 398, 402f, 418
Gesichtssinn 263, 437
Gesichtswahrnehmung 273
Gestaltpsychologie 299
Gödel, Kurt 78, 83–90, 92, 95f, 98–102, 106, 139, 294, 375, 588
Gödelsche Tiefe 588, 595
Gödels Satz → Gödels Theorem
Gödels Theorem 78, 83–87, 95, 99f, 102, 225, 519, 588
– Chaitins Weiterführung 519, 521
– Kreativität 87
– Variante 115
Gödel-Turing-Chaitin-Problem 140
«Gott innen» 455f
Grossberger, Peter 117, 126f
Gravitation 19, 22, 26f, 496, 498, 508, 538
Gravitationstheorie 18, 496
Gregory, Richard L. 273f, 280, 424, 426
Grobkörnung 64f, 138f, 525f, 548, 552f, 555f
Große Vereinheitlichte Theorie 18f, 22f
– dritte 26

Hall, Edward T. 223, 405
Hämodynamik 178 (→ Gehirndurchblutung)
Handlungen, bewußte 311f, 322 (→ bewußtes Erleben)
– bewußter Abbruch 351
– bewußter Entschluß 316, 318, 320f, 328, 348, 352, 367–369
– unbewußt initiiert 319, 351, 366f, 370
– Willensantrieb 314f
Handlungen, nichtbewußte 252f, 255, 440, 521
(→ priming)
– Ballspiel 361–365, 380
– Erotik 380
– Radfahren 253, 366, 428, 434, 441, 593

Hautstimulation 336 f, 340 f, 343
Hawking, Stephen 497, 499
Hegel, Georg W. F. 501, 564
Heisenberg, Werner 51
Helmholtz, Hermann von 237–239 f, 332
Hemisphären 399 f, 402–406
– Schaufel / Klaue 403–405
– uneins 400
Hemisphärenforschung 400
Hertz, Heinrich 20
Hick, Edmund 203
Hilbert, David 79–83, 91 f
Hilberts Programm 83, 87, 90, 102
Hirnaktivität 11, 180 f, 311–313 f, 321–323, 347 f
Hirnrinde 288–291 f, 330, 335 f, 338–340, 343 f, 399
– Stimulation 333, 335 f, 338–340, 342
Hodges, Andrew 85, 92, 376
Hofstadter, Douglas 95, 520
Hogg, Tad 126–128, 167, 532
Holismus 505 f, 509, 523
– reaktionär 510 f
Homunculus 334
Horoskop 392 f
Hoyle, Fred 473
Hubel, David 284
Huberman, Bernardo 126–128, 167, 532
Hugo, Victor 147 f, 164
Huxley, Aldous 418 f, 455
Hypnose 406–408, 423

IBM 49, 59, 100, 161
Ich 10, 21, 368–371, 389, 428, 434, 441, 444, 454 f, 460, 468, 595
– Ausblendung 384
– Benutzerillusion 418 (→ ebd.)
– bewußtes 9, 356, 369 f, 373, 379, 405, 409, 433, 586
– Bit / Sek. 434
– Disziplin 434
– empirisches 462
– endosymbiotisches 483
– Horoskop 392 f
– Kommunikation 387, 396
– Kontrollinstanz 369, 376, 387, 396, 454
– Lüge 229, 406
– Ohnmacht 373
– Religionen 455 f
– Selbst 380, 387–390, 392, 394, 434, 479, 588, 592 (→ebd.; Existentialismus)
– Selbstbeobachtung 368
– transzendentales 462
«Ich 1/2» 388
Immunsystem 466, 514 f
Induktion 87
Information 11, 27, 53, 73, 129, 156 f, 177, 198, 428
– Beschreibungsniveau 75
– Buchstaben 69 f, 72 f, 111, 152
– Entropie 28, 59, 65, 69, 71, 74 f, 99
– Maßeinheit «bit» 11, 54, 56, 67, 69 f, 105, 148, 152, 156, 188, 198
– Maß für Überraschung 99, 303, 543, 585 (→ Überraschungswert)
– Maß für Zufälligkeit 99, 171, 303, 585, 594
– meßbare 152
– nominale 130 f, 134
– Ordnung 73 f, 169
– «physikalische» 525
– Positiv-Wort 59, 73
– Unordnung 585
Information, aussortierte 11, 55 f, 58 f, 75, 129–135, 140, 148 f, 152 f, 159, 162, 172, 182, 187 f, 217, 224, 229, 274, 280, 305, 413, 420, 428, 430, 491, 506, 508, 511, 516, 545, 562, 564, 566 (→ Exformation)
– «armer Student» 163 f
– Augen 284
– biologisches Wissen 134 f
– Entropie 75, 491
– Komplexität 129, 131, 137, 141 (→ ebd.)
– Körper 229
– Kosten 49, 54 f, 103 (→ Maxwells Dämon)
– Rechenzeit 303

Register **649**

- Tiefe 141f, 149, 151, 305
- unbewußte 275
- Unordnung 585
- Zeitung 176
Informationsbegriff Shannons 69, 72, 74, 99, 142, 161, 170, 201
- Bedeutung 71f, 112
- Binärzeichen 69
- Unordnung 153
Informationsfaschismus 224
Informationsfluß 191, 212, 221, 261, 566
Informationsgehalt 130, 159
Informationsgesellschaft 59, 69, 160, 565f
- Bedeutungsmangel 565f
Informationsspeicherung 56
Informationstheorie 38, 54, 67, 69, 72, 154–158, 171, 173, 180, 197f, 201, 224, 377
- Bedeutung 157–160
- Binärbäume 167
- Kraftsche Ungleichheit 104
- Maxwells Dämon 54 (→ ebd.)
- Molekularbiologie 155
- Theorie der Dinge 109
Informationstheorie, algorithmische 95, 99–102, 104, 106f, 111, 126–128, 132f, 519
Informationstransport 71, 161, 168
Informationsverarbeitung, unbewußte 211, 274, 298, 379
- Simulation 274
Informationswert 73, 128f
Ingvar, David 177, 398
Integralrechnung 540f
Introspektion 195, 239, 244, 264, 315, 332, 443
Inzitation 172f
Irreversibilität 163, 522f, 525, 532
- Alltag 37f, 113
- Thermodynamik 36f, 523, 532 (→ ebd.)
- Ursache 524
«It from bit» 109
Iteration 115, 516 (→ Fraktale)

James, William 260, 443

Jastrow, Joseph 249f
Jaynes, Edwin T. 28, 65f
Jaynes, Julian 257, 259, 266, 290, 321, 443–445, 448–454, 457, 468
Judentum → Vetotheorie
Jung, Carl Gustav 218, 245, 448

Kalter Krieg 576
Kanalkapazität 191f, 197, 210, 213, 286 (→ Bewußtsein, Bandbreite)
Kant, Immanuel 81f, 87, 282, 293
- a priori 81, 282
- a priori überflüssig 82
Karte / Gelände 17f, 20, 79, 116, 149, 225, 509, 595
Kay, Alan, 414, 416
Kierkegaard, Søren 374, 393–395, 501f, 594
Kihlstrom, John F. 252, 255, 408, 431
Kleinhirn 399
Kline, Morris 94
Koch, Christoph 296–299, 301f
Kognitionsforschung 242f, 264
kognitive Prozesse 251–253, 255
kognitives System 409
Kohärenzproblem → Gehirnforschung
Kometenkollisionen 485f
Kommunikation 149, 164, 169, 171–173, 438
- nonverbale 378
- Schwierigkeitsgrad 67f (→ Überraschungswert)
- Transport 162
- Vielschichtigkeit 221
- Zusammenhang 148, 150
Kommunikationskanal 70, 203, 220
Kommunikationskosten 67
Kommunikationstechniken 155
Kommunikationstheorie 11, 71, 104, 157, 197, 221
- Information 157, 162
Kommunismus 562
- Zusammenbruch 562, 576
Komplexität 11, 23, 27, 110, 114–117, 133, 167, 303, 489, 506, 508, 516, 529, 558
- algorithmische 126, 140

- Bedeutung 113, 130
- einfache Regeln 515, 518 (→Emergenz)
- interdisziplinäre Forschung 495
- langsames Wachstum 131
- Ordnung/Chaos 110f, 116, 126–128, 532, 558f (→Chaos, Rand des)
- System fern vom Gleichgewicht 138f
- Texte 111
- Theorie 116
- thermodynamische Tiefe 135–137, 140f, 303 (→ebd.)
- Zunahme 113, 491
Kontinuum 554f
Kooperation 480–483
Kornhuber, Hans H. 261, 311–314, 326f
Körper, unbewußter 466, 478
«Körperkarte» →Gehirn
Körpersprache 220, 222f, 226
Körpertheorie 464f
Körperwissen 462–465
Kuhn, Hans 134f, 141
Kuhn, Thomas 429
Künstliche Ameisen 515
Künstliche Intelligenz (KI) 263f, 516
- Mustererkennung 263
Künstliches Leben (KL) 511–513, 515–517, 528
- Konferenz 513
Küpfmüller, Karl 206f, 209, 212–215, 219, 221
Küppers, Bernd-Olaf 107, 519
Kurzzeitgedächtnis 243
Küstenlinien, unendliche 548, 551f (→Fraktale)
Kybernetik 38, 51, 73, 157, 220

Landauer, Rolf 49, 102, 127, 140f, 161, 164, 524f
Länge 552f, 555f
- unendlich teilbar 555
Langton, Chris 511f, 515, 517, 528–530, 532
Lassen, Niels A. 177, 398

Laudrup, Michael 361–365
Leder, Drew 462–464
LeDoux, Joseph 403–405
Leff, Harvey 38
Lehrl, Siegfried 208f, 221
Leibniz, Gottfried W. 540
Lernen 427, 433, 440, 516
- Störfaktor Bewußtsein 434
- 3 Formen 427f
Libet, Benjamin 311, 314–318, 320–323, 326, 332, 335–340, 345–353, 367, 369–371, 373, 405, 410f, 413, 453
Libets Experimente 324–341, 351, 356, 369f
- Gegenargumente 324–326
Lilly, John 382f
Lloyd, Seth 109f, 135–138, 141
Logikmaschine 91, 93 (→Turing-Maschine)
«logische Tiefe» 127–133, 139, 141, 153, 159f, 303, 350
Lovelock, James 475f, 479, 484
Lowell, Percival 533–535, 539
Lügendetektor 432f
«Lügnerparadox» 84, 100, 225, 228f, 588f
Lurija, Alexander R. 290f

MacKay, Donald 159
Makrozustand 60–62, 64–69, 72–74, 139, 166, 170, 182, 198, 200
- Pokerspiel 62f
Malsburg, Christoph von der 297
Mandelbrot, Benoit 204, 539–541, 548, 556f
Margulis, Lynn 476, 479, 481 (→Gaia-Theorie)
Mars 533
- unbelebt 476
Marskanäle 533f, 536f
Marx, Karl 562–564
Maschine, universelle 92f
Maslow, Abraham 384
Maßstab 552
- und Mensch 553
Mathematik 84, 90, 94

- Grundlagenprobleme 78 f, 81, 84
- Gewißheitsverlust 94
- Neubegründung 83
- (nicht)lineare 542
- Selbstreferenz 84 f
  mathematische Logik 85
- Beobachter 86
  Maturana, Humberto 282, 292–295, 302
- Quantenmechanik 293 f
  Maxwell, James Clerk 17–22, 25 f, 32, 34–45, 47 f, 60, 65, 396, 468, 525, 595
  Maxwell-Boltzmann-Statistik 34, 60
  Maxwellsche Gleichungen 16–18, 20, 107, 201, 396
  Maxwellscher Dämon 28, 38, 40–43, 45, 60, 62, 74, 77, 102, 105–107, 157, 302, 526
  (→Thermodynamik, Zweiter Hauptsatz)
- Beschreibung der Welt 77 f
- Brillouins Lösung 51–53, 58
- Ein-Molekül-Gas 54
- funktionsunfähig 51, 53, 56, 78
- Geschichte 38
- «Grubenlampe» 52
- Information, aussortierte 55 f, 77, 104, 161 (→ebd.)
- Informationskopie 162
- «Lebenslauf»-Diagramm 58
- nicht vertrieben 106
- Szilards Analyse 47–50, 58, 161
- Tasten im Dunkeln 54, 57
- vertrieben 48–50
- Zweiter Hauptsatz unverletzt 47 f, 53 f, 56, 104, 106
  Maxwellscher Dämon, Kosten der Messung 45, 47–51, 53 f, 56, 161
- gleich Null 55, 57, 77
- Grenzen der Klugheit 103
- höher als Gewinn 48
- Vergessen der Information 55 f, 105
  McCloskey, D. I. 365
  «Mehr ist anders» 505, 507, 518, 520, 525, 528, 532

Mensch
- als Rechenmaschine 265, 350
- Außenansicht 374–376, 454
- Innenansicht 374–376, 394
- und Umwelt 461, 464, 468
  Mensch, transparenter 237 f, 264, 435
  Mensch, vorbewußter 443–445, 450, 454, 458 (→unbewußte Prozesse)
  Meskalin 419
  Miller, George A. 197, 201
  Miller, Jonathan 437 f
  Mikrozustand 60–62, 66, 68–70, 73 f, 138 f, 166 f, 170, 182, 198, 200
- Entropie 61, 64 f
  Molekularbiologie 154
- Informationstheorie 155
  Molekülbewegung 34–36, 43, 45, 60, 64, 75, 103, 518
  Molekülgeschwindigkeit 40–43, 60
  Moravec, Hans 514
  Musikübertragung 174 f

Nagel, Thomas 286 f, 371
Naturgesetze
- algorithmisch irreduzibel 511, 521
- reversibel 38, 112, 522
Necker-Würfel 267 f, 274 f, 299, 302
Negentropie 52, 74
Neocortex 288
Nervensystem 197, 261, 275, 292, 419, 547
- Bit-Rate 204
- Rechenprozessor 350
- Reduktion von Information 261
Nervenverbindungen 214 f
Nervenzellen 213 f, 292, 295, 297–299, 313
- elektrische Spannung 312
- Kooperation 297
- Oszillationen 297–299
- Verknüpfungen 213 f
Nervenzellensemble 298 f
Netzhaut 265, 270, 289, 292
Neumann, Erich 448
Neurobiologie 11, 398
Neurochirurgie 330

Neuronale Netze 516
Neurophilosophie 345
Neurophysiologie 294, 316
— des Sehens 289
Neuropsychologie 301
Newman, M. H. A. 90f
Newton, Isaac 18, 21f, 24, 35—37, 43, 48, 112—114, 429, 468, 508, 522f, 540
Nichtbewußtes → Unbewußtes
Nichts 490f, 501
— Inneres 502f
— Materieverdünnung 490—493

Odyssee 443, 448f
Ohnmachtspostulat 87
→ Gödels Theorem
Oppenheimer, Robert J. 569
optische Täuschung 267, 273f, 275, 277, 280f, 299, 305, 424, 535, 590
Ordnung 11, 33, 96, 98, 111, 116, 139, 491, 532
— Membran 491
— Wirrwarr 116
Ordnung und Zufälligkeit 97, 100, 116
Organogramm 221
Ørsted, Hans Christian 19, 26
Oszillationen → Nervenzellen

Packard, Vance 235
Pagels, Heinz 135, 137f, 141
Paradigma → Wissenschaft
Paradoxa 84f
Parallelverarbeitung 243
Peebles, James 491
Peirce, Charles Sanders 249f, 420
Peitgen, Heinz-Otto 542
Penrose, Roger 86, 345, 497
Perpetuum mobile 32, 42, 45, 50, 77f, 103
Phasenübergang 33, 526—528, 531
(→ Atomwaffen)
Photorezeptoren 265, 278
Photosynthese 477, 481
Pierce, John R. 205, 207, 435
Placebo 390
Placebobaum 391

Planck-Zeit 493f, 499f
Planwirtschaft 561f, 564
Pötzl, Otto 247
Pötzlsches Phänomen 247f
Pokerspiel → Makrozustand
Polanyi, Michael 429, 432
Popper, Karl 50, 345
Positivismus 82, 87, 260
Potentiale, evozierte 327, 337, 341
Prigogine, Ilya 523f
priming 251—253, 356, 430
Principia Mathematica 83f, 228
Probleme, unlösbare 82
Prosopagnosie 432f
Pseudobewußtsein 329
Psychoanalyse 238, 244, 246f, 395, 407, 448
Psychologie 11, 244
— «Atombombe der» 233
Psychoneuroimmunologie 466
Psychotherapie 389

Quantenfluktuationen 494, 502
Quantenmechanik 26, 439, 441, 493f, 500f
Quantentheorie der Gravitation 501

random walk 557f
Raumfahrt 473, 475
Reaktionszeit 208, 237, 322, 328
Rechenkapazität, unendliche 524
Rechenzeit 132f, 153, 303, 306
(→ Berechnung)
Rechenzeitersparnis 127, 129, 131
(→ logische Tiefe)
Rechtsphilosophie 388—390
(→ Wille, freier)
Reduktionismus 505—507, 509
— nichtkonstruktionistischer 510
Relativitätstheorien 21f, 26
— allgemeine 22
Reversibilität 35, 38, 112, 532
(→ Naturgesetze)
Rex, Andrew 38
Richter, Peter 531, 542
Roland, Per 178f, 182
Roszak, Theodore 155, 593

Rubins Vasen 271, 302
Rückbezug, subjektiv zeitlicher 340,
 343 f, 346–348, 365, 410 (Libets
 Experimente)
Rückführungsproblem 440 f
Russell, Bertrand 83 f, 228 f, 528
Russell-Antinomie 84, 102
Santa Fe Institute 27, 109 f, 495
– Physikerkongreß 1990 · 65 f,
 102, 105, 109, 163, 495
Sayre, Kenneth 158 f
Schizophrenie 221 f, 228
«Schönheit der Grenzen» 531 f
Schöpfung ex nihilo 501 f
Schulbeispiele 508, 522, 532
Schwarze Löcher 26 f, 494, 496–498,
 500
– Entropie 498
– «Entropiemeter» 495 f
– Gravitationsfeld 496–498
Sehen 265 f, 280, 292 (→Gesichts-
 feld; Netzhaut; optische
 Täuschungen)
– Froschauge 281–285, 292
Sehfeld, primäres 284 f
Sehkraft, wiedergewonnene 424,
 427
– Tastsinn 426 f
Selbst 21, 245 f, 370–372, 387, 389,
 391 f, 434, 441, 451, 454 f, 460,
 479, 595
– Andere, das 460 f, 581
– bewußtes 260, 406
– Entfaltung 379 f, 385–387, 592
– Exformation 10
– freier Wille 372 (→ebd.)
– Kooperation 482
– Macht 373, 393
– schnelle Entscheidungen
 369–371, 377, 393
– unbewußtes 381–383, 468
– ungeradliniges 560
Selbstbeobachtung →Introspektion
Selbstbewußtseinssysteme 406
Selbsterkenntnis 390, 449 f
Selbstheilungskräfte 391 f, 466
Selbstliebe 459

Selbstreferenz 84 f, 588
Selbstvertrauen 390
Selbst 1/2 · 385, 388
Shannon, Claude 67–74, 156 f, 160 f,
 196, 210, 224 (→Informationsbe-
 griff)
Shepard, Roger 421
«Sieben» →Bewußtsein, Bandbreite
Simon, Herbert A. 127, 167
Simulation der Welt 285, 305, 414,
 417 f, 428, 433, 463, 546 f, 556,
 567, 585, 589 (→Sinneswahrneh-
 mung)
Singer, Wolf 297
Sinnesmodalität 196, 343
Sinnesorgane 214 f, 242, 342, 419
– Nervenverbindungen 214 f
– Stimulation 335, 337
Sinneswahrnehmung 11, 189–191,
 206, 216, 264, 273 f, 280, 306, 349,
 414, 433, 463
– Bandbreite →ebd.
– Simulation der Welt 273 f,
 281, 305, 412, 589
– Verarmung 566
«Smalltalk» 415 f
sozialer Baum 388
Sperry, Roger 398
Spiegel 479
– Selbstbewußtsein 457–459,
 461, 474
– Planet Erde 473, 475
Split-brain-Patienten 397–399, 401,
 403 f, 405 f
Sprache
– Bandbreite →ebd.
– Redundanz 70
– unzweideutige 440
Steinbuch, Karl 202 f, 227
Stoffwechselkette 477
subjektiver Zeitquant (SZQ) 208,
 556
Sublime, das 591–593
subliminale Aktivität 255
subliminale Entschlüsse 323
subliminales Selbst 260
subliminale Wahrnehmung 231 f,
 234–236, 245, 247, 252 f, 255 f,

304, 306, 337, 348–350, 356, 430f,
455, 468, 591, 593
- Debatte 232 f
- Forschungszensur 236
- Nichtexistenz 235
- physiologische Basis 337
- Reklame 223 f
- verdeckter Reiz 365 f
- Verhalten 236
System, (un)spezifisches 343 f, 410,
413 f
Szilard, Leo 47–49, 51, 54, 67, 69,
103, 161

Tachistoskop 247, 251
Tait, Pete Guthrie 38
Tarski, Alfred 95, 588
Taylor, Janet 365
Temperatur 35 f, 64, 71, 74, 518, 528
- Maxwellscher Dämon 41 (→ebd.)
- Molekulargeschwindigkeit 34
Thalamus 284, 288–291, 343, 349,
399
Thermodynamik 28 f, 32, 38, 43, 72,
131, 198, 302 f (→ Entropie)
- des Denkens 49
- Energie 29 f (→ebd.)
- Geschichte 38, 40
- Neuformulierung 66
Thermodynamik, Zweiter Hauptsatz 29–32, 35, 42, 45, 47, 65, 77,
104, 106, 113, 486, 499 (→ Maxwellscher Dämon)
- Lücke 40 f
- Planck-Zeit 500 (→ ebd.)
- verletzt 77 f
thermodynamischer Status 66
thermodynamische Tiefe 135–140,
153, 303 (→ Komplexität; logische
Tiefe)
Tiefe → Information, aussortierte;
logische Tiefe; Gödelsche Tiefe
Tiefenillusion 271
Tranel, Daniel 432 f
Träume 422 f
- Simulationen 423
Turing, Alan 90–94
- Tod 375 f

Turing-Maschine 92–94, 99–101,
106, 129, 132
- Halteproblem 94, 100 f, 106, 133,
375, 530
«Twin Peaks» 247 f
Tyron, Edward 500–502

Überforderung 385 f, 391, 434
Überraschungswert 67–69, 72, 543
(→ Information)
Umweltprobleme 474, 478, 590, 593
Unbeweisbarkeit 92 f, 95
Unbewußtes 242–247, 249 f, 261,
284, 446, 454
- Bedeutung für Bewußtsein
238, 261, 457, 510, 560, 582
- Frosch 284
- Handlungsinitiator 319, 370
(→ Bewußtseinsverzögerung;
Handlungen, bewußte)
- Informationsverarbeitung 243 f,
261
- Lüge 227
- mentale Funktionen 245 f, 303
- Selbst 372
- verdrängte Erlebnisse 360
- Versuchungen 448
unbewußte Hirnprozesse 319, 326,
341 (→ Hirnaktivität)
unbewußte Prozesse 245, 264, 404 f,
421, 453, 467, 478, 590, 593 f
- Denken 258 f, 365, 439, 451, 455
Unentscheidbarkeit 95, 100, 106,
133 (→ Gödels Theorem)
Universum, Expansion 486,
489–493
- Entropie 499
Unordnung 112, 499, 585
(→ Entropie)
- Export 491 f
- Information 74, 99, 169–171
- Messung 495
- physikalische 103
- Zunahme 37, 65, 486–488
Unterscheidungsfähigkeit 202
Unterschiedsschwelle 249
Unvollständigkeitssatz 78, 100 f, 133
(→ Gödels Theorem)

Unzählbarkeit 85
Urknall 492

Varela, Francisco 292f, 295, 302
verborgener Beobachter 408f
Verzweiflung 395
Vetorecht 351, 358–360, 369
Vetotheorie 351f, 453
– Bewußtseinsfunktionen 357
– Christentum/Judentum
   353–357, 359, 453
– natürliche Selektion 352
Vielfalt, mentale 407
Vilenkin, Alexander 501f
virtuelle Realität 567
virtueller Sex 567
Virus 415 (→ Computerviren)
visuelle Wahrnehmung → Sehen

Wahrnehmungsprozeß 189, 191
   (→ Sinneswahrnehmung)
Wahrnehmung, unbewußte 232f,
   237, 242, 254f, 435f
   (→ unbewußte Prozesse)
– Filmschnitt 435–437
Wärme 29–32, 34, 36f, 60f, 72,
   74f
Wärmebewegung 33, 42
Wärmelehre → Thermodynamik
Watson, James 296
Weaver, Warren 154f, 156, 160, 224
Weiskrantz, L. 250f
Weißbalance 278f
Wheeler, John A. 27f, 109, 294, 494f,
   498, 503f
– «U» 503
Whitehead, Alfred North 83, 228
Wiener, Norbert 73f, 157, 169f
Wiesel, Torstein 284
Wille, freier 10f, 315, 345, 351f, 360,
   368–370, 372f, 376f, 445, 450, 520
   (→ Vetorecht)
– Rechtsphilosophie 388–390
Winnicott, Donald 460f
Wirklichkeit 27, 418
– algorithmisch irreduzibel 529
– Simulation 280f, 423, 426
Wirrwarr 116, 130f, 180f, 508, 585
   (→ Chaos)
Wissen, stummes 429f, 436, 566
Wissenschaft
– Alltag 10
– Geschichte 49
– Paradigmen 429f, 505
– Schönheit 468
Wolfram, Stephen 116, 511, 529
Wundtsche Kompikationsuhr 318,
   321

Zahlen 96–101
– geordnete 96–99
– Informationsgehalt 99
– kürzeste Schreibweise 98f
   (→ Algorithmus)
– zufällige 96–99, 101
Zeitnullpunkt 493f
Zellulärer Automat 517, 529f
– ewig existierend 529
Zenon 553–556
Zenons Paradoxa 554–556
Zimmermann, Manfred 189f, 213
Zivilisation, geradlinige 535, 539,
   543, 545, 556f, 559f, 565f, 589f
– Information 544–546
– Planwirtschaft 561f, 564
– Vorhersagbarkeit 543, 545
Zufall 11, 96, 557 (→ Ordnung)
Zufallslinie 558
Zurek, Wojciech 26f, 77f, 102–106,
   140